国家出版基金资助项目

规划型铁路列车运行组织
理论与方法

胡思继　著

中国铁道出版社

2017年·北京

内 容 简 介

本书是国家出版基金资助项目,汇集了作者三十多年间,尤其是近五年来,在"按图行车"领域所取得的创新性科研成果。全书共八章,主要内容包括铁路货物运输生产组织技术、铁路运输业重组探索和铁路货运公司、货物列车编组计划、列车运行图参数及通过能力计算、列车运行图的编制、货车输送过程和货物运达时间、铁路快速货物运输系统、铁路日常运输工作组织等。

本书可供铁路运输专业教师、研究生、本专科学生和从事铁路运输工作的工程技术人员、管理人员和科研人员学习、参考。

图书在版编目(CIP)数据

规划型铁路列车运行组织理论与方法/胡思继著. —北京:中国铁道出版社,2017.12

ISBN 978-7-113-23735-6

Ⅰ.①规… Ⅱ.①胡… Ⅲ.①铁路行车-列车组织 Ⅳ.①U292.4

中国版本图书馆 CIP 数据核字(2017)第 203509 号

书　　名:规划型铁路列车运行组织理论与方法
作　　者:胡思继 著

责任编辑:悦 彩 金 锋　　　　编辑部电话:010-51873206　　　　电子信箱:sxyuecai@163.com
封面设计:王镜夷
责任校对:苗 丹
责任印制:郭向伟

出版发行:中国铁道出版社(100054,北京市西城区右安门西街 8 号)
网　　址:http://www.tdpress.com
印　　刷:北京顶佳世纪印刷有限公司
版　　次:2017 年 12 月第 1 版　　2017 年 12 月第 1 次印刷
开　　本:787 mm×1 092 mm　1/16　印张:28.75　字数:733 千
书　　号:ISBN 978-7-113-23735-6
定　　价:120.00 元

序 言

胡思继教授的新作《规划型铁路列车运行组织理论与方法》即将问世,这是许多人所期待的。

胡思继教授是著名的铁路运输专家,著作颇丰,成果累累,培养了许多优秀人才。虽然年近八十,却仍在孜孜不倦地辛勤耕耘。他的敬业精神值得学习。

胡思继教授是我的老朋友,1982年我们相识于德国。当时我在一家公司进修电力机车制造,而他在慕尼黑铁路局学习。记得胡思继同志曾对我说,德国铁路采用的规划型列车运行组织模式,组织严格"按图行车"值得借鉴。回国后的三十多年,他一直坚持对这一模式的深入研究。

在货物运输工作中,组织严格"按图行车"是铁路为适应市场需求、保证货物运到时限而提出的在发展中的列车运行组织模式,是对既有货物列车运行组织模式的重大变革。

胡思继教授结合我国铁路的实际,发展了"按图行车"理论体系。这本书以"按图行车"为主题,系统论述了规划型货物列车运行组织理论和工程应用方法,是一本既有理论又结合实际的好书。希望通过这本书的出版,进一步推进我国铁路货运领域"按图行车"的理论研究和应用,为我国铁路运输改革做出贡献。

傅志寰

2017 年 5 月

前　言

在我对中国铁路列车运行组织技术体系有了较深刻的理解后,有幸于 1981 年 8 月至 1982 年 12 月和 1988 年 12 月至 1989 年 12 月,分别赴联邦德国铁路公司和亚琛大学(TH Aachen)运输科学研究所学习和从事研究工作。在联邦德国铁路公司学习期间,我通过对铁路编组站工作、铁路局运输工作、运输指挥中心的工作以及站、局、中心三级调度指挥工作的深入学习和实践,收集了大量的第一手数据和资料,让我对联邦德国铁路的行车组织工作有了一个全面的理解。在德国亚琛大学学习期间,我通过阅读大量的研究资料,采用对比分析研究的方法,发现我国铁路与西方国家铁路列车运行组织技术体系虽有相同之处,但原理和目标有很大的不同。在这一发现的基础上,通过后续的大量研究工作,我提出了将铁路(一般是指具有一定路网规模、一定客货运量、一定区间行车量的路网型繁忙铁路)列车运行组织技术体系划分为规划型和组织型两种技术体系的理论概念,并根据收集的资料,归纳总结出规划型列车运行组织方法,撰写并出版了专著《列车运行组织及通过能力理论》(1993 年出版)。在书中我预言"可以设想,我国铁路的列车运行组织体系必将由组织型向规划型的方向发展"。

就其实质而言,规划型铁路列车运行组织技术是以运输质量为目标,组织严格"按图行车"的技术,属于质量型铁路的技术特征;而组织型铁路列车运行组织技术是以最大限度实现高运量,按调度指挥的日常运输工作计划组织列车运行的技术,属于数量型铁路的技术特征。我国铁路通过不断地完善,已形成了一套组织型铁路列车运行组织技术体系,是我国实现铁路高负荷、高效率运输的技术保证。

在提出规划型和组织型理论概念后的三十多年间,我一方面利用课堂讲述"按图行车"的理论,同时利用一切可利用的场合,宣传"按图行车"的意义;另一方面组织梯队的师生围绕着"按图行车"的问题,开展了"编组站货车集结理论的研究""列车晚点传播理论的研究""规划型铁路通过能力计算方法的研究""全路通道通过能力利用状况分析的研究"等,取得了很好的研究成果,先后撰写并出版了论述规划型列车运行图编制理论的《列车运行图编制理论》。同时,在我主编的普通高等学校教材《铁路行车组织》(1998 年第一版和 2009 年第二版)中也部分地编入规划型列车运行图编制理论。这一系列的工作,既为改革积累了丰富的研究资料,更使规划型铁路列车运行组织技术逐渐为铁路人所认识,提高了铁路人对组织严格"按图行车"的认可程度。

在 2007 年《列车运行图编制理论》出版后的研究工作中,发现列车在中间站停车办理作业对列车占用区间有一定的影响,在高速铁路上尤其明显。为此,又进行了近两年时间的研究。为了尽快完善列车运行图参数的计算理论研究工作,于 2011 年出版了《列车运行图编制理论与方法》。此后,在实际工作运用中,不少专家反映 $\Delta t_{\text{停}}$(列车在中间站停车作业和越行平均额外占用区间时间,简称列车在中间站停车平均占用区间时间)的计算方法过于复杂,实际使用有困难。在本书中又对 $\Delta t_占$ 的计算方法做了适当的简化。我想这就是科研工作不断深化的一个发展过程。

20 世纪末,21 世纪初,在我国铁路货物运输不景气的背景下,原铁道部科技司意识到铁路运输除受国家经济宏观环境的影响外,货物运输质量差是造成运输不景气的重要原因,指示我们开展相关的研究。研究表明,铁路货物运输质量差主要表现在货物送达速度低(当时测算1996 年货物送达速度仅为 8.6 km/h)和货物送达时间不可知等方面。据此,我们按照规划型列车运行组织的基本原理,研究提出了"在我国铁路组织快捷货物运输的总体规划"和"建立快捷货物运输系统的研究报告",分别向原铁道部科技司、运输局报送了《关于在我国铁路建立快捷货物运输系统的建议》,但终因受当时条件的制约和认识上的局限,未能组织实施。

2013 年下半年启动,围绕"前店"业务展开,从首先解决"一车难求""管理乱""服务不到位"等问题入手的铁路货运组织改革,是加快铁路发展方式改革的重要环节,是推动铁路走向市场的突破口。同时,作为一位长期从事铁路行车组织技术研究工作、期望中国铁路实施行车组织技术体系改革的老教师,也意识到没有相应的行车组织融合的货运受理方式改革是不完整的改革,是不可能达到理想效果的改革,也是有风险的改革。为此,在原铁道部部长傅志寰和原中国铁道出版社社长郑建东的支持和推动下,我写了一篇题为《对铁路货运改革的理解和思考》的议论性文章,由中国铁道出版社转送中国铁路总公司领导。文章的第四部分认为:

"铁路货物运输过程是一个涉及面广、作业环节多、流程长的大型系统工程,改革难度很大。运输局把握有利时机,巧妙地提出了从改革'货运受理'、解决'一车难求'和'受理乱'问题入手的货运组织改革实施方案,开创了铁路货运组织改革的先河。

应该指出,实现货运组织方式的改革,还仅仅是优化了货物运输过程的服务性工作,高质量地实现货物运输过程还有赖于货运行车组织的改革。也就是说,实现'敞开收货'的同时,必须进一步推进铁路货运行车组织方式的改革,寻找和研究货物运输质量差的解决途径和方法。"

出乎意料的是,原中国铁路总公司副总经理胡亚东很快就对此做出了如下批示:"胡教授提出的对货运组织办理实施改革的思路,值得我们深入研究和借鉴。"中国铁路总公司科技管理部主任周黎、运输局局长程先东等领导对此十分重视,在短时间内和我研究协商开展铁路列车运行组织技术改革研究的相关问题。杨宇栋同志接任副总经理后,也适时听取了我的汇报,表示全力支持。

因此,近五年间研究工作得到了突破性的进展,诸如全路货物列车编组计划的统一编制、流线结合运行图的编制、技术站车流接续计划的编制、货物运到时限的测算等技术难题,从理论和方法两方面都得到了满意的解决,从而形成了较为完整的规划型铁路列车运行组织技术体系。

铁路快运货物运输系统研究,在快运产品设计、快运货物列车运行组织、旅客列车装运货物组织、运输经营和快运货物时刻表编制等方面都取得了很好的研究成果,有实际应用的价值。为此,2016 年最后一天的下午,中国铁路总公司副总经理李文新和运输局局长程先东在百忙之中抽出时间,听取了我们的汇报,给予了很好的评价,且表示将在新的一年研究实体操作方法。

这就是从铁路列车运行组织技术体系划分理论概念的提出,到讲授理论、宣传意义,到为铁路人所逐步认识且认可度不断提高,到纳入研究计划,到取得研究成果的发展过程。本书汇集了我三十多年间,尤其是近五年来,在"按图行车"领域所取得的创新性科研成果,包括了规划型铁路列车运行组织技术体系框架设计中所规划的全部研究内容:

1. 铁路货物运输生产组织技术

根据对铁路运输生产过程货运工作和行车工作的差异性分析,提出实行专业化分工的货物运输组织方案,走建立具有运输经营人性质的铁路货运公司的货运改革之路,以及在行车工作中推行规划型铁路列车运行组织技术体系的框架设计。

2. 铁路运输业重组探索和铁路货运公司

通过对铁路和铁路运输基本特征分析以及铁路运输"网运分离"必须满足的基本要求的研究,提出了组建铁路路网公司、铁路运输公司、铁路货运公司和铁路旅客运输公司的方案。

我在《联运及运输业务手册》(1987年出版)一书中,在我国首先提出运输承包发运制的理论概念和货运组织方法;而后根据我国物流公司的发展,又研究了运输经营人运输业务网建设理论和方法;根据组建铁路货运公司的需要,研究提出了铁路货运公司的经营模式和管理模式以及铁路物流中心的建设方案。

3. 货物列车编组计划

在装车地始发直达列车编组计划部分,针对编发站—站按日开行始发直达列车后剩余车流输送的需要,提出了站—站按日历开行始发直达列车和按日历开行远程始发直达列车的列车运行组织方法,可有效地提高直达装车比重。

技术站间货物列车编组计划部分,源于货物列车改编费用增长的情况,提出了基于综合费用(货车改编费用和车小时费用)型的技术站间货物列车编组计划编制技术,给出了建立单支车流列车编组去向的基本条件以及组织车流合并有利性的基本条件;提出了基于复杂路网编制技术站间列车编组计划的分层次车流计算法,成功地解决了货物列车编组计划的编制受限于参与计算的编组站数量的技术难题,在我国铁路第一次实现了44个编组站(理论上可以是任意个编组站)参与计算的全国技术站间货物列车编组计划的统一编制。

4. 列车运行图参数及通过能力计算

从定义运行图结构单元入手,研究了列车运行图结构理论及运行列车组平均间隔时间的计算方法;从列车的原始晚点入手,研究了列车晚点传播理论,为编制柔性运行图和建立柔性铁路区间通过能力提供了理论依据;研究了列车在中间站对列车占用区间时间影响的分析计算方法;提出了柔性铁路区间通过能力计算方法。

针对目前我国铁路原有通过能力计算方法不适用的情况,在列车运行图结构参数研究的基础上,提出了柔性铁路区间通过能力计算方法和通过能力利用状态分析理论以及规划型铁路、组织型铁路对通过能力影响的分析研究。

5. 列车运行图的编制

提出了旅客列车开行方案与旅客列车运行图统一编制、货物列车编组计划与货物列车运行图统一编制和旅客列车运行图与货物列车运行图统一编制的"三个统一"技术路线;提出了流线结合运行图的编制方法。

6. 货车输送过程和货物运达时间

基于对货物输送过程的研究，提出了货车接续计划的编制方法；研究了铁路组织承诺运输的方式，建立了基于流线结合运行图和技术站货车接续计划的货物运到期限测算系统，以及通过组织"按图行车"建立了实现运到期限的保证系统。

7. 铁路快速货物运输系统

研究了快运货物和货物快运的理论概念；提出了我国铁路快运货物新产品的设计方案；研究了快运货物列车编组计划的编制方法，并给出可操作的设计方案；提出了快运货物列车运行组织方法、旅客列车装运货物的运输组织方法、组织由运输经营人承包的经营方法以及编制货物时刻表的方法。

8. 铁路日常运输工作组织

提出了"按图行车"的内涵及其工作模式；提出以货物承运信息为铁路货物始点信息的货运组织方法；提出基于柔性承运货物特征的铁路日间货车输送方案编制理论和方法，大大提高了铁路适应日常车流变化的能力；提出空车运用计划的编制和列车运行调整计划的编制方法。

值此本书即将出版之际，首先要感谢原铁道部部长、中国工程院院士傅志寰教授一直以来对我研究工作的支持、指导和帮助，且在百忙中为本书作序。

感谢中国铁路总公司领导和中国铁路总公司科技管理部、运输局领导对我科研工作的支持和指导。

中南大学博士生导师李夏苗教授、《铁道学报》主编王德副教授、中国铁道科学研究院运输经济研究所徐利民研究员审阅了全书，提出了许多宝贵的修改意见，对本书的出版做出了突出贡献。

周黎、马叶江、李建文、罗晴四位博士和李中浩、郑建东、华国贤、王彦栋、李想、肖睿六位硕士，作为课题顾问组专家（其中有的在攻读学位期间就从事相关选题的研究工作），在工作中始终关心课题的进展并参加咨询与讨论，提出研究方向和可行的改进建议，他们都对在铁路推进严格"按图行车"技术做出了重要贡献。

孙全欣教授、武旭副教授、姜秀山教授、张超教授、孙晚华教授、刘智丽副教授、贾传峻博士作为科研梯队的成员，主持或协助我完成了一系列的研究工作，对规划型铁路列车运行组织技术体系的逐步形成做出了贡献。

希望本书的出版有助于加快铁路改革的发展进程，早日在我国建成具有中国铁路特色的规划型铁路列车运行组织技术体系。

限于作者的理论和业务水平，书中可能有不妥之处，衷心期望读者给予批评指正。

作者
2017 年 5 月

目　录

1 铁路货物运输生产组织技术

1.1 铁路货物运输生产过程

铁路货物运输生产过程是指铁路运输企业从发货地接受货主托运时起,利用铁路线路、机车车辆等技术设备,将货物装入货车,并以货物列车方式从货物始发地运送到货物终到地,卸车后将货物交付给货主时止的运输全过程。在运输过程中,货车要经过装车站的发送作业、途中运送以及卸车站的终到作业;在运送途中有时还必须办理有调或无调中转作业。铁路货物运输生产过程可简要用图 1.1.1 表示。

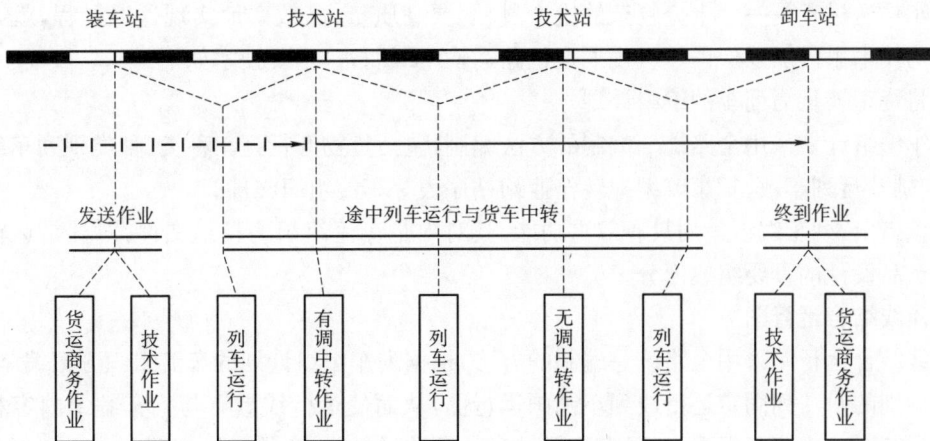

图 1.1.1　铁路货物运输生产过程图

1.2 规划型与组织型铁路货运生产组织技术

在货物运输生产过程中,为实现货物位移,铁路货运和行车工作一般包括如下组织技术:

1. 将社会货流转换为铁路货流的运输市场营销技术

货物运输"产品"的核心效用是运输对象的位移。因此,开展市场调查、产品开发、价格制定和推销等市场营销活动,所追求的目标是在运输供给容许的条件下,尽可能使更多的社会货物运输需求(货流)形成铁路货物运输企业的货流。从这种意义上讲,运输市场营销是运输企业提高运输经济效益的重要活动。

运输"产品"具有三个特性,即空间特性、时间特性和数量特性。空间特性反映的是运输"产品"完成跨越空间的障碍、克服距离的因素;时间特性是实现货物空间位移支付的时间成本;而数量特性反映的是"产品"数量,一般用货物周转量、货物发送量(件)表示"产品"规模的大小。在产品设计开发时,应充分考虑三个特性的效用。在综合交通运输体系日益完善的环境下,交通运输能力的供需矛盾基本解决,跨越空间障碍已不再是问题,交通运输的时间效用就成为重点。社会经济的发展使时间价值不断提高,运输是否带来时间的节省成为突出问题,在产品设计开发时考虑这一重大的社会经济发展要求已是客观必然。

2. 由铁路货流转换为车流及相关的货物装卸作业现代化技术

装车、卸车是铁路货物运输生产过程的起点和终点,它与铁路运输生产效率和列车运行安全等密切相关。

当前,铁路货车在装卸车站的停留时间约占货车周转时间的 30%。装卸作业是影响货车运用效率和货物运到时间的重要环节。此外,与装车相关的事故也时有发生,甚至危及行车安全。因此,必须加强装卸车管理、装卸车方法,笨重货物装载加固技术以及整列、成组装卸车机具和装备的研发等。

3. 货车输送和列车运行图技术

(1)规划型铁路运输组织主要技术

货车输送过程是一个十分复杂的生产过程,要高质量、高效率地实现这一过程,就必须有一系列的技术手段加以保证。就规划型铁路运输组织而言,主要技术如下:

①将货车转化为列车的编组计划

列车编组计划采用全路统一编制的方法编制,包括货物开行列车种类、种类别列车编组去向、去向别开行列车数、货车改编中转作业站站序表等车流组织文件。

应该指出,列车编组计划具有双重功能,其对内是车流组织的技术文件,对外是运输市场营销中产品设计的重要组成部分。

②流线结合运行图

流线结合运行图采用全路统一编制的方法,根据列车编组计划的车流组织方案编制,它规定对去向别的每一列固定运行线列车铺画运行图,从而使运行线具有与列车编组内容相结合特征的运行图。由此可以看出,具有流线结合特征的运行图,必须采用与列车编组计划分阶段统一编制的方法。

③技术站车流接续计划

车流接续计划根据列车编组计划规定的货车改编中转作业站站序和流线结合运行图等技术文件编制,是规定改编中转车在技术站发到列车之间接续关系的车流组织技术文件。

④货物运到期限测算系统

基于技术站车流接续计划编制的、货物运到期限测算系统测算的货物运到期限,可以用于向发货人承诺货物运到时限。

(2)当前我国铁路(组织型)运输组织主要技术

当前我国铁路(组织型)运输组织技术则只包括:

①由货车转化为列车编组计划

采用只有开行列车种类和种类别列车编组去向等内容的简化了的货物列车编组计划。

②组织型列车运行图采用根据当前实际车流并预计发展需要规定的行车量铺画列车种类别、列车编组去向别运行线的普通运行图。

4."按图行车"的调度指挥技术

对于规划型铁路运输组织,"按图行车"是由承担铁路日常运输工作组织的调度部门对参与运输过程的各部门、各环节、各工种进行组织协调,在列车编组计划、列车运行图等技术文件基础上,通过编制和执行调度日常工作计划、空车运用计划和列车运行调整计划等技术手段,协调运输"产品"的三特性,以体现货车输送过程的时间约束为中心,组织列车运行和车站作业的工作模式。它要求严格遵守货车输送和列车运行有关技术文件。

目前,我国铁路采用以当前运输工作实际状况和列车编组计划、运行图为依据编制的调度指挥日常工作计划,组织列车运行和车站作业的"按图行车"模式,这一模式主要体现了运输"产品"空间和数量特性,但忽视了货车输送时间的要求,列车编组计划和列车运行图,对实现货物运输的时间效用的作用被严重弱化。

1.3 铁路货运工作和行车工作

1.3.1 铁路货运工作和行车工作的区别

在货物运输生产的全部作业过程中,途中列车运行与货车中转及装车站发送作业和卸车站终到作业等生产活动,都是在路网线路和车站上组织货车移动相关的作业。一般情况下,这些作业活动与货主不发生直接关系,是铁路运输企业的内部生产活动,将其统称为铁路行车技术工作或活动,按照铁路运输组织原则,它必须在铁路运输系统内实施高度集中统一指挥。而装车站的货物始发作业和卸车站的货物终到作业中,要进行揽货、承运、装车、卸车、交付等系列货运作业与商务活动,承担完成这类作业活动的货运部门与收发货人要发生承托关系,并在交互中共同完成有关活动,一般称这类货物运输活动为铁路货运工作。可以看出,货运工作是铁路运输企业衔接运输市场的最直接的活动,在这一业务领域体现运输企业与市场的结合,只有按市场化机制运作,开展铁路货运产品设计、营销和实务等商务活动,才可能实现运输企业的市场化经营。由此可见,在铁路运输生产过程中,必须在货运工作中传导运输市场竞争要求,货运商务活动参与市场竞争,规划设计铁路货运"产品",行车技术工作执行货运工作的要求。部分国外铁路实际表明,一定条件下铁路行车工作和货运工作可以分离。在我国铁路网结构的具体情况下,按照货物运输到达地点对遍及全路网,实行车流径路、列车编组设计唯一性和货车的通用性特征而引发的路网不可分割性,决定了铁路运输位移产品只能由一个供应商提供。因此,铁路货物运输生产过程技术作业产品(位移产品)只能由掌握运输生产资源的运输企业整体性提供。但在货运工作中不同,可以按市场化经营机制引入不同的运营商,通过特色产品设计、差异性的高质量服务等营销手段,在运输市场展开充分的竞争,力争最大限度地吸引货源、货流。

1.3.2 铁路货运工作和行车工作的分工

就发生在装车站和卸车站上的货物运输生产活动而言,铁路货运工作和行车工作的划分如下:

1. 装车站的始发作业

(1)托运人以不同的形式向作为承运人的发站申报运输要求。

(2)发站受理托运人的运输要求,对符合运输条件的货物,均应及时承运。

(3)当由承运人装车时,托运人按指定的日期组织进货,发站验收货物及其运输包装。

(4)发站核收运杂费。

(5)发站向货物作业地点调配符合技术要求的空车。

(6)装车及施封。

(7)检查货车装载状态,车站货运部门与行车部门办理货车交接。

(8)发站由货物作业地点取车。

(9)货车在发站待挂、挂车或在发站调车场集结、待编、编组和出发场发车。

其中(1)~(4)和(6)等5项作业属于货运商务作业,(5)、(8)、(9)等3项作业属于技术作业,而(7)是两部门共同完成的作业。因此,在装车站货运部门与行车部门进行货物运输生产过程专业化分工时,责任分界时间可以设在完成"装车及施封"作业,并双方办理检查和交接手续之后的时间,或概念性地定义为完成装车的时点。时点之前作业的责任部门为货运部门,时点之后为行车部门(如图1.3.1所示)。

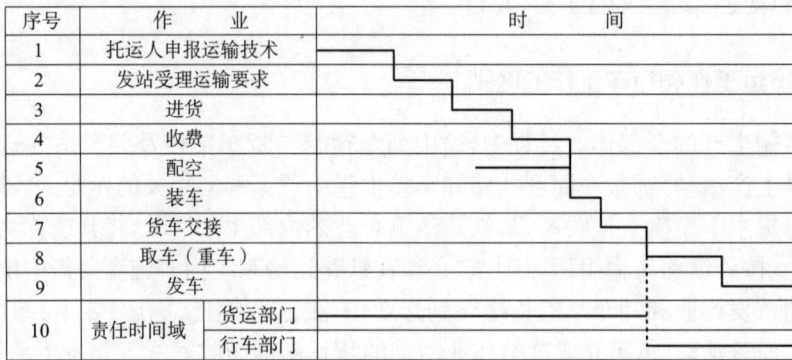

序号	作　　业		时　　　间
1	托运人申报运输技术		
2	发站受理运输要求		
3	进货		
4	收费		
5	配空		
6	装车		
7	货车交接		
8	取车(重车)		
9	发车		
10	责任时间域	货运部门	
		行车部门	

图 1.3.1　装车站始发作业专业化分工责任时间域示图

2. 卸车站的终到作业

(1)货物列车到达货车卸车站。

(2)卸车站将到达待卸重车送至货物作业地点。

(3)检查货车装载状态和铅封,车站行车部门与货运部门办理货车交接。

(4)卸车。

(5)由货物作业地点取出空车。

(6)办理货物交付相关货物作业。

其中(1)、(2)和(5)等3项作业属于技术作业,(4)和(6)等2项作业属于货运商务作业,而(3)是两部门共同完成的作业。因此,在卸车站行车部门与货运部门进行货物运输生产过程专业化分工时,责任分界时间可设在双方办理货车交接之后,卸车之前,亦即货运部门的开始责任时点为办理交接终了(如图1.3.2所示)。为简明起见,这一时点也可以概念性地定义为开始卸车的时点。

1.3.3　铁路货运工作的经营主体

1. 货运中心

以铁路地区车站货运设备设施为依托,组建作为铁路货运业务工作基层单位的货运中心,承担铁路货物运输发、到站(地区)的货运业务、货物装卸和相应的服务工作。货运中心按铁路货运改革形成的经营机制开展经营活动,是既有铁路货运业务工作方式的拓展。

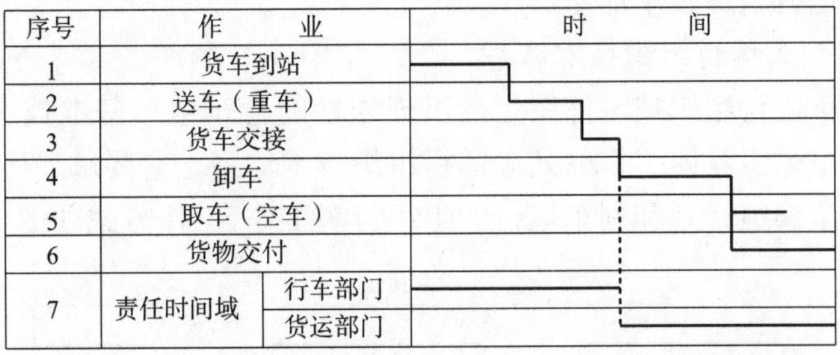

序号	作 业		时 间
1	货车到站		
2	送车（重车）		
3	货车交接		
4	卸车		
5	取车（空车）		
6	货物交付		
7	责任时间域	行车部门	
		货运部门	

图 1.3.2　卸车站终到作业专业化分工责任时间域示图

2. 货运公司

以铁路地区车站货运设备为依托,组建货运公司,作为独立的(或对内作为铁路货运业务部门)运输经营人,再按市场化经营机制运作的运输市场经营货物运输业务,它与货运中心不同之处在于:

(1)货运公司是具有独立法人资格的运输经营人。

(2)货运公司以组织铁路地区内货物集运、集结、仓储、装卸、货物分运和配送等货运工作为主营业务,同时兼营面向其他交通运输方式的货流组织工作,可以将经营范围扩大到整个货物运输市场。

(3)不同运输方式间的中转业务和货物到达业务,可由本公司在当地的机构办理,或通过协议委托当地的机构办理。

应该指出,组建铁路货运公司参与市场竞争,是铁路货物运输改革发展方向之一。

1.4　规划型和组织型铁路列车运行组织技术体系

1.4.1　铁路列车运行组织技术体系的划分

众所周知,对于一条铁路线或一个铁路区段,每天只运行一对货物列车,铁路可以按照货主的运输时间需求,适时地组织列车出发运行。但是,随着线路的增加,成网甚至形成结构复杂的大型铁路网,铁路客货运量、区段行车量也随之增加。铁路列车运行组织就变得越来越复杂了。本书将这类具有一定路网规模、一定客货运量、一定区段行车量的铁路定义为路网型繁忙铁路。我国、俄罗斯、德国等国家铁路均属于这类铁路。美国铁路路网规模大、货运量大,但是通过采用重载运输等区段行车量小,不属于本书定义的路网型繁忙铁路。

为安全、迅速、高效率、高质量地实现铁路运输过程,路网型繁忙铁路列车运行组织通常都包括列车运行图、列车编组计划和调度指挥等基本组织技术。其中,列车运行图和列车编组计划是年度或季度规划型铁路运输行车组织基本技术,而调度指挥则是日常组织性的行车组织工作技术。

尽管路网型繁忙铁路运输行车组织工作的基本原理是完全一致的,但是对行车组织工作两部分工程技术(指年度或季度规划型铁路运输行车组织基本技术和日常组织性的行车组织工作技术)的设计及其地位和作用的处理却不是完全相同。以对两部分工程技术的设计及其地位和作用的处理为特征,可将路网型繁忙铁路运输行车组织技术归纳为规划型和组织型两种基本类型的列车运行组织技术体系。

1. 规划型铁路列车运行组织技术体系

规划型铁路列车运行组织技术体系是指以规划性的行车组织基本技术文件为基础,辅之以日常组织性的行车组织具体工作的列车运行组织技术体系。它要求严格按协调体现了运输"产品"三特性的列车编组计划和列车运行图组织行车工作,工作方式如图 1.4.1 所示。

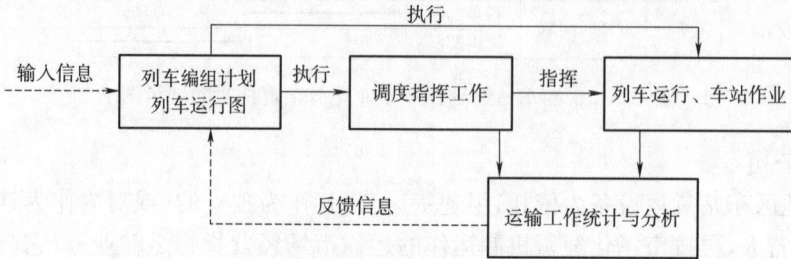

图 1.4.1　规划型列车运行组织技术体系工作方式图

规划型铁路列车运行组织技术体系下的行车组织工作以充分满足运输市场对运输服务质量要求、提高铁路运输产品的竞争能力为目标,以可靠的货源、货流调查资料和准确的运输统计分析资料、车流资料为依据,运用系统规划的原理编制确定流线紧密结合的列车编组计划和列车运行图。在通常情况下,对于列车编组计划和列车运行图的系统设计既可以达到较为优化的结果,又可以满足日常运输工作的需要。

质量良好的列车编组计划、列车运行图的系统设计,达到了可直接执行的要求。因而在日常运输工作中,除特殊情况外,车站可直接组织"按图行车"。显然,在这一体制下,调度指挥工作是辅助性的,它的职责在于更好地组织实现"按图行车",并完成日常运输统计分析工作。

2. 组织型铁路列车运行组织技术体系

组织型铁路列车运行组织技术体系是指以组织性的行车基本技术文件为依据,以日常组织性的行车组织具体工作为主的列车运行组织技术体系。它要求按调度工作的日常运输工作计划组织行车,工作方式如图 1.4.2 所示。

图 1.4.2　组织型铁路列车运行组织技术体系工作方式图

组织型铁路列车运行组织技术体系下的行车组织工作以充分利用铁路运输设备能力、不断提高机车车辆运用效率为目标,以货源、货流调查资料和运输统计分析资料、车流资料为依据,运用系统规划的原理编制确定普通列车编组计划和列车运行图。在这种情况下,列车编组计划和列车运行图具有一定的假定性和轮廓性,通常没有流线结合的设计。它既不能保证系统工作达到优化的结果,也不能满足日常运输工作的需要。

组织型列车编组计划和列车运行图的性质,决定了调度指挥工作在行车组织工作中的主导地位和重要作用,即行车组织工作在列车编组计划和列车运行图的指导下,必须根据日常运输工作变化了的情况,通过调度指挥的日常运输工作计划来具体组织行车工作。

3. 规划型与组织型铁路列车运行组织技术体系对比

显然,规划型铁路列车运行组织技术是与市场经济体制相适应的铁路行车组织方法。按规划型铁路列车运行组织技术组织行车工作具有"铁路运输工作程序化、列车运行规律化、站段作业标准化"的特点,因而可以取得运输生产秩序稳定、运输服务质量高、日常运输组织工作简化、铁路运营工作现代化便于实现的必然结果。但是也应该指出,列车编组计划和列车运行图适应变化的能力是有一定限度的。为此,采用规划型行车组织方法的铁路企业,必须具有完善的规章制度、较高的基层工作水平和一定的铁路通过能力储备,并允许货物列车不满轴发车。两种技术体系的比较见表1.4.1。

表 1.4.1　两种技术体系的比较分析表

项　目		规划型铁路列车运行组织技术体系	组织型铁路列车运行组织技术体系
行车组织技术体系	核心技术	列车运行图、列车编组计划	调度指挥技术
	目标	协调运输"产品"三特性,突出运输时间效用	以运输"产品"的空间和数量特性为主
核心技术	列车运行图技术	流线结合技术;车流接续技术;运行线运用技术;弹性运行图技术	不具有特征技术的普通列车运行图
	货物列车编组技术	以运输经济效益最大化为优化目标	以最小化车小时为优化目标
	技术站货车集结模式	采用定时集结模式,可能引起列车不满轴发车,损失运输能力	采用定编集结模式,可能引起晚点发车,损失列车正点率水平
	技术站车流接续技术	按货车改编中转计划接续	按调度计划接续
	货运时刻表技术	通过货运时刻表实现;货物输送过程透明;货物送达时间可知	没有货运时刻表;货物输送过程不透明;货物送达时间不可知
效果	运输量与运输质量	确保质量第一,数量第二	降低质量换取数量
	通过能力利用	要求通过能力留有一定余量	要求通过能力留有一定余量
	运输质量适应性	运输产品质量适应运输市场需要	运输产品质量不满足市场需求
	运到期限执行	严格	不严格

1.4.2　我国铁路列车运行组织技术体系的运输质量分析

长期以来,以实行计划经济体制为特征的我国铁路采用组织型列车运行组织技术体系。社会主义市场经济体制在我国已初步形成的经济环境下,垄断性的运输经营已开始转变成为以竞争为特征的运输市场,组织型列车运行组织技术体系已不适应市场对运输质量的要求,它表现为:

1. 铁路货物运输时效性差

铁路货物运输的时效性可以用反映货物运输全过程运输效率的货物送达速度指标表示。

为了说明当前我国铁路货物运输货物送达速度所能达到的实际水平,现根据统计数据、按货车周转时间指标测算的方法对货物送达速度进行测算,测算结果见表 1.4.2。受计算数据的限制,这一计算是针对大宗稳定物资和零散白货物资总量计算的全路平均值。由表 1.4.2 数据可以看到,几十年来我国铁路实际货物送达速度指标,始终在 10 km/h 以下的低水平徘徊,直到 2005 年才开始超过 10 km/h,但仍然是低水平的,到了 2015 年又下降到 9.9 km/h 的水平。

表 1.4.2　铁路货物运送速度计算表

年份	货物送达时间及结构比重										货物平均运程(km)	货物送达速度(km/h)
	绝对值(h)					结构比重(%)						
	在货运站	在技术站	在区段内		计	在车站				在运行中		
			运行中	在中间站		货运站	技术站	中间站	计			
1949	26.2	12	8.2	8.5	54.9	47.7	21.9	15.5	85.1	14.9	329	6
1955	21.2	14	12.6	7.8	55.6	38.1	25.2	14.0	77.3	22.7	502	9
1960	25.2	15.9	12.4	8	61.5	41	25.9	13	79.8	20.2	497	8.1
1970	30	14	13.1	5.2	62.3	48.2	22.5	8.3	79	21	525	8.4
1975	34	17.1	12.2	6.4	69.7	48.8	24.5	9.2	82.5	17.5	489	7
1980	26.2	15.5	13.1	6.8	61.6	42.5	25.2	11	78.7	21.3	526	8.5
1985	28.4	18.5	12.7	11.8	71.4	39.8	25.9	16.5	82.2	17.8	636	8.9
1990	33.8	22.2	14.5	12	82.5	41	26.9	14.5	82.4	17.6	725	8.8
1995	35.8	26.2	16.1	12.1	90.2	39.7	29	13.4	82.2	17.8	806	8.9
2000	46.2	27.7	17.3	10	101.2	45.7	27.4	9.9	82.9	17.1	867	8.6
2005	30.4	22.3	14.5	12.5	79.7	38.1	28	15.7	81.8	18.2	867	10.9
2010	32.4	23.4	13.2	12.4	81.4	39.8	28.7	15.2	83.8	16.2	855	10.5
2012	32.2	18.6	13.2	11.8	75.8	42.5	24.5	15.6	92.6	17.4	855	11.3
2015	37	21.3	11.5	10.3	80.1	46.2	26.6	12.9	85.6	14.4	795	9.9

对公路货物运输的抽样调查表明,公路货物送达时间普遍较短,一般 499 km 以内只需要 1 d。如果从上海到苏州、杭州等地 1 d 可运达,而运到广州也只需 2~3 d。因此,若将铁路、公路货物运输的货物送达速度加以比较,可以明显看出,铁路货物运输的货物送达速度要较公路运输低得多,时效性远不如公路运输。仅此一项就足以说明铁路零散白货运输在短途运输,甚至中长距离运输中为什么缺乏市场竞争能力。

2. 铁路货物运输的货物送达准时性差

按现行货运组织方式组织列车运行,"按图行车"的意识也相对比较薄弱。运输实践表明,在这一货运组织体制下,货物列车始发和运行实际正点率即便是按班计划考核也普遍在 70%以下。此外,货车在列车改编站的车流接续缺乏计划安排,随机性很大,接续时间没有可靠保证。因而,当前我国铁路货物运到时间大部分仍处于不可知状况。

在市场经济条件下,对于价高、时效性强的货物,根据市场需求,货主通常对货物运到时间有具体要求,甚至愿意为此付出高额的运输费用。因此,铁路货物运输时效性差、货物运到的时间不可知状况,已成为严重影响铁路运输企业形象、丢失货物运输市场份额的至要因素。

3. 货物运输全过程组织的计划性差

我国铁路现行货运组织体制,以货物列车编组计划为基础,将货物运输全过程划分为若干个列车运行区段,按编组计划规定的列车种类组织满轴编组,选择列车运行图相应的运行线组织列车运行,货车在不同列车运行区段的不同列车间车流接续缺乏统一的安排。因此,货车在发到站间输送全过程选择的编挂车次、在技术站的车流衔接都是随机的,亦即反映为铁路货物运输全过程组织的计划性差,它导致:

(1)不可能推定货物运输全过程消耗时间计划,货主托运时无法具体掌握货物运到时限,铁路运输企业也没有条件向货主承诺货物运输时间。

(2)技术站车流组织和调车工作随机性大,列车运行调度指挥困难,货物列车始发、运行正点率水平低。

(3)区段内的列车运行随机性大,列车运行调度指挥困难,货物列车始发、运行正点率水平低。

因此,我国铁路行车组织技术体制必须坚决彻底改革,逐步向规划型技术体系转变。

1.4.3 规划型铁路列车运行组织技术体系的框架设计

规划型铁路列车运行组织技术由货车输送和列车运行图系统、按图行车调度指挥技术两部分组成。

货车输送和列车运行图系统包括列车编组计划、列车运行图、技术站车流接续计划和货物送达时间测算系统 4 项技术、12 项功能(如图 1.4.3 所示)。图 1.4.3 中"——→"表示箭头两边技术的依存关系,即前者为后者的编制依据,并需要统一编制。客货流计划作为系统的输入信息,由客货运计划部门提供。据此,图 1.4.3 中全部文件应是依次统一编制的系统文件。

按图行车调度指挥技术由三部分组成(如图 1.4.4 所示):

(1)货车输送和列车运行图系统技术文件库,包括货车输送和列车运行图系统的全部文件,供编制调度工作日常计划使用。

(2)调度工作日常计划,是调度机构组织日常工作的依据。

(3)铁路运输生产活动,包括车站作业和列车运行两部分。根据调度工作日常计划组织车站作业和监控列车运行。

本书旨在研究列车运行组织技术的理论和方法,每一项实用技术都需通过计算机系统来实现。因此,规划型铁路列车运行组织技术的实现,在相关理论和方法的基础上,还有待计算机系统的研发来完成。货车输送和列车运行图系统是年度性的技术文件,原则上按年度编制,但为适应季节性运输需求的变化,季节性的调整是不可避免的。为此,要求软件系统具有适应季度、月度调整需要的功能。

```
┌─────────────────────────────────────────────────────────────┐
│  ┌──────────┐   系统     ┌──────────┐                         │
│  │ 客流预测 │   统       │ 货流预测 │                         │
│  └────┬─────┘   输       └────┬─────┘                         │
│  ┌────┴─────┐   入       ┌────┴─────┐                         │
│  │ 客流计划 │           │ 货流计划 │                         │
│  └──────────┘           └──────────┘                         │
└─────────────────────────────────────────────────────────────┘
 ┌──────────────┐      ┌──────────────┐      ┌──────────┐
 │旅客列车开行方案│      │货物列车编组计划│─────▶│ 区段行车量│
 └──────┬───────┘      └──────┬───────┘      └──────────┘
                                              ┌──────────┐
                                              │ 能力利用 │
                                              └──────────┘
 ┌──────────────┐   ┌──────────────┐          ┌──────────┐
 │ 旅客列车运行图│──▶│ 货物列车运行图│─────────▶│区段通过能力│
 └──────┬───────┘   │（流线结合方案）│          └──────────┘
                    └──────┬───────┘
 ┌──────────────┐
 │ 旅客列车时刻表│
 └──────┬───────┘
```

┌────────────────┐ ┌──────────────┐ ┌──────────────┐
│装车地始发直达列车│ │快捷货物运输时刻表│ │技术站车流接续计划│
│货物运输时刻表   │ └──────────────┘ └──────┬───────┘
└────────────────┘   ┌──────────────┐
                                     │货物运到时限测算系统│
                                     └──────────────┘

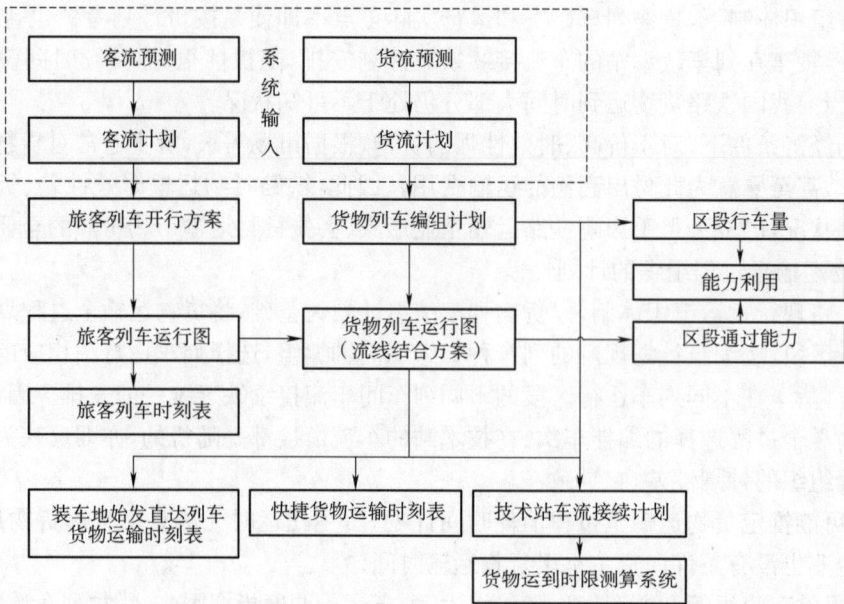

图 1.4.3 货车输送和列车运行图技术文件关系图

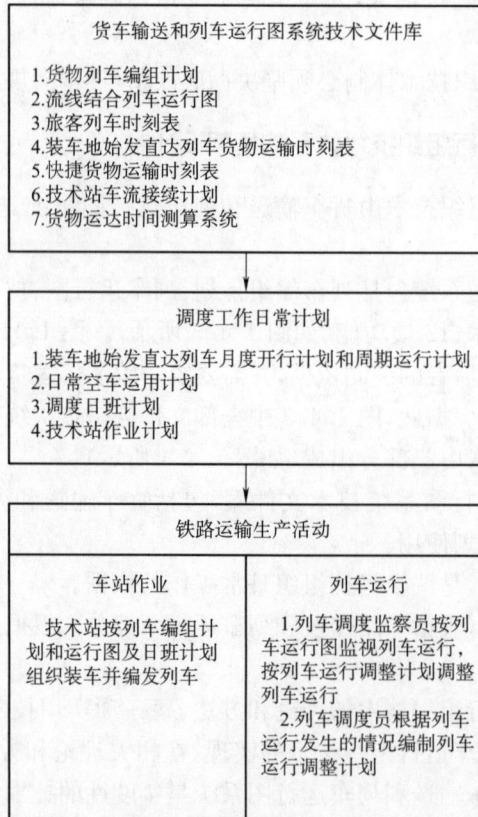

┌─────────────────────────────────┐
│ 货车输送和列车运行图系统技术文件库 │
│ 1.货物列车编组计划   │
│ 2.流线结合列车运行图   │
│ 3.旅客列车时刻表   │
│ 4.装车地始发直达列车货物运输时刻表 │
│ 5.快捷货物运输时刻表   │
│ 6.技术站车流接续计划   │
│ 7.货物运达时间测算系统   │
└────────────────┬────────────────┘
┌─────────────────────────────────┐
│ 调度工作日常计划   │
│ 1.装车地始发直达列车月度开行计划和周期运行计划 │
│ 2.日常空车运用计划   │
│ 3.调度日班计划   │
│ 4.技术站作业计划   │
└────────────────┬────────────────┘
┌─────────────────────────────────┐
│ 铁路运输生产活动   │
│ 车站作业   列车运行   │
│ 技术站按列车编组   1.列车调度监察员按列│
│ 划和运行图及日班计 车运行图监视列车运行，│
│ 划组织装车并编发列车 按列车运行调整计划调整│
│   列车运行   │
│   2.列车调度员根据列车│
│   运行发生的情况编制列车│
│   运行调整计划   │
└─────────────────────────────────┘

图 1.4.4 组织"按图行车"的调度指挥技术文件图

2 铁路运输业重组探索和铁路货运公司

2.1 铁路和铁路运输的基本特性

1. 铁路的公益性和商业性

作为国民经济的基础产业,不同铁路线在经济和社会发展中的地位和作用不尽相同。根据不同线路在路网中的作用,铁路可分为公益性铁路、商业性铁路及公益性和商业性两者兼备的铁路。

由于公益性铁路建设和运输服务难以从市场中获得正常的投资和经营收益,因而不能通过市场来提供。在这种情况下,政府出于社会利益的需要就成为合理的提供者。而在经济发达、运输市场发育比较完善的区域,铁路的建设和运营又具有明显的商业性,具备一般竞争性行业的经营特征。这种双重属性反映在铁路管理体制上就会产生两个方面的问题:一方面,当铁路运输企业作为市场主体追求赢利性业务的收益时,很多关系重大的公益性服务得不到保证,从而影响社会福利的水平;另一方面,当铁路运输企业承担公益性服务而不考虑运输成本和收益时,又必定会向政府提出相应的补贴要求,同时也影响企业改进服务和降低成本的激励,铁路资产的配置效率难以提高。

因此,作为既提供商业性产品,又提供公共性、准公共性物品的特殊行业,铁路不可能完全市场化,即只存在一个市场化的比重。铁路的市场化改革应主要集中在其商业性领域,如拥挤性强、客货运输运量集中、经济发达地区的高速铁路等。而对具有明显公益性和公共性的国防运输、少数民族铁路、西部欠发达地区铁路等属于国有经济难以退出的领域,其产品应以公共提供甚至政府提供为主,建立相应公益性运输补贴制度。

2. 铁路运输业规模经济性和范围经济性要求全网联合作业

铁路运输业属于典型的自然垄断产业和网络型基础产业,其显著的规模经济性和范围经济性要求全网联合作业。作为相对特殊的经济部门,网络型基础产业的共同技术特征是:必须通过各类网络传输系统才能完成产品的生产和销售过程,这些产业的投资建设、市场准入条件、生产经营方式和组织结构都有别于一般工商业,而且通常具有自然垄断性、公共性、外部性和互联互通特性。

作为网络型基础产业,铁路具有极强的规模经济性和范围经济性,也要求必须有一个完整统一的网络才能提供社会化服务。这种规模经济性在于产生要素的不可任意分割性,它要求企业生产经营规模必须足够大,才能有效降低单位产品的平均成本,才能有经济和技术实力来确保提供优质服务,从而在市场上获得竞争优势;而范围经济性则在于成本的弱增性,它要求企业必须将密切相关的业务有效地聚合起来,进行一体化经营,以节约市场交易费用而增强竞争力。

铁路在生产组织上所表现出来的全程联合作业,正是规模经济和范围经济规律共同作用且互相强化的结果。因此,在铁路运输改革过程中,必须确保运输网络的完整统一,以提高铁路运输效率和运输服务质量。

3. 在铁路行车工作中实行集中统一指挥

实现客、货位移的铁路行车工作是一个包括机务、车务、工务、电务、车辆、供电六大部分的运输生产大系统,为确保各生产环节的协调动作,必须建立统一的调度指挥系统。而铁路货物运输的基本运输单元是由若干辆货车和机车组成的列车,货车的始发、终到站又涉及全国路网的所有车站,组织货物列车输送的列车运行图、车流径路、货物列车编组、日常货车输送计划等必须面向全路统一编制、货车运用和运输能力分配必须全路统一安排,针对上述技术特征,承担货车输送的铁路运输公司在行车工作中,必须对全路实行高度集中统一指挥。同时,为确保可能在网络任一地方发生的抢险、救灾运输,国家临时紧急调拨物资运输、军事运输等特殊需求运输,全路做出最快速的反应和统一部署,确保国家安全、社会和谐,也必须对全路实行高度统一指挥。

4. 通过"业务分离"引入竞争

显然,铁路在生产组织上所表现出来的、不可切割的全程联合作业、全路集中统一指挥和运输产品垄断供给的特性与铁路货运市场化改革是相悖的,而解决运输产品垄断供给和市场化经营这一矛盾的办法只能是"业务分离"。

对基于网络的企业,"业务分离"是指把竞争性业务从基础网络中分离出来。实现货物位移的铁路运输生产过程包括运输服务性工作和行车技术性工作两类作业。运输服务性工作是指运输生产过程中与货主直接发生关系,并在交互中共同完成的商务活动,其可以引入竞争,按市场化经营机制运行;而行车技术性工作是以路网为依托、以运载工具为载体,组织实现货物位移的作业,一般情况下不与货主直接发生关系,它只能由掌控运输工具的铁路运输企业来完成。也就是说,铁路运输产品(位移产品)只能由拥有运输工具的运输企业垄断提供。由此可见,要在铁路运输业中引入竞争,也只有通过把运输服务性工作从铁路运输企业中分离出来,才能实现。

2.2 铁路运输业重组探索

2.2.1 "区域公司"和"网运分离"

铁路运输企业是以铁路网为依托、质量良好地组织实现客货运输过程的超大型企业。其中铁路网是铁路运输企业依托的基础设施,客货运输过程组织是运输企业的实务。为了提高企业管理效率和适应市场变化能力,按专业分工的原理,适当划分企业职能,对铁路运输企业进行企业重组已为世界各国铁路发展的必然。

铁路运输业重组研究中,着重提出了组建"区域公司"和"网运分离"两类模式。区域公司模式是指以经济或行政区域为重要依据,将全国铁路网划分为相对独立的若干个区域性子网络,组建区域公司,组织铁路客、货运输经营。通过组建合理经营规模和有效管理范围的区域公司,可以有效地提高企业管理效率、提高企业对市场变化的应变能力,但由于铁路客、货运经营方式不变仍不能解决铁路对运输市场垄断的问题,却因此而人为地增加了跨区域运输的交易成本,影响了全国铁路运输工作的集中管理和统一调度指挥,降低运输效率。显然,从质量良好地组织铁路运输、提高运输效率,建立市场经营机制出发,通过划分路网组建区域公司的方案是不可取的。

国外铁路体制改革的实践和我国铁路体制改革的大量研究表明,在实现铁路政企分开的基础上,铁路体制采用"网运分离"模式是较为有利、可行的选择,该模式将铁路运输资源管理和铁路客、货运输经营分开,可以优化资源配置,强化资源质量管理,有效地提高运输资源的利用效率和效益。

"网运分离"模式的三分方案,在已有研究中是比较受重视的方案,它将路网与路运完全分离,分别组建路网公司、货物运输公司和旅客运输公司。三分方案的特点是路网产权明晰、所有权和使用权分离、客货分开;路网保持完整,有利于在行车工作中实施集中统一指挥。问题是仍保留铁路货物运输公司,通过独家掌控铁路运输资源,垄断铁路货物运输市场的经营机制。因此,三分方案还不是改革的目标方案。

2.2.2 铁路运输业重组方案

1. 铁路运输业"网""运"分离必须满足的基本要求

(1)提高铁路运输效率和运输服务质量,增强铁路竞争力

铁路运输业重组方案应有利于推行铁路运输生产过程专业化分工、货运集中化、车流集中化等方面的运输管理体制改革,改善铁路运输资源的运用,加速货物送达,以提高铁路运输效率和运输服务质量。

(2)建立铁路运输市场化经营机制,创建公平的市场环境

由铁路一家垄断铁路运输市场的现状,养成了"铁老大"的经营意识和相应的管理方法,不利于运输服务质量的提高,不能充分满足人民生活水平提高和经济发展多样化的运输需求。通过体制改革组建运输经营人性质的铁路货物运输公司,同时允许符合市场准入条件的其他运输经营人进入铁路货物运输市场,且享受铁路货物运输公司相同的待遇,建立铁路运输市场化经营机制,创建公平竞争的市场环境,可以从根本上杜绝铁路货物运输公司对铁路货物运输市场的垄断。

(3)遵循铁路行车工作的技术特征,全路实行高度集中的统一指挥

如前所述,针对铁路货物运输的基本运输单元是由若干辆货车和机车组成的列车,而货车的始发、终到站又涉及全国路网的所有车站,组织货车输送的列车运行图、车流径路、货物列车编组、日常货车输送计划等必须面向全路统一编制、货车运用必须全路统一安排的技术特征,承担货车输送的铁路运输公司在行车工作中,必须对全路实行高度集中统一指挥。

2. 组建铁路路网公司、铁路运输公司、铁路货运公司和铁路客运公司的四分方案

(1)四分方案

①铁路路网公司

铁路路网公司是路网、线路资产管理公司,拥有铁路网、线路基础设施和相关技术装备的产权,承担路网发展规划编制、资金筹集、新线建设和旧线改造工程投资和监管。

目前,我国铁路包括国家铁路(含国家控股铁路)、合资铁路和地方铁路等。"网运分离"模式下的路网是指线路相互衔接联网而成的国家铁路、合资铁路和地方铁路。因而,路网公司是国家铁路路网公司和联网合资铁路公司、地方铁路公司的总称。

②铁路运输公司

铁路运输公司在铁路货物运输生产过程中,是承担与实现客、货位移相关的列车编组、列车运行、货车中转等行车作业的铁路运输生产企业。铁路行车作业的技术性、专业性很强,是与货主不直接发生关系的铁路运输生产企业内部作业。因此,铁路运输公司的行车作业系统是一个封闭的作业系统。在我国铁路网结构的具体情况下,按照客、货物运输发到地点对遍及全路网,使用车流径路、列车编组计划唯一性和货车运用的通用性特征而引发的路网不可分割性,决定了铁路运输位移产品只能由一个供应商提供。因此,铁路货物运输生产过程技术作业产品(位移产品),只能由掌握运输工具的铁路运输公司垄断提供。

铁路运输公司拥有机车车辆,通过向路网公司租用路网线路基础设施的使用权,组织客、货列车运行,向铁路客运公司、铁路货运公司提供以列车公里或车公里为计量单位的运输产品,并承担基础设施和机车车辆的养护、维修。

③铁路货运公司

铁路货运公司是以组织铁路货运业务、货物集运、集结、仓储、装卸和配送等货运工作为主营业务(同时兼营面向其他交通运输方式的货流组织业务),具有运输经营人性质的运输企业,是铁路货运市场的经营主体。铁路货运公司通过向路网公司租用货运站场库设备,向铁路运输公司购买列车运行线等货物运输产品,组织货物运输经营,并承担货运站场库设备的养护、维修。一般情况下,铁路货运公司不必购置货车,但必要时也可以拥有公司自备货车。

④铁路客运公司

铁路客运公司是以组织铁路客运业务、站车服务为主营业务的运输企业,它通过向路网公司租用客运站等旅客运输设备,向铁路运输公司购买列车运行线,组织旅客运输经营,并承担客运站设施的养护、维修。

(2)四分方案的特点

①路网产权明晰

四分方案将路网和路运分离、资产的所有权和使用权分离,路网产权明晰,有利于加强路网资产管理,提高路网运输资源的适应性和利用效率。

②保持路网完整性

铁路运输生产是一个以路网为依托,通过组织列车运行,实现运输对象(客、货)从始发站向终到站输送的复杂大系统,系统规模随路网规模的变化而变化。显然,以整个路网为依托的铁路运输生产,可实现全网联合作业,并可以通过制定全路统一的车流径路,编制优化的列车编组计划等,最大限度地提高货物运输直达化水平和货物送达速度,改善货车运用。同时,也可以确保救灾、抢险物资运输,国家临时紧急调运物资运输和军事运输等特殊情况需要运输全线做出最快速的反应和统一安排。应该指出,当前我国铁路运输效率和运输系统可靠性比较高,与我国采用基于整个路网组织运输生产的管理体制是有关的。

③为各类运营商进入铁路货运市场创造条件

在四分方案设计中,由铁路运输公司掌握货车运用,一方面削弱了铁路货运公司货车运用的优先权,在相当程度上可以解决铁路行业垄断问题;另一方面,由于铁路货运公司的固定资本少,降低了市场准入门槛,为各类运营商进入铁路货运市场提供了可能,可以在商业性铁路的运输市场建立完善的市场化经营机制。

各具经营特点的铁路货运运营商虽然在公司规模、固定资本、经营能力等方面均较铁路货运公司小,但在铁路运输市场中,它也可以与铁路货运公司一样,通过向路网公司租用或向铁路货运公司转租货运站装卸车、场库设备,或修建专用线建立基地,通过与铁路运输公司共同设计,且购买特色货物运输产品,经营铁路货物运输,通过市场竞争,获取一定的市场份额。

④客货运业务与行车工作分开,客货运分开

在铁路运输生产中,将与客户发生关系、在交互中共同完成的,可以按市场化机制运作的客货运业务,与一般不和客户发生直接关系的行车工作分开,客货运分开,实行专业化分工。一方面可有效地提高运输效率和运输服务质量,另一方面也可以在铁路运输公司内的行车工作中实施高度集中统一指挥。

3. 铁路路网运输公司、货物运输公司和旅客运输公司的新三分方案

为了减少改革的难度,也为了减少管理层次,可以将具有垄断性质的铁路路网公司和铁路运输公司合并,组建铁路路网运输公司,而形成新的三分方案。

这时,铁路路网运输公司既是路网的资产管理公司,又是路网的运输公司,拥有铁路网、线路基础设施和相关技术装备的产权,并承担与实现客、货位移相关的行车作业。

新三分方案的特点是路网的资产和运营集中管理,有利于路网发展规划与运输需求的协调,但铁路路网运输公司规模和管理范围过于庞大,不利于提高管理效率,不应作为目标方案,但可以作为过渡方案采用。

2.2.3 铁路货运运营商

在铁路货物运输业务面向运输市场开放的条件下,具有运输经营人资格、在一定区域范围或全路、全国范围内拥有运输业务网、经营铁路货运业务的运营商可有:

(1)铁路货运公司。同一结点区可能出现多家铁路货运公司。

(2)铁路专业运输公司,如铁路集装箱运输公司、铁路快运公司等。

(3)国营、民营物流公司。

(4)拥有专用线或专用铁道和整列或成组装车条件的大宗物资企业的运输公司等。

因此,在铁路货运中将形成一个以铁路货运公司为市场经营主体、由多个具有相同市场地位的货运运营商参与竞争,按市场化经营机制运作的运输市场。

2.3 货物运输工作组织基本理论

2.3.1 货物运输工作组织体制

货物运输业务的具体组织方法可以有多种,但就其组织体制来说,基本上可以划分为两大类。

1. 货主直接托运制

货主直接托运制是指由货主与掌握运输工具的运输企业直接发生托运与承运关系的运输工作组织体制。采用这类货物运输工作组织体制的货物运输过程如图2.3.1所示。

2. 运输承包发运制

运输承包发运制是指由货主与运输承包人发生托运与承运关系,并由运输承包人组织实

现货物运输过程的运输工作组织体制。采用这类货物运输业务组织体制的货物运输过程如图2.3.2所示。

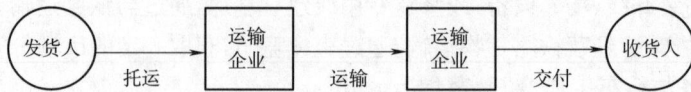

图 2.3.1　货主直接托运制运输过程示意图

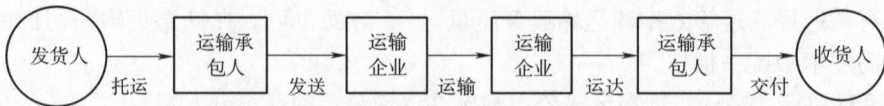

图 2.3.2　运输承包发运制运输过程示意图

当前,我国以第一类运输业务组织体制为主,而国外大多数国家则同时采用上述两类运输业务组织体制。随着第二类运输业务组织体制的不断发展,通过它实现的货物运输量也不断增加。

在国外,运输承包人(或称运输经营人)通常是具有一定组织机构的运输承包公司(或称运输承包商),而在我国则是诸如物流公司之类的运输公司,即在我国运输承包发运制是通过物流公司等介入货物运输过程的方法来实现的。运输经营人在货主与掌握货物运输工具的运输企业(如铁路、汽车运输公司、航空运输公司、内河运输公司和海运轮船公司等)之间起联系桥梁的作用,而这一作用在我国货物运输工作中正越来越显示出它的积极意义。

运输承包发运制及运输经营人工作的作用主要反映在以下方面:

(1)将整个货物运输过程划分为交通运输工具载运工作和货运输业务工作两部分,并分别由掌握运输工具的运输企业和运输经营人来承担,实现运输过程组织工作的专业化分工,相对简化了运输企业的运输组织工作,有利于提高运输工作质量。

(2)保证货物运输过程实现一票到家的"门到门"运输。在有多种运输工具参加实现货物运输过程的条件下,通过运输经营人的中转业务,可以顺利地实现不同运输工具间的紧密衔接和配合,从而实现"门到门"运输,有利于提高运输服务质量。

(3)保证利用最合理的运输方式,以最经济有利的运输径路实现货物运输过程。在各种交通运输方式线路交织成网的情况下,交通运输方式和运输径路常常可以有多种选择。由于运输经营人是组织货物运输的专业公司,对交通运输方式和运输径路的选择有丰富的专业经验,且联系着掌握不同运输工具的运输企业,因而它可以为货主选择一种最有利的运输径路(采用单一运输工具的直达运输或采用多种运输工具的联合运输),既可以节省运输费用,又可以合理运用各种运输工具。

(4)简化货主托运手续,最大限度地方便货主。对于工厂、企业,通过运输经营人办理货物运输,可以减少办理货运手续人员和工厂、企业的场库设备。

(5)运输经营人所具有的一定数量的储运能力,构成了对运输企业日常运输工作的调节机能,从而增加了运输企业港、站工作的弹性。当港、站货物集中到达时,货物可通过运输经营人所沟通的渠道迅速疏散或转入运输经营人的场、库;当港、站装运能力不足时,运输经营人可储存一定数量的货物,从而缓和对港、站的压力。

(6)运输经营人对承运货物的受理、检斤、验货等货运作业,对运输企业承运货物来讲,是具有一定精度的初加工过程。它不仅大大减少了港、站对承运货物的货运业务工作量,提高了港、站工作效率,而且可以有效地提高货物作业的安全性,减少货损、货差事故。

由此可见,运输承包发运制是一种先进的货运工作组织体制,它不仅方便货主,而且可以提高运输服务质量,有利于专业运输企业进一步提高运输组织水平和运输生产效率。

2.3.2 运输经营人

1. 运输经营人的性质

运输经营人是指经营运输的企业或组织,亦即本人或通过其代表订立运输合同的任何人,他是事主,不是发货人的代理人或代表,也不是参加运输的承运人的代理人或代表,并负有履行合同的责任。

这就是说,运输经营人不是发货人的代理人或代表,也不是参加运输的承运人的代理人或代表,而是运输的当事人,是一个独立的法律实体。对货主来说,运输经营人是货物的承运人,但对分承运人来说,运输经营人又是货物的托运人。运输经营人一方面同货主签订运输合同,另一方面又以托运人身份与分承运人签订运输合同,所以具有双重身份。但在联运方式下,根据合同规定联运经营人始终是货物运输的总承运人,对货物负有全程运输的责任。

2. 运输经营人应具备的条件

(1)运输经营人(即开展运输业务的企业、组织)必须具有经营管理的组织机构、业务章程和具有企业法人资格的负责人,以使之能够与发货人或其代表订立运输合同。

(2)从发货人或其代表手中接收货物后,即能签发自己的运输单证以证明合同的订立并开始对货物负责任。为确保该单证作为有价证券的流通性,运输经营人必须在国内具有一定的资信或令人信服的担保。

(3)必须具有与经营业务相适应的自有资金。运输经营人要完成或组织完成全程运输,并对运输全过程中的货物灭失、损害和延误运输负责。因此必须具有开展业务所需的流动资金和足够的赔偿能力。

(4)运输经营人必须能承担运输合同中规定的与运输和其他服务有关的责任,并保证把货物交给运输单证的持有人或单证中指定的收货人。因此,必须具备与合同要求相适应的,能承担上述责任的技术能力。具体包括:

①必须建立自己的货物运输业务网。从理论上讲,运输经营人的业务范围可以遍及全世界,从任何国家的一地到另一国家的任何一地。但事实上各运输经营人即使实力再强也是无法做到。许多开展运输业务的公司都是在尽可能广泛地承办货运委托的前提下,重点办好几条运输业务网线,确定一条重点业务网线,一般需要在对物流全面调查的基础上,选择运量大、较稳定的线路,而且线路的全线(各区段、各方式)及各环节都应具有足够的通过能力和货物运输所需要的条件,特别是良好的集疏运条件。

②要有一支具有运输知识、经验和能力的专业队伍。该队伍应能有效地完成或组织完成全程运输,要与运输中所涉及的各方(包括发货方、承运人、代理人、港口码头、货运站、仓库、海关、保险等)建立良好的业务关系。

③要能够制订各线路的运输单一费率。采用单一费率是联运的条件和特点之一。由于联运涉及的环节众多,不仅涉及不同运输方式,而且涉及不同国家和地区。因此,按成本确定单一费率是一个较为复杂的工作,需要了解大量信息,做好调研工作才能办到。

④要有必需的设备和设施。运输经营人可以是非承运人,自己不拥有任何运输工具,但必须有起码的业务设备和设施,如信息处理、传递设备(电话、电传、计算机等)、集装箱货运站、接受及保管货物的仓库、一定面积的堆场、拆装箱设备、机具、堆场作业机械等。

3. 运输经营人的业务

运输经营人是不具有运输工具或只具有少量短途运输工具,而以办理货运业务(或兼办客运业务)为主的专业运输业务企业。在采用运输承包发运制条件下,运输经营人接受货主有关货运工作的委托,负责办理货物运输全过程中所发生的与运输有关的事务,并与掌握运输工具的运输企业发生托运与承运的关系。

运输经营人办理货物运输业务作业过程所包括的主要作业环节为:

(1)货主(发货人)提出发货委托书(通过电话、书面邮件或电子邮件委托)或上门办理货物托运手续。

(2)运输经营人根据货主委托书规定的时间、地点派车取货或由货主亲自送货。

(3)货物在运输经营人仓库集结。

(4)运输经营人办理货物票据手续及核收运杂费。

(5)根据货主规定的发货日期(或对到货日期的要求)向运输企业托运、组织货物始发装运。除货主有特殊要求,并支付相应的运输费用者外,交通运输方式的选择和运输径路的安排由运输经营人负责。

(6)在不同交通运输方式的衔接点办理货物中转业务。

(7)办理货物到达票据手续和到达杂费结算。

(8)运输经营人根据货主(收货人)指定的时间、地点派车送货或由货主亲自取货。

(9)将经货主签收的运输单据寄回发运公司保管。

由此可见,办理货物运输业务的作业程序主要由三个业务环节组成,即:

(1)货物在发运地的承运业务。

(2)货物在不同交通运输方式衔接点的中转业务。

(3)货物在收货地的交付业务。

显然,三项基本业务环节(承运、中转和交付)的实现,即运输承包公司或物流公司办理联运货物运输的实现,有赖于各种形式运输业务网的组成。因而,运输业务网是运输承包公司或物流公司开发联运业务的基础,必须根据本公司的具体条件做好这一基础性的工作。

2.3.3 运输业务网

1. 运输业务网的基本概念

(1)货物运输径路

货物运输径路是指以交通运输线网为依托,将货物由始发地区线网节点向终到地区线网节点输送过程所经由线网节点加以连接所形成的经由线路。它的构成可有以下两种情况:

①由线网两端节点组织的单一交通运输方式直达运输径路,即只利用一种交通运输方式

的交通运输线网完成货物运输过程的运输径路。

②由线网两端节点和径路中间节点共同组织多种交通运输方式的联合运输径路,是利用多种交通运输方式交通运输线网完成货物运输过程的运输径路。由于联合运输增加了不同交通运输方式衔接地货物中转的作业环节,因此构成联合运输径路的必要条件是,经营该货物运输径路的公司必须在径路不同交通运输方式衔接地设置公司的业务机构。

在现代交通运输线网得到充分发展、存在同种交通运输方式平行径路和不同交通运输方式平行径路的条件下,任意两交通运输线网节点间均可能存在多条货物运输径路。

(2)公司运输业务网

公司运输业务网是指以交通运输线网及其货物运输径路为基础,以公司设置在运输服务区域范围内交通运输线网节点地区的运输业务机构为节点,将至少一条货物运输径路两节点间的连接线为弧构成的网络。在网络图上,将连接两节点的连接线称为表明公司可办理货运业务区域范围的业务网线。可能的业务网线组成了公司的运输业务网,它是公司开展单一交通运输方式的运输业务和多种交通运输方式的联运业务,组织实现承运货物一票到家"门到门"运输过程的组织基础。因此,每一运输承包公司或物流公司均应在一定区域范围内构建属于本公司的运输业务网。如图 2.3.3 所示,由节点"○"和实线弧构成的网络为交通运输线网,由节点"△"和虚线弧构成的网络为公司运输业务网。

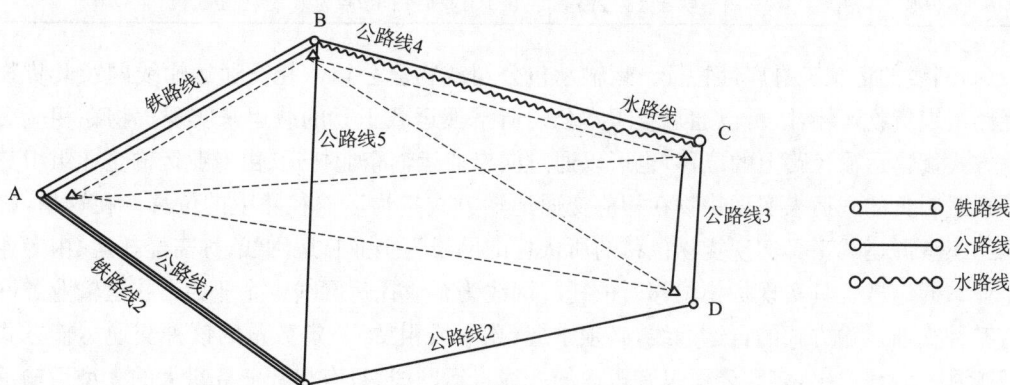

图 2.3.3 公司运输业务网示意图

2. 运输业务网的网线特征及其分类

由运输业务网线与货物运输径路的关系可以看出,网线具有以下特征:

(1)网线的交通运输方式特征。网线既可以对应无须经过中间节点、由一种交通运输方式组织的直达运输,也可以对应须经过一个或多个中间节点、由多种交通运输方式组织的联合运输。当对应多种交通运输方式组织联合运输时,运输过程将产生由中间节点办理衔接不同交通运输方式的中转作业。

(2)网线的运输径路特征。网线既可能只有一条货物运输径路,也可能有多条货物运输径路;既有可能是相同交通运输方式的多条平行径路,也有可能是不同交通运输方式的多条货物运输径路和不同交通运输方式组合的多条货物运输径路。在有多条货物运输径路的情况下,在网线的始发节点将发生货主选择运输方式(因不同运输方式需支付不同的运输费用,需由货主自行选择)、公司选择运输径路的问题。

(3)网线的构成特征。作为网线两端节点的业务机构,按其归属不同,可分为两类:第一类是属于本公司的业务机构;第二类是指虽不是本公司的业务机构,但属于与本公司有业务关系公司的业务机构。通常称以第一类业务机构为节点构成的网线为公司运输业务网的基本网线,而称两节点分别为第一类、第二类业务机构的网线为公司运输业务网的扩展网线。因此,从网线的构成特征出发,可将网线分为基本网线和扩展网线两类。按照同样的原理和方法,也可以将业务网线的货物运输径路划分为基本运输径路和扩展运输径路两类(见表2.3.1)。

表 2.3.1　网线及其运输径路分类关系表

网　线		货物运输路径		
构成特征	网线分类	径路组成分类	构成特征	径路构成分类
由第一类业务机构节点构成	基本网线	直达运输径路	全径路均为第一类业务机构	基本运输路径
		联合运输径路	全径路均为第一类业务机构	
			至少有一个中间节点为第二类业务机构	
由第一、二类业务机构节点构成	扩展网线	直达运输径路	第一、二类业务机构节点构成	扩展运输路径
		联合运输径路	至少有一个中间节点为第二类业务机构	

(4)网线的运载工具属性特征。运输承包公司或物流公司依托交通运输线网及其货物运输径路组织货物运输,既可以通过组织本公司所掌握运载工具的载运来实现货物在相应交通运输方式货物运输径路上的位移,也可以通过向专业运输企业托运、由专业运输企业组织其所掌握运载工具的载运来实现货物在相应交通运输方式货物运输径路上的位移。在这里,称由公司组织掌握运载工具实现货物位移的所依托的网线为企业自运网线;称需经托运、由专业运输企业掌握运载工具实现货物位移所依托的网线为企业托运网线。企业为了在运输业务网中拥有某种交通运输方式的自运网线,必须掌握(购买或租赁)一定数量的该种交通运输方式的运载工具。应该提出,多数公司仅有短途的支线自运网线,只有少数业务量大的大型运输承包公司或物流公司建有诸如航空运输、公路汽车运输等交通运输方式的自运网线。因此,在公司运输业务网中多数还是托运网线。

3. 基本运输径路和扩展运输径路

(1)基本运输径路

货物的发运、中转和终到业务由一个运输承包公司或物流公司的业务机构统一承办货物一票到家"门到门"运输过程所经由的路线,称为公司的基本运输径路。显然,这一组织形式只有该公司在货物运输途中的中转地点和终到地点均设有业务机构时才能实现。例如,某货主要从德国慕尼黑将一批货物发往中国香港,若这一批货物由运输承包公司Kohne&Nagel(德迅公司)承包,那么它就可以通过如图2.3.4所示的基本运输径路组织运输。

由于德迅公司在慕尼黑、汉堡和香港都设有分公司,可承包整个运输过程的始发业务、中转业务和终到业务,从而构成了一条由一个运输承包公司承办始发、中转和终到运输业务的基本运输径路。

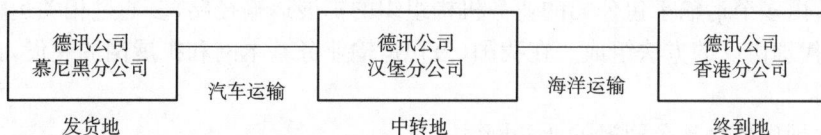

图 2.3.4　基本运输径路示意图

（2）扩展运输径路

货物的发运、中转和终到业务由多个（通常为两个或三个）运输承包公司（或物流公司）业务机构承办货物一票到家"门到门"运输过程所经由的路线，称为公司的扩展运输径路。例如，某货主要从德国的汉堡将一批货物通过空运发往我国的武汉，若这批货物由运输承包公司德迅公司承包，由于德迅公司在中国内地暂时还没有办理具体业务的分支机构，但却与中国外运公司有业务关系，因此它在德国以及世界各地区可以承办发往中国货物的运输业务，而在中国内地的中转业务和终到业务则由中国外运公司办理，那么它就可以通过如图 2.3.5 所示的公司扩展运输径路组织运输。

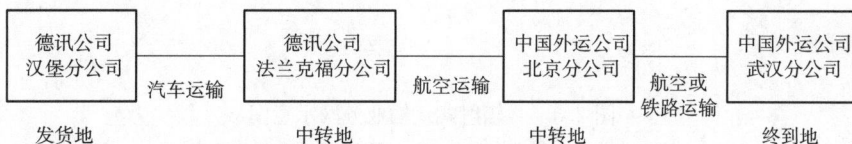

图 2.3.5　扩展运输径路示意图

4. 运输业务基本网和扩展网

根据构成业务网网线的不同种类，运输业务网也可以分为基本网和扩展网两种类型。运输业务基本网是指由至少有一条基本运输径路的公司业务网网线构成的业务网。以承办邮件运输为主营业务，实现邮件"门到门"传递过程为目标的邮政企业，就其企业经营业务的实质而言，是一种专营邮件运输业务的运输承包公司。属于邮政企业的国家邮政业务网（邮路网）就是一个以多种交通运输方式为依托、以设置在全国各地的各类邮政业务机构为节点的国内邮政业务基本网，是一个典型的运输业务基本网。而运输业务扩展网是指由公司运输业务基本网线和扩展网线构成的业务网。邮政企业的国际邮政业务网实质上就是在国内邮政业务基本网的基础上，国家邮政企业通过与相关国家邮政企业发生邮政业务关系，形成扩展网线而建成的一个邮政业务扩展网。

每一运输承包公司或物流公司都通过在一定区域设置一定的业务机构（如分公司）的办法构成公司的运输业务基本网，并通过业务网上的这些机构处理货物的承运、中转和交付业务，以实现一票到家"门到门"运输。由此可见，运输承包公司或物流公司业务机构的多少、设置区域范围的大小，即业务网的大小，基本上决定了该公司所能办理货运业务承包区域的范围，即货流吸引范围。显然，运输承包公司或物流公司的业务机构越多，设置区域范围越广，业务网越大，其业务量也就越大。但是就一家国际或国内运输承包公司或物流公司来说，要在世界各地或全国的每一个城镇设置业务机构是有困难的，它可能办理的业务范围就会由此而受到一定的限制。因此，运输承包公司或物流公司为扩展业务，均应建成一定规模的基本网，并在逐步扩大基本网的基础上，构建公司的运输业务扩展网。

在国外,由多个运输承包公司的业务机构组织的扩展运输径路,多通过相关运输承包公司签订联营或代理协议的方法组成。在我国,公司运输业务基本网和扩展网的建设,目前主要采用以下模式:

(1)建立地区性物流公司运输业务网

物流公司根据货流吸引区货流特点,与货物运输过程相关物流公司(地处货物运输过程不同交通运输方式衔接点和货物终到点的物流公司)以签订运输合同的方法建立业务关系,代办货物中转业务和货物交付业务,从而在一定地区范围内构成了以发运物流公司为中心的辐射式运输业务网(如图 2.3.6 所示),扩大了物流公司的业务地区范围,增加了承办货物运输业务量。

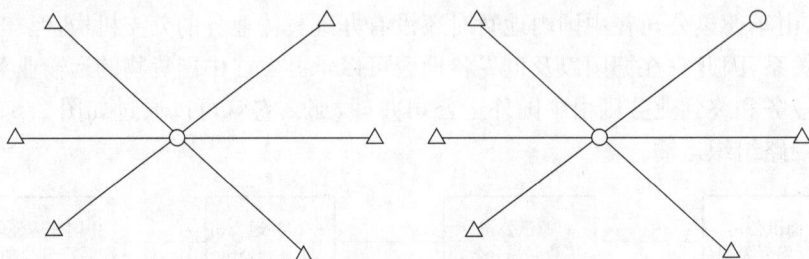

图 2.3.6 辐射式运输业务网示意图
○—本公司业务机构节点;△—代理公司业务机构节点

应该指出,辐射式运输业务网是在无基本网线或以扩展网线为主的条件下形成的特殊形式扩展网,而且是一个有向网,每一扩展网线只能办理由中心发运货物的运输业务。因此,它是一个功能还不完整的初级形式的运输业务网。

(2)建立区域性物流公司联营公司运输业务网

区域性联营公司是以地区性物流公司为个体,以协同组织区域内运输业务为目标,根据联营协议组建的公司。因此,联营公司业务网是对地区性物流公司业务网区域范围的扩展和运输业务功能的提高。它通常以某一具有大量货运量的大经济区域或运输干线(如长江内河运输航线、津浦铁路线、京广铁路线等)货流吸收区为范围建立,因而它所构成的运输业务网是以大经济区域为范围的环状运输业务网或以某一运输干线为轴心的线状运输业务网。凡参加联营公司的物流公司,在规定范围内均可以以联营公司的名义办理单一交通运输方式直达运输货物或多种交通运输方式联运货物的承运,并负责办理货物的中转和交付业务。建立区域性联营公司是组织参加联营物流公司共同构建运输业务网、扩大运输业务量、提高物流公司经济效益的有效途径。

(3)建立全国性物流公司业务网

伴随着我国经济快速发展和运输需求的大幅度增加,近年来,以办理货物运输业务为主营业务的物流公司得到了空前的发展。以吉泰物流有限公司为例,截至 2008 年 6 月已在全国各大中城市和物流集散地注册成立了 23 个作为分公司的运输业务机构和 48 个业务网点,近年来更是发展迅猛。可以说,公司运输业务机构已遍及全国各大经济区,以这些运输业务机构为节点构成公司的运输业务基本网已可以称为全国性的物流公司运输业务网。目前,我国已有一定数量的大型物流公司构建了各自的全国性的物流公司运输业务网(基本网或扩展网)。

2.4 铁路货运公司

2.4.1 结 点 区

1. 结点区及其分类

结点区是指在铁路地区中一定数量的车站,按照单一性原则和集中管理地方货物运输工作的要求组成的一个运输实体。在结点区内负责所有车站货运业务、地方工作组织以及作业人员管理等事务的车站称为结点站。因此,结点站是路网中业务量较大的车站(货运站、编组站或中间站),它配备有一定数量的调车设备和调车机车。一个结点区只有一个结点站。在结点区内除结点站之外的其他车站,统称为卫星站。

不同铁路线在国家经济和社会发展中的地位和作用不同。根据铁路的这一特征,可将铁路分为商业性铁路、公益性铁路。因而,相应地也有经营型结点区和公益型结点区之分。

经营型结点区位于具有商业性特征的铁路地区,铁路货运运营商完全按市场经营机制经营铁路货物运输,市场竞争充分。这类结点区必须以适应市场竞争的机制经营。

公益型结点区位于服务于国防运输、少数民族地区和西部欠发达地区的经济、社会发展,改善民生为主的公益性铁路地区,市场化程度低,不适于市场化经营。因此,在公益型结点区实施货运业务与行车工作专业化分工改革的意义不大,仍应按货运业务、行车工作一体化的机制运行。

2. 结点区货物运输工作和车站设备划分

在铁路货物运输生产过程中,结点站是完成货物始发、终到作业,实现货流向车流转换的地方,亦即铁路货流产生和消失地、铁路重车产生和消失地、铁路空车产生和消失地。结点区的上述功能是通过结点区的货运业务工作和行车工作实现的。因此,结点区是在铁路货运工作中实现货运业务和行车工作专业化分工的基础,也是货物运输过程中运输责任的交接地。结点区货运业务工作和行车工作基本环节包括:

(1)货运商务工作

①在货运市场组织货源、货流的货运营销工作。

②办理货物承运,收费和货物交付等作业。

③组织货物的场库保管、集结。

④组织货物装车和卸车。

⑤与行车部门办理货车交接。

(2)货运行车技术工作

①接发在货运结点站与技术站间开行的短途货物列车。

②分解到达列车,并向货物作业地点分送到卸重车和待装空车。

③由货物作业地点取出装妥重车和卸后空车。

④与货运部门办理货车交接。

由上述结点站货物运输工作的基本环节可以看出,承担货运业务工作的铁路车站货运部门需占用包括仓库、堆货场、装卸线、装卸站台、装卸机具和办公房舍在内的车站货场,车站的其他设备均为办理行车技术作业所需的设备。因此,在对经营型结点区铁路货物运输组织实施专业化分工改革时,车站货场应归货运部门专用,而其他设备归行车部门使用。

3. 结点区的货物作业地点

若把铁路结点区的场库设备以及具有配套装卸线、装卸机具和装卸队伍,用来办理装卸车作业为主的铁路货运作业场所定义为铁路结点区的货物作业地点,它包括:

①结点站和卫星站的货场。

②物流公司租用的结点站的货场或与结点站货场接轨的物流公司专用线。

③与结点站货场接轨的企业专用线或专用铁道。

④与结点区内卫星站接轨的企业专用线或专运铁道。

在没有结点区货物作业地点的城镇地区营销网点受理的货物,通过短途运输工具向就近的货物作业地点集中。

2.4.2 地区铁路货运公司

在结点区铁路货运工作和行车工作实行专门化分工的条件下,以结点区的货运设备和货运人员为依托,在结点站组建的具有独立法人资格的运输经营人性质的铁路货运公司,为地区铁路货运公司,它规定了满足运输经营人应具备的条件。

地区铁路货运公司是通过营销网络(如图 2.4.1 所示)直接参与运输市场货运业务工作的基层单位,承担货运市场营销、货运业务、货物集运、集结、仓储、装卸、货物分运和货物配送等货运工作。

根据管理模式不同,还应成立区域货运公司和全国货运公司等领导机构。

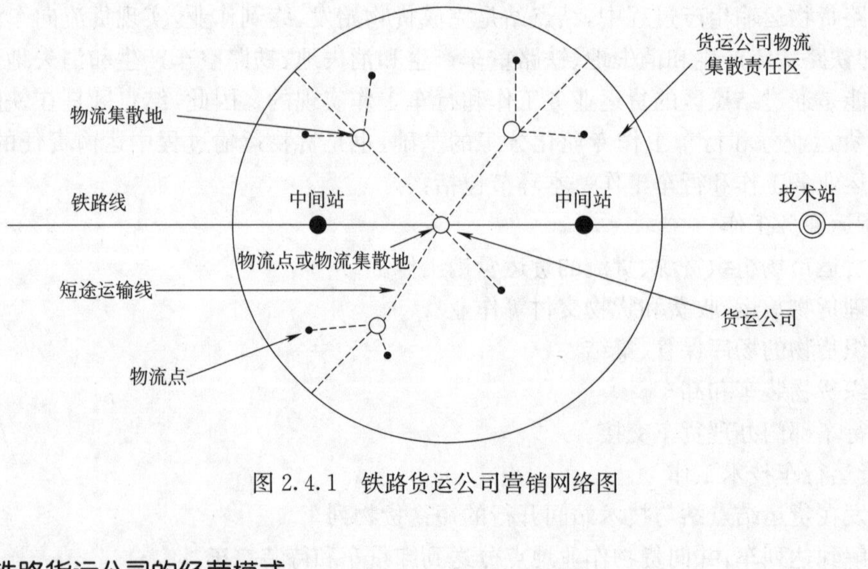

图 2.4.1　铁路货运公司营销网络图

2.4.3 铁路货运公司的经营模式

如前已述,铁路货运公司是运输经营人面向一种或多种运输方式承办运输业务的经营实体,它作为运输经营人运输业务网中的一个网线节点(业务机构),在某一批货物运输过程的始发、中转、终到三项作业环节中,只承担其中的一项作业环节,但在业务网中须承担多项作业环节。货运公司以运输业务网为依托经营运输业务主要有如下几种典型的模式:

1. 铁路运输型

铁路运输型货运公司是设在铁路地区,拥有与铁路车站接轨的专用线及铁路车站货场装卸线和相应的物流设施,以铁路运输为主营业务的货运公司。对于发送货物,它通过组织完成承运货物的公路短途集货运输、仓储集结待运和铁路货物发送作业,实现货物在铁路运输径路上的运输过程;对于终到货物,它负责承办货物的终到作业和短途运输。

2. 铁路、公路运输组合型

铁路、公路运输组合型货运公司是设在陆上交通枢纽地区,拥有相应的物流设施,同时兼营铁路运输、公路运输业务的货运公司。对于发送货物,它通过组织完成承运货物短途集货运输、仓储集结待运和铁路或公路货物发送作业,分别实现货物在铁路运输或公路运输径路上的运输过程;对于需在铁路、公路间办理中转作业的中转货物,它负责与到达货物承运方(铁路或公路)办理货物到达作业和货物的仓储集结待运,与到达货物续运方(公路或铁路)办理货物发送作业,以实现货物在续运方运输径路上的运输过程;对于终到货物,它负责承办货物的终到作业和短途运输。

3. 铁路、公路、水路运输组合型

铁路、公路、水路运输组合型货运公司是设在水陆交通枢纽地区,在水路港口码头建有铁路专用线,并拥有相应的物流设施,同时兼营铁路运输、公路运输和水路运输业务的货运公司。对于发送货物,它通过组织完成承运货物短途集货运输、仓储集结待运和承运运输方式的货物发送作业,分别实现货物在铁路运输径路、公路运输径路、水路运输径路上的运输过程;对于需在铁路、公路、水路两两间办理中转作业的中转货物,可能的中转方式可有铁路→公路、铁路→水路、公路→铁路、公路→水路、水路→铁路、水路→公路六种,它负责与到达货物承运方办理货物到达作业和货物的仓储集结待运,与到达货物续运方办理货物发送作业,以实现货物在续运方运输径路上的运输过程;对于终到货物,它负责承办货物的终到作业和短途运输。

4. 铁路、公路、航空运输组合型

铁路、公路、航空运输组合型货运公司是设在航空港陆空交通枢纽地区,拥有相应的物流设施,同时兼营铁路运输、公路运输和航空运输业务的货运公司。对于发送货物,它通过组织完成承运货物公路短途集货运输、仓储集结待运和承运运输方式的货物发送作业,分别实现货物在铁路运输径路、公路运输径路、航空运输径路上的运输过程;对于需在铁路、公路、航空两两间办理中转作业的中转货物,可能的中转方式可有铁路→公路、铁路→航空、公路→铁路、公路→航空、航空→铁路、航空→公路六种,它负责与到达货物承运方办理货物到达作业和货物的仓储集结待运,与到达货物续运方办理货物发送作业,以实现货物在续运方运输径路上的运输过程;对于终到货物,它负责承办货物的终到作业和短途运输。

2.4.4 铁路货运公司的管理模式

根据铁路货运公司的性质,它的管理可采用如图 2.4.2 所示的三级管理模式或如图 2.4.3 所示的二级管理模式。

1. 三级管理模式

三级管理模式是全国铁路货运公司统一经营的管理模式,它依托铁路货运公司在全国路网各地区设立的区域铁路货运公司构成全国性的公司铁路运输业务网(如图 2.4.4 所示),地区铁路货运公司可直接与相关公司发生货运始发、终到业务关系，独立经营全路范围内的铁路货运业务，亦即公司可独立承办铁路吸引区范围任一地点到任何另一地点的货物始发、终到运输业务。这是以全国铁路货运总公司为经营实体，以地区铁路货运公司为业务主体的经营管理模式。

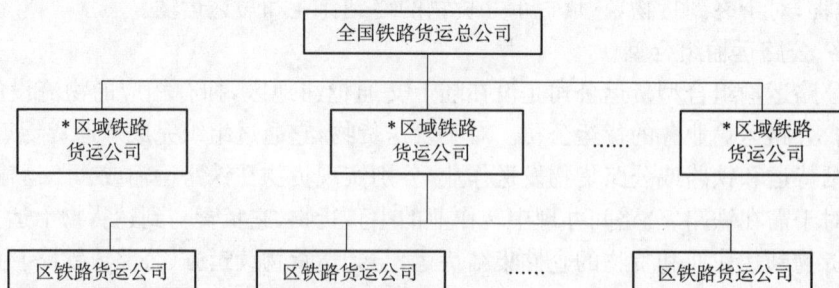

图 2.4.2　三级管理模式铁路货运公司结构图

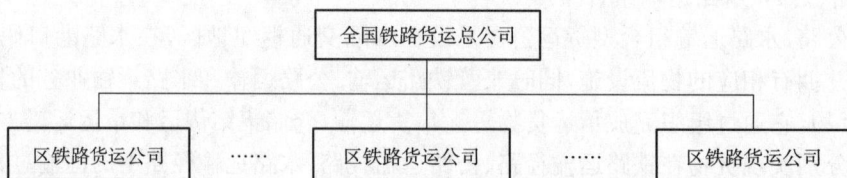

图 2.4.3　二级管理模式铁路货运公司结构图

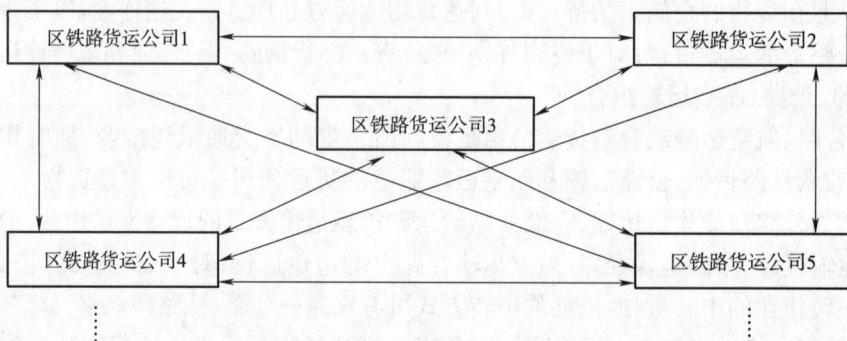

图 2.4.4　货运总公司经营管理模式下公司业务关系图

　　在三级管理模式下，全国铁路货运总公司是全国路网区域铁路货运总公司和区铁路货运公司的领导机构，区域铁路货运总公司是在一定铁路路网范围内地区铁路货运公司的管理机构。

　　2. 二级管理模式

　　二级管理模式是区域铁路货运公司经营管理模式，它依托铁路货运公司在区域路网各地设立地区铁路货运公司构成地区性的公司铁路运输业务网（如图 2.4.5 所示），区铁路货运公司可直接与地区内相关公司发生业务关系，独立经营地区范围的铁路货运业务。至于构建扩

展网、开展跨区域业务,可通过如下办法实现:

(1)与相关区域公司签订联营、代理协议。

(2)跨区域设立地区货运公司,并投资修建必要的专用线,配备装卸机具,或向当地的地区货运公司租用装卸线和装卸机具。

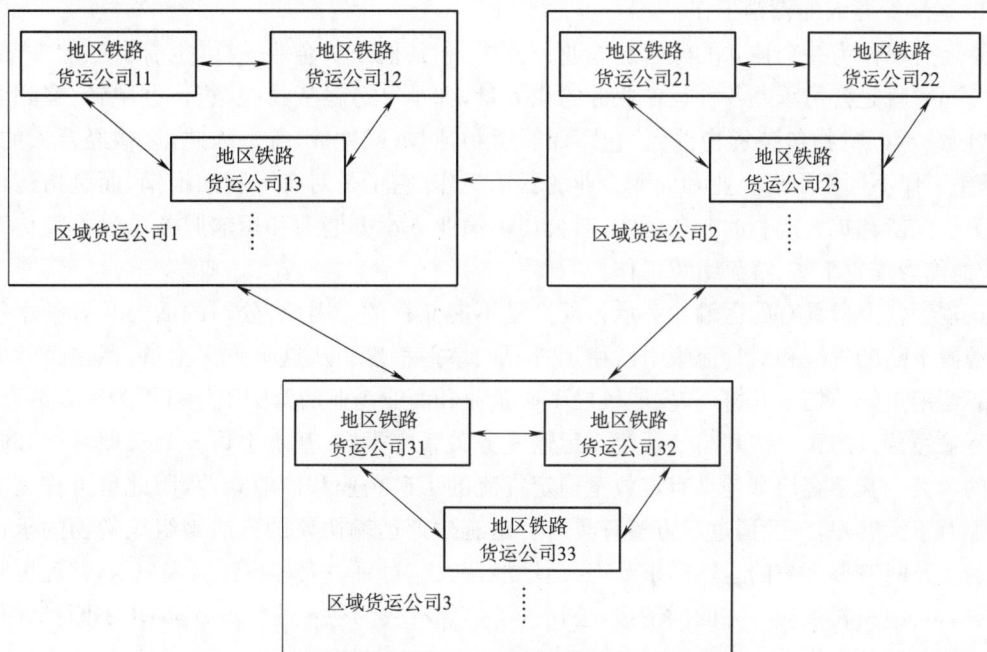

图 2.4.5　区域铁路货运公司经营管理模式下的公司业务关系图

二级管理模式是以区域铁路货运公司为独立经营实体,以地区铁路货运公司为业务主体的经营管理模式。在二级管理模式下,区域铁路货运总公司是区域路网范围内区铁路货运公司的领导机构。

3. 两种管理模式的分析

三级管理模式具有全国铁路货运总公司统一经营、管理的优势,可独立经营全路范围内任何某一地点到另一地点的货物始发、终到运输业务,它借助完善的货运设备和丰富的经验,可确保有较高的运输服务质量。但由于它在一定程度上继承了铁路运输企业在铁路运输市场的主导地位,对经营铁路货运业务具有一定的垄断性,可能影响铁路运输市场发育和市场化的进程。

二级管理模式既具有在大经济区域路网范围内统一经营铁路货运业务的优势,又可通过与相关区域铁路货运总公司或物流公司联营或代理办法,将跨地区的货物终到业务交由相关地区公司办理,来扩大经营铁路货运业务的范围。此外,对于区域间货流交流大的地区,区域铁路货运公司还可以通过跨区域设立货运公司的办法,来扩大独立经营铁路货运业务的范围。在同一铁路区段站车流区同时存在属于不同区域货运总公司的两家及以上铁路货运公司,形成了铁路货运公司之间、货运公司与其他运输经营人之间互相竞争态势,可有效地解决铁路货运组织区铁路货运公司垄断铁路货运市场的问题。

因此,从发展角度看,铁路货运公司的管理模式以采用二级模式为主,但考虑到改革推进的难度,在改革的初始阶段可先采用三级模式。

2.4.5 铁路货运公司的货源、货流组织工作

1. 运输经营人的营销工作

货运公司作为一个独立的经营运输业务公司,和其他工矿企业一样,也有自己的"产品"。它的"产品"就是公司承办各种运输业务的业务量,如承办运输货物吨数、代办中转、终到业务货物吨数、承办货物包装货物件数、仓库保管货物吨数(或件数)等。因此,运输经营人的"产品"营销工作不同于工矿企业和商业企业的营销工作,它不是对有形物的推销,而是指运输经营人为了保持和扩大盈利的业务范围,对公司运输业务承办能力和运输服务质量的宣传和销售,或简称为揽货工作、货流组织工作。

运输经营人所具有的运输业务承办能力是不能储存的。因此,公司的活力和盈利水平就依靠源源不断的货流和对货流吸引区稳定货源的掌握程度。从这个意义上讲,运输经营人的"产品"营销工作,对公司生存和发展较之工矿企业和商业企业的营销工作有更为重要的意义。

运输经营人的客户按其与公司建立运输业务关系之不同,基本上可分为长期客户和临时客户两大类。长期客户都是具有定数量稳定货流的工矿企业和商业企业,因此也可称之为大客户。对于大客户,一般通过双方签订具有一定有效期运输协议的方法来组织货物的承包运输。为了及时掌握客户的运输需求动态,运输经营人应对每一大客户建立客户卡,登记客户的生产、销售、原材料供应等方面的情报,公司为了确保有较为稳定的货流,应力求不断扩大长期客户运输业务所占比重。

运输经营人为最大限度地掌握吸引区范围内的货源、货流,应着力做好营销网和运输业务网的组建工作。营销网是指公司在货源吸引区由面向各类客户组织货源(揽货)的营业网点和短途运输线路组织成的网络,而运输业务网如前已述,是在货流吸引范围内由面向各种运输方式组织运输业务的节点和运输径路构成的网络。

2. 运输经营人承办运输货流的分类

我们将已经由运输经营人或承办货运业务的物流公司(以下统称为货物运输承运人)掌握的始发货流,按其办理承运时机及其货物保管责任之不同分为基本货流(或称第一类货流)和备用货流(或称第二类货流)两类。基本货流是指在安排装车前运输承运人已经办理承运手续,且已堆存在运输承运人设在物流中心或物流集散地场库内,由运输承运人负货物保管责任的货物,它适用于发货人没有自备场库或场库运用紧张货物的集结待运。备用货流是指发货人已经向运输承运人提出运输需求申请,且经运输承运人审核符合运输条件,但尚未办理承运手续、仍堆存在发货人设在货运组织区服务范围内场库、仍由发货人负保管责任的货物,它适用于发货人有自备场库,且有集结待运仓储能力的货物。在这里,本文提出备用货流的概念,将已有运输需求申请、但未办理承运手续的货物作为货运组织站货物集结的潜在货流,将发货人设在货运组织区服务范围内的场库作为货运组织站的虚拟场库,对于增加货物运输承运人有效货流、扩大物流中心场库货物集结能力,压缩货物集结时间、最大限度地提高直达运输比重,减少货物短途运输装卸次数,降低运输成本、提高货物运输效率有重大意义。

因此,运输承运人办理货物承运手续的时机可能有两种情况:

(1)发货人将货物搬入运输承运人指定的场库,并经验收后办理货物承运手续,承运的运输合同生效后,运输承运人承担货物的保管责任,这是编制物流中心装运计划前承运的货物,它构成了物流中心的基本货流。

(2)由货物运输企业货运计划部门编入日装车计划,并按运输承运人编制的货物短途集运计划组织装运前,发货人、运输承运人及集运责任人在发货人场库现场共同清点、验收货物后办理货物承运手续,这是编制日装运计划后承运的货物,它构成了铁路物流中心的备用货流。货物运输承运人应规定备用货流合理的集结待运时间,并确保在这一时间内组织装车。

2.5 物流中心的建设

1. 物流中心的建设模式

基于运输经营人承办运输货流存在基本货流和备用货流的概念,以下提出适用于结点区采用分散式物流中心建设模式。

分散式物流中心建设模式是指运输经营人通过整合公司在有大量货流集散交通枢纽地区集中配置的物流基础设施、运输、装卸、搬运设备和货流吸引区范围内有货运业务关系相关企业(通常是大客户)的仓储设备,建设物流中心的方法。

因此,就其实质而言,分散式铁路物流中心是指以货流吸引范围内货物运输承运人物流基地的物流基础设施、运输、装卸、搬运设备和发货人的货物仓储设备为依托,以贯通货物运输承运人在货流吸引区范围内设置的货运营销网点存储的集结待运货物信息(或简称物流信息)为管理对象,以实现铁路、公路、水路、航空等运输方式发运货物集中化装运组织为主要目标的货运工作系统。因此,构成分散式铁路物流中心的基本要素是物流设施、物流信息管理系统和运输计划部门。

物流设施包括货物运输承运人设在物流基地的堆货场和仓库(简称场库)和设在各货运营销点的小型场库,同时也包括堆存备用货流的发货人场库以及运输、装卸、搬运设备。因此,在这里物流设施既是一个动态的开放式的概念,又是一个分散式的概念,它既包括承运人的场库,也包括分布在物流中心地区货源吸引范围各地发货人的场库,它通过建立货运承托关系程序的调整,无偿地将工矿企业和商业企业所具有的仓储能力最大限度地纳入物流中心,形成一个分布遍及货源吸引区范围的庞大的物流仓储体系(如图 2.5.1 所示)。

物流信息管理系统是建立在以物流基地为中心,以运输承运人营销网点为终端的计算机联网系统之上,对各营销网点输入的物流信息实施动态管理,并与负责编制日间装运计划的计划工作部门联机的工作系统,营销网点输入的物流信息包括所有发货人提出运输申请,经审核符合运输条件货物的相关信息。

运输计划部门是分散式物流中心的运输工作主体,它借助物流信息管理系统所提供的物流信息编制运输计划。

由上述分析可以看出,分散式物流中心具有如下特点:

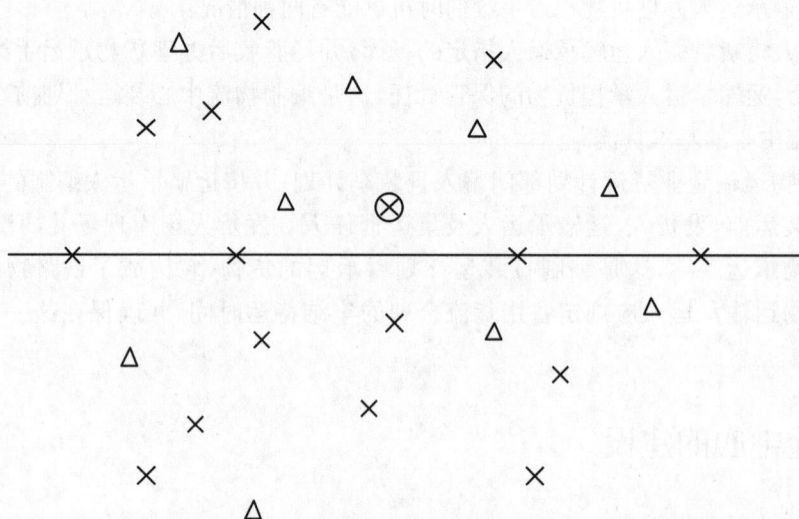

图 2.5.1　分散式物流中心物流仓储体系示图

✕—运输承运人营销网点场库;⊗—物流中心场库;△—企业场库

(1)充分利用社会现有仓储资源,提高社会资源的利用效率。

(2)物流中心的建设除需在物流基地改扩建必要的仓储设备和在营销网点增建或租赁少量仓储设备外,可大幅度减少物流中心建设投资和土地占用,较快地形成物流中心的仓储能力。

(3)通过备用货流在发货人场库集结待运,运输承运人不负货物保管责任的设计,既可以减少承运人货物集结待运的仓储成本,又可以减少短途货物运输的装卸次数,降低货损。

因此,建立分散式铁路物流中心的方案是当前条件下"又好又快"的物流中心建设模式。

2. 货物仓储设备的分类

分散式物流中心的货物仓储设备按其资产归属,可分为运输承运人仓储设备和备用货流企业仓储设备两类。物流中心运输承运人仓储设备是指物流中心运输承运人,在物流基地各个货物作业地点和营销网点配置的仓储设备,而备用货流企业仓储设备是指当前企业用来堆存备用货流的仓储设备。

分散式物流中心的货物仓储设备按其功能,可分为基本仓储设备和后方仓储设备两类。物流中心基本仓储设备是指运输承运人配置在物流基地各货物作业地点的仓储设备,它既服务于货物集结待运,又直接服务于货物装卸车;物流中心后方仓储设备是指运输承运人配置在各营销网点的仓储设备和备用货流企业仓储设备,它的基本功能是服务于货物集结待运。

上述货物仓储设备的分类关系如图 2.5.2 所示。由此可见,分散式物流中心仓储设备的显著特点和问题是:

(1)空间分布分散且分布地区大,可能遍及物流中心货源吸引区范围。随之带来的问题是物流中心仓储设备之间有较大范围的空间交通联系问题。为此,物流中心必须通过有车队或外包车队、外委车队等方式建立服务于仓储设备间货物集疏运的、可靠的、强大的公路等运输方式的短途运输系统。这一系统作为分散式物流中心内部物资流通的主动脉,是物流中心正常运营的生命线。

(2)物流中心仓储设备的规模或者说物流中心的仓储能力,随备用货流多少的变化而随机动态地变化。应该说,这一变化的自然状态是受货物运输市场变化影响的,是客观的。为此,物流中心首先应通过重点做好货流吸引区范围内有相对稳定货流的工矿企业和商业企业等大客户的运输服务,建立长期的稳定的运输合约关系,以确保物流中心备用货流企业仓储能力能相对稳定地处于一个较合理水平,以减少仓储能力。

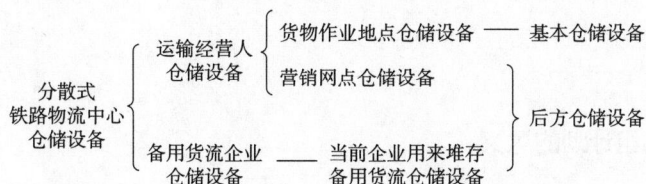

图 2.5.2　分散式物流中心仓储设备分类关系图

3 货物列车编组计划

3.1 概 述

3.1.1 货物列车编组计划的意义

在铁路网上,装车站把装出的重车向卸车地点输送就构成了重车流;卸车站把卸后的空车送往装车地点又形成了空车流。流向有同有异、流量有大有小、流程有长有短,且各站设备条件和作业能力又不尽相同,如何把这些重空车流合理地组织成列车流,以保证各站所产生的车流都能迅速而又经济地送达其目的地,这就是车流组织所要解决的核心问题。

货物列车编组计划是车流组织计划的具体体现,它规定了路网上所有重空车流在哪些车站编成列车,编组哪些种类和到达哪些车站(装卸站或解体站)的列车,各种列车应编入的车流内容和编挂办法以及车流量和开行列车数等。货物列车编组计划的正确制定应以对车流结构、站场布局、设备能力、作业条件的调查研究为基础,以车流径路方案为前提,以技术经济分析和计算为依据,进行多方案优选,以期达到以下目的:

(1)最大限度地从装车地组织直达运输,以加速货物输送和车辆周转,同时减少技术站的改编工作量。

(2)最大限度地减少车辆改编作业次数,并尽可能将调车工作集中到技术设备先进、解编能力大、作业效率高的主要编组站上进行,以减少人力、物力消耗,节约开支,降低运输成本。

(3)合理确定各技术站编组列车的办法和列车解编任务,以确保各站工作的协调配合,维持良好的作业秩序。

(4)合理组织区段管内和枢纽地区的车流,以减少重复改编,加速车流输送。

列车编组计划是铁路行车组织工作的较长期的基础性技术文件。它把路网上交错分布的车流,按到站的远近和运输性质的不同分别组织到不同种类和不同列车编组去向的列车之中,保证货物能以最快的速度送达目的地,机车车辆能得到高效的运用。因此,列车编组计划在铁路运输组织中占有十分重要的地位。

列车编组计划在路网各站间合理分配列车解编任务,集中掌握并使用各站的设备和能力,既能保证各站所负担的解编任务与其设备能力相适应,又能使各站之间协调配合,并对重点地区留有一定后备,起着统一路网各站技术作业过程的作用,是整个路网车站分工的战略部署。列车编组计划具体规定了各货运站、技术站编组列车的种类、到站和车辆编挂办法,这在很大程度上也就确定了各站的办理车数、改编作业车数、运用调车机车数、使用编组线数以及技术作业过程和技术设备的运用办法等,对车站工作起着决定性的作用。列车编组计划是联系运输计划和列车运行图之间的重要环节。它根据运输计划确定计划车流,并进一步将车流组织为列车流。它所规定的列车数量、列车分类、发站和到站以及定期运行的列车等,是编制列车运行图的基础。

在日常运输工作中,通过变更列车编组计划,可以调整枢纽和方向的负担,疏导车流流动,从而确保运输通畅。在制定铁路枢纽发展规划、进行站场扩建和新建设计时,有必要根据远期列车编组计划所规定的改编任务来确定枢纽的规模以及站场设备的数量和布局。

此外,铁路运输企业也通过组织装车地直达运输,与厂矿等各类企业在物资输送的组织方法与设备使用等方面紧密协作配合。因此,列车编组计划体现了产、供、运、销各部门的共同利益,是铁路与国民经济其他部门紧密联系的重要环节。

综上所述,列车编组计划既是车流组织计划,又是站场设备运用计划;既是路网各车站分工的战略部署,又是调节铁路方向和站场工作负担、缓和运输紧张状况的有效手段;既是行车组织的基本技术文件,又是铁路与其他部门联劳协作的具体体现。因此,正确编制和执行列车编组计划是充分发挥铁路运输能力,提高运输效率,尽可能满足运输市场需求的重要途径。

3.1.2 货物列车编组计划的要素

货物列车编组计划的编制涉及面很广,其中主要因素有:列车编组计划实行期间的计划车流;车流径路方案;各铁路方向重车列车、重空混编与空车列车的编成辆数;各技术站大、小运转列车的车辆集结参数;货车改编作业费用和节省时间费用;车辆无改编通过各技术站的节省时间标准;各技术站的线路配置及改编作业能力;主要装卸站的装卸能力。在编制货物列车编组计划前,有必要对这些要素进行认真的查定或计算,以确保货物列车编组计划的质量。

1. 计划车流

计划车流是编制列车编组计划最重要的依据。为提高编组计划的稳定性,首先要正确选定能够反映整个编组计划实行期间车流特点的计划运量。而后,由铁路总公司主持,各铁路局集团有限公司参加计划会议,按照中央与地方、计划与实际、装车局与卸车局相互结合、共同平衡、反复落实的办法,对各铁路局集团有限公司提报的数字进行调整,最终审定计划运量,并计算出编组计划实行期间的日均计划重车流。

2. 车流运行径路

车流运行照例应走最短径路。在这里,"最短"是广义的,可指运行里程最短,运行期限最短,也可指最经济合理。由于某些线路或区段通过能力不足等原因,一部分车流可能要走非最短径路。因此,对于整个铁路网来说,在制定计划车流时还应进行车流量的合理分配,确定每一支车流运行径路,作为编制编组计划的依据。

3. 列车平均编成辆数

货物列车的编成辆数主要取决于列车运行图所规定的列车重量和长度标准,并与各吨位车种的比例、货物的构成等密切相关。在编制列车编组计划时,除对固定车底循环运用的专列(如石油、粮食专列)及快运列车等需作专门规定外,其他列车应按到站及其种类分别查定其平均编成辆数。

4. 车站改编作业车数

车站改编作业车数取决于货物列车编组方案和车站到发车流的结构特征,是决定技术站调车工作负担、反映计划方案经济性的重要指标。编组计划方案应尽可能减少货车输送过程中的改编作业次数、协调各技术站的改编作业车数。

5. 车辆无改编通过技术站的节省时间

货车编入直达列车无改编通过沿途技术站时只办理无改编中转列车技术作业,否则会在沿途技术站进行到达、解体、编组和出发等技术作业。显然,货车以前一种方式通过技术站较后一种方式所用时间要少,其减少的时间即为货车无改编通过技术站的节省时间。每一货车无改编通过技术站的平均节省时间 $t_\text{节}$ 为

$$t_\text{节} = t_\text{有} - t_\text{无} - t_\text{集}$$

式中 $t_\text{有}$ ——有调中转车停留时间;

$t_\text{无}$ ——无调中转车停留时间;

$t_\text{集}$ ——货车平均集结时间。

6. 货车改编作业费用和货车停留时间费用

货车改编作业费用和货车停留时间费用是反映货车运用经济效果的经济指标。货物列车编组方案不仅应该在技术上可行,也应该在经济上有利。

7. 车辆集结参数的查定

技术站车辆集结参数是编制列车编组计划的重要依据之一。在一定时期内,集结参数也可以看作是一个固定值。我国铁路采用取近似值和实际查定两种方法来确定它的取值,其值一般应小于12。

集结参数的近似值,通常区段站为8～10,编组站为10～11。当车站条件差或编组列车到达站数较多时应取上限。由于这种取值方法的取值不一定能符合每一车站的实际情况,且不利于分析,因此在条件许可时应采用实际查定值。

查定集结参数应以车流较稳定、工作较正常的一旬的实际车流为依据,利用表格推算法或图解法首先查定各编组列车到达站的集结参数,然后再按各编组列车到站的车流比重采用加权平均法计算全站的集结参数。

3.1.3 货物列车编组计划编制技术

1. 货物列车基本编组方案

由于铁路货车没有动力,铁路货物运输基本单元与公路运输的汽车、水路运输的轮船、民航运输的飞机不同,不是单个货车,而是由一定数量货车连挂而成的车列和机车组成的列车。理论上,任一装车的装车站、到达站可以是联网铁路的任一个车站,甚至世界上接轨铁路的任一车站。将具有这一特征的货车组成车列,可以有以下两种基本编组方案:

(1)装车站将自装车流编组成列车

装车站对每一装车去向(卸车站)的日均装车数量不相同。对于作业量大的装车站,当某装车去向的日均装车数达到一定数量时,单独编组列车输送可能是有利的。但对于作业量不大的装车站,例如每日装车量为1的装车去向单独编组列车,不仅将产生大量的货车集结等待时间,车站还需配备大量的集结线,在技术上和经济上都是不可行的。因此,在装车站将自装货车编组列车,组织货车输送是一种有效的车流组织技术,但只能对满足一定条件的装车站和装车去向采用,而不是任一装车站的任一装车去向。

由装车站编组的列车称之为装车地始发列车,根据列车到达站的不同,可以有到达卸车站、区段站、编组站的装车地始发列车。当列车运行途中无改编通过一个及其以上技术站(区

段站和编组站统称为技术站)时,则可称为装车地始发直达列车。

一般来说,只要是由装车站编组的列车,不论沿途是否无改编通过或不通过一个及其以上技术站,都可以称之为装车地始发列车。但为区别起见,在以下论述中,装车地始发列车是指不通过无改编技术站列车,而通过无改编技术站的列车为始发直达列车。

对装车地始发列车和始发直达列车需研究开行方案问题。

(2)技术站将中转车流和自装车流编组成列车

技术站汇总中转车流和自装车流形成到达前方各技术站大小不一的多支车流,当某一直达去向车流(指跨越一个及其以上的技术站的车流)达到一定数量,单独编组列车输送车流可能是有利的,但对车流量不大的车流编组列车,不仅将产生大量的货车集结等待时间,还需车站配置大量的集结线,也是不可取的。因此,技术站编组直达列车,组织货车输送也是一种有效的车流组织技术,但只可能对满足一定条件的直达去向车流采用,而不是任一支车流。

由技术站编组的列车,根据到达站的不同,可分为到达卸车站、区段站、编组站。当列车运行途中无改编通过一个及其以上技术站时,则可称技术站直达(直通)列车,两相邻技术站间的车流和没有被直达直通列车吸收的直达直通车流,编入区段列车输送。

对于技术站编组列车,只需研究技术站直达直通列车开行条件问题。

2. 货物列车编组计划编制技术的类型

货物列车编组计划编制技术是指在编制货物列车编组计划过程中,基于一定优化目标,通过建模寻找优化编组方案的方法。世界各国铁路面对货物列车编组问题,采用各不相同的列车编组计划编制优化技术。若以优化目标为特征分类,可以将现有的列车编组计划编制技术分为以下两类:

(1)时间型列车编组计划编制技术

以压缩货车在技术站改编停留时间为目标的编制技术,称为时间型列车编组计划编制技术。长期以来,我国铁路推行压缩货车停留时间、加速货车周转的技术路线,建立了一套时间型列车编组计划编制技术理论体系和以货车周转时间为核心的货车运用指标考核办法,从而形成了货车中转平均停留时间短、货车改编次数多的技术状态。在人工成本低,而货车购置费相对较高的年代,我国铁路采用时间型列车编组计划编制技术是合理的。

(2)改编费用型列车编组计划编制技术

以减少货车在沿途技术改编次数(改编费用)为目标的编制技术,称为改编费用型列车编组计划编制技术。在西方发达国家铁路,一直以来人工费用高,而货车购置费相对较低,在日常运输工作中既不考虑货车运用指标,也不统计计算这类指标。因此,耗费人工的调车工作,改编费用高的货车改编作业成为西方国家铁路列车编组计划编制技术的优化目标。

从货车输送过程的改编次数看,早在1979年德国铁路就达到了每列车平均1.9次的水平,而我国2013年的水平是2.41次。铁路货车改编作业费用高、耗能多,这一状态必须改变。

为此,在上述两类列车编组计划编制技术的基础上,从客观运输市场发展需要出发,结合我国铁路的路情等研究提出包括货车改编费用和货车停留车小时费用的综合费用型列车编组计划编制技术。这是一项以货车改编费用和货车停留车小时费用为优化目标,以最大可能开行直达列车为基本准则,以每一单支车流或合并车流量和可能无改编通过技术站次数为指标,按规定开行直达列车基本条件,确定列车编组方案的新技术,操作简单,结果可行。

3.1.4 货物列车的种类

货物列车按其在发、到地和运行途中中转作业的不同,可分为以下类型(如图 3.1.1 所示):

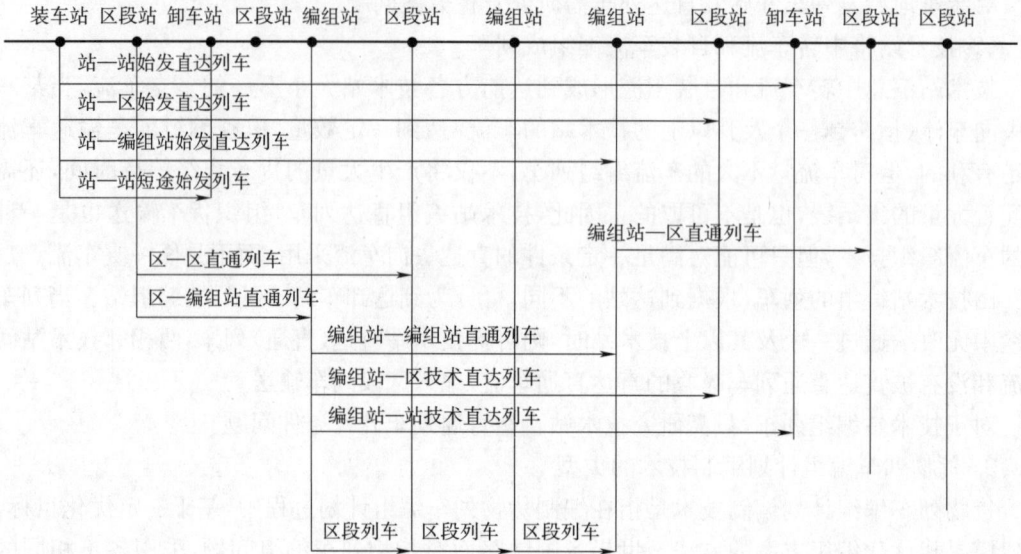

图 3.1.1　列车种类示意图

1. 装车地始发直达列车

(1)在装车站利用自装货车编组,无改编通过沿途编组站和区段站,到达卸车站的站—站始发直达列车。

(2)在装车站利用自装货车编组,无改编通过沿途编组站和区段站,到达区段站解体的站—区始发直达列车。

(3)在装车站利用自装货车编组,无改编通过沿途编组站和区段站,到达编组站解体的站—编组站始发直达列车。

(4)在装车站利用自装货车编组,到达同一区段或相邻区段卸车站的站—站短途始发列车。

其中,站—区和站—编组站始发直达列车还只是理论概念。

2. 技术站间货物列车

(1)直通列车

①由区段站编组出发,无改编通过沿途一个及以上区段站,到达区段站解体的区—区直通列车。

②由区段站编组出发,无改编通过沿途一个编组站或一个编组站和一个及以上区段站,到达区段站解体的区—区直通列车。

③由区段站编组出发,无改编通过沿途区段站,到达编组站解体的区—编组站直通列车。

④由编组站编组出发,无改编通过沿途区段站,到达区段站解体的编组站—区直通列车。

⑤由编组站编组出发,无改编通过沿途区段站,到达相邻编组站解体的编组站—编组站直

通列车。

(2)编组站技术直达列车

①由编组站编组出发,无改编通过沿途编组站和区段站,到达卸车站的编组站—站技术直达列车。

②由编组站编组出发,无改编通过沿途编组站和区段站,区段站终到解体的编组站—区技术直达列车。

③由编组站编组出发,无改编通过沿途编组站,编组站终到解体的编组站—编组站技术直达列车。

其中编组站—站和编组站—区技术直达列车还只是理论概念。

(3)区段列车

由区段站或编组站编组出发,运行于两相邻区段站间或区段站、编组站间为区段列车。

(4)区段内取送车列车

①由编组站、区段站编组出发,运行于两相邻技术站间,承担中间站货车取送车任务的摘挂列车。

②由编组站、区段站编组出发,运行于区段内,承担部分中间站货车取送车任务的小运转列车。

③由编组站、区段站编组出发,运行于铁路枢纽地区,承担地区装、卸站取送车任务的枢纽小运转列车。

3.1.5 组织车流输送的结点系统

1. 结点系统的意义

按结点系统组织车流输送的方法,以集中货运业务和车流改编作业为理论依据,以结点区为车流组织的起点、终点和车流组织方法,对改善编组站车流组织工作,提高车流组织效率,加速货车输送有重要意义。

结点系统是欧洲部分国家铁路采用的车流组织方法,对我国铁路运输组织改革有一定的参考价值。

2. 结点区

(1)结点区运输工作的单一性原则

如前所述,结点区是指在铁路地区中一定数量的车站,按照单一性原则,集中管理货物运输地方工作的要求组成的一个运输实体。按照结点区运输工作的单一性原则,结点区的货流、货源组织以及货运业务工作统一由结点站办理。这一业务安排,不但方便货主集中办理货运业务,有利于提高服务质量,同时也有利于货流的集中,有利于统一安排优化装卸车作业方案,有利于合理利用各货物作业地点的装卸车作业能力,提高作业效率,提高货流组织的直达化水平。

按照结点运输工作的单一性原则,结点区出发车流原则上由卫星站向结点站集中,到达车流原则上由结点站向卫星站分散。遵循这一车流组织原则,结点站(原区段站或地方性编组站等)利用现有调车设备,可以编组或解体区—区、区—编组站、编组站—区的直通列车和区段列车,既可以大幅度提高车流输送的直达化水平,又可以大幅度降低编组站改编车流比重,减少改编车数,减轻编组站负担,提高编组站畅通度。

由此可见,按照结点区运输工作单一性的原则,应在结点区内实行:

①由结点站统一办理货运业务及装卸作业组织工作。

②由结点站统一组织调车工作。

③由结点站统一办理车流组织工作。卫星站的装车统一向结点站集中(始发直达车流除外),卫星站卸车统一由结点站分送。

④结点区内的业务统一由结点站管理。

因此,结点区是铁路运输生产基本单位,是铁路技术站间车流组织的起点和终点。

在结点区采用由结点站统一办理车流组织工作,是针对结点区内装车站组织始发直达列车后的剩余车流,组织以技术站间列车输送的需要所办理的车流组织工作。组织装车地始发直达列车后的剩余车流量不大,都不具备组织单组列车编组去向的条件,而必须输送至相邻区段站集中。

显然,建立结点区对于提高货运业务服务质量,提高车流组织效率,改善编组站工作等方面具有重要意义。

(2)我国铁路结点区

结合我国铁路路网的结构和车流特点,在我国铁路构建结点区可以以技术站和具有一定调车设备的大型货运站为结点站,以周边中间站为卫星站。周边中间站是指与技术站衔接尽头支线铁路上的中间站以及与相邻技术站连通的铁路区段内的部分中间站。区段内的中间站向两端技术站归属的划分,以发生反向走行车流量最小为原则。

3. 结点系统的组成

在货车输送过程中,结点区与一定的编组站发生固定的车流输送关系。结点区通过向编组站集中车流来输送发出车流。与某编组站发生车流集中关系的所有结点区构成了该编组站的车流集结区。到达结点区的车流通过编组站组织分散输送。与某编组站发生车流分散关系的所有结点区构成了该编组站的车流分散区。

车流集结区编组站与车流分散区编组站之间的货车输送区段,称为车流的长途运输区。

由车流集结区、车流分散区和车流长途运输区组成的货车输送系统,称为结点系统。图3.1.2为结点系统的结构示意图。

采用结点系统组织的车流输送,将车流划分为装车站始发车流、结点区始发车流和编组站车流三类,分别为通过始发直达列车、结点站直达列车和编组站直达列车组织输送,可以有效地将货车改编工作集中到具有解编能力的编组站,为货物列车编组计划按列车管理提供了可能,并为编制流线结合的列车运行图提供了可靠的数据。此外,结点区的车流组织工作也为推进货运业务改革提供了条件。

4. 运输链

结点系统采用运输链的货车输送运输模式。运输链是指在货物运输过程中,货车从一个结点区,经过一个以上编组站到达另一个结点区的发到地点间,通过各种货物列车的紧密衔接配合所构成的连续运输系统,它以保证及时向发货人提供空车,及时为收货人送达重车,在长途运输区组织按计划迅速输送以及货物列车间的可靠中转,不断提高运输质量为目标。通过运输链组织结点系统货物运输是实施结点系统计划的车流组织基础。

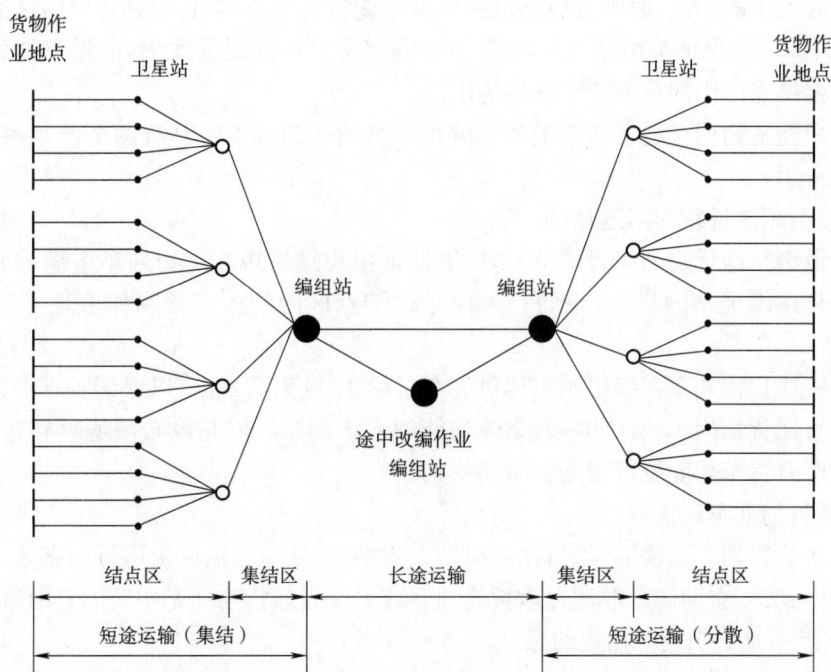

图 3.1.2　结点系统结构示意图

　　按结点系统组织的运输链包括短途货物列车运输链和直通货物列车运输链(如图 3.1.3 所示),而短途货物列车运输链又可分为集结型和分散型两种。

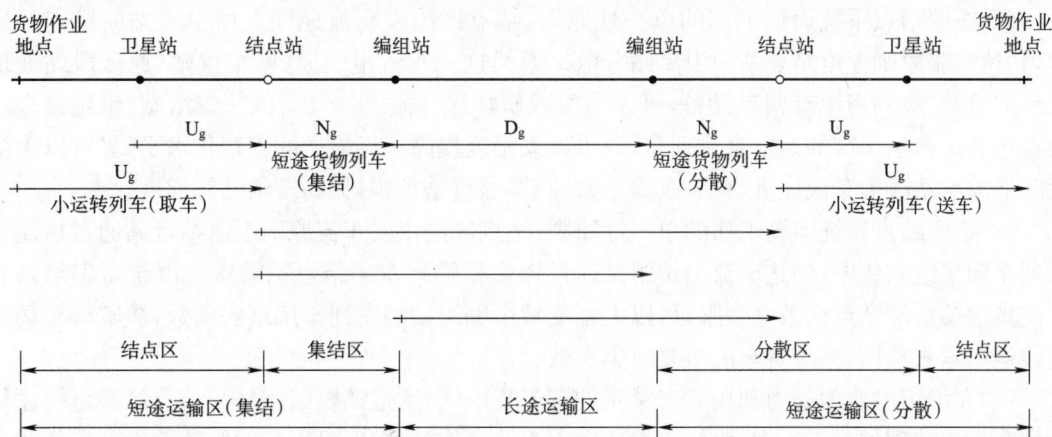

图 3.1.3　按结点系统组织的运输链示意图

U_g—货物作业地点或卫星站与结点站间运行的货车;N_g—结点站与编组站间运行的货车;D_g—编组站间运行的货车

(1)集结型短途货物列车运输链

　　所谓集结型短途货物列车运输链,是指在编组站立即以夜间联系向分散型短途货物列车运输链或直通货物列车运输链中转的短途货物列车。

由结点区发出的车流,原则上应通过集结型短途货物列车发出,它到达编组站的时间一般不应晚于 21:00。为保证编组站工作均衡,在结点区应尽可能提前发出,而最早的可能发出时间应以不延误结点区内的重空货车输送为准。

集结型短途货物列车通常按单组列车编组。当到达的编组站具有两个调车系统时,则应按调车系统分组。

(2)分散型短途货物列车运输链

所谓分散型短途货物列车运输链,是指能保证由集结型短途货物列车运输链或直通货物列车运输链到达编组站的货车,在同一天内送达结点区内的所有货物作业地点的短途货物列车。

分散型短途货物列车在编组站应尽可能在早晨 4:00 以后发出,以保证所有由集结型短途货物列车和直通货物列车到达的中转车流均能编入该列车。但它也必须适时到达结点站,保证结点区的所有货车均能按市场需要时间供货。

(3)直通货物列车运输链

所谓直通货物列车运输链,是指在编组站上集结,在长途运输区由运行的直通货物列车或由长途运输区到达,立即向分散型短途货物列车或另一直通货物列车中转的直通货物列车。

5. 按结点系统组织货车输送的意义

按结点系统组织货车输送的意义主要表现在如下方面:

(1)按照结点系统运输工作的单一性原则,结点区的货流、货源组织以及货运业务工作统一由结点站办理。这一业务安排,不但方便货主集中办理货运业务,有利于提高服务质量,同时也有利于货流的集中,有利于统一安排优化装卸车作业组织方案,有利于合理利用各货物作业地点的装卸车作业能力,提高作业效率,提高货流组织的直达化水平。

(2)按照结点系统运输工作的单一性原则,结点区出发车流原则上由卫星站向结点站集中,到达车流原则上由结点站向卫星站分散。遵循这一车流组织原则,结点站(原区段站或地方性编组站等)利用现有调车设备,可以编组或解体区—站、区—区、区—编组站、编组站—区的直达列车和站—区的始发直达列车,既可以大幅度提高车流输送的直达化水平,又可以大幅度降低编组站改编车流比重,减少改编车数,减轻编组站负担,提高编组站畅通度。

(3)按照结点系统运输工作的单一性原则,结点区的出发车流原则上由结点站通过短途货物列车向编组站集中,到达车流由编组站通过短途货物列车向结点站输送。由于与编组站有车流集散关系的结点区数量有限,可以大幅度减少编组站编发列车编组去向数,缓解调车场分类线运用紧张局面,减少货车的重复改编次数。

(4)在编组站改编能力利用状态紧张的车流集散区,通过调整编组站与结点站编组短途货物列车车流整理的分工方案,由结点站协助编组站工作的部分,可以有效缓解编组站工作紧张状态。

由此可见,结点系统对于提高货运业务服务质量,提高车流组织效率,改善编组站工作等方面具有重要意义。

3.1.6 规划型铁路货物列车编组计划

遵循货物列车编组计划编制技术的发展规律和在我国适应建立规划型铁路的目标,货物列车编组计划应该是：

(1)最大限度以始发直达列车的方式组织大宗货物运输,提高直达装车比重。

(2)最大限度以直达、直通方式组织技术站间货物输送,减少货车改编次数。

(3)实现全国统一编制技术站间货物列车编组计划,提高车流组织效率。

(4)最大限度发挥货物列车编组计划在货车输送过程中的功能,提高运输效率。

长期以来,我国铁路采用以调度指挥为主导,以列车运行图和编组计划为辅的列车运行组织模式。受这一模式的限制,当前我国铁路货物列车现状是:

(1)未能充分发挥装车地始发直达编组计划组织大宗货物运输的功能,相当部分大宗货物未能列入计划。

(2)未能实现全国统一编制技术站间货物列车编组计划,车流组织效率有待提高。

(3)将货物列车编组计划置于辅助作用,大大弱化了编组计划的功能,日常运输工作中按列车编组计划编车的意识不强,车流组织效率有待提高。

据此,在货物列车编组计划的研究中,我们的目标是:

(1)力求实现最大限度以始发直达运输方式组织大宗货物运输。

(2)力求实现最大限度以直达、直通车流组织方式实现货车输送。

(3)实现全路统一编制技术站间货物列车编组计划。

(4)充分发挥货物列车编组计划在组织货车输送过程中的功能和作用。

为区别起见,我们将实现上述目标的编组计划称之为规划型铁路货物列车编组计划。目前,我们已经完成了理论研究和软件研发工作,实验结果比较接近实际运用。

3.2 装车地始发直达列车编组计划编制技术

3.2.1 按日开行站一站装车地始发直达列车

当车流 N_{ij} 的装车站(i)、卸车站(j)为中间站时,若该车流达到一定车流量,一般可以有两种车流输送方案。

方案1:在装车站、卸车站间组织始发直达列车输送。

方案2:在发送区区段站或编组站、终到区区段站或编组站间组织直达列车输送。

由区段站或编组站及其方向别车流集中范围内各装车站组成的车站集称为货车发送区,而由区段站或编组站及其方向别车流分散范围内各卸车站组成的车站集称为货车终到区,如图3.2.1。

图 3.2.1 货车发送区、终到区示意图

车流 N_{ij} 的两种输送方案,在两区段站间的输送方法是相同的,不相同的情况发生在发送区装车站的装车和区段站工作以及终到区卸车站的卸车和区段站的工作。方案1列车可以无

改编通过发送区和终到区的区段站,较方案 2 可节省

$$2N_{ij} \cdot t_{节} \cdot e_{时} + 2N_{ij} \cdot e_{改}$$

但方案 1 可能因组织整列装车和整列卸车而增加车辆停留时间和调车费用,即

$$(\Delta t_{装} + \Delta t_{卸}) \cdot N_{ij} \cdot e_{时} + N_{ij} \cdot \alpha' \cdot e_{改}$$

式中　$\Delta t_{装}$——整列装车较非整列装车增加的货车停留时间;

　　　　$\Delta t_{卸}$——整列卸车较非整列卸车增加的货车停留时间;

　　　　α'——整列装车、卸车增加的调车工作量系数;

　　　　$e_{时}$——货车平均车小时费用;

　　　　$e_{改}$——货车平均改编费用。

在大多数情况下,装车站不用考虑调车工作小时的差值。因为在组织直达时,空车一般以成组方式供应,或空车虽为整列供应但须分批送车或者几个装车地点分送,且编组调车工作一般与取车结合进行,与非直达的调车消耗差不多。

和装车站的情况相似,如能在一个卸车地点整列卸车,而该地点装卸设备的生产率又比较大时,组织整列到卸的直达列车较非直达发送来说,一般在解体、送车前车组集结及取送调车工作等方面都可以获得车辆小时和调车工作小时的节省。

当直达列车在同一车站的几个地点(专用线)分卸,各地点有相应的调机服务且到卸车数与卸车能力相适应时,可以认为组织直达运输在卸车站不会产生额外的损失。

因此,增加的调车工作量系数一般可取值为零,即 $\alpha' = 0$。同时,$\Delta t_{装}$ 和 $\Delta t_{卸}$ 也将是一个较小的数值。

这样,必有

$$2N_{ij} \cdot t_{节} \cdot e_{时} + 2N_{ij} \cdot e_{改} \geqslant (\Delta t_{装} + \Delta t_{卸}) \cdot N_{ij} \cdot e_{时} + N_{ij} \cdot \alpha' \cdot e_{改}$$

这一分析说明,当车流 N_{ij} 在发送区装车站、终到区卸车站满足按日开行条件时,在装车站、卸车站组织开行装车地始发直达列车肯定有利。

应该指出,在确定装车地直达列车编组计划时,还必须考虑如下条件:

(1)发货单位或发车站(指一条专用线、一个车站或枢纽内、区段内联合组织阶梯直达列车的几个车站)要有一定的货运量和直达车流量,并且场库容量、装车能力和配线的长度能保证整列出车。

(2)收货单位或卸车站的场库容量和卸车能力能保证整列或成批到卸的要求。

(3)空车供应要有保证。不但要求车种合适,数量充足,而且要求配送及时,稳定可靠。

3.2.2　按日开行站—区、站—编组站装车地始发直达列车

1. 站—区始发直达列车

由站—区始发直达列车输送的货车,将在终到区段的区段站产生一次改编中转作业。因而,货车输送全程产生的费用为终到区段站的改编中转费用($E_{转}$),即

令 $e_{时} = e_{改} \cdot w_1$,则　　　$E_{转} = N_{ij} \cdot e_{改} + N_{ij} \cdot t_{节} \cdot e_{时}$

$$= N_{ij} \cdot e_{改}(1 + t_{节} \cdot w_1)$$

而无改编通过沿途技术站节省的费用 $E_{节}$(包括货车改编费用和货车停留车小时费用)为

$$E_节 = n \cdot N_{ij} \cdot e_改 + n \cdot N_{ij} \cdot t_节 \cdot e_时$$
$$= n \cdot N_{ij} \cdot e_改 (1 + t_节 \cdot w_1)$$

式中　n——列车无改编通过的技术站数;

w_1——$e_时$与$e_改$的比值。

显然,当$E_节 \geqslant E_转$时,组织开行站—区始发直达列车在经济上是有利的,而

$$n \cdot N_{ij} \cdot e_改 (1 + t_节 \cdot w_1) \geqslant N_{ij} \cdot e_改 (1 + t_节 \cdot w_1)$$

因而,组织开行

$$n \geqslant \frac{N_{ij} \cdot e_改 (1 + t_节 \cdot w_1)}{N_{ij} \cdot e_改 (1 + t_节 \cdot w_1)} = 1$$

这样,开行站—区始发直达列车的基本条件是沿途无改编通过一个及其以上技术站。

2. 站—编组站始发直达列车

由站—编组站始发直达列车输送的货车,将在终到结点的编组站和区段站各产生一次改编中转作业。因而,货车输送全程产生的费用为终到编组站和区段站的改编中转费用($E_转$),即

$$E_转 = 2N_{ij} \cdot e_改 + 2N_{ij} \cdot t_节 \cdot e_时$$
$$= 2N_{ij} \cdot e_改 (1 + t_节 \cdot w_1)$$

而在沿途技术站无改编通过的节省($E_节$)为

$$E_节 = n \cdot N_{ij} \cdot e_改 + n \cdot N_{ij} \cdot t_节 \cdot e_时$$
$$= n \cdot N_{ij} \cdot e_改 (1 + t_节 \cdot w_1)$$

与站—区始发直达列车相类似,有利条件也可以写为

$$n \geqslant \frac{2N_{ij} \cdot e_改 (1 + t_节 \cdot w_1)}{N_{ij} \cdot e_改 (1 + t_节 \cdot w_1)} = 2$$

这样,开行站—编组站始发直达列车的基本条件是沿途无改编通过两个及其以上的技术站。

3.2.3　按日历开行始发直达列车

1. 始发直达列车的基本组织形式

在实际工作中,原则上始发直达列车是指按日运行丁装车站和卸车站间,沿途无改编通过技术站的货物列车。

(1)始直达列车的基本运行特征

①按日开行。

②运行于装车站、卸车站间。

③沿途技术站不办理货车改编作业。

(2)始发直达列车的基本服务特征

①可以编入不同品类货物装载车,服务于多品类货物运输。

②可以编入不同发货人的货车,服务于不同发货人的货物运输。

③具有很高的运输服务质量和运输效率。

（3）专门化列车

①服务大宗物资运输的始发直达列车，通常是运行于装车地、卸车地之间，组织整列装、卸车的专门化列车。

②服务于普通货物运输的始发直达列车，通常是运行于装车站、卸车站之间，组织成组装、卸车的专门化列车，也可以称为快运货物列车。

③服务于大宗物资和普通货物运输的混合型始发直达列车。当装、卸站间大宗物资和普通货物的车流量都不满足组织始发直达列车的车流量要求时，也可以组织开行服务于多品类货物装载车的始发直达列车。

在车流组织计划和日常车流组织工作中，为优化组织按日开行的专门化列车，必要时也可以组织服务于多品类货物运输的混合型始发直达列车。

2. 按日开行始发直达列车剩余货流运输组织

对于大宗物资，以始发直达列车基本组织形式输送的货流只占一部分。为提高大宗物资运输效率，必须进一步研究改善剩余部分货流的运输问题。

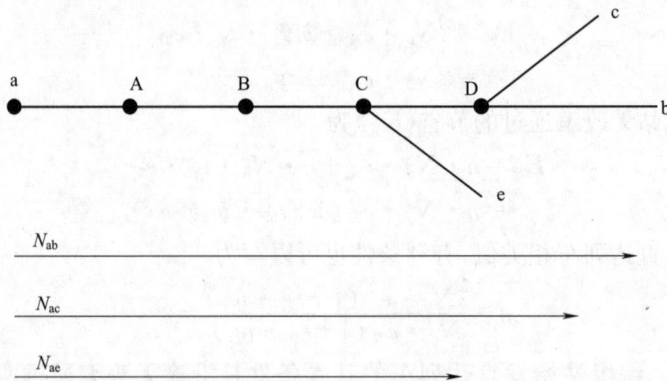

图 3.2.2　车流图

如图 3.2.2 所示，设大宗物资装车站 a 有 a—b、a—c、a—e 三个装车去向，每支车流的周期车流量及发到站的装卸条件均满足开行直达列车的条件，但每支车流的日均车流量都不满足按日开行的条件。在这种情况下，理论上三支车流输送可以有三种组织方案：

（1）按装车去向组织始发直达列车。

每一装车去向均组织开行始发直达列车，各占用一条运行线。它可实现 3 支车流都以直达列车输送，提高货车输送的直达率水平和货物送达速度。这一组织方案需使用 3 条运行线，但因车流不满足每日开行的条件，在无直达列车开行日必将产生运行线的空闲，降低列车运行线的使用效率，对线路通过能力利用有不利的影响。

（2）各装车去向车流合并开行始发直达列车。

若将 3 支车流合并组织到达 C 站解体的始发直达列车，就可以有效提高列车运行线的使用效率，但将缩短直达列车运行距离，增加货车在沿途技术站改编次数，延长货车输送时间。

(3)各装车去向车流合并输送至前一技术站编入技术站间列车输送。

目前我国铁路在实际工作中,通常采用第二种方案。

实际上,对于大宗货物装车地(特指一个发货人一个品类的大宗货物):

①大宗货物装车地通常有多个装车去向。设装车地和装车去向的日均装车数为 $N_{大宗}$、$N_{大宗a}$,$N_{大宗}=\sum N_{大宗a}$,列车编成辆数为 m,当 $N_{大宗a}<m$ 时,该去向不具备组织按日开行站—站始发直达列车的条件。

②一般情况下,对每一装车去向虽有日均装车数的要求,但通常设有按日均匀发运的要求。对于周期发送量 $z_{大}$ $N_{大宗a}<m$ 的装车去向(式中 $z_{大}$ 为列车运行周期为 z 时,大于1的周期天数),若容许组织集中发送,则可以组织间隔 $(z-1)$ 天开行的站—站始发直达输送车流,这种对具体发运时间可以调整的要求,对大宗货物是可行的。因此,各计划日装车数在各装车去向间是可以调整的。

③大宗物资装车地具有一定规模的仓储场库设备,仓储能力大,可以满足按装车去向集中装车的要求。在极端情况下,一个装车地只有一个装车去向,也能够按周期组织装车。

对于大宗货物的卸车地(特指一个收货人一个品类的大宗货物):

①到货卸车地通常具有一定规模的仓储场库设备,对于集中到卸具有一定的承受能力。

②收货人对日均到卸量有一定要求,但一般设有均衡到达的要求。

因此,存在着在装车地按日历装车去向组织整列装车,在卸车地按日历组织整列到卸,多个去向列车共用一条运行线的可能性。据此,提出按日历组织始发直达列车输送大宗物资的列车运行组织模式。

在始发直达列车运行计划中,将不能组织按日开行的装车去向,按一定的规则组成列车组,在一个循环周期内,每一装车去向按规定开行列数和开行日,共用一条运行线运行的列车统称为按日历列车运行计划开行的列车。列车组各去向列车共用的运行线为基本运行线,各去向列车专用,且与基本运行线衔接的运行线为翼形运行线,这类列车仅适用于大宗物资运输。

3. 按日历开行始发直达列车组织形式

按日历开行始发直达列车可以有如下三种基本组织形式:

(1)同一装车站开往不同卸车站的列车

如图 3.2.3 所示,若装车站发往 a_1、b_1、c_1 和 a_2、b_2、c_2 的日均车流不满足按日开行始发直达列车的条件,但同一区段三个卸车站到达车流满足一周(7 d)按日开行的条件,则可组织按日历开行到 a_1、b_1、c_1 和 a_2、b_2、c_2 的始发直达列车。

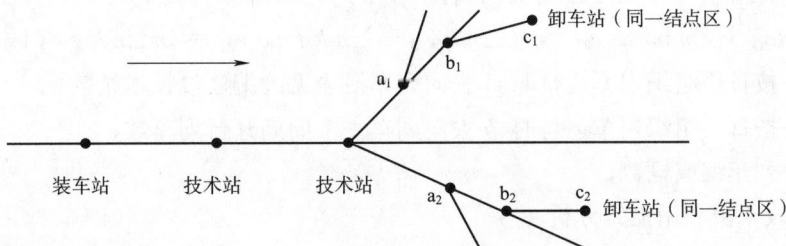

图 3.2.3 按日历开行始发直达列车线网图(一)

若装车站到达同一区段卸车站车流不满足按日历开行条件,也可以组织到达相邻区段多个卸车站(如 a_1、b_1、c_1 和 a_2、b_2、c_2),按日历开行的始发直达列车。

这时,列车运行径路除装车站至到达端技术站间共用一条运行线的共同径路外,还有部分线是不相同的径路,列车在共同径路上的运行线称为基本运行线,非共同径路的运行线称为翼形运行线,考虑到卸车站不宜过于分散,到站限位于同一区段或相邻区段。

(2)不同装车站发往同一卸车站的列车

如图 3.2.4 所示,若装车站 a_1、b_1、c_1 和 a_2、b_2、c_2 分别发往卸车站的日均车流不满足按日开行始发直达列车的条件,但同一区段的三个装车站到达同一卸车站车流满足一周(7 d)按日历开行的条件,即可组织按日历开行 a_1、b_1、c_1 和 a_2、b_2、c_2 到达同一卸车站始发直达列车。照例,必要时也可以组织两相邻区段共同组织到达同一卸车站的按日历开行的始发直达列车,即装车站限于同一区段或相邻区段。

在这一情况下,翼形运行线发生在发送端。

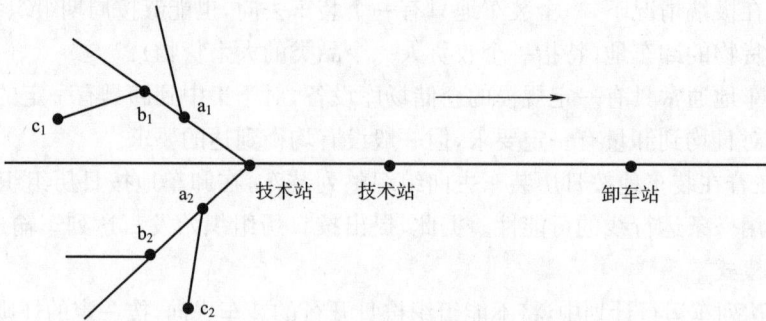

图 3.2.4 按日历开行始发直达列车线网图(二)

(3)不同装车站发往不同卸车站的列车

由于不同装车站可以是同一区段或相邻区段,不同卸车站也类似,故可以有四种组合的形式,在这一情况下,翼形运行线组织发生在发、到两端。

为提高按日历开行始发直达列车的效率和效益,应优先采用(1)、(2)两种组织形式。

4. 按日历开行始发直达列车经济有利性的分析计算

(1)减少货车改编费用和货车停留时间费用

按日历组织列车运行,因延长了直达列车走行距离,增加无改编通过沿途技术站数,减少了货车改编费用和货车停留车小时费用,若两项节约之和为 $E_节$,其中有

$$\sum n_b m k_b e_改 + \sum n_b m k_b t_节 e_时 = m(\sum n_b k_b e_改 + \sum n_b k_b t_节 w_1 e_改) = m \sum n_b k_b e_改 (1 + t_节 w_1)$$

式中 n_b——按日历组织列车运行时,b 去向列车沿途无改编通过技术站数;

k_b——按日历组织列车运行时,b 去向列车一个周期开行列车数;

m——列车编成辆数。

(2)运行线未被利用损失分析

设列车运行周期为 z,周期开行列数为 $k_组$。当 $z = k_组$ 时,基本运行线被充分利用;若 $z > k_组$,则基本运行线有 $(z - k_组)$ d 未被始发直达列车利用。设 b 列车编组去向周期开行列车数

为 k_b，则该去向的翼形运行线有$(z-k_b)$ d 未被始发直达列车利用。这是按日历组织开行始发直达列车遇到的新问题。

运行线未被始发直达列车利用，不等于运行线空闲。即使是运行线空闲，也未必需要计算其损失。这是因为：

①从总体上看，各相关区段日均车流量并不会因为组织按日历开行站—站始发直达列车而有所增加，只是车流量在日间的分布做了一定的调整。当这类调整对多个列车编组去向进行时，对日间车流量分布的影响将大幅度下降。运行线的运用将相对保持日间平衡。

②在规划型列车运行图中，为适应日间车流这类调整的需要，采用了按周期日历安排运行线的使用方案，一条运行线在一周内可为多个列车编组去向使用，从而在相当程度上平衡了这类调整所产生的影响。

③在能力利用紧张的铁路地区，可充分利用这类运行线放行列车，运行线不会空闲；而在能力利用不紧张的铁路地区，运行图预留有一定数量的运行线，产生未被利用运行线只是增加预留运行线而已，对日常运行工作没有影响。

据此，一般情况下，可以认为未被始发直达列车利用运行线的效能基本已被利用，或可以不考虑这一损失，即它对组织开行按日历始发直达列车有利性的影响不大。

（3）运行线未被利用损失的计算

一条运行线规律性地有几天不为始发直达列车利用，可以为其他列车编组去向利用或办理其他作业，但也有可能会因降低利用效率而产生一定的损失。假定空闲运用线的利用系数为 α，则将损失$(1-\alpha)\times100\%$ 的使用效率。

当 $z=k_组$ 时，翼形运行线未被利用的经济损失（$E_{损1}$）可按下式计算：

$$E_{损1}=\sum_{b}^{c'}(z-k_b)(\sum\Delta l-\Delta l_b)(1-\alpha)Q\Delta e_{吨公里}$$

式中　z——列车运行周期；

　　Δl_b——不按日历组织列车运行时，b 列车编组去向延长的直达列车走行距离；

　　c'——列车组去向数；

　　$\sum\Delta l$——列车编组去向延长直达列车总走行公里；

　　α——空闲运行线的利用系数；

　　Q——始发直达列车净重吨数；

　　$\Delta e_{吨公里}$——列车运行吨公里产品效益。

$z>k_组$ 时，基本运行线和翼形运行线均未被始发直达列车充分利用，在非运行日基本运行线和翼形运行线未被利用的经济损失（$E_{损2}$）按下式计算：

$$E_{损2}=(z-k_组)(1-\alpha)(l_基+\sum\Delta l)Q\Delta c_{吨公里}$$

式中　$l_基$——基本运行线列车走行公里。

在运行日翼形运行线产生 $E_{损1}$，故总损失（$E_{损}$）应为

$$E_{损}=E_{损1}+E_{损2}=\left[\sum_{b}^{c'}(z-k_b)(\sum\Delta l-\Delta l_b)+(z-k_组)(l_基+\sum\Delta l)\right](1-\alpha)Q\Delta e_{吨公里}$$

显然，当 $E_{节}\geqslant E_{损}$ 时，组织按日历开行始发直达列车运行的方案是有利的，对于 $z=k_组$ 可有

$$m\sum_b n_b k_b e_{改}(1+t_{节}w_1)\geqslant\sum_b^{c'}(z-k_b)(\sum\Delta l-\Delta l_b)(1-\alpha)Q\Delta e_{吨公里} \qquad (3.2.1)$$

设按日历开行始发直达列车沿途无改编通过技术站列次数为 M，即

$$M=\sum_b n_b k_b$$

同时设列车每一无改编通过技术站列次平均分摊到的未被利用空闲运行线长度为 $\Delta\bar l$，则有

$$\Delta\bar l=\frac{\sum_b^{c'}(z-k_b)(\sum\Delta l-\Delta l_b)(1-\alpha)}{M}$$

或

$$\Delta\bar l=\frac{\left[\sum_b^{c'}(z-k_b)(\sum\Delta l-\Delta l_b)+(z-k_{组})(l_{基}+\sum\Delta l)\right](1-\alpha)}{M}$$

这样，不等式(3.2.1)也可以写为

$$me_{改}(1+t_{节}w_1)\geqslant\Delta\bar l Q\Delta e_{吨公里} \qquad (3.2.2)$$

设列车利用列车运行线运行，产生吨公里运输产品的收入为 $e_{吨公里收}$，而为生产吨公里产品铁路的支出为 $e_{吨公里}$，则列车运行吨公里产品效益（$\Delta e_{吨公里}$）为

$$\Delta e_{吨公里}=e_{吨公里收}-e_{吨公里}$$

若令吨公里产品效益与吨公里支出之比为铁路货物运输吨公里效益率（$\rho_{吨公里}$），则有

$$\rho_{吨公里}=\frac{\Delta e_{吨公里}}{e_{吨公里}}$$

$e_{吨公里}$ 可根据《铁路建设项目经济评价方法与参数》取值，若设定一定的 $\rho_{吨公里}$，则有

$$\Delta e_{吨公里}=\rho_{吨公里}\cdot e_{吨公里}$$

设 $\frac{e_{吨公里}}{e_{改}}=w_2$，$\frac{\Delta e_{吨公里}}{e_{改}}=w_3$ 则有

$$w_3=\frac{\rho_{吨公里}\cdot e_{吨公里}}{e_{改}}=w_2\cdot\rho_{吨公里}$$

$$\Delta e_{吨公里}=w_2\cdot\rho_{吨公里}\cdot e_{改}$$

通常，$\rho_{吨公里}$ 可以在 0.2～0.5 的范围内取值。

将 $\Delta e_{吨公里}=w_2\cdot\rho_{吨公里}\cdot e_{改}$ 代入不等式(3.2.2)，则有

$$me_{改}(1+t_{节}w_1)\geqslant\Delta\bar l\cdot Q\cdot w_2\cdot\rho_{吨公里}\cdot e_{改}$$

$$m(1+t_{节}w_1)\geqslant\Delta\bar l\cdot Q\cdot w_2\cdot\rho_{吨公里}$$

由此可得

$$\Delta\bar l\leqslant\frac{m(1+t_{节}w_1)}{Q\cdot w_2\cdot\rho_{吨公里}}$$

式中，$\Delta\bar l$ 为根据车流条件可达到的指标值，用 $\Delta\bar l_{计}$ 表示；$\frac{m(1+t_{节}w_1)}{Q\cdot w_2\cdot\rho_{吨公里}}$ 为根据技术经济条件确定的指标值，用 $\Delta\bar l_{标}$ 表示。

表 3.2.1 为指标的标准值（$\Delta\bar l_{标}$）计算表，表 3.2.2～表 3.2.4 为指标计算值（$\Delta\bar l_{计}$）。计算表明：

①对于 $z = k_{组}$ 的列车组(见表 3.2.2),当 $n_b = 1$ 时,若取 $\rho_{吨公里} = 0.1$,则 $\sum \Delta l$ 取值不受限制。当前我国铁路运输盈利水平不高,实用 $\rho_{吨公里}$ 取值低的这一情况基本符合我国铁路路情。随着 n_b 值的增加,有利范围扩大。当 $n_b = 4$ 时,可不受 $\rho_{吨公里}$、$\sum \Delta l$ 限制地组织按日历开行始发直达列车。

②对于 $z - k_{组} = 1$ 的列车组(见表 3.2.3),每周期少开一列,当 $n_b = 1$ 时,$\rho_{吨公里}$ 的取值为 0.1、0.2,可不受 $\sum \Delta l$ 限制地组织开行这类列车组。当 n_b 增加到 3 时,则开行这类列车不受 $\rho_{吨公里}$ 和 $\sum \Delta l$ 的限制。

③对于 $z - k_{组} = 2$ 的列车组(见表 3.2.4),每一周期少开 2 列,相应地要求列车无改编通过技术站数有所增加。当 $n_b = 5$ 时,$\rho_{吨公里}$ 和 $\sum \Delta l$ 的取值范围仍有一定的限制,但增加到 8 时,就不再受这类限制了。

因此,在基本上能反映当前我国铁路运营状况数据取值条件下,以 α 可以达到 80%、$\sum \Delta l$ 取值达到 300～450 km 和 $\rho_{吨公里}$ 能达到 0.1 或 0.2 为前提,可有如下结论:

① $n_b \geqslant 1$ 的列车编组去向组成的列车组,均可以组织按日历开行始发直达列车,且随 n_b 值的增大,车流组织效率增加。

②原则上 $k_{组}$ 应等于周期天数,每天开行一列。当 $n_b \geqslant 3$ 或 $n_b \geqslant 5$ 时,也可以组织开行 $\rho_{吨公里}$、$\sum \Delta l$ 受到一定限制,$z - k_{组} = 1$ 或 $z - k_{组} = 2$ 的列车组。为增加可靠性,在实际工作中,取 $n_b \geqslant 5$、$n_b \geqslant 7$ 为条件。

表 3.2.1　$\Delta \overline{l}$ 的技术经济标准值($\Delta \overline{l}_{标}$)计算表

w_1	w_2	$t_{节}$(h)	m(车)	Q(t)	$\rho_{吨公里}$	(1)	(2)	(3)
0.127	0.001 37	7	50	3 000	0.1	94.5	0.411	230
					0.2	94.5	0.822	115
					0.3	94.5	1.233	77
					0.4	94.5	1.644	58

注:(1)$= m(1 + t_{节}w_1)$;(2)$= Q \cdot w_2 \cdot \rho_{吨公里}$;(3)$= \dfrac{m(1 + t_{节}w_1)}{Q \cdot w_2 \cdot \rho_{吨公里}} = \Delta \overline{l}_{标}$。

表 3.2.2　$z = k_{组}$ 时按日历开行始发直达列车有利性分组计算表

α	z	n_b	k_b			Δl_b			$\sum \Delta l$	(l)	M	$\Delta \overline{l}_{计}$	$\Delta \overline{l}_{计} < \Delta \overline{l}_{标}$?			
			1	2	3	1	2	3					58	77	115	230
0.8	7	1	2	2	3	50	100	150	300	2 850	7	81	×	×		
						100	150	200	450	4 250	7	121	×	×	×	
						150	200	250	600	5 650	7	161	×	×	×	
						200	250	300	750	7 050	7	201	×	×	×	
		2	2	2	3	50	100	150	300	2 850	14	41				
						100	150	200	450	4 250	14	61	×			
						150	200	250	600	5 650	14	81	×	×		
						200	250	300	750	7 050	14	101	×	×		

α	z	n_b	k_b			Δl_b			$\sum\Delta l$	(l)	M	$\Delta\bar{l}_计$	$\Delta\bar{l}_计<\Delta\bar{l}_标$?			
			1	2	3	1	2	3					58	77	115	230
0.8	7	3	2	2	3	50	100	150	300	2 850	21	27				
						100	150	200	450	4 250	21	40				
						150	200	250	600	5 650	21	54				
						200	250	300	750	7 050	21	67	×			
		4	2	2	3	50	100	150	300	2 850	28	20				
						100	150	200	450	4 250	28	30				
						150	200	250	600	5 650	28	40				
						200	250	300	750	7 050	28	50				

注：① $(l)=\sum_{b}^{c'}(z-k_b)(\sum\Delta l-\Delta l_b)$；

② "×"表示不满足有利性条件。

表 3.2.3　$z-k_组=1$ 时按日历开行始发直达列车有利性分组计算表

α	z	n_b	(l)	$l_基$	$\sum\Delta l$	$[l]$	$[(l)]$	M	$\Delta\bar{l}_计$	$\Delta\bar{l}_计<\Delta\bar{l}_标$?			
										58	77	115	230
0.8	7	1	2 850	500	300	800	3 650	18	41				
			4 250	500	450	950	5 200	18	58	×			
			5 650	500	600	1 100	6 750	18	75	×			
			7 050	500	750	1 250	8 300	18	92	×	×		
		2	2 850	650	300	950	3 800	24	32				
			4 250	650	450	1 100	5 350	24	45				
			5 650	650	600	1 250	6 900	24	58	×			
			7 050	650	750	1 400	8 450	24	70	×			
		3	2 850	800	300	1 100	3 950	30	26				
			4 250	800	450	1 250	5 500	30	37				
			5 650	800	600	1 400	7 050	30	47				
			7 050	800	750	1 550	8 600	30	57				
		4	2 850	1 000	300	1 300	4 150	36	23				
			4 250	1 000	450	1 450	5 700	36	32				
			5 650	1 000	600	1 600	7 250	36	40				
			7 050	1 000	750	1 750	8 800	36	49				

注：① $[l]=(z-k_组)(l_基+\sum\Delta l)$；

② $[(l)]=(l)+[l]$；

③ "×"表示不满足有利性条件。

表 3.2.4　$z-k_{组}=2$ 时按日历开行始发直达列车有利性分组计算表

α	z	n_b	(l)	$l_{基}$	$\sum\Delta l$	$[l]$	$[(l)]$	M	$\Delta\bar{l}_{计}$	$\Delta\bar{l}_{计}<\Delta\bar{l}_{标}$?			
										58	77	115	230
0.8	7	5	2 850	800	300	2 200	5 050	25	40				
			4 250	800	450	2 500	6 750	25	54				
			5 650	800	600	2 800	8 450	25	68	×			
			7 050	800	750	3 100	10 150	25	81	×	×		
		6	2 850	1000	300	2 600	5 450	30	36				
			4 250	1000	450	2 900	7 150	30	48				
			5 650	1000	600	3 200	8 850	30	59	×			
			7 050	1000	750	3 500	10 550	30	70	×			
		7	2 850	1150	300	2 900	5 750	35	33				
			4 250	1150	450	3 200	7 450	35	43				
			5 650	1150	600	3 500	9 150	35	52				
			7 050	1150	750	3 800	10 850	35	62	×			
		8	2 850	1300	300	3 200	6 050	40	30				
			4 250	1300	450	3 500	7 750	40	39				
			5 650	1300	600	3 800	9 450	40	47				
			7 050	1300	750	4 100	11 150	40	56				

注:①$[l]=(z-k_{组})(l_{基}+\sum\Delta l)$;

②$[(l)]=(l)+[l]$;

③"×"表示不满足有利性条件。

5. 列车组的组成条件

(1)发到站的货物作业地点应具有整列或成组装、卸车的条件,并应避免因组织始发直达列车而过量增加货车在装车站、卸车站的停留时间以及调车工作量。设因组织整列装车、卸车而增加的货车在装车站和卸车站的停留时间各为 $\Delta t_{装}$、$\Delta t_{卸}$,货车在区段站的平均中转时间为 $t_{中}$,组织始发直达列车在货车停留时间方面的有利条件是:

$$\Delta t_{装}\leqslant t_{中}, \Delta t_{卸}\leqslant t_{中}$$

(2)满足列入初始直达列车计划的车流条件是:

①大宗物资车流(列车组的每一去向限一个发货人一个品类的大宗货物)。

②直达装车去向(跨一及其以上技术站)。

③去向周期车流大于列车编成辆数。

(3)列车组每一列车编组去向的周期计算开行列车数($k_{周}$)可按下式计算:

$$k_{周}=\frac{N_{年去向}z}{365m}$$

式中　$N_{年去向}$——列车编组去向别年车流量。

(4)当列车组周期开行列车数($k_{组}$)小于周期天数(z),但 $k_{组}\geqslant z-1$,且 $n\geqslant3$ 时,列车组仍可成立,在个别周期开行列车数采用 $z-1$。当 $n\geqslant5$ 时,也可以组织开行 $k_{组}=z-2$ 的列车组。

(5)当 $k_组 \geq z$ 且 $k_组 \leq z+1$ 时,列车组仍可成立,多余车流量 $(k_组-z)m$,对周期开行列车数为非整数车去向,按剩余车流处理。

(6)列车组周期开行列车数原则上应等于周期天数 $(k_组=z)$。当按这一要求编制列车组组合方案有困难时,也可以写成 $k_组=dz(d=1,2,3,\cdots)$。为方便日常工作,d 最大取 3。

(7)对于 $n \geq 3$ 或 $n \geq 5$ 的列车组,可以组织 $z-k_组=1$ 或 $z-k_组=2$ 按日历开行的始发直达列车。

(8)列车组每一列车编组去向的始发站,必须位于同一铁路局集团有限公司,到站原则上应该是一个铁路局集团有限公司,必要时也可以是相邻铁路局集团有限公司。

6. 列车组每一列车编组去向周期开行列车数的实施方案

根据周期车流量计算的列车组每一列车编组去向周期开行列车数,通常不是整数,而每一列车编组去向周期开行列车数只能是整数。这就出现了计算开行列车数小数点后数值的处理问题。在实际工作中,可选用如下两个方案:

(1)开行列车数取整的方案

取计算值的整数部分作为每一列车编组去向的周期开行列车数,可以按一个周期列车运行计划组织列车运行。日常运输工作组织相对比较简单,但将产生大量的不能编入始发直达列车编组计划的剩余车流。每周期每一列车编组去向剩余车流量为 $0.1m \sim 0.9m$,若 m 取值为 50 车,则这项剩余车流为 $5 \sim 45$ 车。

(2)开行列车数取整数和小数点后的一、二位方案

开行列车数取整数和小数点后一位时,采用 10 个不同的周期可使之成为整数。例如,一个列车编组去向周期的计算值为 1.2,10 个周期就有 $1.2 \times 10=12$。据此,在 10 个周期内,对这一列车编组去向,安排 8 个周期各开行 1 列,2 个周期各开行 2 列,就可以达到 10 周、12 列目标。同理,理论上还可以取小数点后两位数,如 1.22 需要用 100 个周期来处理,即 $1.22 \times 100=122$。这时,应在 100 个周期中,有 78 个周期各开行一列,22 个周期各开行两列。

小数点后取值的方案可以减少,不能编入始发直达列车的剩余车流,当取一位时,剩余车流减少为 $0.01m \sim 0.09m$。若取 m 为 50 车,则分别为 $0.5 \sim 4.5$ 车和 $0.05 \sim 0.45$ 车。然而,小数点后取值需要通过 10 个周期的循环,甚至 100 个周期循环来处理,致使日常运输工作组织复杂化。若采用这类方案,应以取小数点后一位数为限。

根据上述情况,建议在开始采用按日历组织开行始发直达列车的初期,以采用第一方案为宜。对按日历组织始发直达列车工作取得较好成果后,为进一步提高直达化比重,可以采用第二方案。

7. 列车组共用运行线的基本要求

(1)按列车组共用运行路径选择基本运行线。

(2)空闲运行线长度一般不宜超过 200 km。

(3)列车组在装车地至出发组组站间、终到编组站至卸车地之间,可以有不同的运行径路和运行线,但出发编组站与终到编组站的运行区段,必须使用一条运行线。

(4)列车组共用一条运行线,使用一个车次。但根据发到区段的情况,列车可以有不同的重量标准。

(5)对于编组站间直达列车较多的区段,在始发直达列车非开行日,编组站可以利用该运

行线开行编组站间的直达列车。

3.2.4 按日历开行站—站远程始发直达列车

1. 远程始发直达列车及其有利性分析

对于列入初始直达列车计划、未能编入列车组按日开行始发直达列车、$n \geq 3$ 的车流,单独组织按日历开行站—站始发直达列车,称之为远程始发直达列车。与按日历开行始发直达列车组成列车组开行的运行方式不同,按日历开行的远程始发直达列车是单个列车编组去向,组织按周期开行,服务于大宗货物运输的始发直达列车,周期天数的长短按车流量计算确定。

设远程始发直达周期天数为 z_e,年车流量为 $N_{远程}$,则在不同周期天数条件下,一个周期内开行的远程始发直达列车数为 k_e,则有

$$k_e = \frac{N_{远程} z_e}{365m}, z_e = 7、6、5、4、3、2$$

设 k_e 的小数部分为 a_e,则取 a_e 的最小值 $a_{e\min}$ 和最大值 $a_{e\max}$,计算 $|1 - a_{e\max}|$,将其计算结果与 $a_{e\min}$ 比较,取其中较小者对应的周期为选用周期,可以达到最大限度的以始发直达列车输送车流,详见表 3.2.5 的计算案例。例如,表 3.2.5 中的车流 2,年装车数为 12 320 车,a_e 最大值为周期为 7 d 时的 0.73,最小值为周期为 3 d 时的 0.03,计算 $|1-0.73| = 0.27$,将 0.27 与 0.03 比较,0.03 为较小值,故取 3 d 为选用周期。

表 3.2.5 选择周期数据表

车流	年装车数(车)	m(车)	列车数(列)												选择周期(d)
			$z_e=7$ d		$z_e=6$ d		$z_e=5$ d		$z_e=4$ d		$z_e=3$ d		$z_e=2$ d		
			k_e	a_e	k_e	a_e	k_e	a_e	k_e	a_e	k_e	a_e	k_e	a_e	
1	7 800	50	2.99	0.99	2.56	0.56	3.14	0.14	1.71	0.71	1.28	0.28			7
2	12 320	50	4.73	0.73	4.05	0.05	3.38	0.38	2.70	0.70	2.03	0.03			3
3	14 538	50	5.58	0.58	4.78	0.78	3.98	0.98	3.19	0.19	2.39	0.39	1.59	0.59	5
4	15 600	50	5.98	0.98	5.13	0.23	4.27	0.27	3.42	0.42	2.56	0.56	0.71	0.71	7
5	4 601	50	1.76	0.76	2.51	0.51	1.26	0.26	1.01	0.01					4

设一个周期内开行的远程始发直达列车数为 k_e,沿途无改编通过技术站数为 n,无改编通过编组站和区段站的货车停留时间节省为 $t_节$,列车编成辆数为 m,则一个周期内开行 k_e 列远程始发直达列车节省的费用 $E_节$ 为

$$E_节 = nk_e m(1 + t_节 w_1)e_改$$

设按日历远程组织开行周期天数为 z_e,非运行口空闲运行线的利用系数为 α,列车静重为 Q,列车全程运行距离为 l,则非运行日空闲运行线造成的损失 $(E_{损3})$ 可按下式计算:

$$E_{损3} = (z_e - k_e)(1 - \alpha)lQ\Delta e_{吨公里} = (z_e - k_e)(1 - \alpha)lQw_2 \rho_{吨公里}e_改$$

显然,$E_节 \geq E_{损3}$ 时按日历开行远程始发直达列车是有利的,故有利条件可写为

$$nk_e m(1 + t_节 w_1) \geq (z_e - k_e)(1 - \alpha)lQw_2 \rho_{吨公里}$$

照例,设 $M_e = nk_e$,$\Delta \bar{l}_计 = \dfrac{(z_e - k_e)(1 - \alpha)l}{M_e}$,则有

$$m(1+t_{节}w_1)\geqslant\Delta\bar{l}_{计}\ Qw_2\rho_{吨公里}$$

这样,组织按日历开行远程始发直达列车的有利条件可写为

$$\Delta\bar{l}_{计}\leqslant\frac{m(1+t_{节}w_1)}{Qw_2\rho_{吨公里}}=\Delta\bar{l}_{标}$$

或写为

$$\Delta\bar{l}_{计}\leqslant\Delta\bar{l}_{标}$$

式中 $\Delta\bar{l}_{标}$ 取值见表 3.2.1。

表 3.2.6 为 $n=3$、4、5、6 条件下,$\Delta\bar{l}_{计}$ 的计算表。同时也对满足有利性条件的状况作了分析,分析计算表明:

(1)$z_e\leqslant5$ 时,$n\geqslant3$、$k_e=1$ 的车流可以组织开行远程始发直达列车,但受 $\rho_{吨公里}$ 一定限制;$k_e\geqslant2$ 时,不受限制。

(2)$z_e\geqslant7$ 时,$n\geqslant3$、$k_e\leqslant2$ 的车流可以组织开行远程始发直达列车,但受 $\rho_{吨公里}$ 一定限制;$k_e\geqslant3$ 时,不受限制。

因此,当单支车流的周期车流较少时,应尽可能组成列车组,组织按日历开行的始发直达列车,而远程始发直达列车作为车流组织形式的一项补充,仅限于运程较远、车流量较大的单支车流或列车组。

表 3.2.6 开行远程始发直达列车有利性分析计算表

α	n	l	z_e	k_e	M	(l)	$\Delta\bar{l}_{计}$	$\Delta\bar{l}_{计}<\Delta\bar{l}_{标}$?			
								58	77	115	230
0.8	3	450	3	1	3	180	60	×			
				2	6	90	15				
			5	1	3	360	120	×	×	×	
				2	6	270	45				
				3	9	180	20				
			7	1	3	540	180	×	×	×	
				2	6	450	75	×			
				3	9	360	40				
				4	12	270	23				
	4	650	3	1	4	260	65	×			
				2	8	130	16				
			5	1	4	520	130	×	×	×	
				2	8	390	49				
				3	12	260	22				
			7	1	4	780	195	×	×	×	
				2	8	650	81	×	×		
				3	12	520	43				
				4	16	390	24				

α	n	l	z_e	k_e	M	(l)	$\Delta\bar{l}_{计}$	$\Delta\bar{l}_{计}<\Delta\bar{l}_{标}$?			
								58	77	115	230
0.8	5	800	3	1	5	320	64	×			
				2	10	160	16				
			5	1	5	640	128	×	×	×	
				2	10	480	48				
				3	15	320	21				
			7	1	5	960	192	×	×	×	
				2	10	800	80	×	×		
				3	15	640	43				
				4	20	480	24				
	6	1 000	3	1	6	400	67	×			
				2	12	200	17				
			5	1	6	800	133	×	×	×	
				2	12	600	50				
				3	18	400	22				
			7	1	6	1200	200	×	×	×	
				2	12	1000	83	×	×		
				3	18	800	44				
				4	24	600	25				

注：① $(l)=(z_e-k_e)(1-\alpha)l$；

②"×"表示不满足有利性条件。

2. 远程始发直达列车列车组

为减少远程始发直达列车占用运行线数量,充分发挥列车运行线的利用效率,提高远程始发直达列车的效益,对于已经列入远程始发直达列车的装车去向,也可以组成列车组,条件是:

(1)具有较长的共同运行径路。

(2)列车组周期开行列车数小于或等于周期天数。

(3)列车组周期天数与装车去向周期天数的关系应为:列车组周期天数为装车去向周期天数的最小公倍数。

为简化列车日历开行计划,装车去向周期数值不宜过大,一般情况取12~15为宜。

凡符合上述条件的远程始发直达列车装车去向,均应组成列车组,在共同运行径路共用一条运行线,组织按日历列车运行计划开行。

表3.2.7为远程始发直达列车列车组开行计划表,列车组1由两个装车去向组成,选用周期分别为2和4,4和2的最小公倍数是4,故选用周期为4。表3.2.7中周期开行列车数合计栏,分子为列车组周期开行列车数,分母为列车组周期天数。

表 3.2.7　按日历开行远程始发直达列车列车组开行计划表

列车组序号	发站	到站	经　由	m(车)	年装车数(车)	列车数(列)							周期开行列车数
						年	周期(d)						
							7	6	5	4	3	2	
1	龙凤	金港	长春、四平、沈北	50	8 297	165.94	3.18	2.73	2.27	1.82	1.36	0.91	2
	双城堡	金港	长春、四平、沈北	50	4 388	87.76	1.68	1.44	1.20	0.96			1
	合计												3/4
⋮													

3.2.5　按日历开行站—站短途始发列车

1. 短途始发列车的要点

(1)对站—站单支车流组织按日开行,即在规定的计划日开行。

(2)列车在同一区段或同一地区的发、到站间运行,途中无改编通过一个技术站或不通过技术站。

(3)列车服务于大宗货物的运输,且周期车流量大于等于列车编成辆数。

根据短途始发列车的要点,对车流表做分类处理,可得应列入这一列车编组计划的车流去向(见表 3.2.8)。

2. 有利周期天数和开行列数的确定

为优化短途始发直达列车的开行方案,应对周期天数做特殊的分析计划(见表 3.2.8)。

表 3.2.8　三间房车流区短途始发直达列车计划表

发　站	到　站	经由	m(车)	年装车数(车)	列车数(列)						选用周期(d)
					年	周期(d)					
						7	6	5	4	3	2	
昂昂溪	银浪		50	2 852	57.0	1.09	0.94	0.78	0.63	0.47	0.31	6
昂昂溪	龙凤		50	3 412	68.2	1.31	1.12	0.93	0.75	0.56	0.37	5
昂昂溪	大庆		50	3 055	61.1	1.17	1.00	0.84	0.67	0.50	0.33	6
富拉尔基	银浪		50	4 339	86.8	1.66	1.43	1.19	0.95	0.71	0.48	4
富拉尔基	龙凤		50	4 200	84.0	1.61	1.38	1.15	0.92	0.69	0.46	4
富拉尔基	大庆		50	6 171	123.4	2.37	2.03	1.69	1.35	1.01	0.68	3
富拉尔基	独立屯		50	4 919	98.4	1.89	1.62	1.35	1.08	0.81	0.54	4
冯屯	让湖路西		50	5 010	100.2	1.92	1.65	1.37	1.10	0.82	0.55	7
冯屯	让湖路		50	9 642	192.8	3.70	3.17	2.64	2.11	1.58	1.06	2
冯屯	林源		50	9 242	184.8	3.54	3.04	2.53	2.03	1.52	1.01	2

续上表

发 站	到 站	经由	m（车）	年装车数（车）	列车数（列）							选用周期（d）
					年	周期(d)						
						7	6	5	4	3	2	
冯屯	大庆		50	11 853	237.1	4.55	3.90	3.25	2.60	1.95	1.30	3
冯屯	独立屯		50	12 997	259.9	4.99	4.27	3.56	2.85	2.14	1.42	7
吉新河	让湖路西		50	3 258	65.2	1.25	1.07	0.89	0.71	0.54	0.36	6
吉新河	让湖路		50	4 418	88.4	1.69	1.45	1.21	0.97	0.73	0.48	4
吉新河	林源		50	2 724	54.5	1.04	0.90	0.75	0.60	0.45	0.30	7
吉新河	龙凤		50	5 309	106.2	2.04	1.75	1.45	1.16	0.87	0.58	7
吉新河	独立屯		50	2 876	57.5	1.10	0.95	0.79	0.63	0.47	0.32	6
碾子山	泰康		50	5 396	107.9	2.07	1.77	1.48	1.18	0.89	0.59	7
齐齐哈尔	龙凤		50	8 095	161.9	3.10	2.66	2.22	1.77	1.33	0.89	7

3.3 技术站货物列车编组计划编制技术

3.3.1 建立单组列车编组去向的基本条件

1. 货车在技术站产生的费用

货车在技术站产生的费用（E_1）包括货车集结车小时消耗费用（$E_{时1}$）和货车在单个技术站改编费用（$E_{改1}$），其计算公式为

$$E_{时1} = cme_{时}$$
$$E_{改1} = Ne_{改}$$
$$E_1 = E_{时1} + E_{改1} = cme_{时} + Ne_{改} \tag{3.3.1}$$

式中　c——货车集结参数；

　　　N——车流量。

若令

$$\frac{e_{时}}{e_{改}} = w_1$$

则有 $e_{时} = w_1 e_{改}$，式(3.3.1)可改写为

$$E_1 = cme_{时} + Ne_{改} = (cmw_1 + N)e_{改}$$

设车流 N 的开行列车数为 k，则

$$k = \frac{N}{m}$$
$$N = km$$

这样，也有

$$E_1 = (cmw_1 + km)e_{改} = (cw_1 + k)me_{改}$$

57

2. 列车无改编通过沿途技术站节省的费用

设列车无改编通过技术站数为 n，货车无改编通过技术站的平均节省时间为 $t_{节}$，列车小时节省费用（$E_{时2}$）为

$$E_{时2} = Nnt_{节}e_{时} = kmnt_{节}e_{时}$$

车辆在沿途所有技术站改编节省费用（$E_{改2}$）为

$$E_{改2} = Nne_{改} = kmne_{改}$$

因而，节省的总费用（E_2）为

$$
\begin{aligned}
E_2 &= E_{时2} + E_{改2} \\
&= kmnt_{节}e_{时} + kmne_{改} \\
&= kmn(t_{节}e_{时} + e_{改}) \\
&= kmn(t_{节}w_1 + 1)e_{改}
\end{aligned}
$$

3. 建立单组列车直达（直通）编组去向的条件

显然，当 $E_2 \geqslant E_1$ 时是有利的，即

$$kmn(t_{节}w_1 + 1)e_{改} \geqslant (cw_1 + k)me_{改} = cw_1me_{改} + kme_{改}$$

由此可得，在一定车流量 k 条件下，满足有利条件的沿途无改编通过技术站数（n）应为

$$n \geqslant \frac{cw_1 + k}{k(t_{节}w_1 + 1)}$$

此外，$E_2 \geqslant E_1$ 的有利条件也可以写为

$$e_{改}kmn(t_{节}w_1 + 1) - kme_{改} \geqslant cw_1me_{改}$$
$$kme_{改}[(t_{节}w_1 + 1)n - 1] \geqslant cw_1me_{改}$$
$$k[(t_{节}w_1 + 1)n - 1] \geqslant cw_1$$

这样，对于经过一定沿途技术站数（n）的车流，满足条件的车流量（k）应为

$$k \geqslant \frac{cw_1}{(t_{节}w_1 + 1)n - 1}$$

根据《铁路建设项目经济评价方法与参数》一书的运营成本数据，全站平均 $e_{时} = 4.025$ 元/（车·h），$e_{改} = 31.794$ 元/改编车，则有

$$w_1 = \frac{4.025}{31.794} = 0.127$$

在不同 $t_{节}$、c 和 n 的条件下，k 的计算见表 3.3.1。根据统计资料分析计算，当前车站 $t_{节}$ 约为 7.0 h，因此 $t_{节}$ 一般可取 6 h、7 h、8 h，c 的最大值为 12，一般为 10 左右，故取 8、10、12 三种情景作分析计算。这一分析计算表明，当 $n=1$ 时，在最不利的条件下（$c=12$、$t_{节}=6$），建立直达列车编组去向要求的车流量较大，但是当 $n=2$ 时，在任何情况下，只要满足 $N \geqslant m$ 即可。因此建立直达去向有利的基本条件是：

$$N \geqslant m, n \geqslant 2$$

或

$$n = 1, N \geqslant 2m$$

也就是说，每日的车流达到开行一列的车流量，单独开行直达列车（$n \geqslant 2$）总是有利的。

表 3.3.1 k、n 计算表

w_1	$t_节$	$t_节 w_1$	c	cw_1	k		n	
					$n=1$	$n=2$	$k=1$	$k=2$
0.127	6	0.762	8	1.016	1.33	0.40	1.41	0.86
			10	1.27	1.67	0.50	1.29	0.93
			12	1.524	2.00	0.60	1.43	1.00
	7	0.889	8	1.016	1.14	0.37	1.07	0.80
			10	1.27	1.43	0.46	1.20	0.87
			12	1.524	1.71	0.55	1.34	0.93
	8	1.016	8	1.016	1.00	0.34	1.00	0.75
			10	1.27	1.25	0.42	1.13	0.81
			12	1.524	1.50	0.50	1.25	0.87

3.3.2 建立分组列车编组去向的基本条件

1. 组织分组列车的要求

为简化车流组织、提高车流组织效率,组织分组列车应满足如下要求:

(1)$N_摘 = N_挂$ 或 $N_摘 \approx N_挂$,式中 $N_摘$、$N_挂$ 各为摘车组、挂车组的车流量。

(2)$N_基 \geqslant N_摘$,式中 $N_基$ 为基本车组车流量。

(3)基本组沿途经过的技术站数 $n'_编 \geqslant 3$,而摘车组、挂车组的技术站数 $n'_编 \geqslant 1$。

(4)车组换挂采用一次换挂的模式,在这一条件下,分组列车由 3 支车流组成。

(5)车组换挂站到发场应具备车组换挂条件。

2. 车流 $N_基$、$N_摘$、$N_挂$ 不满足建立单组列车编组去向条件下,建立分组列车编组去向的基本条件

(1)消耗的费用

在采用一次车组换挂模式条件下,建立分组列车编组去向在技术站和车组换挂站的损失,包括货车集结时间费用和车辆改编费用。

货车集结时间费用为$(cm_1 + cm_2 + cm_3)e_时$,其中 m_1、m_2、m_3 各为分组列车基本车组、摘车组和挂车组的编成车数,一般可取 $m_2 = m_3$。

车辆改编费用为$(N_基 + N_摘 + N_挂) \cdot e_改 + (N_摘 + N_挂) \cdot \alpha_分组 \cdot e_改$,其中 $\alpha_分组$ 为分组列车增加摘车、挂车作业费用系数,一般可取 0.1~0.3。

设分组列车编组去向开行列车数为 $k_分组$,则有

$$k_分组 = \frac{N_基 + N_摘}{m_1 + m_2}$$

若令

$$\frac{m_2}{m_1} = r$$

则有

$$k=\frac{N_{基}+N_{摘}}{m_1(1+r)}$$

$$N_{基}+N_{摘}=k_{分组}m_1(1+r)$$

因为通常 $N_{摘}=N_{挂}$，所以也有

$$N_{基}+N_{摘}+N_{挂}=k_{分组}m_1(1+2r)$$

这样，货车集结时间费用和车辆改编费用也可以分别写为：$cm_1(1+2r)e_{时}$、$k_{分组}m_1$ $(1+2r)e_{改}+2k_{分组}rm_1\alpha_{分组}e_{改}$。

设消耗的总费用为 E_3，则有

$$E_3=cm_1(1+2r)e_{时}+k_{分组}m_1(1+2r)e_{改}+2k_{分组}rm_1\alpha_{分组}e_{改}$$
$$=cm_1(1+2r)w_1e_{改}+k_{分组}m_1e_{改}[(1+2r)+2r\alpha_{分组}]$$

（2）节省的费用

建立分组列车编组去向在沿途技术站可产生的节省有如下两种情况：

①无改编通过沿途编组站车小时节省费用

$$N_{基}(n-1)t_{节}e_{时}+N_{摘}(n-1)t_{节}e_{时}+N_{基}\ t'_{节}e_{时}$$
$$=(N_{基}+N_{摘})(n-1)t_{节}e_{时}+N_{基}\ t'_{节}e_{时}$$
$$=k_{分组}m_1(1+r)(n-1)t_{节}e_{时}+k_{分组}m_1t'_{节}e_{时}$$

式中 $t'_{节}$——基本组货车在车组换挂站无改编通过节省时间。

②车辆改编作业费用节省

$$N_{基}\ ne_{改}+N_{摘}(n-1)e_{改}$$
$$=k_{分组}m_1ne_{改}+k_{分组}m_1r(n-1)e_{改}$$
$$=k_{分组}m_1e_{改}[n+r(n-1)]$$

设节省的总费用为 E_4，则有

$$E_4=k_{分组}m_1(1+r)(n-1)t_{节}e_{时}+k_{分组}m_1t'_{节}e_{时}+k_{分组}m_1e_{改}[n+r(n-1)]$$
$$=k_{分组}m_1\{(1+r)(n-1)t_{节}w_1e_{改}+t'_{节}w_1e_{改}+e_{改}[n+r(n-1)]\}$$
$$=k_{分组}m_1e_{改}\{(1+r)(n-1)t_{节}w_1+t'_{节}w_1+[n+r(n-1)]\}$$

（3）建立分组列车编组去向的有利条件

显然，当 $E_4>E_3$ 时，建立分组列车编组去向是有利的，即

$$k_{分组}m_1e_{改}\{(1+r)(n-1)t_{节}w_1+t'_{节}w_1+[n+r(n-1)]\}\geqslant cm_1(1+2r)w_1e_{改}$$
$$+k_{分组}m_1e_{改}[(1+2r)+2r\alpha_{分组}]$$

$$k_{分组}m_1e_{改}\{(1+r)(n-1)t_{节}w_1+t'_{节}w_1+[n+r(n-1)]-[(1+2r)+2r\alpha_{分组}]\}$$
$$\geqslant cm_1(1+2r)w_1e_{改}$$

$$k_{分组}\{(1+r)(n-1)t_{节}w_1+t'_{节}w_1+[n+r(n-1)]-[(1+2r)+2r\alpha_{分组}]\}\geqslant cw_1(1+2r)$$

$$k_{分组}[(1+r)nt_{节}w_1-(1+r)t_{节}w_1+t'_{节}w_1+n+rn-r-(1+2r)-2r\alpha_{分组}]\geqslant cw_1(1+2r)$$

$$k_{分组}\{(1+r)nt_{节}w_1-[(1+r)t_{节}-t'_{节}]w_1+(1+r)n-(1+3r)-2r\alpha_{分组}\}\geqslant cw_1(1+2r)$$

$$k_{分组}\{(1+r)n(t_{节}w_1+1)-[(1+r)t_{节}-t'_{节}]w_1-$$
$$(1+3r)-2r\alpha_{分组}\}\geqslant cw_1(1+2r) \tag{3.3.2}$$

若令

$$(1+r)(t_{节}w_1+1)=A$$

$$[(1+r)t_{节}-t'_{节}]w_1+(1+3r)+2r\alpha_{分组}=B$$
$$cw_1(1+2r)=D_1$$

则式(3.3.2)可以改写为

$$k_{分组}nA-k_{分组}B\geqslant D_1$$

这样,对于沿途经过一定技术站数(n)的车流,满足有利条件的车流量($k_{分组}$)应为

$$k_{分组}\geqslant\frac{D_1}{nA-B}$$

对于具有一定车流量的车流,满足有利条件的沿途无改编通过技术站数(n)应为

$$n\geqslant\frac{D_1+k_{分组}B}{k_{分组}A}$$

在不同$t_{节}$、c、r、n的条件下,$k_{分组}$的计算结果见表3.3.2。m_3、m_2一般小于m_1,但又不能太小,故取$r=1$、0.7两种情景,当分组列车组织一次车组换挂时,n至少应等于3,故取$n=3$、5两种情景。$t'_{节}$按小于$t_{节}$ 1 h取值,$\alpha_{分组}$取0.1。这一分析计算表明(见表3.3.2),只要分组列车的车流量达到$k_{分组}=1$,开行$n\geqslant3$的分组列车就是有利的,即使在最不利的条件下($c=12$),当$k_{分组}=2$时,开行$n\geqslant3$的分组列车也是有利的。因此,建立分组列车编组去向的基本条件是$n\geqslant3$,$k_{分组}\geqslant1$。

3. 建立分组列车编组去向经济有利性分析

车流$N_{基}$满足建立单组列车编组去向条件下,建立分组列车编组去向的基本条件与3支车流($N_{基}$、$N_{摘}$、$N_{挂}$)均不满足建立单组列车编组去向相比较,可节省基本组车流在编成站的货车集结时间费用为

$$cme_{时}=c(m_1+m_2)e_{时}=cm_1(1+r)w_1e_{改}$$

这样,建立分组列车编组去向的有利条件可改写为

$$k_{分组}m_1e_{改}\{(1+r)(n-1)t_{节}w_1+t'_{节}w_1+[n+r(n-1)]\}+cm_1(1+r)w_1e_{改}$$
$$\geqslant cm_1(1+2r)w_1e_{改}+km_1e_{改}[(1+2r)+2r\alpha_{分组}]$$

经整理可得

$$k_{分组}\{n(1+r)(t_{节}w_1+1)-[(1+r)t_{节}w_1-t'_{节}w_1+(1+3r)+2r\alpha_{分组}]\}\geqslant crw_1$$

若令

$$(1+r)(t_{节}w_1+1)=A$$
$$[(1+r)t_{节}-t'_{节}]w_1+(1+3r)+2r\alpha_{分组}=B$$
$$crw_1=D_2$$

则可有与3只车流均不满足建立单组列车编组去向情况下,建立分组列车编组去向有利条件相类似的有利条件计算公式,即

$$k_{分组}\geqslant\frac{D_2}{nA-B}$$
$$n\geqslant\frac{D_2+k_{分组}B}{k_{分组}A}$$

在这一条件下,根据表3.3.2设定数据计算的有利车流量($k_{分组}$)见表3.3.3。计算表明,即使在最不利条件下($c=12$),当$k_{分组}=1$时,开行$n\geqslant3$就是有利的。因此,在$N_{基}$满足建立单组列车编组去向条件下,以$N_{基}$为基础,建立分组列车编组去向的基本条件仍是$n\geqslant3$,$k_{分组}\geqslant1$。

表 3.3.2 $k_{分组}$、n 计算表

w_1	c	r	$t_节$	$t'_节$	$t_节 w_1$	A	B	D_1	$k_{分组}$		n	
									$n=3$	$n=5$	$k_{分组}=1$	$k_{分组}=2$
0.127	8	1	2	1	0.254	2.508	4.581	3.048	1.04	0.38	3.04	2.43
			3	2	0.381	2.762	4.708	3.048	0.85	0.33	2.81	2.26
			4	3	0.508	3.016	4.835	3.048	0.72	0.30	2.61	2.11
		0.7	2	1	0.254	2.132	3.545	2.438	0.86	0.34	2.81	2.23
			3	2	0.381	2.348	3.634	2.438	0.72	0.30	2.59	2.07
			4	3	0.508	2.564	3.723	2.438	0.61	0.27	2.40	1.93
	10	1	2	1	0.254	2.508	4.581	3.810	1.29	0.48	3.35	2.59
			3	2	0.381	2.762	4.708	3.810	1.06	0.42	3.08	2.39
			4	3	0.508	3.016	4.835	3.810	0.90	0.37	2.87	2.23
		0.7	2	1	0.254	2.132	3.545	3.048	1.07	0.43	3.09	2.38
			3	2	0.381	2.348	3.634	3.048	0.89	0.38	2.85	2.20
			4	3	0.508	2.564	3.723	3.048	0.77	0.34	2.64	2.05
	12	1	2	1	0.254	2.508	4.581	4.572	1.55	0.57	3.65	2.74
			3	2	0.381	2.762	4.708	4.572	1.28	0.50	3.36	2.53
			4	3	0.508	3.016	4.835	4.572	1.09	0.45	3.12	2.36
		0.7	2	1	0.254	2.132	3.545	3.658	1.28	0.51	3.38	2.52
			3	2	0.381	2.348	3.634	3.658	1.07	0.45	3.11	2.33
			4	3	0.508	2.564	3.723	3.658	0.92	0.40	2.88	2.17

表 3.3.3 $k_{分组}$、n 计算表

w_1	c	r	$t_节$	$t'_节$	$t_节 w_1$	A	B	D_2	$k_{分组}$		n	
									$n=3$	$n=5$	$k_{分组}=1$	$k_{分组}=2$
0.127	8	1	2	1	0.254	2.508	4.581	1.016	0.35	0.13	2.23	2.03
			3	2	0.381	2.762	4.708	1.016	0.28	0.11	2.07	1.89
			4	3	0.508	3.016	4.835	1.016	0.24	0.10	1.94	1.77
		0.7	2	1	0.254	2.132	3.545	0.711	0.25	0.10	2.00	1.83
			3	2	0.381	2.348	3.634	0.711	0.21	0.09	1.85	1.70
			4	3	0.508	2.564	3.723	0.711	0.18	0.08	1.73	1.59
	10	1	2	1	0.254	2.508	4.581	1.270	0.43	0.16	2.33	2.08
			3	2	0.381	2.762	4.708	1.270	0.35	0.14	2.16	1.93
			4	3	0.508	3.016	4.835	1.270	0.30	0.12	2.02	1.81
		0.7	2	1	0.254	2.132	3.545	0.889	0.31	0.12	2.08	1.87
			3	2	0.381	2.348	3.634	0.889	0.26	0.11	1.93	1.74
			4	3	0.508	2.564	3.723	0.889	0.22	0.10	1.80	1.63

w_1	c	r	$t_节$	$t'_节$	$t_节 w_1$	A	B	D_2	$k_分组$		n	
									$n=3$	$n=5$	$k_分组=1$	$k_分组=2$
0.127	12	1	2	1	0.254	2.508	4.581	1.524	0.52	0.19	2.43	2.13
			3	2	0.381	2.762	4.708	1.524	0.43	0.17	2.26	1.98
			4	3	0.508	3.016	4.835	1.524	0.36	0.15	2.11	1.86
		0.7	2	1	0.254	2.132	3.545	1.067	0.37	0.15	2.16	1.91
			3	2	0.381	2.348	3.634	1.067	0.31	0.13	2.00	1.77
			4	3	0.508	2.564	3.723	1.067	0.27	0.12	1.87	1.66

3.3.3 车流合并有利性分析

在编制技术站直达列车编组计划的过程中,为进一步优化编组方案,需对如下五种车流合并情景做分析比较:

1. 不满足建立单组列车、分组列车编组去向条件的车流合并

设车流 $N_1 < m$、$N_2 < m$,两支车流均未能列入技术站直达列车编组方案。如果两支车流合并后有

$$N_1 + N_2 \geqslant m, n \geqslant 2$$

则两支车流合并满足建立单组列车编组去向的条件,可列入计划,这是有利的车流合并;如果 $N_1 + N_2 < m$,这时合并是没有意义的。

当远程车流可以有多个与近程车流合并的有利方案时(如图 3.3.1 所示),应选其中改编次数最小的合并方案。

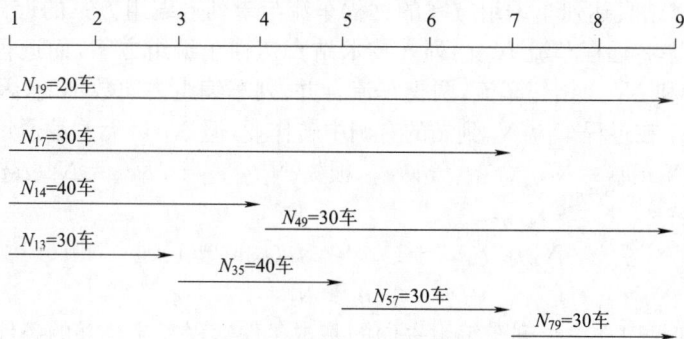

图 3.3.1 车流图

如图 3.3.1 所示,车流合并方案如下:

(1)方案 1——N_{19} 与 N_{17} 合并,需在 7 站改编。

(2)方案 2——N_{19} 与 N_{14}、N_{49} 合并,需在 4 站改编。

(3)方案 3——N_{19} 与 N_{13}、N_{35}、N_{57}、N_{79} 合并,需在 3、5、7 三个站改编。

2. 不满足建立单组列车、分组列车编组去向的远程车流与已列入直达列车编组方案的近程车流合并

设车流 $N_1 \geq m$、$n_1 \geq 2$，该车流可以列入直达列车编组方案，而车流 $N_2 < m$，未能列入直达列车编组计划方案。但车流 N_2 是 N_1 的远程车流，可以并入 N_1，在车流 N_1 的到达站中转。由于这一合并不增加任何支出，是绝对有利的，可以合并。

当这一合并有多个有利方案可以选择时，照例，也应选择改编次数最少的方案。

3. 已列入技术站直达列车编组方案的车流合并

设 $N_1 \geq m$、$n_1 \geq 2$、$N_2 \geq m$、$n_2 \geq 2$，两支车流均已列入技术站直达列车编组方案。若 N_2 和 N_1 为相邻车流，两支车流合并可以减少一个列车编组去向，因而减少一个"cm"的时间损失，但增加了远程车流在近程车流到站的有调中转作业，即：节省 $cme_{时} = cmw_1e_{改}$，损失 $N_1t_{节}e_{时} + N_1e_{改} = N_1(t_{节}w_1+1)e_{改}$。因而，合并的有利条件是：

$$cmw_1e_{改} \geq N_1(t_{节}w_1+1)e_{改}$$
$$cmw_1 \geq N_1(t_{节}w_1+1)$$

据此可得，车流 N_1，即满足基本条件的远程车流 $N_{远}$ 与相邻的近程车流合并的有利条件也可以写为

$$N_{远} \leq \frac{cmw_1}{t_{节}w_1+1}$$

式中 $t_{节}$ 根据统计数据，可以取 7 h，集结参数 c 按最不利条件取值为 12，$w_1 = 0.127$。据此，可有

$$N_{远} \leq \frac{12 \times 0.127m}{7 \times 0.127+1} = \frac{1.529m}{1.889} = 0.81m$$

因为 N_2 满足建立单组列车编组去向的基本条件，必有

$$N_2 \geq m$$

由此可见，这类车流合并的有利条件不成立。因此，对于已列入直达列车编组计划方案的车流不应再作车流合并处理。

4. 已列入技术站直达列车编组方案的远程车流与未列入编组方案的近程车流合并

设 $N_1 \geq m$、$n_1 \geq 2$ 远程车流 N_1 已列入技术站直达列车编组方案，而近程车流 N_2 未列入编组方案。若 N_2 和 N_1 为相邻车流，两支车流合并，列车编组去向数不变，因而"cm"不变。虽增加了远程车流 N_1 在近程车流 N_2 到站的有调中转作业，但 N_2 可无改编通过沿途技术站，即：节省 $N_2n_2t_{节}e_{时} + N_2n_2e_{改} = N_2n_2(t_{节}w_1+1)e_{改}$，损失 $N_1t_{节}e_{时} + N_1e_{改} = N_1(t_{节}w_1+1)e_{改}$。因而，合并的有利条件是：

$$N_2n_2(t_{节}w_1+1)e_{改} \geq N_1(t_{节}w_1+1)e_{改}$$
$$N_2n_2 \geq N_1$$

因而，N_2 与满足建立单组列车编组去向的基本条件远程车流合并的条件是：

$$N_2 \geq \frac{N_1}{n_2}$$

5. 将满足建立单组列车编组去向的车流加以组合，开行分组列车有利性的分析

开行分组列车有利性是指将满足建立单组列车编组去向的车流加以组合，建立分组列车编组去向较单组列车编组去向的有利性。

(1)单组列车方案

当采用单组列车编组去向时(如图 3.3.2 所示)，在列车技术站产生的费用为

①货车集结时间费用 $3cme_{时}$。

②车辆改编费用$(N_1+N_2+N_3)e_改$。

在沿途技术站产生的节省为：

①无改编通过沿途技术站车小时节省的费用$[N_1nt_节+N_2(n-1)t_节]e_时$。

②无改编通过沿途技术站改编费用的节省$N_1nt_改+N_2(n-1)e_改$。

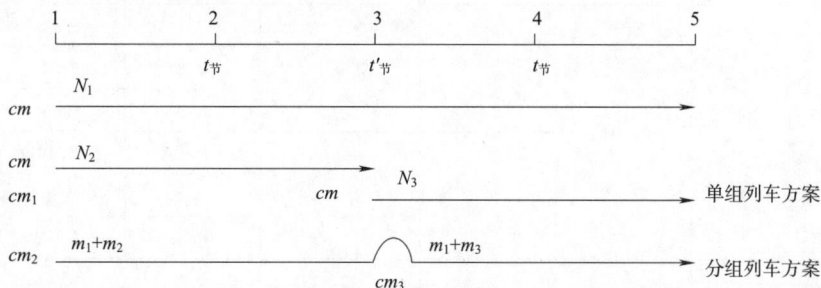

图 3.3.2　方案图

（2）分组列车方案

当采用分组列车方案时（如图 3.3.2 所示），在列车技术站产生的费用为：

①货车集结时间费用$(cm_1+cm_2+cm_3)e_时$。

②车辆改编费用$(N_基+N_摘+N_挂)e_改$。

在沿途技术站产生的费用为：

①无改编通过沿途技术站车小时节省费用$[N_基(n-1)t_节+N_基\,t'_节+N_摘(n-1)t_节]e_时$。

②无改编通过沿途技术站改编费用的节省$N_1ne_改+N_2(n-1)e_改-(N_2+N_3)\alpha e_改$。

（3）分组列车方案与单组列车方案的比较

将上述两个方案加以比较，在列车编组站产生的车辆改编费用是相同的，但货车集结时间费用单组方案较分组方案增加$3cme_时-(cm_1+cm_2+cm_3)e_时$；分组列车在沿途技术站发生的费用将较单组列车增加两项：

①车流在车组换挂站增加的时间费用$N_1(t_节-t'_节)e_时=N_1\Delta t_节\,e_时$。

②摘车组和挂车组在车组换挂站摘挂作业费用$(N_2+N_3)\alpha_分组e_改$。

因此，采用分组列车方案的有利条件是：

$$e_时[3cm-(cm_1+cm_2+cm_3)]\geqslant N_1\Delta t_节\,e_时+(N_2+N_3)\alpha_分组e_改$$

因为$m=m_1+m_2=m_1+rm_1=m_1(1+r)$，所以上式可以改写为

$$[3cm_1(1+r)-cm_1(1+2r)]e_时\geqslant k_分组m_1\Delta t_节e_时+2k_分组rm_1\alpha_分组e_改$$

$$[3cm_1(1+r)-cm_1(1+2r)]w_1e_改\geqslant k_分组m_1\Delta t_节w_1e_改+2k_分组rm_1\alpha_分组e_改$$

$$cm_1[3(1+r)-(1+2r)]w_1\geqslant k_分组m_1(\Delta t_节w_1+2r\alpha_分组)$$

$$c(2+r)w_1\geqslant k_分组(\Delta t_节w_1+2r\alpha_分组)$$

$$k_分组\leqslant\frac{c(2+r)w_1}{\Delta t_节w_1+2r\alpha_分组}$$

如前所述，在计算中 r 可取 1 和 0.7，$\alpha_分组$ 取 0.1、0.2、0.3 三种情景，$\Delta t_节$ 取 1 h。据此，$k_分组$ 值计算结果见表 3.3.4。从这一计算可以看出，只有当组合车流去向达到一定行车量时，将单组列车编组去向车流加以组合，开行分组列车才是有利的。质量良好的车流组织，参数 c 达到 8 是可以实现的，即使在这一条件下，有利的分组列车的行车量到达 4～10 列，这一条件

一般难以满足。所以,除经专门的分析比较,说明有利条件,对于满足建立单组列车编组去向的三支车流,一般不需作组合列车方案的分析比较,直接列入单组列车编组计划。

表 3.3.4　$k_{分组}$ 计算表

$t_节$	c	cw_1	r	$(2+r)cw_1$	$\alpha_{分组}$	$2r\alpha_{分组}$	$k_{分组}$
1	8	1.016	1	3.048	0.1	0.2	9.32
					0.2	0.4	5.78
					0.3	0.6	4.19
			0.7	2.743	0.1	0.14	10.27
					0.2	0.28	6.74
					0.3	0.42	5.01
	10	1.270	1	3.810	0.1	0.2	11.65
					0.2	0.4	7.23
					0.3	0.6	5.24
			0.7	3.429	0.1	0.14	12.84
					0.2	0.28	8.43
					0.3	0.42	6.27
	12	1.524	1	4.572	0.1	0.2	13.98
					0.2	0.4	8.68
					0.3	0.6	6.29
			0.7	4.114 8	0.1	0.14	15.41
					0.2	0.28	10.11
					0.3	0.42	7.52

3.4　货物列车编组计划的编制

货物列车编组计划由装车地始发直达列车编组计划和技术站列车编组计划两部分组成。

装车地始发直达列车可以有多种组织形式,其中站—站(装车站—卸车站)的组织形式,一般情况下不会因为编发始发直达列车而产生额外损失,故只要站—站每天一列车流量,且装车地和卸车地有整列装、卸车和发、到列车的条件,就可以组织开行,方法比较简单。在始发直达列车种类中,理论上还可以有站—区(装车站—区段站)解体始发直达列车、站—编(装车站—编组站)解体始发直达列车。根据测算车流量计算,这两类列车可能吸收的车流量不大,同时也为了减少区段站调车工作量,在实际工作中,可暂不列入编组计划。

编制技术站列车编组计划,当参与计算的技术站数较多时,可能的车流合并方案数量很大。为此,我国铁路上采用如下两种方法来研究编组计划问题:

1. 表格分析计算的方法

这是以一定的优化指标为目标,利用特定形式表格通过建立列车编组去向基本条件及车流合并方法的有利性分析研究,确定编组计划的方法。这一方法操作简便,但受表格规模和结构的限制,仅适用于技术站数较少、结构简单的路网。

2. 利用现代化数学方法建模求解的方法

这是以一定的指标为目标函数,通过建立优化模型,利用计算机进行求解的方法。理论上这一方法是可行的,但在实际操作上存在如下问题:

①针对技术站数较多的复杂路网,模型无法求解。

②模型计算因素取值的轮廓性和随意性决定了计算结果的不确定性,而且不一定是理论上最优的结果。

因此,虽然我国铁路科技工作者早在 20 世纪 50 年代就开始了货物列车编组计划编制理论方法的研究,先后提出了具有实用价值的表格分析法和利用数学建模求解的方法,并利用计算机技术对模型求解,取得了一定的效果。但表格分析法受表格规模和对路网结构描述等因素的制约,建模求解的方法受路网技术站数的限制,表格分析法只适用于简单路网结构或地区铁路网编组计划的编制。而全路统一编制编组计划仍是一个有待解决的难题。我国铁路是一具有复杂结构的大型路网,仅由铁路总公司掌握的编组站就多达 40 个以上,面对这一困难问题,走建模求解方法的道路,已经受技术站数限制而难以实现。因此,只能探索从分析计算的角度来攻克这一难题。

分析研究表明,针对大型复杂路网,编制技术站间列车编组去向方法的关键环节是:根据建立单组列车编组去向条件,确定单支车流列车编组去向方案;根据车流合并有利性条件,确定合并车流列车编组去向方案以及改编中转车对编组站列车编组去向方案的影响的研究。据此,在分析计算中,我们采用了以编组站发出车流组成的列车编组去向初始方案为基础,通过分层研究改编中转车对列车编组去向方案的影响,生成调整方案,直至将全部改编中转车列入编组去向方案,实现货车输送过程为止的分层次车流分析计算法和表格分析计算法。它的特点是:

①方法的思路清晰,软件使用简便,计算结果基本符合实际工作需要。

②可以用于任意技术站数的复杂路网。因此,既可用于全路统一编制,也可以用于地区路网的编组计划的编制,适应性强。

③由于在车流合并分析研究中,不可能设计所有可能的合并方案,所以计算结果可能不是最优的,但一定是较优的方案。

编制技术站间货物列车编组计划的表格分析计算法简单、便于操作,人工计算也可完成,适用于编组站数在 10 个及其以下的小型路网或大型路网的子网或铁路局集团有限公司。分层车流分析计算法通过计算机软件,可快速实现复杂计算,既适用于小型路网也适用于大型路网。理论上编组站数是不受限制的。

这一分析计算方法,使我国铁路可以采用全路统一编制货物列车编组计划的计划体制,它不仅有一定的学术价值,对于提高铁路车流组织技术水平和运输效率、效益有重大意义。

3.4.1 装车地始发直达列车编组计划

1. 站—站计划车流

计划车流是编制货物列车编组计划的基础,可靠的计划车流数据是列车编组计划编制质量的保障。

货运部门编制货运计划的基本依据是:

(1)历期实际车流数据。

(2)大客户的生产发展规划和现状的资料。

（3）货运市场运输需求的调查和分析。

（4）铁路运输能力供给状况。

根据货运计划，货运部门向运输部门提供发、到站别，大宗货物发货人别，货物品类别和车种别的计划车流数据，供装车地始发直达列车编组计划编制工作使用的站—站计划车流表格式见表 3.4.1。

表 3.4.1　计划车流表

发　站	到　站	发货人	车　种	货物品类	装车数（车）	货运量（t）
A1	B1					
A1	B2					
A1	B1					
⋮	⋮					
A2	C1					
A2	C2					
⋮	⋮					

2. 站—站始发直达列车的特点及其组织形式

站—站始发直达列车是货车由发站至到站输送全过程中，不产生改编中转的货车输送组织形式，它具有经济上有利、货物送达速度高的优势。因此，最大限度地以站—站始发直达列车的组织形式输送货车，是编制货物列车编组计划应遵循的基本原则。

设装车站大宗货物发货人有 q 个，每一发货人的大宗货物品类（含同一品类的不同品名）有 p 个。若每一发货人每一品类货物设置一个装车地点，装车站可能的装车地点数（g）可按下式计算：

$$g = qp$$

装车站装车地点也可以用表 3.4.2 来表示，表中给出了每一装车点的日均装车数。由表 3.4.2 可以看出，装车站始发直达列车可有两种组织形式。当一个发货人一个品类的货物装车数（即一个装车地点的装车数）满足编发始发直达列车的要求时，就可以组织整列装车，直接由装车地点编发始发直达列车，如发货人 1 的品类 1 日均装车数 60 车，若取 $m=50$ 车，可组织整列装车，由装车地点整列编发列车。对于不满足编发始发直达列车的要求的装车地点，则应将货车集中到装车站由装车站组织编发始发直达列车。各装车地点集中车流的组合方式有以下几种：

表 3.4.2　装车站装车地点大宗货物装车数表

发货人＼品类	1	2	3	4	计
1	60 ⑤⓪	20〇	30		110
2	10〇		5	10	25
3			25 ⑩	40〇	80
计	70	35 ⑮	60	50	215

注：①连线表示车流合并；

　　②"〇"表示开行的列车。

（1）同一发货人不同品类货物货车的组合，如表 3.4.2 中发货人 1 大宗货物品类 2、3 的组合。

（2）不同发货人同一品类的组合，如表 3.4.2 中发货人 2、3 大宗货物品类 4 的组合。

（3）不同发货人不同品类的组合，这类组合为剩余装车的车流组合。

由此可见，站—站始发直达列车可有两类四种列车组织形式。

3. 按日开行站—站始发直达列车车流组织的改善

（1）货物列车编组计划列车种类与货车输送质量要求的适应性分析

货物列车编组计划规定的列车种类包括装车地始发直达列车和技术站间列车两类，两类列车所能达到的运输质量与货车要求输送质量的适应性比较分析见表 3.4.3。由这一分析可以看出，始发直达列车输送的大宗货物货车达到了较高的运输质量水平，但就其本身所要求的质量水平却是一般水平，这意味着高水平的运输质量未能在运输生产中发挥作用。以技术站列车输送的其他货物货车要求具有较高的质量水平，但实际上只能达到一般水平，不能满足其他货物货车对运输质量的要求。这一需求与供给相背情景，真实表现出了铁路货物运输组织工作中的无奈。

表 3.4.3　质量要求的适应性分析

货物列车计划种类		装车地始发直达	技术站间列车
货车种类		大宗货物	其他货物
列车种类		始发直达	直达、直通、区段列车
可达到的运输质量	货物送达速度	高	较低
	改编中转	无	有
	运到时限	可知	不可知
要求的运输质量	货物送达速度	一般	高
	准时性	一般	高
	运到时限	不要求	可知
运输质量适应性		没有发挥质量功能	不适应

（2）装车地始发直达列车编组去向

在货物列车编组计划中，列车编组去向是指在规定发、到站间具有一定车流量和列车开行列数的列车编组方案，因而始发直达列车编组去向是指在一定的大宗货物货车发、到站间具有一定车流量和开行列车数的列车编组方案。

实际上，在始发直达列车编组去向的发、到站间，除大宗货物车流 N_{ijd} 外，还有车流量为 N_{ijt} 的其他货物车流（若 i、j 站间车流为 N_{ij}，则有 $N_{ijt}=N_{ij}-N_{ijd}$）。按现行的车流组织方法，大宗货物车流和其他货物车流分别编入始发直达列车和技术站间列车输送（如图 3.4.1 所示）。由于车流 N_{ijt} 的车流量较小，通常只能编入车流组织效率较低的区段列车输送，沿途发生多次改编中转作业。

如前描述，大宗货物车流按其装车地点车流量大小，始发直达列车可分由装车地点组织整列装车、编发列车和由多个装车地点组织成组装车、装车站编发列车两类。装车站的其他货物车流在车站货物作业地点或多个装车地点装车，车站编发列车。从装车站车流组织角度出发，其他货物车流不可能与组织整列装车编发列车的大宗货物车流合并,但与在车站编发列车的大宗货物车流合并,开行始发直达列车不仅不增加车站作业,还可以减少车站编组区段列车或短途列车的调车工作量和货车集结时间,从而大幅度提高其他货物车流输送质量和车流组织效率。因此,将其他货物车流并入始发直达列车编组去向是技术上可行、经济上有利的车流组织方法,可局部实现由技术站间车流向始发直达车流的转换。

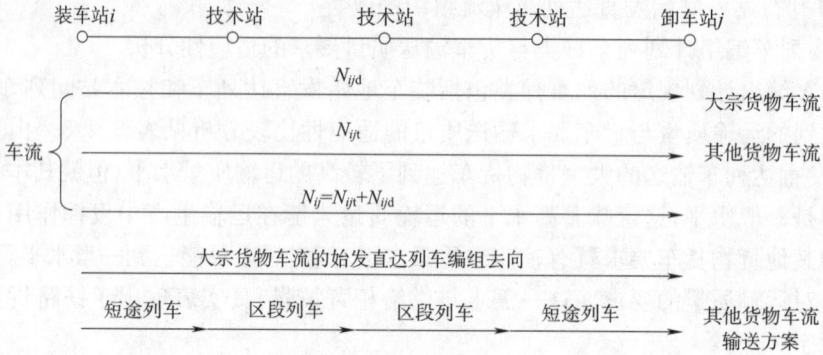

图 3.4.1　大宗货物车流和其他货物车流输送方案图

当装车站编发的始发直达列车数大于 1 列时,原则上,其他货物车流应集中编入其中 1 列。当车流 N_{ijt} 的数据较大时,也可以分散编入每一列。

4. 按日开行站—站始发直达列车编组去向剩余车流的确定

若沿途跨一个及其以上技术站的装车站 i 到卸车站 j 的车流 N_{ij},满足建立始发直达列车编组去向的条件是:

$$N_{ij} \geqslant m$$

列车编组去向日开行列车数(k')可按如下方法取值:

$$k_0 = N_{ij}/m$$

列车数 k' 为 k_0 计算值的整数数值。

因此,该列车编组去向的剩余车流量(ΔN_{ij})为

$$\Delta N_{ij} = N_{ij} - k'm$$

对于剩余车流,应首先检查是否满足列入初始直达列车计划的条件,即:

①直达车流。因为是站—站始发直达列车编组去向的剩余车流,必是直达车流,在实际工作中,可免去这项检查。

②周期剩余车流量大于等于列车编成辆数,即 $\Delta N_{ij} \cdot z \geqslant m$,式中 z 为周期天数。

③一个发货人一个品类大宗货物车流。

为了尽可能多地将剩余车流列入按日历开行的站—站始发直达列车计划,在编制列车编组去向编组方案之前。可先在装车地点装车数表中选择装车数大于等于 ΔN_{ij} 装车地点的装车数,规定为剩余车流。然后再编制该列车编组去向按日开行站—站始发直达列车的编组方案。

表 3.4.2 为有 3 个发货人 4 个品类大宗货物装车站 i 发往卸车站 j 的装车地点别装车数表,$N_{ij}=215$ 车。若取 $m=50$ 车,则有 $k_0=215/50=4.3$(列),$k'=4$(列)。因而,剩余车流

$\Delta N_{ij} = 215 - 4 \times 50 = 15$（车）。当取周期为 7 d 时,周期剩余车流量为 $\Delta N_{ij} \times z = 15 \times 7 = 105 > 50 = m$,车流量满足列入初始直达列车的条件。因为日均剩余车流为 15 车,若选发货人 3 品类 2 大宗货物装车 15 车为剩余车流,则可充分满足剩余车流列入计划的条件。在这一基础上编制的四列按日开行的站—站始发直达列车编组方案见表 3.4.2。

当 $\Delta N_{ij} \cdot z < m$ 时,剩余车流将并入技术站间车流,由技术站间列车组织输送。

5. 按日开行站—站始发直达列车

按日开行站—站始发直达列车的要点是:

(1)按日开行,即日均车流量必须大于等于列车编成辆数。

(2)列车在装车站至卸车站间运行。

(3)列车在运行途中无改编通过一个及其以上技术站。

(4)列车服务于大宗货物运输或多品类货物运输。

据此,在车流表中,若对装车数(N_i)大于等于列车编成辆数,且具有整列或成组装车条件装车站的装车,按到站(限沿途经过一个及其以上技术站的到站)做分类处理,可得装车站 i 到卸车站 j 的车数(不分货物品类)N_{ij}。

若 $N_{ij} > m$,应从车流 N_{ij} 中划分出大宗货物装车车流(N_{ijd});若 $N_{ijd} > m$,装车站有多个大宗货物装车地点,且各类装车地点都具备整列装车条件时,还应对车流 N_{ijd} 按装车地点 g($g = 1,2,3,\cdots,\alpha_g$)做分类处理,可得装车地点 g 的大宗货物车流量 N_{ijdg},若 $N_{ijdg} \geq m$,即可将该车流中的 $n_g m$ 车列入按装车地点按日开行站—站大宗货物始发直达计划(式中 n_g 为大宗货物装车地点 g 按日开行这类始发直达列车数,其值为 N_{ijdg}/m 的整数部分)。

设装车站 i 到卸车站 j 的其他货物装车数为 N_{ijt}。若车流($N_{ijd} + N_{ijt} - \sum\limits_g n_g m$)$\geq m$,说明扣除由装车地点编发始发直达列车吸收车流后,还有条件由装车站编发始发直达列车。

设 $N_{ijt} = 20$ 车、$m = 50$ 车,$n_g = 1$,根据表 3.4.4 的数据,可有 $150 + 20 - 0 \times 50 = 170 > 50$。

表 3.4.4　装车站装车地点大宗货物装车数表

品类 发货人	1	2	3	4
1	10	⑳	30	
2	10		5	10
3			25　⑩	40

可见,还有条件由装车站编发 3 列始发直达列车,剩余 20 车(选发货人 1 品类 2 的大宗货物车数,表 3.4.4 用 ⑳ 表示 20 车已扣除)。

①组织同一发货人不同品类大宗货物货车的车流组合。

在这一条件下,车流由同一发货人不同品类大宗货物货车的车流组合装车数($\sum\limits_q N_{ijpq}$)和其他货物货车数(N_{ijt})组成。若 $\sum\limits_q N_{ijpq} + N_{ijt} \geq m$,可组织开行 n_q 列[n_q 为 $n = (\sum\limits_q N_{ijpq} + N_{ijt})/m$ 的整数值]始发直达列车。

根据表 3.4.4 数据,发货人 3 品类 3、4 大宗货物货车计 65 车,组织开行一列后,还剩余 15

车。表 3.4.4 中连线表示车流合并,⑩表示其中 10 车扣除。

②组织不同发货人同一品类大宗货物货车的车流组合。

在这一条件下,车流由不同发货人同一品类大宗货物的车流组合装车数($\sum\limits_{p} N_{ijpq}$)和其他货物装车数(N_{ijt})组成。若 $\sum\limits_{p} N_{ijpq} + N_{ijt} \geqslant m$,可组织开行 n_p 列[n_p 为 $n = (\sum\limits_{p} N_{ijpq} + N_{ijt})/m$ 的整数数值]始发直达列车,发货人 1、2、3 品类 3 组合装车数($\sum\limits_{p} N_{ijpq}$)等于 50 车条件(见表 3.4.5),可编发 1 列这类始发直达列车。

表 3.4.5 装车站装车地点大宗货物装车数表

品 类 发货人	1	2	3	4
1	10		30 ○	
2	10		5	10
3			15	

③组织不同发货人不同品类大宗货物装车的车流组合。

在这一条件下,车流由不同发货人不同品类大宗货物装车的组合装车数($\sum\limits_{q}\sum\limits_{p} N_{ijpq}$)和其他货物货车数($N_{ijt}$)组成,若 $\sum\limits_{q}\sum\limits_{p} N_{ijpq} + N_{ijt} \geqslant m$,可组织开行 n_{qp} 列[n_{qp} 为 $n = (\sum\limits_{q}\sum\limits_{p} N_{ijpq} + N_{ijt})/m$ 的整数数值]始发直达列车。

因为 $\sum\limits_{q}\sum\limits_{p} N_{ijpq} = 30$ 车(见表 3.4.6),加 $N_{ijt} = 20$ 车后,计 50 车,故可开行一列装车站编发的始发直达列车。

表 3.4.6 装车站装车地点大宗货物装车数表

品 类 发货人	1	2	3	4
1	10			
2	10			10
3				

6. 按日历开行站—站始发直达列车

(1)按日历开行站—站始发直达列车的要点

①按日历开行,即每日可安排开行不同发到站间的列车。

②列车在装车站到卸车站间运行。

③列车在运行途中无改编通过一个及其以上的技术站。

④列车服务于大宗物资货物的运输。

(2)编制初始直达列车计划

在车流表中,扣除按日开行站—站始发直达列车车流后,形成新的发到站别、发货人别、品类别大宗货物车流表。按初始直达列车的条件(装运一个发货人单一品类的大宗物资车流、直达车流、周期车流量大于等于m)对站—站车流作分类处理,生成初始直达列车计划表,为编制按日历开行站—站始发直达列车提供基本车流数据。

(3)周期的选择

根据我国铁路车流状况和运输组织的需要,当前选择7 d一周期为宜。

(4)列车组的组成方法

列车组应按如下优先顺序及组合方法组成:

①同一区段同一装车站发往相同区段不同卸车站的直达装车去向。

②同一区段同一装车站发往相邻区段不同卸车站的直达装车去向。

③同一区段不同装车站发往同一卸车站的直达装车去向。

④同一区段不同装车站发往相同区段不同卸车站的直达装车去向。

⑤同一区段不同装车站发往相邻区段不同卸车站的直达装车去向。

⑥铁路局集团有限公司两相邻区段不同装车站发往同一卸车站的直达装车去向。

⑦铁路局集团有限公司两相邻区段不同装车站发往同一区段不同卸车站的直达装车去向。

⑧铁路局集团有限公司两相邻区段不同装车站发往相邻区段不同卸车站的直达装车去向。

(5)编制列车组的组成方案

按列车组的组成方法,编制列车的组成方案(见表3.4.7)。

表3.4.7 哈南地区按日历开行站—站始发直达列车循环周期表

列车组		周期列车数	最小循环周期(d)									
发 站	到 站	(列)	1	2	3	4	5	6	7	8	9	10
玉泉	银浪	1.47	1	2	1	2	1	2	1	2	1	2
	让湖路西	1.26	1	1	1	1	2	1	2	1	2	1
	独立屯	1.43	2	1	2	1	2	1	2	1	1	1
	肇东	1.82	2	2	2	2	2	2	2	2	2	2
	龙凤	2.49	2	2	2	2	3	3	3	3	3	2
	安达	4.63	5	5	5	5	4	4	4	4	4	5
	计	13.1	13	13	13	13	14	13	13	13	13	13
亚沟	银浪	1.11	1	1	1	2	1	2	1	1	1	1
	让湖路	1.73	2	1	2	2	2	2	2	1	2	1
小岭	银浪	3.96	4	4	4	4	4	4	4	4	4	4
	计	6.80	7	7	7	7	7	7	7	6	7	6
小岭	让湖路	1.29	2	1	2	1	2	1	2	1	1	2
	大庆	1.35	2	1	2	2	1	2	1	2	1	1
	独立屯	1.98	2	2	2	2	2	2	2	2	2	2
平山	银浪	1.24	1	1	1	2	1	2	1	1	1	2
	让湖路	1.48	1	1	1	1	1	2	1	2	2	1
	计	7.34	7	7	7	7	7	7	7	7	7	7

组成列车组的基本点是：

①周期开行列车数应等于周期的天数,特殊情况下至少也应达到 $z-2$,其中 z 为周期天数。

②列车组的列车编组去向数原则上应小于等于 4,特殊情况下最大也可达到 7。

③翼形运行线平均长度不超过 200 km,特殊情况下也不应超过 250 km。

④列车编组去向别开行列车数应该是整数,当个别去向出现小数时,应舍去小数。当多个去向出现小数时,可通过周期循环的方法加以平衡。

(6)周期循环计划和周期列车运行计划

当列车编组去向别周期开行列车数出现非整数值时,为消除列车编组去向周期开行列车数小数部分的差异,必须编制去向别列车数不同周期列车运行计划和周期循环计划(见表 3.4.8)。

表 3.4.8　周期列车运行计划

发　站	到　站	1	2	3	4	5	6	7
亚沟	银浪	1	1	1	1	1	1	1
亚沟	让湖路	2	2	2	2	2	2	2
小岭	银浪	4	4	4	4	4	4	4

7. 按日历开行站—站远程始发直达列车

对于初始直达列车计划中未编入列车组的车流,若用 $n \geqslant 6$ 作分类处理,可得初始直达列车计划的远程车流表。对该项车流作选择周期的分析计算,可确定每一车流的有利周期天数和周期开行列车数。研究表明,对于 $l \geqslant 1\,000$ km、$n \geqslant 6$ 的车流,单独列入按日历开行站—站远程始发直达列车是有利的,可以列入计划,称之为按日历开行站—站远程始发直达列车组组成方案(见表 3.4.9)。

当两个及其以上远程始发直达列车具有一定的相同运行径路时,也可以组成列车组,按日历开行。

表 3.4.9　佳木斯地区按日历开行远程始发直达列车列车组组成方案表

发　站	到　站	经由	m(车)	年装车数(车)	列车数(列)							选用周期(d)
					年	周期(d)						
						7	6	5	4	3	2	
峻德	鲅鱼圈		50	9 514	190.28	3.65	3.13	2.61	2.09	1.56	1.04	2
鹤岗	范屯		50	4 269	85.38	1.64	1.40	1.17	0.94			4
福利屯	金港		50	4 917	98.34	1.89	1.62	1.35	1.08			4
计												4/4
鹤岗	鲅鱼圈		50	3 935	78.70	1.51	1.29	1.08				5
宝泉岭	金港		50	3 525	70.50	1.35	1.16	0.97				5
佳木斯	金港		50	3 348	66.96	1.28	1.10	0.92				5
鹤岗	老边		50	3 265	65.30	1.25	1.07					6
计												23/30
佳木斯	鲅鱼圈		50	5 418	108.36	2.08						7
双鸭山	鲅鱼圈		50	7 675	153.50	2.94						7

发　站	到　站	经由	m（车）	年装车数（车）	列车数（列） 年	周期（d） 7	6	5	4	3	2	选用周期（d）
福利屯	鲅鱼圈		50	2 646	52.92	1.01						7
计												6/7
鹤岗	本溪		50	4 669	93.38	1.79	1.54	1.28	1.02			4
峻德	丹东		50	5 635	112.70	2.16	1.85	1.54	1.24	0.93		3
计												7/12

8. 按日历开行站—站短途始发列车

根据短途始发列车的要点,对车流表作分类处理,可得应列入这一列车编组计划的车流去向(见表 3.4.10),并按表 3.2.10 的原理,计算确定有利周期天数和开行列数(见表 3.4.10)。

表 3.4.10　三间房车流区短途始发列车周期表

发　站	到　站	经由	m（车）	年装车数（车）	列车数（列） 年	周期（d） 7	6	5	4	3	2	选用周期（d）
昂昂溪	银浪		50	2 852	57.0	1.09	0.94	0.78	0.63	0.47	0.31	6
昂昂溪	龙凤		50	3 412	68.2	1.31	1.12	0.93	0.75	0.56	0.37	5
昂昂溪	大庆		50	3 055	61.1	1.17	1.00	0.84	0.67	0.50	0.33	6
富拉尔基	银浪		50	4 339	86.8	1.66	1.43	1.19	0.95	0.71	0.48	4
富拉尔基	龙凤		50	4 200	84.0	1.61	1.38	1.15	0.92	0.69	0.46	4
富拉尔基	大庆		50	6 171	123.4	2.37	2.03	1.69	1.35	1.01	0.68	3
富拉尔基	独立屯		50	4 919	98.4	1.89	1.62	1.35	1.08	0.81	0.54	4
冯屯	让湖路西		50	5 010	100.2	1.92	1.65	1.37	1.10	0.82	0.55	7
冯屯	让湖路		50	9 642	192.8	3.70	3.17	2.64	2.11	1.58	1.06	2
冯屯	林源		50	9 242	184.8	3.54	3.04	2.53	2.03	1.52	1.01	2
冯屯	大庆		50	11 853	237.1	4.55	3.90	3.25	2.60	1.95	1.30	3
冯屯	独立屯		50	12 997	259.9	4.99	4.27	3.56	2.85	2.14	1.42	7
吉新河	让湖路西		50	3 258	65.2	1.25	1.07	0.89	0.71	0.54	0.36	6
吉新河	让湖路		50	4 418	88.4	1.69	1.45	1.21	0.97	0.73	0.48	4
吉新河	林源		50	2 724	54.5	1.04	0.90	0.75	0.60	0.45	0.30	7
吉新河	龙凤		50	5 309	106.2	2.04	1.75	1.45	1.16	0.87	0.58	7
吉新河	独立屯		50	2 876	57.5	1.10	0.95	0.79	0.63	0.47	0.32	6
碾子山	泰康		50	5 396	107.9	2.07	1.77	1.48	1.18	0.89	0.59	7
齐齐哈尔	龙凤		50	8 095	161.9	3.10	2.66	2.22	1.77	1.33	0.89	7

75

9. 车流归并

(1)区段内中间站车流的归并

路网车流是车站间的车流。编制站—站始发直达列车后,需将区段内中间站的发送车流集中到技术站,根据技术站间列车编组计划组织编入相应的列车,输送到终到地区的技术站,若到卸站为区段内中间站,还需由技术站分送到区段内的卸车站。将中间站到发车流集中到技术站的工作,实际上就是将数以千万支的发、到站别、品类别计划车流转化成为数以几十万支的技术站间的车流,是一项十分繁杂的工作。这一车流转化工作,实际上也就是中间站车流的合并工作。

根据现行车流组织方法,按车流径路规定,在发送端将区段内车流集中到技术站的作业称为发送车流向技术站归并,然后,车流作为技术站的发送货车;在终到端将到达区段内中间站的车流输送至技术站的作业称为到达车流向后方技术站归并,归并后的车流作为后方技术站的到达货车。通过两端车流归并,可以生成区—区的车流。

在建有结点区的条件下,区内所有中间站的始发车流,统一向结点站集中,到达车流统一由结点站向中间站分送。采用这一方法货车将产生一定的反向走行和重复走行,但可以大大简化区段管内车流组织工作,提高车流组织效率,也是一种行之有效的中间站车流组织方法。

(2)区段站车流的归并

受区段站改编能力的限制和单支车流较小的制约,区段站不可能承担大量列车的编解任务,而必须按车流径路的规定,组织区段站车流集散区发送车流和区段站车流集散区到达车流分别向前方编组站集中和向后方编组站归并,统称为区段站车流的归并,并将编组站分车流集散区和向编组站归并发到车流的区段站车流集散区组合,称为编组站车流集散区。

通常区段站车流或编组站车流是指区段站或编组站车流集散区的车流。

若以站—区的车流为基础,通过终到端区段站车流归并,可生成站—编组站车流;若以区—站的车流为基础,通过发送端区段站车流归并,可生成编组站—站车流;若以区—区车流为基础,分别通过发送端、到达端和发、到端的区段站车流归并,可分别生成编组站—区、区—编组站和编组站—编组站车流。

组织车流向编组站集中(归并)的工作比较繁杂。为此,可通过事先编制车流归并表的方法来进行(见表3.4.11,相应的路网结构图如图3.4.2所示)。表3.4.11中在车流格内采用的表示方法为:

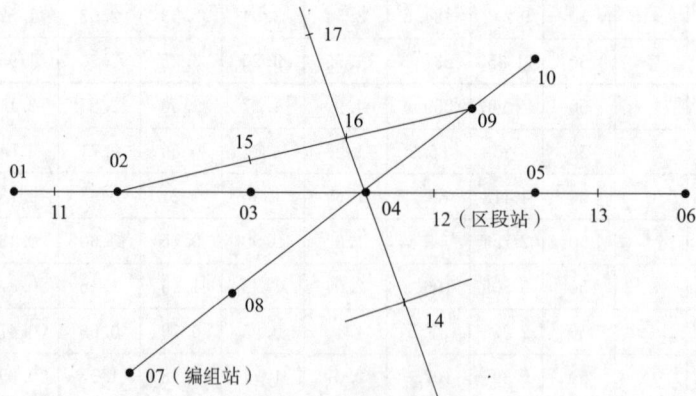

图 3.4.2 路网结构图

注:01～10 为编组站,11～17 为区段站。

①分子表示发送端归并的编组站,分母为到达端分散车流编组站。

②分母项空表示车流到达区段站为编组站,分子项空表示车流发送端区段站为编组站。

③分子分母为同一车站表示该车流仅经过一个编组站,可以在编组站改编,也可以不改编。

④空格表示该车流不需经过编组站。

例如,在车流"13—01"格内的分子项数字"05"表示车流在发送端并入"05"编组站,作为由此站发送车流组织输送;在车流"14—13"格内的数字"04/05"表示在车流发送端和到达端分别并入"04""05"编组站,作为"04""05"编组站始发、终到车流组织输送。在车流"15—12"格内的数字为"04/04",表示车流经过"04"编组站,到达前方区段站"12"。

车流归并表(见表3.4.11)由四部分组成:

①左上部分为以编组站作为区段站的车流区,它不存在向编组站集中车流和由编组站分散车流的问题。

②左下部分为区段站车流向发送端编组站集中的车流。

③右上部分为需由编组站向区段站分送的车流。

④右下部分为区段站车流需分别向发送端编组站集中,又需终到编组站分送的车流。

表 3.4.11　区段站车流归并表

自\至	01	02	03	04	05	06	07	08	09	10	11	12	13	14	15	16	17
01												/04	/05	/04	/02	/02	/02
02												/04	/05	/04			
03											/02	/04	/05	/04	/04	/04	/04
04											/02		/05				
05											/02			/04	/04	/04	/04
06											/02		/05	/04		/04	/04
07											/02						
08											/02	/04	/05	/04		/04	/04
09											/02	/04	/05				
10											/02		/05		/09	/09	/09
11		02/	02/	02/	02/	02/	02/	02/	02/		02/04	02/05	02/04	/02	/02	/02
12	04/	04/	04/		05/	04/	04/	04/	04/		04/02		05/05	04/04	04/04	04/04	04/04
13	05/	05/	05/	05/		05/	05/	05/	05/	05/02	05/05			05/04	05/04	05/04	05/04
14	04/	04/		04/	04/	04/	04/	04/	04/	04/02	04/04	04/05		04/04	04/04	04/04	
15	02/		02/		04/					09/	02/02	04/04	04/04	04/04			
16	04/02		02/							09/	02/02	04/04					
17	04/		04/		04/	04/	04/			09/	04/02	04/04	04/04	04/04			

10. 装车地始发直达列车编组计划的实施

装车地始发直达列车编组计划日常组织工作量大,实施过程复杂,为此,拟采用如下方法强化日常工作:

(1)始发直达列车运行计划

始发直达列车运行计划包括年度计划和月度计划。年度计划由运行图部门编制,月度计划由调度部门按月编制。

始发直达列车年度计划是指在运行图中,对每一列入计划的始发直达列车安排运行线,规定列车开行日的列车组织运行计划,它在编制年度运行图的工作中进行,并标注在列车运行线上。而始发直达列车月度运行计划是在运行图中,落实始发直达列车年度运行计划和列车运行组织实施计划。

(2)始发直达列车周期运行计划

为解决在执行始发直达列车月度运行计划过程中发生的局部性问题以及运输市场变化提出地新问题,高质量地落实月度列车运行计划,在月度列车运行计划的基础上,还应建立编制周期列车运行计划的工作制度。通过与发货人协商,在周期运行计划中进一步确定各类列车的开行计划。

(3)始发直达列车开行计划互保协议

始发直达列车开行计划互保协议是界定路企双方在组织开行始发列车过程中利益和责任,并声明互相承认的法律性文件。它可以有效提高始发直达列车开行计划的编制质量和兑现率,确保双方的利益,并提高对计划执行的责任意识。

3.4.2 简单路网技术站间货物列车编组计划

1. 编制技术站间列车编组去向方案的工作流程

图 3.4.3 所示为编制编组站间列车编组去向方案的工作流程,其核心工作环节是:

(1)编制编组站间车流表

编制车流表的工作详见分层次车流分析计算法部分。

(2)编制单支车流和合并车流列车编组去向方案

根据建立列车编组去向的基本条件,首先计算确定单支车流列车编组去向方案。扣除列入计划车流后,再研究远程车流与单支车流列车编组去向合并,或不满足条件的车流合并,建立列车编组去向的可能性,并据以确定合并车流编组去向方案。

(3)远程车流在超行区段的走行

合并车流列车编组去向中的远程车流,将在超行区段生成一支新的车流,这类车流与剩余车流合并生成新的车流表并据以研究新增单支车流列车编组去向方案的可能性。

重复第(2)项工作直至全部车流送达到达站。

2. 单支车流列车编组去向方案

采用图 3.4.2 路网的车流数据(见表 3.4.12)进行分析计算。

(1)单支车流列车编组方案

将车流表(见表 3.4.12)中符合条件的车流,列入单支车流列车编组方案,并在车流表相

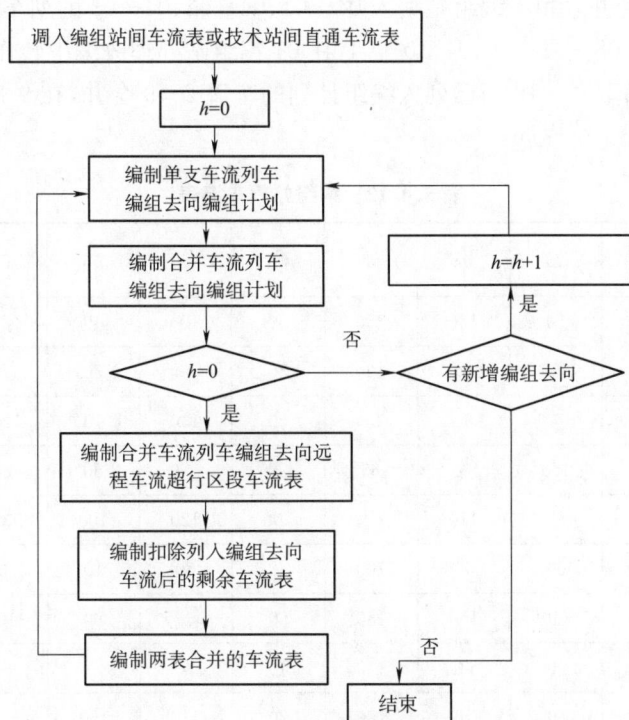

图 3.4.3　编制编组站间编组计划表格分析计算法流程图

注:h 为代码数。

应格内画"○",如车流 01—03、01—04、01—05 等,计 42 支车流(见表 3.4.13)。

(2)分组列车编组方案

①对编制单组列车编制方案后,具有相同径路的每三支剩余车流,分析研究分组列车编组方案的有利条件。

车流 10—06、10—04、04—06 满足开行分组列车条件,可以列入分组列车编组方案(见表 3.4.14),在三支车流格内画"○",并标以"＋"号。

②两支剩余车流与列入计划的远程车流组成分组列车编组方案的有利性,在剩余车流中,已没有符合条件的车流。

(3)车流合并方案

编制单组、分组列车方案后,剩余车流包括两相邻编组站车流和非相邻编组站车流。从表 3.4.12 可以看出,非相邻编组站间车流,都有条件按车流合并方法,与已列入编组计划方案的近程车流合并,合并方案见表 3.4.15。如车流 01—08、01—09、01—10,02—08、03—08、03—09、03—10,05—09、05—10 及 06—08、06—09、06—10 分别与已列入编组方案或未列入编组方案的车流 01—04、02—04、03—04、05—04、06—04 合并,在 04 编组站改编中转,分别编入 04—08、04—09 和 04—10 的列车,货车在 04 编组站办理一次改编中转作业;车流 02—06 与车流 02—03 合并,在 03 编组站并入已列入编组方案的 03—06 直达列车;车流 07—10 并入已列入编组方案的 07—09;此外,车流 06—03、09—01、09—02,10—11,02—03 分别与车流 08—

04、09—04、10—04合并,由04编组站编入04—01、04—02、04—03的列车,车流08—06、09—06、10—08分别编入08—04、09—04、10—04,在04编组站办理改编中转作业,分别编入04—06、04—08的列车;车流2—10与已列入编组计划的车流2—9合并,在9站改编解体后,编入9—10区段列车。

表 3.4.12　编组站间车流表

自\至	01	02	03	04	05	06	07	08	09	10	计
01		100	50	100	350	50	100	40	20	10	830
02	120		250	30	120	30	50	30	70	10	700
03	100	150		60	50	50	100	10	20	5	535
04	50	100	150		65	20	150	50	50	25	615
05	120	150	80	110		100	120	100	30	10	810
06	50	80	60	40	100		50	10	40	5	435
07	150	120	110	150	180	50		80	100	20	960
08	50	80	40	60	150	40	30		80	50	550
09	40	30	80	10	100	20	110	150		100	640
10	5	30	5	15	50	35	50	20	100		270
计	685	820	525	515	1 140	395	760	490	510	215	6 355

表 3.4.13　编组站间单支车流列车计划表

自\至	01	02	03	04	05	06	07	08	09	10	计
01		100	(50)	(100)	(350)	(50)	(100)	40	20	10	830
02	120		250	30	(120)	30	(50)	30	(70)	10	700
03	(100)	150		60	(50)	(50)	(100)	10	20	5	535
04	(50)	(100)	150		40	20	(150)	50	50	25	615
05	(120)	(150)	(80)	110		100	(120)	(100)	30	10	810
06	(50)	(80)	(60)	40	100		50	10	40	5	435
07	(150)	(120)	(110)	(150)	(180)	(50)		80	(100)	20	960
08	(50)	(80)	40	60	(150)	40	30		(80)	(50)	550
09	40	30	(80)	10	(100)	20	(110)	(150)		100	640
10	5	30	5	15	(50)	35	(50)	20	100		270
计	685	830	525	515	1 140	395	760	490	510	215	6 355

表 3.4.14　编组站间分组列车计划表

自＼至	01	02	03	04	05	06	07	08	09	10
01										
02										
03										
04						⑳+				
05										
06										
07										
08										
09										
10				⑮+		㉟+				

表 3.4.15　剩余车流合并方案表

自＼至	01	02	03	04	05	06	07	08	09	10
01		100	0	0	0	0	0	㊵	⑳	⑩
02	120		250	30		㉚	0	㉚	0	⑩
03	0	150		60	0	0	0	⑩	⑳	⑤
04	0	0	150		40	+	0	50	50	25
05	0	0	0	110		100	0	㉚	0	⑩
06	0	0	0	40	100		0	⑩	㊵	⑤
07	0	0	0	0	0	0		80	0	⑳
08	0	0	㊵	60		㊵	30		0	0
09	㊵	㉚	0	10		⑳	0	0		100
10	⑤	㉚	⑤	+	0	+		⑳	100	

（4）合并车流和超行区段车流

合并车流列车编组去向中的任一支远程车流,均将因与近程车流合并一段,而以列车编组去向发到站为结点,将车流输送全过程分为两段或三段。当远程车流与列车编组去向发站相同时,将以列车编组去向到达站为结点,将车流输送过程划分为合并车流运行地段和到达端远程车流超行区段运行地段;当远程车流与列车编组去向到站相同时,将车流输送过程划分为发送端远程车流超行区段运行地段和合并车流运行地段;当远程车流与列车编组去向发到站均不相同时,车流输送过程将以列车编组去向发、到站为结点,划分为发站端超行区段运行地段、合并车流运行地段和到站端超行区段运行地段。因此,远程车流在输送过程中被划分为两支或三支车流,其中在合并车流区段运行的车流为合并车流,在超行区段运行的车流为超行区段车流。

例如,表 3.4.7 中车流 01—08、01—09、01—10 并入 01—04 列车编组去向（共 70 车）,该

三支车流在 01—04 间运行,为合并车流运行地段的合并车流,填入表 3.4.16 中 01—04 格中。车流 04—08、04—09、04—10 间的运行为超行区段运行,超行区段运行的超行区段车流,分别填入表 3.4.17 相应格中。用同样的方法可以处理 02、03、05 和 06、07、08、09 的车流。因此,在合并车流方案表中 02—04、03—04、05—04、06—04 格中分别填上 30、35、30 和 55 车,在超行区段车流表 3.4.17 中 04—08、04—09、04—10 格中分别填上 90、110 和 30 车。

表 3.4.16　编组站间合并方案车流表

自＼至	01	02	03	04	05	06	07	08	09	10
01				70						
02			30	30					10	
03				35						
04										
05				30						
06				55						
07									20	
08				50						
09				90						
10										

表 3.4.17　编组站间超行区段车流表

自＼至	01	02	03	04	05	06	07	08	09	10
01										
02										
03						30				
04	45	60	45			60		90	110	30
05										
06										
07									20	
08										
09										20
10										

(5)新增单支车流列车编组方案

在表 3.4.14 中扣除合并车流,可得剩余车流表(见表 3.4.15),然后将表 3.4.16～表 3.4.18 加以汇总,可得编组站车流表(见表 3.4.19)。然后,将符合 $k \geqslant 1, n \geqslant 1$ 的车流,列入单组列车编组方案。其中合并车流 ⑥⓪⊣ 表示新增方案,⑦⓪ 表示在原编组去向增加车流量。

通过一次车流合并后,远程车流的合并车流运行地段已列入编组计划,而超行区段车流运行地段却可有如下情况：

①超行区段车流运行地段仅为一个区段。

②超行区段车流运行地段为多区段组成，已有合并车流编组去向列车将该车流输送到车流到达站。

③超行区段车流运行地段为多区段的地段，虽已有合并车流编组去向列车输送，但未送达到达站。

④超行区段车流运行地段为多个区段组成，没有合适合并车流输送。

当遇情况①、②时，可结束编制编组计划的分析计算工作，当遇情况③、④时，必须对未列入计划的远程车流超行区段，再次分析研究车流合并的可能性，直至每一支远程车流均送达到站为止。

（6）两相邻编组站间直通、区段列车

根据编制新增单组列车编组方案后剩余车流（见表3.4.18），可确定在两相邻编组站间开行直通或区段列车，当两相邻编组站间设区段站时为直通列车，否则为区段列车（见表3.4.20）。

表 3.4.18　编组站间剩余车流表　　　　　　　　　　单位：车

自＼至	01	02	03	04	05	06	07	08	09	10
01		100								
02	120		250	30						
03		150		60						
04			195		40			50	50	25
05			110			100				
06			40	100						
07								80	20	
08			60			30				
09			10							120
10									100	

表 3.4.19　编组站车流表　　　　　　　　　　单位：车

自＼至	01	02	03	04	05	06	07	08	09	10
01		100		⑦70						
02	120		280	60＋					⑳20	
03		150		95		⑳20				
04	㊺45	㊿60	95		40	60＋		160	160	55＋
05			150			200				
06				95＋	100					
07								80	60	
08			140			30				120
09			100						100	
10										

83

表 3.4.20　编组站间直通、区段列车计划表　　　　　单位:车

自\至	01	02	03	04	05	06	07	08	09	10
01		(100)								
02	(120)		280							
03		150		95						
04			195		40			160	160	
05				(150)		(100)				
06				(100)						
07								80		
08				140			30			
09				100					100	
10								100		

注:带"○"为直通列车(两编组站间设有区段站),其他为区段列车。

3.4.3　复杂路网技术站间货物列车编组计划

3.4.3.1　编制技术站间货物列车编组计划的分层次车流分析计算法

1. 路网技术站间车流及车流输送

技术站间车流(也称区—区车流)是指区段站车流集散区(对于编组站为由编组站与有车流集散关系中间站组成的车流集散分区)之间交流的车流。

技术站间车流是编制技术站列车编组计划的原始数据。它由编制装车地始发直达列车编组计划后的剩余车流,经车流向区段站合并生成。表 3.4.21 为以图 3.4.4 的路网为背景编制的区段站间车流表。

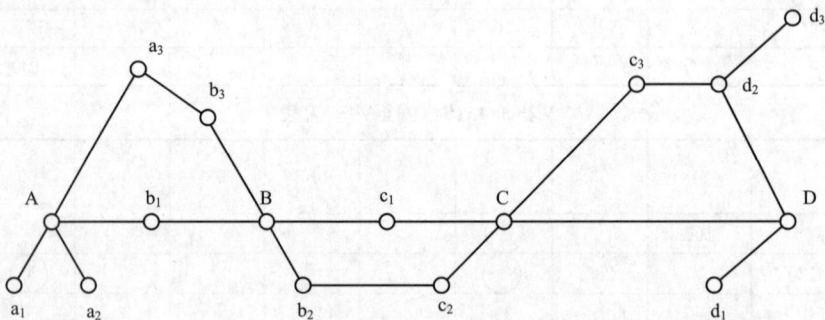

图 3.4.4　路网编组站和区段站设置示图

2. 区段站间车流的分类

依据车流在路网上必须按车流径路组织输送的原则,可将区段站间车流分为两类,即:

(1)在区段站间组织输送的车流

根据车流径路的规定,在发到区段站间输送不经过编组站而经过一个及以上区段站或只经过一个编组站的直通车流称为在区段站间组织输送的车流,简称区—区车流。它包括(见表3.4.22):

表 3.4.21 区段站间车流表 单位:车

自＼至	A	a₁	a₂	a₃	B	b₁	b₂	b₃	C	c₁	c₂	c₃	D	d₁	d₂	d₃
A		20	10	15	30	5		3	30	40	10	30	40	50	40	20
a₁	40		10	10	40		50	1	30	2	10	2	20	25	2	10
a₂	15	20		30	30	10		2	40	4	30	4	55	50	4	15
a₃	20	20	10		10	5	45	4	30	15	50	20	45	4	3	15
B	35	20	30	15		5		10	10	10	5	20	20	20	30	10
b₁	10	10	10	10	10		10		30	5	10	20	25	15	10	15
b₂	40	45	45		5	10		5		10	20		5			
b₃	5	10		15	30	5	10		30	20	10		35	5	2	20
C	30	40	30	45	40	5	5	30		10	10	20	10		20	10
c₁				55		5	5				10	10	20	30		
c₂	5	30	10				5		40	5		10	20	20		
c₃	10	20	15	25	30		10		10	5	10		5	10	10	5
D	55	20	30	10	25	10		20	30	20	15	15				
d₁	10	10	15	15	30	10		10	5	10	5	5	20		5	10
d₂													20	20		10
d₃													20	60	70	55

表 3.4.22 在区段站间输送的区—区直通车流表 单位:车

自＼至	A	a₁	a₂	a₃	B	b₁	b₂	b₃	C	c₁	c₂	c₃	D	d₁	d₂	d₃
A								3								
a₁			10	10				1								
a₂		20		30		10		2								
a₃		20	10		10	5	45			15	50					
B				15								5				
b₁		10	10	10			10			5	10					
b₂								5		10						
b₃	5				5	10				20	10					
C							5								20	10
c₁				55		5	5				10	10				
c₂										5		10	20	20		
c₃							10			5	10		5	10		5
D									15							
d₁									5				5		5	10
d₂													10			
d₃													20	60	70	

①区段站间发到,沿途经过一个及其以上区段站的车流。

②区段站间发到,沿途只经过一个编组站的车流。

③区段站发、编组站到,沿途经过一个及其以上区段站的车流。

④编组站发、区段站到,沿途经过一个及其以上区段站的车流。

这类车流多为编组站车流集散区内区段站间的交流车,也有部分编组站车流区之间区段站间交流车。

(2)需向编组站集中的车流

在车流径路中,经由两个及以上编组站的车流为必须向编组站集中的车流,是编组站车流区之间交流的车流(简称区—区分层车流)。它包括(见表3.4.23):

①区段站间发到,沿途经过两个及其以上编组站的车流。

②区段站发、编组站到,沿途经过两个及其以上编组站的车流。

③编组站发、区段站到,沿途经过两个及其以上编组站的车流。

④编组站间发、到的车流。

这类车流的输送需要经过三个环节:

①区段站—编组站间直通区段列车输送向编组站集中的车流。

②编组站—编组站间直达列车将车流输送至终到编组站。

③编组站—区段站之间直通区段列车输送向区段站分散的车流。

3. 分类车流表

(1)在区段站间组织输送的直通车流表

根据区段站间车流表及车流的分类方法编制分类直通车流(见表3.4.22)。例如,a_1—a_2的10车为区段站间到发通过一个编组站的直通车流,d_1—d_3的10车为区段站间发到通过一个区段站的直通车流,A—b_3的3车为编组站发、区段站到通过一个区段站的直通车流。d_3—D的60车为区段站发、编组站到通过一个区段站的直通车流等。

(2)需向编组站集中的直通车流表

根据区段站间车流表(见表3.4.21)及车流的分类方法编制(见表3.4.22)。例如,a_1—c_1的10车需经A、B两个编组站,属于这一类车流;又如,d_1—a_1的10车需经D、C、B、A四个编组站输送,也属于这类车流。

(3)区段车流

区段站间车流扣除在区段间输送的区—区直通车流和需向编组站集中的区—区直通车流后,剩余车流为两相邻区段站间的区段车流(见表3.4.24),如a_3—A的20车和B—b_1的5车都是区段车流。

表3.4.23 需向编组站集中的区—区直通车流表　　　　单位:车

自＼至	A	a_1	a_2	a_3	B	b_1	b_2	b_3	C	c_1	c_2	c_3	D	d_1	d_2	d_3
A					30				30	40	10	30	40	50	40	20
a_1					40		50		30	2	10	2	20	25	2	10

自＼至	A	a_1	a_2	a_3	B	b_1	b_2	b_3	C	c_1	c_2	c_3	D	d_1	d_2	d_3
a_2					30				40	4	30	4	55	50	4	15
a_3									30			20	45	4	3	15
B	35	20	30						10			20	20	20	30	10
b_1									30			20	25	15	10	15
b_2	40	45	45			10								5		
b_3		10							30				35	5	2	20
C	30	40	30	45	40	5		30					10			
c_1													20	30		
c_2	5	30	10													
c_3	10	20	15	25	30											
D	55	20	30	10	25	10		20	30	20	15					
d_1	10	10	15	15	30	10		10		10	5					
d_2																
d_3																

表3.4.24 区段站间区段车流表　　　　　　　　单位:车

自＼至	A	a_1	a_2	a_3	B	b_1	b_2	b_3	C	c_1	c_2	c_3	D	d_1	d_2	d_3
A		20	10	15		5										
a_1	40															
a_2	15															
a_3	20							4								
B						5		10	10							
b_1	10				10											
b_2					5						20					
b_3				15	30											
C										10	10	20				
c_1																
c_2							5		40							
c_3									10						10	
D																
d_1													20			
d_2													20	20		10
d_3													55			

4. 车流的输送

从车流的分类可以看出,实际上是相应地将全国车流系统划分为两个隐形的子系统。首先是用来输送在区段站间组织输送直通车流的子系统,采用直通、区段两种列车组织车流的输送,直通列车用来输送非相邻区段站间的直通车流,区段列车用来输送相邻区段站间的区段车流。这一安排是符合实际情况的、是合理的。其次是用来输送需向编组站集中的直通车流的子系统,采用直达、直通、区段三种列车服务于车流输送。

一般情况下,长途车流的输送采用以开行编组站间直达列车为主、开行直通列车为辅的车流组织方式。这样,就有可能限制了两区段站间较大车流编组运行途中无改编通过两个及其以上编组站间直通列车的可能性。事实上,虽然多数区段站间车流量较小,但客观上具有较大车流量的区段站间直通车流也是存在的。

将由区段站始发,沿途经过两个及其以上编组站,到达区段站的车流定义为远程区—区直通车流。若这类车流满足在区段站间建立单组列车编组去向条件,则可组织开行远程直通列车。研究表明,将这类车流编入远程直通列车,将较编入技术直达列车输送可减少两次改编中转作业,既可以减少调车费用又可以压缩货车停留时间,有较好的技术经济效益。这是应该加以充分利用的直通车流。为此,在编制货物列车编组计划过程中,应增加必要的工作环节,首先把满足这条件的车流列入编组计划,然后再转入编制技术直达列车编组计划。

在全路车流子系统划分为两类车流,采用技术直达、直通、区段三类列车输送的条件下,技术站货物列车编组计划的编制工作程序为:

(1)区段站间车流的分类

如上所述,将全路车流划分为两类,并分别编制区段站间直通车流表和区段车流表。

(2)编制远程直通列车编组计划

以需向编组站集中车流为依据,编制远程直通列车编组计划。

(3)编制技术直达列车编组计划

采用表格分析计算法,或分层次车流分析计算法。根据编组站间车流表编制编组站间技术直达列车编组计划,即剩余车流的直通列车编组方案。

(4)编制直通列车编组计划

根据区段站间直通车流表编制直通列车编组计划。

(5)编制区段列车编组计划

根据区段车流表编制区段列车编组计划。

(6)货物列车编组计划的文件审核及技术经济效益的分析计算

汇总编制的远程直通列车、技术直达列车、直通列车和区段列车编组计划编制货物列车编组计划技术文件,审核铁路区段车站通过能力的适应性和通过指标计算评价计划编制质量。

3.4.3.2　车流合并

1. 车流合并的方式

一般来说,车流合并可有相同发站不同到站车流的合并,不同发站相同到站车流的合并,不同发站、到站车流的合并,两衔接车流与远程车流合并的分段式合并四种方式(如图3.4.5所示)。任一种车流合并方式都必须是相同径路的车流。其中不同发站、不同到站车流合并,远程车流将产生二次改编中转作业,其他三种合并方式远程车流只产生一次改编中转作业。

一般情况下,应优先选用一次改编中转作业的合并方式。

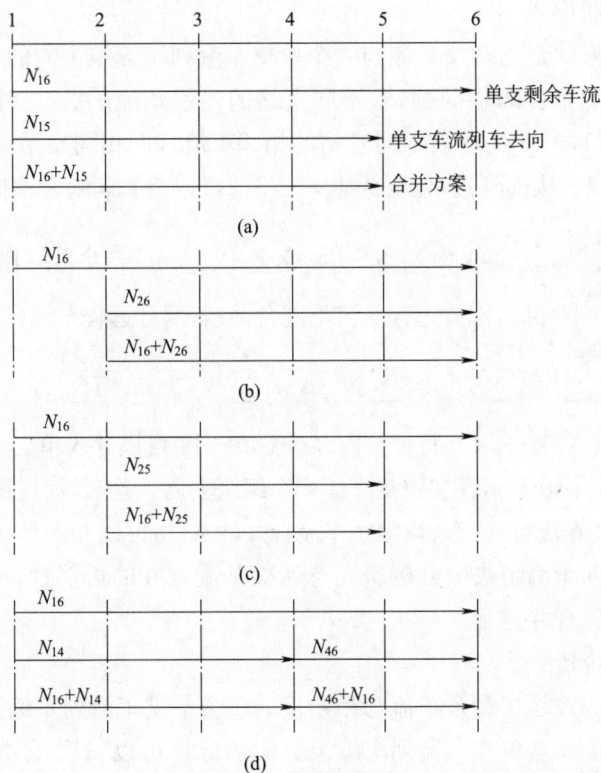

图 3.4.5　车流合并方式图

2. 车流合并的方案

剩余车流合并应按如下顺序,依次决定合并方案:

(1)剩余车流并入单支车流列车编组去向

当剩余车流为单支车流列车编组去向相邻远程车流,且没有与远程车流合并建立列车编组去向条件时,可直接并入单支车流列车编组去向(如图 3.4.6 所示)。

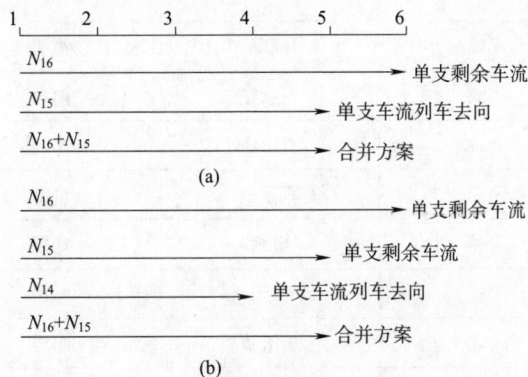

图 3.4.6　相同发站剩余车流合并方案

剩余车流与单支车流列车编组去向的车流合并又分为普通形式和复合形式。

①车流合并的普通形式

车流合并的普通形式是指剩余车流与一个单支车流列车编组去向的合并。

设单支车流列车编组去向相同到站、不同发站的远程车流 i 支($i=1,2,3,\cdots,\alpha_i$，从远到近，依次为 $\alpha_i,\cdots,3,2,1$，$i=1$ 为车流不同发站的相邻车流)，而相同发站、不同到站的远程车流有 j 支($j=1,2,3,\cdots,k_j$，从远到近，依次为 $k_j,\cdots,3,2,1$，$j=1$ 车流为不同到站的相邻车流)。

若远程车流之和为 $\sum_{i=1}^{\alpha_i}N_i$、$\sum_{j=1}^{k_j}N_j$，当 $\sum_{i=1}^{\alpha_i}N_i<m$ 或 $\sum_{j=1}^{k_j}N_j<m$ 时，全部远程车流都可以并入单支车流列车编组去向，否则全部或部分远程车流不能合并；若部分远程车流($i=a,a+1,\cdots,\alpha_i,j=b,b+1,\cdots,k_j$)之和为 $\sum_{i=a}^{\alpha_i}N_i$、$\sum_{j=b}^{k_j}N_j$，当 $\sum_{i=a}^{\alpha_i}N_i\geqslant m$、$\sum_{j=b}^{k_j}N_j\geqslant m$，而 $\sum_{i=1}^{a-1}N_i<m$ 或 $\sum_{j=1}^{b-1}N_j<m$ 时，则部分远程车流($i=1,2,3,\cdots,a-1;j=1,2,3,\cdots,b-1$)可以并入单支车流列车编组去向。

例如，衡阳发往郑州 58 车可建立单支车流列车编组去向。这时，江村发往郑州的 16 车和衡阳发往新丰镇及以远的车流计 44 车，均满足车流合并的条件，可以并入单支车流列车编组去向。

对每一单支车流列车编组去向分析研究与远程车流合并的可能性，可形成于单支车流列车编组去向合并的车流合并方案。

②车流合并的复合形式

车流合并的复合形式是指剩余车流与相衔接的多个单支车流列车编组去向的合并。

对编组站发出车流建立单支车流列车编组去向的分析可以发现，不同编组站的这类列车编组去向事实上存在着车流接续关系。例如，武威→石家庄南及石家庄南→南仓间各有单支车流列车编组去向，这时，若有武威及以远发往南仓及以远的车流，就可以用分段式车流合并方式并入两相邻衔接的列车编组去向输送。在这里，称根据车流径路由两个及其以上有车流衔接关系的单支车流列车编组去向组成的货车输送系统为列车编组去向组(见表 3.4.25)。利用这类列车组的特有功能输送的车流量，可以减少沿途改编次数。

表 3.4.25 武威站发出车流列车编组去向组

序　　号	1	2	3	4
1	武威	成都	重庆	
2	武威	石家庄	南昌	
3	武威	石家庄	丰西	
4	武威	石家庄	济南	
5	武威	宝鸡	襄阳	怀化
6	武威	徐州	乔司	
7	武威	新丰镇	向塘	鹰潭
⋮	⋮	⋮	⋮	⋮

(2)剩余车流合并建立单组列车编组去向

当合并剩余车流满足建立单组列车编组去向条件时,合并车流可建立新的列车编组去向。

3. 合并车流的改编中转

(1)合并车流的中转范围

根据对剩余车流状况的分析,任一编组站发出车流,都应对到达一定范围的货车集中办理改编中转作业,以确保车流在始发站至改编中转作业站间可以开行合并车流列车。设简化的路网是"十字形"结构的路网(如图 3.4.7 所示),有 A、B、C、D、E、F、G、H、I 九个编组站。若 A 站发往其他各编组站的单支车流都不满足建立单组列车编组去向的条件,也就是说都是剩余车流,则车流 A—B、A—C、A—D 和 A—F、A—G、A—H 可以与车流 A—E 合并,组织开行 A—E 间的直达列车。这时,B、C、D 就是合并车流的中转范围或称编组站 A 的发出车流中转区(简称车流区)。

显然,范围越大,集中的车流就越多,但合并车流的列车运距相对较短,在合并车流量满足基本条件情况下,应尽可能延长合并车流的距离。图 3.4.8~图 3.4.10 为郑州编组站发出车流和沈阳、丰西、石家庄车流中转区范围示图。由此可见,车流中转区是方便组织车流合并的一种有效方案。其组成要点是:

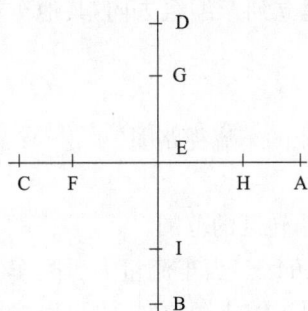

图 3.4.7 简化的路网结构图

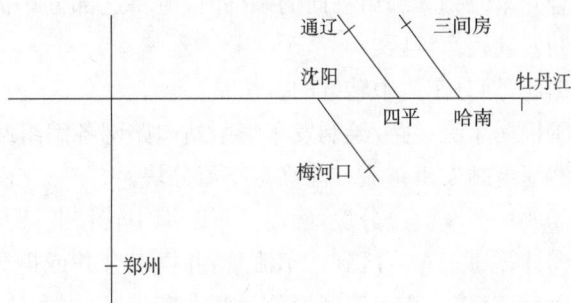

图 3.4.8 郑州北编组站发出车流的沈阳车流中转区

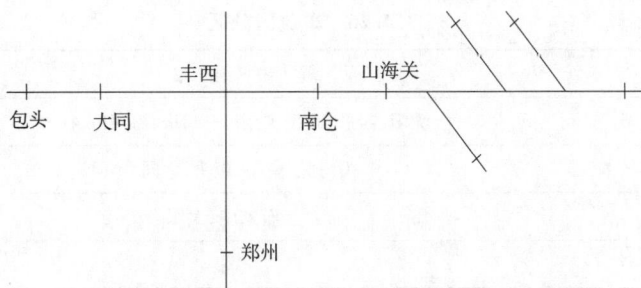

图 3.4.9 郑州北编组站发出车流的丰西车流中转区

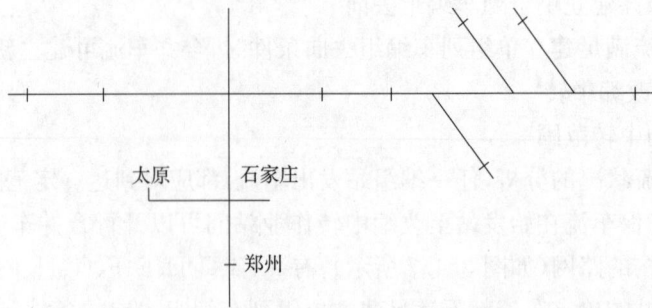

图 3.4.10　郑州北编组站发出车流的石家庄车流中转区

①一编组站发出车流组成,并按距发出编组站的距离从远到近称远程车流区、近程车流区。

②常合并车流的到站是车流区的货车改编中转作业站,为车流区中行程最短车流。若合并车流满足建立列车编组去向的条件,应列入计划。

③合并车流由发出编组站至车流中转改编作业站,具有相同的运行径路。

④满足条件的远程车流区全部车流并入近程车流区,当区内部分车流合并也有可能满足建立合并车流列车编组去向的条件时,应将这部分车流合并,建立列车编组去向,其他车流也可以并入近程车流区。

据此,划分车流中转区的方法是:

①根据车流径路,绘制发车编组站向路网各编组站发出车流的车流径路图。

②编组站发出车流方向确定车流分块。

③就每一车流区分块,确定货车改编中转作业站及其车流中转区的范围。

④计算每一车流区到达车流量,并据以合并或拆分部分车流区。当车流量大于列车编成辆数时,可以将一个车流区拆分为两个车流区;当车流量小于列车编成辆数时,也可以将两个车流区合并。

⑤编组站编制车流区分区表(格式见表 3.4.26)。

表 3.4.26　车流区分区

车流区	编　组　站
沈阳	沈阳、四平、通辽、哈南、三间房、梅河口、牡丹江
丰西	山海关、南仓、包头、大同、丰西
石家庄	石家庄、太原
⋮	⋮

例如,对于济南西发出的车流,到达徐州北车流量较大(37 车),若选用徐州北作为货车改编中转作业站,合并车流中转范围包括到达西北、西南、华中、华南、华东地区编组站,范围很大,但济南西—徐州北间运距短,徐州北续运组织难度大,不宜作为济南西发出车流的货车改编中转作业站。若改为选用南京东和郑州北,其中南京东承担华东地区车流的改编中转,而郑

州北集中改编西北、西南、华中、华南地区编组站的车流,就可以有效地延长合并车流列车的直达距离。

(2)货车改编中转作业站的基本条件

货车改编中转作业站工作是组织剩余车流,尤其是小流量或零流量车流(在日常工作中可能有流)输送的重要环节,应选择合适的编组站办理,其基本条件是:

①编能力大,能承担较大车流量的改编中转作业。

②位于路网的中心地区,衔接铁路方向多,通达度高。

③铁路方向车流交流量大,与较多的编组站有单支车流列车开行计划。一般情况下,不应选用无单支车流列车编组去向的编组站作为改编中转作业站。

④站发、到车流量大,有条件与改编中转车流合并,建立合并车流列车编组去向。

根据上述基本条件,可选沈阳、丰西、石家庄南、郑州北、武昌南、株洲北、徐州北、新丰镇、衡阳北为路网性主要货车改编中转作业站,同时也还可以选部分地区性辅助货车改编中转作业站。

3.4.3.3 编制复杂路网编组站间列车编组去向方案

1. 编制流程

具体工作流程如图 3.4.11 所示,其中核心环节是:

(1)编组站间列车编组去向初始方案

初始方案是指由本编组站车流区发出车流编组而成的编组去向方案,它包括单支车流列车编组去向方案,单支车流与剩余车流合并的列车编组方案,合并车流列车编组方案,以及合并车流在前方改编作业站中转的到站别中转车计划。

(2)编组站到达中转改编车数据整理汇总

根据初始方案中编组站发出车流中,转计划表到达本编组站改编中转车资料整理,可得编组站改编中转车流。

(3)改编中转车流对编组站列车编组方案影响的分析计算

编组站发出车流加改编中转车流生成编组站实际发出车流。由于这一汇总大于发出车流,有可能对初始方案产生影响。考虑这一影响之后可形成一个新的调整方案,并据以编制新的发出车流中转计划表。

(4)多层次的调整方案

每次针对全路各编组站到达的中转车流生成调整方案。在每一次的调整中,全路各编组站到达的中转车可能有也可能无。当全路编组到达本站的中转车全部为零时,不需再调整,工作结束。

2. 专用车流表

(1)初始方案和调整方案编组站发出车流表

乌西站发出车流表格式见表 3.4.27,用以编制初始方案和调整方案编组站到站别发出车流表、单支车流列车编组去向发出车流表、单支车流列车编组去向发出合并车流表、合并车流列车编组去向发出车流表。在编制这一表格时,首先要根据具有相同径路的原则划分车流区,然后根据编组站间车流表填写发到站间各支车流的车流量。

(2)初始方案和调整方案发出车流中转计划表

乌西站发出车流中转计划表格式见表 3.4.28,根据编组站单支车流列车编组去向和合并车流列车编组去向车流表数据,按到达改编作业站填写改编中转作业车数。

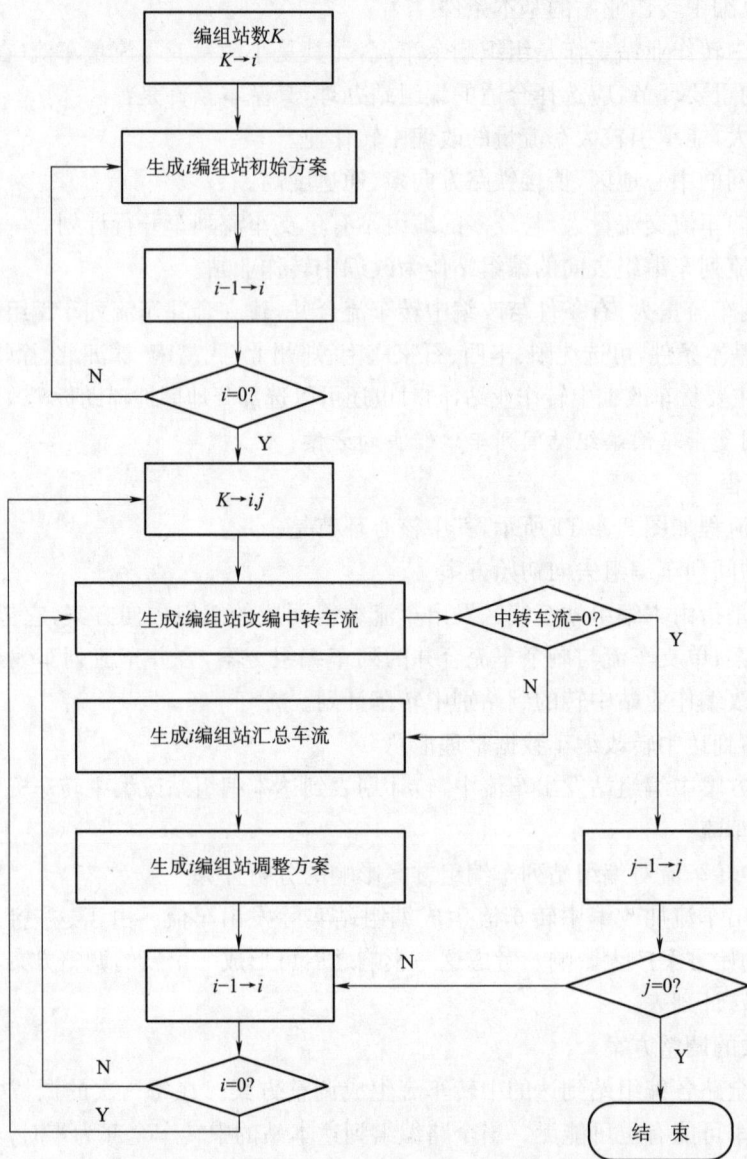

图 3.4.11　编制编组站间列车编组去向方案流程图

(3)调整方案编组站到达改编中转车发出车流中转计划表

乌西站到达改编中转计划表格式见表 3.4.29。根据全路其他编组站发出车流中转计划表,到达本编组站改编中转车汇总车数填写。

(4)调整方案到站别分区车流汇总表

乌西站车流汇总表格式见表 3.4.30。根据表 3.4.27 和表 3.4.29 的数据,填写并加总作为本编组站的发出车流。

表 3.4.27 乌西编组站发出车流表

车流区	项目	到站								计
		1	2	3	4	5	6	7	8	
通辽	车站	通辽	三间房	哈南	牡丹江	四平	梅河口	苏家屯	沈西	
	车流									
武威	车站	武威	兰州	迎水桥	包头	大同	西宁			
	车流									
宝鸡	车站	宝鸡	成都	重庆	贵阳	昆明	南宁			
	车流									
郑州	车站	郑州	石家庄	丰西	南仓	山海关	武汉	武昌	阜阳	
	车流									
徐州	车站	徐州	济西	南京	芜湖	南翔	乔司			
	车流									
新丰镇	车站	新丰镇	安康	襄阳	怀化	柳州	太原			
	车流									
株洲	车站	株洲	向塘	鹰潭	衡阳	江村				
	车流									

表 3.4.28 乌西编组站发出车流中转计划表

中转站	车流区	项目	到站							
			1	2	3	4	5	6	7	8
迎水桥	通辽	车站	通辽	三间房	哈南	牡丹江	四平	梅河口	苏家屯	沈西
		车流								
武威	武威	车站	兰州	包头	西宁					
		车流								
成都	宝鸡	车站	重庆	贵阳	昆明	南宁				
		车流								
宝鸡	郑州	车站	郑州	武汉	阜阳					
		车流								
石家庄	郑州	车站	丰西	南仓	山海关					
		车流								
徐州	徐州	车站	济西							
		车流								
南京	徐州	车站	芜湖	南翔						
		车流								
新丰镇	新丰镇	车站	安康	襄阳	怀化	太原				
		车流								
株洲	株洲	车站	向塘	鹰潭	衡阳					
		车流								

表 3.4.29 乌西编组站到达改编中转计划表

发站	车流区	项目	到 站							
			1	2	3	4	5	6	7	8
迎水桥	通辽	车站	通辽	三间房	哈南	牡丹江	四平	梅河口	苏家屯	沈西
		车流								
武威	武威	车站	兰州	包头	西宁					
		车流								
成都	宝鸡	车站	重庆	贵阳	昆明	南宁				
		车流								
宝鸡	郑州	车站	郑州	武汉	阜阳					
		车流								
石家庄	郑州	车站	丰西	南仓	山海关					
		车流								
徐州	徐州	车站	济西							
		车流								
南京	徐州	车站	芜湖	南翔						
		车流								
新丰镇	新丰镇	车站	安康	襄阳	怀化	太原				
		车流								
株洲	株洲	车站	向塘	鹰潭	衡阳					
		车流								

表 3.4.30 乌西编组站到站别分区车流汇总表

车流区	项目		到 站							计
			1	2	3	4	5	6	7	
沈阳	车站		沈阳	四平	梅河口	哈南	牡丹江			
	车流	发出								
		中转								
		计								
丰西	车站		丰西	南仓	山海关	大同	包头	通辽	三间房	
	车流	发出								
		中转								
		计								
太原	车站		太原	石家庄	大同					
	车流	发出								
		中转								
		计								

车流区	项目		到站							
			1	2	3	4	5	6	7	计
新丰镇 (1)	车站		迎水桥	宝鸡	兰州	西宁	武威	乌西		
	车流	发出								
		中转								
		计								
新丰镇 (2)	车站		襄阳	安康	怀化	重庆	贵阳	成都	昆明	
	车流	发出								
		中转								
		计								
徐州	车站		徐州	济西	南京	芜湖	南翔			
	车流	发出								
		中转								
		计								
株洲	车站		株洲	衡阳	江村	向塘	柳州	南宁		
	车流	发出								
		中转								
		计								
郑州	车站		郑州	武汉	武昌	阜阳				
	车流	发出								
		中转								
		计								

3. 编组站发出车流列车编组计划初始方案

(1)编组站发出车流表

发出车流表根据编组站间车流表填写,供编制各项初始方案用,表 3.4.31 为乌西编组站发出车流表。

表 3.4.31 乌西编组站发出车流表

车流区	项目	到站								计
		1	2	3	4	5	6	7	8	
通辽	车站	通辽	三间房	哈南	牡丹江	四平	梅河口	苏家屯	沈西	
	车流	3		3		26	1	3	2	38
武威	车站	武威	兰州	迎水桥	包头	大同	西宁			
	车流	41	17	46	6		16			122
宝鸡	车站	宝鸡	成都	重庆	贵阳	昆明	南宁			
	车流	57	124	17	8	2	17			215

续上表

车流区	项目	到 站								
		1	2	3	4	5	6	7	8	计
郑州	车站	郑州	石家庄	丰西	南仓	山海关	武汉	武昌	阜阳	
	车流	31	80	9	33	1	8		10	172
徐州	车站	徐州	济西	南京	芜湖	南翔	乔司			
	车流	82	2	66	34	35	74			293
新丰镇	车站	新丰镇	安康	襄阳	怀化	柳州	太原			
	车流	35	26	31	6		1			99
株洲	车站	株洲	向塘	鹰潭	衡阳	江村				
	车流	4	16	2	47	77				146

(2)单支车流列车编组去向方案发出车流表

若规定的列车编成辆数为50车,在表 3.4.31 中,有发往宝鸡、成都、石家庄、徐州、南翔、乔司和江村共7支车流满足建立单组列车编组去向的条件,可以列入计划。为区别起见,在表 3.4.32 的相应格内标以"○"。

表 3.4.32　乌西编组站单支车流列车编组去向发出车流表(一)

车流区	项目	到 站								
		1	2	3	4	5	6	7	8	计
通辽	车站	通辽	三间房	哈南	牡丹江	四平	梅河口	苏家屯	沈西	
	车流	3		3	26	1		3	2	38
武威	车站	武威	兰州	迎水桥	包头	大同	西宁			
	车流	41	17	46	6		16			122
宝鸡	车站	宝鸡	成都	重庆	贵阳	昆明	南宁			
	车流	57○	124○	17	8	2	17			215
郑州	车站	郑州	石家庄	丰西	南仓	山海关	武汉	武昌	阜阳	
	车流	31	80○	9	33	1	8		10	172
徐州	车站	徐州	济西	南京	芜湖	南翔	乔司			
	车流	82○	2	66○	34	35	74○			293
新丰镇	车站	新丰镇	安康	襄阳	怀化	柳州	太原			
	车流	35	26	31	6		1			99
株洲	车站	株洲	向塘	鹰潭	衡阳	江村				
	车流	4	16	2	47	77○				146

(3)远程车流并入单支车流列车编组去向的车流合并方案

这类车流合并包括普通合并和复合合并两种方式。重庆、贵阳、昆明、南宁均为成都的远程车流,因不满足开行单组列车编组去向的条件,可并入开往成都的单支车流列车编组去向在成都中转。此外,郑州、武汉、阜阳也是宝鸡的远程车流,也可以并入宝鸡的列车编组去向在宝鸡改编,用同样方法也可以确定芜湖、南翔车流并入南京,济南车流并入徐州,山海关、南仓、丰西车流并入石家庄,形成的远程车流并入单支车流列车编组去向的车流合并方案见表3.4.33。以上都属于普通合并方式。

乌西→贵阳和乌西→重庆间的车流,可以利用单支车流列车编组去向乌西→成都、成都→重庆和重庆→贵阳输送;相类似地,乌西→怀化、乌西→襄阳、乌西→安康的车流可利用乌西→新丰镇、新丰镇→安康、新丰镇→襄阳和襄阳→怀化输送等都属于复合合并方式(见表3.4.33)。

表 3.4.33　乌西编组站单支车流列车编组去向合并发出车流表(二)

车流区	项目	到　　　　站								
		1	2	3	4	5	6	7	8	计
通辽	车站	通辽	三间房	哈南	牡丹江	四平	梅河口	苏家屯	沈西	
	车流	3		3		26	1	3	2	38
武威	车站	武威	兰州	迎水桥	包头	大同	西宁			
	车流	41	17	46	6		16			122
宝鸡	车站	宝鸡〇	成都〇	重庆	贵阳	昆明	南宁			
	车流			17	8	2	17			44
郑州	车站	郑州	石家庄〇	丰西	南仓	山海关	武汉	武昌	阜阳	
	车流	31		9	33	1	8		10	92
徐州	车站	徐州〇	济西	南京〇	芜湖	南翔	乔司〇			
	车流		2		34	35				71
新丰镇	车站	新丰镇	安康	襄阳	怀化	柳州	太原			
	车流	35	26	31	6		1			99
株洲	车站	株洲	向塘	鹰潭	衡阳	江村〇				
	车流	4	16	2	47					69

(4)合并车流列车编组去向方案

在表3.4.34中将已并入单支列车编组去向的车流用"( )"标示加以区别,并在单支车流列车编组计划终到站标出改编中转车数,如在徐州中转芜湖34车、南翔35车计69车,需在徐州中转的济南(2车)等。乌西至新丰镇车流69车、乌西到株洲69车可以分别编组乌西→新丰镇、乌西→株洲的列车,车流区内的车流分别在新丰镇和株洲中转,此外,通辽车流区的车流与迎水桥的车流有相同的径路,合并开行乌西→迎水桥的直达列车,通辽车流区的车流在迎水桥中转。

(5)将未列入计划的车流输送至前方编组站

未列入计划的车流是指通过上述三次车流合并之后,仍没能从编组站发出的车流,从表3.4.34可以看出,乌西编组站已将全部车流纳入车流合并方案,不存在这类车流。

(6)编组站发出车流中转计划

因每个编组站的中转车流可能来自多个相关编组站,为确切掌握中转车流信息。中转计划应就每一发出车流编组站(对于中转车流的办理站,改编后作为该站的发出车流处理)编制,是中转站编制中转车流表的依据。它根据编组站车流合并计划表或车流输送过程计划表编制(见表3.4.35)。

表 3.4.34 乌西编组站合并车流列车编组去向发出车流表

车流区	项目	到站								计
		1	2	3	4	5	6	7	8	
通辽	车站	通辽	三间房	哈南	牡丹江	四平	梅河口	苏家屯	沈西	
	车流	3		3	26	1		3	2	38
武威	车站	武威	兰州	迎水桥○	包头	大同	西宁			
	车流	41○	17	46	6		16			
宝鸡	车站	宝鸡	成都	重庆	贵阳	昆明	南宁			
	车流	44+49		(17)	(8)	(2)	(17)			
郑州	车站	郑州	石家庄	丰西	南仓	山海关	武汉	武昌	阜阳	
	车流	(31)	43	(9)	(33)	(1)	(8)		(10)	
徐州	车站	徐州	济西	南京	芜湖	南翔	乔司			
	车流	2	(2)	69	(34)	(35)				
新丰镇	车站	新丰镇	安康	襄阳	怀化	柳州	太原			
	车流	35	26	31	6		1			69○
株洲	车站	株洲	向塘	鹰潭	衡阳	江村				
	车流	4	16	2	47					69○

表 3.4.35 乌西编组站发出车流中转计划表

中转站	车流区	项目	到站							
			1	2	3	4	5	6	7	8
迎水桥	通辽	车站	通辽	三间房	哈南	牡丹江	四平	梅河口	苏家屯	沈西
		车流	3		3	26	1		3	2
武威	武威	车站	兰州	包头	西宁					
		车流	17	6	16					
成都	宝鸡	车站	重庆	贵阳	昆明	南宁				
		车流	17	8	2	17				
宝鸡	郑州	车站	郑州	武汉	阜阳					
		车流	31	8	10					
石家庄	郑州	车站	丰西	南仓	山海关					
		车流	2	33	1					
徐州	徐州	车站	济西							
		车流	2							
南京	徐州	车站	芜湖	南翔						
		车流	34	35						
新丰镇	新丰镇	车站	安康	襄阳	怀化	太原				
		车流	26	31	6	1				
株洲	株洲	车站	向塘	鹰潭	衡阳					
		车流	16	2	47					

用同样方法可以编制包括上述内容的全路编组站发出车流列车编组去向初始方案。表 3.4.36～表 3.4.40 为新丰镇编组站到站别分区发出车流表、单支车流列车编组去向发出车流表、合并车流列车编组去向发出车流表和发出车流中转计划表。

表 3.4.36　新丰镇编组站到站别分区发出车流表

车流区	项目	到站								
		1	2	3	4	5	6	7	8	计
沈阳	车站	沈阳	四平	梅河口	哈南	牡丹江				
	车流									
丰西	车站	丰西	南仓	山海关	通辽	三间房				
	车流	2	7	1	5					15
太原	车站	太原	石家庄	大同						
	车流	2	2							4
新丰镇(1)	车站	迎水桥	宝鸡	兰州	西宁	武威	乌西	包头		
	车流	18	154	33	165	60	63			51
新丰镇(2)	车站	襄阳	安康	怀化	重庆	贵阳	成都	昆明		
	车流	356	453	31	133	71	384	22		53
郑州	车站	郑州	武汉	武昌	阜阳					
		173	64	19	37					56
徐州	车站	徐州	济西	南京	芜湖	南翔				
	车流	124		24	43	23				90
株洲	车站	株洲	衡阳	江村	向塘	鹰潭	乔司	柳州	南宁	
	车流	24	7	16	107	1	47		8	103

表 3.4.37　新丰镇编组站单支车流列车编组去向发出车流表(一)

车流区	项目	到站								
		1	2	3	4	5	6	7	8	计
沈阳	车站	沈阳	四平	梅河口	哈南	牡丹江				
	车流									
丰西	车站	丰西	南仓	山海关	通辽	三间房				
	车流	2	7	1	5					15
太原	车站	太原	石家庄	大同						
	车流	2	2							4
新丰镇(1)	车站	迎水桥	宝鸡	兰州	西宁	武威	乌西	包头		
	车流	18	154○	33	165○	60○	63○			
新丰镇(2)	车站	襄阳	安康	怀化	重庆	贵阳	成都	昆明		
	车流	356○	453○	31	133○	71○	384○	22		
郑州	车站	郑州	武汉	武昌	阜阳					
	车流	173○	64○	19	37					56
徐州	车站	徐州	济西	南京	芜湖	南翔				
	车流	124○		24	43	23				90
株洲	车站	株洲	衡阳	江村	向塘	鹰潭	乔司	柳州	南宁	
	车流	24	7	16	107○	1	47		8	103

表 3.4.38　新丰镇编组站单支车流列车编组去向发出车流表（二）

车流区	项目	到站								计
		1	2	3	4	5	6	7	8	
沈阳	车站	沈阳	四平	梅河口	哈南	牡丹江				
	车流									
丰西	车站	丰西	南仓	山海关	通辽	三间房				
	车流	2	7	1	3					13
太原	车站	太原	石家庄	大同						
	车流	2	2							4
新丰镇(1)	车站	迎水桥	宝鸡○	兰州	西宁○	武威○	乌西○	包头		
	车流	18		33						
新丰镇(2)	车站	襄阳○	安康○	怀化	重庆○	贵阳○	成都○	昆明		
	车流			31			22			
郑州	车站	郑州○	武汉○	武昌	阜阳					
	车流			19	37					56
徐州	车站	徐州○	济西	南京	芜湖	南翔				
	车流			24	43	23				90
株洲	车站	株洲	衡阳	江村	向塘○	鹰潭	乔司	柳州	南宁	
	车流	24	7	16		1	47		8	103

表 3.4.39　新丰镇编组站合并车流列车编组去向发出车流表

车流区	项目	到站								计
		1	2	3	4	5	6	7	8	
沈阳	车站	沈阳	四平	梅河口	哈南	牡丹江				
	车流									
丰西	车站	丰西	南仓	山海关	通辽	三间房				
	车流	2	7	1	5					15
太原	车站	太原	石家庄	大同						
	车流	2	2							4
新丰镇(1)	车站	迎水桥	宝鸡	兰州	西宁	武威	乌西	包头		
	车流	18								18
新丰镇(2)	车站	襄阳	安康	怀化	重庆	贵阳	成都	昆明		
	车流			31			22			53
郑州	车站	郑州	武汉	武昌	阜阳					
	车流			19○	37					56
徐州	车站	徐州	济西	南京	芜湖	南翔				
	车流			24○	43	23				90
株洲	车站	株洲	衡阳	江村	向塘	鹰潭	乔司	柳州	南宁	
	车流	24	7	16		1	47		8	103

表 3.4.40 新丰镇编组站发出车流中转计划表

中转站	车流区	项目	到	站						
			1	2	3	4	5	6	7	8
太原	太原	车站	丰西	南仓	山海关	大同	石家庄	通辽	三间房	
		车流	2	7	1		2	5		
宝鸡	新丰镇	车站	兰州							
		车流	33							
襄阳	新丰镇	车站	怀化							
		车流	31							
贵阳	新丰镇	车站	昆明							
		车流	22							
郑州	郑州	车站	株洲	衡阳	江村					
		车流	24	7	16					
向塘	株洲	车站	鹰潭	乔司						
		车流	1	47						
南京	徐州	车站	芜湖	南翔						
		车流	43	23						
武昌	郑州	车站	阜阳							
		车流	37							

4. 编组站列车编组去向调整方案

（1）到站别分区到达改编中转车流表

中转车流表就每一编组站编制，用来反映各编组站改编中转车流的流量和流向，它根据各编组站发出车流中转计划表在本站中转车流发出的数据编制。例如，乌西编组站的发出车流中转计划表给出了车流在武威、成都、宝鸡、石家庄、徐州、新丰镇、株洲和南京等中转站车流的流量、流向，在相关站编制中转车流表时就应将该数据编入本站中转车流表。

表 3.4.36 为新丰镇编组站到站别分区发出车流表，其中乌西站的发出车流需在新丰镇中转的包括到达襄阳、安康、怀化和太原的车流（见表 3.4.40）。

编制中转车流表的方法为：

①初始信息。设 P_i 为编制中转车流表的 i 编组站（$i=1,2,3,\cdots,\alpha$）；P_j 为调取中转车流数据的 j 编组站（$j=1,2,3,\cdots,\alpha$）。$1{\to}i,1{\to}j$。

②调取编组站的中转车流数据。由 P_j 站发出车流中转计划表中，调取在 P_i 编组站中转的车流数据，填入 P_i 编组站到站别分区中转车流表（见表 3.4.41），$j+1{\to}j$，重复上述过程，直至 $j>\alpha$。

③将相同到站中转车流合并，编制汇总的中转车流表（见表 3.4.42）。

④$i+1{\to}i,1{\to}j$，转②，重复上述过程，直至 $i>\alpha$。

上述流程如图 3.4.12 所示。

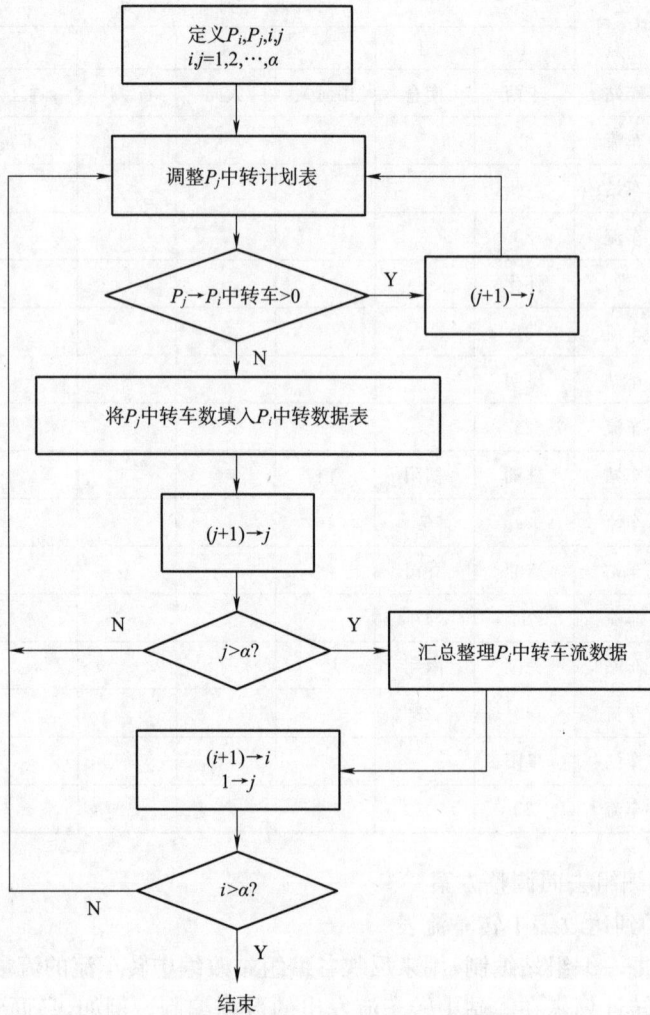

图 3.4.12 编制发出车流到达改编中转计划表流程图

表 3.4.41 新丰镇编组站到站别分区到达改编中转车流表

发 站	车流区	项 目	1	2	3	4	5	6	7	计
江村	新丰镇	车站	迎水桥	宝鸡	兰州	西宁	武威	乌西		
		车流量	4	7	14	19	19	45		108
郑州	新丰镇	车站	迎水桥	宝鸡	兰州	西宁	武威	乌西		
		车流量	8	41	9	25	34	41		158
乌西	新丰镇	车站	襄阳	安康	怀化	重庆	贵阳	成都	昆明	
		车流量	31	26	6					
乌西	新丰镇	车站	太原							
		车流量	1							

表 3.4.42　新丰镇编组站到达改编中转车流表

发　站	车流区	项　目	1	2	3	4	5	6	7	计
江村、郑州	新丰镇	车站	迎水桥	宝鸡	兰州	西宁	武威	乌西		
		车流量	12	48	23	44	53	86		266
乌西	新丰镇	车站	襄阳	安康	怀化	太原				
		车流量	31	26	6	1				

（2）编组站发出车流汇总表

汇总表由单支车流列车编组去向发出车流表中扣除列入列车编组去向车流后的剩余车流（见表 3.4.39）和到达改编中转车流（见表 3.4.42）相加而得（见表 3.4.43）。根据表 3.4.43 编制的新丰镇编组站发出车流表见表 3.4.44。

表 3.4.43　新丰镇编组站到站别分区车流汇总表

车流区	项　目		到　站							
			1	2	3	4	5	6	7	计
沈阳	车站		沈阳	四平	梅河口	哈南	牡丹江			
	车流	发出								
		中转								
		计								
丰西	车站		丰西	南仓	山海关	大同	包头	通辽	三间房	
	车流	发出	2	7	1			5		13
		中转								
		计								
太原	车站		太原	石家庄	大同					
	车流	发出	2	2						4
		中转	1							1
		计	3	2						5
新丰镇（1）	车站		迎水桥	宝鸡	兰州	西宁	武威	乌西		
	车流	发出	18		33					51
		中转	12	48	23	44	53	86		266
		计	30	48	56	44	53	86		317
新丰镇（2）	车站		襄阳	安康	怀化	重庆	贵阳	成都	昆明	
	车流	发出			31				22	53
		中转	31	26	6					63
		计	31	26	37				22	116
徐州	车站		徐州	济西	南京	芜湖	南翔			
	车流	发出			24	43	23			90
		中转								
		计								

车流区	项目		到站							
			1	2	3	4	5	6	7	计
株洲	车站		株洲	衡阳	江村	向塘	柳州	南宁		
	车流	发出	24	7	16	1	47	8		103
		中转								
		计								
郑州	车站		郑州	武汉	武昌	阜阳				
	车流	发出			19	37				56
		中转								
		计								

表3.4.44 新丰镇编组站发出总车流表

车流区	项目	到站								计
		1	2	3	4	5	6	7	8	
沈阳	车站	沈阳	四平	梅河口	哈南	牡丹江				
	车流									
丰西	车站	丰西	南仓	山海关	通辽	三间房				
	车流	2	7	1	5					15
太原	车站	太原	石家庄	大同						
	车流	3	2							4
新丰镇(1)	车站	迎水桥	宝鸡	兰州	西宁	武威	乌西	包头		
	车流	30	48	56	44	53	86			313
新丰镇(2)	车站	襄阳	安康	怀化	重庆	贵阳	成都	昆明		
	车流	31	26	37				22		176
郑州	车站	郑州	武汉	武昌	阜阳					
	车流			19	37					56
徐州	车站	徐州	济西	南京	芜湖	南翔				
	车流			24	43	23				90
株洲	车站	株洲	衡阳	江村	向塘	鹰潭	乔司	柳州	南宁	
	车流	24	7	16	1			47	8	103

(3)调整方案的编制

为了方便使用,在表3.4.45中用"○"和"+"分别表示已列入列车编组去向的车流和包含有中转车的车流。根据初始方案,新丰镇编组站有12支车流列入单支车流列车编组去向,有10支到站改编中转车流。根据表3.4.44的资料,逐支检查带有中转车的车流编组办法,它包括：

①中转车发到站间已建立单支车流编组去向,该车流自助列入该单支车流编组去向,如新丰镇编组站发往宝鸡、西宁、武威、乌西、襄阳、安康的车流。

②由于加入中转车流而使该车流满足建立单组列车编组去向的条件,可列入计划。如新丰镇发往兰州的车流为 33 车,原方案为并入开往宝鸡的单支车流列车编组去向,有发往兰州的中转车 23 车并入之后满足建立列车编组去向的条件,可以从合并方案中独立出来,建立新的列车编组去向。为区别起见,用"◎"表示。

③加入中转车后,仍不满足建立单组列车条件的车流,保持原合并方案不变。如新丰镇发往怀化的车流,加入中转车(6 车)后,为 37 车,仍不满足条件,故仍采用并入新丰镇到襄阳的编组去向初始方案中。又如发往太原的车流,加入中转车(1 车)后为 3 车,仍作为由编组站间车流组织输送。

④不包括中转车的车流,保持初始方案的合并方案。如新丰镇到昆明的车保持与新丰镇到贵阳单支列车编组去向的方案等。

经上述处理后生成的调整方案见表 3.4.45,根据调整方案生成的中转计划表见表 3.4.46。

表 3.4.45 新丰镇编组站发出总车流表

车流区	项目	到站								
		1	2	3	4	5	6	7	8	计
沈阳	车站	沈阳	四平	梅河口	哈南	牡丹江				
	车流									
丰西	车站	丰西	南仓	山海关	通辽	三间房				
	车流	2	7	1	5					15
太原	车站	太原	石家庄	大同						
	车流	3	2							4
新丰镇(1)	车站	迎水桥	宝鸡	兰州	西宁	武威	乌西	包头		
	车流	30+	48+○	56+◎	44+○	53+○	86+○			313
新丰镇(2)	车站	襄阳	安康	怀化	重庆	贵阳	成都	昆明		
	车流	31+○	26+○	37+	○	○		22		176
郑州	车站	郑州	武汉	武昌	阜阳					
	车流	○	○	19	37					56
徐州	车站	徐州	济西	南京	芜湖	南翔				
	车流	○		24	43	23				90
株洲	车站	株洲	衡阳	江村	向塘	鹰潭	乔司	柳州	南宁	
	车流	24	7	16	○	1	47		8	103

表 3.4.46   新丰镇编组站发出车流中转计划表

中转站	车流区	项 目	1	2	3	4	5	6	7	8
太原	丰西	车站	丰西	南仓	山海关	大同	包头	通辽	三间房	
		车流	2	7	1			5		
太原	太原	车站	石家庄							
		车流	2							
南京	徐州	车站	芜湖	南翔						
		车流	43	23						
武昌	郑州	车站	阜阳							
		车流	37							
襄阳	新丰镇	车站	怀化							
		车流	31							
贵阳	新丰镇	车站	昆明							
		车流	22							
郑州	株洲	车站	株洲	衡阳	江村					
		车流	24	7	16					
向塘	株洲	车站	鹰潭	乔司						
		车流	1	47						

(4)不同发站相同到站车流合并有利性分析

在上述车流合并中采用的是相同发站、不同到站车流合并的方式,实际上有时采用不同发站、相同到站车流合并方式可能更有利。因此,在形成编组站合并车流列车编组去向方案的基础上,还应就不同发站、相同到站车流合并的有利性做出分析计算。

如图 3.4.13 所示,车流 N_{17} 与 N_{16}、N_{27} 均为相邻车流,在三支车流均为剩余车流的条件下,远程车流 N_{17} 既可以与近程车流 N_{16} 合并,也可以和近程车流 N_{27} 合并。若两个车流合并方案均能满足建立列车编组去向的条件,且 N_{17} 在 2 站和 6 站改编损失相同,这一车流合并对其他车流合并不产生影响时,从直观上分析,当 $N_{16}=N_{27}$ 时两个方案是等效的,若 $N_{16}>N_{27}$,采用与 N_{16} 合并的方案有利,当 $N_{16}<N_{27}$ 时,则与 N_{27} 合并有利。

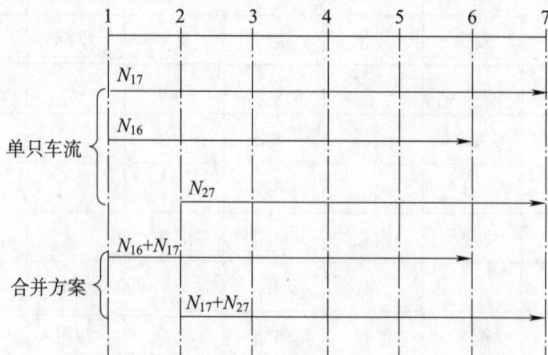

图 3.4.13   车流合并方案图

　　显然,这一分析仅当远程车流与不同发站、相同到站相邻车流合并,满足建立列车编组去向条件,且对其他车流合并方案没有影响的条件下,才是有意义的。理论上,还存在与不相邻车流合并,且对其他车流产生影响的情况。考虑到这类情况分析计算的复杂性,以及它对实际工作影响不大等因素,在实际分析研究工作中,暂不考虑这类情况。

　　有车流合并方案调整时,应相应修改车流中转计划表。

3.4.3.4　编制技术站间货物列车编组计划的算例

　　1. 远程直通货物列车编组计划

　　以单支车流建立单组列车编组去向基本条件中的车流条件为依据,编制远程直通列车编组计划的方法为:

　　(1)以 $i—j$ 区段站间车流 $N_{ij} \geqslant m$ 和沿途经过两个及其以上编组站为条件,对需向编组站集中直通车流表(见表3.4.47)的车流逐支检查,满足条件的情况,凡满足这一条件的车流,均应列入远程直通列车编组计划。

表3.4.47　需向编组站集中区—区直通车流表　　　　　单位:车

自＼至	A	a_1	a_2	a_3	B	b_1	b_2	b_3	C	c_1	c_2	c_3	D	d_1	d_2	d_3
A					30				30	40	10	30	40	50	40	20
a_1					40		50○		30	2	10	2	20	25	2	10
a_2					30				40	4	30	4	55	50○	4	15
a_3					30					20			45	4	3	15
B	35	20	30						10		20		20	30	10	
b_1									30	20	25	15		10	15	
b_2	40	45	45		10									5		
b_3		10							30				35	5	2	20
C	30	40	30	45	40	5		30					10			
c_1													20	30		
c_2	5	30	10													
c_3	10	20	15	25	30											
D	55	20	30	10	25	10		20	30	20	15					
d_1	10	10	15	15	30	10		10	10	5						
d_2																
d_3																

　　(2)扣除列入这一计划的车流,生成新的需向编组站集中的直通车流表。

　　根据表3.4.47的车流资料编制的远程直通货物列车编组计划见表3.4.48,其中 $a_2—d_1$、$a_1—b_2$ 格内带"○",表示该车流为列入计划的车流。

　　图3.4.14中开行 $N_{a_2d_1}$ 远程直通列车和 N_{AC} 技术直达列车,有三支可合并的远程车流。其中车流 $N_{a_2d_1}$ 若与远程直通列车合并,车流 $N_{a_2d_1}$ 将在 A 站改编,若与技术直达列车合并,也在 A 站发生改编,车流 $N_{a_2d_2}$ 也有类似情况。若车流 $N_{a_1d_2}$ 与远程直通列车合并,将在 A、C 两

站发生两次改编,若与技术直达列车合并,同样将在 A、C 站产生两次改编。由此可见,远程直通列车的远程车流并入远程直通列车或并入编组站技术直达列车产生的改编次数和改编作业站是相同的。编组站作业条件远比区段站好,应采用与技术直达列车合并的方案,也就是说远程直通列车一般不宜与其他车流合并。

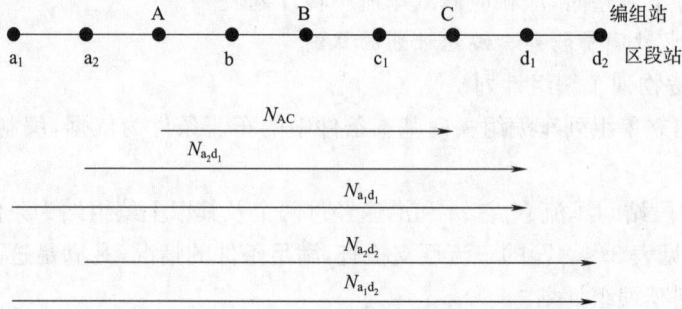

图 3.4.14 直通车流与远程直通列车关系图

(3)远程直通列车开行计划。

远程直通列车开行计划是货物列车编组计划的技术文件。它根据表 3.4.47 列车编组计划的开行方案编制见表 3.4.48。

表 3.4.48 远程直通列车开行计划表

发　站	到　站	车　流
a_1	b_2	50
a_2	d_1	50

2. 编组站技术直达列车编组计划

(1)编组站间车流

①区段站间专用车流表

专用车流表是用为将需向编组站集中的直通车流划分为区段站到编组站、编组站到编组站和编组站到区段站三个货车输送地段,并据以计算这三项车流的专用计算表(见表 3.4.49)。

区段站衔接的铁路方向就是车流的方向。设区段站衔接铁路方向数为 F,当 $F=1$ 时,车流的方向是唯一的,其车流集散地范围也是唯一的。当 $F \geqslant 2$ 时,则该区段站有 F 个不同车流集散区段构成车流。

在图 3.4.4 所示的路网中,$F=1$ 的区段站有 a_1、a_2、d_1、d_3;而 $F=2$ 的有 a_3、b_1、b_2、b_3、c_1、c_2、c_3、d_2。$F=1$ 的区段站只与一个编组站发生车流集散关系,$F=2$ 的区段站根据车流径路需与两个编组站发生车流集散关系。例如,a_3 发往 a_1、a_2、b_1 的车流向 A 站集中,而发往其他车站的车流均需向 B 编组站集中。因此,a_3 按照车流的集散方向应分别作为 A、B 两个编组站车流区的组成部分。在专用表中应分别列入 A、B 车流区。又如,c_2 发往 A、B 方向的车流经由 c_2—b_2—B 的径路向 B 集中,而发往 C、D 方向的车流向 C 集中。因此在 B、C 车流区内都包括有 c_2 区段站。用同样方法可以确定编组站车流集散区所包括的区段站。

表 3.4.49　区段站间专用车流表　　　　　　　　　单位:车

自＼至		A							B								C								D						计
		a_1	a_2	a_3	A	b_1	b_3	计	b_1	b_2	b_3	B	a_3	c_1	c_2	计	c_1	c_2	c_3	C	b_2	d_2	d_3	计	d_1	d_2	d_3	D	c_3	计	计
A	a_1											40	2			42	10	2	30		2	10		54	25			20		45	141
	a_2											30	4			34	30	4	40		4	15		93				55		55	182
	a_3																														
	A											30	40			70	10	30	30		40	20		130	50			40		90	290
	b_1																														
	b_3																														
	计											100	46			146	50	36	100		46	45		277	75			115		190	613
B	b_1																20	30				10	15	75	15			25		40	115
	b_2	45	45		40	10		140																	5					5	145
	b_3	10						10										30				2	20	52	5			35		40	102
	B	20	30		35			85									20	10				30	10	70	20			20		40	195
	a_3																20	30				3	15	68	4			45		49	117
	c_1																														
	c_2																														
	计	75	75		75	10		235									60	100				45	60	265	49			125		174	674
C	c_1																								30			20		50	50
	c_2	30	10		5			45																							45
	c_3	20	15	25	10			70				30				30															100
	C	40	30	45	30			145	5		30	40				75												10		10	230
	b_2																														
	d_2																														
	d_3																														
	计	90	55	70	45			260	5		30	70				105									30			30		60	425
D	d_1	10	15	15	10			50	10		10	30				50															100
	d_2																														
	d_3																														
	D	20	30	10	55			115	10		20	25				55	20	15		30				65							235
	c_3																														
	计	30	45	25	65			165	20		30	55				105	20	15		30				65							335
计		195	175	95	185	10		660	25		60	225	46			356	130	151	100	30	46	90	60	607	154			270		424	2 047

根据上述原理编制的区段站车流专用表见表 3.4.49。将每一车流区的发到车流加总,可得编组站车流区间的车流交流量,而区段站发出车流(按方向计算)即为该区段站需向所在编组站车流区的编组站集中的车流。区段站到达车流(分方向)总计即为由区段站所在编组站车流区的编组站向该区段站输送的车流,计算结果见表 3.4.49。

②编组站间车流表

编组站间车流表根据区段站间专用车流表编制。从表 3.4.49 中可以看出,将 A 车流区内的区段站发往 B、C、D 编组站车流区内各区段站的车流,按到达区汇总,可得 A 到 B、C、D 的车流量,如 A—B 为 146,A—C 为 277,A—D 为 190,依此类推,可以得出各编组站间的车流交流量,计算结果见表 3.4.50。

③编组站车流区内集散车流表

集散车流是指区段站向编组站集中的车流和由编组站间区段站分散的车流。由表 3.4.49 可以看出,区段站 a_1 有发往 B、c_1、c_2、c_3、C、d_2、d_3、D 的车流,都需要向 A 编组站集中、改编。其中有 a_1—A 车流的走行为向编组站集中的走行,该项车流量为 141 车,又如到达 a_1 车流有 b_2、b_3、B、c_2、c_3、C、d_1、D 的车流,这些车流都需要经过 A 编组站向 a_1 站输送,这就是编组站向区段站分送的车流,该车流为 195 车。用同样的方法可以确定每一区段站的集散车流量。计算结果见表 3.4.51。

表 3.4.50　编组站间车流表　　　　　　　　　　单位:车

自＼至	A	B	C	D	计
A	△	146	277 ○	190 ○	613
B	△ 235	△	265	174 ○	674
C	260 ○	△ 105		60	425
D	165 ○	105	65 ○		335
计	660	356	607	424	2047

注:"△"表示两编组站间组织开行直通列车,"○"表示已列入列车编组去向的车流。

表 3.4.51　编组站车流区集散车流表　　　　　　单位:车

自＼至	A	a_1	a_2	a_3	B	b_1	b_2	b_3	C	c_1	c_2	c_3	D	d_1	d_2	d_3
A		195	175	95												
a_1	141															
a_2	182															
a_3					117											
B						35		60		46						
b_1					115											
b_2					140			5								
b_3					102											

自＼至	A	a1	a2	a3	B	b1	b2	b3	C	c1	c2	c3	D	d1	d2	d3
C										30	70	96		91	105	
c1					50											
c2					45											
c3					100											
D														154		
d1													100			
d2																
d3																

（2）编制编组站技术直达列车编组计划

以单支车流建立单组列车编组去向基本条件为依据，编制技术直达列车编组计划的方法为：

①以 $i—j$ 编组站间车流 $N_{ij} \geqslant m$ 和沿途无改编通过一个及其以上编组站为条件，对编组站间车流表中的车流逐支检查，凡满足这一条件的车流均应列入编组站技术直达列车编组计划。

②扣除列入这一计划的车流，生成新的编组站间车流表。

因表3.4.50中的编组站数较少，没有单组列车编组去向的远程车流，在此算例中不存在车流合并问题。在两编组站间车流中，若车流量大于等于 m，且两编组站间有一个及其以上区段站时，可在两编组站间组织开行直通列车，在表中用"△"表示，否则该车流为区段车流。

根据表3.4.50车流资料编制的技术直达、直通列车编组计划见表3.4.52。

③编组站技术直达列车开行计划。

根据表3.4.50技术直达列车开行方案编制的开行计划表见表3.4.52。

表3.4.52 技术直达列车开行计划表　　　　单位:车

列车种类	发　站	到　站	车　流
直达	A	C	277
	A	D	190
	B	D	174
	C	A	260
	D	B	105
	D	A	165
直通	A	B	146
	B	C	265
	B	A	235
	C	B	105

3. 技术站直通列车编组计划

(1)区段站间直通车流

区段站间直通车流包括:

①在区段站间输送的区—区直通车流(见表 3.4.22)。

②编组站车流区内集散车流中的直通车流(见表 3.4.47),需由编组站车流区集散车流表(见表 3.4.23)中摘出。

将上述两类车流汇总则可得区段站间直通车流汇总表(见表 3.4.53)。

分析研究直通车流表可以发现它具有如下特点:

①区段站间直通车流是扣除需向编组站集中的车流和区段车流后的剩余车流。它的特点是由于沿途经过技术站较多的车流,多为需向编组站集中的车流所吸收,故直通车流多为沿途经过技术站较少的车流。

②直通车流的分布较为分散,相同径路上的直通车流较少,所以车流合并方式比较简单。

(2)直通列车编组计划

直通列车编组计划的编制可以采用适于简单路网的表格分析计算法,仅当直通车流结构较为复杂,相同径路上车流较多时,才考虑采用分层次车流分析计算法。这时,其计算方法与编制编组站技术直达列车编组计划的编制方法相同,只需改为输入区段站间直通车流表即可。

编制直通列车编组计划,工作程序为:

①$N_{ij} \geqslant m$ 的条件,检查每支直通车流满足条件的情况,凡满足条件的车流均应列入直通列车编组计划,见表 3.4.53。其中 $a_3 \to B$、$a_3 \to c_2$、$c_1 \to a_3$、$C \to d_2$、$C \to d_3$、$d_3 \to D$、$d_3 \to d_1$ 七支车流满足条件,列入直通列车编组计划。

②以车流合并有利条件为依据,检查未列入计划车流合并的可能性,组织车流合并。在表 3.4.54 中,直通车流 $a_3 \to b_1$、$a_3 \to b_2$、$a_1 \to c_1$ 为 $a_3 \to B$ 编组去向的远程车流,可以并入已列入单支车流直通列车编组去向 $a_3 \to B$,$a_3 \to b_1$、$a_3 \to b_2$、$a_1 \to c_1$ 三支车流在 B 改编中转。

③扣除编入直通列车编组计划的车流,形成未编入直通列车编组计划的剩余直通车流。

④检查合并车流超行区段是否产生直通车流,若为直通车流,可否形成新的列车编组去向,并将新形成满足条件的合并车流列入编组计划,重复上述程序,直至合并车流超行区段不再产生直通车流。

表 3.4.53　编组站车流区集散车流表　　　　单位:车

自＼至	A	a₁	a₂	a₃	B	b₁	b₂	b₃	C	c₁	c₂	c₃	D	d₁	d₂	d₃
A		195	175	95												
a₁	141															
a₂	182															
a₃					117○											
B						35		60	46							
b₁					115											
b₂					140				5○							

自＼至	A	a₁	a₂	a₃	B	b₁	b₂	b₃	C	c₁	c₂	c₃	D	d₁	d₂	d₃
b₃					102											
C										30	70	96			91○	105○
c₁									50							
c₂									45							
c₃									100							
D														154		
d₁														100		
d₂																
d₃																

注：格内带"○"的为直通车流，不带"○"的为区段车流。

（3）直通列车开行计划

根据表 3.4.54 编制的直通列车开行计划见表 3.4.55。

表 3.4.54　区段站间直通车流汇总表　　　　　单位：车

自＼至	A	a₁	a₂	a₃	B	b₁	b₂	b₃	C	c₁	c₂	c₃	D	d₁	d₂	d₃
A								3								
a₁			10	10				1								
a₂		20		30		10		2								
a₃		20	10		127○	5	45			15	50○					
B					15						5					
b₁		10	10	10			10			5	10					
b₂								5		5	10					
b₃	5					5	10			20	10					
C							5						111○	115○		
c₁				55○			5	5				10	10			
c₂								5				10	20	20		
c₃							10				5	10	5			5
D												15				
d₁								5			5		5	10		
d₂													10			
d₃												20		60○	70○	

注：表中带"○"的为列入直通列车编组计划的车流，带横线（或竖线）为合并车流，其他为未列入计划的车流。

表 3.4.55　直通列车开行计划表　　　　　　　　单位:车

列车编组	列车编组去向		车流
	发	到	
单支车流	c_1	a_3	55
	a_3	c_2	50
	C	d_2	111
	C	d_3	115
	d_3	D	60
	d_3	d_1	70
合并车流	a_3	B	192

4. 区段列车编组计划

(1)区段站间区段车流

区段车流包括以下五项:

①车流分类时摘出的相邻区段站间的区段车流见表 3.4.24。

②编组站车流集散区的相邻区段站间车流,见表 3.4.53。

③未列入计划的直通车流由区段列车输送而形成的区段车流。首先需将表 3.4.54 中列入直通列车的车流扣除,形成未列入计划的剩余直通车流表,然后依次将每支车流按其运行区段列入该区段的车流表。例如,a_1—$a_2$10 车未列入直通列车编组计划,它运行经 a_1A 区段和 Aa_2 区段,则将该车流分别作为相应两区段的区段车流列入车流表,计算结果见表 3.4.56。

表 3.4.56　区段站间区段车流汇总表　　　　　　　　单位:车

自\至	A	a_1	a_2	a_3	B	b_1	b_2	b_3	C	c_1	c_2	c_3	D	d_1	d_2	d_3
A		265○	215○	166○	15											
a_1	202○															
a_2	259○															
a_3	55○				10											
B						50○	95○	95○	106○							
b_1	40				150○											
b_2					160○						50○					
b_3			35	177○												
C									50○	115○	136○	40○				
c_1					10				70○							
c_2							20		145○							
c_3									135○						30	
D							5						194○	35		
d_1											145○					
d_2										60○	45					25
d_3													75○			

注:带"○"的为开行区段列车的区段,其他为不满足开行区段列车条件的区段。

④编制编组站技术直达列车编组计划后,剩余的区段车流见表3.4.50中的 $C \rightarrow D$ 车流,因两编组站间没有区段站而形成区段车流。

⑤编制直通列车编组计划合并车流在超行区段形成的区段车流,如表3.4.54中的车流 $a_3 \rightarrow b_1$、$a_3 \rightarrow b_2$、$a_3 \rightarrow c_1$ 将使 $B \rightarrow b_1$、$B \rightarrow b_2$、$B \rightarrow c_1$ 三支车流并入直通列车编组去向 $a_3 \rightarrow B$,则产生 $B \rightarrow b_1$、$B \rightarrow b_2$、$B \rightarrow c_1$ 三个合并车流的超行区段,该车流为区段车流,记入相应区段的区段车流量。

将上述五项车流汇总则可得区段车流,其中第③项车流在沿途区段站为中转车流。如车流 $a_2 a_1$ 将经由 $a_2 \rightarrow A$、$A \rightarrow a_1$ 两个区段,其中 A 站为改编中转作业站。

(2)区段列车编组计划

凡区段车流量大于等于列车编成辆数的区段车流,均应列入区段列车编组计划。不满足该条件的区段,可和区段管内车流合并开行区段管内列车,见表3.4.57。

(3)区段列车开行计划

根据表3.4.56编制的区段列车开行计划见表3.4.58。

表 3.4.57 区段车流表 单位:车

上 行			下 行		
发	到	车流	发	到	车流
a_1	A	202	A	a_1	265
a_2	A	259	A	a_2	215
a_3	A	55	A	a_3	166
A	b_1	15	b_1	A	40
b_1	B	150	B	b_1	50
b_3	B	177	B	b_3	95
B	b_2	95	b_2	B	160
B	c_1	106	c_1	B	10
b_2	c_2	50	c_2	b_2	20
c_1	C	70	C	c_1	50
c_2	C	145	C	c_2	115
C	c_3	136	c_3	C	135
C	D	40	D	C	5
c_3	d_2	30	d_2	c_3	60
d_2	d_3	25	d_3	d_2	75
D	d_1	194	d_1	D	145
D	d_2	35	d_2	D	45
a_3	b_3	10	b_3	a_3	35

表 3.4.58　区段列车开行计划表　　　　　　　　　　　　　　　单位:车

上　行			下　行		
发	到	车流	发	到	车流
a_1	A	202	A	a_1	265
a_2	A	259	A	a_2	215
a_3	A	55	A	a_3	166
b_1	B	150	B	b_1	50
b_3	B	177	B	b_3	95
B	b_2	95	b_2	B	160
B	c_1	106	C	c_1	50
b_2	c_2	50	C	c_2	115
c_1	C	70	c_3	C	135
c_2	C	145	d_2	c_3	60
C	c_3	136	d_3	d_2	75
D	d_1	194	d_1	D	145

3.4.4　去向别开行列车数和区段行车量

1. 技术站列车编组去向数

技术站列车编组去向数是指技术站编发列车编组去向数。它根据技术站别列车开行计划的列车编组去向统计、计算、确定。它应满足如下条件:

$$G \leqslant K_线$$

式中　G——技术站列车编组去向数;

　　　$K_线$——技术站调车场分类线数。

当不满足上式条件时,可采用如下调整措施:

(1)调车场的分类线原则上每一列车编组去向至少应有一条,发生上述情况时,可将车流量少的(如一天只开一列的编组去向)两个或三个去向加以合并,共同使用一条分类线。

(2)将车流量小且具有相同运行径路的两个列车编组去向合并为一个编组去向。

(3)采用高标准的条件来确定技术站间列车编组计划,即 $k_技 \geqslant 1$、$n \geqslant 2$ 或 $k_技 \geqslant 2$、$n \geqslant 1$ 的条件下,重新计算确定技术站间货物列车编组计划,并通过分析比较检查效果。

2. 去向别开行列车数

技术站每一货物列车去向的开行列车数与日均发出车数及列车平均编成数相关。

每一货物列车去向的列车平均编成数的计算公式为

$$m_l = \frac{l_z}{l_w} \quad (车)$$

或

$$m_Q = \frac{Q_z}{Q_w} \quad (车)$$

式中　l_z——货物列车编组计划规定的允许列车长度，m；

　　　l_w——货车平均长度，m；

　　　Q_z——列车运行图规定的列车重量，t；

　　　Q_w——货车平均重量，t。

根据上述公式计算结果，选 m_l、m_Q 中较小者为列车平均编成数。这样，直通货物列车去向别的列车数（$n_{直通}$）可按下式计算：

$$n_{直通} = \frac{N_技}{m} \quad （列）$$

式中　$N_技$——技术站去向别车流量，车。

$n_{直通}$ 的计算值出现小数时，德国铁路取进整值为最终限定的列车数。这样，实际采用的列车数就可能大于计算值。这时，可以有两种处理方法：

（1）减少列车编成辆数

按小数点进整后的开行列车数重新安排该列车编组去向开行列车的列车编成辆数。

具体的车流分配方法可通过如下实例来说明：

【例1】　某去向日均出发车流为 221 车，而列车平均编成数为 47 车，则有

$$n_{直通} = \frac{221}{47} = 4.7（列） \xrightarrow{进整} 5 \text{ 列}$$

221 车在 5 列出发列车间的分配可为：

4 列直通货物列车每列 47 车，计 187 车；

1 列骨干货物列车每列 33 车，为列车平均编成数的 70%；

5 列直通货物列车每列计 221 车。

【例2】　某去向日均发出车流为 169 车，而列车平均编成数为 53 车，则有

$$n_{直通} = \frac{169}{53} = 3.2（列） \xrightarrow{进整} 4 \text{ 列}$$

169 车在 4 列出发列车间的分配可为：

2 列直通货物列车每列 50 车，计 100 车；

1 列直通货物列车每列 40 车（安排在骨干货物列车之前）；

1 列骨干货物列车每列 29 车，为列车平均编成数的 55%；

4 列直通货物列车每列计 169 车。

此外，非骨干货物列车数及分配车流还可以通过列车运行日的不同来调整。

这一方法可以确保当天的车流当天编入列车发出，货物运达时间有保证，但将产生欠轴的现象。

（2）将进整的列车定义为不固定运行线的列车

在列车数计算中，将整数部分定义为固定运行线列车，为每日编发运行的列车。不固定运行线列车根据当日实际车流情况，由日班计划确定当日是否编发列车，采用这一方法当日车流不能确保当日编发，可能影响运到期限，但基本上可以保证满轴发车。

根据我国铁路对满轴发车的要求，在运行图中不采用骨干列车和非骨干列车的概念。在列车数计算位数出现小数时，原则上可以采用取进整值的方法（见表 3.4.59），并按这一进整值规定图定行车量，据以辅画列车运行图的运行线，但仅应将该去向计算列车数整数值的列车

数列入列车编组计划,为该去向每一计划列车固定一条运行线。而进整的列车(每一列车去向一列)虽也规定为计划内列车,但只规定一条非固定运行线。各列车去向的非固定运行线供日常计划调整,在各列车去向间使用。固定运行线是有固定列车编组内容的运行线,而非固定运行线不规定编组内容。

表 3.4.59　技术站列车开行列数计算表

方向	列车种类		发　站	到　站	车流量(车)	编成数(车)	列车数(列)		
							计算	固定数	不固定数
上行	编组站间	技术直达	A	C	430	50	8.6	8	1
			A	D	340	50	6.8	6	1
			B	D	155	50	3.1	3	1
		直通	A	B	190	50	3.8	3	1
			B	C	215	50	4.3	4	1
		区段	C	D	120	50	2.4	3	1
	区段站间直通车		a_1	b_1	50	50	1	1	
			A	b_2	65	50	1.3	1	1
			a_3	c_2	50	50	1	1	
			a_3	B	260	50	5.2	5	1
			b_2	c_3	50	50	1	1	
			B	c_2	85	50	1.7	1	1
			C	d_2	170	50	3.4	3	1
			C	d_3	185	50	3.7	3	1
下行	编组站间	技术站	C	A	495	50	9.9	9	1
			D	A	185	50	3.7	2	1
			D	B	105	50	2.1	2	1
		直通	B	A	350	50	3.0	3	
			C	B	210	50	4.2	4	1
		区段	D	C	105	50	2.1	2	1
	区段站间	直通	c_1	a_3	55	50	1.1	1	1
			b_2	c_3	50	50	1.0	1	0
			d_2	C	230	50	4.6	4	1
			d_3	c_1	60	50	1.2	1	1
	区—编组站	直通	c_2	B	85	50	1.7	1	1
			B	a_3	240	50	4.8	4	1
			d_3	C	160	50	4.8	4	1
	编组站—区	直通	A	b_3	105	50	2.1	2	1

在日常运输工作中,当某列车编组去向编组固定列车运行线列车后,还有剩余车流,车流量较小而不准备加开列车时,将发生剩余车流推迟至次日编发的延误问题,为此,在编制技术站列车工作计划时应注意刚性承运的货车确保编入固定运行线列车输送。因为柔性承运货车占有一定的比重,发生这一情况时,将柔性承运货车列入剩余车流,组织刚性承运的货车当日编发是有条件的。

3. 区段行车量

区段行车量是指区段按上、下行计算的通过区段运行和在区段内运行的列车数。它根据去向别列车开行列车数计划(含固定和不固定运行线)计算确定(计算表格式见表3.4.60),其中区段列车、摘挂列车和小运转列车可直接引入列车开行计划,其他列车均应运行于多个铁路区段,需根据车流径路依次将各列车编组去向的开行列车数记入相应的区段。

设各区段计算的固定运行线数为 $n_{固定}$,不固定运行线数为 $n_{不固定}$,不固定运行线利用系数为 γ ,则区段行车量 $n_{区段}$ 可按下式计算:

$$n_{区段}=n_{固定}+\gamma n_{不固定}$$

式中,不固定运行线利用系数 γ 可按 0.4～0.6 取值。

为了确保区段内列车运行通畅,区段行车量($n_{区段}$)必须满足如下条件:

$$n_{区段}\leqslant n_{使用}$$

在极端情况下,也应确保

$$n_{区段}\leqslant n_{标}$$

式中　$n_{使用}$——区段使用通过能力;

　　　$n_{标}$——区段标准通过能力。

如果发生上述条件不满足的情况,则应通过调整车流径路等措施来加以解决。

表 3.4.60　区段行车量表

区　　段		始发直达列车					技术站列车							
发站	到站	快运	按日	按日历	按日历远程	短途	技术直达		直通		区段		摘挂	小运转	计
							固定	不固定	固定	不固定	固定	不固定			

3.4.5 货物列车编组计划技术文件

1. 货物列车编组计划技术文件的组成

货物列车编组计划技术文件是根据日常运输工作中,组织按列车编组计划"编车"的需要,用为描述货物列车编组计划车流组织方法的文件。它包括:

(1)装车地始发直达列车编组计划技术文件

始发直达列车的编组计划与技术站技术直达列车编组计划相比较相对简单得多,主要表现在:

① 只有站到站的一支车流。

② 沿途无改编作业。

③ 在确定开行列车数时,将剩余车流转为技术站间车流输送,没有固定与不固定运行线的问题。

因此,在编组计划中对这些问题的描述都可以相对简单,装车地始发直达列车编组计划只用一个综合性文件就可说明列车编组办法。

(2)技术站间货物列车编组计划

技术站间货物列车编组计划用三个技术文件来说明列车编组办法:

① 货物列车开行计划。

② 去向别货物列车开行列车数计划。

③ 货车改编中转计划。

上述文件由计算机系统自动生成。

2. 装车地始发直达列车编组计划技术文件

装车地始发直达列车按列车运行组织方法的不同,可分为站—站按日开行始发直达列车,站—站按日历开行始发直达列车、站—站按日历开行远程始发直达列车和站—站按日历开行短途始发直达列车四类,按列车运行的范围不同可分为铁路局集团有限公司管内开行的始发直达列车、外局接入始发直达列车和交出始发直达列车三类。为了便于实际运用,始发直达列车编组计划的技术文件,按铁路局集团有限公司、按列车运行范围(铁路局集团有限公司管内、始发交出和接入终到)、按列车运行组织方式(站—站按日开行、按日历开行始发直达、站—站按日历远程始发直达和短途始发直达),就每一列车编组去向编制成表格形式的技术文件。

表 3.4.61 为按 2015 年普通货物运量分析计算确定的太原铁路局集团有限公司管内站—站按日开行始发直达列车计划表。

表 3.4.61　太原铁路局集团有限公司管内站—站按日开行始发直达列车编组计划表

列车编组去向		每日开行列车数	车 次	列车重量(t)、长度(m)	货物品类	备 注
发 站	到 站					
白壁关	介休	1		3 500、65	煤	同发货人
穆村	介休	1		3 500、65	煤	同发货人
太原北	临汾	1		4 550、84.5	钢铁	同发货人
轩岗	向阳店	1		4 900、91	煤	同品类

列车编组去向		每日开行列车数	车 次	列车重量(t)、长度(m)	货物品类	备 注
发 站	到 站					
阳泉曲	清涧	1		4 550、84.5	非矿	同发货人
阳泉曲	清涧	1		4 550、84.5	集箱	同发货人
阳原	秦皇岛东	1		4 900、91	煤	同品类
玉门沟	旧城	1		4 340、80.6	煤	同发货人
枣林	太原北	1		4 550、84.5	金矿	同发货人

3. 货物列车开行计划

(1)货物列车开行方案的意义

货物列车开行计划用为规定技术站列车编组计划的列车编组去向(列车发、到站)及相应的编组内容(车流)。它根据通过有利性分析计算确定的列车编组方案,分种类(技术直达列车、直通列车、区段列车)就每一技术站分别编制,是日常运输工作中技术站编制出发列车工作计划的主要依据,它的核心是列车编组内容。

(2)列车编组去向别编组内容的描述

现行列车编组计划列车编组去向编组内容的描述,若以 A—D 间(编组站间)直达列车或 a—d 间(区段站间)直通列车编组去向内容为例。对于不分组的混编列车为"D 站及其以远"或"d 站及其以远";对于特定到站或方向等分组编组的列车为"①D 站及其以远""②F 站及其以远"等。由于在这一描述中,对于合并车流列车编组去向中的远程车流,用"以远"加以概括,过于简单,无法了解具体的合并车流,在实际工作中使用有一定困难,是在编制编组计划的条件下,受工作量的限制,而采用的一种简化的描述方法。

区—区车流是技术站间车流的基本单元。因此,区—区直通列车编组去向和编组站间直达列车编组去向的编组内容都应该用区—区车流来描述。编组站间车流由若干支区—区车流组成。设编组站 A_i 与 $k_区$ 个区段站(含本编组站)有车流集中的关系,编组站 A_j 与 $l_区$ 个区段站有车流分散的关系,则编组站 A_i 与 A_j 间的车流应该有 $n_{区ij}$ 支车流组成,即

$$n_{区ij} = k_区 \, l_区 \quad (支)$$

因为在一定的路网结构条件下,$k_区$ 和 $l_区$ 是一定的,故 $n_{区ij}$ 也是一定的。

区—区直通列车由一支或多支区—区车流组成,可以直接用相应的车流来描述编组内容。

编组站间直达列车编组去向的编组内容,由一支或多支编组站间车流来描述。

按技术站别编制的列车编组去向别编组内容表格形式见表3.4.62。表中车流项,对于区段间直通列车为区—区车流,对于编组站间直达列车为编组站间车流。根据编组站间车流很容易生成区—区的车流。

(3)货物列车开行计划技术文件

货物列车编组计划按铁路局集团有限公司、按列车运行范围(铁路局集团有限公司管内、始发交出和接入终到),就每一技术站编制成表格形式的技术文件。表3.4.63为按2015年普通货物运量分析计算确定的呼和浩特铁路局集团有限公司始发交出技术站间货物列车开行计划表。

表 3.4.62　列车编组去向别编组内容表

列车编组去向		车流															
发站	到站	1		2		3		4		5		6		7		8	
		发站	到站	发站	到站	发站	到站	发站	到站	发站	到站	发站	到站	发站	到站	发站	到站
01	03	01	03														
01	04	01	04														
01	05	01	05	01	08	11	09	01	10								
01	06	01	06														
01	07	01	07														
02	04	02	04	02	08	02	10										
03	01	03	01														
04	01	04	01	09	10	10	01										
04	03	04	03	09	02	10	02										
05	01	05	01														
05	02	05	02														
05	03	05	03														
06	01	06	01														

表 3.4.63　呼和浩特铁路局集团有限公司始发交出列车编组去向表

列车编组去向		列车种类	列车重量(t)、长度(m)	编组内容	说明
发站	到站				
包头西	丰台	直通列车	3 500、65	包头西—丰台,包头西—山海关,西宁—丰台	
包头西	南仓	技术直达	3 500、65	包头西—南仓,包头西—济西,西宁—南仓	
包头西	沈阳西	技术直达	3 500、65	包头西—沈阳西,西宁—沈阳西,包头西—苏家屯,西宁—苏家屯,乌西—苏家屯,武威南—沈阳西,武威南—苏家屯,兰州北—苏家屯	
包头西	新丰镇	直通列车	3 500、65	包头西—新丰镇,包头西—武汉北,包头西—株洲北,包头西—江村,包头西—南京东,包头西—安康东,包头西—成都北,包头西—昆明东,包头西—重庆西,包头西—襄阳北,包头西—芜湖东,包头西—乔司,包头西—鹰潭,包头西—宝鸡东	
包头西	迎水桥	直通列车	3 500、65	包头西—武威南,包头西—迎水桥,包头西—西宁,包头西—乌西,包头西—兰州北,南仓—兰州北,南仓—迎水桥,丰台—武威南,丰台—乌西,大同—乌西,通辽—西宁,丰台—西宁,通辽—迎水桥,通辽—乌西,通辽—武威南,丰台—迎水桥,丰台—兰州北,苏家屯—兰州北,苏家屯—西宁,苏家屯—乌西,三间房—迎水桥,三间房—乌西,山海关—兰州北,山海关—武威南,沈阳西—武威南,沈阳西—乌西,沈阳西—迎水桥,长春北—兰州北,长春北—西宁,牡丹江—迎水桥,牡丹江—西宁,牡丹江—武威南,梅河口—乌西	

列车编组去向		列车种类	列车重量(t)、长度(m)	编 组 内 容	说明
发 站	到 站				
呼和浩特	丰台	直通列车	3 500、65	呼和浩特—丰台,呼和浩特—秦皇岛南	
集宁	通辽	直通列车	3 500、65	集宁—通辽,集宁—大安北,集宁—白城,集宁—锦州,新街—通辽,呼和浩特—通辽,大同—通辽,包头西—通辽	
临河	银川南	直通列车	3 500、65	包头西—银川南,临河—迎水桥	
乌海西	迎水桥	直通列车	3 500、65	乌海西—迎水桥,乌海—迎水桥	
新街	大保当	区段列车	3 500、65	新街—新丰镇,新街—新乡,集宁—新丰镇,呼和浩特—新丰镇,包头西—月山,包头西—绥德,包头西—榆次,包头西—介休,包头西—嘉峰	
新街	丰台	直通列车	3 500、65	新街—丰台,新街—滦县,新街—唐山东,新街—秦皇岛南,新街—高各庄	

(4)货物列车去向别开行列车数计划技术文件

货物列车去向别开行列车数计划按铁路局集团有限公司、按列车运行范围(铁路局集团有限公司管内、始发交出和接入终到),就每一技术站编制成表格形式的技术文件。表 3.4.64 为按 2015 年普通货物运量分析计算确定的呼和浩特铁路局集团有限公司货物列车去向别开行列车数计划表。

表 3.4.64 呼和浩特铁路局集团有限公司接入终到列车编组去向开行列车数计划表

列车编组去向		列车种类	计划车流量(车)	列车编成辆数(车)	计算开行列车数(列)	运行线数	
发 站	到 站					固 定	不固定
南仓	包头西	技术直达	82	50	1.6	1	1
通辽	包头西	直通列车	55	50	1.1	1	1
西宁	包头西	技术直达	68	50	1.4	1	1
孔家庄	集宁	区段列车	66	50	1.3	1	1
迎水桥	乌海西	直通列车	78	50	1.6	1	1

4. 区—区直通车流改编中转计划

(1)区—区直通车流改编中转计划的意义

技术站间货车输送过程改编中转计划(简称货车改编中转计划)是用来描述货车在技术站间输送过程中,需办理改编中转作业的计划,是货物列车编组计划的重要技术文件,是编制技术站车流接续计划和日常运输工作中技术站组织车流输送的主要依据。货车改编中转计划采用表格的形式,就每一区—区直通车流编制。

设合并车流由多支车流合并而成,其中最短车流为基本车流,其他车流均为远程车流。远程车流的特征是:

①远程车流较基本车流延长的运行区段为超行区段,它可能发生在基本车流的发端,也可能发生在基本车流的终到端。

②远程车流的每一超行区段,在每一次车流合并均将产生一次改编中转。

③超行区段发生在发端时,改编中转作业站为基本车流的发站;超行区段发生在到达端时,改编中转发生在到站。

④远程车流在发端、到端均有超行区段时,一次车流合并将产生两次改编中转,即在基本车流发站、到站均产生一次中转。

(2)区—区直通车流改编中转计划

区—区直通车流改编中转计划包括:编组站车流集散区内改编中转计划和需要向编组站集中的货车改编中转计划。

①编组站车流集散区内货车改编中转计划。

设某铁路干线配置有编号分别为1~10的十个编组站,车流1—9用为表示技术站1到技术站9的直通车流。

例如,车流1—6与车流2—6合并,开行2—6的直达列车,车流1—6为远程车流,超行区段为发端的1—2区段,故改编中转作业站为2;又如,车流9—1、9—2、9—3、10—1、10—2、10—3的6支车流合并,开行9—3的直达列车,其中9—3为基本车流,其他5支车流均为远程车流,9—2、9—1为到端远程车流,改编中转作业站为3。10—3为发端远程车流,改编作业站为9。10—2、10—1为发端、到端的远程车流,改编作业站为9和3。用同样的方法也可以确定其他车流的改编作业站。

在编组站车流集散区内除开行区—区直通列车外,其他区段均以区段列车服务于区段内车流的输送。因此,对于未能列入区—区直通列车去向的车流,应在表格的相应栏内填入区段列车改编中转作业站。如车流5—7未列入区—区直通列车方案,而由1—6、6—7两区段的区段列车输送,在6站改编中转,故应在5—7格内填上6。

②需向编组站集中车流的货车改编中转计划。

这类车流按其发到站别的不同,可分为如下四种情况:

a. 编组站—编组站—编组站车流。

b. 区段站—编组站—编组站车流。

c. 编组站—编组站—区段站车流。

d. 区段站—编组站—编组站—区段站车流。

其中a类车流是编组站间的基本车流,b、c、d类车流分别为由区段站始发,或区段站到达,或由区段站始发终到的车流。

a类车流的改编中转计划就是编组站间车流改编中转计划。b、c类车流改编中转计划则分别由发端编组站车流集散区各区段站向编组站集中车流改编中转计划、终到端编组站车流集散区编组站向各区段站输送到达车流改编中转计划与a类车流改编中转计划相衔接形成;而d类车流改编中转计划由发端编组站车流区、编组站站间和终到端编组站车流集散区三项车流改编中转计划衔接形成。应该指出,这时衔接编组站成为车流的改编中转站。

(3)货车改编中转计划的一般形式

货车中转计划是货车在站(装车站)—站(卸车站)间输送过程中,沿途技术站办理改编中转作业的计划。因此,原则上应采用在站—站全程按站序依次排列改编中转站的形式(如图3.4.15所示)。但在我国铁路路网站—站车流的数量巨大,实际上难于具体操作。为此,一般采用技术站—技术站的形式,即当装车站为中间站时,将中间站的车流按车流径路规定的运行方向集中到前方的技术站,相应地,卸车站为中间站时,将该车流集中到后方的技术站,事实上形成了技术站间的车流。这样,货车改编中转计划表的查找分两步进行:

①当发到站为中间站时,根据车流径路确定车流集中或分散的技术站。

②根据发、到技术站,查找货车改编中转计划表,并分别按如下情况确定货车改编中转计划:

a. 当发、到技术站为装车站和卸车站时,查找的车流改编中转计划就是实用的改编中转计划。

b. 当发站为装车站,而到站为车流分散的技术站时,在查找的车流改编中转计划时,应加上到达技术站。

c. 当到站为卸车站,而发站为货车集中的技术站时,在查找的货车改编中转计划时,应加上始发技术站。

d. 当发、到技术站为车流的集中技术站和分散技术站时,在查找的货车改编中转计划时,应加上始发技术站和终到技术站。

图 3.4.15 给出了上述货车改编中转计划形成的使用说明。

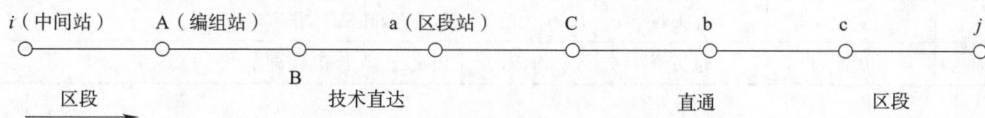

图 3.4.15　货车改编中转计划的形式示图

注:1. 站(中间站)—站(中间站)车流改编中转计划形式(A,C,c)。
　　2. 技术站(A)—技术站(C)车流改编中转计划形式(C)。
　　3. 实用货车改编中转计划形式:
　　　　当发、到技术站为装、卸车站时,(C);
　　　　当发站为装车站时,(C,c);
　　　　当到站为卸车站时,(A,C);
　　　　当发、到技术站为车流集中、分散站时,(A,C,c)。

(4)货车改编中转计划技术文件

货车改编中转计划就每一区—区车流分别编制成表格形式的技术文件。表 3.4.65 为根据 2015 年普通货物运量计算的技术站间货物列车编组计划编制的临河技术站发出的区段车流与可能的到达技术站组合而成的区—区车流改编中转计划。

表 3.4.65　区—区车流改编中转站(临河站)

车　流		编组站车流表		改编中转站
发　站	到　站	发　端	到　端	
临河	阿克苏	迎水桥	武威南	银川南,迎水桥,武威南,库尔勒
临河	成都北	迎水桥	成都北	银川南,迎水桥,宝鸡东
临河	赤峰	包头西	丰台	包头西,丰台
临河	德州	包头西	南仓	包头西,南仓
临河	高各庄	包头西	丰台	包头西,丰台

车　　流		编组站车流表		改编中转站
发　站	到　站	发　端	到　端	
临河	葫芦岛	包头西	山海关	包头西,丰台,山海关
临河	喀什	迎水桥	武威南	银川南,迎水桥,武威南,库尔勒,阿克苏
临河	兰州北	迎水桥	兰州北	银川南,迎水桥
临河	滦县	包头西	丰台	包头西,丰台
临河	勉西	迎水桥	宝鸡东	银川南,迎水桥,宝鸡东
临河	南仓	包头西	南仓	包头西
临河	山岭子	包头西	南仓	包头西,南仓
临河	唐山东	包头西	丰台	包头西,丰台
临河	塘沽	包头西	南仓	包头西,南仓
临河	乌西	迎水桥	乌西	银川南,迎水桥
临河	武威南	迎水桥	武威南	银川南,迎水桥
临河	宣化	包头西	包头西	包头西,孔家庄,张家口南
临河	鹰潭	包头西	鹰潭	包头西,新丰镇,芜湖东

3.4.6　货物列车编组计划的调整

1. 列车编组计划适应运输量变化能力

列车编组计划适应运输量变化能力是指列车编组计划规定的开行列车数,对运量变化的适应程度。

货物列车编组计划规定的区段开行列车对数,采用按列车种类、列车编组去向和季节分类规定的方法。按列车种类是指按直达、直通、区段列车分别规定;按列车编组去向是指就每种类的列车按列车编组去向别规定;按季节是指按运量变化规律,不同季节分别规定开行不同的列车数;分类是指列车运行图运行线分为固定运行线、不固定运行线两类。将计算列车数中的整数部分规定开行固定运行线部分,而小数点部分一律进整为 1,开行不固定运行线的列车。采用这一方法规定开行列车数,可大大提高列车运行图适应季节变化和日常变化的能力。

列车运行线在这种安排下,当小数点后的数值趋近于零时,若考虑每一去向可以有一列欠轴 20%,则运量减少的范围是 $0.2m(m$ 为列车编成辆数$)$,而运量增加的适应范围是 $1.0m$,当小数点后的数值趋近于 1 时,若考虑每一编组去向的列车,一列可以有 20% 的超轴,则运量增加的适应范围为 $0.2m$。而运量减少的范围是 $1.0m$。因此,货物列车编组计划已经具有一定的弹性,一般可以满足运量变化的需求。

但日常运输变化情况是多样的,在总量变化的情况下,可能各编组去向均衡变化,也可能集中在一个或几个去向的变化。在集中变化的条件下,就有可能突破上述给定的变化范围,而必须对编组计划做出必要的调整。

2. 固定运行线的调整

根据列车运行统计数据,当固定运行线列车在一个月内未开行 15 次及以上时,应将该运行线调整为不固定运行线;相应地,当不固定运行线一个月内加开 15 次及其以上时,可将该运行线调整为固定运行线。

3. 列车编组去向的调整

当某一编组去向一个月内开行的列车数小于 15 列时,可将该编组去向取消,并根据实际车流情况建立新的列车编组去向。

4. 铁路区域性列车编组计划的调整

当有新线投入运营,且对运量和车流径路影响较大时,应对该区域列车编组计划做出必要调整。

5. 季节性编组计划的调整

编组计划已根据季节性运量变化特征,考虑了季节性编组计划的差异性,当实际季节性运量较大时,也可对季节性编组计划做出必要调整。

3.4.7 货物列车编组计划指标及其技术经济效益分析

1. 货物列车编组计划指标

为了充分反映货物列车编组计划的状况及其达到的技术水平,在编制编组计划后应计算如下指标:

(1)直达装车在总装车中所占比重。

(2)货车平均无改编走行公里或货车平均有调中转次数。

(3)编组站办理车数、改编车数及其能力利用状态。

(4)编组计划方案的经济效益。

2. 货车平均无改编走行距离或货车平均有调中转次数

货车平均无改编走行距离是指货车改编距离的加权平均值($l_改$),它可按下式计算:

$$l_改 = \frac{\sum Nl}{\sum N_改}$$

式中　$\sum Nl$——货车总走行公里;

　$\sum N_改$——货车总改编车次数。

货车平均有调中转次数是指在货车输送过程中发生改编作业的平均次数($k_有$),它可按下式计算:

$$k_有 = \frac{\sum N_{归并} + \sum N_{合并}}{N}$$

式中　$\sum N_{归并}$——在车流整理过程中归并的车流量;

　$\sum N_{合并}$——在编制货物列车编组计划过程中合并的车流量;

　N——总车流量。

上述两项指标,从不同的侧面反映货物列车编组计划组织直达运输的效果。

3. 改编中转车作业数

(1)站—站始发直达列车输送货车

站—站始发直达列车输送的货车,由装车站到卸车站输送的全过程,不发生改编中转作业。因此,这类车流改编中转次数为零,是运输效率和利益最好的一种车流组织形式。

(2)车流归并需要发生的改编中转作业车数

①区段管内车流

在车流表中扣除编入站—站始发直达列车车流后,为编制区段站间车流表,应将区段管内发、到列车流,分别归并到前方区段站和到达区段的后方区段站,即将区段内发送的车流输送至前方区段站改编,到达区段站后方区段的车流,编入相应的列车输送至区段管内卸车站。因此,两次车流归并均将发生一次改编中转作业,这一改编中转作业车数($\sum N_{归并1}$)可按下列公式计算:

$$\sum N_{归并1} = (N_{管内装} + N_{管内卸}) - (N_{管内直装} + N_{管内直卸})$$

式中 $N_{管内装}$——区段管内装车数;

$N_{管内卸}$——区段管内卸车数;

$N_{管内直装}$——区段管内始发直达装车数;

$N_{管内直卸}$——区段管内始发直达卸车数。

②编组站车流

发送端区段站往往需将不具备编组直达、直通列车输送的车流,向前方编组站集中,而在终到编组站,又需要将车流分送到前方区段站,相应地将发生货车在编组站的改编作业。这类改编中转车数($\sum N_{归并2}$),根据区段站间车流表编制编组站间车流表的归并方案计算确定。

设车流归并表内标有归并车站代码的车流量为 N_{ij},代码个数为 h,且限 $h = 1, 2$。若 $h = 1$ 的车流数为 h_m,$k = 2$ 的车流数为 h_n,则归并车流总量($\sum N_{归并2}$)应为

$$\sum N_{归并2} = \sum_{i=1}^{h_m} N_{ij} + \sum_{i=1}^{h_n} N_{ij}$$

(3)车流合并需要发生的改编中转作业车数

在编制编组站直达、直通、区段货物列车编组计划和铁路局集团有限公司管内直通、区段列车编组计划过程中,均需要进行车流合并方案的编制工作,每一次车流合并均将产生一定车流的改编中转作业,并按此编制了改编中转车数表。汇总各项改编中转车数表,可得合并车流改编中转车数($\sum N_{合并}$)。

4. 货物列车编组计划方案技术经济效益分析

基于综合费用型货物列车编组计划编制技术的货物列车编组计划方案,明显提高了用直达列车组织货车输送的比重,减少了货车输送过程中的改编作业次数,它既可以减少货车改编费用和在编组站的货车停留时间损失,又可以减轻编组站的作业负担,提高编组站工作的畅通度,具有重大的技术经济效益。

(1)节约货车有调作业费用

设全路日均货车有调中转费用为 $E_有$,则有

$$E_有 = U_装\, k_有\, e_改 + U_装\, k_有\, (t_有 - t_无)e_时 \qquad (3.4.1)$$

式中 $U_装$——全路日均装车数;

$k_有$——货车输送过程中平均有调中转次数。

因为列车必须在沿途编组站办理无改编中转作业,所以有调中转作业只是在无改编中转作业基础上增加了部分作业停留时间。

因

$$\frac{e_时}{e_改} = w_1, e_时 = e_改 w_1$$

则式(3.4.1)可以整理为

$$E_有 = U_装 k_有 e_改 [1 + (t_有 - t_无)w_1]   \tag{3.4.2}$$

若考虑因加速货车输送,减少在途货车有调中转次数,而减少滞留在运输途中货物的效益,则式(3.4.2)也可以写为

$$E_有 = U_装 k_有 [e_改 + (t_有 - t_无)(w_1 e_改 + P_静 e_改 w_4)]$$
$$= U_装 k_有 e_改 [1 + (t_有 - t_无)(w_1 + P_静 w_4)]$$

式中 $P_静$——货车静载重;

w_4——货物吨小时时间价值与货车改编费用比数,即

$$w_4 = \frac{e_货}{e_改}$$

其中 $e_货$——货物吨小时时间价值。

根据北京交通大学的研究,按 2010 年价格计算,$e_货 = 0.001\ 72$ 元/(t·h)。若 $e_时$、$e_改$ 按全路平均数取值,可有 $e_时 = 4.025/(车·h)$,$e_改 = 31.794$ 元/车,则有

$$w_1 = \frac{4.025}{31.794} = 0.127$$

$$w_4 = \frac{0.001\ 72}{31.794} = 5.4 \times 10^{-5}$$

若现行运输组织模式的货车平均有调中转次数($k_有$)与新模式货车平均中转次数($k'_有$)之差为 $\Delta k_有$,即

$$\Delta k_有 = k_有 - k'_有$$

则新模式日均可节约的有调作业费用为

$$\Delta E_有 = \Delta k_有 U_装 e_改 [1 + (t_有 - t_无)w_1]$$

或产生的经济效益为

$$\Delta E_有 = \Delta k_有 U_装 e_改 [1 + (t_有 - t_无)(w_1 + P_静 w_4)]$$

设全路某日装车数为 160 000 车,有调和无调中转时间各为 9.0 h 和 1.9 h,货车有调中转次数为 2.41,若采用综合费用型计划编组技术列车编组计划的货车平均有调中转次数为 1.4,据此,$\Delta k_有 = 2.41 - 1.4 = 1.01$,全路可节省的年度有调作业费用为

$$\Delta E_有 = 365 \times 160\ 000 \times 1.01 \times 31.794 \times [1 + (9 - 1.9) \times 0.127] = 35.66(亿元)$$

若取 $P_静 = 60$ t,经济效益为

$$\Delta E_有 = 365 \times 160\ 000 \times 1.01 \times 31.794 \times [1 + (9 - 1.9) \times (0.127 + 60 \times 5.4 \times 10^{-5})]$$
$$= 36.10(亿元)$$

(2)减少技术站调车工作量

设全路一车可减少的调车工作量为 $\Delta N_有$,它可按下式计算:

$$\Delta N_有 = 365 U_装 \Delta k_有$$

若按日均装车 16 万车计算,则有

$$\Delta N_有 = 365 \times 16 \times 1.01 = 5\ 898(万车)$$

(3)加速货车周转减少运用货车

货车周转时间(θ)由货车运行时间($T_运$)、技术站停留时间($T_技$)和货物作业站停留时间($T_货$)组成,即

$$\theta = T_{运} + T_{技} + T_{货}$$

式中的技术站停留时间可按下式计算：

$$T_{技} = k_{有}\, t_{有} + k_{无}\, t_{无}$$

或

$$T_{技} = \frac{l_{货}}{l_{技}} t_{中} = \frac{l_{货}\, t_{有}}{l_{改}} + \frac{l_{货}\, t_{无}}{l_{无}}$$

式中 $k_{无}$——货车输送过程中发生平均无调中转次数；

$l_{货}$——货车全长；

$t_{中}$——货车平均中转时间；

$l_{技}$，$l_{无}$——货车平均中转距离和货车平均无调中转距离。

根据因素分析理论，货车平均改编中转次数或货车平均有调中转距离变化对货车周转时间的影响，可按如下方法计算：

$$\Delta\theta_{k_{有}} = \frac{\Delta k_{有}}{24 \times 2}(t'_{有} + t_{有})$$

$$\Delta\theta_{l_{改}} = \frac{\Delta l_{改}}{24 \times 6 L_{改}\, l_{改}}(2l'_{货}\, t'_{有} + l'_{货}\, t_{有} + l_{货}\, t'_{有} + 2l_{货}\, t_{有})$$

式中 $\Delta k_{有}$，$\Delta l_{改}$——改革前后 $k_{有}$、$l_{改}$ 数值的比较差；

$t_{有}$，$l_{改}$，$l_{货}$——改革前指标值；

$t'_{有}$，$l'_{货}$——改革后指标值；

$L_{改}$——货车平均有调中转距离。

相应地可节省运用车（$\Delta N_{k_{有}}$）为

$$\Delta N_{k_{有}} = U_{装}\, \Delta\theta_{k_{有}}$$

在前述计算条件下，$k_{有}$ 对货车周转的影响为

$$\Delta\theta_{k_{有}} = \frac{-1.01}{24 \times 2}(9+9) = -0.375（元）$$

若按日均装车 16 万计算，则有

$$\Delta N_{k_{有}} = -0.375 \times 16\,000 = -6\,000（车）$$

4 列车运行图参数及通过能力计算

4.1 列车运行图概述

4.1.1 列车运行图的意义

列车运行图是列车运行计划的图形化表示,基于一定铁路线路网络,它规定了一定时期内相应线路区段上的列车占用区间的次序,列车在每一车站出发、到达或通过的时刻,在区间的运行时分,在车站的停站时分,列车的重量和长度以及有关机车交路等。

列车运行图是铁路运输企业实现列车安全、正点运行和经济有效地组织铁路运输工作的列车运行生产计划,规定了铁路线路、站场、机车车辆等设备的运用以及与行车各有关部门的工作;又是铁路运输企业以旅客列车运行图和货物列车运行图的形式向社会提供铁路运输能力的一种有效方式。从这一个意义上讲,供社会使用的铁路列车时刻表实际上就是铁路服务能力目录表。因此,也可以说列车运行图是铁路组织运输生产和产品供应销售的综合计划,是铁路运输生产连接厂矿企业生产和社会生活的纽带。

基于对列车运行图任务的这一分析,理论上和实用上完整的列车运行图系统应包括供铁路内部使用和供社会使用两类列车运行图技术文件,其中供铁路内部使用的列车运行图技术文件是铁路组织运输生产的依据,是实现严格"按图行车"的技术组织措施,是确保铁路运输产品质量的基础;供社会使用的列车运行图技术文件对铁路来说是铁路运输产品的供销计划,而对社会用户来说则是旅客安排个人旅行计划或货主安排货物运输计划的依据。

列车运行的安全应包括员工、旅客和运输货物的安全以及线路施工等所有与列车运行过程有关的安全。

铁路运输能力与列车正点运行及列车运行的流水性是紧密相关的。列车运行生产计划的实现有赖于区段通过能力的保证,特别是当列车运行过程发生波动,亦即发生偏离于计划的情况时,只有在有充分能力保证的条件下才能确保按计划过程准时进行,列车晚点时才能重新恢复正点运行。

列车运行图决定性地影响着铁路运输企业的经济效果。所谓经济性的目标应是以一定资源的投入力争最大可能的收益或以最小可能的支出力求一定的效果。对铁路运输企业来说,给定的资源是指铁路运输线路、桥隧、站场、信号等固定设备,机车车辆等活动设备以及铁路职工工资、原材料消耗等的支出,而生产的效果是运输的旅客人数或货物吨数、人公里或货物吨公里、列车公里、车辆公里、总重吨公里和净重吨公里,生产的效益则体现在旅客运输收入和货物运输收入。

4.1.2 规划型列车运行图的基本特征

规划型行车组织体制下的列车运行图称为规划型列车运行图。

理论上列车运行图是按列车编组计划确定的列车类别、类别列车数以及相关的列车运行图参数等编制的。在规划型列车组织体制下,要求组织严格"按图行车",对运行图适应日常运输变化的应变能力、对运行图的可执行性和可调整性有很高的要求,是通过长期的列车运行实践,发现问题、解决问题、不断调整和优化的结果。因此,列车运行图工作不是一次简单的编制程序,而是经历多次编制的在断优化的过程。同样,实现列车运行图由组织型向规划型转变的改革也是一个过程。

规划型列车运行图的基本特征:

(1)是列车编组计划与运行图紧密结合的流线结合列车运行图。

(2)是分季度按日历安排运行线运用方案,对运量季节波动和日间波动具有一定适应能力的列车运行图。

(3)是以固定运行线为主,以不固定运行线为辅,对类别列车行车量变化具有一定适应能力的列车运行图。

(4)是受质量型通过能力计算方法计算的区段行车量限制的列车运行图。

(5)是引入列车运行图缓冲时间因素的、具有弹性的柔性列车运行图。

(6)是具有多种类功能技术文件的系统性列车运行图。

4.1.3 列车运行图的表示形式

根据铁路运输生产计划,若开行的列车及其期望的时间位置已知,那么就可以从列车始发站开始依次铺画列车运行线,直至运行图表格的分界站或列车离开该区段的车站,从而可形成每一单个列车的列车运行线和区段的列车运行图。

列车运行线是对列车运行的时间、空间关系的图形表示,是对列车运行时空过程的图解。在运行图上,对列车运行时空过程的图解可以有两种形式:其一为以横坐标表示时间,纵坐标表示距离,这时,运行图上的水平线表示分界点的中心线,水平线间的间隔表示分界点间的距离,垂直线表示时间;其二为以横坐标表示距离,纵坐标表示时间,这时,运行图上的水平线表示时间,垂直线表示分界点中心线,垂直线间的间隔表示分界点间的距离。

线网图由距离线、时间线和列车运行线组成。

在时间距离网格内,列车运行线作为时间距离曲线描述列车随时间而发生的地点变化过程。列车运行线的斜率大小可用为表示列车运行速度的大小。按列车种类的不同,列车运行线采用不同的线条。

在列车运行线上还应附加有关列车种类标志、车次和开行日的说明。

在列车运行图上可以清楚地看出各列车在运行方面相互间的全部关系,如列车间隔时间、越行、交会、会车和列车间运行时刻的衔接等。

在分界点列车运行线与距离线相交处应标注列车到、发和通过时刻。

4.1.4 列车运行图结构单元及结构参数

1. 运行列车组和列车种类组

(1)运行列车组

在列车运行图上相同或不相同运行方向两相邻列车所组成的列车运行图结构单元称为运

行列车组,如图 4.1.1 所示,列车①和②、②和③以及③和④分别构成了列车运行图的运行列车组。显然,当区段一日内运行列车数为 N 时,可以有 $N-1$ 组运行列车组。若将当日最后一列车与次日第一列车也组成为一运行列车组,则可构成一个由 N 组运行列车组组成的循环运行列车组体系。

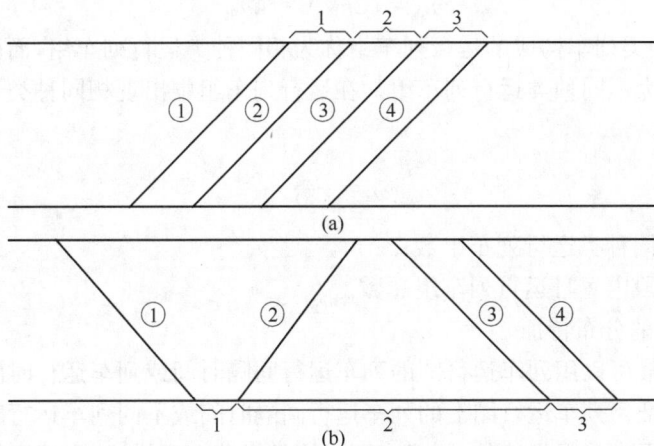

图 4.1.1　运行列车组构成图

(2)列车种类组

列车按其所承担运输任务的不同主要可分为旅客列车、行邮、行包列车和货物列车。旅客列车按其旅行速度的不同,又可分为:特快列车、快速列车和普通旅客列车等;货物列车按其列车运行特征的不同,也可分为始发直达列车、技术直达列车、直通货物列车、区段货物列车、摘挂列车和小运转列车等。按一定要求将在该铁路区段内运行的上述"不同种类"列车归并组合而成的列车组称为列车种类组。

考虑到列车在区段内的运行状况与区间通过能力相关的主要因素是时间因素,在这里一般可以按列车种类及其列车的区间运行时分或列车的区段旅行时间为特征,将列车分类归并组合为列车种类组。为进一步简化列车分类,减少列车种类组,例如可规定:

①当"不同种类"列车的平均区间运行时分或平均区段旅行时间之差小于 10% 时,可将这类"不同种类"列车合并为同一种类列车。

②当"某一种类"列车的列车数小于总列车数的 5% 时,可将这类列车并入列车区间运行时分或区段旅行时间相近的列车种类组。

(3)可能运行列车组种类数

按运行列车组第一列车和第二列车(或称前行列车和后行列车)所属列车种类组之不同,又可以将运行列车组分为若干不同种类的运行列车组。

因为任一列车种类组的列车均可以作为运行列车组的第一列车,又可以作为运行列车组的第二列车,所以对于组织单向行车的双线区段来说,可能的运行列车组种类数($n_{双}$)应为

$$n_{双}=n_{组}^2$$

式中　　$n_{组}$——列车种类组数。

对于组织双向行车的单线区段来说,任一列车种类组的列车,除具有既可作为运行列车组的第一列车,又可作为运行列车组的第二列车的组合特征外,它还具有既可作为运行列车组的上行列车,又可作为运行列车组的下行列车的组合特征。因此,单线区段可能的运行列车组种类数($n_\text{单}$)应为

$$n_\text{单} = (2n_\text{组})^2 = 4n_\text{组}^2$$

其中,由相同种类列车构成的运行列车组称为相同种类运行列车组,而由不同种类列车构成的运行列车组称为不同种类运行列车组。在运行列车组中出现相同种类运行列车组的概率(ω_g)可按下式计算:

$$\omega_\text{g} = \frac{N_\text{相同}}{N}$$

式中 $N_\text{相同}$——相同种类运行列车组数;

   N——区段内每日运行列车组总数。

2. 运行列车组的分布特征

运行列车组一般可以用列车运行图的列车运行间隔时间或列车运行时间来描述它在列车运行图上的分布特征。列车运行图上的列车运行间隔时间或不同列车运行时间或不同运行方向的列车序列分布通常是无规律的,因而它可以用随机分布来描述,亦即运行列车组在列车运行图上的分布通常可以用随机分布来描述。

对于组织单向行车的双线区段,若同方向列车按列车运行速度(亦即列车运行时间不同)只划分为两个列车种类组,而对于组织双向行车的单线区段,按列车运行方向不同也只划分为两个列车种类组,并分别用下标 0 和 1 表示,因而两类不同运行速度列车或不同运行方向列车的列车数可分别写为 n_0 和 n_1。相类似地,由相同种类列车组成的运行列车组数可写为 n_{00} 和 n_{11},而由不相同种类列车组成的运行列车组数则可写为 n_{10} 和 n_{01}。对于 0 类列车来说,它是在 0 类列车前运行或者是在 1 类列车之前运行,两者必居其一,故必有

$$n_0 = n_{00} + n_{01}$$

同理也有

$$n_1 = n_{11} + n_{10}$$

又因为全部列车是在一整天内循环运行的,故序列的最后列车将再次表现为在第一列车之前运行。在这一循环内也必有

$$n_{01} = n_{10}$$

这样,在区段内每日运行列车组总数 N 应为

$$N = n_{00} + 2n_{01} + n_{11}$$

若将相同与不相同种类运行列车组数积之差与不同种类列车数积之比,称为运行列车组系数(γ),则有

$$\gamma = \frac{n_{00}n_{11} - n_{01}^2}{n_0 n_1} \tag{4.1.1}$$

当两列车种类的列车数相等(即 $n_0 = n_1$),且 $n_{00} = n_{11}$ 时,则式(4.1.1)可写为

$$\gamma = \frac{n_{00}^2 - n_{01}^2}{(n_{00} + n_{01})^2} = \frac{n_{00} - n_{01}}{n_{00} + n_{01}}$$

在列车运行图中,每天只出现两次列车种类 0 和 1 之间的变换时,可称之为最稳定的列车

运行图结构。这时系数 γ 达到最大值,即

$$\gamma_{\max}=\frac{(n_0-1)(n_1-1)-1^2}{n_0 n_1}=1-\frac{1}{n_0}-\frac{1}{n_1}$$

在列车运行图中,最大可能频繁地出现 0 类列车与 1 类列车之间的变换时,可称之为最强烈变换的列车运行图结构。这时 $n_{00}=n_{11}=0$,系数 γ 达到最小值,即

当 $n_1<n_0$ 时

$$\gamma_{\min}=\frac{-n_1^2}{n_0 n_1}=-\frac{n_1}{n_0}$$

当 $n_0<n_1$ 时

$$\gamma_{\min}=\frac{-n_0^2}{n_0 n_1}=-\frac{n_0}{n_1}$$

据此,仅当列车数 $n_0=n_1$ 时,才能达到限界值 $\gamma_{\min}=-1$。

列车运行图的运行列车组序列结构实际出现情况处于两极限结构之间,它可按给定的概率作分析计算。若分别用 ω_0 和 ω_1 表示在列车运行图中出现 0 类和 1 类列车的概率,则有

$$\omega_0=\frac{n_0}{N}$$

$$\omega_1=\frac{n_1}{N}$$

因而,出现由 0 类列车组成运行列车组的概率 ω_{00} 应为

$$\omega_{00}=\omega_0\omega_0=\frac{n_0^2}{N^2}$$

在总共 N 组运行列车组条件下可能出现由 0 类列车组成的运行列车组数 n_{00} 为

$$n_{00}=\omega_{00}N=\frac{n_0^2}{N} \tag{4.1.2}$$

与上式相类似,也有

$$n_{11}=\frac{n_1^2}{N} \tag{4.1.3}$$

$$n_{01}=n_{10}=\frac{n_1 n_0}{N} \tag{4.1.4}$$

将式(4.1.2)、式(4.1.3)和式(4.1.4)代入式(4.1.1),可得 $\gamma=0$ 的结果。这意味着当运行列车组按随机规律出现时,必有 $\gamma=0$。

例如,若将某双线区段运行列车,按列车运行时间划分为快速运行列车 S 和慢速运行列车 L 两大类,而相应的列车数各为 29 列和 69 列,则可按表 4.1.1 的方式构成不同列车运行图结构特征的运行列车组。

其中,普通列车运行图结构运行列车组数有

$$n_{SS}=\frac{29\times29}{98}=8.6\approx9$$

$$n_{LL}=\frac{69\times69}{98}=48.6\approx49$$

$$n_{SL}=n_{LS}=\frac{29\times69}{98}=20.4\approx20$$

表 4.1.1　列车运行图结构分析表

第一列车＼第二列车		S	L	计
普通运行图结构	S	9	20	29
	L	20	49	69
	计	29	69	98
最稳定运行图结构	S	28	1	29
	L	1	68	69
	计	29	69	98
最强烈变换运行图结构	S	0	29	29
	L	29	40	69
	计	29	69	98

当列车运行图具有最稳定结构时，$n_{SS}=29-1=28$、$n_{SL}=1$、$n_{LL}=69-1=68$，有

$$\gamma_{max}=1-\frac{1}{29}-\frac{1}{69}=0.951$$

当列车运行图具有最强烈变换结构时，$n_{SS}=0$、$n_{SL}=29$、$n_{LL}=40$，有

$$\gamma_{min}=-\frac{29}{69}=-0.420$$

对于组织双向行车区段，设 n_0 和 n_1 分别为上下行两方向（或称 0 方向和 1 方向）运行列车数，β 为 0 方向列车数所占比重，故有

$$n_0=\beta N \tag{4.1.5}$$
$$n_1=(1-\beta)N \tag{4.1.6}$$

将式(4.1.5)和(4.1.6)代入式(4.1.1)并经整理，可得变换列车运行方向的运行列车组数 n_{01}，即

$$n_{01}=\frac{(1-\gamma)n_0 n_1}{N} \tag{4.1.7}$$

将式(4.1.5)和(4.1.6)代入式(4.1.7)有

$$n_{01}=(1-\gamma)(1-\beta)\beta N$$

因而，出现变换列车运行方向运行列车组，亦即出现会车的概率 ω_k 应为

$$\omega_k=\frac{2n_{01}}{N}=2(1-\beta)(1-\gamma)\beta$$

当 $n_0=n_1$，即 $\beta=0.5$ 时，则有

$$\omega_k=\frac{1-\gamma}{2}$$

对于随机的运行列车组序列，$\gamma=0$，则

$$\omega_{k0}=2\beta(1-\beta)$$

3. 类别运行列车组数

类别运行列车组数是指每一种类运行列车组的组数。

设区段内运行列车可分为 $k_数$ 类，每一类列车既可作为运行列车组的第一列车，又可作为第二列车。若分别用 i、j（$i=1,2,\cdots,k_数$；$j=1,2,\cdots,k_数$）表示运行列车组第一、第二列车的种

类,在运行图中出现 i 类、j 类列车的概率为 ω_i、ω_j。

$$\omega_i = \frac{n_i}{N}, \omega_j = \frac{n_j}{N}$$

其中,n_i、n_j 各为 i 类、j 类列车的概率 ω_{ij} 应为

$$\omega_{ij} = \omega_i \cdot \omega_j = \frac{n_i n_j}{N^2}$$

相应地,运行列车组数 n_{ij} 为

$$n_{ij} = \omega_{ij} \cdot N = \frac{n_i n_j}{N}$$

显然,当 $i=j$ 时,n_{ij} 为相同种类运行列车组,当 $i \neq j$ 时为不相同种类运行列车组。若取 $k_{\text{数}}=3(i=1,2,3,j=1,2,3)$,且 $n_1=50,n_2=40,n_3=10,N=100$,则有

相同种类运行列车组 n_{11}、n_{22}、n_{33} 为

$$n_{11} = \frac{n_1^2}{N} = \frac{50^2}{100} = 25$$

$$n_{22} = \frac{n_2^2}{N} = \frac{40^2}{100} = 16$$

$$n_{33} = \frac{n_3^2}{N} = \frac{10^2}{100} = 1$$

不同种类运行列车组 n_{12}、n_{13}、n_{23}、n_{21}、n_{31}、n_{32} 为

$$n_{12} = n_{21} = \frac{n_1 \cdot n_2}{N} = \frac{50 \times 40}{100} = 20$$

$$n_{13} = n_{31} = \frac{n_1 \cdot n_3}{N} = \frac{50 \times 10}{100} = 5$$

$$n_{23} = n_{32} = \frac{n_2 \cdot n_3}{N} = \frac{40 \times 10}{100} = 4$$

4. 列车运行图结构参数

列车运行图结构参数是指作为列车运行图基本结构单元的运行列车组,为实现一定的编图目标而必须在运行图中为运行列车组设定占用区间(区段)的时间因素,以及用来描述编图目标和条件的通过能力因素,它包括:

(1)确保列车运行安全的运行列车组平均最小间隔时间。

(2)组织列车在中间站有作业停车和越行需要的列车在中间站停车平均占用区间的时间。

(3)确保列车运行质量的列车运行图平均缓冲时间。

(4)区间通过能力。

(5)区段行车量。

4.2　运行列车组平均最小列车间隔时间

4.2.1　双线区段运行列车组最小列车间隔时间

在双线区段,运行列车组最小列车间隔时间是指运行列车组两列车由区间同一车站出发或通过的最小必要间隔时间。

最小列车间隔时间 I 就每一种类运行列车组有不同情况。对于只具有两种列车种类组的区段,可能的运行列车组种类数为

$$n_{双}=2^2=4$$

(1)在双线自动闭塞区段,组织列车追踪运行。四种运行列车组的构成情况如图 4.2.1 和图 4.2.2 所示,图中各种运行列车组最小列车间隔时间,在相应区段具体条件下,可根据列车运行要求计算确定。

图 4.2.1　相同种类运行列车组构成图

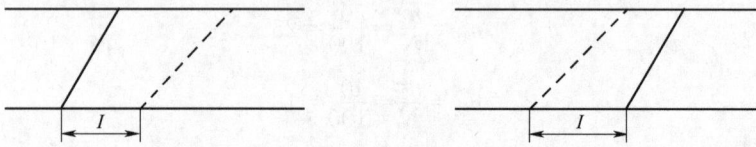

图 4.2.2　不同种类运行列车组构成图

相同种类运行列车组和以快速列车为第一列车的不相同种类运行列车组,一般按最小列车追踪间隔时间取值。但慢速列车为第一列车的不相同种类运行列车组应按如下方法取值:

$$I=I_{追}+\Delta t$$

式中　Δt——慢速、快速列车在计算区间的运行时间差,对于有停车作业摘挂列车,为摘挂列车与快速列车的最大区间运行时间差;对于其他货物列车,按在区段内越行一次计算,近似地取货物列车与快速列车区段运行时间差之半的数值;

$I_{追}$——最小列车追踪间隔时间。

(2)在双线半自动闭塞区段,列车在区段内以连发方式运行,四种运行列车组的构成情况如图 4.2.3 所示。

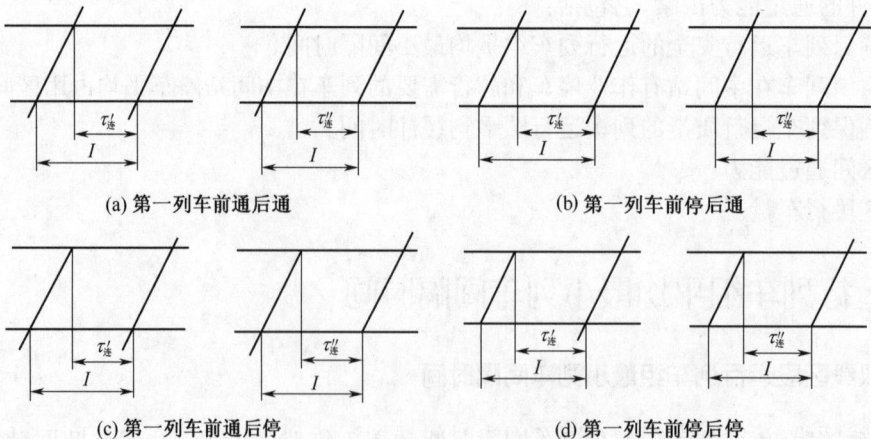

(a) 第一列车前通后通　　　　　　　　(b) 第一列车前停后通

(c) 第一列车前通后停　　　　　　　　(d) 第一列车前停后停

图 4.2.3　连发间隔时间构成图

最小列车间隔时间可按下式计算：

$$I = t_{运1} + \tau_连$$

式中 $t_{运1}$——运行列车组第一列车的区间运行时分，min；

$\quad\quad \tau_连$——列车连发间隔时间，min。

4.2.2 单线区段运行列车组最小列车间隔时间

1. 单线区段运行列车组

在单线区段，以运行列车组两列车运行方向为特征，可将运行列车组分为运行方向相同运行列车组（或称为连发运行列车组）和运行方向不相同运行列车组（或称为相向运行列车组）两类。

在单线区段，若以运行列车组两列车种类为特征，可将运行列车组分为相同种类运行列车组和不相同种类运行列车组。

2. 连发运行列车组最小列车间隔时间

对于连发运行列车组，最小列车间隔时间虽与双线区段的概念相似，也是指运行列车组两列车由区间同一车站出发或通过的最小必要间隔时间，但是在包含的时间因素上却有所不同，且它还与第一列车在区间两端站的运行情况相关。根据运行列车组第一列车在区间两端站运行情况之不同，每一种类连发运行列车组的可能构成情况如图 4.2.3 所示。

据此，区分不同情况的最小列车间隔时间可按如下公式计算：

（1）第一列车前通后通时

$$I = t_{运1} + \frac{1}{2}(\tau'_连 + \tau''_连) = t_{运1} + \tau_连$$

式中 $\tau'_连$——第一列车前通或停、第二列车后通条件下的同方向列车连发间隔时间，min；

$\quad\quad \tau''_连$——第一列车前通或停、第二列车后停条件下的同方向列车连发间隔时间，min。

（2）第一列车前停后通时

$$I = t_{运1} + \tau_加 + \frac{1}{2}(\tau'_连 + \tau''_连) = t_{运1} + \tau_加 + \tau_连$$

式中 $\tau_加$——列车加速附加时分，min。

（3）第一列车前通后停时

$$I = t_{运1} + \tau_减 + \frac{1}{2}(\tau'_连 + \tau''_连) = t_{运1} + \tau_减 + \tau_连$$

式中 $\tau_减$——列车减速附加时分，min。

（4）第一列车前停后停时

$$I = t_{运1} + \tau_加 + \tau_减 + \frac{1}{2}(\tau'_连 + \tau''_连) = t_{运1} + \tau_加 + \tau_减 + \tau_连$$

假定连发运行列车组第一列车在运行图中出现四种运行情况的概率是相等的，则计算连发运行列车组最小间隔时间的一般式也可以写为

$$I = t_{运1} + \tau_连 + \frac{1}{2}(\tau_加 + \tau_减)$$

3. 相向运行列车组最小列车间隔时间

对于相向运行列车组最小列车间隔时间是指运行列车组第一列车由区间一端站出发或通

过之时起,至运行列车组第二列车由区间另一端站出发或通过时止的时间,其值与运行列车组第一、二列车在运行图上铺画的优先级相关。

（1）当两列车的优先级相同时

按照运行列车组第一列车在区间两端站运行情况之不同,相向运行列车组的基本构成情况如图4.2.4所示。

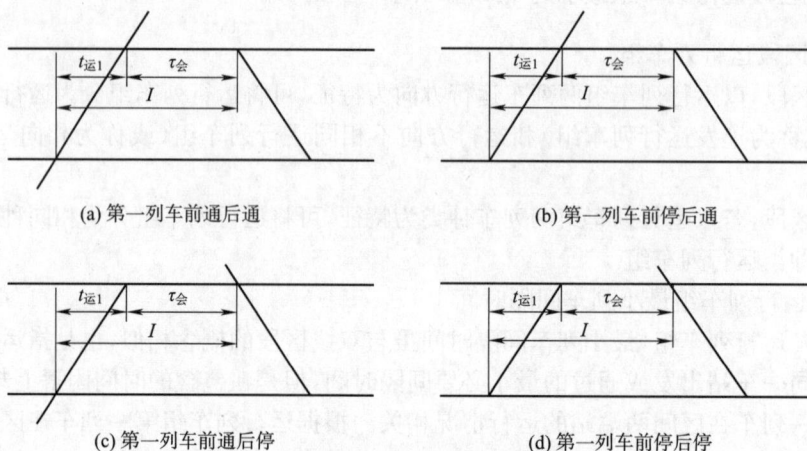

(a) 第一列车前通后通 (b) 第一列车前停后通

(c) 第一列车前通后停 (d) 第一列车前停后停

图 4.2.4　相向运行列车组构成图（一）

①第一列车前通后通时

$$I = t_{运1} + \tau_{会}$$

式中　$\tau_{会}$——会车间隔时间,min。

②第一列车前停后通时

$$I = t_{运1} + \tau_{加} + \tau_{会}$$

③第一列车前通后停时

$$I = t_{运1} + \tau_{减} + \tau_{不}$$

式中　$\tau_{不}$——相对方向列车不同时到达间隔时间,min。

④第一列车前停后停时

$$I = t_{运1} + \tau_{加} + \tau_{减} + \tau_{不}$$

（2）当两列车优先级不相同,且第一列车优先于第二列车时

这时运行列车组第一列车在区间终端上必取通过的铺画方式,而按其在区间始端站运行情况之不同,相向运行列车组可有如图4.2.5所示的基本构成情况。

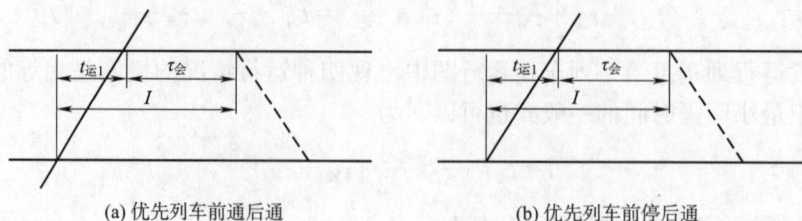

(a) 优先列车前通后通 (b) 优先列车前停后通

图 4.2.5　相向运行列车组构成图（二）

据此,区分不同情况的最小列车间隔时间可按如下公式计算:

①优先列车前通后通时

$$I = t_{运1} + \tau_{会}$$

②优先列车前停后通时

$$I = t_{运1} + \tau_{加} + \tau_{会}$$

与列车等级相同的情况相类似,作为一般式也可以写为

$$I = t_{运1} + \tau_{会} + \frac{1}{2}\tau_{加}$$

(3)当两列车优先级不相同,且第二列车优先于第一列车时

这时运行列车组第一列车在区间终端站必取停车待会的铺画方式,而按其在区间始端站运行情况之不同,相向运行列车组可有如图 4.2.6 所示的基本构成情况。

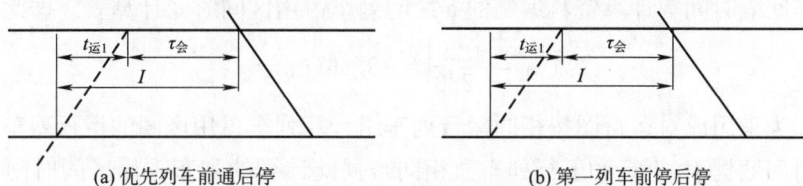

(a) 优先列车前通后停　　　　　　　　　(b) 第一列车前停后停

图 4.2.6　相向运行列车组构成图(三)

据此,区分不同情况的最小列车间时间可按如下公式计算:

①第一列车前通后停时

$$I = t_{运1} + \tau_{减} + \tau_{不}$$

②第一列车前停后停时

$$I = t_{运1} + \tau_{加} + \tau_{减} + \tau_{不}$$

因而,作为一般式也可以写为

$$I = t_{运1} + \tau_{不} + \tau_{减} + \frac{1}{2}\tau_{加}$$

4.2.3　运行列车组平均最小列车间隔时间

运行列车组平均最小列车间隔时间是指运行列车组最小间隔时间的平均值。

设根据列车运行图查定的类别运行列车组数为 n_{ij},相应的最小列车间隔时间为 I_{ij},则单双线区段运行列车组占用区间的总时间 B 应为

$$B = \sum_{i,j=1}^{n_{组}} n_{ij} I_{ij}$$

式中　i——运行列车组第一列车的列车种类组序号;

　　　　j——运行列车组第二列车的列车种类组序号。

若一日内开行的全部列车数为 N,则平均最小列车间隔时间 $\bar{I}_{一般}$ 可按下式计算:

$$\bar{I}_{一般} = \frac{B}{N}$$

当所研究区段还没有列车运行图可提供利用时,认为各种列车运行组的出现都是随机事件。在这种情况下以不同种类列车数和类别运行列车组最小列车间隔时间 I_{ij} 为基础,双线区段平均最小间隔时间可按下式计算:

$$\bar{I}_{-般} = \frac{\sum\limits_{i,j=1}^{n_{组}} n_i n_j I_{ij}}{\sum\limits_{i,j=1}^{n_{组}} n_i n_j}$$

式中 n_i, n_j ——列车运行组中第一、二列车的种类别列车数。

表 4.2.1 和表 4.2.2 所列为某单线铁路区段 a 区间的列车运行图资料。表 4.2.3 为根据这一运行图资料编制的该区段 36 种可能运行列车组最小列车间隔时间计算结果汇总表。

表 4.2.4 为根据平均最小间隔时间计算原理、表 4.2.2 和表 4.2.3 的类别运行列车组数及其最小列车间隔时间等计算资料编制的 a 区间列车占用区间时间计算表。据此,可有

$$\bar{I}_{-般} = \frac{4\,291}{230} = 18.66(\min)$$

表 4.2.5 为采用成对运行图按相同运行列车组计算列车占用区间的运行列车组组数和最小列车间隔时间数据表(上行和下行列车数相同),据此计算的列车占用区间时间计算表见表 4.2.6,这时有

$$\bar{I}_{-般} = \frac{4\,184}{226} = 18.51(\min)$$

表 4.2.1 列车运行图资料表

车 站	车站间隔时间(min)			列车起停附加时间(min)				列车区间运转时分(min)			
				上 行		下 行		上 行		下 行	
	$\tau_{不}$	$\tau_{会}$	$\tau_{连}$	$\tau_{加}$	$\tau_{减}$	$\tau_{加}$	$\tau_{减}$	直快列车	货物列车	直快客车	货物列车
A	5	2	5	1	1	3	1	11	13	12	15
a	5	2	5	1	1	3	1				

表 4.2.2 运行列车组数表 单位:组

第一列车 ＼ 第二列车	A↑	A↓	B↑	B↓	C↑	C↓	计
A↑		7	5	1	6	9	28
A↓	4		2	3	14	5	28
B↑	3			2	1	12	18
B↓	1	1	1		9	1	13
C↑	9	10	2	6	13	32	72
C↓	15	6	8	1	29	12	71

表 4.2.3　最小列车间隔时间表　　　　　　　　　　单位:min

第一列车 \ 第二列车	A↑	A↓	B↑	B↓	C↑	C↓
A↑	17.0	15.5	17.0	13.5	17.0	13.5
A↓	17.5	19.0	15.5	19.0	15.5	19.0
B↑	19.0	19.5	19.0	17.5	19.0	15.5
B↓	21.5	22.0	20.5	22.0	18.5	22.0
C↑	19.0	19.5	19.0	19.5	19.0	17.5
C↓	21.5	22.0	21.5	22.0	20.5	22.0

表 4.2.4　列车占用区间时间计算表(一)　　　　　　单位:min

第一列车			A↑ 28组	A↓ 28组	B↑ 18组	B↓ 13组	C↑ 72组	C↓ 71组	
A↑	28组	n_{ij}		7	5	1	6	9	
		I_{ij}	17.0	15.5	17.0	13.5	17.0	13.5	
		$n_{ij}I_{ij}$		108.5	85.0	13.5	102.5	121.5	
A↓	28组	n_{ij}		4	2	3	14	5	
		I_{ij}	17.5	19.0	15.5	19.0	15.5	19.0	
		$n_{ij}I_{ij}$		76.0	31.0	57.0	217.0	95.0	
B↑	18组	n_{ij}	3			2	1	12	
		I_{ij}	19.0	19.5	19.0	17.5	19.0	15.5	
		$n_{ij}I_{ij}$	57.0			35.0	19.0	186.0	
B↓	13组	n_{ij}	1	1	1		9	1	
		I_{ij}	21.5	22.0	20.5	22.0	18.5	22.0	
		$n_{ij}I_{ij}$	21.5	22.0	20.5		166.5	22.0	
C↑	72组	n_{ij}	9	10	2	6	13	32	
		I_{ij}	19.0	19.5	19.0	19.5	19.0	17.5	
		$n_{ij}I_{ij}$	171.0	195.0	38.0	117.0	247.0	560	
C↓	71组	n_{ij}	15	6	8	1	29	12	
		I_{ij}	21.5	22.0	21.5	22.0	20.5	22.0	
		$n_{ij}I_{ij}$	322.5	132.0	172.0	22.0	594.0	264	
计	230组	$\sum n_{ij}I_{ij}$	572.0	533.5	346.5	244.5	1 346.0	1 248.5	4 291

表 4.2.5　计算数据

第一列车 \ 第二列车	组　数(组)						I_{ij}(min)					
	A↑	A↓	B↑	B↓	C↑	C↓	A↑	A↓	B↑	B↓	C↑	C↓
A↑		7		8		13		15.5		13.5		13.5
A↓	8		5		15		17.5		15.5		15.5	

续上表

第一列车 ＼ 第二列车	组 数（组） A↑	A↓	B↑	B↓	C↑	C↓	I_{ij}(min) A↑	A↓	B↑	B↓	C↑	C↓
B↑		4		5		13		19.5		17.5		15.5
B↓	4		3		6		21.5		20.5		18.5	
C↑		17		4		46		19.5		19.5		17.5
C↓	16		10		46		21.5		21.5		20.5	

表 4.2.6 列车占用区间时间计算表（二）　　　　单位：min

第一列车		第二列车	A↑ 28组	A↓ 28组	B↑ 18组	B↓ 13组	C↑ 67组	C↓ 72组
A↑	28组	n_{ij}		7		8		13
		I_{ij}		25.5		13.5		13.5
		$n_{ij}I_{ij}$		108.5		108		175.5
A↓	28组	n_{ij}	8		5		15	
		I_{ij}	17.5		15.5		15.5	
		$n_{ij}I_{ij}$	140		77.5		232.5	
B↑	18组	n_{ij}		4		5		13
		I_{ij}		19.5		17.5		15.5
		$n_{ij}I_{ij}$		78		87.5		201.5
B↓	13组	n_{ij}	4		3		6	
		I_{ij}	21.5		20.5		18.5	
		$n_{ij}I_{ij}$	86		61.5		111	
C↑	67组	n_{ij}		17		4		46
		I_{ij}		19.5		19.5		17.5
		$n_{ij}I_{ij}$		331.5		78		805
C↓	72组	n_{ij}	16		10		46	
		I_{ij}	21.5		21.5		20.5	
		$n_{ij}I_{ij}$	344		215		943	
计	226组	$\sum n_{ij}I_{ij}$	570	518	354	273.5	1 286.5	1 182　4 184

4.3　列车在中间站停车平均占用区间时间

4.3.1　列车在中间站停车平均占用区间时间概述

列车在区间内运行占用时间的时间因素有：

(1)列车区间运行时间。

(2)在中间站停车或不停车办理行车作业时间。

(3)在中间站停车办理客货运作业时间。

最小列车间隔时间是指运行列车组两列车可以在同一区间内运行,且运行过程互不干扰的最小间隔时间。显然,在这一间隔时间内包含了列车区间运行时间、不停车办理列车追踪运行行车作业等时间因素,但不包含列车在中间站停车办理客货运作业和越行时间,因而,仅用最小列车间隔时间来描述列车在区间内运行占用区间时间还不完整。

一般说来,列车在中间站停车办理作业和组织列车越行只是列车运行图中的部分列车。因而,该项作业占用区间时间,并不发生在每一运行列车组的列车间隔时间中。为便于处理,在以下分析计算中,将列车在中间站停车办理作业和组织列车越行额外增加占用区间时间总值,平摊到每一运行列车组,称之为列车在中间站停车作业和越行平均额外占用区间时间(简称列车在中间站停车平均占用区间时间 $\Delta t_\text{占}$)。

$\Delta t_\text{占}$ 的确定可采用调查法,也可以采用分析法。当铁路区间有实绩列车运行图资料可供使用时,应优先采用统计调查的方法。因高速铁路和普通铁路、双线铁路与单线铁路列车运行图结构不同,故 $\Delta t_\text{占}$ 的分析计算方法有所不同。

4.3.2 双线铁路区段 $\Delta t_\text{占}$ 的分析计算

4.3.2.1 双线铁路区段 $\Delta t_\text{占}$ 计算的基本原理

在这里,双线铁路包括高速铁路和既有线的普通双线铁路,尽管这两类双线铁路的行车组织方法不尽相同,但它们的共同点是按上下行分线运行,运行图结构相同。列车在中间站都有停车办理作业的安排。因而从 $\Delta t_\text{占}$(列车在中间站停车平均占用区间时间)计算的角度出发,其基本原理应该是一致的。

1. 运行列车组的划分

若以列车在中间站是否停车办理作业为特征划分运行列车组,则可划分为"停停""通通""停通"和"通停"(如图 4.3.1 所示)四种类型的运行列车组。设开行的停车列车数为 $N_\text{停}$,总列车数为 N,无停车列车数为 $N_\text{通}$,则有

$$N = N_\text{停} + N_\text{通}$$

因而,四种类型运行列车组的组数,可按如下方法计算:

$$n_\text{停停} = \frac{N_\text{停}^2}{N}, \quad n_\text{通通} = \frac{N_\text{通}^2}{N}, \quad n_\text{停通} = n_\text{通停} = \frac{N_\text{通} N_\text{停}}{N}$$

"通通"运行列车组在中间站没有停车,不产生额外占用区间时间;"停通"和"通停"运行列车组,即有作业停车列车未采用单独铺画方案的运行列车组,列车每次停车作业均将增加一个 $t_\text{停}$ 的占用区间时间;"停停"运行列车组占用区间时间,根据停车列车在运行图上的铺画方案不同,而有所不同。因此,列车在中间站停车办理作业对区间占用的问题,主要发生在"停停"运行列车组上。

2. "停停"运行列车组对区间占用的分析

在区间内运行的列车种类很多,若按运行速度不同划分,基本上可分为慢速列车和快速列车两类,则"停停"运行列车组又可分为"快快""慢慢""快慢""慢快"四种类型的运行列车组。设有停车列车中快速列车为 $N_\text{停S}$、慢速列车为 $N_\text{停L}$,则有

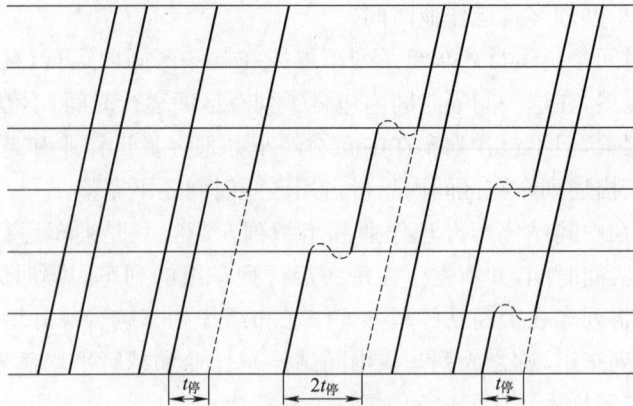

图 4.3.1　停车占用区间时间图

$$n_{停停SS}=\frac{N_{停S}^2}{N}, \quad n_{停停LL}=\frac{N_{停L}^2}{N}$$

$$n_{停停SL}=n_{停停LS}=\frac{N_{停S}N_{停L}}{N}$$

　　其中"停停 SS"和"停停 LL"为相同列车种类运行列车组(如图 4.3.2 所示),当有作业停车列车在运行图上两列连续成组铺画,且在区间内每列停车 1 次时,如图 4.3.3 所示,在三个铺画方案中左边两个方案增加 1 个 $t_{停}$ 的占用区间时间,而右边一个方案增加 2 个 $t_{停}$ 的占用区间时间。在两列成组连续铺画列车中,一列在区间内停车作业 2 次,而另一列为停业作业 1 次时,如图 4.3.4(a)所示,将增加 2 个 $t_{停}$ 的占用区间时间;而当两列都停车作业 2 次时,如图 4.3.4(b)所示,在三个列举的铺画方案中左边两个方案增加 2 个 $t_{停}$ 的占用区间时间,而右边一个方案增加 3 个 $t_{停}$ 的占用区间时间;在两列成组连续铺画列车中,其中一列停车作业 2 次,而一列停车 3 次时,如图 4.3.5(a)所示,将增加 3 个 $t_{停}$ 占用区间时间;而两列都停车 3 次时,如图 4.3.5(b)所示,用同样方法可以说明实用方案将增加 3 个 $t_{停}$ 的占用区间时间。通过上述分析说明,可得如下结论:

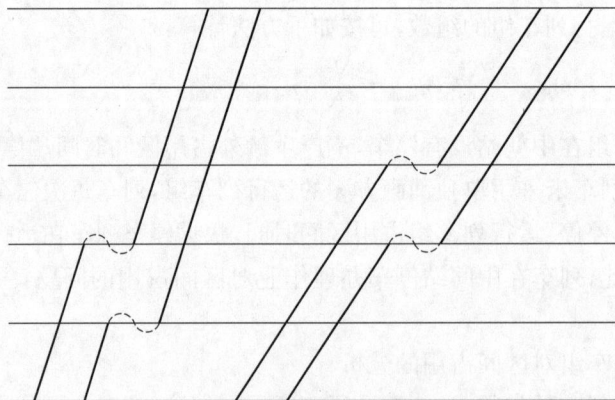

图 4.3.2　停车相同种类列车组图

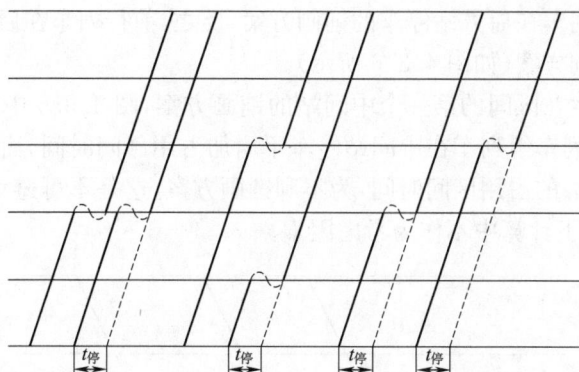

图 4.3.3　有作业停车运行列车组示意图（一）

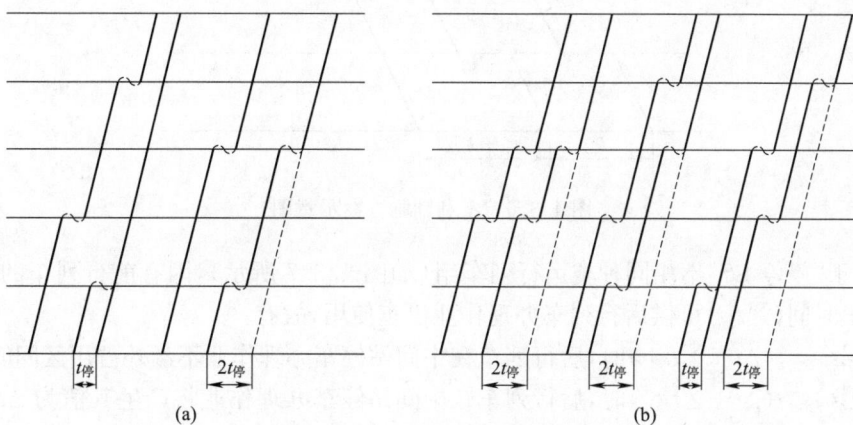

(a)　　　　　　　　　　　　　　　(b)

图 4.3.4　有作业停车运行列车组示意图（二）

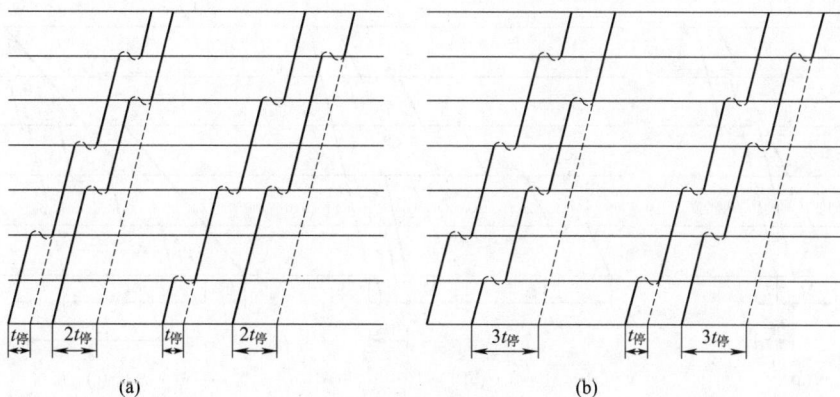

(a)　　　　　　　　　　　　　　　(b)

图 4.3.5　有作业停车运行列车组示意图（三）

（1）对于"停停"相同种类运行列车组，若有作业停车列车成组连续铺画方案，增加的 $t_{停}$ 个数等于运行列车组两列车中停车次数较大者的停车次数。

停车次数较少的列车如不额外占用区间时间，则称该方案为有利铺画方案，否则为不利铺画方案。连续铺画有停车列车运行线有利方案，通常为前后行列车在同一站停车，或前行列车在前方站停车而后行列车在后方站停车的铺画方案,反之,前行列车在后方站停车而后行列车在前方站停车则为不利方案(如图 4.3.6 所示)。

不利方案主要发生在区间的第一个中间站的铺画方案,图 4.3.6 中 1、2、3 列车构成两个运行列车组,1、2 运行列车组列车在中间站停车不增加占用区间时间,而 2、3 列车构成的运行列车组却需增加一个 $t_停$ 的占用区间时间,为不利铺画方案,这是不可避免的,考虑到发生这种情况的概率不大,在以下计算中不作为考虑因素。

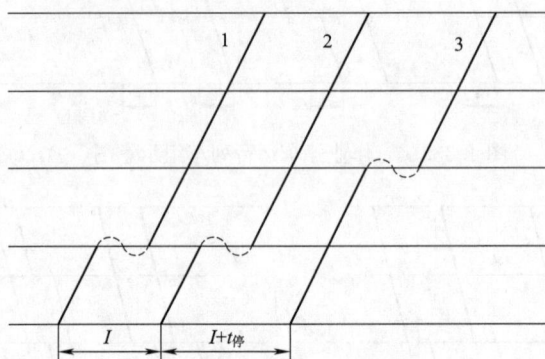

图 4.3.6　不利铺画方案示意图

(2)对于"停停 LS"不相同种类运行列车组(如图 4.3.7 所示),因有前行列车的速差时间(Δt)和停车时间($\sum t_停$)可供后行列车办理作业停车使用,故有:

①当 $\sum t_{停S} \leqslant (\Delta t + \sum t_{停L})$ 时,后行列车在中间站停车办理作业不额外占用区间时间。

②当 $\sum t_{停S} > (\Delta t + \sum t_{停L})$ 时,后行列车在中间站停车办理作业将产生其值为 $\Delta t_{占S}$ 的额外占用区间时间,即:

$$\Delta t_{占S} = \sum t_{停S} - (\Delta t + \sum t_{停L})$$

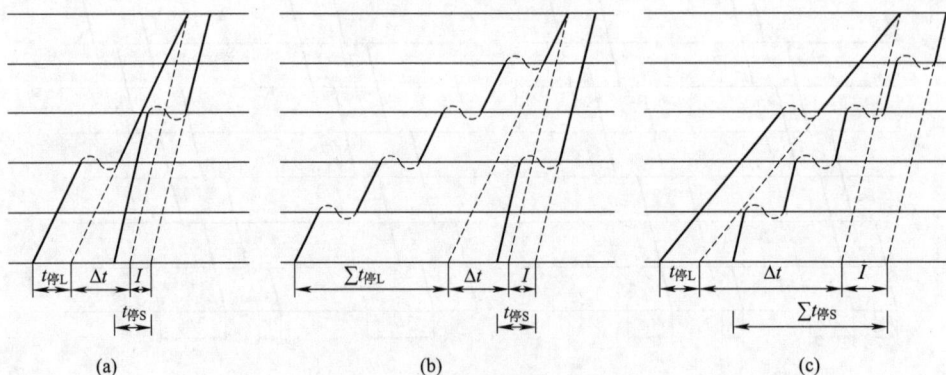

(a)　　　　　　　　　(b)　　　　　　　　　(c)

图 4.3.7　停车不相同列车种类运行列车图(一)

通常情况下,快速列车在中间站停车次数有限,发生后一种情况的概率很小。一般可按第一种情况处理,即后行列车在中间站停车不额外占用区间时间。

(3)对于"停停 SL"不相同列车种类列车组(如图 4.3.8 所示),因为有后行列车的速差时间(Δt)可供前行列车办理作业使用,故有:

①当$\sum t_{停S} \leqslant \Delta t$ 时,前行列车在中间站停车办理作业不额外占用区间时间。

②当$\sum t_{停S} > \Delta t$ 时,前行列车在中间站停车办理作业将产生其值为 $\Delta t_{占S}$ 的额外占用区间时间,即

$$\Delta t_{占S} = \sum t_{停S} - \Delta t$$

通常情况下,快速列车在中间站停车办理作业次数有限,发生后一种情况的概率很小。一般也可按第一种情况处理,即前行列车在中间站停车办理作业不额外占用区间时间。

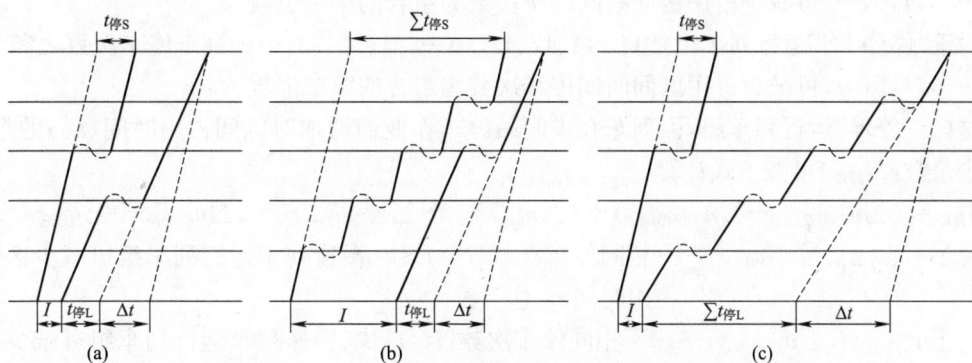

图 4.3.8 停车不相同列车种类运行列车组图(二)

3. 不同停车次数组合的运行列车组及其对区间的占用

有作业停车列车又有在区间段内停车次数不同的特征。若在运行图中出现 i 次停车和 j 次停车运行列车组的概率为 $\omega_{SS停停ij}$,则有

$$\omega_{SS停停ij} = \frac{N_{S停i}N_{S停j}}{N^2} (i=1,2,3\cdots, j=1,2,3\cdots)$$

因而,在停车列车连续铺画运行列车组中,有 i 次停车列车和 j 次停车列车组成运行列车组的组数为 $n_{停停ij}$ 应为

$$n_{SS停停ij} = N \cdot \omega_{SS停停ij} = \frac{N_{S停i}N_{S停j}}{N} (i=1,2,3\cdots, j=1,2,3\cdots)$$

相应地,可有

$$n_{LL停停ij} = \frac{N_{L停i}N_{L停j}}{N}$$

$$n_{SL停停ij} = \frac{N_{S停i}N_{L停j}}{N}$$

$$n_{LS停停ij} = \frac{N_{L停i}N_{S停j}}{N}$$

理论上"停停"运行列车组按前行列车和后行列车停车次数之不同,可有以下组合:

$$11、12、13、\cdots\cdots$$
$$21、22、23、\cdots\cdots$$
$$31、32、33、\cdots\cdots$$
$$\vdots$$

　　根据对"停停"运行列车组的分析研究,对于"停停 SS""停停 LL"运行列车组组合 11、22、33、……相同停车次数运行列车组,列车停车次数为 $2,4,6,\cdots$,可减少占用区间时间停车次数为 $1,2,3,\cdots$。

　　组合 12、13、21、23、31、32、……不相同停车次数运行列车组,列车停车次数为前、后行停车次数之和,减少对区间占用时间 $t_停$ 个数为其中停车次数较少列车的停车次数。

　　对于"停停 SL"运行列车组,组合 11、12、13、……、21、22、23、……列车停车次数之和为 $2,3,4,\cdots,3,4,5,\cdots$,可减少占用区间时间停车次数为组合的第一位数。

　　对于"停停 LS"运行列车组,组合 11、12、13、……、21、22、23、……列车停车次数之和为 $2,3,4,\cdots,3,4,5,\cdots$,可减少占用区间时间停车次数为组合的第二位数。

　　这样,"停停"运行列车组,因列车在中间站停车作业而增加对区间占用时间($t_停$)的个数,可减少个数($N'_{停停}$)可按下式计算:

$$N'_{停停} = \left(\sum n_{SS停停\,i=j} + \sum n_{SS停停\,i\neq j} \right) + \left(\sum n_{LL停停\,i=j} + \sum n_{LL停停\,i\neq j} \right) + \left(\sum n_{SL停停\,i} + \sum n_{LS停停\,j} \right)$$

式中　$\sum n_{SS停停\,i=j}$、$\sum n_{LL停停\,i=j}$——相同停车次数($i=j$)快、慢速列车运行列车组可减少区间占用时间 $t_停$ 总个数;

　　　　$\sum n_{SS停停\,i\neq j}$、$\sum n_{LL停停\,i\neq j}$——不相同停车次数($i\neq j$)快、慢速列车运行列车组可减少区间占用时间 $t_停$ 总个数;

　　　　$\sum n_{SL停停\,i}$、$\sum n_{LS停停\,j}$——不相同列车种类运行列车组可减少占用区间时间 $t_停$ 总个数。

4.3.2.2　高速铁路客流区段 $\Delta t_占$ 的分析计算

1. 高速铁路旅客列车开行方案

(1)单一种类列车开行方案

　　在高速铁路线上,将两相邻或不相邻客运站间的铁路区段定义为客流区段。其中两相邻客运站间为短区段,不相邻客运站间为长区段。

　　在高速铁路区段只运行相同运行速度列车的列车运行组织方案称为单一种类开行方案。在这一方案下,根据需要列车在中间站可以有停车或不停车的区分,停车办理作业列车也可以有停车次数和停车站不同的区分。

　　城际高速铁路一般采用单一种类列车开行方案。

(2)多种类列车开行方案

　　在高速铁路区间运行两种及以上运行速度列车的列车运行组织方案称多种类列车开行方案。在这一方案下,根据需要,任一种类列车在中间站都有停车或不停车的区分,停车办理作业列车也可以有停车次数和停车站不同的区分。

2. 单一速度标准高速铁路的 $\Delta t_占$

　　采用单一速度标准的高速铁路全部运行列车均为相同种类的列车,因而组成运行列车组也全部是相同种类的运行列车组,它根据在中间站办理停车作业与否,可将运行列车组划分为"停停""通通""停通""通停"四类。其中"通通"不在中间站停车办理作业,与占用区间时间无关。"通停""停通"运行列车组在中间站有作业停车采用单独铺画的方式,每停车一次增加一个其值为 $t_停$ 的占用区段时间,也与 $\Delta t_占$ 的计算无关。因此,对于采用单一速度标准的高速铁路只需计算相同种类"停停"运行列车组列车在中间站停车作业对不额外占用区段时间的影响。

"停停"运行列车组还可以按第一列车、第二列车行车次数的不同，划分运行列车组。设"停停"运行列车组第一列车和第二列车的停车次数各 i,j 次（$i=1,2,3\cdots,j=1,2,3\cdots$），则 i 次和 j 次停车列车组合的运行列车组组数 $n_{停停ij}$，可按下式计算：

$$n_{停停ij}=\frac{N_{停i}N_{停j}}{N}$$

根据这一公式及双线铁路 $\Delta t_占$ 计算基本原理编制的旅客列车在中间站停车办理作业不额外占用区段时间数据表格式见表 4.3.1。

表 4.3.1　旅客列车在中间站停车办理作业不额外占用区段时间的次数值表

i	列车停车次数			1			2			···
	列车数									
j	列车停车次数	1	2	···	1	2	···			
	列车数									
不占用区段停车时间的停车次数	组合名称									
	组合数									
	取值（i 或 j）									
	列车停车次数									

表中"组合名称"用组合的停车次数表示，例如 $i=1,j=2$ 的组合名称用 12 表示，"组合数"为 i,j 的乘积，例如 $i=1,j=2$ 的组合数为 $1\times2=2$，"取值（i 或 j）"为按双线铁路计算 $\Delta t_占$ 基本原理确定的旅客列车在中间站停车不额外占用区间时间的停车次数，取 i 值或取 j 值，"列车停车次数"为 i 或 j 的取值与组合数的乘积。

$\Delta t_占$ 的分析计算方法为：

（1）原始数据

开行旅客列车列数及其在中间站停车办理作业的列车数、旅客列车在中间站平均作业时间等。设表 4.3.2 为某城际高速铁路的计算数据，$t_停$ 取 7 min。

（2）数据处理

①将区间开行旅客列车组成同一速度标准的相同种类运行列车运行组。区段开行旅客列车数 100，故组成的运行列车组数是 100。

②以列车有停车作业为特征，将 100 组相同种类运行列车组划分为"停停""通通""停通""通停"四种运行列车组，计算结果见表 4.3.3。

③对"停停"运行列车组做不同停车次数的组合，并计算第一列车 i 次停车、第二列车 j 次停车的运行列车组数，计算结果见表 4.3.4。

④将运行列车组合分为两类，即 $i=j$ 和 $i\neq j$ 两类。按 $i=j$ 类列车有 i 列车在中间站停车作业不额外占用区段时间，$i\neq j$，且 $i<j$ 类列车，有 i 列车在中间站停车作业不额外占用区段时间的计算法则，确定每个组合不额外占用区段时间的列车数。例如，第一、第二列车各为停车一次的列车组合，有 4 组（见表 4.3.4）。按照上述法则，4 组列车各产生一次不额外占用区段时间的停车次数，因而计为 4 次。又如，有停车列车组合 24，第一列车停车 2 次，第二列车停车 4 次组合数为 1。因 $i<j$，所以取 2 为不额外占用区段时间的停车次数，为 2 次（见表 4.3.4）。

（3）$\Delta t_占$的计算

将表 4.3.4 的计算资料加以汇总，可得旅客列车停车不额外占用区段时间的总停车次数，为 20 次。若取旅客列车平均停站时间为 7 min，旅客列车总停车次数为 $N_停$（80 次），不额外占用区间时间的停车次数为 $N_{停不}$，则有停车作业占用区间时间 $T_停$ 为

$$T_停 = (N_停 - N_{停不})t_停 = (80 - 20) \times 7 = 420(\text{min})$$

因而 $\Delta t_占$ 为

$$\Delta t_占 = \frac{T_停}{N} = \frac{420}{100} = 4.2(\text{min})$$

表 4.3.2　高速铁路客流区间旅客列车停车作业数据表

停车站站数	0	1	2	3	4	总计
停车列车数	60	20	10		10	100

表 4.3.3　以停车为特征的运行列车组数表

不停车列车数	有停车列车数	有停车列车运行列车组数				
		停停	通通	停通	通停	总计
60	40	16	36	24	24	100

表 4.3.4　旅客列车中间站停车作业不额外占用区间时间数据表

i	停车次数	1				2				3				4			
	列车数	20				10								10			
j	停车次数	1	2	3	4	1	2	3	4	1	2	3	4	1	2	3	4
	列车数	20	10		10	20	10		10	20	10		10	20	10		10
不占用区段时间停车次数	组合名称	11	12	13	14	21	22	23	24	31	32	33	34	41	42	43	44
	组合数	4	2		2	2	1		1					2	1		1
	取值	1	1		1	2	2		2					1	2		4
	列车停车次数	4	2		2	2	2		2					2	2		4

3. 两速度标准高速铁路的 $\Delta t_占$

两速度标准的高速铁路区间采用开行两种不同速度的旅客列车开行方案，因而按速度特征划分运行列车组，可以有"快快""慢慢""快慢""慢快"四种不同种类的运行列车组，而且每种运行列车组又可以按在中间站办理停车作业与否划分为"停停""通通""停通""通停"四种不同种类运行列车组，在单一速度高速铁路部分已经说明，"通通""停通""通停"三种不同种类运行列车组与中间站停车占用区段时间的研究没有关系。因此，在这里需要研究的是"快快停停""慢慢停停""快慢停停""慢快停停"四类运行列车组。

设"快快"运行列车组中的"停停"运行列车组的组数为 $n_{快快停停}$，它可按下式计算：

$$n_{快快停停} = \frac{N_{快停}^2}{N}$$

相应的也可有

$$n_{慢慢停停}=\frac{N^2_{慢停}}{N}$$

$$n_{快慢停停}=n_{慢快停停}=\frac{N_{快停}N_{慢停}}{N}$$

上述运行列车组还可以按停车次数的不同加以划分。

设"快快停停"运行列车组第一列车和第二列车的停车次数各为 i、j($i=1,2,3\cdots$,$j=1,2,3\cdots$),则 i 次和 j 次"快快停停"组合的运行列车组组数 $n_{快快停停ij}$ 可按下式计算:

$$n_{快快停停ij}=\frac{N_{快停i}N_{快停j}}{N}$$

相类似也可以写出其他组合的计算公式。

根据上述计算公式和双线铁路 $\Delta t_占$ 计算的基本原理,编制的旅客列车在中间站停车办理作业不额外占用区段时间的数据表见表 4.3.5～表 4.3.8。

表 4.3.5　停车办理作业不额外占用区段时间停车次数表(快快停停 ij)

i	停车次数	1			2			3			···
	列车数	15			10			5			
j	停车次数	1	2	3	1	2	3	1	2	3	
	列车数	15	10	5	15	10	5	15	10	5	
不占用区段时间停车次数	组合名称	11	12	13	21	22	23	31	32	33	
	组合数	2	2		2	1		1	1		
	取值	2×1	2×1		2×1	1×2		1×1	1×2		
	列车停车次数	2	2		2	2		1	2		

表 4.3.6　停车办理作业不额外占用区段时间停车次数表(慢慢停停 ij)

i	停车次数	1			2			3			···
	列车数	10			5			5			
j	停车次数	1	2	3	1	2	3	1	2	3	
	列车数	10	5	5	10	5	5	10	5	5	
不占用区段时间停车次数	组合名称	11	12	13	21	22	23	31	32	33	
	组合数	1	1		1			1			
	取值	1×1	1×1		1×1			1×1			
	列车停车次数	1	1		1			1			

表 4.3.7　停车办理作业不额外占用区段时间停车次数表(快慢停停 ij)

i	停车次数	1			2			3			···
	列车数	15			10			5			
j	停车次数	1	2	3	1	2	3	1	2	3	
	列车数	10	5	5	10	5	5	10	5	5	

不占用区段时间停车次数	组合名称	11	12	13		21	22	23		31	32	33	
	组合数	2	1	1		1				1			
	取值	2×1	1×1	1×1		1×1				1×1			
	列车停车次数	2	1	1		1				1			

表 4.3.8　停车办理作业不额外占用区段时间停车次数表（慢快停停 ij）

i	停车次数	1			2			3			…		
	列车数	10			5			5					
j	停车次数	1	2	3	1	2	3	1	2	3			
	列车数	15	10	5	15	10	5	15	10	5			
不占用区段时间停车次数	组合名称	11	12	13	21	22	23	31	32	33			
	组合数	2	1	1	1			1					
	取值	2×1	1×1	1×1	1×1			1×1					
	列车停车次数	2	1	1	1			1					

数据表按"快快停停""慢慢停停""快慢停停""慢快停停"四个运行列车组分别编制。

$\Delta t_占$ 的分析计算方法为：

（1）原始数据

同单一方案。

（2）数据处理

①以速度为特征划分运行列车组，它包括"快快""慢慢""快慢""慢快"四种运行列车组，计算结果见表 4.3.10。

②将"快快""慢慢""快慢""慢快"运行列车组分别以停车作业为特征进一步划分运行列车组，它包括"停停""通通""停通""通停"四种运行列车组，计算结果见表 4.3.11。

③以列车停车作业次数为特征分别划分"快快停停 ij""慢慢停停 ij""快慢停停 ij""慢快停停 ij"各种组合的运行列车组，计算结果见表 4.3.5～表 4.3.8。

④分别对"快快停停 ij"等运行列车组计算旅客列车在中间站停车不额外占用区段时间的停车次数，并加以汇总分别可得"快快停停 ij""慢慢停停 ij""快慢停停 ij""慢快停停 ij"四类运行列车组的中间站停车不额外占用区段时间的总次数，计算结果见表 4.3.5～表 4.3.8。

⑤参考高速铁路速度标准开行列车数及停站次数（见表 4.3.9），将四种"停停 ij"运行列车组计算结果汇总可得总的中间站停车不占用区段时间总次数，计算结果见表 4.3.12。

（3）$\Delta t_占$ 的计算

①按下式计算旅客列车在中间站停车占用区段的时间

$$T_停 = (N_停 - N_{停不}) \cdot t_停 = (85 - 30) \times 7 = 385(\text{min})$$

②计算 $\Delta t_占$

$$\Delta t_占 = \frac{T_停}{N} = \frac{385}{100} = 3.85(\text{min})$$

表 4.3.9　高速铁路两种速度标准开行列车数及停站次数表

速度标准	开行列车数	停车次数			
		0	1	2	3
300 km/h	60	30	15	10	5
200 km/h	40	20	10	5	5

表 4.3.10　以列车运行速度为特征的运行列车组组数表

开行列车数		运行列车组			
S	L	SS	LL	LS	SL
60	40	36	16	24	24

表 4.3.11　以停车作业为特征划分运行列车组组数表

	列车数		运行列车组			
	停	通	停　停	通　通	停　通	通　停
S	30	30	9	9	9	9
L	20	20	4	4	4	4

表 4.3.12　旅客列车停车作业不额外占用区段时间次数计算表

组　合	总停车次数	组　数	不占用区段时间的停车次数
快快停停 ij	—	9	11
慢慢停停 ij	—	4	4
快慢停停 ij	—	6	6
慢快停停 ij	—	6	6
计	85	25	27

4.3.2.3　普通双线铁路区间 $\Delta t_{停}$ 的分析计算

1. 摘挂列车在中间站停车办理作业对区间占用

具有停车次数多、停车时间长特征的摘挂列车,在运行图上的铺画与普通货物列车有很大的不同。因而,在中间站停车办理作业产生不额外占用区间时间的停车次数计算原理也不同,需分别研究计算方法。

(1)摘挂列车运行图铺画方案

在双线区间,摘挂列车运行图铺画方案是指以最大限度缩短区段管内车流在中间站停留时间、加速顺向车流挂运、均衡中间站装卸车作业为目标,合理安排摘挂列车线位,优化前、后行摘挂列车铺画时间间隔关系的规划方案,图 4.3.9(a)、图 4.3.9(b)分别为最松散铺画方案和最紧密铺画方案。

在最松散铺画方案条件下,区间内同一时间只有一列摘挂列车。由于顺向车流有较为充分的作业时间,可以确保及时挂运,且车站一日内装卸车货运作业较为均衡,但后行摘挂列车不能利用前行摘挂列车的运行图空档。若定义由 $i(i=1,2,3,\cdots,k)$ 列摘挂列车组成共用一个

157

(a) 最松散铺画方案

(b) 最紧密铺画方案

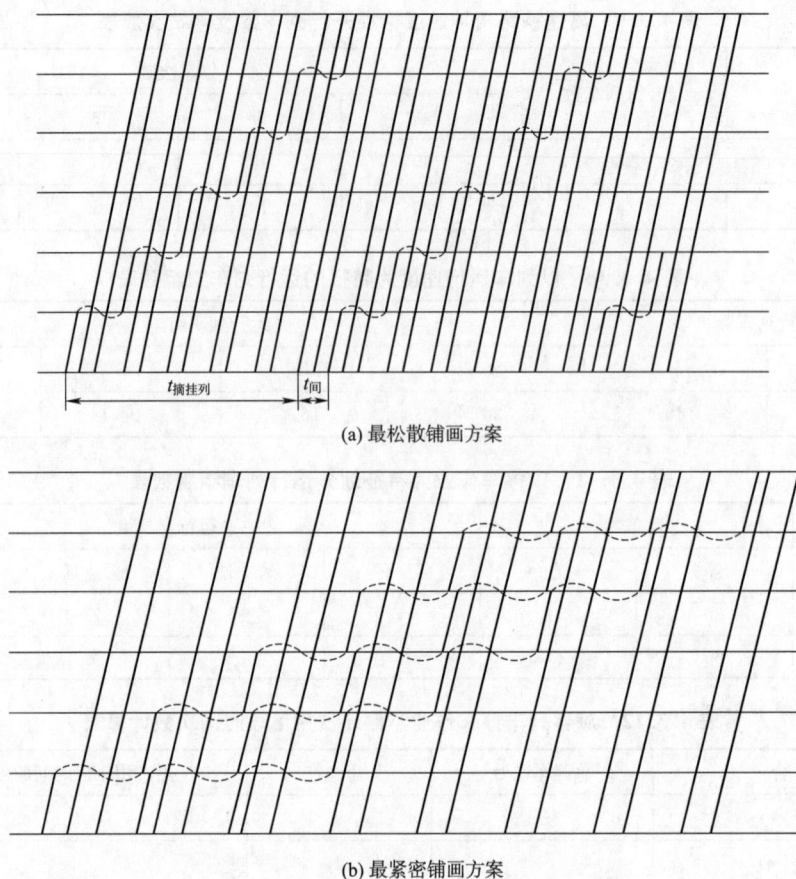

图 4.3.9　摘挂列车运行图铺画方案图

$t_{摘}$ 占用区间时间的列车组为摘挂列车组,则在最松散铺画方案条件下,摘挂列车组的 $i=1$、组数 $N_{摘挂组}$ 为

$$N_{摘挂组}=N_{摘挂}k$$

式中　$N_{摘挂}$——区间开行摘挂列车数;

　　　　k——摘挂列车平均停车作业站数。

此外,最松散铺画方案还受条件限制,即

$$N_{摘挂}(t_{摘挂列}+t_{间})\leqslant24\ h$$

式中　$t_{摘挂列}$——摘挂列车在区间两端车站间的旅行时间[如图 4.3.9(a)所示];

　　　　$t_{间}$——在最松散铺画条件下,两相邻摘挂列车发到时间差[如图 4.3.9(a)所示]。

在最紧密铺画方案条件下,区间内同一时间可有多列摘挂列车。由于前、后行摘挂列车间隔时间较短,不能保证顺向车流当日挂运,且车站一日内装卸车货运作业集中在一个时间段内,不利于车站作业组织。但后行摘挂列车最大限度地利用前行摘挂列车的运行时间空档,可减少摘挂列车占用区间时间。这时,组成摘挂列车组的 $i=2,3,\cdots,k$,而组数 $N_{摘挂组}$ 为

$$N_{摘挂组}=(N_{摘挂}-1)+k$$

为了减少摘挂列车在中间站停车办理作业对区间占用的影响,在实际工作中通常采用较

紧密铺画方案,同时也为了简化摘挂列车在中间站停车办理作业对区间占用的分析计算。在这里,采用最紧密铺画方案作分析计算。

(2)摘挂列车铺画方式

图 4.3.10 为摘挂列车在运行图上铺画示图。

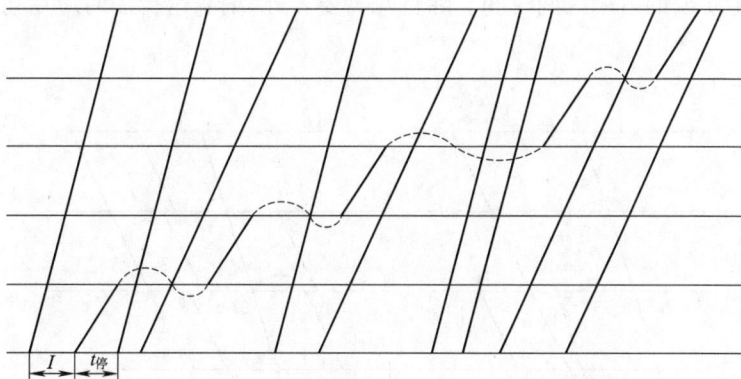

图 4.3.10　摘挂列车在运行图上铺画方式示图(一)

由图 4.3.10 可以看出,若以摘挂列车及其前、后行列车种类为特征加以区分,摘挂列车铺画方式可有如下四种类型:

①货物列车型[如图 4.3.11(a)所示],是指摘挂列车的前、后列车均为货物列车的铺画方式。这时,除摘挂列车运行区间外,其他区间均产生其值为 $t_{摘}$ 的运行图空档,可供铺画其他摘挂列车使用,从而形成由 $i=2,3,\cdots,k$,摘挂列车组成,共用一个 $t_{摘}$ 时间的摘挂列车组。$t_{摘}$ 按下式计算:

$$t_{摘}=I+t_{停}$$

②旅客列车型[如图 4.3.11(b)所示],是指摘挂列车的前、后列车均为旅客列车的铺画方式。这时,若摘挂列车按区间内最大区间条件铺画运行线,则其他区间均可产生其值大于或等于 $t_{摘}$ 的运行图空档,可供铺画其他摘挂列车使用,从而也可以形成 $i=2,3,\cdots,k$ 的摘挂列车组。

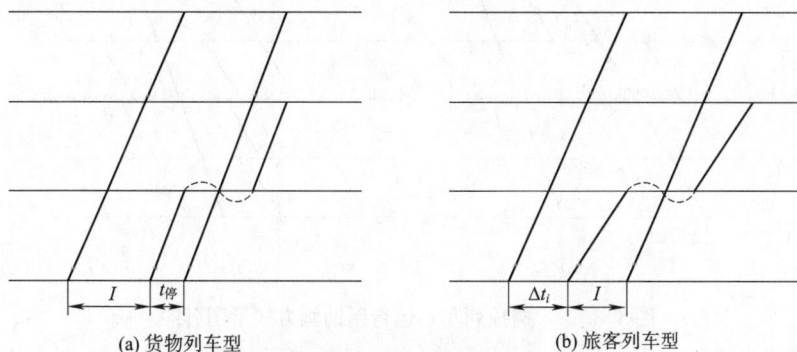

(a) 货物列车型　　　　　　　　　　(b) 旅客列车型

图 4.3.11　摘挂列车在运行图铺画方式示图(二)

③旅客列车、货物列车型(如图 4.3.12 所示),是指摘挂列车的前、后行列车分别为旅客列车和货物列车的铺画方式。这时,将在客、货列车间产生 $\Delta t_{运}$ 的速差时间。若用 $t_{摘}$ 将 $\Delta t_{运}$ 划分

为 k_m 个运行区间,由图 4.3.12(b)可以看出,当摘挂列车由 $2,3,\cdots,k_m$ 运行区间插入客、货列车之间运行时,可以不额外占用区间时间。也就是说,在这一类型铺画方式下,k_m-1 列车摘挂列车可以分别在第 $2,3,\cdots,k_m$ 运行区间运行,而不产生额外占用区间时间。

图 4.3.12(a)为在第一区间旅客列车、货物列车间铺画摘挂列车的示意图。这时,摘挂列车组将产生其值为 $t_{摘}$ 的占用区间时间。除特殊需要者外,编制运行图时应尽可能避免这一情况发生。

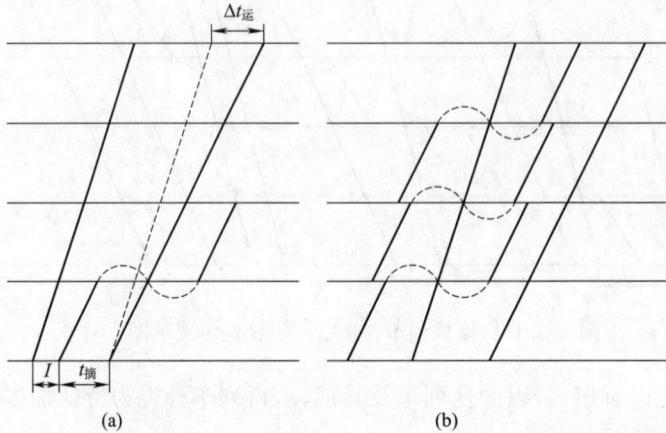

图 4.3.12 摘挂列车在运行图铺画方式示图(三)

④货物列车、旅客列车型如图 4.3.13 所示,是指摘挂列车的前、后列车分别为货物列车和旅客列车的铺画方式。由图 4.3.13(b)可以看,当摘挂列车由 $1,2,\cdots,k_m-1$ 运行区间插入货物列车、旅客列车之间运行时,可以不额外占用区间时间。也就是说,在这一铺画方式下,k_m-1 列车摘挂列车可以分别在 $1,2,\cdots,k_m-1$ 运行,而不产生额外占用区间时间。

图 4.3.13(a)的情况与图 4.3.12(a)相类似,在编图时应尽可能避免。

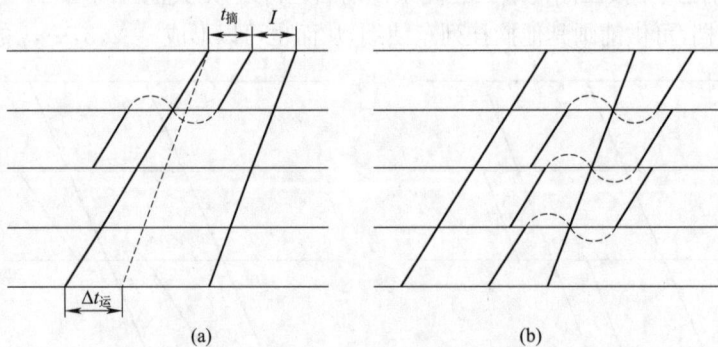

图 4.3.13 摘挂列车在运行图铺画方式示图(四)

(3)摘挂列车在中间站停车对区间占用影响的分析计算

由图 4.3.14 可以看出,摘挂列车在中间站每停车一次将产生一个区间占用的时间($\bar{I}_{摘}$),在紧密铺画的条件下,则为一个摘挂列车组占用一个区间时间($\bar{I}_{摘}$)。在图 4.3.14 中,L_2,L_4

摘挂列车采取紧密铺画的方法,两列车组成摘挂列车组,每一列车组占用一条运行线位,共五条线位。

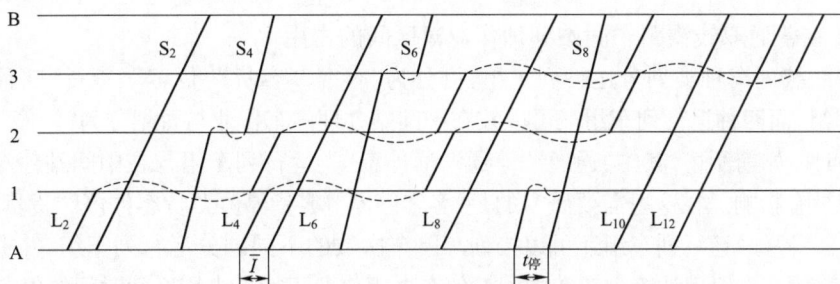

图 4.3.14 摘挂列车组示图

摘挂列车铺画方式分析表明,摘挂列车组按其与 $\bar{I}_{摘}$ 的关系,可分为需占用区间时间和不需占用区间时间两类。其中货物列车、旅客列车型和旅客列车、货物列车型铺画方式下的摘挂列车组不需占用区间时间,而其他两种铺画方式下的摘挂列车组需占用区间时间。

设区间运行货物列车数(不包括摘挂列车)为 N_L、旅客列车数为 N_S,则不需占用区间时间运行列车组数(n_{SL}、n_{LS})应为

$$n_{SL} = \frac{N_S N_L}{N_S + N_L} ; \quad n_{LS} = \frac{N_L N_S}{N_S + N_L}$$

货物列车、旅客列车型铺画方式相当于在运行列车组 L∧S 之间插入摘挂列车,而旅客列车、货物列车型铺画方式相当于在运行列车组 L∧L 之间插入摘挂列车。因此,在这种情况下,n_{SL} 和 n_{LS} 就是可形成不需占用区间时间摘挂列车组的组数。

n_{LS}、n_{SL} 在运行列车组中所占的比重 r_{LS}、r_{SL} 为

$$r_{LS} = \frac{n_{LS}}{N_S + N_L}$$

$$r_{SL} = \frac{n_{SL}}{N_S + N_L}$$

这样,在 $N_{摘挂组}$ 摘挂列车组中,属于货物列车、旅客列车型和旅客列车、货物列车型铺画方式的摘挂列车组组数 $N_{摘挂组LS}$、$N_{摘挂组SL}$ 可按下式计算:

$$N_{摘挂组LS} = r_{LS} \cdot N_{摘挂组}$$

$$N_{摘挂组SL} = r_{SL} \cdot N_{摘挂组}$$

因而,若定义不需占用时间 $\bar{I}_{摘}$ 的摘挂列车组为异型摘挂列车组,则它的组数为 $N'_{摘挂组}$,可按下式计算:

$$N'_{摘挂组} = r_{LS} \cdot N_{摘挂组} + r_{SL} \cdot N_{摘挂组}$$

$$= (r_{LS} + r_{SL}) N_{摘挂组}$$

将 $N_{摘挂组} = (N_{摘挂} - 1) + k$ 代入上式,并经整理可得

$$N'_{摘挂组} = [(N_{摘挂} - 1) + k](r_{LS} + r_{SL})$$

据此,摘挂列车在中间站停车办理作业额外占用区间的时间($T_{摘挂停}$)可按下式计算:

$$T_{摘挂停} = (N_{摘挂组} - N'_{摘挂组}) \bar{I}_{摘}$$

$$= (N_{摘挂} - 1 + k)[1 - (r_{LS} + r_{SL})] \bar{I}_{摘}$$

2. 列车在普通双线铁路中间站办理作业对区间的占用

在既有线按列车种类划分运行列车组,可分为"客客""客货""货客""货货"四种不同种类的运行列车组,而四种运行列车组又可以按在中间站办理停车作业与否划分为"停停""通通""停通""通停"四种,如前所述,其中"通通""停通""通停"三类运行列车组与在中间站停车办理作业对区间占用没有影响。在这里需要研究的是"客客停停""客货停停""货客停停""货货停停"四类运行列车组。"停停"运行列车组还可以按列车停车次数的不同划分运行列车组,并据以按双线铁路 $\Delta t_{占}$ 计算的基本原理计算列车在中间站停车办理作业不额外占用区间时间的停车次数。

由上述说明可以看出,客货列车在普通双线铁路停车办理作业占用区间的时间计算方法与两种速度标准高速铁路的计算方法基本相同,可按同样的步骤作分析计算。

3. 算例

(1)原始数据

原始数据包括开行旅客列车、货物列车列数及其在中间站停车办理作业的列车数、旅客列车、货物列车在中间站平均作业时间等。设表 4.3.13 为某双线铁路列车中间站停车的计算数据。

(2)摘挂列车在中间站停车办理作业额外占用区间的时间

根据表 4.3.13 的计算资料并假设该区段列车平均间隔时间 $\bar{I}_{摘} = 10$ min,则有

$$T_{摘挂停} = (N_{摘挂} - 1 + k)[1 - (r_{LS} + r_{SL})] \bar{I}_{摘}$$

$$= (2 - 1 + 4) \times [1 - (0.2 + 0.2)] \times 10$$

$$= 5 \times 0.6 \times 10$$

$$= 30 (min)$$

(3)普通客货列车在中间站停车额外占用区间时间

①数据处理

a. 计算各类运行列车组组数。

首先计算按客货列车数划分的运行列车组,计算结果见表 4.3.14。

然后计算按停车与否划分的运行列车组,计算结果见表 4.3.15。

b. 分别计算"客客停停""客货停停""货客停停""货货停停"运行列车组以及不同停车次数组合划分的运行列车组,并据以计算确定在中间站停车作业不额外占用区间时间的停车次数,计算结果见表 4.3.16~表 4.3.19。

c. 将普通客货列车的四种不同种类运行列车组在中间站停车作业不额外占用区间时间的次数加以汇总,见表 4.3.20。

②计算客货列车在中间站停车占用区间时间。

$$T_{停} = (62 - 26) \times 7 = 252 (min)$$

(4)计算 $\Delta t_{占}$

设列车在中间站停车占用区间时间为 $T_{总}$,即

$$T_{总} = T_{摘挂停} + T_{停} = 30 + 252 = 282 (min)$$

因而有

$$\Delta t_占 = \frac{T_总}{N} = \frac{282}{72} = 3.92(\text{min})$$

表 4.3.13 某双线铁路列车中间站停车数据表

列车种类	列车数	停车次数				
		0	1	2	3	4
摘挂列车	2					2
普通列车	50	26	9	8	7	
客车	20	5	14	1		

表 4.3.14 客货运行列车组组数表

列车种类		运行列车组			
普通货车	客车	货货	客客	客货	货客
50	20	36	6	14	14

表 4.3.15 "停通"运行列车组组数表

列车种类		运行列车组			
通过列车	停车列车	通通	停停	通停	停通
31	39	14	22	17	17

表 4.3.16 停车办理作业不额外占用区间时间停车次数表(货货)

i	停车次数	1			2			3		
	列车数	9			8			7		
j	停车次数	1	2	3	1	2	3	1	2	3
	列车数	9	8	7	9	8	7	9	8	7
不占用区段时间停车次数	组合名称	11	12	13	21	22	23	31	32	33
	组合数	1	1	1	1	1	1	1	1	1
	取值	1×1	1×1	1×1	1×1	2×1	2×1	1×1	2×1	3×1
	列车停车次数	1	1	1	1	2	2	1	2	3

表 4.3.17 停车办理作业不额外占用区间时间停车次数表(客客)

i	停车次数	1			2			3		
	列车数	14			1					
j	停车次数	1	2	3	1	2	3			
	列车数	14	1		14	1				
不占用区段时间停车次数	组合名称	11								
	组合数	3								
	取值	1×3								
	列车停车次数	3								

表 4.3.18 停车办理作业不额外占用区间时间停车次数表（货客）

i	停车次数	1			2		3	
	列车数	9			8		7	
j	停车次数	1	2		1	2	1	2
	列车数	14	1	3	14	1	14	1
不占用区段时间停车次数	组合名称	11	12	14	21	22	31	32
	组合数	2			2		1	
	取值	2×1			2×1		1×1	
	列车停车次数	2			2		1	

表 4.3.19 停车办理作业不额外占用区间时间停车次数表（客货）

i	停车次数	1			2		3
	列车数	14			1		
j	停车次数	1	2	3	1	2	3
	列车数	9	8	7	9	8	7
不占用区段时间停车次数	组合名称	11	12	13			
	组合数	2	2	1			
	取值	1×2	1×2	1×1			
	列车停车次数	2	2	1			

表 4.3.20 双线铁路客货列车停车作业不额外占用区间时间次数计算表

组合	总停车次数	不占用区间时间停车次数
货货停停 ij		14
客客停停 ij		3
货客停停 ij		5
客货停停 ij		5
计	45	27

4.3.3 单线铁路区段 $\Delta t_占$ 的分析计算

1. 单线区间运行列车组概述

在单线区段,以区间为通过能力计算单元,并以其中列车运行图最小列车间隔时间 $\bar{I}_图$ 最大区间通过能力作为区段通过能力。列车运行图平均最小列车间隔时间由平均最小列车间隔时间（$\bar{I}$）和列车在中间站停车额外占用区间时间（$\Delta t_占$）两部分组成,即

$$\bar{I}_图 = \bar{I} + \Delta t_占$$

其中平均最小列车间隔时间最大的区间可称为一级困难区间,列车在中间站停车额外占用区间时间最大的区间为二级困难区间。若一级困难区间同时也是二级困难区间,则只需计

算该区间两端中间站列车停车额外占用区间时间即可,否则应按列车在中间站停站次数的多少,依次计算列车在中间站停车额外占用区间时间,直至找到 $\bar{I}_图$ 最大区间为止。

$\Delta t_占$ 与区间两端站运行列车组的停车方案相关,因此,在分析计算 $\Delta t_占$ 时,应将区间两端站作为一个整体来研究。

单线区段运行列车组按运行方向特征,可以划分为相同运行方向运行列车组和不相同运行方向运行列车组两类。设区段内运行的上、下行方向运行列数为 N_1、N_2,按照平均概率的原理,各类运行列车组数可按如下公式计算:

对于相同运行方向运行列车组

$$n_{11}=\frac{N_1^2}{N_1+N_2},n_{22}=\frac{N_2^2}{N_1+N_2}$$

对于不相同运行方向的运行列车组

$$n_{12}=n_{21}=\frac{N_1\cdot N_2}{N_1+N_2}$$

当区段采用成对运行图时($N_1=N_2$)则有

$$n_{11}=n_{22}=\frac{N_1^2}{N_1+N_2},n_{12}=n_{21}=\frac{N_1^2}{N_1+N_2}$$

由此可见,对于采用成对运行图的单线区段,必有 $n_{11}=n_{12}=n_{21}=n_{22}$。

在单区段运行的列车除有列车运行方向特征外,还有列车种类特征。为简化分析计算起见,若将上行或下行方向运行的列车仅划分为快速列车和慢速列车两类,并设每一运行方向列车中快速列车和慢速列车各为 N_S、N_L 列,则运行列车组 n_{11}、n_{22}、n_{12}、n_{22} 还可以分为 SΔS、LΔL、SΔL、LΔS 四种类型,相应的运行列车组数可按如下公式计算:

$$n_{SS}=\frac{N_S^2}{N_S+N_L},n_{LL}=\frac{N_L^2}{N_S+N_L},n_{SL}=n_{LS}=\frac{N_S\cdot N_L}{N_S+N_L}$$

2. 相同运行方向运行列车组

(1)相同种类运行列车组

①列车在中间站不停车通过方案

相同运行方向又相同种类运行列车组,包括上行方向运行列车组和下行方向运行列车组。在列车种类仅划分为快慢两类的条件下,上下行方向均包括快速列车运行列车组和慢速列车运行列车组(如图 4.3.15 所示)。

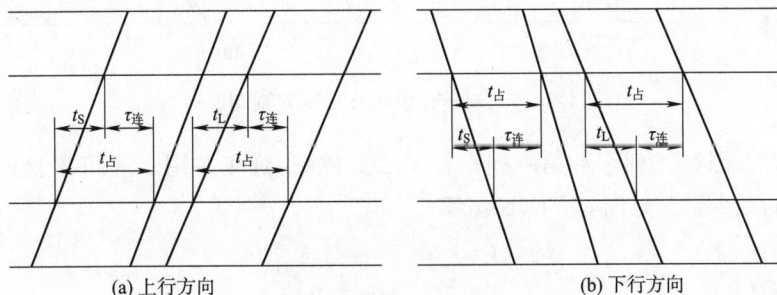

(a) 上行方向　　　　　　　　　　(b) 下行方向

图 4.3.15　相同运行方向相同种类列车组基本方案图

列车在中间站不停车方案,作为分析比较的基础方案,占用区间时间 $t_占$ 为

$$t_占 = t_运行 + \tau_连$$

式中　　$t_运行$——列车区间运行时分。

②列车在中间站停车额外占用区间时间

快速列车运行列车组 SΔS、慢速列车运行列车组 LΔL 在区间两端中间站停车,理论上可以有停车 1 次、2 次、3 次、4 次四类方案。在以下分析计算中,以运行列车组 SΔS 作为研究对象。当需对运行列车组 LΔL 作为分析计算时,只需将计算参数 t_S、$t_{停S}$ 等改为 t_L、$t_{停L}$ 即可。

a. 运行列车组在区间两端中间站停车 1 次的方案

图 4.3.16 为运行列车组在困难区间两端中间站停车 1 次的四个可能方案,其中(a)、(c)方案分别为第二列车和第一列车在 2 站、1 站停车的方案,列车占用 3 区间和 1 区间的时间分别产生了一个 $t_{停S}$ 的增量,但列车占用 2 区间的时间不变。因此,若将(a)、(c)方案与基础方案(如图 4.3.15 所示)加以比较,计算列车占用区间时间比较差,即列车停车额外占用区间时间($\Delta t_{占2}$),可有

$$\Delta t_{占2} = 0$$

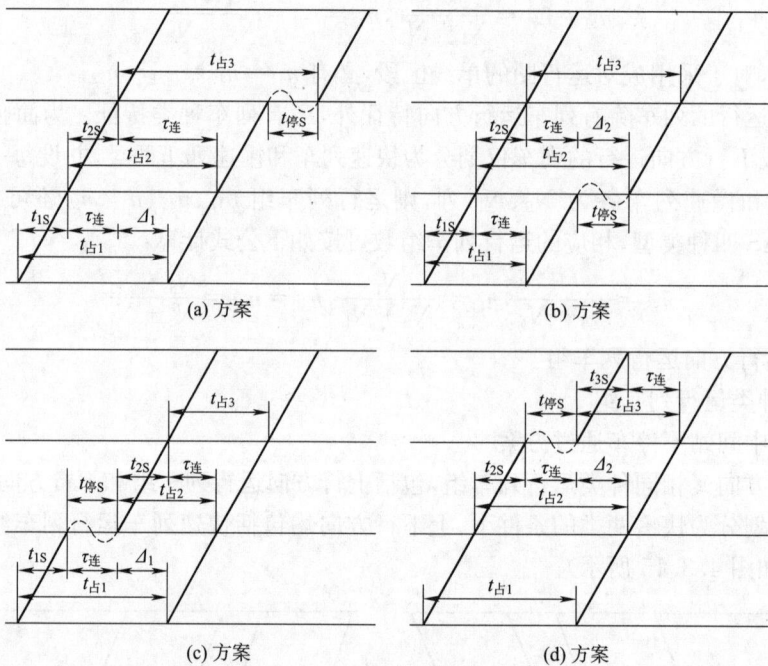

图 4.3.16　列车在中间站行车方案图(一)

(b)、(d)方案因第二列车和第一列车在 1、2 站停车,列车占用 1 区间、3 区间时间分别产生了一个 $t_{停S}$ 的减少量。这时,对于(b)方案

$$\tau_连 + t_{1S} + t_{停S} = t_{2S} + \tau_连 + \Delta_2$$

$$\Delta_2 = t_{1S} + t_{停S} - t_{2S}$$

式中,Δ_2 为因 $t_{停S}$ 引发的列车占用第二区间的变化量,该数值可能为正值也可能为负值。因为区间 2 是困难区间,必有 $t_{2S} > t_{1S}$,所以 Δ_2 为正值的条件是 $t_{停S} > t_{2S} - t_{1S}$,故有,当 $\Delta t_{停S} >$

$t_{2S}-t_{1S}$ 时,取 Δ_2 为

$$\Delta_2=t_{停S}-t_{2S}+t_{1S}$$

式中,Δ_2 即为列车停车引发的额外占用区间时间($\Delta t_{占2}$)。

当 $t_{停S}\leqslant t_{2S}-t_{1S}$ 时,为 Δ_2 负值,因为列车占用区间 2 的时间(基础方案)是不可能有减少量的,这时 Δ_2 应取值为 0。故有

$$\Delta_2=\Delta t_{占2}=0$$

对于(d)方案,可有

$$\tau_连+\Delta_2+t_{2S}=t_{停S}+t_{3S}+\tau_连$$
$$\Delta_2=t_{停S}+t_{3S}-t_{2S}$$

与(b)方案相对应的也有

当 $t_{停S}>t_{2S}-t_{3S}$ 时,取

$$\Delta_2=\Delta t_{占2}=t_{停S}-t_{2S}+t_{3S}$$

当 $t_{停S}\leqslant t_{2S}-t_{3S}$ 时,取

$$\Delta_2=\Delta t_{占2}=0$$

b. 运行列车组列车在区间两端中间站停车 2 次的方案

图 4.3.17 为运行列车组列车在困难区间两端中间站停车 2 次的 6 个可能方案。其中(b)、(e)方案分别为运行列车组列车在 1、2 站同时停车的方案。列车占用 1、2、3 区间时间不变。因此,与基础方案比较,计算列车停车额外占用区间时间为

$$\Delta t_{占2}=0$$

(a)方案为运行列车组第一列车在 1、2 站停车方案,Δ_2 与列车占用 3 区间的关系和停车 1 次的(d)方案相类似。因此,也有

当 $\Delta t_{停S}>t_{2S}-t_{1S}$ 时,取

$$\Delta_2=\Delta t_{占2}=t_{停S}-t_{2S}+t_{3S}$$

当 $t_{停S}\leqslant t_{2S}-t_{3S}$ 时,取

$$\Delta_2=\Delta t_{占2}=0$$

(f)方案为运行列车组第二列车在 1、2 站停车方案。Δ_2 与列车占用 1 区间的关系和停车 1 次的(b)方案相类似。因此,也有

当 $t_{停S}>t_{2S}-t_{1S}$ 时,取

$$\Delta_2=\Delta t_{占2}=t_{停S}-t_{2S}+t_{1S}$$

当 $t_{停S}\leqslant t_{2S}-t_{1S}$ 时,取

$$\Delta_2=\Delta t_{占2}=0$$

(c)方案为运行列车组第一、二列车分别在 2、1 站停车方案,是停车 1 次(a)、(c)方案的组合。虽然列车占用 1、3 区间的时间分别增加了一个 $t_{停S}$,但列车占用 2 区间的时间不变。因此,有

$$\Delta t_{占2}=0$$

(d)方案为运行列车组第一、二列车分别在 2、1 站停车方案。由图 4.3.17 可以看出,按 Δ_2 与列车占用 1 区间时间的关系分析,可有

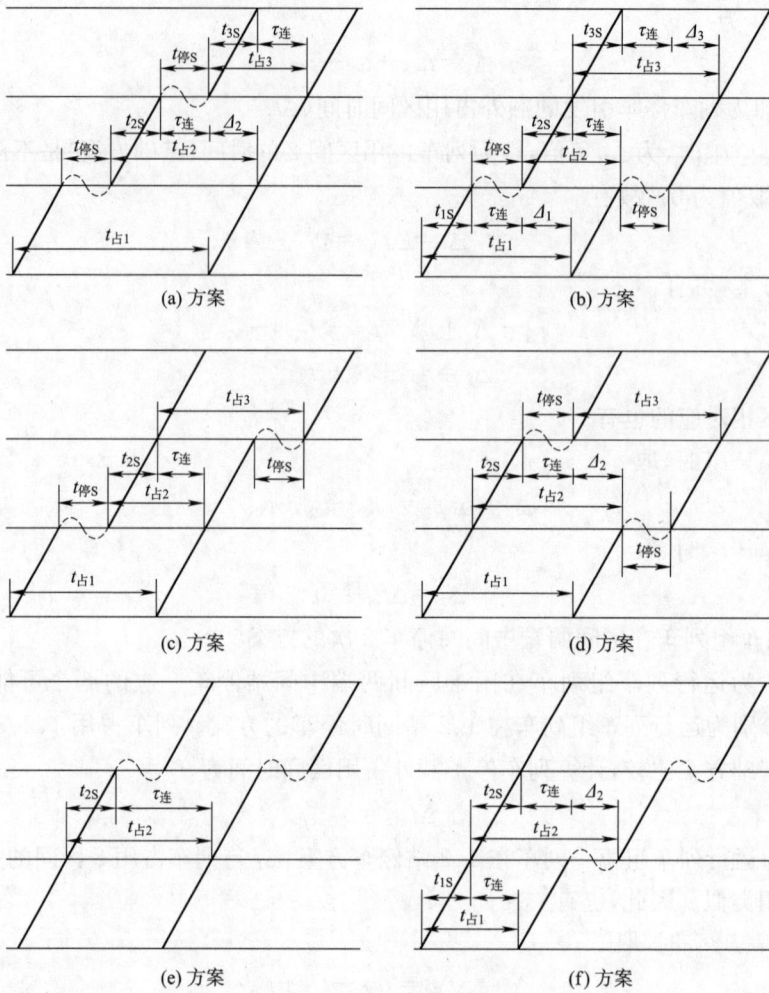

图 4.3.17 列车在中间站停车方案图(二)

$$\tau_{连}+t_{1S}+t_{停S}=t_{2S}+\tau_{连}+\Delta_2$$

$$\Delta_2=t_{1S}-t_{2S}+t_{停S}$$

若按 Δ_2 与列车占用 3 区间时间的关系分析,则有

$$\tau_{连}+\Delta_2+t_{2S}=t_{停S}+t_{3S}+\tau_{连}$$

$$\Delta_2=t_{3S}-t_{2S}+t_{停S}$$

因此,Δ_2 可按如下两个条件确定:

第 1 条件,按与区间 1 关系确定,即

当 $t_{停S}>t_{2S}-t_{1S}$ 时

$$\Delta_2=\Delta t_{占2}=t_{停S}-t_{2S}+t_{1S}$$

当 $t_{停S}\leqslant t_{2S}-t_{1S}$ 时

$$\Delta_2=\Delta t_{占2}=0$$

第 2 条件,按与区间 3 关系确定,即

当 $t_{停S} > t_{2S} - t_{3S}$ 时

$$\Delta_2 = \Delta t_{占2} = t_{停S} - t_{2S} + t_{3S}$$

当 $t_{停S} \leqslant t_{2S} - t_{3S}$ 时

$$\Delta_2 = \Delta t_{占2} = 0$$

若 $t_{停S} > t_{2S} - t_{1S}$，且 $t_{停S} > t_{2S} - t_{3S}$，则

$$\Delta_2 = \Delta t_{占2} = \max[(t_{停S} - t_{2S} + t_{1S}), (t_{停S} - t_{2S} + t_{3S})]$$

c. 运行列车组列车在区间两端中间站停车 3 次的方案

图 4.3.18 为运行列车组在困难区间两端中间站停车 3 次的四个方案，其中（a）方案列车占用 1、2 区间的时间与停车 2 次的（b）方案相同，（c）方案列车占用 2、3 区间的时间与停车 2 次的（e）方案相同，只是占用 3 区间或 1 区间的时间增加了一个 $t_{停S}$。因此，和停车 2 次的（b）、（e）方案相类似，也有

$$\Delta t_{占2} = 0$$

（b）方案为运行列车组第一列车在 2 站停车、第二列车在 1、2 站停车的方案。因第一、二列车均在 2 站停车，故运行列车组占用 2、3 区间的时间相同，且与列车占用 1 区间的时间存在如下关系：

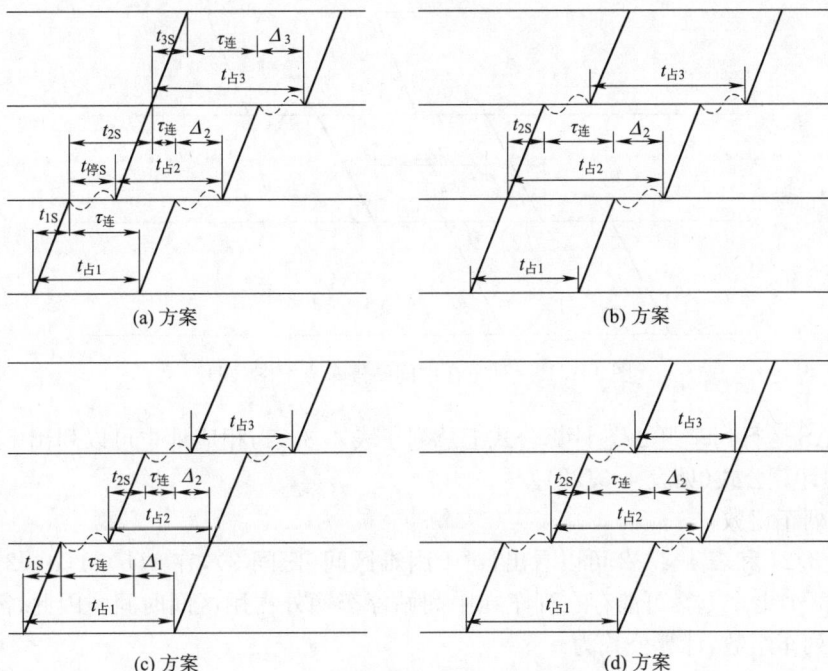

图 4.3.18 列车在中间站停车方案图（三）

$$t_{2S} + \tau_{连} + \Delta_2 = \tau_{连} + t_{1S} + t_{停S}$$
$$\Delta_2 = t_{1S} + t_{停S} - t_{2S}$$

据此，可有

当 $t_{停S} > t_{2S} - t_{1S}$ 时

$$\Delta_2 = \Delta t_{占2} = t_{停S} - t_{2S} + t_{1S}$$

当 $t_{停S} \leqslant t_{2S} - t_{1S}$ 时

$$\Delta_2 = \Delta t_{占2} = 0$$

(d)方案为运行列车组第一列车在 1、2 站停车，第二列车在 1 站停车的方案。因 1、2 列车均在 1 站停车，故运行列车组占用 1、2 区间的时间相同，且与列车占用 3 区间时间存在如下关系：

$$\tau_连 + \Delta_2 + t_{2S} = t_{停S} + t_{3S} + \tau_连$$

$$\Delta_2 = t_{停S} + t_{3S} - t_{2S}$$

据此，也有当 $t_{停S} > t_{2S} - t_{3S}$ 时

$$\Delta_2 = \Delta t_{占2} = t_{停S} - t_{2S} + t_{3S}$$

当 $t_{停S} \leqslant t_{2S} - t_{3S}$ 时

$$\Delta_2 = \Delta t_{占2} = 0$$

d. 运行列车组列车在区间两端中间站停车 4 次的方案

图 4.3.19 所示为运行列车组列车在困难区间两端中间站停车 4 次的方案。因运行列车组两列车均在 1、2 站停车，占用 1、2、3 区间时间完全相同，且与基础方案的数值相等，故有

$$\Delta t_{占2} = 0$$

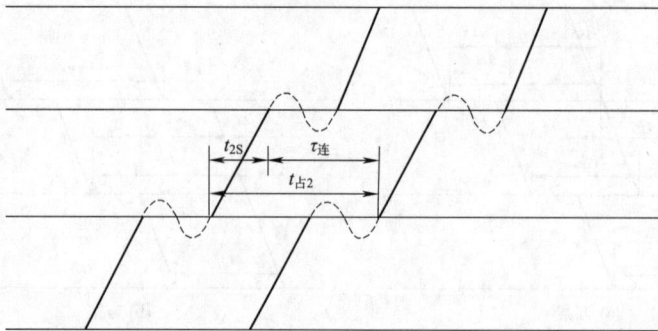

图 4.3.19　列车在中间站停车方案图（四）

以上 SΛS 运行列车组 $\Delta t_{占2}$ 计算公式汇总列于表 4.3.21，相应地也可以列出 LΛL 运行列车组 $\Delta t_{占3}$ 的计算公式（见表 4.3.22）。

③运行列车组数

由表 4.3.21 和表 4.3.22 可以看出，对于困难区间（区间 2），在 1(b)、1(d)、2(a)、2(d)、2(f)、3(b)、3(d)七个方案可能存在列车在中间站停车额外占用区间时间。因此，需计算上述方案的运行列车组数，计算公式为

$$n_{S2} = \frac{N_{S2} \cdot N_S}{N} \qquad [1(b), 1(d)]$$

$$n_{S12} = \frac{N_{S1} \cdot N_{S2} \cdot N_S^2}{N^3} \qquad [2(a), 2(d), 2(f)]$$

$$n_{S212} = \frac{N_{S2}^2 \cdot N_{S1} \cdot N_s^3}{N^5} \qquad [3(b)]$$

$$n_{S121} = \frac{N_{S1}^2 \cdot N_{S2} \cdot N_{S3}^3}{N^5} \qquad [3(d)]$$

$$n_{L2} = \frac{N_{L2} \cdot N_L}{N}$$

$$n_{L12} = \frac{N_{L1} \cdot N_{L2} \cdot N_L^2}{N^3}$$

$$n_{L212} = \frac{N_{L2}^2 \cdot N_{L1} \cdot N_L^3}{N^5}$$

$$n_{L121} = \frac{N_{L1}^2 \cdot N_{L2} \cdot N_L^3}{N^5}$$

式中　N_S, N_{S1}, N_{S2}——上行或下行快速列车数和在 1、2 站停车列车数；

　　　N_L, N_{L1}, N_{L2}——上行或下行慢速列车数和在 1、2 站停车列车数。

$$N = N_S + N_L \circ$$

表 4.3.21　$\Delta t_{占2}$ 计算公式汇总表

停车次数	方案	与 1 区间的关系		与 3 区间的关系		与 1、3 区间的关系		无条件
		$t_{停S} > t_{2S} - t_{1S}$	$t_{停S} \leqslant t_{2S} - t_{1S}$	$t_{停S} > t_{2S} - t_{3S}$	$t_{停S} \leqslant t_{2S} - t_{3S}$	$t_{1S} > t_{3S}$	$t_{3S} > t_{1S}$	
1	(a)							0
	(b)	$t_{停S} - t_{2S} + t_{1S}$	0					
	(c)							0
	(d)			$t_{停S} - t_{2S} + t_{3S}$				
2	(a)			$t_{停S} - t_{2S} + t_{3S}$				
	(b)							0
	(c)							0
	(d)	$t_{停S} - t_{2S} + t_{1S}$	0	$t_{停S} - t_{2S} + t_{3S}$	0	$t_{停S} - t_{2S} + t_{1S}$	$t_{停S} - t_{2S} - t_{3S}$	
	(e)							0
	(f)	$t_{停S} - t_{2S} + t_{1S}$	0					
3	(a)							0
	(b)	$t_{停S} - t_{2S} + t_{1S}$	0					
	(c)							0
	(d)			$t_{停S} - t_{2S} + t_{3S}$	0			
4								0

表 4.3.22　$\Delta t_{占3}$ 计算公式汇总表

停车次数	方案	与 1 区间的关系		与 3 区间的关系		与 1、3 区间的关系		无条件
		$t_{停L} > t_{2L} - t_{1L}$	$t_{停L} \leqslant t_{2L} - t_{1L}$	$t_{停L} > t_{2L} - t_{3L}$	$t_{停L} \leqslant t_{2L} - t_{3L}$	$t_{1L} > t_{3L}$	$t_{1L} < t_{3L}$	
1	(a)							0
	(b)	$t_{停L} - t_{2L} + t_{1L}$	0					
	(c)							
	(d)			$t_{停L} - t_{2L} + t_{3L}$	0			
2	(a)			$t_{停L} - t_{2L} + t_{3L}$	0			
	(b)							

停车次数	方案	与1区间的关系		与3区间的关系		与1、3区间的关系		无条件
		$t_{停L}>t_{2L}-t_{1L}$	$t_{停L}\leq t_{2L}-t_{1L}$	$t_{停L}>t_{2L}-t_{3L}$	$t_{停L}\leq t_{2L}-t_{3L}$	$t_{1L}>t_{3L}$	$t_{1L}<t_{3L}$	
2	(c)							
	(d)	$t_{停L}-t_{2L}+t_{3L}$	0	$t_{停L}-t_{2L}+t_{3L}$	0	$t_{停L}-t_{2L}+t_{1L}$	$t_{停L}-t_{2L}+t_{1L}$	
	(e)							0
	(f)	$t_{停L}-t_{2L}+t_{1L}$	0					
3	(a)							
	(b)	$t_{停L}-t_{2L}+t_{1L}$	0					
	(c)							0
	(d)			$t_{停L}-t_{2L}+t_{3L}$	0			
4								0

④列车在中间站停车额外占用区间总时间

在采用成对运行图条件下,必有 $N_1=N_2$,相应地也必有 $n_{11}=n_{22}=n_{12}=n_{21}$,$n_{11}+n_{22}=(N_1+N_2)/2$,即相同运行方向运行列车组占总组数的一半,也可以说相当于占一个列车运行方向的列车数。因此,相同运行方向运行列车组列车在中间站停车额外占用区间时间,可就相当于一个运行方向列车数的列车作分析计算。

对于 SΔS 运行列车组:

当 $t_{停S}>t_{2S}-t_{1S}$ 时

$$T_{停S11}=(n_{S2}+n_{S12}+n_{S12}+n_{S212})(t_{停S}+t_{1S}-t_{2S})$$

当 $t_{停S}>t_{2S}-t_{3S}$ 时

$$T_{停S12}=(n_{S2}+n_{S12}+n_{S12}+n_{S212})(t_{停S}+t_{3S}-t_{2S})$$

当 $t_{停S}>t_{2S}-t_{1S}$,$t_{停S}>t_{2S}-t_{3S}$,且 $t_{1S}>t_{3S}$ 时

$$T_{停S13}=(T_{停S11}+T_{停S12})-(t_{停S}-t_{2S}+t_{3S})n_{S12}$$

当 $t_{停S}>t_{2S}-t_{1S}$,$t_{停S}>t_{2S}-t_{3S}$,且 $t_{1S}<t_{3S}$ 时

$$T_{停S14}=(T_{停S11}+T_{停S12})-(t_{停S}-t_{2S}+t_{1S})n_{S12}$$

对于 LΔL 运行列车组:

当 $t_{停L}>t_{2L}-t_{1L}$ 时

$$T_{停L11}=(n_{L2}+n_{L12}+n_{L12}+n_{L212})(t_{停L}+t_{1L}-t_{2L})$$

当 $t_{停L}>t_{2L}-t_{3L}$ 时

$$T_{停L12}=(n_{L2}+n_{L12}+n_{L12}+n_{L212})(t_{停L}+t_{3L}-t_{2L})$$

当 $t_{停L}>t_{2L}-t_{1L}$,$t_{停L}>t_{2L}-t_{3L}$,且 $t_{1L}>t_{3L}$ 时

$$T_{停L13}=(T_{停L11}+T_{停L12})-(t_{停L}+t_{3L}-t_{2L})n_{L12}$$

当 $t_{停L}>t_{2L}-t_{1L}$,$t_{停L}>t_{2L}-t_{3L}$,且 $t_{1L}<t_{3L}$ 时

$$T_{停L14}=(T_{停L11}+T_{停L12})-(t_{停L}+t_{1L}-t_{2L})n_{L12}$$

若分析计算区段符合条件的 SΔS、LΔL 运行列车组列车停车额外占用区间总时间各为 $T_{停S1}$ 和 $T_{停L1}$,则有

$$T_{停1}=T_{停S1}+T_{停L1}$$

⑤算例

假定表 4.3.23 为单线区段困难区间 $\Delta t_占$ 计算数据表。

表 4.3.23 $\Delta t_占$ 计算数据表

N			t(min)						$N_{S停}$		$N_{L停}$		$t_停$(min)	
			S			L								
S	L	计	1	2	3	1	2	3	1	2	1	2	S	L
10	25	35	8	16	10	10	18	12	1	2	2	15	7	11

列车在中间站停车额外占用区间时间可计算如下：

a. 计算检查条件

对于 SΔS 运行列车组：

$$t_{停S}=7<(t_{2S}-t_{1S})=16-8=8$$
$$t_{停S}=7>(t_{2S}-t_{3S})=16-10=6$$

满足 $t_{停S}>t_{2S}-t_{3S}$ 的条件。

对于 LΔL 运行列车组：

$$t_{停L}=12>(t_{2L}-t_{1L})=18-10=8$$
$$t_{停L}=12>(t_{2L}-t_{3L})t=18-12=6$$
$$t_{1L}=10<t_{3L}=12$$

因此，满足 $t_{停L}>t_{2L}-t_{1L}$，$t_{停L}>t_{2L}-t_{3L}$，$t_{3L}>t_{1L}$ 的条件。

b. 计算产生额外占用区间时间的运行列车组组数

根据满足的计算条件，需计算 n_{S2}、n_{L12}、n_{S12}、n_{L2}、n_{S121}、n_{L121}，即

$$n_{S2}=\frac{2\times10}{35}=0.6\approx1$$

$$n_{S12}=\frac{1\times10\times2\times10}{35^3}\approx0$$

$$n_{S121}=\frac{1\times10\times2\times10\times1\times10}{35^5}\approx0$$

$$n_{L12}=\frac{2\times25\times15\times25}{35^3}\approx0$$

$$n_{L2}=\frac{15\times25}{35}=7.5\approx8$$

$$n_{L121}=\frac{2\times25\times15\times25\times2\times25}{35^5}\approx0$$

c. 计算列车在中间站停车额外占用区间总时间

$$T_{停S12}=(1+0+0+0)\times(7-16+10)=1(min)$$
$$T_{停L12}=(8+0+0+0+0)\times(11-18+12)=40(min)$$
$$T_停=1+40=41(min)$$

从这一分析计算中可以看出，列车在中间站停车方案，理论上虽有停车 1 次、2 次、3 次和 4 次，有 15 种方案，但由于停车 3 次、4 次方案概率很小，在实际工作中一般不大可能出现，在以下分析计算中略去。

(2)不相同种类运行列车组

①列车在中间站不停车方案

相同运行方向、不相同种类运行的车组,每个方向有两种形式,即第一列车为快速列车或慢速列车。作为分析研究的基础方案(如图 4.3.20)(a)方案可有

$$t_{占2} = t_{2L} + \tau_连 + \Delta_2$$
$$\tau_连 + \Delta_2 + t_{2S} = t_{3L} + \tau_连$$
$$\Delta_2 = t_{3L} - t_{2S}$$

式中,t_{3L},t_{2S} 是变化量,可能 $t_{3L} > t_{2S}$,也可能 $t_{3L} < t_{2S}$。

显然,当 $t_{3L} > t_{2S}$ 时,Δ_2 为正值,应取 $\Delta_2 = t_{3L} - t_{2S}$,故有

$$t_{占2} = t_{2L} + t_{3L} - t_{2S} + \tau_连$$

相应地,当 $t_{3L} \leq t_{2S}$ 时,Δ_2 为负值或零,应取 $\Delta_2 = 0$,故有

$$t_{占2} = t_{2L} + \tau_连$$

式中,t_{1S}、t_{2S}、t_{3S} 和 t_{1L}、t_{2L}、t_{3L} 各为快、慢速列车在 1、2、3 区间的运行时间。

对于(b)方案,则有

$$t_{占2} = t_{2S} + \tau_连 + \Delta_2$$
$$\tau_连 + \Delta_2 + t_{2S} = t_{1L} + \tau_连$$
$$\Delta_2 = t_{1L} - t_{2S}$$

与(a)方案相类似,在这里可能 $t_{1L} > t_{2S}$,也可能 $t_{1L} < t_{2S}$,当 $t_{1L} > t_{2S}$ 时,Δ_2 为正值,应取 $\Delta_2 = t_{1L} - t_{2S}$,故有

$$t_{占2} = t_{1L} + \tau_连$$

当 $t_{1L} \leq t_{2S}$ 时,Δ_2 为负值或零,应取 Δ_2 为零,因而有

$$t_{占2} = t_{2S} + \tau_连$$

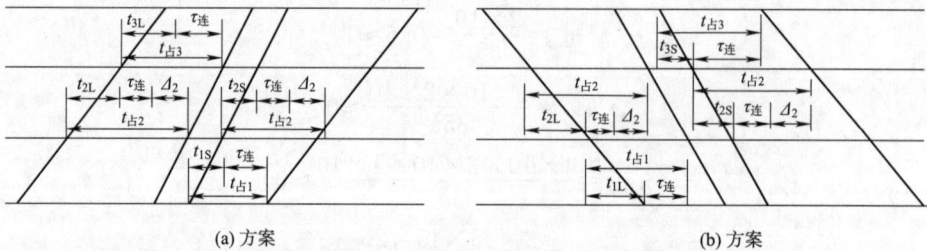

(a) 方案   (b) 方案

图 4.3.20 相同运行方向、不相同种类运行列车组基本方案图

②LΛS 运行列车组列车在区间两端中间站停车额外占用区间时间

采用相同种类运行列车组相同的方法,对运行列车组列车在区间两端站停车 1 次、2 次的方案做分析计算,可得相应的 $\Delta t_{占2}$ 计算公式(见表 4.3.24)。

表 4.3.24 $\Delta t_{占2}$ 计算公式汇总表(一)

停车次数	方　案	$t_{3L} > t_{2S}$	$t_{3L} \leq t_{2S}$		条　件
			$t_{停L} > t_{3L} - t_{2S}$	$t_{停L} \leq t_{3L} - t_{2S}$	
1	(a)				0
	(b)				0
	(c)				0
	(d)	$t_{停L}$	$t_{停L}$	0	

续上表

停车次数	方 案	$t_{3L}>t_{2S}$	$t_{3L}\leqslant t_{2S}$		条 件
			$t_{停L}>t_{3L}-t_{2S}$	$t_{停L}\leqslant t_{3L}-t_{2S}$	
2	(a)	$t_{停L}$	$t_{停L}$	0	
	(b)				0
	(c)				0
	(d)	$t_{停L}$	$t_{停L}$	0	
	(e)	$\Delta t_{停}$	$\Delta t_{停}$	0	
	(f)				0

由表 4.3.24 可以看出,当 $t_{3L}>t_{2S}$,$t_{3L}\leqslant t_{2S}$,但 $t_{3L}>t_{2S}-t_{3L}$ 时,1(d)、2(a)、2(d)、2(e)四个方案列车在 1、2 中间站停车对占用区间时间有影响。因此,需计算相关方案运行列车组数,即

$$n_{L2}=\frac{N_{L2}\cdot N_{S}}{N}\qquad [1(d)方案]$$

$$n_{L12}=\frac{N_{L1}\cdot N_{L2}\cdot N_{S}^{2}}{N^{3}}\qquad [2(a)方案]$$

$$n_{L2S1}=\frac{N_{L2}\cdot N_{S}\cdot N_{S1}\cdot N_{L}}{N^{3}}\qquad [2(d)方案]$$

$$n_{L2S2}=\frac{N_{L2}\cdot N_{S}\cdot N_{S2}\cdot N_{L}}{N^{3}}\qquad [2(e)方案]$$

当 $t_{3L}>t_{2S}$ 或 $t_{3L}\leqslant t_{2S}$、$\Delta t_{停L}>t_{2S}-t_{3L}$ 时,可按如下公式计算列车在中间站停车额外占用区间总时间:

$$T_{停2}=(n_{L2}+n_{L12}+n_{L2S1})t_{停L}+n_{L2S1}\cdot \Delta t_{停}$$

③$S\Delta L$ 运行列车组列车在区间两端中间站停车额外占用区间时间

采用相同种类运行列车组相同的方法,对运行列车组列车在区间两端中间站停车 1 次的方案做分析计算,可得相应的 $\Delta t_{占2}$ 计算公式(见表 4.3.25)。

由表 4.3.24 可以看出,1(b)、2(b)、2(c)、2(d)、2(f)五个方案,列车在 1、2 站停车将产生额外占用区间时间。因此,需计算上述方案的运行列车组数,计算公式为

$$n_{L1}=\frac{N_{L1}\cdot N_{S}}{N}\qquad [2(b)方案]$$

$$n_{S1L1}=\frac{N_{S1}\cdot N_{L}\cdot N_{L1}\cdot N_{S}}{N^{3}}\qquad [2(b)方案]$$

$$n_{L1S2}=\frac{N_{L1}\cdot N_{S}\cdot N_{S3}\cdot N_{L}}{N^{3}}\qquad [2(c)方案]$$

$$n_{S2L1}=\frac{N_{S2}\cdot N_{L}\cdot N_{L1}\cdot N_{S}}{N^{3}}\qquad [2(d)方案]$$

$$n_{L12}=\frac{N_{L1}\cdot N_{L2}\cdot N_{S}^{2}}{N^{3}}\qquad [2(f)方案]$$

表 4.3.25 $\Delta t_{占2}$ 计算公式汇总表(二)

停车次数	方案	$t_{1L}>t_{1S}$	$t_{1L}\leqslant t_{2S}$		无条件
			$t_{停L}>t_{2S}-t_{1L}$	$t_{停L}\leqslant t_{2S}-t_{1L}$	
1	(a)	0		0	
	(b)	$t_{停L}$	$t_{停L}$	0	
	(c)				0
	(d)	0		0	0
2	(a)				0
	(b)	$\Delta t_{停}$	$\Delta t_{停}$	0	
	(c)	$t_{停S}$	$t_{停S}$	0	
	(d)	$t_{停L}$	$t_{停L}$	0	
	(e)	0		0	
	(f)	$t_{停L}$	$t_{停L}$	0	

列车在中间站停车额外占用区间总时间,计算公式可写为

$$T_{停3}=(n_{L1}+n_{L1S2}+n_{S2L1}+n_{L12})t_{停L}+n_{S1L1}\cdot\Delta t_{停}$$

3. 不相同运行方向运行列车组

(1)不相同运行方向运行列车组的特征

不相同运行方向运行列车组(或称相向运行列车组),具有如下特征:

①运行列车组由上下行不同运行方向列车组成

运行列车组由上行列车和下行列车或下行列车和上行列车构成(如图 4.3.21 所示),同时,上下行列车还可以按列车种类不同加以划分。

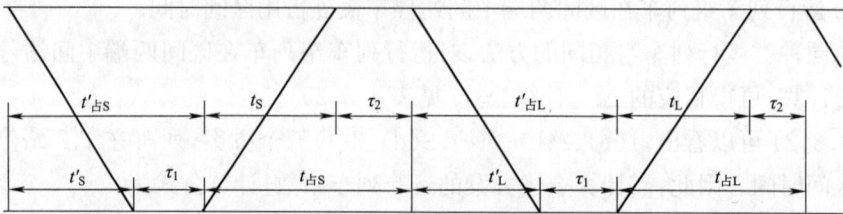

图 4.3.21 相向运行列车组构成图

运行列车组占用区间时间按列车运行方向和列车种类之不同可以分为如下四种:

a. 第一列车为上行快速列车的运行列车组,$t_{占}=t_{S}+\tau_2$

b. 第一列车为下行快速列车的运行列车组,$t_{占}=t'_{S}+\tau_1$

c. 第一列车为上行慢速列车的运行列车组,$t_{占}=t_{L}+\tau_2$

d. 第一列车为下行慢速列车的运行列车组,$t_{占}=t'_{L}+\tau_1$

上述式中 t_{S}、t'_{S}、t_{L}、t'_{L} 各为快、慢速列车上、下行区间运行时分;τ_1、τ_2 各为1、2中间站的车站间隔时间。

②运行列车组具有运行图结构性停车

运行图结构性停车是指从单线区段列车运行图上,因两相向列车在中间站办理交会的需

要必须安排其中一列车在中间站停车待会而产生的停车(如图 4.3.22 所示),它属于运行图固有的结构性因素,与列车在中间站停车办理作业无关。

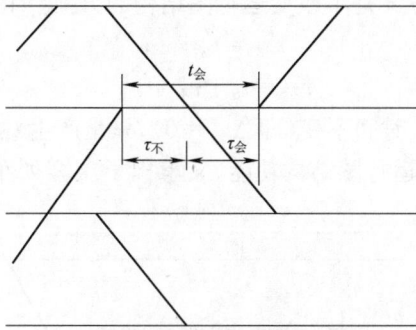

图 4.3.22 列车运行图结构性停车示图

运行图结构性停车发生在运行列车组中的任一列车,且在每一中间站发生,每次停车时间称为会车时间($t_{会}$),由车站间隔时间 $\tau_{不}$ 和 $\tau_{会}$ 两部分组成,即

$$t_{会}=\tau_{不}+\tau_{会}$$

(2)旅客列车在中间站停车办理作业额外占用区间时间

旅客列车在中间站停车办理作业时间一般较短,在运行图上可采用如下两种铺画方案:

①与待会货物列车交会方案

旅客列车与待会货物列车交会方案是指在运行图结构会车方案基础上,加上旅客列车停车时间因素的方案(如图 4.3.23 所示),适用于停车时间较短的直达、直通旅客列车。这时有

$$t'_{占L}=t'_{L}+\tau_{不}+t_{停}+\tau_{减}$$

$$t_{占S}=t_{S}+\tau_{不}+\tau_{减}$$

其中 $t'_{占L}$ 增加额外占用区间时间 $t_{停S}$,即

$$\Delta t_{占}=t_{停S}$$

设在中间站 i 停车办理作业的上行或下行方向直达、直通旅客列车为 N_{Si},其中相同运行方向运行列车组和不相同运行方各列车组各安排 50% 的停车次数(以下各类列车亦同),则有

$$t_{停Si}=N_{Si} \cdot t_{停S}$$

式中 $t_{停Si}$——直通、直达旅客列车在站停车办理作业额外占用中间站总时间。

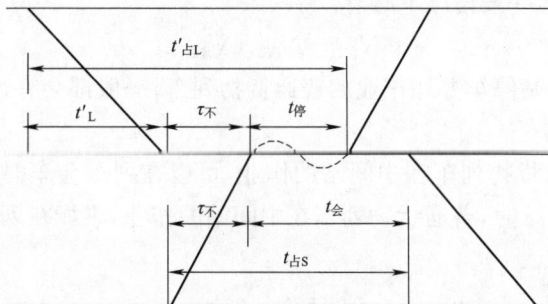

图 4.3.23 旅客列车与待会列车交会图

②旅客列车停车作业待会方案

a. 当 $t_停 \leqslant t_会$ 时

旅客列车停车作业待会方案是不改变运行图结构的方案(如图 4.3.24 所示),这时有

$$t'_{占S} = t'_S + \tau_会$$

$$t_{占S} = t_S + \tau_不 + \tau_减$$

$t'_{占S}$、$t_{占S}$ 虽互有变化,但 $t_会$ 时间不变(即 $\Delta t_占 = 0$),只是产生 $t_会$ 时间的列车由货物列车改会旅客列车。这时,$t_会$ 既承担了运行图结构功能,又承担了旅客列车作业功能,适用于停站时间较长的普通旅客列车。

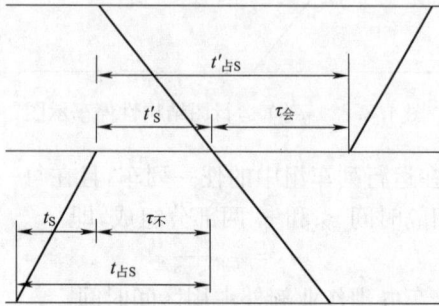

图 4.3.24　旅客列车停车待会方案图

b. 当 $t_{作业} > t_会$ 时

当 $t_{作业} > t_会$ 时,旅客列车将产生额外占用区间时间,即

$$\Delta t_占 = t_{作业} - t_会$$

这一情景适用于区段管内的短途旅客列车。设在 i 中间站办理作业的短途旅客列车数和额外占用区间总时间各为 N'_{Si} 和 $\sum t'_{停Si}$,则有

$$\sum t'_{停Si} = N'_{Si} \cdot \Delta t_占$$

(3)货物列车在中间站停车办理作业额外占用区间时间

①对于单方向停车办理列车作业的车站

在这里,普通货物列车是指扣除摘挂列车后的货物列车。

设单线区段上行或下行运行的普通货物列车数为 $N_{普L}$,需在 i 中间站停车办理作业的上行或下行列车数为 $N_{普Li}$,一般情况下必有

$$N_{普L} - N_{Si} \geqslant N_{普Li}$$

这意味着,在 i 中间站停车办理作业的普通货物列车,一般都会有运行图结构会车时间可供利用。

当 $t_{作业} \leqslant t_会$ 时,普通货物列车在中间站的作业,可以在列车会车时间内完成,不产生额外占用区间时间;当 $t_{作业} > t_会$ 时,普通货物列车在中间站的作业,不能在列车会车时间内完成,将产生额外占用区间时间($\Delta t_占$)。

$$\Delta t_占 = t_{作业} - t_会$$

设在办理单方向列车作业 $t_{作业} > t_会$ 的中间站,办理列车数和额外占用区间总时间各为 $N'_{普Li}$ 和 $t'_{停Li}$,则有

$$t'_{停Li}=(t_{作业}-t_{会})N'_{普Li}$$

②对于双方向停车办理列车作业的车站

根据运行图结构特征,双方向列车停车办理作业站将发生优先接入下行列车或上行列车的问题。当优先接入下行方向列车时,下行列车占用区间时间(如图 4.3.25 所示)为

$$t_占=t_L+\tau_{不}+t_{停}+\tau_{会}$$

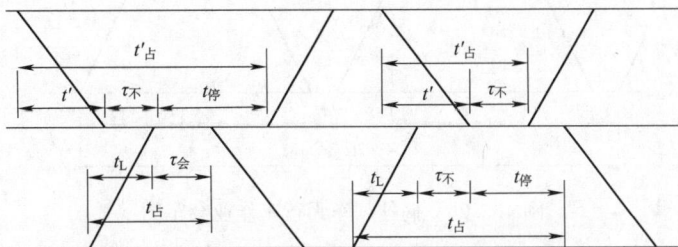

图 4.3.25　中间站双方向列车停车办理作业方案图

而上行列车占用区间时间为

$$t_占=t_L+\tau_{会}$$

相反,优先接入上行列车时,亦然。

显然,优先接入列车区间的列车占用区间时间,将产生额外占用区间时间,即

$$\Delta t_占=\tau_{不}$$

当双方向停车作业站两相邻区间大小相差较大时,通过采用由小区间优先接入列车的办法通常也只能部分吸收 $\Delta t_占$。因此,一般应采用交错优先接入上行或下行列车的办法,来平衡两相邻区间的 $t_占$,并使 $\Delta t_占=0$,即对于 1 区间,可有

$$[(t_L+\tau_{不}+\tau_{会}+\tau_{不})+(t_L+\tau_{会})]\div 2=t_L+\tau_{不}+\tau_{会}=t_占$$

对于 2 区间

$$[(t_L+\tau_{会})+(t_L+\tau_{不}+\tau_{会}+\tau_{不})]\div 2=t_L+\tau_{不}+\tau_{会}=t_L+\tau_{会}=t_占$$

这样,两相邻区间的 $t_占$ 相等,且 $\Delta t_占=0$。

(4)摘挂列车

①摘挂列车运行方案的基本设定

为简化问题的分析计算,又不失一般性,在以下的分析计算中,基于如下的基本设定展开。

a. 摘挂列车不一定在每一个中间站都停车办理作业,有作业停车站可能产生额外占用区间时间,而无作业停车站,只产生包括列车在区间内运行时间和车站办理必要作业的车站间隔时间的基本占用区间时间,它是计算额外占用区间时间的比较基础,如图 4.3.26 所示占用区间时间($t_摘$),对于上行或下行摘挂列车各为

$$t_{摘上}=\tau+t_{上1}$$
$$t_{摘下}=\tau+t_{下2}$$

式中　τ——车站间隔时间;

$t_{上1},t_{下2}$——作业站两相邻区间中较大区间(上下行运输时分较大区间)上行、下行列车区间运行时分。

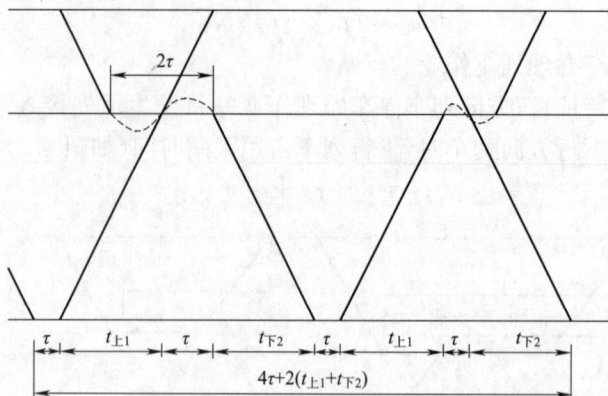

图 4.3.26　摘挂列车无行车作业会车图

b. 摘挂列车在作业站停车办理作业占用区间时间与作业站两相邻区间有关。

因此,研究摘挂列车作业对区间占用应将两个区间作为一个整体。

c. 原则上不支持同方向或不同方向的两列摘挂列车在同一时间在同一车站停车办理作业。

d. 摘挂列车可以在相邻两车站连续停车办理作业,这时,将需要针对三个区间做分析计算。

② 摘挂列车与连发列车会车方案

a. 当摘挂列车需在中间站停车办理作业时,为确保摘挂列车在中间站有一定作业的时间,必须采取一定的方法放行反方向列车和同方向后行列车。连发列车会车方案是指摘挂列车与连发的反方向列车在停车作业站会车的方案,如图 4.3.27 和图 4.3.28 所示,这时上、下行交会列车占用区间时间($t_{摘上}$、$t_{摘下}$)为

$$t_{摘上} = \tau + t_{上1}$$

$$t_{摘下} = \tau + t_{下2}$$

摘挂列车停车作业时间($t_{作业}$)可达到

$$t_{作业} = (n_{连} + 1)\tau + (n_{连} - 1)t_{大运转}$$

式中　$n_{连}$——连发铺画的反方向会车列车数;

　　$t_{大运转}$——交会站两相邻区间中较大区间上、下行列车区间运转时分。

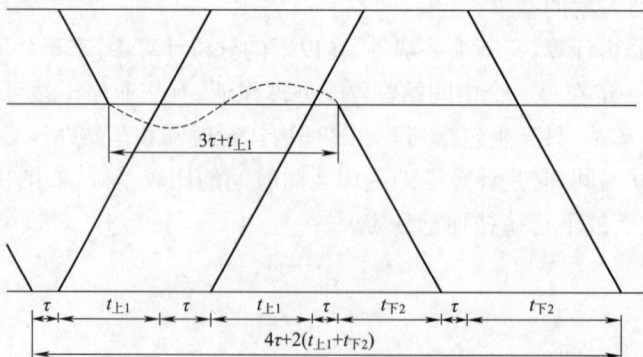

图 4.3.27　摘挂列车有作业行车会车图(一)

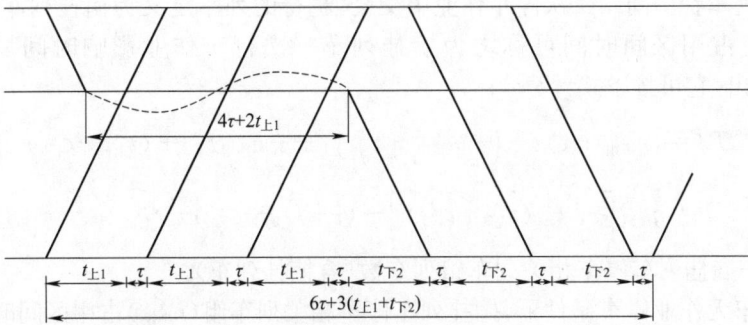

图 4.3.28 摘挂列车有作业行车会车图(二)

很显然,在采用连发列车会车方案,为摘挂列车提供一定行车作业时间($t_{作业}$)的条件下,摘挂列车占用区间时间不变,亦即不因摘挂列车在中间站停车办理作业而产生额外占用区间时间,且时间 $t_{作业}$ 随 $n_{连}$ 的增加而延长。但随着 $n_{连}$ 的增加,同时也增加了在运行图上铺画上、下行列车的不均衡性,恶化运行图指标。因此,一般情况下,$n_{连}$ 不应超过 2。当取 $n_{连}=2$ 时,$t_{作业}=3\tau+t$。

b. 摘挂列车与不同运行方向列车组交会的方案。

不同运行方向列车组交会方案是指在交会站摘挂列车依次与反方向会车、同方向列车运行的方案,如图 4.3.29 所示。

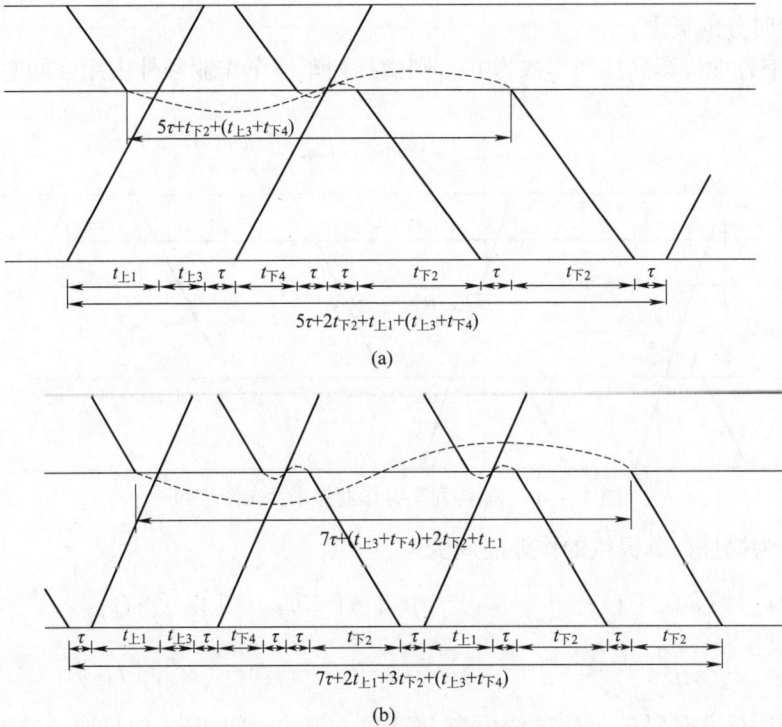

(a)

(b)

图 4.3.29 摘挂列车有作业行车会车图(三)

若将摘挂列车在中间站 1 次停车作业中交会、越行的列车定义为摘挂列车停车相关列车组,则该列车组占用区间时间可称之为摘挂列车一次行车作业影响时间域($T_摘$)。由图 4.3.29 可以看出,它可按下式计算:

$$T_摘 = (n_{摘组} + 1)\tau + \left(\frac{1}{2} n_{摘组} - 1\right) t_{上1} + \frac{1}{2} n_{摘组} t_{下2} + (t_{上3} + t_{下4})$$

$$= n_{摘组}\left[\tau + \frac{1}{2}(t_{上1} + t_{下2})\right] + (\tau + t_{上3} + t_{下4}) - t_{上1}$$

式中　$n_{摘组}$——摘挂列车停车相关列车组列车数(含摘挂列车)。

在摘挂列车无作业停车条件下,摘挂列车停车相关列车组($n_{摘组}$)占用区间时间($T_{摘无}$)为

$$T_{摘无} = n_{摘组}\left[\tau + \frac{1}{2}(t_{上1} + t_{下2})\right]$$

因而,摘挂列车停车办理作业额外占用区间时间($\Delta T_摘$),对于下行摘挂列车

$$\Delta T_摘 = (\tau + t_{上3} + t_{下4}) - t_{上1}$$

对于上行摘挂列车(如图 4.3.30 所示),则应写为

$$\Delta T_摘 = (\tau + t_{上3} + t_{下4}) - t_{下2}$$

应该指出,在摘挂列车停车站停车办理作业,必有 1 次停车,亦即摘挂列车在停车站相邻较小区间必有 1 次减速停车的运行过程,故在 $t_{上3}$ 或 $t_{下4}$ 中必定含有列车减速附加时分,办理作业后又在较大区间必有 1 次起动加速的运行过程,故在 $t_{上1}$ 或 $t_{下2}$ 中必定含有列车加速附加时分。为简化计算起见,可近似地认为列车加、减速附加时分在数值上相等,则在 $\Delta T_摘$ 计算公式中 $t_{上3}$ 与 $t_{上1}$ 或 $t_{上1}$ 与 $t_{下2}$ 中包含的减速与加速附加时分可以相互抵消。因而,$t_{上1}$、$t_{下2}$ 和 $t_{上3}$、$t_{下4}$ 是区间纯运转时分的概念。

若车站 i 有作业停车摘挂列车数为 $n_{摘i}$,则摘挂列车停车作业额外占用区间总时间($\sum T_摘$)为

$$\sum T_摘 = n_{摘i} \Delta T_{摘i}$$

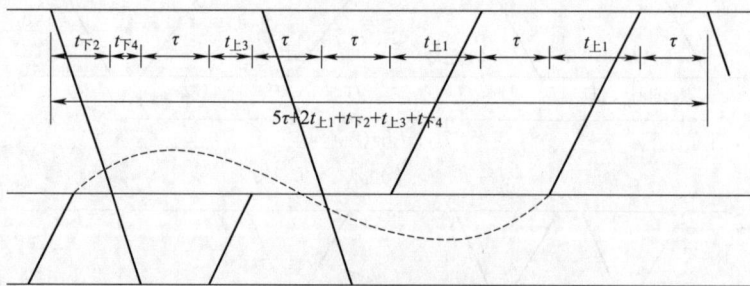

图 4.4.30　摘挂列车有作业停车会车图(四)

相应地可为摘挂列车提供的作业时间为

$$t_{作业} = (n_{摘组} + 1)\tau + \left(\frac{1}{2} n_{摘组} - 1\right) t_{上1} + \left(\frac{1}{2} n_{摘组} - 1\right) t_{下2} + (t_{上3} + t_{下4})$$

$$= n_{摘组}\left[\tau + \frac{1}{2}(t_{上1} + t_{下2})\right] + (\tau + t_{上3} + t_{下4}) - (2t_{上1} + t_{下2})$$

采用不同运行方向列车会车方案,虽然将产生一定的时间损失,但可取的较长的摘挂列车停车作业时间,运行图铺画也比较均衡。因此,仅当需要的停车作业时间较短时采用连发列车会车方案外,一般应采用不同运行方向列车会车方案。

③摘挂列车在中间站停车办理作业额外占用区间时间的计算

假定表 4.3.26 所列为 A—B 单线铁路区段摘挂列车停车作业时间分析计算数据。分析计算应就每一摘挂列车停车站的每一列车依次进行,停车站两相邻区间运转时分不相同时,面向较小区间进行计算。

a. 检查停车作业的规定作业时间按是否满足采用连发列车会车方案的条件,即若 $t_{作业} \leqslant (3\tau+t)$,满足采用连发列车会车方案条件,这时不产生额外占用区间时间,如 a 站$(3\tau+t)=3\times 5+13=28(\text{min})>27(\text{min})=t_{作业}$,满足采用连发列车会车方案。站也有类似情况;否则,应研究采用不同方向列车会车方案。

b. 对于需采用不同方向列车会车方案的车站,按下式计算:

$$\Delta T_{摘下} = (\tau+t_{上3}+t_{下4}) - t_{上1}$$
$$\Delta T_{摘上} = (\tau+t_{上3}+t_{下4}) - t_{下2}$$

需计算 $\Delta T_{摘}$ 的只有 d 站,对于下行方向摘挂列车

$$\Delta T_{摘下} = (5+14+15) - 18 = 16(\text{min})$$

对于上行方向摘挂列车

$$\Delta T_{摘上} = (5+14+15) - 17 = 17(\text{min})$$

c. 计算摘挂列车停车额外占用区间总时间($\sum T_{摘}$):

$$\sum T_{摘} = \Delta T_{摘}\ n_{摘}$$

计算结果见表 4.3.27。d 站产生 33 min 的摘挂列车作业额外占用区间时间。

表 4.3.26　摘挂列车停车作业时间分析计算数据表

车　站	$t_{作业}$(min)	τ(min)	$n_{摘}$		$t_{上1}$(min)	$t_{下2}$(min)
			上　行	下　行		
A		5				
					13	15
a	27	5	1			
					20	20
b		5				
					12	11
c	30	5		1		
					18	17
d	60	5	1	1		
					14	15
e	20	5	1	1		
					12	13
f		5				
					10	11
B	30	5				

表 4.3.27　摘挂列车停车作业额外占用区间时间计算表

车　站	$t_{作业}$(min)	$3\tau+t$(min)		$\Delta T_{摘}$(min)		$n_{摘}$(min)		$\sum T_{摘}$(min)		
		上行	下行	上行	下行	上行	下行	上行	下行	计
a	27	35		0		1		0		0
c	30		32		0		1		0	0
d	60	33	32	17	16	1	1	17	16	33
e	20	29	30		0		1		0	0

④单线区段列车在中间站停车办理作业额外占用区间总时间

根据单线区段列车运行组织的特点,单线区段列车在中间站停车额外占用区间时间,按相同运行方向运行列车组和不相同运行方向运行列车组分别计算。在相同运行方向运行列车组中,又按相同列车种类和不相同列车种类运行列车组做分析计算,而在不相同种类运行列车组中又有快速列车或慢速列车的区分。因此,在单线区段,分别就四种运行列车组做了分析计算,即

a. 相同运行方向、相同种类运行列车组列车在中间站停车额外占用区间总时间 $T_{停1}$。

b. 相同运行方向、不相同列车种类的 $L\Delta S$ 运行列车组列车在中间站停车额外占用区间总时间 $T_{停2}$。

c. 相同运行方向、不相同列车种类的 $S\Delta L$ 运行列车组列车在中间站停车额外占用区间总时间 $T_{停3}$。

d. 不相同运行方向运行列车组在中间站停车额外占用区间总时间 $T_{停4}$。

故有

$$T_{停}=T_{停1}+T_{停2}+T_{停3}+T_{停4}$$

因而,$\Delta t_{占}=\dfrac{T_{停}}{N_1+N_2}$。

4.4 列车运行图缓冲时间

4.4.1 列车进入晚点及缓冲时间分布规律

1. 列车进入晚点分布函数

(1)列车进入晚点

列车由任一车站出发,对于其相邻区间而言,可称之为该列车进入区间。若列车由任一车站出发晚点,即将产生列车进入区间晚点,亦即当列车由任一车站进入区间的实际时刻偏离于运行图规定时刻时,称该列车进入区间晚点,简称列车进入晚点,并定义列车实际进入区间时间与运行图规定的计划发车时间之差为列车进入晚点时间。

众所周知,列车运行图规定了列车到达、出发或通过车站的时刻,各次列车均应严格按运行图规定的时刻运行。然而,实际列车运行是一个十分复杂的运输生产过程,它需要利用多种铁路技术设备,同时要求与运输相关各部门、各工种、各项作业之间相互协调配合。因此,列车实际在车站的到达、出发或通过,通常不可能完全按照运行图规定的时刻进行,而是以运行图规定时刻为基点,在一定范围内波动。通过对列车进入晚点和缓冲时间分布规律,以及晚点传播过程及传播规律的研究,认识和掌握这一波动的波动范围和波动规律,对改进列车运行图的编制,充分利用通过能力以及维护正常的运输生产秩序都有重要的意义。

(2)列车进入晚点的分布函数

设区间每日运行列车组总数为 N,在 N 列列车中出现列车进入晚点的列车数为 N_t,其比率则可称之为晚点率或发生列车进入晚点的概率 g,可用下式表示:

$$g=\frac{N_t}{N}$$

若每日列车进入晚点时间总值为 $t(\min)$，则每一运行列车所摊到的平均列车进入晚点时间 $\bar{t}$ 应为

$$\bar{t} = \frac{t}{N} \quad (\min)$$

而每一晚点列车所摊到的平均列车进入晚点时间 t_L 则应为

$$t_L = \frac{t}{N_t} (\min)$$

因而，$g, \bar{t}, t_L$ 之间存在着如下关系：

$$g = \frac{\bar{t}}{t_L}$$

现假定出现列车进入晚点的频率分布服从负指数分布规律，因而出现其值为 t 的列车进入晚点概率密度 W_t 应为

$$W_t = a \mathrm{e}^{-zt} \tag{4.4.1}$$

式中　a, z——概率密度函数的参数。

由概率公式可得：

$$1 = g_0 + \lim_{x \to 0} \int_x^{\infty} W_t \mathrm{d}t \tag{4.4.2}$$

式中　g_0——$t = 0$ 时的概率，其值为

$$g_0 = 1 - g$$

因此，式(4.4.2)也可以写为

$$1 = 1 - g + \lim_{x \to 0} \int_x^{\infty} W_t \mathrm{d}t$$

$$g = \lim_{x \to 0} \int_x^{\infty} W_t \mathrm{d}t = a \int_x^{\infty} \mathrm{e}^{-zt} \mathrm{d}t = -\frac{a}{z} \mathrm{e}^{-zt} \Big|_{t=0}^{t=\infty} = \frac{a}{z}$$

这样，参数 a 可按下式求出，即

$$a = zg \tag{4.4.3}$$

将式(4.4.3)代入式(4.4.1)，可得

$$W_t = zg \mathrm{e}^{-zt}$$

(3)列车进入晚点分布函数的 χ^2 检验

在这里，假定列车进入晚点的频率是随机事件的分布规律，并假定该分布服从负指数分布规律。对我国区段实际列车晚点资料作统计分析及 χ^2 检验表明，这一假定是可以接受的。

2. 列车运行图缓冲时间及其分布规律

(1)列车运行图缓冲时间

列车最小车站间隔时间是保证车站能完成必要的接发列车作业和确保列车在区间内安全运行的时间。在具体铺画列车运行图时，由于受列车种类不同、列车在运行图上相互位置的安排和区间通过能力利用率等因素的影响，列车运行图中实际安排的列车发车间隔时间或到、发间隔时间往往大于最小车站间隔时间。现定义列车运行图规定的列车间隔时间与最小车站间隔时间之差为列车运行图缓冲时间，简称缓冲时间。缓冲时间对于缓解列车晚点对后行列车和晚点列车运行的影响有着重要意义。

（2）缓冲时间的分布函数

通过对大量列车运行图缓冲时间分析可以发现，小值缓冲时间出现的频率通常都大于大值缓冲时间出现的频率。因此，一般认为缓冲时间的概率分布也可以用负指数分布规律来表示，并假定缓冲时间可以用一个以一定限界值 t_r 开始的理论频数总值来描述，即

$$\sum_{t_r}^{\infty} h_{t_r} = N\mathrm{e}^{-\frac{t_r}{\bar{t}_r}} \tag{4.4.4}$$

式中　t_r——一定数值的缓冲时间，min；

　　　　$\bar{t}_r$——平均列车运行图缓冲时间，min；

　　　　h_r——数值为 t_r 的缓冲时间的出现频数。

设 W_{t_r} 为出现其值为 t_r 的缓冲时间的概率，因而也有

$$\sum_{t_r}^{\infty} W_{t_r} = \frac{1}{N}\sum_{t_r}^{\infty} h_{t_r} \tag{4.4.5}$$

将式（4.4.4）代入式（4.4.5），可得在 $t_r = t_r$ 至 $t_r = \infty$ 范围概率密度 W_{t_r} 的分布函数，即

$$\int_{t_r}^{\infty} W_{t_r} \mathrm{d}_{t_r} = \mathrm{e}^{-\frac{t_r}{\bar{t}_r}}$$

$$W_{t_r} = \frac{1}{t_r}\mathrm{e}^{-\frac{t_r}{\bar{t}_r}}$$

χ^2 检验表明，缓冲时间这一假设分布也是可以接受的。

4.4.2　两相邻列车间晚点的传播

1. 运行列车组及其类型

运行列车组以其组成列车等级（或优先级）为特征，可分为如下类型：

（1）由相同等级列车组成的第一类运行列车组。

（2）由不同等级列车组组成且高等级列车为前行列车的第二类运行列车组。

（3）由不同等级列车组组成且高等级列车为后行列车的第三类运行列车组。

2. 第一类运行列车组两列车间晚点的传播

如图 4.4.1 所示，运行列车组第一和第二列车之间存在着一个其值为 I 的最小列车间隔时间，且两列车间又有其值为 t_r 的缓冲时间。当第一列车进入区间的晚点时间 t_1 大于第二列车晚点时间 t_2 和缓冲时间之和时，第二列车就将产生其值为 t_{f2g} 的列车增晚时间。本研究将这类列车增晚时间定义为列车晚点传播的后效晚点时间，简称列车后效晚点时间。

因为，$t_1 + I = I + t_r + t_2 + t_{f2g}$，所以，在这一条件下的列车后效晚点时间 t_{f2g} 可按下式计算：

$$t_{f2g} = t_1 - (t_r + t_2)$$

当第一列车的晚点时间大到致使其比第二列车可能进入区间的时间还要晚时（如图 4.4.2 所示），在列车等级相同的条件下，则需变更其列车运行顺序，即第一列车将改为位于第二列车之后运行。在这种情况下，第一列车将产生为确保第二列车与第一列车之间的最小列车间隔时间而造成的增晚时间，即列车后效晚点时间 t_{f1g}。

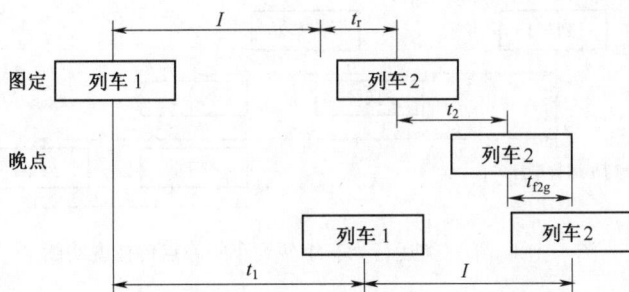

图 4.4.1 第一类运行列车组两列车间晚点传播说明图(一)

因为,$t_1 + t_{f1g} = I + t_r + t_2 + I$,所以,这一条件下的列车后效晚点时间 t_{f1g} 可按下式计算:

$$t_{f1g} = (2I + t_r + t_2) - t_1$$

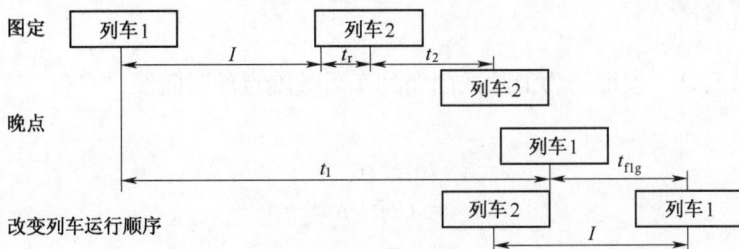

图 4.4.2 第一类运行列车组两列车间晚点传播说明图(二)

3. 第二类运行列车组两列车间晚点的传播

第二类运行列车组在列车等级上第一列车高于第二列车。因此,一般不允许将第二列车的晚点传播给第一列车。这样,第二类运行列车组的第二列车较之第一类运行列车组的第二列车将在更大范围内接受晚点传播,如图 4.4.3 所示。

因为 $t_1 + I = I + t_r + t_2 + t_{f2v}$,所以,在这一条件下的列车后效晚点时间 t_{f2v} 可按下式计算:

$$t_{f2v} = t_1 - (t_r + t_2)$$

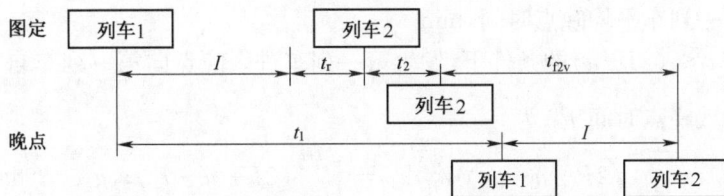

图 4.4.3 第二类运行列车组两列车间晚点传播说明图

4. 第三类运行列车组两列车间晚点的传播

第三类运行列车组在列车等级上第二列车高于第一列车。因而,当 $t_1 > (t_r + t_2)$ 时,两列车的运行顺序将被改变,如图 4.4.4 所示。

因为 $t_1 + t_{f1v} = I + t_r + t_2 + I$,所以,这一条件下的列车后效晚点时间 t_{f1v} 可按下式计算:

$$t_{f1v} = (2I + t_r + t_2) - t_1$$

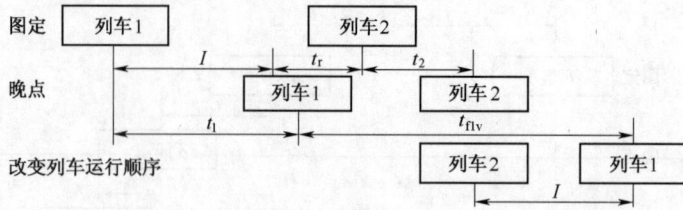

图 4.4.4 第三类运行列车组两列车间晚点传播说明图

5. 相邻列车间的平均列车后效晚点时间

(1)有效缓冲时间

由图 4.4.1 至图 4.4.2 可以看出,第二列车进入晚点时间 t_2 实际上也起到了缓冲时间对列车后效晚点时间影响的作用。因而,缓冲时间 t_r 和列车进入晚点时间 t_2 可作为两列车间的有效缓冲时间 u 看待,即

$$u = t_r + t_2$$

有效缓冲时间是一项可用为消除或削弱列车后效晚点的时间段。

据此,也有

$$t_{f2g} = t_1 - u$$
$$t_{f1g} = (2I + u) - t_1$$
$$t_{f2v} = t_1 - u$$
$$t_{f1v} = (2I + u) - t_1$$

(2)第一类运行列车组第一列车的平均后效晚点时间

在 $u \leqslant t_1 \leqslant u + I$ 的条件下,发生第一列车进入晚点向第二列车传播的现象,其平均列车后效晚点时间 $\bar{t}_{f2g}$ 为

$$\bar{t}_{f2g} = \int_u^{u+I} (t_1 - u) W_{t_1} \, dt_1 = \int_u^{u+I} (t_1 - u) z_1 g_1 e^{-z_1} \, dt_1$$

经计算整理可得

$$\bar{t}_{f2g} = \bar{t}_1 e^{-z_1 u} (1 - z_1 I e^{-z_1 I} - e^{-z_1 I})$$

式中 $\bar{t}_1$ ——第一列车平均晚点时间,min。

在 $(u + I) \leqslant t_1 \leqslant (2I + u)$ 的条件下,发生第一列车进入晚点向第一列车自身传播的现象,其在平均列车后效晚点时间 $\bar{t}_{f1g}$ 为

$$\bar{t}_{f1g} = \int_{I+u}^{2I+u} (2I + u - t_1) W_{t_1} \, dt_1 = \int_{I+u}^{2I+u} (2I + u - t_1) z_1 g_1 e^{-z_1 t_1} \, dt_1$$

经计算整理可得

$$\bar{t}_{f1g} = \bar{t}_1 e^{-z_1 u} e^{-z_1 I} (e^{-z_1 I} + z_1 I - 1)$$

对于第一类运行列车组来说,在第一列车晚点作用下,列车后效晚点既可能发生在第一列车,也可能发生在第二列车。因而,第一类运行列车组平均后效晚点时间总值 $\bar{t}_{fg}$ 应为

$$\bar{t}_{fg} = \bar{t}_{f2g} + \bar{t}_{f1g}$$

整理可得

$$\bar{t}_{fg} = \bar{t}_1 e^{-z_1 u} (1 - e^{-z_1 I_g})^2 \qquad (4.4.6)$$

式中 I_g——相同种类运行列车平均最小列车间隔时间，min。

将 $u = t_r + t_2$ 代入式(4.4.6)，则有：

$$\bar{t}_{fg} = \bar{t}_1 (1 - e^{-z_1 I_g})^2 e^{-z_1 t_r} e^{-z_1 t_2}$$

t_r 和 t_2 可有不同的发生概率。为简化计算，若先假定 $t_2 = 0$，则有 $e^{-z_1 t_2} = 1$。因而，当第二列车正点进入区间时，平均列车后效晚点时间总值 $\bar{t}_{fg0}$ 应为

$$\bar{t}_{fg0} = \bar{t}_1 (1 - e^{-z_1 I_g})^2 e^{-z_1 t_r} = \bar{t}_1 (1 - e^{-z_1 I_g})^2 \int_0^\infty e^{-z_1 t_r} W_{t_r} dt_r$$

$$= \bar{t}_1 (1 - e^{-z_1 I_g})^2 \int_0^\infty e^{-z_1 t_r} \frac{1}{\bar{t}_r} e^{t_r/\bar{t}_r} dt_r$$

经计算整理可得

$$\bar{t}_{fg0} = \frac{\bar{t}_1 (1 - e^{-z_1 I_g})^2}{(z_1 \bar{t}_r + 1)}$$

式中 $\bar{t}_r$——平均列车运行图缓冲时间，min。

当第二列车发生进入晚点，且其晚点时间在 $0 \sim \infty$ 范围内取值时，则平均列车后效晚点时间总值 $\bar{t}_{fgt}$ 应为

$$\bar{t}_{fgt} = \bar{t}_{fg0} \int_0^\infty e^{-z_1 t_2} W_{t_2} dt_2 = \bar{t}_{fg0} \int_0^\infty e^{-z_1 t_2} z_2 g_2 e^{-z_2 t_2} dt_2$$

经计算整理可得

$$\bar{t}_{fgt} = -\bar{t}_{fg0} z_2 g_2$$

将第二列车正点进入区间和晚点进入区间两种情况下的平均后效晚点时间加总，可有

$$\bar{t}_{fg和} = \bar{t}_{fg0} (1 - g_2) + \bar{t}_{fgt}$$

经整理可得

$$\bar{t}_{fg和} = \bar{t}_1 \frac{(1 - e^{-z_1 I_g})^2}{z_1 \bar{t}_r + 1} (1 - g_2 - z_2 g_2)$$

(3)第二、三类运行列车组的平均后效晚点时间

①第二类运行列车组的平均列车后效晚点时间

由于第一列车为优先列车，第一列车进入晚点将在 $[u, (u+2I)]$ 范围内发生向第二列车传播的现象，平均列车后效晚点时间 $\bar{t}_{f2v}$ 为

$$\bar{t}_{f2v} = \int_u^{2I+u} (t_1 - u) W_{t_1} dt_1 = \int_u^{2I+u} (t_1 - u) z_1 g_1 e^{-z_1 t_1} dt_1$$

经计算整理可得

$$\bar{t}_{f2v} = \bar{t}_1 e^{-z_1 u} (1 - 2z_1 I e^{-2z_1 \bar{I}_v} - e^{-2z_1 \bar{I}_v})$$

式中 $\bar{I}_v$——不相同种类运行列车组平均最小列车间隔时间。

②第三类运行列车组的平均列车后效晚点时间

由于第二列车为优先列车，第一列车进入晚点将在 $[u, (u+2I)]$ 范围内发生向第一列车传播的现象，平均列车后效晚点时间 $\bar{t}_{f1v}$ 为

$$\bar{t}_{f1v} = \int_u^{2I+u} (2I + u - t_1) W_{t_1} dt_1 = \int_u^{2I+u} (2I + u - t_1) z_1 g_1 e^{-z_1 t_1} dt_1$$

经计算整理可得

$$\bar{t}_{f1v} = \bar{t}_1 e^{-z_1 u} (-e^{-2z_1 \bar{I}_v} + 2z_1 I - 1)$$

③第二、三类运行列车组的平均列车后效晚点时间

将平均列车后效晚点时间 $\bar{t}_{f2g}$、$\bar{t}_{f2v}$、$\bar{t}_{f1g}$ 和 $\bar{t}_{f1v}$ 相互比较可以发现,在上述计算公式中均包含有计算因素 $e^{-z_1 u}$,若令

$$e^{-z_1 u} = f(u)$$

这样,平均列车后效晚点时间计算公式也可以写为

$$\bar{t}_f = c f(u)$$

对于第二类运行列车组,作为高等级列车的第一列车晚点,可能引起第二列车产生列车后效晚点时间;两对于第三类运行列车组,作为低等级的第一列车晚点,则可能引起第一列车自身产生列车后效晚点时间。在分别计算出第二或第一列车平均后效晚点时间后,两类运行列车组的平均后效晚点时间 $\bar{t}_{fv}$ 应为

$$\bar{t}_{fv} = \frac{1}{2} (\bar{t}_{f1v} + \bar{t}_{f2v})$$

经整理可有

$$\bar{t}_{fv} = \frac{1}{2} \bar{t}_1 z_1 \bar{I}_v (1 - e^{-2z_1 \bar{I}_v}) e^{-z_1 u} \qquad (4.4.7)$$

式中,$c = \bar{t}_1 z_1 \bar{I}_v (1 - e^{-2z_1 \bar{I}_v})$,所以式(4.4.7)也可以写为

$$\bar{t}_{fv} = \frac{1}{2} c e^{-z_1 u} \qquad (4.4.8)$$

将 $u = t_r + t_2$ 代入式(4.4.8),则有

$$\bar{t}_{fv} = \frac{1}{2} c e^{-z_1 t_r} e^{-z_1 t_2}$$

与第一类运行列车组平均列车后效晚点时间计算原理相类似的,可有

$$\bar{t}_{fv} = c \left[(1 - g_2) \int_0^\infty e^{-z_1 t_r} W_{t_r} dt_r + \int_0^\infty \int_0^\infty e^{-z_1 t_2} e^{-z_1 t_r} W_{t_r} W_{t_2} dt_2 dt_r \right]$$

$$= c \left[(1 - g_2) \int_0^\infty e^{-z_1 t_r} \frac{1}{\bar{t}_r} e^{-t_r / \bar{t}_r} dt_r + \int_0^\infty \int_0^\infty e^{-z_1 t_2} e^{-z_1 t_r} \frac{1}{\bar{t}_r} e^{-t_r / \bar{t}_r} z_2 g_2 e^{-z_1 t_2} dt_2 dt_r \right]$$

经计算整理可得

$$\bar{t}_{fv} = \frac{c}{-z_1 \bar{t}_r} (1 - g_2 - z_2 g_2) \qquad (4.4.9)$$

将 $c = \bar{t}_1 z_1 \bar{I}_v (1 - e^{-2z_1 \bar{I}_v})$ 代入式(4.4.9),可得

$$\bar{t}_{fv} = \frac{\bar{t}_1}{-z_1 \bar{t}_r} z_1 \bar{I}_v (1 - e^{-2z_1 \bar{I}_v}) (1 - g_2 - z_2 g_2)$$

4.4.3　平均列车后效晚点时间

1. 第一层次晚点传播的平均列车后效晚点时间

(1)分类运行列车组的综合平均列车后效晚点时间

设某区段每日运行列车组总数为 N,其中具有相同列车等级的第一类运行列车组数为 N_g。这样,在该区段列车运行图中出现相同列车等级运行列车组的概率 W_g 应为

$$W_g = \frac{N_g}{N}$$

因而,在运行图中出现具有不相同列车等级运行列车组(包括第二、三类运行列车组)的概率为 $1-W_g$。

在这里,称直接因列车晚点传播而发生的列车后效晚点为第一层次晚点传播列车后效晚点。根据分类运行列车组出现概率及其相应的平均列车后效晚点时间,仅作为第二列车的第一层次晚点传播的平均列车后效晚点时间 $\bar{t}_{fl}$ 应为

$$\bar{t}_{fl} = \bar{t}_{fg} W_g + \bar{t}_{fv}(1-W_g)$$

经整理可得

$$\bar{t}_{fl} = \frac{\bar{t}_1 [W_g (1-e^{z_1 \bar{I}_g})^2 + (1-W_g)z_1 \bar{I}_v (1-e^{-2z_1 I_v})]}{z_1 \bar{t}_r + 1}(1-g_2 - z_2 g_2)$$

若取 $g_1 = g_2 = g, \bar{t}_1 = \bar{t}_2 = t, z_1 = z_2 = z$,则上式也可以简化为

$$\bar{t}_{fl} = \bar{t}_1 [W_g (1-e^{z_1 \bar{I}_g})^2 + (1-W_g)z_1 \bar{I}_v (1-e^{-2z_1 I_v})] \frac{1-\frac{g}{2}}{z \bar{t}_r + 1}$$

若令 $\bar{t}_1 [W_g (1-e^{z_1 \bar{I}_g})^2 + (1-W_g)z_1 \bar{I}_v (1-e^{-2z_1 I_v})]\left(1-\frac{g}{2}\right) = K_f$,则 $\bar{t}_{fl}$ 的计算式还可以简化为

$$\bar{t}_{fl} = \frac{K_f}{z \bar{t}_r + 1}$$

(2)列车晚点向非相邻后行列车直接传播的平均列车后效晚点时间

当 $t_1 > (t_2 + t_{r1} + I_1 + I_2)$ 时,第1列车的晚点在运行列车组两相邻列车间不发生直接的晚点传播,而与运行图中安排在第3、4或更后的非相邻列车发生直接的晚点传播关系,并使这些列车产生列车后效晚点,如图4.4.5所示。

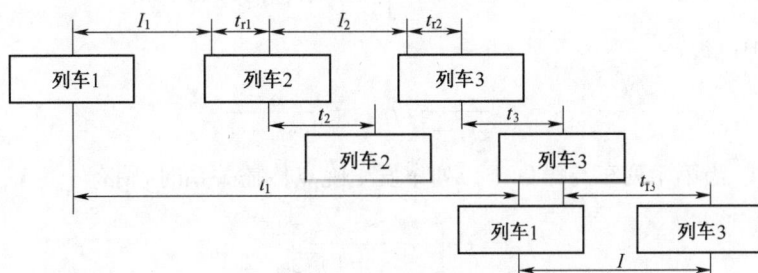

图 4.4.5　第一列车晚点向非相邻后行列车直接传播说明图

当第1列车与第2列车发生直接晚点传播关系(即 $n=1$)时,如前所述,可有

$$u_1 = t_{r1} + t_2$$

当第1列车与第3列车发生直接晚点传播关系(即 $n=2$)时,如图4.4.5所示,则相应可有

$$u_2 = t_{r1} + t_{r2} + \bar{I} + t_3$$

式中　$\overline{I}$——相同和不同种类运行列车组的最小列车间隔时间的均值。

同理,当 t_1 数值加大,第 1 列车与第 4 列车发生直接晚点关系(即 $n=3$)时,可有

$$u_3 = t_{r_1} + t_{r2} + t_{r3} + 2\overline{I} + t_4$$

依此类推,第 1 列车与第 $(n+1)$ 列车发生直接晚点传播关系时,两列车间的有效缓冲时间应为

$$u_n = \sum_{i=1}^{n} t_{ri} + (n-1)\overline{I} + t_{n+1}$$

假定所有列车进入晚点具有相同的概率分布,因而也可以有

$$t_{n+1} = t_2$$

这样,u_n 也可以写为

$$u_n = t_{r1} + t_2 + \sum_{i=2}^{n} t_{ri} + (n-1)\overline{I} = u_1 + \sum_{i=2}^{n} t_{ri} + (n-1)\overline{I}$$

这样,第 1 列车与列车运行图中第 n 列车发生直接晚点传播的平均列车后效晚点时间 $\overline{t}_{fn}$ 应为

$$\overline{t}_{fn} = ce^{-z_1 u_n} = ce^{-z_1 u_1} e^{-z_1(n-1)I} (e^{-zt_{r2}} e^{-zt_{r3}} \cdots e^{-zt_{rn}})$$

当 $n=1$ 时

$$\overline{t}_{f1} = \frac{K_f}{z\,\overline{t}_r + 1}$$

当 $n=2$ 时,则有

$$\overline{t}_{f2} = \overline{t}_{f1} e^{-zI} \int_0^\infty e^{-zt_{r2}} W_{t_{r2}} \,dt_{r2}$$

当 $n=3$,且 $W_{t_{r1}} = W_{t_{r2}} = W_{t_{r3}} = W_{t_r}$ 时,有

$$\overline{t}_{f3} = \overline{t}_{f2} e^{-zI} \int_0^\infty e^{-zt_r} W_{t_r} \,dt_r$$

经积分处理可得

$$\overline{t}_{f2} = \overline{t}_{f1} \frac{e^{-zI}}{z\overline{t}_r + 1}, \overline{t}_{f3} = \overline{t}_{f1} \frac{e^{-2zI}}{(z\overline{t}_r + 1)^2}$$

作为一般式,当第 1 列车与第 $(n+1)$ 列车发生晚点传播关系时,则有

$$\overline{t}_{fn} = \overline{t}_{f1} \left[\frac{e^{-2z\overline{I}}}{(z\,\overline{t}_r + 1)^2} \right]^{(n-1)}$$

(3)第一层次晚点传播的平均列车后效晚点时间

因为每一列车都可作为第二列承受晚点时间 $\overline{t}_{f1}$,又可能作为第 $3,4,\cdots,n+1$ 列车承受晚点时间 $\overline{t}_{f2}, \overline{t}_{f3}, \cdots, \overline{t}_{fn}$,所以第一层次晚点传播的平均列车后效晚点时间值 $\overline{t}_{F1}$ 应为

$$\overline{t}_{F1} = \overline{t}_{f1} + \overline{t}_{f2} + \cdots + \overline{t}_{fn}$$

$$= \overline{t}_{f1} \left[1 + \frac{e^{-z\overline{I}}}{z\,\overline{t}_r + 1} + \left(\frac{e^{-z\overline{I}}}{z\,\overline{t}_r + 1} \right)^2 + \cdots + \left(\frac{e^{-z\overline{I}}}{z\,\overline{t}_r + 1} \right)^{n-1} \right] \tag{4.4.10}$$

式(4.4.10)为一等比级式,在 $n \to \infty$ 时,对级数求和可得

$$\overline{t}_{F1} = \overline{t}_{f1} \frac{1}{1 - \dfrac{e^{-z\overline{I}}}{z\,\overline{t}_r + 1}}$$

经整理可得

$$\overline{t}_{F1} = \frac{K_f}{z\,\overline{t}_r + 1 - e^{-z\overline{I}}}$$

$$= \frac{\overline{t}\left[W_g\,(1 - e^{-z_1\overline{I}_g})^2 + (1 - W_g)z\overline{I}_v\,(1 - e^{-2z_1\overline{I}_v})\right]\left(1 - \dfrac{g}{2}\right)}{z\,\overline{t}_r + 1 - e^{-z\overline{I}}}$$

2. 高层次列车晚点传播和平均列车后效晚点时间

对列车晚点传播现象的进一步分析可以发现，除列车进入区间晚点可以引发第一层次列车后效晚点之外，具有列车后效晚点的列车2，其晚点时间还可以进一步向后行列车3传播，引发列车3的列车后效晚点；列车3的该晚点时间又可向列车4传播，并引发列车4的列车后效晚点，如图4.4.6所示。在这里，将列车后效晚点引发的列车后效晚点称为高层次列车后效晚点。在数值上，高层次列车后效晚点等于列车后效晚点总值与第一层次列车后效晚点数值之差。

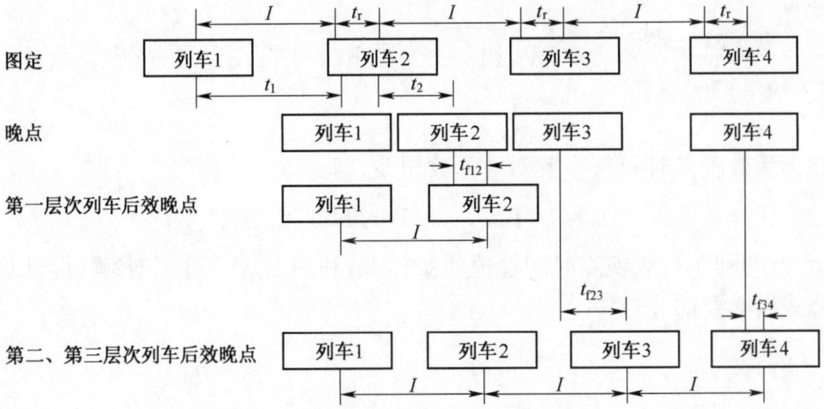

图 4.4.6 高层次列车晚点传播说明图

如前已述，高层次列车后效晚点时间可用列车后效晚点时间总值与第一层次列车后效晚点时间之差表示，亦即列车运行排队系统的高层次平均排队时间 t_{wk} 可用平均排队时间 t_w 与第一层次平均排队时间 t_{w1} 之差表示。因而有

$$t_{wk} = t_w - t_{w1}$$

若令 $\psi = t_{wk}/t_{w1}$，则经整理可得 $\psi = \dfrac{\overline{I}}{\overline{t}_r}$

这样，也有

$$t_{wk} = \psi t_{w1}$$

实际上，当列车晚点概率并不趋近于1，晚点列车平均晚点时间也并不趋近于无穷大时，列车运行排队系统高层次与第一层次平均排队时间的上述关系同样适用。因而，也有

$$t_{wk} = \bar{\psi} t_{F1}$$

平均列车后效晚点时间 $\bar{t}_F$ 由第一层次与高层次平均列车后效晚点时间两部分组成,即

$$\bar{t}_F = \bar{t}_{F1} + \bar{\psi} t_{F1} \tag{4.4.11}$$

将相关因素代入式(4.4.11),并经整理可得

$$\bar{t}_F = \frac{\bar{t}(1-g/2)}{z\bar{t}_r + 1 - e^{-z\bar{I}}}\left[W_g(1-e^{-z\bar{I}_g})^2 + (1-W_g)z\bar{I}_v(1-e^{-2z\bar{I}_v}) + \frac{\bar{I}}{\bar{t}_r}(1-e^{-z\bar{I}})^2\right]$$

4.4.4 列车后效晚点时间总值

1. 列车后效晚点时间总值的计算

列车后效晚点时间总值 t_F 是指一日内在该区间运行全部列车后效晚点时间之和,其值等于一日内在该区间运行列车数 N 与平均列车后效晚点时间之乘积,即

$$t_F = N\bar{t}_F$$

每天开行列车数 N 可以用区段通过能力 N_{er} 表示,计算方法为

$$N_{er} = \frac{T}{\bar{I} + \bar{t}_r}$$

因而,也有:

$$t_F = \frac{T\bar{t}_F}{\bar{I}+\bar{t}_r} = \frac{T\bar{t}(1-g/2)}{(\bar{I}+\bar{t}_r)(z\bar{t}_r+1-e^{-z\bar{I}})}\left[W_g(1-e^{-z\bar{I}_g})^2 + (1-W_g)z\bar{I}_v(1-e^{2z\bar{I}_v}) + (1-e^{-z\bar{I}})^2\bar{I}/\bar{t}_r\right]$$

$$\tag{4.4.12}$$

这样,列车后效晚点时间与一系列列车数相关,即

$$t_F = f(T, \bar{t}, z, g, W_g, \bar{I}, \bar{I}_g, \bar{I}_v, \bar{t}_r)$$

若给定允许的列车后效晚点时间总值质量标准,利用上式可对 $\bar{t}_r$ 求解,但计算工作量大,为此,需对公式做必要的改造。

因为 $\bar{t} = \dfrac{g}{z}$,故

$$\bar{t}(1-g/2) = \frac{g-g^2/2}{z}$$

而式(4.4.12)分母部分可整理为

$$(\bar{t}_r+\bar{I})(z\bar{t}_r+1-e^{-z\bar{I}}) = \bar{I}\left(\frac{\bar{t}_r}{\bar{I}}+1\right)\left(\frac{\bar{t}_r}{\bar{I}}+\frac{1-e^{-z\bar{I}}}{z\bar{I}}\right)z\bar{I}$$

若令比值 $\bar{t}_r/\bar{I}$ 为缓冲时间商数 q,即

$$q = \frac{\bar{t}_r}{\bar{I}}$$

故式(4.4.12)分母部分可写为

$$(\bar{t}_r+\bar{I})(z\bar{t}_r+1-e^{-z\bar{I}}) = z\bar{I}^2(q+1)\left(q+\frac{1-e^{-z\bar{I}}}{z\bar{I}}\right)$$

这样,列车后效晚点时间总值计算公式可改写为

$$t_F = \frac{T(g - g^2/2)}{(z\bar{I})^2 (q+1)\left(q + \dfrac{1-e^{-z\bar{I}}}{z\bar{I}}\right)} \left[W_g (1-e^{-z\bar{I}_g})^2 + (1-W_g)z\bar{I}_v(1-e^{-2z\bar{I}_v}) + (1+e^{-z\bar{I}})^2 \cdot 1/q \right]$$

上式只剩下参数 T、g、W_g、$z\bar{I}$、$z\bar{I}_g$、$z\bar{I}_v$ 和 q。

2. 作为列车运行质量指标的列车后效晚点时间总值

列车后效晚点时间是正、晚点列车在晚点列车的晚点发生晚点传播时形成的增晚时间,它与列车运行图的弹性、进入晚点列车的晚点状况有关,并随列车运行图弹性的缩小、列车进入晚点状况的恶化而增加。因此,列车后效晚点时间总值也可以用为反映列车运行准时性的列车运行质量指标。

在函数 $t_F = f(T, \bar{t}, z, g, W_g, \bar{I}, \bar{I}_g, \bar{I}_v, \bar{t}_r)$ 中,T 是常量,W_g、$\bar{I}$、$\bar{I}_g$、$\bar{I}_v$ 在一定的铁路区段技术装备和列车运行图结构条件下,也可作为常量看待;$\bar{t}$、z、g 是随当前列车运行状况变化而变化,且可控性有限的参数;而只有 $\bar{t}_r$ 是决策者可以调控的,亦即 t_F 的唯一可控因素是 $\bar{t}_r$,而其他因素基本上都是非可控的。或者说,按决策者对列车运行质量预期要求,给定合理的 t_F,可以计算得到需要的 $\bar{t}_r$。

t_F 随 $\bar{t}_r$ 减少而增大,其增大意味着列车运行质量下降;但铁路可放行列车数增大;t_F 随 $\bar{t}_r$ 的增大而减小,其减小意味着列车运行质量提高,但铁路可放行列车数将减小。因此,必须从列车运行质量和放行列车数两个方面出发,寻找一个较为合理的 t_F 值。

对多个铁路区段理论列车后效晚点总值的统计计算表明,t_F 主要集中在 $101 \sim 220$ min 时间域的范围内。考虑到当前我国铁路列车运转秩序的实际情况,应适当预留列车运行图弹性,本研究建议 t_F 作为列车运行的质量指标,应按临近集中时间域中值的 200 min 取值,并据此计算的列车运行图缓冲时间。

3. 求解必要列车运行图缓冲时间的方程计算法

为求解平均必要列车运行图缓冲时间,必须对后效晚点时间总值 t_F 计算式做必要的整理。
若令

$$H = W_g (1-e^{-z\bar{I}_g})^2 + (1-W_g)z\bar{I}_v(1-e^{-2z\bar{I}_v})$$

$$G = \frac{T(g - g^2/2)}{z}$$

$$U = 1 - e^{-z\bar{I}}$$

则后效晚点时间总值计算公式(4.4.12)可写为

$$t_F = \frac{G}{(\bar{t}_r + \bar{I})(z\bar{t}_r + U)}\left(H + \frac{\bar{I}U^2}{\bar{t}_r}\right) = \frac{G(H\bar{t}_r + \bar{I}U^2)}{(\bar{t}_r + \bar{I})(z\bar{t}_r + U)\bar{t}_r}$$

$$t_F \bar{t}_r (\bar{t}_r + \bar{I})(z\bar{t}_r + U) = G(H\bar{t}_r + IU^2)$$

$$t_F \bar{t}_r^3 z + t_F \bar{t}_r^2 U + t_F \bar{I}\bar{t}_r^2 z + t_F \bar{I}\bar{t}_r U = GH\bar{t}_r + G\bar{I}U^2$$

等式两边除以 $t_F z$,可有

$$\bar{t}_r^3 + \bar{t}_r^2\left(\frac{U}{z} + \bar{I}\right) + \bar{t}_r\frac{\bar{I}U}{z} = \frac{GH\bar{t}_r}{t_F} + \frac{G\bar{I}U^2}{t_F z}$$

$$\bar{t}_r^3 + \frac{U + \bar{I}z}{z}\bar{t}_r^2 + \frac{\bar{I}Ut_F - GH}{zt_F}\bar{t}_r - \frac{G\bar{I}U^2}{t_F z} = 0 \tag{4.4.13}$$

式(4.4.13)为一元三次方程式。

若令式(4.4.13)中的常量

$$b=\frac{U+\bar{I}z}{z}, c=\frac{\bar{I}Ut_F-GH}{zt_F}, d=\frac{\bar{I}GU^2}{zt_F}$$

则一元三次方程式可写为

$$\bar{t}_{rerf}^3+b\bar{t}_{rerf}^2+c\bar{t}_{rerf}-d=0$$

为区别起见,式中用 $\bar{t}_{rerf}$ 表示平均必要列车运行图缓冲时间。

据此,采用 Mathematica 软件解一元三次方程,就可得平均必要列车运行图缓冲时间。

4.5 铁路通过能力及其利用状态和列车运行图区段行车量

4.5.1 列车运行图区段行车量的意义

列车运行区段行车量是指需要、且可能在列车运行为之铺画的列车运行线数。它根据如下条件确定:

(1)反映运输需求的列车运行图的列车类别行车量。

(2)反映可能达到运输供给的铁路区间通过能力。

(3)反映对一定列车运行质量要求选择的通过能力的利用状态。

三个方法的条件,意味着区段行车量的确定,既要从确定运输需求出发,又要根据运输供给可能的条件下,更要确保能达到一定运输质量的要求。

反映旅客运输需求的行车量根据旅客列车开行方案的确定,反映货物运输需求下的行车量根据货物列车编组计划确定,而铁路区间通过能力和能力利用状态需通过分析计算确定。

4.5.2 区间通过能力的计算

从理论上讲,通过能力计算方法在规划型和组织型铁路之间应该是通用的。

长期以来,我国采用的通过能力扣除系数法已经不适应铁路技术装备发展这一情况,需要有替代的方法。针对这一情况,我们从运行图结构研究入手,运用数学的方法,研究了构成运行图的结构参数,并根据结构参数提出了新的通过能力计算方法。对高速铁路、普通双线和单线铁路,试算结果表明,计算结果基本能反映现场实际情况。

1. 区间通过能力基本计算公式

铁路区间通过能力基本计算公式为

$$N_{通}=\frac{T_{有效}}{\bar{t}_{区}} \quad (对)$$

式中 $N_{通}$——铁路区间通过能力;

$T_{有效}$——铁路区间一昼夜内可以用于放行列车的有效时间,min;

$\bar{t}_{区}$——铁路区间列车平均间隔时间,min。

2. 铁路区间通过能力指标

根据需要,供运转部门使用的铁路通过能力采用标准通过能力、使用通过能力和通过能力弹性系数三项指标。

（1）标准通过能力

标准通过能力（简称通过能力）是指在一定的铁路基础设施运用标准、列车运行技术装备运用指标和列车开行方案条件下，一个客流区段在列车运行图有效时间内可放行的列车数，计算方法为

$$N_{标}=\frac{T_{有效}}{\bar{I}_{实}+\Delta t_{占额}}\qquad（列/d）$$

式中　$N_{标}$——标准通过能力；

　　　$\bar{I}_{实}$——按实用条件计算的平均最小列车间隔时间；

　　　$\Delta t_{占额}$——按实用条件计算的平均列车额外占用区段时间。

标准通过能力用为表示铁路基础设施和技术装备，在一定运用条件下所具有的最大通过能力。通称的铁路通过能力就是指标准通过能力。

（2）使用通过能力

使用通过能力是指一定的铁路基础设施和技术装备、列车开行方案和列车进入晚点情景下，按一定列车运行工作质量要求计算的，一个区段在列车运行图有效时间内可放行的列车数，计算方法为

$$N_{使}=\frac{T_{有效}}{\bar{I}_{实}+\Delta t_{占额}+\bar{t}_{rerf}}\qquad（列/d）$$

式中　$N_{使}$——使用通过能力。

使用通过能力用为表示铁路基础设施和技术装备，在一定运用条件和列车运行质量要求下所具有的通过能力。

（3）通过能力弹性系数

通过能力弹性系数是指使用通过能力、通过列车运行图缓冲时间预留的能力与标准通过能力之比的比值表示的能力利用评估指标，计算方法为

$$\rho_{能力}=\frac{N_{标}-N_{使}}{N_{标}}\times100\%$$

式中　$\rho_{能力}$——通过能力弹性系数。

通过能力弹性系数既可用为评估区段列车运行调整可能性，也可用为表示高速铁路系统适应新市场运输需求变化的适应性，是评价铁路系统供给质量的重要指标。

3. 铁路区间通过能力利用评估指标

（1）实用通过能力

实用通过能力是指实用列车运行图的开行列车数，用来表示实际使用的通过能力。

（2）通过能力利用率

通过能力利用率是用列车运行图实用通过能力与使用通过能力之比的比值表示的能力利用评估指标，计算方法为

$$r_{能力}=\frac{N_{实}}{N_{使}}\times100\%$$

式中　$r_{能力}$——通过能力利用率；

　　　$N_{实}$——实用通过能力。

通过能力利用率是用为反映通过能力利用程度的指标。

4.5.3 铁路区间通过能力利用状态分析

1. 区间通过能力利用率及其利用状态

一般将铁路区间在一昼夜时间内,实际或计划为放行列车占用的时间(T_f)与最大可供利用时间(T)之比的比值,称为铁路区间通过能力利用率(ρ),即

$$\rho = \frac{T_f}{T} \times 100\%$$

铁路区间是放行铁路客货列车实现运输位移的铁路基本运输设备,是决定铁路运输能力的基本环节。在一昼夜时间内,铁路区间可供利用的时间最大为 1 440 min,但列车运行组织的实践表明,将 1 440 min 时间全部加以利用,在技术上不可行,在经济上往往也是不利的。区间通过能力利用的合理与否直接影响区间列车运行秩序的好坏和运输服务质量的高低。科学地标定区间通过能力利用状态,可以直观、有效地认定我国路网各条主要通道通过能力利用情况,为制定通道既有线改造规划优化方案和运输组织改革优化方案,扩充路网运输能力提供依据。

众所周知,列车运行图缓冲时间是调控区间通过能力利用和改善列车运行质量的有效控制因素。通过增加缓冲时间可以改善区间列车运行秩序和服务质量。而区间列车运行秩序和服务质量又可以通过列车晚点时间来衡量。为了研究从全路、通道和铁路干线三个方面反映铁路区间通过能力的利用状态,以及通畅放行货物列车的状况,本书提出根据通过能力利用率指标所反映出来的铁路区间通过能力利用状态,来划分铁路区段能力利用状态类型的理论构想。

2. 划分铁路区间通过能力利用状态的原理

通过列车晚点传播规律的研究发现,在列车进入区间晚点及其向前、后行列车传播的作用下,被晚点列车晚点影响的前、后行列车将产生列车后效晚点时间。列车后效晚点时间根据其产生动因之不同,可将它分为两类,即第一层次列车后效晚点时间和高层次列车后效晚点时间。由列车进入晚点传播引起的列车后效晚点时间成为第一层次列车后效晚点时间,而由第一层次列车后效晚点时间引发的列车后效晚点时间称为高层次列车后效晚点时间。显然,列车后效晚点时间的出现,将在已有列车进入晚点的基础上进一步恶化列车运行秩序,增加列车运行调整的难度。研究表明,列车运行图缓冲时间可以有效地缓解控制列车后效晚点时间的发生。因此,若从技术层面控制列车后效晚点时间发生的角度出发,来界定一定列车运行秩序所要求的区间通过能力利用状态,则可以考虑分别采用以控制第一层次平均列车后效晚点时间为目标设定列车运行图缓冲时间,及控制第一层次和高层次平均列车后效晚点时间总值为目标设定平均列车运行图缓冲时间,并通过缓冲时间确定区间通过能力利用状态的方法。此外,通过构造对区间占用的排队系统,可从经济层面来研究合理的区间利用率问题,并据以确定区间通过能力利用状态。据此,可将铁路区段划分为能力储备型、能力适应型、能力趋紧型和能力紧张型四种类型的铁路区段。

3. 以控制第一层次列车后效晚点时间为目标的区间通过能力利用率

第一层次平均列车后效晚点时间为

$$\bar{t}_{F1} = \frac{\bar{t}(1-g/2)\left[W_g(1-e^{z_1\bar{t}_g})^2 + (1-W_g)z\bar{I}_v(1-e^{-2z\bar{t}_v})\right]}{z\bar{t}_r + 1 - e^{-z\bar{t}}} \tag{4.5.1}$$

若令列车运行图平均缓冲间 $\bar{t}_r$ 等于第一层次列车后效晚点时间时,意味着区间有能力控

制由列车进入区间晚点引起的排队等待现象,而由列车后效晚点引发的高层次后效晚点时间仍然处于失控状态;而当列车运行图平均缓冲时间 $\bar{t}_r$ 大于第一层次列车后效晚点时间时,意味着区间不仅有能力控制第一层次列车后效晚点时间,同时还具备一定的控制高层次列车后效晚点时间的能力。但是,对剩余的列车后效晚点时间仍然缺乏有效控制,列车运行秩序仍不稳定,可以认为能力利用处于紧张状态;当列车运行图平均缓冲间 $\bar{t}_r$ 小于第一层次列车后效晚点时间时,意味着区间缺乏控制列车后效晚点时间的能力,此时哪怕是小的列车进入晚点也可能引发较严重的列车后效晚点,排队时间无法控制,可以认为通过能力利用处于饱和状态。因此,该缓冲时间确定的能力利用率临界值可以认为是通过能力利用饱和状态与紧张状态的划分依据。

当列车运行图平均缓冲间等于第一层次列车后效晚点时间时,由式(4.5.1)可有

$$\bar{t}_r = \frac{\bar{t}(1-g/2)}{z\bar{t}_r + 1 - e^{-z\bar{I}}}\left[W_g(1-e^{z_1\bar{I}_g})^2 + (1-W_g)z\bar{I}_v(1-e^{-2z\bar{I}_v})\right]$$

设 $H = W_g(1-e^{z_1\bar{I}_g})^2 + (1-W_g)z\bar{I}_v(1-e^{-2z\bar{I}_v})$,$G = \bar{t}(1-g/2)$,$U = 1-e^{-z\bar{I}}$,则 $\bar{t}_r$ 计算式可改写为

$$\bar{t}_r = \frac{GH}{z\bar{t}_r + U}$$

经整理,上式可以写为

$$\bar{t}_r^2 + \frac{U}{z}\bar{t}_r - \frac{GH}{z} = 0$$

设 $e = \frac{U}{z}$,$f = \frac{GH}{z}$,则一元二次方程就可写为

$$\bar{t}_r^2 + e\bar{t}_r - f = 0$$

根据上述计算原理,以胶济线、南同浦线等铁路干线 6 个区间的实际数据标定方程参数,使用 Mathematica 软件的一元二次方程求解算法,计算结果见表 4.5.1。由于各实测区间的列车晚点时间分布不同,因此,在分析计算中取均值,可以作为全路等级划分的标准。

表 4.5.1　区间能力利用率计算表(一)

线名	胶济线	南同浦线	津浦线	广深线		广深三线	均值
区间	潍坊—青岛西	太原北—太原东	徐州北—徐州西	广州—广州东	深圳—深圳北	深圳—深圳北	
N	274	500	261	233	461	180	2 834
N_p	29	48	50	83	96	30	737
$\sum t$	277	5 309	4 905	3 578	1 116	622	50 814
g	0.106	0.096	0.192	0.356	0.208	0.167	0.260
$\bar{t}$	1.011	10.618	18.793	15.356	2.421	3.456	17.930
z	0.105	0.009	0.010	0.023	0.086	0.048	0.015
$\bar{I}$	7.543	7.643	6.973	6.788	6.993	6.993	7.070
$\bar{t}_r$	0.980	0.619	1.014	1.090	0.820	0.815	1.277

注:在计算中近似地取 $\bar{I} = \bar{I}_g = \bar{I}_v$。

区间通过能力利用率 ρ 计算公式为

$$\rho = \frac{\bar{I}_\text{图}}{\bar{I}_\text{图} + \bar{t}_\text{r}}$$

计算结果见表 4.5.2。在表 4.5.2 中,能力利用率(ρ)临界值 $\bar{\rho}$ 为 0.930,因此可以取 $\bar{\rho}^* = 93\%$。这就是说,能力利用率小于这一利用率水平时,能力占用属于紧张型,大于这一利用率时则为能力饱和型。

表 4.5.2　区间能力利用率计算表(二)

线名	胶济线	南同浦线	津浦线	广深线		广深三线	均值
区间	潍坊—青岛西	太原北—太原东	徐州北—徐州西	广州—广州东	深圳—深圳北	深圳—深圳北	
$\bar{I}$	7.543	7.634	6.973	6.788	6.993	6.993	7.154
$\bar{t}_\text{r}$	0.980	0.619	1.014	1.090	0.820	0.815	0.890
$\Delta t_\text{占}$	3.500	3.500	3.500	3.500	3.500	3.500	3.500
ρ	0.960	0.947	0.912	0.904	0.928	0.928	0.917

注:$\Delta t_\text{占}$ 近似地按 3.5 min 取值。

4. 以控制平均列车后效晚点时间总值为目标的区间通过能力利用率

列车后效晚点时间为

$$\bar{t}_\text{F} = \frac{\bar{t}(1 - g/2)}{z\bar{t}_\text{r} + 1 - e^{-z\bar{I}}} \left[W_\text{g}(1 - e^{z\bar{I}_\text{g}})^2 + (1 - W_\text{g})z\bar{I}_\text{v}(1 - e^{-2z\bar{I}_\text{v}}) + \frac{\bar{I}}{\bar{t}_\text{r}}(1 - e^{-z\bar{I}})^2 \right]$$

当平均列车运行图缓冲间 $\bar{t}_\text{r}$ 等于平均列车后效晚点时间时,意味着区间不仅有能力控制和缓解由列车进入区间晚点引起的排队等待现象,也有能力控制高层次列车后效晚点;当平均列车运行图缓冲间 $\bar{t}_\text{r}$ 大于平均列车后效晚点时间总值时,意味着区间不仅可以控制列车后效晚点时间的传播,也具备了增加运行列车数的能力,列车运行秩序趋于稳定,可以认为通过能力利用处于适应状态;当平均列车运行图缓冲时间 $\bar{t}_\text{r}$ 小于列车后效晚点时间时,意味着区间仍然缺乏控制列车后效晚点时间的手段,运行秩序趋于紧张。因此,该列车运行图缓冲时间确定的区间通过能力利用率临界值可以认为是通过能力利用适应状态和紧张的划分依据。

若令

$$\bar{t}_\text{r} = \bar{t}_\text{F}$$

则有

$$\bar{t}_\text{r} = \frac{\bar{t}(1 - g/2)}{z\bar{t}_\text{r} + 1 - e^{-z\bar{I}}} \left[W_\text{g}(1 - e^{z\bar{I}_\text{g}})^2 + (1 - W_\text{g})z\bar{I}_\text{v}(1 - e^{-2z\bar{I}_\text{v}}) + \frac{\bar{I}}{\bar{t}_\text{r}}(1 - e^{-z\bar{I}})^2 \right]$$

设 $H = W_\text{g}(1 - e^{z\bar{I}_\text{g}})^2 + (1 - W_\text{g})z\bar{I}_\text{v}(1 - e^{-2z\bar{I}_\text{v}})$,$G' = \bar{t}(1 - g/2)$,$U = 1 - e^{-z\bar{I}}$
则 $\bar{t}_\text{r}$ 计算式可简化为

$$\bar{t}_\text{r} = \frac{G'}{z\bar{t}_\text{r} + U} \left(H + \frac{\bar{I}U^2}{\bar{t}_\text{r}} \right)$$

经整理,上式可简化为

$$\bar{t}_\text{r}^3 + \frac{U}{z}\bar{t}_\text{r}^2 - \frac{G'H}{z}\bar{t}_\text{r} - \frac{G'\bar{I}U^2}{z} = 0$$

若令 $b' = \dfrac{U}{z}$,$c' = \dfrac{G'H}{z}$,$d' = \dfrac{G'\bar{I}U^2}{z}$,则一元三次方程可写为

$$\bar{t}_r^3 + b'\bar{t}_r^2 - c'\bar{t}_r - d' = 0$$

根据查定的列车运行图实绩运行图标定的参数,使用 Mathicmatica 软件的一元三次方程求解算法,计算结果见表 4.5.3。在表 4.5.3 中,能力利用率临界值 ρ^{**} 的均值为 0.802,因此可以取 80%。这就是说,可用这一能力利用率水平作为区分能力适应型与能力紧张型的标准。能力利用率小于这一水平时,能力利用率属于适应型,大于这一利用率水平则为能力紧张型。

表 4.5.3　区间通过能力率计算表

线名	胶济线	南同浦线	津浦线	广深线		广深三线	均值
区间	潍坊—青岛西	太原北—太原东	徐州北—徐州西	广州—广州东	深圳—深圳北	深圳—深圳北	
g	0.106	0.096	0.192	0.356	0.208	0.167	0.188
z	0.105	0.009	0.010	0.023	0.086	0.048	0.047
$\bar{I}$	7.543	7.634	6.973	6.788	6.993	6.993	7.154
$\bar{t}_r$	1.744	2.121	2.836	3.485	2.511	3.212	2.652
$\Delta t_占$	3.500	3.500	3.500	3.500	3.500	3.500	3.500
ρ^{**}	0.864	0.840	0.787	0.797	0.807	0.766	0.802

5. 经济合理的区间通过能力利用率

对于服务系统,可以运用期望费用函数方程来构造在经济上最合理的列车运行指标系统。因而,也就可据以计算合理区间通过能力利用率,即技术上可行且经济上有利的区间通过能力利用率。

期望费用函数方程可有如下两种表示方式,即:

(1)服务成本和顾客服务费用。

(2)顾客排队和设备闲置费用。

为了便于费用参数的选择,在区间占用排队系统中拟采用函数方程的第二种表示方法,即

$$E = \left[\bar{l}_w C_1 + (1 - \rho_{系统})nC_2\right]T$$

式中　E——总费用;

$1 - \rho_{系统}$——服务空闲率;

$\bar{l}_w$——系统排队顾客平均数;

C_1——顾客排队单位时间费用;

C_2——服务员空闲单位时间费用;

n——系统服务员数;

T——计算费用的时间。

一般情况下只需分析计算服务一个顾客的费用 E_1,即

$$E_1 = E/N_0$$

$$E_1 = \frac{T}{N_0}\left[\bar{l}_w C_1 + (1 - \rho_{系统})nC_2\right]$$

因而,对于可以用 $E_{k1}/E_{k2}/1$ 服务系统来描述的区间占用排队系统来说,也有

$$E_1 = \frac{T_f}{N_0}\left[\frac{\rho_{系统}(1 - \xi\rho)C_1}{1 - \rho_{系统}} - \rho_{系统}C_1 + (1 - \rho_{系统})C_2\right]$$

或写为

$$E_1 = \bar{I}_f \left[\frac{\rho_{系统}(1-\xi\rho)C_1}{1-\rho_{系统}} - \rho_{系统}C_1 + (1-\rho_{系统})C_2 \right] \qquad (4.5.2)$$

为求系统的最小费用,可用式(4.5.1)中的 $\rho_{系统}$ 进行微分,并令一阶导数为零,即

$$\frac{dE_1}{d\rho_{系统}} = \frac{C_1\bar{I}_f(1-2\xi\rho_{系统}+\xi\rho_{系统}^2)}{(1-\rho_{系统})^2} - \bar{I}_f(C_1+C_2) = 0$$

由此可得,与系统最小费用相对应的区间合理占用率 $\rho_{系统}^{**}$ 就为

$$\rho_{系统}^{**} = 1 - \sqrt{\frac{C_1(1-\xi)}{C_2+C_1(1-\xi)}}$$

针对调研区间的实测数据,并采用北京交通大学"铁路货物运输组织指标评价体系"课题研究提出的 C_1、C_2 计算方法计算确定各区段的 C_1、C_2 数值。$\rho_{系统}^{**}$ 计算数据和计算结果见表4.5.4。对各区间爱尔朗分布参数及 C_1、C_2 取均值计算的区间能力利用率为 $\rho_{系统}^{**}=0.656$。因此,可以取 $\rho_{系统}^{**}=0.65$。

表4.5.4 区间能力利用率计算表

线名	胶济线	南同浦线	广深线	均 值
区间	潍坊—潍坊东	赵城—洪洞	东莞—茶山	
ξ	0.729	0.728	0.852	0.750
C_1	619.149	621.668	1 336.850	735.286
C_2	906.169	1 591.280	1 649.533	779.035
$\rho_{系统}^{**}$	0.605	0.690	0.673	0.656

6. 区间通过能力利用状态类型的划分

根据上述分析研究,可以将通过能力利用状态类型划分为四大类型,即能力储备型、能力适应型、能力趋紧型和能力紧张型四种类型(见表4.5.5)。

表4.5.5 通过能力利用状态类型表

能力利用率	区间能力利用状态类型	能力匹配级别
65%及其以下	能力储备型	1
65%～80%(含)	能力适应型	2
80%～93%(含)	能力趋紧型	3
93%以上	能力紧张型	4

(1)能力储备型($\rho\leqslant65\%$)。能力储备型是从经济角度,根据成本计算所确定的最经济通过能力利用率为依据的。处于或低于这一标准时,区间空闲较大,通过能力储备可达35%及以上,可认定为能力储备型。

(2)能力适应型($65\%<\rho\leqslant80\%$)。能力利用超过最经济利用率水平时,以列车运行图缓冲时间是否满足控制列车后效晚点时间总值为要求来确定能力适应型级别。处于适应状态时,区间有能力控制列车后效晚点的传播。

（3）能力趋紧型（80%<ρ≤93%）。能力利用超过能力适应型时，以列车运行图缓冲时间是否满足控制第一层次列车后效晚点时间为要求来确定能力趋紧型级别。处于紧张状态时，区间有能力控制因列车进入晚点引发的列车后效晚点时间，而高层次列车后效晚点时间的传播处于失控制状态。

（4）能力紧张型（ρ>93%）。能力利用超过能力紧张型时，认定系统处于能力饱和状态。此时，系统无法有效控制列车进入晚点的传播，运行调整难度大，能力利用趋于饱和。

在实际工作中，为方便使用也可取 80%<ρ≤90%，相应地，能力紧张型 ρ>90%，能力适应型 65%<ρ≤80%。

4.5.4 列车运行图区段行车量

列车运行图区段行车量是根据旅客列车开行方案、货物列车编组计划规定的列车开行对数和区间通过能力可能的供给安排。为确保通过能力适应在区段内通畅的放行各类列车的需要，原则上区段行车量不能超过使用通过能力，或使通过能力处于适应型运用状态相应的行车量。因此在正常情况下，当需要区段行车量（$N_需$）小于使用通过能力（$N_使$）时，可按运输需求安排行车量，当 $N_需>N_使$ 时，则只能令

$$N_需=N_使$$

或

$$N_需=N_标 \cdot \rho_适$$

在极端情况下，也可令

$$N_需=N_标 \cdot \rho_{趋紧}$$

式中　$\rho_适$——适应型通过能力区间状态通过能力利用率上限值；

　　　$\rho_{趋紧}$——趋紧型通过能力区间状态通过能力利用率。

4.5.5 规划型、组织型铁路对通过能力利用的影响

1. 规划型铁路有利的列车平均编成

（1）有利列车平均编成的基本条件

因为列车开行计划是按列车编组去向安排的，相应地货车输送组织及其对区间时间的占用，亦即对通过能力的占用也需要按列车编组去向作分析。

设某列车编组去向的日均车流量为 N，列车平均编成 m，日开行列车数 n，则有

$$n=\frac{N}{m}$$

在组织型铁路列车占用区段时间由列车平均间隔时间 $\bar{I}$、列车平均后效晚点时间 $\bar{t}_F$ 和列车运行图平均缓冲时间 $\bar{t}_r$ 三部分组成。因而，列车编组去向占用区段的时间 $T_组$ 为

$$T_组=\frac{N}{m_组}(\bar{I}+\bar{t}_F+\bar{t}_r)$$

式中　$m_组$——组织型铁路列车平均编成辆数。

在规划型铁路一般没有货车集结晚点损失，故去向别列车占用区间时间 $T_规$ 为

$$T_规=\frac{N}{m_规}(\bar{I}+\bar{t}_r)$$

式中　$m_规$——规划型铁路列车平均编成辆数。

从列车对区间的占用角度出发,显然当 $T_规 \leqslant T_组$ 时,采用规划型铁路是有利的,在这一条件下,规划型铁路的列车平均编成可通过如下方法求得:

因为 $T_规 \leqslant T_组$,则有

$$\frac{N}{m_规}(\bar{I} + \bar{t}_r) \leqslant \frac{N}{m_组}(\bar{I} + \bar{t}_F + \bar{t}_r)$$

由此可得

$$m_规 \geqslant \frac{(\bar{I} + \bar{t}_r)m_组}{\bar{I} + \bar{t}_F + \bar{t}_r}$$

这时,式中的 $m_规$ 是从对区间时间占用的角度出发,分析研究采用规划型铁路所必须达到的列车编成辆数,或者说采用规划型铁路有利性的基本条件。

(2)列车后效晚点时间

列车后效晚点时间是技术站编发列车出发晚点,通过晚点传播引起的增晚时间,增晚时间将占用区段的时间。

列车出发晚点的成因很多,如货车集结晚点、车站作业晚点、机车出库延误、天气因素等。在这里,我们假定采集的数据仅仅是货车集结晚点的数据,并据以测算列车平均后效晚点时间,计算方法为

$$\bar{t}_F = \frac{\bar{t}(1 - g/2)}{z\bar{t}_r + 1 - e^{-z\bar{T}}}\left[W_g(1 - e^{-z\bar{T}_g})^2 + (1 - W_g)z\bar{I}_v(1 - e^{-2z\bar{T}_v}) + \frac{\bar{I}}{\bar{t}_r}(1 - e^{-z\bar{T}})^2\right]$$

式中参数的意义详见本书 4.4.3。

在上述分析计算中:相同种类运行列车组比重 $W_g = 0.2$,按 $\bar{I}$ 的取值用下式计算确定相同种类、不相同种类运行列车组平均间隔时间 $\bar{I}_g$、$\bar{I}_v$:

$$\bar{I} = W_g \cdot \bar{I}_g + (1 - W_g)\bar{I}_v$$

$\bar{I}_g$ 可按下式确定:

$$\bar{I}_g = \frac{1}{W_g}\left[\bar{I} - (1 - W_g)\bar{I}_v\right]$$

在给定 $\bar{I}$ 的条件下,若取 $\bar{I}_v = \bar{I} + \Delta t_v$,则 $\bar{I}_g$ 可按下式计算:

$$\bar{I}_g = \frac{1}{W_g}\left[\bar{I} - (1 - W_g)(\bar{I} + \Delta t_v)\right]$$

例如,取 $\bar{I} = 6$ min 时,若取 $\Delta t_v = 0.2$ min,则有

$$\bar{I}_g = \frac{1}{0.2} \times [6 - (1 - 0.2) \times (6 + 0.2)] = 5.2(\text{min})$$

$$\bar{I}_v = 6 + 0.2 = 6.2(\text{min})$$

此处取列车运行图平均缓冲时间 $\bar{t}_r = 1.5$ min。

为了研究多种情况下规划型铁路有利的列车编成辆数,下面采用情景分析的方法作分析计算,因其中关键因素是晚点列车晚点出发时间、晚点概率和列车平均间隔时间,晚点时间取值 10 min、20 min、30 min、40 min 四种情况,晚点概率取值 5%、10%、15%、20% 四种情况,列车平均间隔时间取值 8 min、7 min、6 min、5 min 四种情况,形成 64 种组合情景,不同情景的列车平均后效晚点时间见表 4.5.6。

表 4.5.6 列车平均后效晚点时间情景分析表

情景方案	晚点列车平均进入晚点时间 t_L (min)	列车进入晚点概率 g(%)	列车平均后效晚点时间 $\bar{t}_F$(min)			
			$\bar{I}=8$ min	$\bar{I}=7$ min	$\bar{I}=6$ min	$\bar{I}=5$ min
1	10	5	0.908	0.719	0.548	0.396
		10	1.770	1.401	1.068	0.772
		15	2.585	2.047	1.560	1.128
		20	3.353	2.655	2.023	1.463
2	20	5	1.302	1.024	0.774	0.555
		10	2.538	1.995	1.508	1.082
		15	3.707	2.913	2.202	1.580
		20	4.809	3.779	2.857	2.049
3	30	5	1.521	1.190	0.896	0.640
		10	2.963	2.319	1.747	1.248
		15	4.328	3.388	2.551	1.822
		20	5.615	4.395	3.309	2.364
4	40	5	1.659	1.295	0.973	0.693
		10	3.233	2.524	1.896	1.351
		15	4.721	3.687	2.769	1.973
		20	6.125	4.783	3.593	2.560

（3）有利列车编成的分析

根据 $\bar{I}$、$\bar{t}_F$ 不同情景下取值,计算采用规划型铁路有利平均列车编成(仅从通过能力角度出发),计算结果见表 4.5.7,上述计算结果的分析表明,有利列车平均编成的变化规律是：

①随着晚点概率的增加而减少。

②随着晚点列车平均晚点时间的延长而减少。

③随着列车平均间隔时间的缩小而减少。

表 4.5.7 有利列车编成辆数情景分析表

情景方案	晚点列车平均进入晚点时间 t_L(min)	列车进入晚点概率 g(%)	$\bar{I}=8$ min		$\bar{I}=7$ min		$\bar{I}=6$ min		$\bar{I}=5$ min	
			列车平均后效晚点时间 $\bar{t}_F$(min)	有利列车编成辆数 $m_{规有利}$(车)	列车平均后效晚点时间 $\bar{t}_F$(min)	有利列车编成辆数 $m_{规有利}$(车)	列车平均后效晚点时间 $\bar{t}_F$(min)	有利列车编成辆数 $m_{规有利}$(车)	列车平均后效晚点时间 $\bar{t}_F$(min)	有利列车编成辆数 $m_{规有利}$(车)
1	10	5	0.908	44.9	0.719	45.3	0.548	45.8	0.396	46.3
		10	1.770	40.9	1.401	41.7	1.068	42.4	0.772	43.3
		15	2.585	37.8	2.047	38.7	1.560	39.7	1.128	40.8
		20	3.353	35.2	2.655	36.2	2.023	37.4	1.463	38.7
2	20	5	1.302	43.0	1.024	43.6	0.774	44.3	0.555	45.0
		10	2.538	38.0	1.995	38.9	1.508	40.0	1.082	41.1
		15	3.707	34.2	2.913	35.3	2.202	36.6	1.580	38.0
		20	4.809	31.2	3.779	32.5	2.857	33.9	2.049	35.5

续上表

情景方案	晚点列车平均进入晚点时间 t_L(min)	列车进入晚点概率 g(%)	$\bar{I}=8$ min		$\bar{I}=7$ min		$\bar{I}=6$ min		$\bar{I}=5$ min	
			列车平均后效晚点时间 $\bar{t}_F$ (min)	有利列车编成辆数 $m_{规有利}$ (车)	列车平均后效晚点时间 $\bar{t}_F$ (min)	有利列车编成辆数 $m_{规有利}$ (车)	列车平均后效晚点时间 $\bar{t}_F$ (min)	有利列车编成辆数 $m_{规有利}$ (车)	列车平均后效晚点时间 $\bar{t}_F$ (min)	有利列车编成辆数 $m_{规有利}$ (车)
3	30	5	1.521	42.0	1.190	42.7	0.896	43.5	0.640	44.3
		10	2.963	36.5	2.319	37.6	1.747	38.7	1.248	40.0
		15	4.328	32.4	3.388	33.7	2.551	35.1	1.822	36.6
		20	5.615	29.4	4.395	30.7	3.309	32.2	2.364	33.9
4	40	5	1.659	41.4	1.295	42.2	0.973	43.0	0.693	43.9
		10	3.233	35.6	2.524	36.7	1.896	38.0	1.351	39.4
		15	4.721	31.4	3.687	32.8	2.769	34.2	1.973	35.9
		20	6.125	28.3	4.783	29.7	3.593	31.3	2.560	33.1

2. 规划型铁路实际可达到的列车编成

（1）规划型铁路影响通过能力因素分析

规划型铁路是以向社会、向运输市场提供高质量的运输产品为目标，采用现代化手段编制列车编组计划和运行图的各项技术文件，并据以组织严格按图行车的科学管理方法，组织经营的铁路。它采用了一系列新的技术，其中与通过能力密切相关的有如下两方面技术：

①在列车运行图中采用固定运行线和不固定运行线技术

这一新技术通过剩余车流组织加开列车的方法，确保车流及时运送，但因加开列车是在不满轴的条件下，组织加开列车造成列车编成减少，损失了通过能力。

②定时集结的技术站货车集结模式

为确保对国家社会经济发展和运输市场运输供给需要组织列车正点运行，货物准时到达，技术站采用定时集结模式是实现这一目标的基础，但它将因欠轴而增加开行列车数，增加对通过能力的需求。

（2）按计划车流计算的列车编成

设去向别开行的固定运行线列车为 $a_{固}$ 列，加开列车为 $b_{加}$ 列，因此日计划去向别开出的总车数 N_{ij}、按计划车流计算的列车编成辆数 $m_{规计}$ 分别为

$$N_{ij} = (a_{固} + b_{加})m$$

$$m_{规计} = \frac{(a_{固} + b_{加})m}{a_{固} + \Delta n}$$

式中　Δn——加开列车数。

（3）列车平均欠轴车数

在实际运用中考虑如下两种情况：

①加开列车和固定运行线列车重新分配列车编成辆数，减少了固定运行线列车的编成车数，可以减少欠轴的风险。

②一般情况下应尽可能将加开列车运行线安排在固定运行线之后，可由加开列车吸收前行固定运行线列车的欠轴货车。

据此,列车平均欠轴车数不会太大。在以下计算中,欠轴列车平均欠轴车数取值为8车、10车、12车、14车。

(4)可实现的列车平均编成

规划型铁路列车平均编成($m_{规实现}$)受两个方面因素影响,即

$$m_{规实现} = m_{规计} - m_欠$$

$$= \frac{(a_固 + b_加)m}{a_固 + \Delta n} - m_欠$$

式中　$m_欠$——列车平均欠轴数

根据上述原理计算的可实现列车平均编成计算结果见表4.5.8。

表4.5.8　按计划车流量计算的列车编成

车流状态	开行列数(列)	平均编成(车)				
		欠轴车数(车)				
		0	8	10	12	14
正常状态	3	46.7	38.7	36.7	34.7	32.7
	4	47.5	39.5	37.5	35.5	33.5
	5	48.0	40.0	38.0	36.0	34.0
	6	48.3	40.3	38.3	36.3	34.3
加开状态	4	47.5	39.5	37.5	35.5	33.5
	5	48.0	40.0	38.0	36.0	34.0
	6	48.3	40.3	38.3	36.3	34.3
	7	48.6	40.6	38.6	36.6	34.6
减开状态	2	45.0	37.0	35.0	33.0	31.0
	3	46.7	38.7	36.7	34.7	32.7
	4	47.5	39.5	37.5	35.5	33.5
	5	48.0	40.0	38.0	36.0	34.0

3. 采用规划型铁路有利性分析

(1)采用规划型铁路有利性分析表

在上述分析计算中,对采用规划型铁路所应具有的有利列车编成辆数,从占用区间时间的角度出发,以列车晚点时间、晚点概率和列车平均间隔时间为特征数,就64种组合作了分析计算,见表4.5.6。

与此同时,就每一列车编组去向在一定运量的条件下,以开行固定运行线列车数、车流变化状态和列车平均欠轴车数为特征数,就情景分析中的列车编成辆数作分析计算,为最终确定从通过能力影响的角度采用规划型铁路的可行性,可以通过将64个情景方案$m_规$与有利的列车平均编成辆数进行比较,依次排查满足基本条件的情况,若满足条件的情景多于不满足条件的情景,则原则上可认为采用规划型铁路对通过能力占用的影响较组织型铁路小,反之亦然。

上述工作十分复杂且数据量大,需要采用专用的分析表作分析比较,表格形式见表4.5.9。表格分两部分,第一部分为确定有利列车编成辆数部分,第二部分为按计划车流列车平均欠轴车数以及行车量。每一部分按车流变化状态分为六个部分,填表时首先将列车晚点时间、晚点概率和有利列车编成辆数填入表格,然后按如下方法填入第二部分的数据:

表 4.5.9　考虑欠轴车数条件下采用规划型铁路有利性比较分析表（$\overline{I}=8$ min）

欠轴数分组：8车、10车、12车、14车，各分 2列～7列。

车流状态	列车进入晚点时间 (min)	列车进入晚点概率 (%)	最小列车编成辆数 (车)	8车2列	8车3列	8车4列	8车5列	8车6列	8车7列	10车2列	10车3列	10车4列	10车5列	10车6列	10车7列	12车2列	12车3列	12车4列	12车5列	12车6列	12车7列	14车2列	14车3列	14车4列	14车5列	14车6列	14车7列
正常状态	10	5	44.9	○	○	○	○	○	○	○	○	○	○	○	○	○	○	○	○	○	○	○	○	○	○	○	○
		10	40.9	○	○	○	○	○	○	○	○	○	○	○	○	○	○	○	○	○	○	○	○	○	○	○	○
		15	37.8	○	38.7	39.5	40.0	40.3	40.6	○	○	○	38.0	38.3	38.6	○	○	○	○	○	○	○	○	○	○	○	○
		20	35.2	37.0	38.7	39.5	40.0	40.3	40.6	○	36.7	37.5	38.0	38.3	38.6	○	○	35.5	36.0	36.3	36.6	○	○	○	○	○	○
加开状态	10	5	44.9	○	○	○	○	○	○	○	○	○	○	○	○	○	○	○	○	○	○	○	○	○	○	○	○
		10	40.9	○	○	○	○	○	○	○	○	○	○	○	○	○	○	○	○	○	○	○	○	○	○	○	○
		15	37.8	○	38.7	39.5	40.0	40.3	40.6	○	○	○	38.0	38.3	38.6	○	○	○	○	○	○	○	○	○	○	○	○
		20	35.2	37.0	38.7	39.5	40.0	40.3	40.6	○	36.7	37.5	38.0	38.3	38.6	○	○	35.5	36.0	36.3	36.6	○	○	○	○	○	○
减开状态	10	5	44.9	○	○	○	○	○	○	○	○	○	○	○	○	○	○	○	○	○	○	○	○	○	○	○	○
		10	40.9	○	○	○	○	○	○	○	○	○	○	○	○	○	○	○	○	○	○	○	○	○	○	○	○
		15	37.8	○	38.7	39.5	40.0	40.3	40.6	○	○	○	38.0	38.3	38.6	○	○	○	○	○	○	○	○	○	○	○	○
		20	35.2	37.0	38.7	39.5	40.0	40.3	40.6	○	36.7	37.5	38.0	38.3	38.6	○	○	35.5	36.0	36.3	36.6	○	○	○	○	○	○
正常状态	20	5	43.0	○	○	○	○	○	○	○	○	○	○	○	○	○	○	○	○	○	○	○	○	○	○	○	○
		10	38.0	○	38.7	39.5	40.0	40.3	40.6	○	○	○	38.0	38.3	38.6	○	○	○	○	○	○	○	○	○	○	○	○
		15	34.2	37.0	38.7	39.5	40.0	40.3	40.6	35.0	36.7	37.5	38.0	38.3	38.6	○	34.7	35.5	36.0	36.3	36.6	○	○	○	○	34.3	34.6
		20	31.2	37.0	38.7	39.5	40.0	40.3	40.6	35.0	36.7	37.5	38.0	38.3	38.6	33.0	34.7	35.5	36.0	36.3	36.6	○	32.7	33.5	34.0	34.3	34.6
加开状态	20	5	43.0	○	○	○	○	○	○	○	○	○	○	○	○	○	○	○	○	○	○	○	○	○	○	○	○
		10	38.0	○	38.7	39.5	40.0	40.3	40.6	○	○	○	38.0	38.3	38.6	○	○	○	○	○	○	○	○	○	○	○	○
		15	34.2	37.0	38.7	39.5	40.0	40.3	40.6	35.0	36.7	37.5	38.0	38.3	38.6	○	34.7	35.5	36.0	36.3	36.6	○	○	○	○	34.3	34.6
		20	31.2	37.0	38.7	39.5	40.0	40.3	40.6	35.0	36.7	37.5	38.0	38.3	38.6	33.0	34.7	35.5	36.0	36.3	36.6	○	32.7	33.5	34.0	34.3	34.6
减开状态	20	5	43.0	○	○	○	○	○	○	○	○	○	○	○	○	○	○	○	○	○	○	○	○	○	○	○	○
		10	38.0	○	38.7	39.5	40.0	40.3	40.6	○	○	○	38.0	38.3	38.6	○	○	○	○	○	○	○	○	○	○	○	○
		15	34.2	37.0	38.7	39.5	40.0	40.3	40.6	35.0	36.7	37.5	38.0	38.3	38.6	○	34.7	35.5	36.0	36.3	36.6	○	○	○	○	34.3	34.6
		20	31.2	37.0	38.7	39.5	40.0	40.3	40.6	35.0	36.7	37.5	38.0	38.3	38.6	33.0	34.7	35.5	36.0	36.3	36.6	○	32.7	33.5	34.0	34.3	34.6

续上表

车流状态	列车进入晚点时间(min)	列车进入晚点概率(%)	最小列车编成辆数(车)	欠轴数																							
				8车						10车						12车						14车					
				2列	3列	4列	5列	6列	7列	2列	3列	4列	5列	6列	7列	2列	3列	4列	5列	6列	7列	2列	3列	4列	5列	6列	7列
正常状态	30	5	42.0	○					○	○					○	○					○	○					○
		10	36.5	○	38.7	39.5	40.0	40.3	○	○	36.7	37.5	38.0	38.3	○	○					○	○					○
		15	32.4	○	38.7	39.5	40.0	40.3	○	○	36.7	37.5	38.0	38.3	○	○	34.7	35.5	36.0	36.3	○	○	32.7	33.5	34.0	34.3	○
		20	29.4	○	38.7	39.5	40.0	40.3	○	○	36.7	37.5	38.0	38.3	○	○	34.7	35.5	36.0	36.3	○	○	32.7	33.5	34.0	34.3	○
加开状态	30	5	42.0	○	○					○	○					○	○					○	○				
		10	36.5	○	○	39.5	40.0	40.3	40.6	○	○	37.5	38.0	38.3	38.6	○	○				36.6	○	○				
		15	32.4	○	○	39.5	40.0	40.3	40.6	○	○	37.5	38.0	38.3	38.6	○	○	35.5	36.0	36.3	36.6	○	○	33.5	34.0	34.3	34.6
		20	29.4	○	○	39.5	40.0	40.3	40.6	○	○	37.5	38.0	38.3	38.6	○	○	35.5	36.0	36.3	36.6	○	○	33.5	34.0	34.3	34.6
减开状态	30	5	42.0					○	○					○	○					○	○					○	○
		10	36.5	37.0	38.7	39.5	40.0	○	○		36.7	37.5	38.0	○	○					○	○					○	○
		15	32.4	37.0	38.7	39.5	40.0	○	○	35.0	36.7	37.5	38.0	○	○	33.0	34.7	35.5	36.0	○	○		32.7	33.5	34.0	○	○
		20	29.4	37.0	38.7	39.5	40.0	○	○	35.0	36.7	37.5	38.0	○	○	33.0	34.7	35.5	36.0	○	○	31.0	32.7	33.5	34.0	○	○
正常状态	40	5	41.4	○					○	○					○	○					○	○					○
		10	35.6	○	38.7	39.5	40.0	40.3	○	○	36.7	37.5	38.0	38.3	○	○			36.0	36.3	○	○					○
		15	31.4	○	38.7	39.5	40.0	40.3	○	○	36.7	37.5	38.0	38.3	○	○	34.7	35.5	36.0	36.3	○	○	32.7	33.5	34.0	34.3	○
		20	28.3	○	38.7	39.5	40.0	40.3	○	○	36.7	37.5	38.0	38.3	○	○	34.7	35.5	36.0	36.3	○	○	32.7	33.5	34.0	34.3	○
加开状态	40	5	41.4	○	○					○	○					○	○					○	○				
		10	35.6	○	○	39.5	40.0	40.3	40.6	○	○	37.5	38.0	38.3	38.6	○	○		36.0	36.3	36.6	○	○				
		15	31.4	○	○	39.5	40.0	40.3	40.6	○	○	37.5	38.0	38.3	38.6	○	○	35.5	36.0	36.3	36.6	○	○	33.5	34.0	34.3	34.6
		20	28.3	○	○	39.5	40.0	40.3	40.6	○	○	37.5	38.0	38.3	38.6	○	○	35.5	36.0	36.3	36.6	○	○	33.5	34.0	34.3	34.6
减开状态	40	5	41.4					○	○					○	○					○	○					○	○
		10	35.6	37.0	38.7	39.5	40.0	○	○		36.7	37.5	38.0	○	○				36.0	○	○					○	○
		15	31.4	37.0	38.7	39.5	40.0	○	○	35.0	36.7	37.5	38.0	○	○	33.0	34.7	35.5	36.0	○	○		32.7	33.5	34.0	○	○
		20	28.3	37.0	38.7	39.5	40.0	○	○	35.0	36.7	37.5	38.0	○	○	33.0	34.7	35.5	36.0	○	○	31.0	32.7	33.5	34.0	○	○

①首先在每一项欠轴车数项下的行车量部分,就每一车流变化状态找出没有行车量的相对应的格,在格内用"○"表示不存在的情景。例如,对于车流状态 1 的行车量 1 和 2 两项都是不可能有的情景,应在相应格内划"○"。

②将相应格内按计划车流列车平均欠轴车数计算的列车编成辆数与相对应的有利列车编成辆数对比,当可实现值大于有利值时,将数值填入相应行车量格内,否则该格空白。例如,正常状态条件下,当开行列车数为 3 列,欠轴数为 8 辆时,系统可达到的列车编成辆数为 38.7 辆,而采用规划型铁路基本条件要求的编成为 37.8 辆,因可达到的数值比条件数值大,故采用规划型铁路是有利的。此外,在正常状态下,开行列车数为 3 列时,因系统可达到的列车编成辆数小于基本条件的要求,采用规划型铁路不利,在表中的相应格内不填入相应的数据。按照同样的方法可以编制有利列车平均编成辆数分析表。

③统计分析。就每一张表格统计计算有利的情景数和不利的情景数填入表 4.5.10,将四种列车晚点时间的情况汇总计算,有利情景所占的百分数,当该数值大于 50% 时,则采用规划型铁路是有利的。

表 4.5.10 采用规划型铁路有利性比较分析表

列车晚点参数		欠轴车数(车)							
时间(min)	概率(%)	8		10		12		14	
		有利	不利	有利	不利	有利	不利	有利	不利
10	5	0	12	0	12	0	12	0	12
	10	0	12	0	12	0	12	0	12
	15	11	1	6	6	0	12	0	12
	20	12	0	11	1	9	3	0	12
20	5	0	12	0	12	0	12	0	12
	10	11	1	6	6	0	12	0	12
	15	12	0	12	0	11	1	3	9
	20	12	0	12	0	12	0	11	1
30	5	0	12	0	12	0	12	0	12
	10	12	0	11	1	1	11	0	12
	15	12	0	12	0	12	0	11	1
	20	12	0	12	0	12	0	12	0
40	5	0	12	0	12	0	12	0	12
	10	12	0	11	1	6	6	0	12
	15	12	0	12	0	12	0	11	1
	20	12	0	12	0	12	0	12	0
合计	5	0	48	0	48	0	48	0	48
	10	35	13	28	20	7	41	0	48
	15	47	1	42	6	35	13	25	23
	20	48	0	47	1	45	3	35	13
百分比合计(%)		67.71	32.29	60.94	39.06	45.31	54.69	31.25	68.75

（2）规划型铁路对通过能力影响的分析结论

①规划型、组织型从不同的侧面各自有一定的额外占用区间时间，造成对通过能力的损失，这种损失，对于通过能力利用率不高的铁路，不会影响日常工作，但对于通过能力利用率较高的铁路的影响就将成为一个突出的问题。因此，研究规划型、组织型铁路，对通过能力的影响是必要的。

②仅从列车对区间占用时间的角度出发，采用情景分析的方法分析研究对通过能力的影响。由于组织型铁路主要受集结晚点的影响，而规划型铁路主要受不满轴发车对通过能力的影响。当这种影响规划型小于组织型时，采用规划型是有利的，从而可得规划型有利的货物列车编成辆数标准。若实际产生的列车编成大于有利的编成，则可认为采用规划型铁路是有利的。

大量的情景分析表明，当实际可实现的列车编成达到有利编成辆数及其以上时，采用规划型铁路就是有利的。也就是说，采用规划型铁路的基本条件之一，是列车欠轴在 10 车及以下或列车平均编成在 38 车及以上。在日常运输工作中这一目标是可以达到的。

5 列车运行图的编制

5.1 列车运行图编制工作方法

众所周知,对于公路运输、水路运输和航空运输来说,运输对象的位移一般是通过以汽车、轮船和飞机等具有动力的单个运输工具为基本输送单元的运行或飞行来实现的。然而,铁路运输则不同,普通铁路是通过由若干不具有动力的客车或货车编组而成的车列,并由机车牵引运行来实现的,而高速铁路是通过动车组实现的。在铁路运输中,将有车列和机车组成的基本输送单元或由动车组组成的基本运输单元称为列车。因此,在铁路运输线上,以实现客流和货流流动,即运输对象位移为目的的动态流是以列车为个体的列车流。规定铁路客、货列车开行方案及货车组成客车车底和货车车列办法的技术文件称为列车编组计划。

铁路列车编组计划由旅客列车开行方案和货物列车编组计划两部分组成。

在采用规划型列车运行组织技术体系的发达国家铁路,以质量良好地实现客、货车组成列车为依托,通过为每一列车运行线规定列车种类、列车编组去向和编组内容的流线结合的方法,将编组计划与列车运行图融为一体,并以列车运行图的方式提供给铁路内部和社会使用。发达国家铁路的实践和特点,为在我国铁路研究列车编组计划和列车运行图统一编制,提供了十分宝贵的经验和关键技术。

当前,在我国采用的货物列车编组计划、运行图是简化了的分别编制的计划体制。在这里,简化是指列车编组计划缺乏列车编组去向和编组内容的详细规定等,列车运行图没有按列车编组计划的规定赋予列车运行线一定的内涵,没有流线结合的设计等。在这一计划体制的条件下,行车组织工作难以组织按图行车,弱化了列车编组计划、列车运行图在行车组织中的作用。

我国铁路由组织型向规划型逐步变化的过程中,应通过组织按图行车,来提高运输产品质量,提升运输市场竞争力。列车运行图的编制应采用"三个统一"的方法:

(1)旅客列车开行方案与旅客列车运行图的统一编制。以根据旅客运输需求编制的旅客列车开行方案为依据,通过有序地在运行图铺画具有一定内涵的各类运行线,实现旅客列车开行方案与运行图有效结合的统一编制或有效结合的分阶段编制。

(2)货物列车编组计划与货物列车运行图的统一编制。以根据货物市场运输需求编制的货物列车编组计划为依据,通过有序地依次在运行图上铺画具有一定内涵的货物列车运行线,实现货物列车编组计划与货物列车运行图有效结合的统一编制或有效结合的分阶段编制。

(3)旅客列车运行图与货物列车运行图的统一编制。以旅客列车运行图的空档时间为依托,有序地依次铺画货物列车运行线,实现货物列车运行图与旅客列车运行图有效结合的统一编制或有效结合的分阶段编制。

有效结合的统一编制是指按列车编组计划规定的运输供给需求,直接安排货物列车运行图流线结合方案的列车运行图编制方法。而有效结合的分阶段编制是指编制货物列车编组计划后，再按编组计划的规定要求，安排货物列车运行线流线结合方案的列车运行图编制方法。理论上两种方法应该是一致的，但在实际工作中分阶段编制将编组计划和列车运行图划分为两个独立的系统，相对地弱化了统一性，容易产生脱节的现象。

5.2 高速铁路旅客列车运行图

5.2.1 编制高速铁路网旅客列车开行方案的分析计算方法

1. 旅客列车开行方案的意义

旅客列车开行方案，是指确定旅客列车运行区段、列车种类及开行对数的计划。旅客列车的始发站、终到站及经由线路构成旅客列车的运行区段，列车种类区别出列车不同的等级或性质，开行对数的多少表示行车量的大小，三者组成一个完整的旅客列车开行方案。

铁路是以列车方式进行运输生产活动的。为了完成旅客运输任务，必须将流向、流量、流程各异的旅客组织到不同种类、不同发到站、不同到发时刻的旅客列车中去，才能将旅客安全、迅速、准确、便利、舒适地输送到达目的地，并使客运技术设备得到经济、合理的运用。因此，编制列车开行方案，既是质量良好地组织铁路旅客运输服务工作的需要，也是提高铁路旅客运输效率和效益的重要手段。

向旅客提供安全、快速、方便、舒适的运输服务是高速铁路运输企业的基本职责，是旅客开行方案编制追求的目标。

高速铁路列车运行高速不等于旅客旅行高速。通常，旅客乘车旅行的速度低于列车运行速度，而前者是目标。为此，必须最大限度地减少旅客旅行速度与列车运行速度的差数，在旅客列车开行方案中，尽可能减少列车中停站数，以充分发挥高速铁路的高速性能。

开行具有相同运行速度、相同停车站列车（统称为相同种类列车）的数量，是描述铁路旅客运输方便性的重要指标。在列车运行图中，相同种类列车数量越大，即出现的概率越高，旅客选择合适旅行时间的概率越大，满足率也随之提高。因此，应在旅客列车开行方案中合理安排列车种类。

高速铁路网旅客列车开行方案编制的分析计算方法，是以高速铁路网为研究背景，以最大限度提高旅客乘车旅行速度，增加相同种类列车和无换乘输送客流为目标，以直达去向列车为核心的旅客列车开行方案编制方法。

2. 高速铁路网和客流组织

我国高速铁路网在短短的十余年间，已经由一个简单结构的路网发展成一个复杂结构的路网。在这里，简单结构的路网是指以"一字形""人字形""十字形"以及"复合型"为结构特征的路网，而复杂结构路网是指由多个不同类型简单结构路网组成的路网。

高速铁路网的客流组织及其旅客列车开行方案，原则上应全路网统一编制，但考虑到路网规模大，各条高速铁路干线的客流集聚特征不同，且各干线投资主体和运营主体不同，在统一编制的前提下，还应考虑各高速铁路干线的差异，因而，拟将路网划分为若干个子网，采用路网统一编制和子网编制相结合的方法。

若将位于高速铁路枢纽地区或高速铁路干线终端地区的高速铁路客运站定义为高速铁路枢纽客运站，则将两枢纽客运站间的铁路线路定义为客流输送子网。例如，若将北京、上海等客运站定义为枢纽客运站,则北京、上海间的高速铁路线构成为一个高速铁路子网。

在复杂结构的路网中,任一高速铁路子网都包含有如下四种客流:

(1)子网内发到的客流。

(2)由相邻或不相邻到达子网的客流。

(3)由子网发出到达相邻或不相邻子网的客流。

(4)跨线通过客流。

其中,符合开行直达列车条件的跨线客流[含(2)、(3)、(4)类客流]列入路网直达旅客列车开行方案,(1)类客流及剩余的跨线流列入子网直达旅客列车开行方案,路网和子网旅客列车开行方案,构成了全国路网旅客列车开行方案。

3. 路网直达旅客列车开行方案

(1)开行路网直达旅客列车的必要条件

设路网有若干子网,子网有若干客运站,子网 a 客运站 C 与子网 b 客运站 D 之间(如图 5.2.1 所示)的跨子网客流量(简称跨线客流量)为 $A_{aC,bD}$,则开行直达旅客列车的必要条件可写为

$$\frac{A_{aC,bD}}{365Q\rho} \geq 1$$

或写为

$$\frac{A_{aC,bD}}{365Q\rho} \geq e + f$$

式中　Q——旅客列车定员;

ρ——旅客列车客座利用率;

e——计算结果的整数部分;

f——计算结果的小数部分。

(2)路网直达旅客列车开行方案

①单支客流的开行方案

首先需要编制路网客运站间客流表,从表中逐项检查跨线客流量的大小,凡满足开行直达旅客列车方案必要条件的客流,均可列入直达旅客列车开行方案。

②远程客流并入单支客流的客流合并方案

当同一发站相同方向具有多支客流时,可将不满足必要条件的远程客流并入满足条件的近程客流,但合并后的客流量,只能使 e 值增加时,方为有效。

③不满足必要条件客流的合并

当同一发站同方向具有多支不满足必要条件的客流时,合并后若能满足必要条件,也可将该合并客流列入直达列车开行方案。

④剩余客流

剩余客流包括计算值中的 f 部分的客流,合并车流中远程客流的超行地段的客流,未列入直达列车开行方案的其他客流。

剩余客流根据运行区段的不同分别并入相应子网的运行区段,如图 5.2.1 所示。

图 5.2.1 中,客流 CJ 为开行 CJ 直达列车后的剩余车流,其中运行地段 CD 并入子网 a,DJ 并入子网 b;客流 EF 为客流 AF 并入满足条件的客流 AE 后,超行区段的剩余客流,并入子网 b;客流 GH 为客流 AH 与客流 AG 合并后,超行区段的剩余客流,并入子网 b;客流 BJ 为不满足

条件的剩余客流,其中 BD 为并入子网 a,DJ 为并入子网 b 的剩余客流。

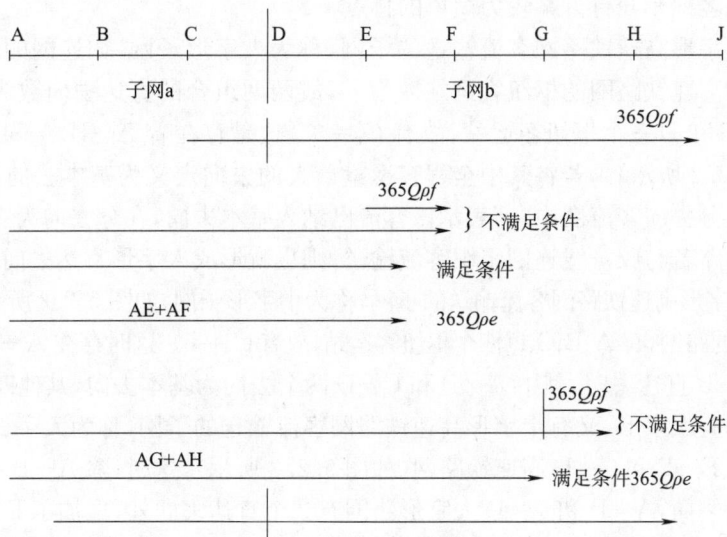

图 5.2.1　剩余客流示图

4. 子网直达去向旅客列车开行方案

(1)子网结构和直达去向

高速铁路网子网的结构,根据线路和枢纽客运站的位置,可有"一字形""人字形""十字形"等三种基本结构(如图 5.2.2 所示)以及"复合型"结构(如图 5.2.3～图 5.2.5 所示),而子网旅客列车直达去向是指在子网两枢纽客运站始发、终到,一定数量高速列车组成,服务于客运站间客流输送的旅客列车开行方案。而将组织输送未被直达去向吸收客流,在两枢纽客运站,沿途客运站始发、终到的,不同运行区段的高速列车开行方案称为旅客列车非直达去向。

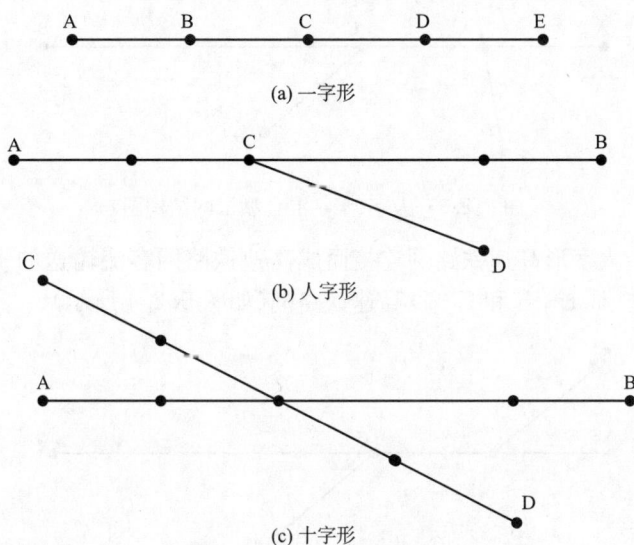

(a) 一字形

(b) 人字形

(c) 十字形

图 5.2.2　三种基本结构

用于组织一条高速铁路干线客流输送的子网,称为一字形子网。一字形子网直达去向具有客流结构及旅客列车开行方案较为简单的特点。

用于组织人字形高速铁路网客流输送的子网,称为人字形子网,如连网的 A—B 和 C—D 高速铁路网。设高速铁路网的枢纽客运站数为 m,故两两组合的直达去向数为 C_m^2,连网的高速铁路网有 A,B 和 D 三个枢纽客运站,故有 $C_3^2=3$。这是存在着 A—B、A—D、B—D 三个直达去向(如图 5.2.2 所示)。若将其中全程客运量最大的去向定义为基本去向,则其他两个去向为分去向。在分去向客流图中"0"表示该客流已纳入基本去向,在分去向为 0。

京沪高速铁路若与胶济线连网组织客流输送,则也就形成人字形直达去向。

用于组织十字形高速铁路网客流输送的子网,称为十字形子网,如图 5.2.2 所示,A—B 和 C—D 高速铁路形成的路网,有 A,B,C,D 四个枢纽客运站,故有 $C_4^2=6$。这时存在 A—B、A—C、A—D、C—D、C—B、D—B 直达去向,其中 A—B 和 C—D 两个去向为基本去向,其他四个为分去向。

用于组织既有人字形,又有十字形高速铁路网客流输送的子网,称为人字、十字混合子网,如连网的 A—B、E—F 和 C—D 高速铁路网(如图 5.2.3 所示),这时,除 A—B 和 E—F 十字形路网有 6 个直达去向,A—B 和 C—D 人字形路网有 3 个直达去向外,增加了 E—D 和 F—D 两个分去向。

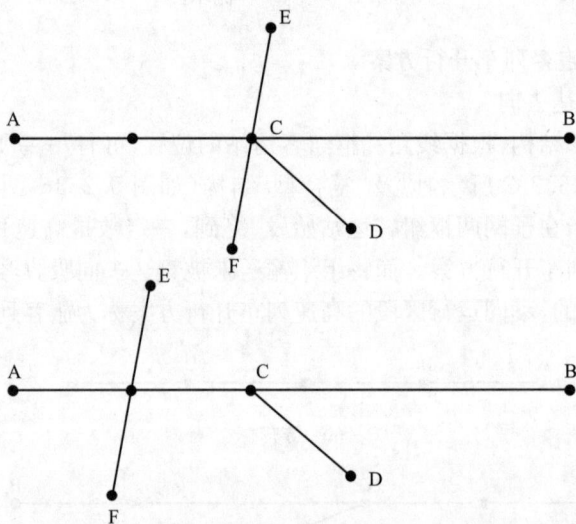

图 5.2.3　人字、十字混合型子网结构图

用于组织由多个人字形高速铁路网连接而成高速铁路网客流输送的子网,称为复合人字形子网,如连网的 A—B、E—F 和 C—D 高速铁路网(如图 5.2.4 所示)。

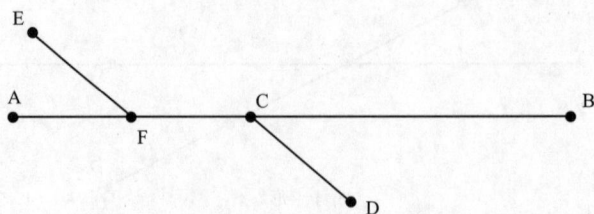

图 5.2.4　复合人字形子网结构图

由于高速线 E—F、C—D 与 A—B 连轨站 F、C 间的区段客流已纳入 A—B 直达去向，对于 E—F、C—D 高速线客流结构客流组织来说，F、C 站相当于一个车站。这样，也可以将复合人字形子网按虚拟的十字形路网的六个直达去向组织客流输送。

用于组织由多个十字形高速铁路网连接而成高速铁路网客流输送的子网，称为复合十字形子网，如图 5.2.5 所示，A—B、E—F 和 C—D 高速铁路连成的路网就是复合十字形结构的路网。

这时，除 A—B 和 C—D，A—B 和 E—F 十字形路网各有 6 个直达去向（其中两个十字形路网与 A—B 直达去向重叠）外，增加了 E—C 和 F—D 两两组合的两个分去向。

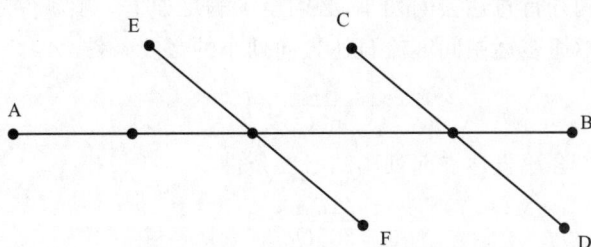

图 5.2.5　复合十字形子网结构图

(2)直达去向旅客列车

直达去向旅客列车是指在两枢纽客运站间始发、终到，服务于客运站间客流输送的旅客列车。而将组织输送未被直达去向吸收客流，在根据客运站始发或终到，或两枢纽客运站间的客运站始发、终到的，不同运行区段的高速列车称为非直达去向旅客列车。

对于具有 $i(i=1,2,\cdots,k,\cdots,m)$ 个客运站的高速铁路子网，可称客流 A_{1m} 为两枢纽客运站间客流，称客流 $A_{12},A_{13},\cdots,A_{1(m-1)},\cdots,A_{22},A_{23},\cdots,A_{2(m-1)},\cdots,A_{(m-1)m}$ 为高速铁路客运区段的客流，在区段内中间站发到的客流为区段管内客流。直达去向列车按其服务客流对象之不同可分为三类：

①服务于两枢纽客运站间客流的一类直达去向列车

两枢纽客运站间客流一般具有量大、要求旅行速度高的特点。由于量大，有单独组织不停车运行列车输送的条件，也有全程不停车运行、力图压缩旅客在途旅行时间的要求。因此这类列车是运行于高速铁路旅行速度最高的高等级列车。

②服务于区段客流的二类直达去向列车

由 A_{1k}，A_{km} 两支区段客流或 A_{1k_1}，A_{1k_2}，A_{k_2m} 三支区段客流等形成直达去向列车，实际上是将运行距离较短的列车加以衔接，延长为仅在 k 站或 k_1，k_2 站等沿途客运站停车的直达去向列车。这类列车将在沿途客运站产生 $(n-1)$（n 为组成直达去向列车的区段客运站数）次停车，将列车的始发、终到作业集中到枢纽客运站，可以有效地提高动车组运用效率，减少和简化沿途客运站的作业及其相应的设施，并将旅客的旅行速度提高到可能的最高水平。

③服务于剩余客流和区段管内客流的三类直达去向列车

扣除由上述两类直达去向列车输送客流之后的客运站间客流为剩余客流，将剩余客流与区段管内客流加以整合，可以组织开行在沿途客运站和部分中间站停车的直达去向列车，这类列车可组织中间站始发、终到客流无换乘输送，但列车旅行速度水平有所下降。

子网组织直达去向旅客列车输送客流的好处是：

①可以最大限度地提高旅客列车直达速度,压缩旅客在途旅行时间。一类直达去向旅客列车输送的旅客,在旅行途中可不停车地到达旅行终点站。

②可提高动车组运用效率,采用直达去向旅客列车开行方案延长了动车组单程运行距离,可减少折返次数,减少折返停留时间。

③可简化客运站的客流组织工作,采用直达去向旅客列车开行方案,减少了旅客列车在沿途客运站的停车次数,从而可减少旅客在车站的集聚人数,相对简化了客运站工作。

(3)直达去向的必要条件和充分条件

在两枢纽客运站间开行直达去向列车,必须至少满足如下三项条件之一：

①开行服务于两枢纽客运站间客流直达去向列车的必要条件

$$\frac{A_{1m}}{360Q\rho} \geqslant 1$$

②开行服务于区段客流直达去向列车的必要条件

$$\frac{A_{1m组}}{365Q\rho} \geqslant 1$$

其中,$A_{1m组} = \min(A_{1k}, A_{kn})$。

③开行服务于剩余客流和区段管内客流直达去向列车的必要条件

$$\frac{A_{1m客}}{365Q\rho} \geqslant 1$$

式中 $A_{1m客}$——按区段计算的剩余客流和区段管内客流之和的最小值。

必要条件中的"$365Q\rho$"为单方向开行一列直达去向列车所需的年客流量,在计划客流量大于等于"$365Q\rho$"时,满足必要条件,就可以组织开行直达去向列车。设$Q=1\,000$人、$\rho=0.8$,则有

$$365Q\rho = 365 \times 1\,000 \times 0.8 = 292\,000(人)$$

这意味着某去向计划年客流量大于等于 30 万人,即可以组织开行直达去向列车。

开行直达去向列车的充分条件是指直达去向能力供给($n_{供}$)必须大于或等于需要开行的直达去向旅客列车数($n_{客需}$)即

$$n_{供} \geqslant n_{客需}$$

$n_{供}$可按下式计算：

$$n_{供} = \frac{T_{有效}}{\bar{I} + \Delta t_占 + I_f}$$

式中 $T_{有效}$——直达去向列车运行图有效时间;

$\bar{I}$——列车平均间隔时间;

$\Delta t_占$——旅客列车停站平均占用运行图时间;

I_f——列车运行图缓冲时间。

$n_需$由一、二、三类直达去向列车开行数汇总而得。

(4)区段管内客流

①区段管内客流的分类

在区段内中间站发、到的客流,称为该区段的区段管内客流,按发到站种类不同,它可分为

四类,如图 5.2.6 所示。

    a. 一类区段管内客流,即在同一区段不同中间站间发到的客流。

    b. 二类区段管内客流,即在本区段中间站始发、前方区段中间站终到的客流。

    c. 三类区段管内客流,即在本区段中间站始发、前方相邻或不相邻客运站终到的客流。

    d. 四类区段管内客流,即在客运站始发、相邻区段或前方区段中间站终到的客流。

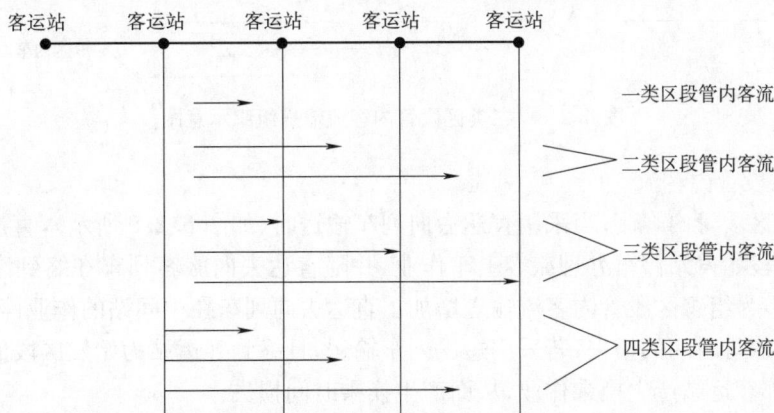

图 5.2.6　区段管内客流分类图

区段管内客流输送是指该项客流在始发区段、终到区段内的输送。它既可以由短途列车输送,也可以由直达去向列车输送。

②区段管内客流输送方法分析

a. 一类区段管内客流

对于一类区段管内客流,采用短途列车输送或采用直达列车输送(如图 5.2.7 所示),组织形式和效果是一样的,一般采用短途列车输送的方法。

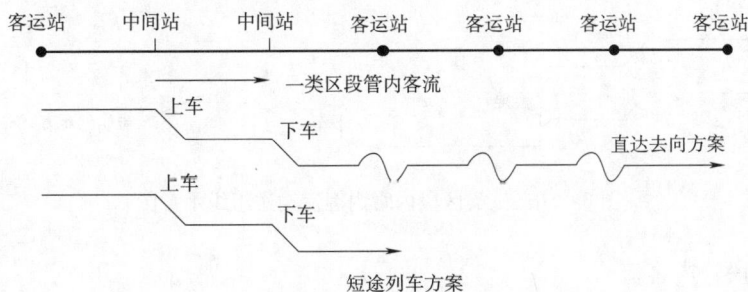

图 5.2.7　一类区段管内客流输送组织示意图

b. 二类区段管内客流

对于二类区段管内客流,当采用直达去向列车输送时(如图 5.2.8 所示),直达去向列车需在客流始发区段的始发站和终到区段的终到站停车办理旅客上、下车作业,从而延长了直达去向列车的旅行时间。当采用短途列车输送时,旅客需在始发区段的前方客运站换乘而延误旅客旅行,相应地产生旅行时间损失。

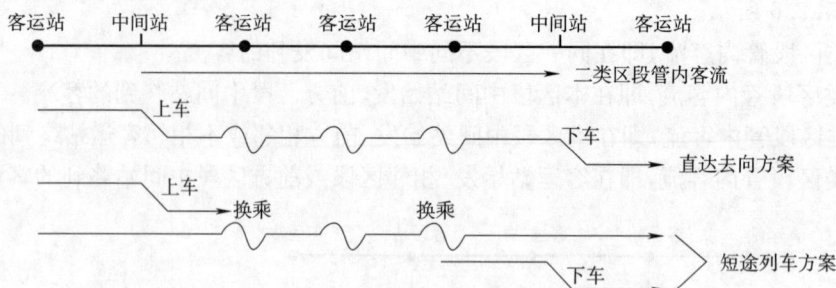

图 5.2.8　二类区段管内客流输送组织示意图

c. 三类区段管内客流

对于三类区段管内客流,当采用直达去向列车输送时(如图 5.2.9 所示),直达去向列车需在客流始发区段始发站停车办理旅客上车作业,并随直达去向旅客列车在终到客运站下车办理作业。可见,为组织区段管内客流输送增加了直达去向列车在中间站的作业停车,也将产生直达去向旅客旅行时间的损失;若采用短途列车输送,且终到客运站为始发区段的非相邻客运站,则将在相邻客运站产生换乘作业,从而产生换乘时间损失。

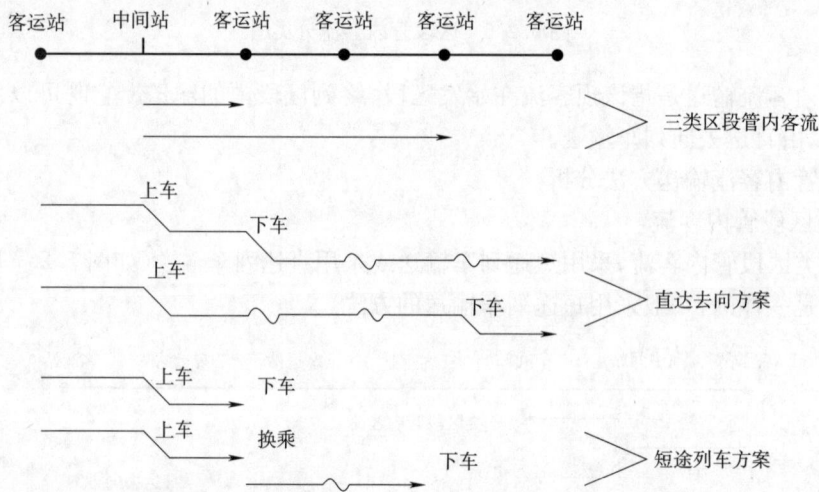

图 5.2.9　三类区段内管内客流输送组织示意图

d. 四类区段管内客流

对于四类区段管内客流,当采用直达去向列车输送时(如图 5.2.10 所示),在始发客运站随直达去向客流上车,直达去向列车在区段管内客流的终到站停车办理下车作业,从而增加了直达去向列车的旅行时间,造成直达去向旅客旅行时间损失;若采用短途列车,且区段管内客流为始发客运站的非相邻区段时,则将在终到区段管内客运站产生换乘作业,从而造成时间损失。

因此,列入直达去向可以取得效果(减少旅客换乘)的区段管内客流为:二类区段管内客流、到达非相邻客运站的三类区段管内客流、由非相邻客运站始发终到的四类区段管内客流。

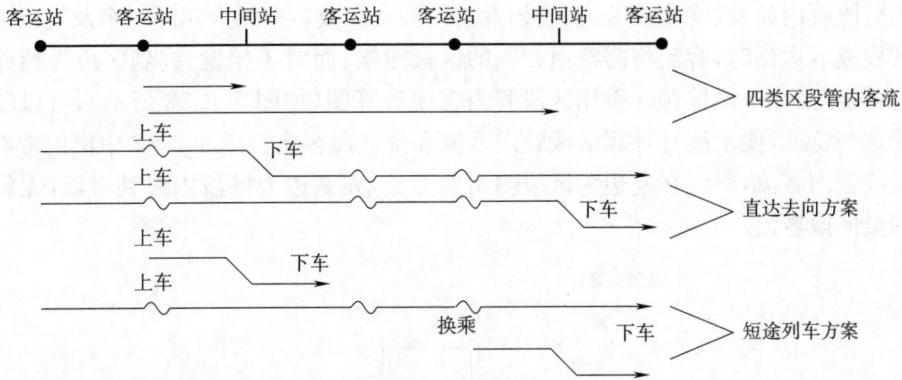

图 5.2.10 四类区段内管内客流输送组织示图

(5)方案客流图和区段管内客流计算图

方案客流图(如图 5.2.11 所示)是为了便于描述客运站间客流量、区段通过客流量以及客流组合方案构成,并据以确定一、二、三类直达去向列车开行方案及客流量而设计的专用客流图,它由用以确定一、二类直达去向列车开行方案的客运站间客流图和用以确定三类直达去向列车开行方案的区段管内客流图两部分组成。

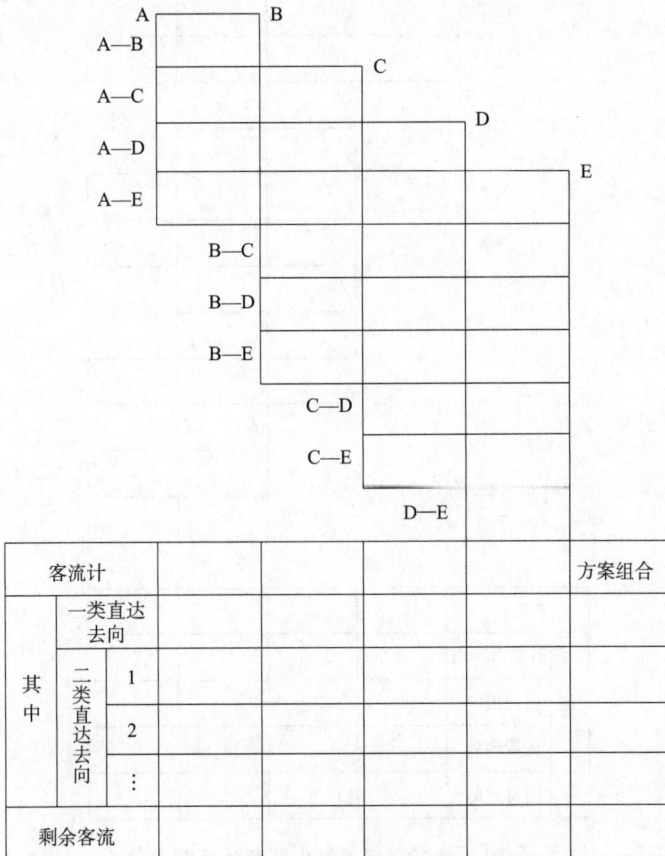

图 5.2.11 方案客流图

对于区段管内始发、终到的客流,当始发与终到区段或客运站为相隔一个及其以上区段的不相邻区段或客运站时,客流将需经由相隔的区段输送;而对于始发、终到区段为相邻区段的客流,则不需经由全区段输送。采用区段管内客流计算图(如图 5.2.12 所示),可以清晰地反映客流的这一特征,便于统计计算区段管内客流和全区段客流。图 5.2.12 中格内带斜线为该区段的区段管内客流,斜线在左边为区段内始发客流,在右边为区段内终到客流,无斜线格为该区段的全区段客流。

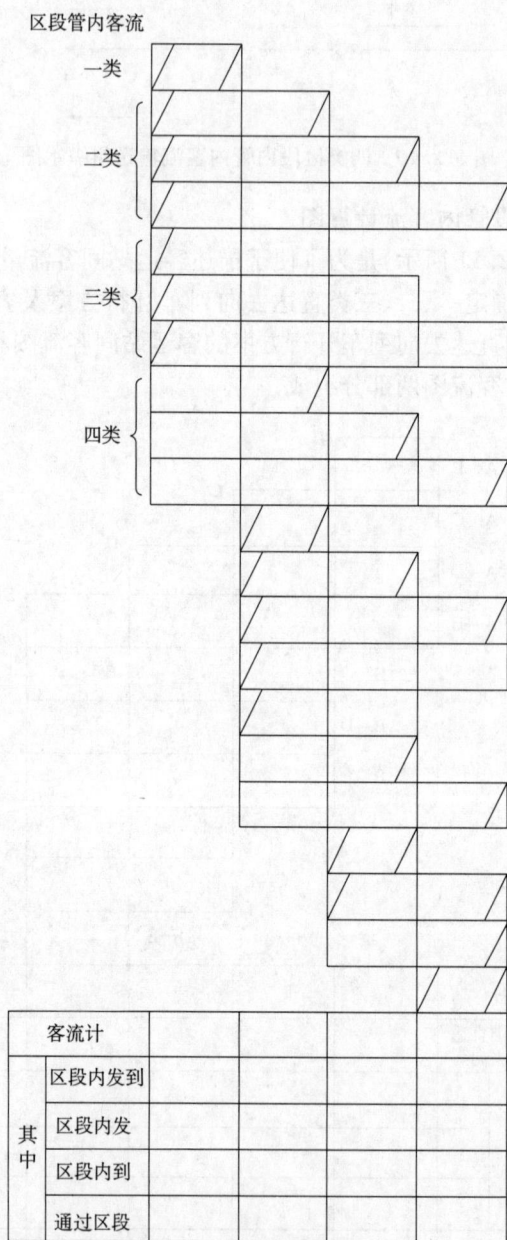

图 5.2.12 区段管内客流计算图

根据四类区段管内客流在各区段的作业状况可将区段分为四种：

①在区段管内有始发、终到客流的区段。

②在区段管内有始发客流的区段。

③在区段管内有终到客流的区段。

④在区段管内无始发、终到客流的区段，即只有通过客流的区段。

在图中按上述四类区段做客流统计，对于计算中间站停站方案有重要意义。

5.2.2 高速铁路网旅客列车开行方案的编制步骤

1. 铁路网及路网客流数据

为了便于说明问题，我们通过一个具体案例来说明高速铁路网旅客列车开行方案的步骤。

设图 5.2.13 为一个高速铁路网，它由 AG、AV、GV 和 AY 四个子网组成，需编制路网和子网的旅客列车开行方案。

为此，必须先编制路网客运站间的客流数据表。该数据表的数据，根据客流统计实际资料和旅客列车运行图实行期间旅客运输市场发展变化的预期确定，它包括两部分：

(1)客运站间到发客流数据表(见表 5.2.1)。

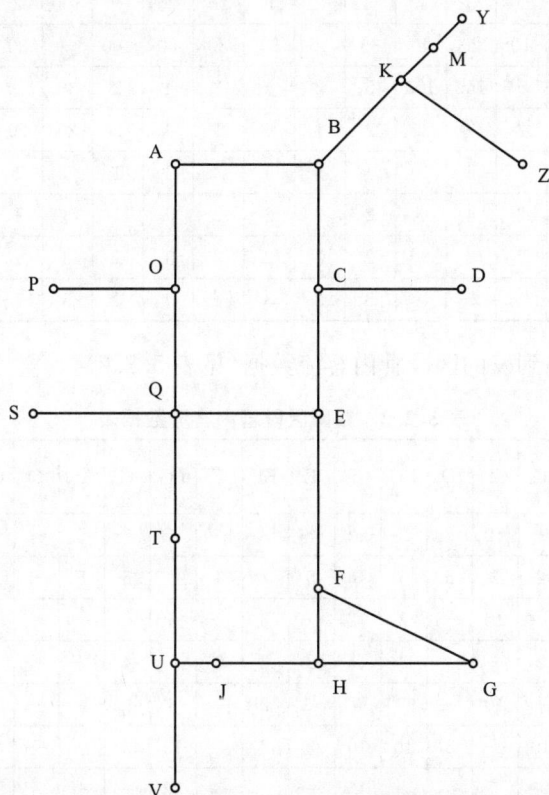

图 5.2.13 高速铁路路网图

表 5.2.1　客运站间客流表（一）　　　　　　　　　　　　单位:万人

到＼发	A	B	C	D	E	F	G	O	P	Q	S	T	U	V	H	J	K	M	Y	Z
A	—	360	150	50	20	30	200	100	60	30	20	50	20	100	(30)	20	24	23	20	20
B	360	—	160	30	10	20	20	(100)	20	(40)	20	(30)	10	(50)	10	5	30	25	10	10
C	150	160	—	200	15	20	30	(50)	(40)	20	10	20	10	(40)	5	3	20	15	5	10
D	50	30	200	—	10	5	10	20	10	10	5	10	5	10	6	2	5	5	3	3
E	20	10	15	10	—	15	20	2	1	5	5	5	5	10	5	2	5	3	2	5
F	30	20	20	5	15	—	200	2	1	5	5	4	3	20	150	(50)	5	4	2	5
G	200	20	30	10	20	200	—	10	5	20	10	20	2	40	100	30	10	5	5	10
O	100	(100)	(50)	20	2	2	10	—	30	25	10	15	2	35	5	2	5	2	2	5
P	60	20	(40)	10	1	1	5	30	—	10	10	2	2	15	2	1	5	2	2	3
Q	30	(40)	20	10	5	5	20	25	10	—	10	10	5	25	3	4	2	2	2	3
S	20	20	10	5	5	5	10	10	5	10	—	100	15	30	2	1	3	2	2	1
T	50	(30)	20	10	5	4	20	15	10	10	100	—	20	50	1	1	1	1	1	1
U	20	10	10	5	5	3	2	2	2	5	15	20	—	100	2	2	1	1	1	1
V	100	(50)	(40)	10	10	20	40	35	15	25	30	50	100	—	30	20	5	3	3	5
H	(30)	10	5	6	5	150	100	2	2	3	2	1	2	30	—	20	1	1	1	1
J	20	5	3	2	2	(50)	30	2	1	3	1	2	2	20	20	—	1	1	1	1
K	24	30	20	5	5	5	5	5	4	3	1	1	1	5	1	1	—	100	80	70
M	23	25	15	5	3	4	5	2	2	2	1	1	1	3	1	1	100	—	60	60
Y	20	10	5	3	2	5	5	2	2	2	1	1	1	1	1	1	80	60	—	50
Z	20	10	10	3	5	5	10	5	3	3	1	1	1	5	1	1	70	60	50	—

（注：带圈数字表示圈内客流数据）

（2）客运站及中间站到发的区段管内客流数据（见表 5.2.2）。

表 5.2.2　路网区段管内客流数据表　　　　　　　　　　　单位:万人

到＼发	A	AB	B	BC	C	CD	D	DC	CE	E	EF	F	FG	G	AO	O	OP	P	OQ	Q	QS	S
A	—	20	—	15	—	12	—	5	12	—	3	—	15	—	5	—	3	—	4	—	2	—
AB	20	—	15	15	2	2	5	5	16	5	1	4	1	6	5	—	6	—	1	—	1	—
B	—	15	—	3	—	12	—	2	2	—	3	—	5	—	—	—	—	—	—	—	—	—
BC	15	15	3	—	2	—	3	13	2	2	3	5	4	—	—	—	—	—	—	—	—	—
C	—	2	—	2	—	10	—	—	6	—	—	—	—	—	—	—	—	—	—	—	—	—
CD	12	2	12	—	10	—	5	10	10	3	2	2	13	3	—	—	—	—	—	—	—	—
D	—	5	—	—	—	5	—	—	15	—	—	12	—	—	—	—	—	—	—	—	—	—
DC	5	5	2	3	—	10	—	—	15	—	—	12	—	—	—	—	—	—	—	—	—	—
CE	12	16	12	13	2	10	15	15	—	2	3	2	15	5	—	—	—	—	—	—	—	—
E	—	—	—	2	—	3	—	—	2	—	5	—	15	—	—	—	—	—	—	—	—	—

续上表

到 发	A	AB	B	BC	C	CD	D	DC	CE	E	EF	F	FG	G	AO	O	OP	P	OQ	Q	QS	S
EF	3	—	3	2	—	2	—	—	3	5	—	6	15	4	—	—	—	—	—	—	—	—
F	—	2	—	3	—	2	—	—	2	—	6	—	5	—	—	—	—	—	—	—	—	—
FG	15	1	5	5	13	12	12	15	15	15	15	5	—	10	—	—	—	—	—	—	—	—
G	—	6	—	4	—	3	—	—	5	—	4	—	10	—	—	—	—	—	—	—	—	—
AO	5	5	—	—	—	—	—	—	—	—	—	—	—	—	—	—	—	—	—	—	—	—
O	—	—	—	—	—	—	—	—	—	—	—	—	—	—	—	—	—	—	—	—	—	—
OP	3	6	—	—	—	—	—	—	—	—	—	—	—	—	—	—	—	—	—	—	—	—
P	—	—	—	—	—	—	—	—	—	—	—	—	—	—	—	—	—	—	—	—	—	—
OQ	4	1	—	—	1	1	—	—	—	—	—	—	—	—	—	—	—	—	—	—	—	—
Q	—	—	—	—	—	1	—	—	—	—	—	—	—	—	—	—	—	—	—	—	—	—
QS	2	1	—	—	—	—	—	—	—	—	—	—	—	—	—	—	—	—	—	—	—	—
S	—	—	—	—	—	—	—	—	—	—	—	—	—	—	—	—	—	—	—	—	—	—

2. 路网旅客列车开行方案

路网旅客列车开行方案是指跨子网(或称跨线)直达去向旅客列车开行方案,它包括三部分:

(1)单支客流的旅客列车开行方案

由客运站间客流数据表(见表5.2.1),可以找出满足开行直达去向旅客列车必要条件的客流。例如,若以年运量30万人为计算标准,凡满足该条件的单支客流均应列入路网直达列车直达去向开行方案。如表5.2.1中的OB间的客流为100万人,OB分属于AV子网和AG子网,是跨线客流。100万人的客流量,每日可开行3列直达去向列车,但剩余10万人的客流。为区别起见,在客流表中用"○"加以表示,用同样的方法,可以确定客流OC、PC、QB、TB等,均可列入单支车流直达去向旅客列车开行方案,详见表5.2.1。

(2)将远程客流并入单支客流直达去向旅客列车开行方案的合并方案

凡与单支客流直达去向具有相同发(或到)站,相同运行径路不满足必要条件的远程客流,均应并入单支客流直达去向。因为这种合并,对于远程车流是最有利的。例如,将客流SB20万人并入单支客流直达去向QB,该客流量增加到60万人,每日可开行2列,表中用"——→"指向表示合并方案,详见表5.2.3。

表 5.2.3 客运站间客流表(二)　　　　单位:万人

到 发	A	B	C	D	E	F	G	O	P	Q	S	T	U	V	H	J	K	M	Y	Z
A	—	360	150	50	20	30	200	100	60	30	20	50	20	100	30○	20	24	23	20	20
B	360	—	160	30	10	20	20	100○	←20	40○	←20	30○	10	50○	10	5	30	25	10	10
C	150	160	—	200	15	20	30	50○	40○	20	10	20	10	40○	5	3	20	15	5	10
D	50	30	200	—	10	5	10	20	10	10	5	10	5	10	6	2	5	5	3	3

续上表

发\到	A	B	C	D	E	F	G	O	P	Q	S	T	U	V	H	J	K	M	Y	Z
E	20	10	15	10	—	15	20	2	1	5	5	5	5	10	5	2	5	3	2	5
F	30	20	20	5	15	—	200	2	1	5	5	4	3	20	150	50○	5	4	2	5
G	200	20	30	10	20	200	—	10	5	20	10	20	2	40	100	30	10	5	5	10
O	100	100○	50○	20	2	2	10	—	30	25	10	15	2	35	5	2	5	2	2	5
P	60	20↑	40○	10	1	1	5	30	—	10	5	10	2	15	2	1	5	2	2	3
Q	30	40○	5	5	5	5	20	10	25	—	10	5	2	25	5	3	4	2	2	3
S	20	20↑	10	5	5	5	10	5	10	10	—	100	15	30	1	3	2	2	2	1
T	50	30○	10	5	5	4	10	15	10	10	100	—	20	50	1	1	1	1	1	1
U	20	10	10	5	5	3	2	2	2	5	20	20	—	100	2	2	1	1	1	1
V	100	50○	40○	10	10	20	40	35	15	25	30	50	100	—	30	20	5	3	3	5
H	30○	10	5	6	5	150	100	5	2	5	2	1	2	30	—	20	1	1	1	—
J	20	5	3	2	2	50○	30	2	1	3	1	1	2	20	20	—	1	1	1	1
K	24	30	20	5	5	5	5	5	4	3	1	1	5	1	1	1	—	100	80	70
M	23	25	15	5	3	4	5	2	2	2	1	1	3	1	1	100	—	60	60	
Y	20	10	5	3	2	2	2	2	2	2	1	1	3	1	1	80	60	—	50	
Z	20	10	5	3	5	5	10	5	3	3	1	1	5	1	1	70	60	50	—	

（3）合并客流旅客列车开行方案

具有相同发（到）站，相同运行径路的两支或三支客流合并，若能满足必要条件，也可以开行合并客流直达去向旅客列车。例如，CT、DT 两支跨线客流合并，计 30 万人，满足开行直达去向的必要条件，就可以开行直达去向列车。其他合并方案详见表 5.2.4。

表 5.2.4　客运站间客流表（三）　　　　　　　　　　　　单位：万人

发\到	A	B	C	D	E	F	G	O	P	Q	S	T	U	V	H	J	K	M	Y	Z
A	—	360	150	50	20	30	200	100	60	30	20	50	20	100	—	20	24	23	20	20
B	360	—	160	30	10	20	20	—	—	—	—	10	20	10	5	30	25	10	10	10
C	150	160	—	200	15	20	30	20○↑	10	20○↑	10	20○↑	10	10	5	3	20	15	5	10
D	50	30	200	—	10	5	10	20○↑	10	10↑	5	10↑	5	10	6	2	5	5	3	3
E	20	10	15	10	—	15	20	2	1	5	5	5	5	10	5	2	5	3	2	5
F	30	20	20	5	15	—	200	2	1	5	5	4	3	20	150	20	5	4	2	5
G	200	20	30	10	20	200	—	10	5	20	10	20	2	40	100	30	10	5	5	10
O	100	—	20○←20	20	2	2	10	—	30	25	10	15	2	35	5	2	5	2	2	5
P	60	—	10	10	1	1	5	30	—	10	5	10	2	15	2	1	5	2	2	3
Q	30	—	20○←10	5	5	5	20	25	10	—	10	5	2	25	5	3	4	2	2	3
S	20	—	10	5	5	5	10	10	5	10	—	100	15	30	2	1	3	2	2	1

到＼发	A	B	C	D	E	F	G	O	P	Q	S	T	U	V	H	J	K	M	Y	Z
T	50	—	20○	10	5	—	20	15	10	10	100	—	20	50	1	1	1	1	1	1
U	20	10	10	5	5	3	2	2	2	5	20	20	—	100	2	1	1	1	1	1
V	100	20	10	10	10	20	—	35	15	25	30	50	100	—	30	20	5	3	3	5
H	—	10	5	6	5	150	100	5	2	5	1	2	30	—	—	20	1	1	1	1
J	20	5	3	2	2	20	30	1	3	1	1	2	20	20	—	—	1	1	1	1
K	24	30	20○	5	—	5	5	5	5	4	3	1	5	1	1	1	—	100	80	70
M	23	25	15	5	3	4	5	2	2	2	2	1	5	1	1	1	100	—	60	60
Y	20	10	5	3	2	2	5	2	2	2	1	1	3	1	1	1	80	60	—	50
Z	20	10	10	3	5	5	10	5	3	3	1	1	5	1	1	1	70	60	50	—

(4)编制路网跨线直达去向旅客列车开行计划表

将上述三项跨线直达去向旅客列车开行方案加以汇总,可得路网跨线直达去向旅客列车开行计划表(见表5.2.5)。

表5.2.5　路网跨线直达去向旅客列车开行计划表　　　　单位:万人

序号	直达去向 客运站	直达去向 客运站	客流量 1 去向	客流量 1 流量	客流量 2 去向	客流量 2 流量	客流量 3 去向	客流量 3 流量	客流量计	列车计算定员	开行列车数	剩余客流 去向	剩余客流 流量
1	A	H	AH	30	—	—	—	—	30	30	1	—	—
2	B	O	BO	100	BP	20	—	—	120	30	4	—	—
3	B	Q	BQ	40	BS	20	—	—	60	30	2	—	—
4	B	T	BT	30	—	—	—	—	30	30	1	—	—
5	B	V	BV	50	—	—	—	—	50	30	1	BV	20
6	C	O	CD	50	—	—	—	—	50	30	1	CO	20
7	C	P	CP	40	—	—	—	—	40	30	1	CP	10
8	C	V	CV	40	—	—	—	—	40	30	1	CV	10
9	F	J	FJ	50	—	—	—	—	50	30	1	FJ	20
10	C	O	CO	20	DO	20	—	—	40	30	1	DO	10
11	C	Q	CQ	20	DQ	10	—	—	30	30	1	—	—
12	C	T	CT	20	DT	10	—	—	30	30	1	—	—
13	C	K	CK	20	DK	5	EK	5	30	30	1	—	—

将客运站间计划表中,已列入路网跨线直达去向旅客列车开行计划表的客流扣除,可得新的路网客运站间客流数据表(见表5.2.6)。该数据表供编制子网直达去向旅客列车开行计划使用。

表 5.2.6　客运站间客流表(四)　　　　　　　　　　　　　　　　单位:万人

发\到	A	B	C	D	E	F	G	O	P	Q	S	T	U	V	H	J	K	M	Y	Z
A	—	360	150	50	20	30	200	100	60	30	20	50	20	100	—	20	24	23	20	20
B	360	—	160	30	10	20	20	—	—	—	—	10	20	10	10	5	30	25	10	10
C	150	160	—	200	15	20	30	—	10	—	10	—	10	10	5	3	20	15	5	10
D	50	30	200	—	10	5	10	10	10	—	5	—	5	10	6	2	5	5	3	3
E	20	10	15	10	—	15	20	2	1	5	5	5	2	10	2	2	5	3	2	5
F	30	20	20	5	15	—	200	2	1	5	5	4	3	20	150	20	5	4	2	5
G	200	20	30	10	20	200	—	10	5	20	10	20	2	40	100	30	10	5	5	10
O	100	—	10	10	2	2	10	—	30	25	15	5	2	35	5	2	5	2	2	2
P	60	—	10	10	1	1	5	30	—	10	5	10	2	15	2	1	5	2	2	3
Q	30	—	—	5	5	5	20	25	10	—	10	10	25	5	3	4	2	2	2	3
S	20	—	10	5	5	10	10	5	10	—	—	100	15	30	2	1	3	2	2	1
T	50	—	—	—	5	4	20	15	10	10	100	—	20	50	1	1	1	1	1	1
U	20	10	10	3	2	3	2	2	5	20	20	20	—	100	2	2	1	1	1	1
V	100	20	10	10	10	20	40	35	15	25	30	50	100	—	30	20	5	3	3	5
H	—	10	5	6	2	150	100	5	2	5	2	1	2	30	—	20	1	1	1	—
J	20	5	3	2	2	20	30	2	1	3	1	1	2	20	20	—	1	1	1	1
K	24	30	—	5	10	5	5	4	3	1	1	5	1	1	—	100	80	70		
M	23	25	15	5	3	4	5	2	2	2	1	1	5	1	1	100	—	60	60	
Y	20	10	5	3	2	2	5	2	2	2	1	1	3	1	1	80	60	—	50	
Z	20	10	10	3	5	5	10	5	5	3	1	1	5	1	1	70	60	50	—	

3. AG 子网直达旅客列车开行方案

(1)子网客流数据整理

①客流数据

如前述,子网客流数据包括:

a. 子网管内始发终到的客流。

b. 子网始发,相邻或不相邻子网终到的客流。

c. 相邻或不相邻子网始发,本子网终到的客流。

d. 本子网通过的客流。

a 类客流的输送全程在本子网内完成,而 b,c,d 三类客流为跨线流,在本子网内只完成部分运距的输送任务。

②输出客流

输出客流经子网间的分界站输出到相邻子网,其中始发客运站至交出分界站间的输送走行为在本子网内的走行里程,应计入本子网的客流内,为此,应就每一个始发客运站计算经由相应分界站输出的客流总量。例如,A 站始发经由 F 分界站到达 J 站的客流 20 万人,应在输出部分分界站 A—F 栏内填写 20;又如,经 B 站输出到 AY 子网的客流,其中 C 站 30 万、D 站 11 万、E 站 10 万等,都填在由 B 分界站输出的相应格内。用同样的方法可得 E、F 分界站输出的相应客流,详见表 5.2.7。

表 5.2.7　AG 子网汇总客流表　　　　　　　　　　　单位:万人

发＼到		终到								转出				通过				计
		A	B	C	D	E	F	G	计	B	E	F	计	B	E	F	计	
始发	A	—	360	150	50	20	30	200	—	—	—	20	—	—	—	—	—	—
	B	360	—	160	30	10	20	20	—	—	—	25	—	—	—	—	—	—
	C	150	160	—	200	15	20	30		30	20	28						
	D	50	30	200	—	10	5	10		11	25	23						
	E	20	10	15	10	—	15	20		10	—	22						
	F	30	20	20	5	15	—	200		16	17	—						
	G	200	20	30	10	20	200	—		28	65	—						
	计	—	—	—	—	—	—	—	—	—	—	—	—	—	—	—	—	—
转入	B			30	11	10	16	28		—	—	8	—					
	E			20	25		17	65										
	F	20	25		23	22												
	计																	
通过	B																	
	C																	
	F																	
	计																	
计																		

③输入客流

由相邻或非相邻子网始发到达本子网的客流,在本子网的输送由接入分界站开始至终到客运站为止。因此,应就每一个分界站计算到达每一客运站的客流。例如,经由 Q 分界站到达的客流为 AV 子网,O、P、Q、S、T 客运站始发,在本子网管内到达的客流,分别到达 C、D、F、G 客运站为 20 万人,25 万人,17 万和 65 万,详见表 5.2.7。

④通过客流

通过客流是指由相邻的子网接入本子网管内输送,再由与相邻子网分界站输出的客流。例如,由 AY 子网的 K、M、Y、Z 四个客运站,通过 B 分界站的输入,又由 F 分界站输送到 GV 子网 H、J 两个客运站的客流,对子网 AG 来说就是通过客流,见表 5.2.7。

⑤子网客流汇总表

汇总表是为便于说明子网四类客流的汇总关系而编制的工具表,其中分界站格内包括有四格,用于填写相应的四类客流。例如,F 站和 B 站之间表格中相对应的有四个格(见表5.2.8),其中一格用于填写管内客流 20 万人,其他三格用于填写输入、输出和通过客流分别为

16 万人、25 万人和 8 万人。

表 5.2.8　AG 子网分类客流计算表　　　　　　　　单位:万人

发\到		A	B		C	D	E		F		G
			管内	管外			管内	管外	管内	管外	
A		—	360	—	150	50	20	—	30	20	200
B	管内	360			160	30	10	—	20	25	20
	管外	—	—	—	30	11	10	—	16	8	28
C		150	160	30	—	200	15	20	20	28	30
D		50	30	11	200	—	10	25	5	23	10
E	管内	20	10	10	15	10	—		15	22	20
	管外	—	—	—	20	25	—	—	17	—	65
F	管内	30	20	16	20	5	15	17	—		200
	管外	20	25	8	20	23	22	—	—	—	—
G		200	20	28	30	10	20	65	200		—

将分界站格内的四项数据加总,形成客运站间的客流表(见表 5.2.9)。

表 5.2.9　AG 客运站间客流表　　　　　　　　单位:万人

发\到	A	B	C	D	E	F	G	计
A	—	360	150	50	20	50	200	—
B	360	—	190	41	20	69	48	—
C	150	190	—	200	35	48	30	—
D	50	41	200	—	35	28	10	—
E	20	20	35	35	—	54	85	—
F	50	69	40	28	54	—	200	—
G	200	48	30	10	85	200	—	—
计	—	—	—	—	—	—	—	—

按上述方法也可以对区段管内客流数据进行整理,并据以形成子网区段管内客流(见表 5.2.6、表 5.2.7 和表 5.2.8)。

(2)子网一、二类直达去向旅客列车开行方案

AG 子网包括 AD 基本直达去向和 AC、DG 两个分去向。在编制客车方案时,凡基本去向与分去向共用的线路,以按基本去向输送客流为原则。因此,计划的编制,应首先从基本去向开始。

由客流方案图(图 5.2.14)可以看出,AG 基本去向和 AC 分去向两枢纽客运站间客流量分为 200 万人和 50 万人,满足建立一类直达去向的条件,其中 AG180 万人可开行 6 列,AC50 万人可开行 1 列,在图中为区别起见用"△"表示,各剩余 20 万人,列入二类直达去向输送。

230

360				
150	150			
20	25	20		
50△	50△	50△		
50	50	50	50	
200△	200△	200△	200△	200△
	190			
	20	20		
	41	41		
	69	69	69	
	48	48	48	48
	200			
	35	35		
	28	28	28	
	10	10	10	10
		35		
		200		
		48	48	
		30	30	30
			54	
			85	85
				200

客流计	830	838/383	593/291	622	573	组合客流
其中	一类直达去向		6×30万人=180万人			AG
			1×30万人=30万人			AD
	二类直达去向	1	30万人			AC+CG
		1	2×29万人=58万人			AB+BG
		1	2×30万人=60万人			AF+FG
		2	2×30万人=60万人			AB+BF+FG
		2	30万人			AC+CF+FG
剩余客流	380	390/383	173/261	204	115	

图 5.2.14　客流方案图(单位:万人)

231

二类直达去向通过编制客流组合方案来确定,首先将直达去向分为两地段,沿途客运站停车一次的组合方案开始,如图 5.2.14 中,将直达去向划分为 AF 和 FG 两地段,组合后的直达去向只在沿途客运站 E 停车作业一次。因 AF 客流为 50 万,若将 AG 剩余客流中的 10 万人,并入 AF 和 FG 客流组合可开行两列直达去向列车,这时 AG 客流还有剩余客流。按同样原理,可以确定 AC 与 CG 和 AB 与 BG 开行 1 列和 2 列直达去向的开行方案。然后,研究由三地段客流组成,在沿途两个客运站停车作业的直达列车,直至不再有客流组合,满足如下条件的旅客列车开行方案为止,条件是:

$$n_{停} \leqslant k_{经}$$

式中　$n_{停}$——旅客列车沿途客运站停车站数;

　　　$k_{经}$——直达去向列车沿途经由的客运站数。

一类直达去向客流剩余 20 万,将该客流各 10 万分别并入 AF、FG 的组合和 AB、BG 的组合,使之分别可开行 2 列和 1 列二类直达去向的旅客列车。

由图 5.2.14 可以看出,开行一、二类直达去向列车后,各区段剩余车流还可能有条件开行停车次数达到 $k_{经}$ 值的二类直达去向列车。

因根据图 5.2.14 的剩余客流数据绘制的客流直方图,可以更清晰地反映各客流区段客流量的差异,下面采用客流直方图作分析。为此,首先应根据图 5.2.14,经计算的各客流区段剩余客流,绘制客流直方图(如图 5.2.15 所示)。由图 5.2.15 可以发现,其中 EG 客流区段剩余客流量最小,仅为 155 万人,开行直达去向列车,只能从这一客流量出发,仅取其中的 150 万人,开行 5 列的直达去向列车的方案,扣除 150 万后的剩余客流如图 5.2.16 所示。

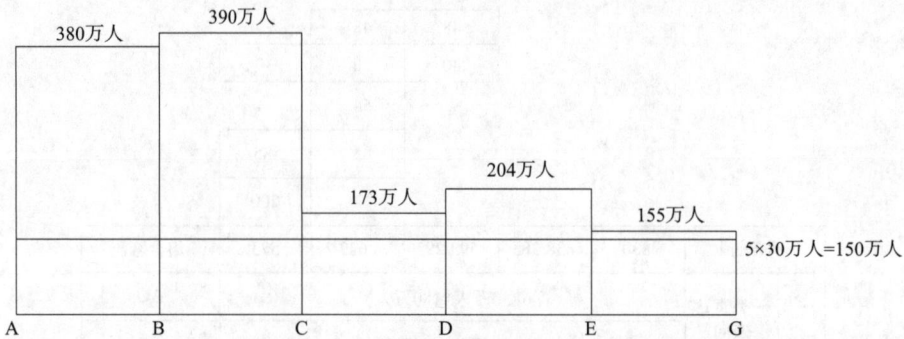

图 5.2.15　AG 直达去向客流和二类直达去向列车开行方案图

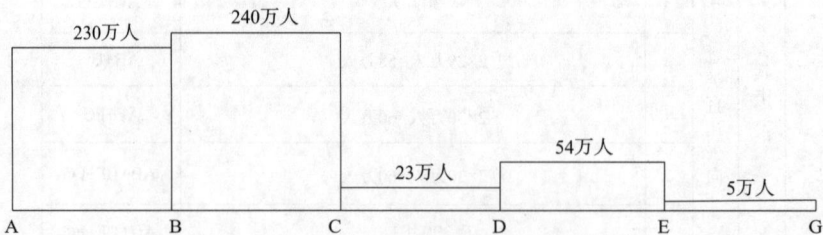

图 5.2.16　AG 去向剩余客运站间客流图

将 AG 在 AB、BC 区段的剩余客流与 CD 的客流衔接可构成 AD 直达去向的客流。其中客流量最小区段为 AB 区段,客流(230 万人)可开行 7 列二类 AD 直达去向列车(如图 5.2.17 所示),剩余客流如图 5.2.18 所示。

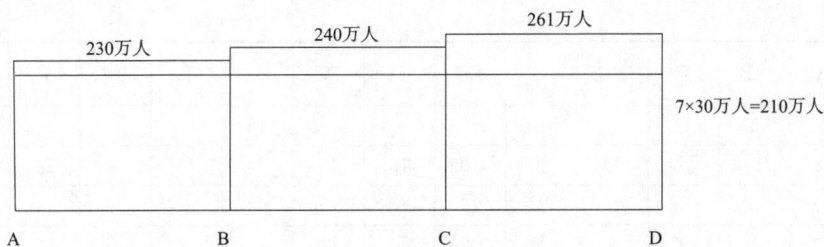

图 5.2.17 AD去向客流及二类直达去向列车开行方案图

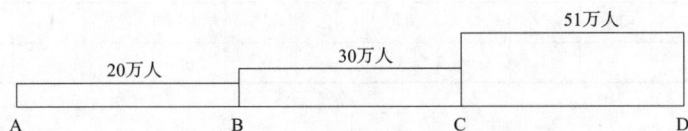

图 5.2.18 AD去向剩余客运站间客流图

DG 直达去向没有满足一类、二类直达去向列车的客流,如图 5.2.19 所示。

图 5.2.19 DG去向剩余客运站间方案图

(3)区段管内客流计算表

三类直达去向旅客列车用为输送剩余的客运站间客流(如图 5.2.16 所示)和区段管内客流(见表 5.2.10),因而首先需要通过区段管内客流计算图确定区段管内客流。因区段管内客流计算图较长,分三个图编制,图之一为 A 站、AB 区段发出的区段管内客流计算图(如图 5.2.20 所示),图之二为 B 站、BC 区段和 D 站、DC 区段发出的区段管内客流计算图(如图 5.2.21 所示),图之三为 C 站、EC 区段,E 站和 EC 区段,F 站和 FG 区段发出的区段管内客流计算图(如图5.2.22 所示)。将图 5.2.20、图 5.2.21 和图 5.2.22 分类客流计算客流量加以汇总,可得区段管内客流数据(见表 5.2.10)。

表 5.2.10 AG 间区段管内客流表　　　　　　　　　　单位:万人

到\发	A	AB	B	BC	C	CD	D	DC	CE	E	EF	F	FG	G
A	—	20	—	15	—	12	—	5	12	—	3	—	5	—
AB	20	—	15	15	2	2	5	5	16	5	1	16	1	6
B	—	15	—	15	—	23	—	13	24	—	3	—	18	—
BC	15	15	25	2	—	—	—	3	13	2	2	15	5	4
C	—	2	—	2	—	10	—	—	6	—	2	—	3	—
CD	12	2	23	—	10	5	5	10	10	15	2	13	13	3
D	—	5	—	—	—	5	—	—	10	—	—	—	12	—

续上表

发\到	A	AB	B	BC	C	CD	D	DC	CE	E	EF	F	FG	G
DC	5	5	13	3	—	10	—	—	15	—	—	—	12	—
CE	12	16	24	13	2	10	15	15	3	13	3	14	12	5
E	—	5	—	2	—	15	—	—	13	—	16	—	27	—
EF	3	—	3	2	—	2	—	—	3	16	4	17	15	4
F	—	14	—	15	—	13	—	—	14	—	17	—	5	—
FG	5	1	18	5	13	12	12	15	15	27	15	25	—	10
G	—	6	—	4	—	3	—	—	5	—	4	—	10	—

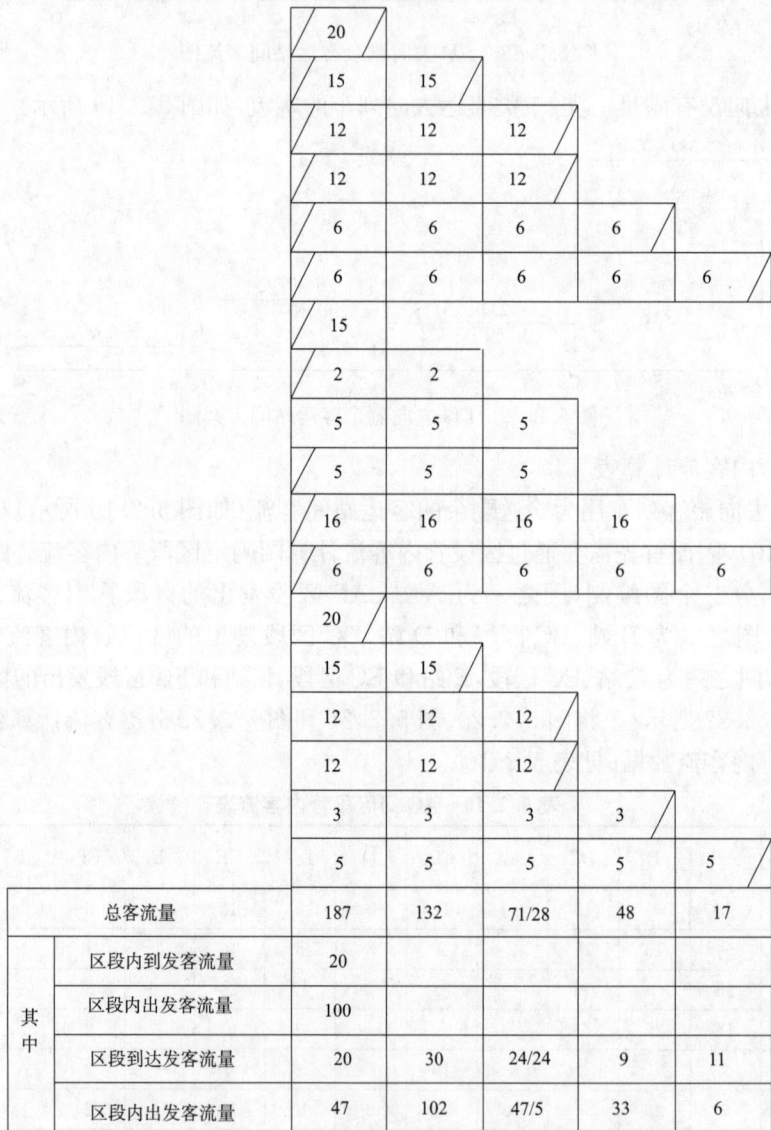

总客流量		187	132	71/28	48	17
其中	区段内到发客流量	20				
	区段内出发客流量	100				
	区段到达发客流量	20	30	24/24	9	11
	区段内出发客流量	47	102	47/5	33	6

图 5.2.20　区段管内客流计算图(一)(单位:万人)

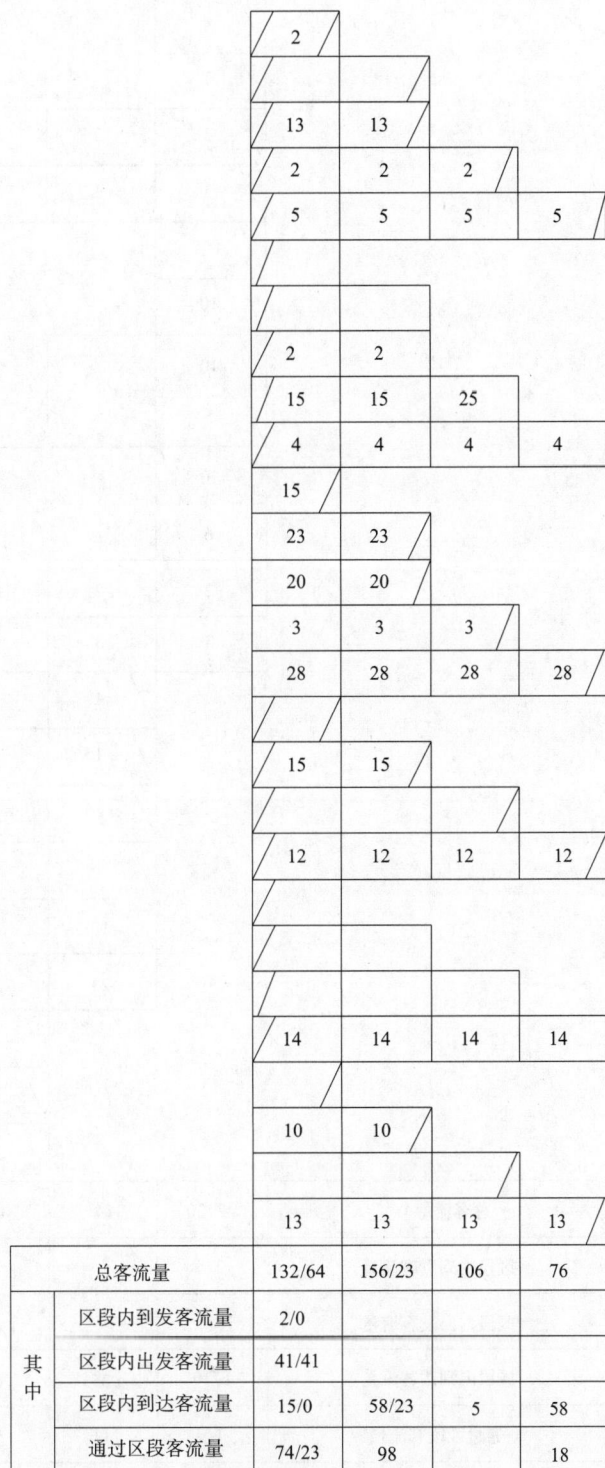

		132/64	156/23	106	76
	总客流量	132/64	156/23	106	76
其中	区段内到发客流量	2/0			
	区段内出发客流量	41/41			
	区段内到达客流量	15/0	58/23	5	58
	通过区段客流量	74/23	98		18

图 5.2.21 区段管内客流计算图(二)(单位:万人)

	总客流量	43/20	114	113
其中	区段内到发客流量	3/5		20
	区段内出发客流量	33/5	45	20
	区段内到达客流量	6/10	25	64
	通过区段客流量	1/0	44	9

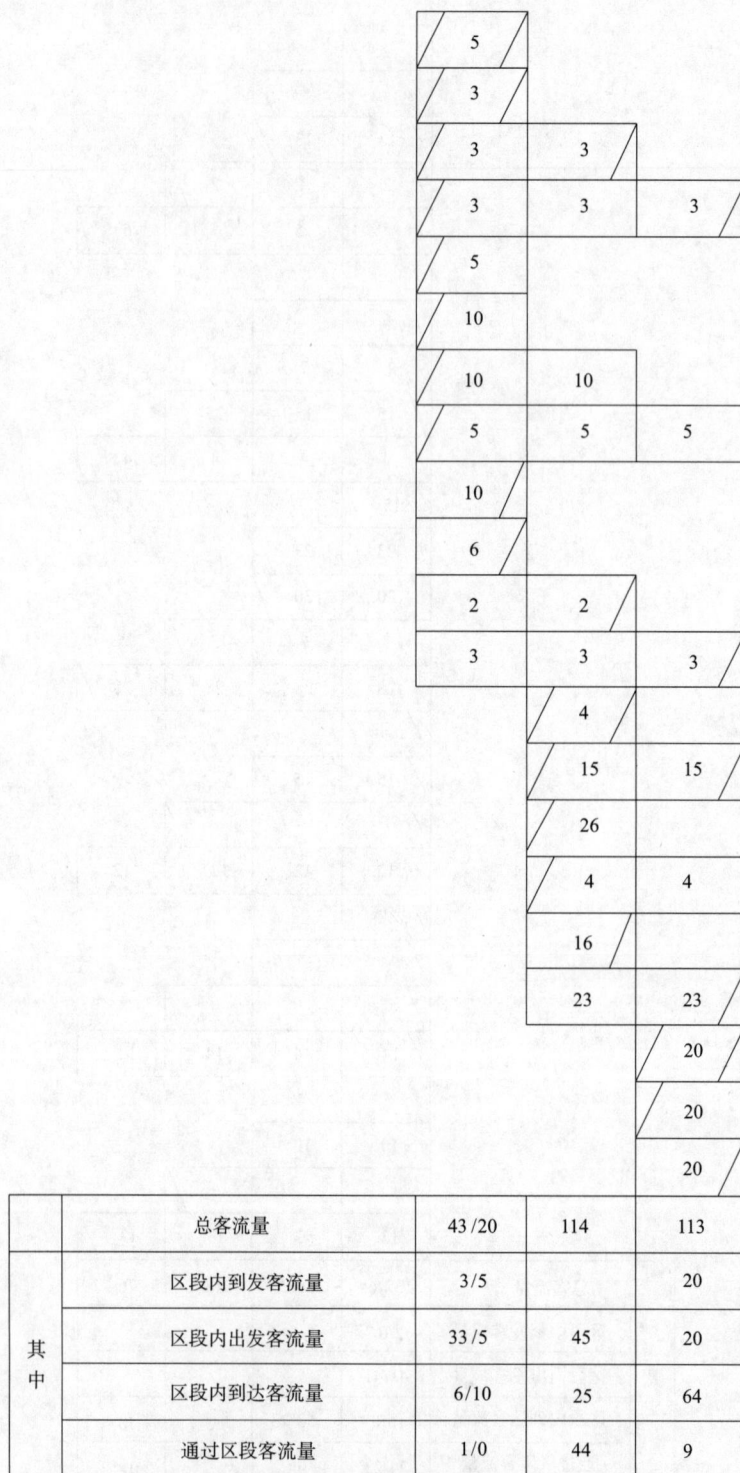

图 5.2.22 区段管内客流计算图(三)(单位:万人)

(4)子网三类直达去向旅客列车开行方案

三类直达去向旅客列车用为输送剩余的客运站间客流和区段管内客流,因而,首先需要将这两项客流汇总。

为此,将图 5.2.18 的 AC 部分和图 5.2.19 的 CG 部分汇总成为 AG 直达去向的客运站间剩余客流(如图 5.2.23 所示),并与表 5.2.10 的区段管内客流汇总,绘制 AG 直达去向客流图(如图 5.2.24 所示)。由图 5.2.24 可以看出,各客流区段中三类区段管内客流最小的是 AB 区段(217 万人),故此按 210 万人计算,AG 间可开行 7 列三类直达去向列车。从图中扣除 210 万客流后,将 AC 剩余客流与 CD 客流合并,构成 AD 去向的客流(如图 5.2.25 所示),将 DC 客流与 CG 客流合并,构成 DG 去向客流(如图 5.2.26 所示)。AD 去向最小客流为 AB 客流区段,客流量为 7 万人,不满足开行三类直达去向列车的条件。DG 去向最小客流区段为 EF 区段,客流量为 23 万人,按 30 万人计算可开行三类直达去向列车 1 列。AD、DG 去向开行三类直达去向列车后剩余客流为非直达客流。

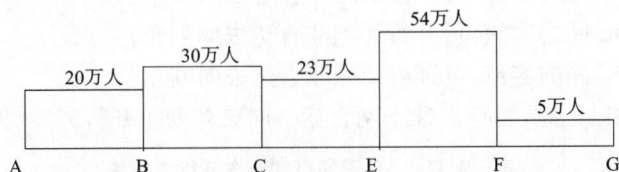

图 5.2.23 AG 直达去向客运站间剩余客流图

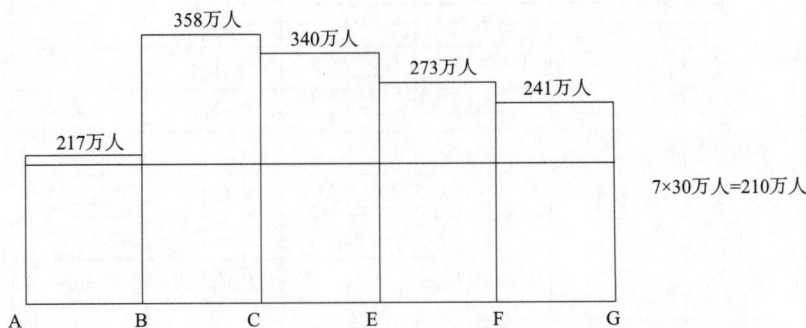

图 5.2.24 AG 直达去向客流及三类直达去向列车开行方案图

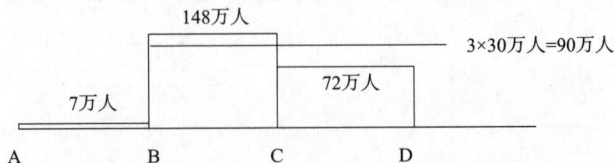

图 5.2.25 AD 非直达去向客流列车开行方案图

(5)非直达去向旅客列车开行方案

从三类客流图中扣除列入三类直达去向旅客列车的客流后剩余客流为非直达客流,由图 5.2.25 和图 5.2.26 可以看出,非直达客流由四部分组成:

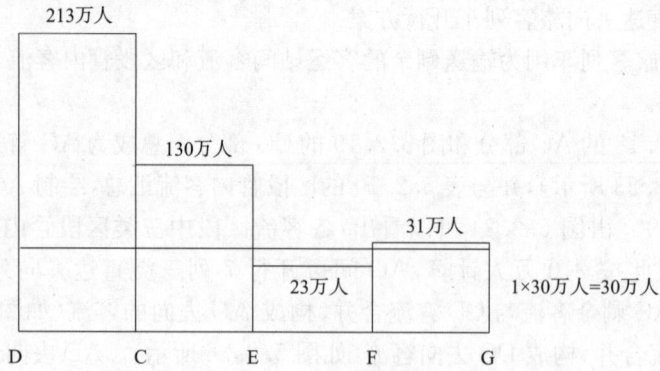

图 5.2.26　DG 直达去向列车开行客流图

①第一部分为 BD 间的客流,可开行 3 列非直达去向列车。

②第二部分为 BC 间的客流,可开行 2 列非直达去向列车。

③第三部分为 DE 间的客流,可开行 4 列非直达去向列车。

④第四部分为 DC 间的客流,可开行 2 列非直达去向列车。

将以分析计算加以汇总,可得 AG 子网直达去向旅客列车开行方案(见表 5.2.11)。

表 5.2.11　AG 子网旅客列车开行方案表

去向	列车种类		发到站	行车站数	行车站	到车数	开行列车数
AG	直达	一	AG	0	—	6	28
		二	S	1	B	1	
			S	1	C	1	
			S	1	E	1	
			S	1	F	2	
			S	2	B、F	1	
			S	2	C、F	1	
			S	4	B、C、E、F	6	
		三	S	—		9	
AD	直达	一	AD	0		1	2
		二	AD	1	B	1	
		三	AD		—		
	非直达		BD	—	—	3	5
			BC	—	—	2	
DG	直达	一	—				3
		二					
		三	DG			3	
	非直达		DE	—	—	4	6
			DC	—	—	2	

(6)子网直达去向旅客列车开行方案充分条件的检查

子网直达去向旅客列车开行方案必须满足的充分条件是：

$$n_供 \geqslant n_需$$

根据北京交通大学"高速铁路通过能力计算理论与方法研究课题组"的实验计算资料，AG直达去向 $n_供 =63$ 对。若在本研究案例的条件下，近似地取该值为 AG 直达去向的通过能力，则该直达去向满足充分条件，即 $n_供 =63\geqslant 28=n_需$。

5.2.3 高速铁路旅客列车运行图的编制

1. 旅客列车运行图编制依据和编制方法

(1)编制依据

①旅客列车开行方案

旅客列车开行方案是编制列车运行图的主要依据，在编制运行图工作中必须做到：

a. 按列车开行方案的列车种类铺画旅客列车运行线，并按跨线直达列车、直达管内列车、非直达管内列车的顺序铺画。

b. 按列车去向及其开行列车数，选择合适的发车点后，列车运行线应从始发站一直铺画至列车去向终到站，数条运行线可以同时铺画。

②动车组运用方案

为了加速动车组周转，保证动车组在折返站停留时间符合规定的标准，不断改进动车组运用指标，在编制列车运行图时，应确保列车运行与动车组运用方案有良好的配合。

③铁路区间通过能力

客流区段列车运行图中铺画的旅客列车运行线数根据开行方案的区段行车量确定，但原则上不应超过区段使用通过能力，必要时也不能超过标准通过能力。

④列车运行图结构参数和相关规定

a. 列车区间运转时分和起停车附加时分。

b. 车站间隔时间和列车追踪间隔时间。

c. 列车运行图缓冲时间。

(2)旅客列车运行图编制方法

根据旅客列车开行方案规定的类别去向开行计划，旅客列车运行图编制采用旅客列车运行线编制方法。

按旅客列车运行线编制是指按跨线直达、直达去向和非直达去向列车的顺序，就每一发、到站间列车运行线依次铺画，它具有能较好地选择直达列车发车点和非直达去向列车发到时间衔接关系的优点。

(3)高速铁路旅客铁路列车运行线的特点

①跨线直达、子网一类直达列车在沿途车站不办理作业，不产生客运作业停车和行车作业停车，全路段可组织不停车连续运行，列车运行线为一斜直线。

②同一区段内旅客列车运行速度相同，故同一区段列车运行线是平行线。

2. 旅客列车发车时间域

旅客列车发车时间域是指在客流区段一定的旅客列车直达速度条件下，能确保旅客列车在有效时间内到达终点站的发车时间点的集合,用一定长度时间段表示。其中有效时间是指一日内方便旅客乘车旅行的时间,一般将 5:00(夏季)或 6:00(冬季)至 24:00 定义为有效时间,发车时间域示图如图 5.2.27 所示。

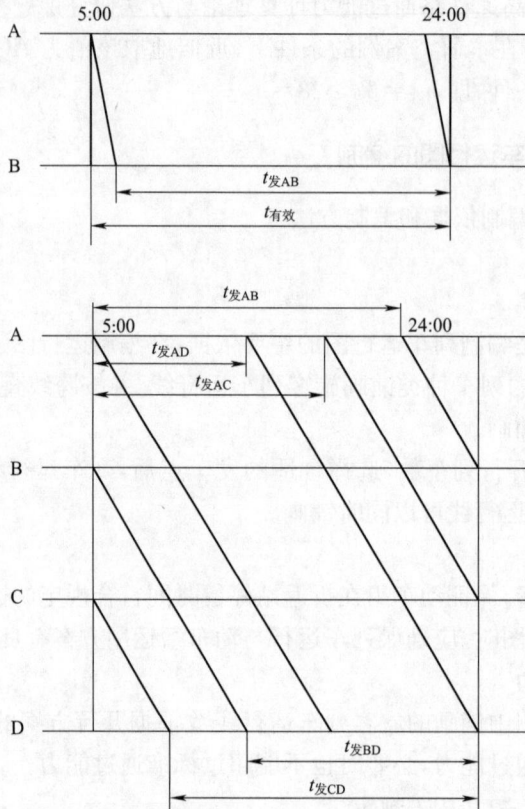

图 5.2.27　发车时间域示图

由图可以看出旅客列车发车时间域($t_发$)有如下特征:

(1)发车时间域与区段距离和列车运营速度密切相关,它可按下式计算:

$$t_发 = t_{有效} - \frac{l_区}{v_运}$$

式中　$l_区$——客流区段距离,km;

　　　$v_运$——旅客列车运营速度,km/h;

　　　$t_{有效}$——有效时间。

(2)原则上在各车流区段内发到的列车,应在发车时间域内,应均衡铺画。

(3)长距离客流区段发车时间域与短距离区段发车时间域重叠,因此,在长距离客流区段发车时间域内发出的列车应包括重叠客流区段的列车。

(4)长距离客流区段发车时间域占据最有利的发车时间段,一般应优先安排长距离客流区段的列车,但也必须适当安排重叠客流区段发出的列车。

(5)按最大限度组织直达去向列车输送客流的原则,编制旅客列车开行方案,导致两枢纽客运站间开行的直达去向列车大幅度增加。开行直达去向列车数($n_去$)的限制条件是：

$$n_{去} \leqslant \frac{t_{发}}{I+t_r}$$

式中　t_r——列车运行图必要的平均缓冲时间；

　　　I——追踪列车间隔时间。

只有在满足这一条件的前提下，长区段发车时间域内方能安排一定数量的短区段列车。

3. 列车运行线的铺画

(1)采用单一速度标准的高速铁路

对于采用单一速度标准的动车组的高速铁路，在运行图上一类高速列车的运行线为一条直线。因此，一旦选定了始发站的发车类别，就可以无干扰地铺画全程列车运行线。

对于运行途中在客运站和中间站有停车作业的列车，列车运行图结构参数 $\Delta t_占$ 的分析研究发现，在该种列车连续铺画的条件下，采用有利的铺画方案，可以减少列车停车作业，对区段占用的影响，这对充分利用运行图时间，提高列车运行图编制质量具有重要的意义。

有利铺画方案包括如下情况：

①有利铺画方案一

在运行图中连续铺画具有相同停车次数的列车运行线时，若前行列车停车站为前方站，后行列车停车站为后方站，列车对区间占用可减少总停车次数一半的行车时间（如图 5.2.28 所示）。

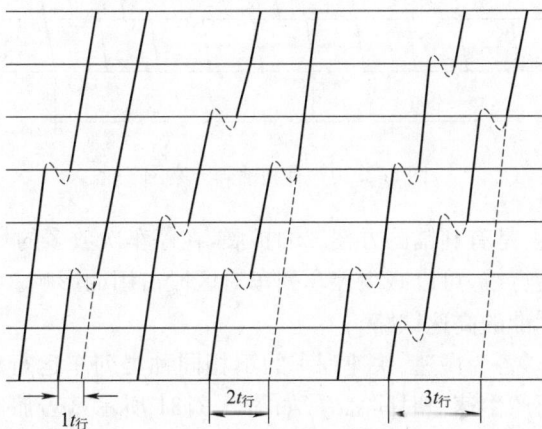

图 5.2.28　有利铺画方案图一

②有利铺画方案二

在列车运行图上连续铺画具有不同停车次数的列车运行线时，列车对区间占用时间 $t_行$ 的次数，为其中停车次数较多列车的停车次数的停车时间（如图 5.2.29 所示）。

③有利铺画方案三

由一列或多列（通常为一列）生成停车时间列车，多列通过采用运行图有利铺画方案，利用列车停车时间停车办理作业的普通列车组成的列车组，称为有停车作业列车组（如图 5.2.30 所示）。在有停车作业列车组中，只发生在有停车时间列车在中间站停车占用区段时间，普通列车在中间站办理作业不额外占用区段时间。

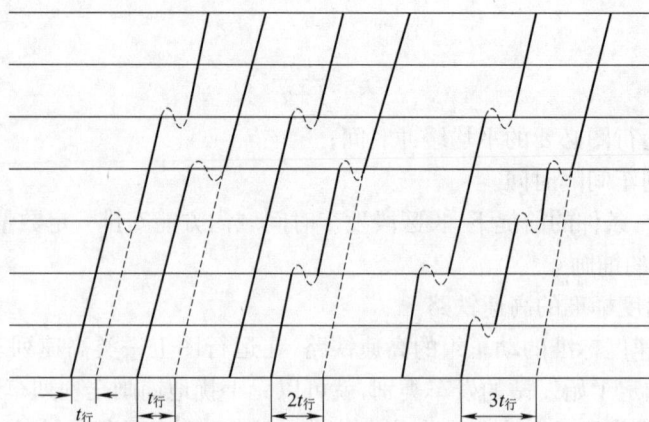

图 5.2.29　有利铺画方案图二

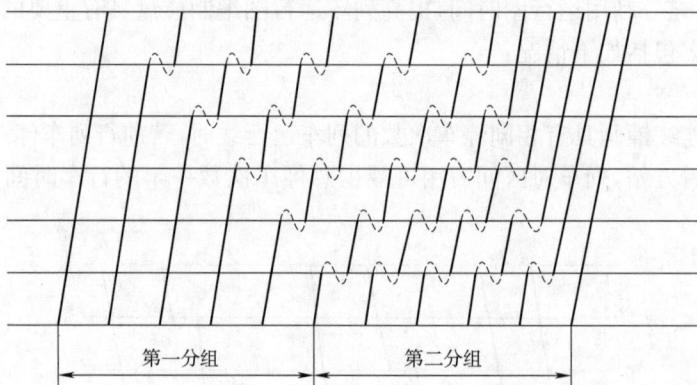

图 5.2.30　有利铺画方案图三

有停车列车组实际上是有利铺画方案二的扩展,在停车次数多的列车的前后,按停车次数的多少,依次铺画列车运行线,可以减少停车列车对区段占用的影响。

(2)采用不同速度标准的高速铁路

对于第一、第二列车,各为慢速、快速列车的不相同种类列车运行后,存在着由于第一、第二列车运行速度不同,而产生速差时间 $\Delta t_{运}$(如图 5.2.31 所示),若旅客列车在中间站停车办理作业时间为 $t_{停}$,当车站 $\Delta t_{运} \geqslant t_{停}$ 时,旅客列车在该中间站停车办理作业,将不产生额外占用区段时间。在铺画列车运行线时,可充分利用这一时间特征,类似的问题详见参考书《列车运行图编制理论与方法》。

5.2.4　高速铁路旅客列车中间站停车方案

1. 铁路旅客列车中间站停车方案概述

对于单线铁路或既有双线铁路,当开行旅客列车数比较少时,一般采用直达旅客列车和快速旅客列车服务于沿线客运站上、下车客流,管内短途旅客列车服务于中间站上、下车客流的旅客输送组织方法。在区段内设置中间站较多,且多配置在小城镇所在地,区段管内客流量小且以区段管内到、发客流为主的情况下,上述客流输送组织方法是可行的。

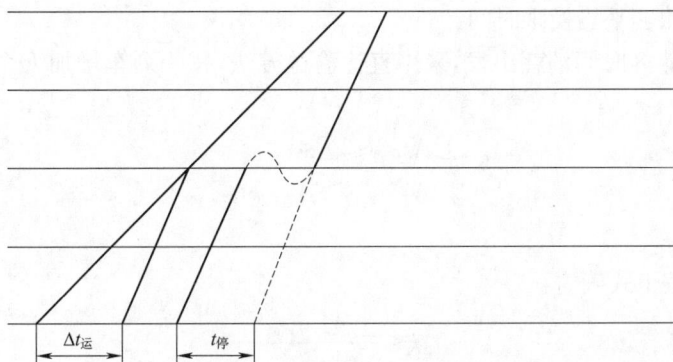

图 5.2.31　中间站停车利用 $\Delta t_{运}$

高速铁路和既有双线铁路经改造提速形成的快速铁路,尤其是高速铁路,开行旅客列车较多,沿线设置中间站较少,大多配置在地市级所在地和国家级旅游景区所在地,中间站上、下车客流量大且客流结构有了很大变化,跨区段旅行的长途客流比重增加,这类客流要求服务质量高,候车时间短,减少或避免旅客列车间的中转换乘。为此,必须适度安排特快旅客列车和快速旅客列车在中间站停车办理客运作业,从而产生了旅客列车中间站停车方案编制的问题。它要求:

(1)最大限度减少沿线中间站到、发旅客的中转换乘。

(2)适度安排特快旅客列车和快速列车在中间站停车办理作业的次数。

据此,旅客列车在中间站停车方案是指在高速铁路或快速铁路,以实现中间站上、下车旅客无换乘或少换乘为目标,而编制的部分或全部直达旅客列车或快速旅客列车,在中间站停车办理客运作业的客流输送组织方案。

2. 旅客列车有利的中间站停车次数

为了实现旅客无换乘旅行,理论上旅客列车必须在每一个中间站停车办理作业,也就是说全部中间站都应该是中停站。但要让这类旅客列车在每一中间站停车,虽然技术上可行,而从整体服务质量上看是不可取的。在实际工作中,必须限制每一列车在中间站的停车次数。

设每一旅客列车规定的中间站中停站数为 k,则采用直达输送方法,由于三类直达去向列车和非直达去向列车在中间站产生客运作业停车,延误了其他旅客的旅行,旅行时间的损失($\sum At_{直通}$)为

$$\sum At_{直通} = A_{直通} \cdot k \cdot (T_{停} + t_{起停})$$

式中　$A_{直通}$——直通客流;

　　　$T_{停}$——旅客列车在中间站停车等待时间;

　　　$t_{起停}$——旅客列车起停附加时间。

而区段管内客流可以取得一定的旅行时间节省($\sum At_{节}$),若每一区段管内旅客按节省一次换乘计算,则有

$$\sum At_{节} = \sum A_{管} \, t_{换乘}$$

式中　$\sum A_{管}$——拟增加为中停站中间站 i 的客流之和;

243

$t_{换乘}$——旅客平均换乘时间。

显然,若仅从旅客时间消耗出发,采用直达输送方法,每一列车增加 k 个中间站停车的有利条件是

$$\sum At_{直通} \leqslant \sum At_{节}$$
$$\sum A_{管}\ t_{换乘} \geqslant A_{直通}kt_{停}$$

式中,$t_{停} = T_{停} + t_{起停}$。

据此,k 值可按下式确定:

$$k \leqslant \frac{\sum A_{管}\ t_{换乘}}{A_{直通}\ t_{停}}$$

式中,平均换乘时间 $t_{换乘}$ 可近似地按全线平均列车间隔($t_{间}$)取值,即

$$t_{换乘} = t_{间} = \frac{T_{有效}}{n_{总}}$$

式中 $n_{总}$——全线开行的全程列车数,按下式计算:

$$n_{总} = \frac{\sum n_j l_j}{L}$$

其中 n_j——j 区段三类直达和非直达去向列车数,

l_j——j 客流区段长,

L——全线距离。

n_j 按下式计算:

$$n_j = \frac{A_j}{365 Q_\rho}$$

式中 A_j——j 区段客流量(含三类客流和非直达去向客流)。

因此,有

$$n_{总} = \frac{\sum A_j l_j}{365 Q_\rho L}$$

将 $n_{总}$ 带入 $t_{换乘}$ 计算式,将 $t_{换乘}$ 带入 k 不等式,并经整理可得:

$$k \leqslant \frac{365 Q_\rho L T_{有效} \sum A_{管}}{A_{直通}\ t_{停} \sum A_j l_j}$$

例如,对于采用分析计算法编制高速铁路旅客列车开行方案,需要在中间站停车作业三类直达去向列车客流区段,根据方案客流图数据计算的 $A_{直通}$、$A_{管}$、$\sum A_j l_j$ 三项数据及 k 值见表 5.2.12。

根据区段管内客流量分析,区段内发到客流,一般以短途列车输送,而在区段内始发或终到的客流,组织三类直达列车输送是有利的。据此,在计算中,将区段内发到的客流计入短途列车的客流,而区段内始发或终到的客流计入三类直达去向客流,将通过区段的客流计入客运站间的客流。设 $A_{发到}$,$A_{发}$,$A_{到}$ 各为区段内发到、区段内发、区段内到的区段管内客流,则有

$$A_{管} = A_{发} + A_{到}(对于三类列车直达去向)$$
$$A_{管} = A_{发到}(对于短途列车去向)$$

表 5.2.12　列车中间站停车次数计算表

去向	客流区段	客流量(万人)		区段距离 (km)	旅客人公里 (百万人·km)	有效时间 (h)	$365Q_0$ (万人)	k
		直通	区段管内					
AG 三类直达 去向列车	AB	123	120	131	31 833	17.6	30	5
	BC	116	113	281	65 349	17.0	30	
	CE	194	121	260	81 900	17.1	30	
	EF	164	78	330	79 860	16.9	30	
	FG	201	142	284	97 412	17.0	30	
	计	798	574	1 286	356 354	—	—	
DG 三类直达 去向列车	DC	394	41	281	105 375	17.0	30	3
	CE	194	121	260	81 900	17.1	30	
	EF	164	78	330	78 964	16.9	30	
	FG	201	146	284	57 933	17.0	30	
	计	953	386	1 155	324 172	—	—	

3. 组合方案

中间站停车组合方案是指具体规定每一列车在哪几个中间站停车办理作业的方案,可以采用根据客流数据编制的专用的表格(见表 5.2.13)按如下方法确定:

(1)在发到客流量中选出 k 个具有较大客流量,且在各区段分布较为均衡的中间站,将其中最小客流量(见表 5.2.13)中的 50 万人填入方案一的吸收客流格内,并计算剩余客流量。

(2)在剩余客流量中按同样方法确定方案二客流量(如表 5.2.12 中的 45 万人),并计算剩余客流量。

(3)依此类推,直至每一中间站剩余客流量为零或流量较少为止。

4. 组合方案列车数

每一组合的客流量不同,需要停车的列车数也不同,设组合方案列车数为 n_i,根据组合方案的客流量 A_i,它可按下式计算:

$$n_i = \frac{A_i}{\sum A_i} \cdot n_需$$

式中　$\sum A_i$——组合方案吸收客流量之和;

　　　A_i——组合方案 i 吸收客流量;

　　　$n_需$——该去向需要开行列车数。

例如,A—G 去向

$$\sum A_i = 50 + 45 + 18 + 12 = 125(万人)$$

计算结果见表 5.2.14。

根据组合方案编制的直达去向列车中间站停车方案见表 5.2.13。

表 5.2.13　旅客列车中间站停车组合方案表　　　　单位:万人

去向	区段	中间站	客流			方案一		方案二		方案三		方案四		方案五	
			始发	终到	计	吸收客流	剩余客流	吸收客流	剩余客流	吸收客流	剩余客流	吸收客流	剩余客流	吸收客流	剩余客流
A—G	A—B	1	100	20	120	50	70	45	25	18	7	7	0	—	—
	B—C	2	40	15	55	—	55	45	10	—	10	10	0	—	—
		3	42	20	62	50	12	—	12	—	12	12	0	—	—
	C—E	4	13	40	53	—	53	45	8	—	8	8	0	—	—
		5	20	48	68	50	18	—	18	18	0	—	0	—	—
	E—F	6	20	19	39	—	39	—	39	18	21	21	0	—	—
		7	25	20	45	—	45	45	0	—	0	—	0	—	—
	F—G	8	5	45	50	50	0	—	0	—	0	—	0	—	—
		9	5	58	63	—	63	45	18	18	0	—	0	—	—
		10	10	64	74	50	24	—	24	18	6	—	6	—	—
	停车列车数		—	—	—	4		3		1		1		—	
D—G	D—C	2	25	—	25	—	25	—	25	25	0	—	0	—	—
		3	20	—	20	—	20	—	20	—	20	13	7	—	—
	C—E	4	13	40	53	—	53	39	14	—	14	—	14	—	—
		5	20	48	68	45	13	—	13	—	13	13	0	—	—
	E—F	6	20	19	39	—	39	39	0	—	0	—	0	—	—
		7	25	20	45	45	0	—	0	—	0	—	0	—	—
	F—G	8	5	45	50	—	50	—	50	25	25	13	8	—	—
		9	5	58	63	—	63	39	24	—	24	—	24	—	—
		10	10	64	74	45	29	—	29	25	4	—	4	—	—
	停车列车数		—	—	—	1		1		1		0		—	

表 5.2.14　列车中间站停车方案表　　　　单位:万人

去向	方案	停车列车数	客运站					中间站									
			B	C	E	F	计	1	2	3	4	5	6	7	8	9	10
A—G	1	4	4	4	4	4	—	4	—	4	—	4	—	—	4	—	4
	2	3	3	3	3	3	—	3	—	3	—	3	—	—	3	—	3
	3	1	1	1	1	1	—	1	—	—	—	1	1	—	1	1	—
	4	1	1	1	1	1	—	1	1	1	1	—	1	—	—	—	—
	5	—	—	—	—	—	—	—	—	—	—	—	—	—	—	—	—
	计	9	9	9	9	9	—	9	4	5	4	5	2	3	5	4	4
D—G	1	1	—	—	1	1	1	—	—	—	—	1	—	1	—	—	1
	2	2	—	1	1	1	1	—	—	—	1	—	1	—	—	1	1
	3	1	—	1	1	1	1	—	1	—	—	—	—	—	1	—	1

去向	方案	停车列车数	客 运 站					中 间 站									
			B	C	E	F	计	1	2	3	4	5	6	7	8	9	10
D—G	4	—	—	—	—	—	—	—	—	—	—	—	—	—	—	—	—
	5	—	—	—	—	—	—	—	—	—	—	—	—	—	—	—	—
	计	3	—	3	3	3	—	—	1	—	1	1	1	1	1	1	2

5.3 既有线旅客列车运行图由组织型向规划型改革发展研究的技术路线

理论上旅客列车运行图是按旅客列车开行方案确定的列车类别、去向、去向别开行列车数以及相关的列车运行图参数编制的,在要求组织严格"按图行车"的列车运行组织体制下,对列车运行图适应日常运输变化的应变能力,对运行图的可执行性和可调整性有很多的要求,是通过长期的列车运行实践,发现问题、解决问题、不断调整优化的结果,因此列车运行图工作不是一次简单的编制程序,而是经历多次编制的一个过程,是一个长期积累的过程。

实际上,在我国铁路已存在着一个完整的、基本上符合客观旅客运输需要的旅客快车运输线路网络。以承认依据客观需要逐年形成的现行旅客快车运行线路网络的合理性为出发点,将现行网络的客运站及其衔接的基本旅客快车运行线数作为研究的基础是可行的。

在我国铁路,每年的旅客列车运行图编制及其多次的调整,就实质而言,都是在基本旅客列车运行图框架基础上的调整。在这一工作中,我国铁路的运行图工作者已积累了丰富的工作经验,有了成熟的工作方法。

因此,在我国铁路列车运行图系统改革和发展研究中,拟采用"以现行列车运行图为基础,逐期添加规划型列车运行图特征因素,通过列车运行实线逐步调整,实现改革目标"的技术路线。其要点是:

1. 以现行列车运行图为基础

通过国内外专家的通力合作,多年的研究和实践,我国铁路运行图的编制技术已比较成熟,可以达到比较好的编制质量。以现行列车运行图为基础,实现由组织型向规划型的转变是可行的。它可大大加快规划型列车运行图系统的研究进度。

2. 逐期添加规划型列车运行图特征因素

规划型列车运行图的特征多、工作难度大。为减少实际工作的难度,必须采用在现行运行图上逐期添加这类特征因素的方法。例如首先对按日历开行的始发直达列车,在运行图上安排固定运行线。对按日历开行的列车组,规定基本运行线和翼形运行线,对按日历开行远程始发直达列车,规定固定运行线和开行日等。

3. 通过列车运行实线逐步调整

通过列车运行实线可以检验列车运行线和列车开行日的安排是否符合厂、矿企业的要求和列车运行的可靠性。发现问题时,可以通过调整逐步固化运行线方案。

5.4　货物列车运行图及其流线结合方案

5.4.1　流线结合的意义

货物列车编组计划是货车组成列车的车流组织技术,它通过编组列车种类、列车种类别的列车编组去向、去向别的列车开行列数、列车编组内容等,来反映铁路运输供给计划。货物列车运行图是用包含列车种类、列车编组去向和编组内容等内涵的货物列车运行线表示列车空间位移时空关系图。没有内涵的列车运行线只能构成线条图,而不是运行图。

在这里,我们将编制运行图过程中货物列车编组计划的运输供给因素,融入货物列车运行线,使货物列车运行线具有运输生产计划功能的工作,称为列车编组计划运行图的流线结合技术,这是组织按图行车所必需的。流线结合方案在编制列车运行图过程中实现。

流线结合是研究技术站车流接续的基础,没有流线结合的列车运行图,也就不可能有合理的车流接续。在建立了列车编组计划与运行图统一编制的体制下,以流线结合方案为依托,可以通过编制货车输送过程计划或车流接续计划,来解决技术站车流接续的问题。

5.4.2　货物列车运行图编制依据和编制方法

1. 编制依据

(1)货物列车编组计划

货物列车编组计划是编制列车运行图的主要依据,在编制运行图工作中必须做到:

①按列车编组计划的列车种类铺画货物列车运行线,并按始发直达列车、技术直达列车和直通列车顺序铺画。

②按货物列车编组计划的列车编组去向及其开行列车数,选择合适的发车点后,列车运行线应从始发站一直铺画至列车编组去向终到站,数条运行线可以同时铺画。

③货物列车编组计划列车编组去向计算开行列车数的整数部分,可以认为是车流的稳定部分,采用全程一线,一个车次的固定运行线,而小数点后部分,按不稳定的车流处理,采用不固定的运行线,在日常运输工作中根据车流的实际情况,组织加开列车。

④对于区段列车、区段管内列车以及不固定运行线采用按区段铺画的方法,可以充分利用旅客列车运行线间的空隙铺画。

(2)车站技术作业过程及接续时间

列车运行不均衡是导致货车在车站产生各种等待停留时间的主要原因。因此,在编制运行图时应力求使各方向列车在技术站均衡到发,并使各方向改编列车和中转列车交错到开,为车站创造均衡而有节奏的工作条件。

由于受旅客列车铺画位置的影响,以及为保证相邻区段货物列车有良好的运行条件,往往会造成货物列车运行线在运行图上不能均衡排列,而在一段时间内产生列车密集到开现象。在这种情况下,铺画运行图时应符合技术作业过程的下列要求:

①列车到达技术站和由技术站出发的间隔时间,应考虑车站的到发线数目及车站用到发线的时间,以保证车站能不间断地接发列车。

②到达技术站的解体列车,其间隔时间应与驼峰或牵出线的作业进度相适应,以减少列车待解停留时间。

③由技术站编组出发的列车,其间隔时间应于编组前出现的编组作业进度相适应,以减少待发停留时间。在编组列车运行图时,对于组织始发直达列车的车站,应是空车列车到达与重车列车出发之间的间隔与该站各项作业时间相协调,否则将延长货车停留时间或不能保证重车列车按规定时刻出发。

列车运行图与列车在技术站的接续时间的关系可以有两种情况:

①无改编通过列车在技术站间办理无改编通过作业,到达列车到达技术站的到达时间与列车出发时间必须有良好的配合。

②改编中转车的车流接续及到发列车的到发时间之间要有配合。

上述两个问题将专题研究。

(3)机车运用方案

为了加速机车周转,保证机车在自、外段停留时间符合规定的标准,不断改进机车运用指标,在编制列车运行图时,应确保列车运行与机车运用方案有良好的配合。

为实现列车运行与机车运用方案相配合,一般根据规定行车量、机车运用方案和机车在自外段停留时间标准,并考虑机车乘务组连续工作时间等因素,顺序地将列车运行线和机车周转画在运行图上的方法。为了避免产生机车等待列车的额外停留时间,应是相对方向的列车配合到达更换机车的技术站。

(4)铁路区间通过能力

区段列车运行图中铺画的货物列车运行线数根据编组计划的区段行车量确定,但原则上不应超过区段使用通过能力,必要时也不能超过标准通过能力。

在单线区段,如果通过能力有较大富余时(利用率在 70% 以下),为保证机车的良好运用,货物列车运行线可以从机车折返站开始成对地铺画。这时应尽可能使列车到达折返站与由该机车牵引相反方向列车出发的间隔时间,等于机车在折返段所在站的作业时间标准。

当在运行图上铺画的列车对数到达区间通过能力利用率的 80% 以上时,为了有效地使用区间通过能力,该区间应从限制区间开始铺画货物列车运行线,即在运行图上铺完旅客列车运行线之后,从限制区间开始铺画规定数量的货物列车运行线,然后再从限制区间分别向其他区间顺序铺画。

(5)列车运行图结构参数和相关规定

①列车区间运转时分和起停车附加时分。

②不同时到达时间和同时接发列车的有关规定。

③车站间隔时间和列车追踪间隔时间。

④列车运行图缓冲时间。

⑤机车乘务组工作、休息时间。

⑥某方向列车在禁止停车站上停车的规定。

⑦列车在车站会车和越行同时停在车站上的列车数的规定等。

2. 货物列车运行图编制方法

根据货物列车编组计划规定的类别列车编组去向开行计划,货物列车运行图编制可以采用按货物列车运行线编制和按区段编制两种方法。

按货物列车运行线编制是指按直达、直通、区段、摘挂、小运转列车的顺序,就每一发、到站间列车运行线依次铺画(如图5.4.1所示)。它具有能较好地选择直达、直通列车发车点和技术站列车发到时间衔接关系的优点。

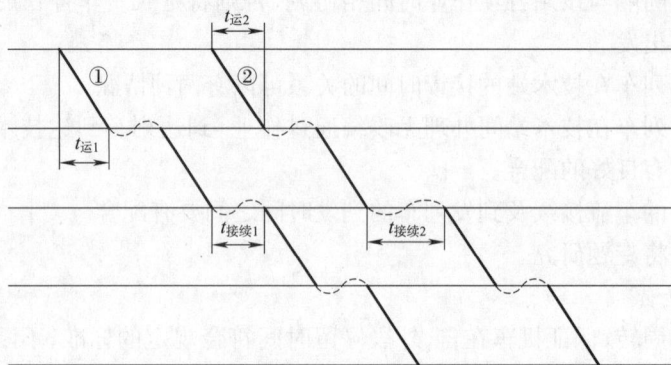

图5.4.1 直达(直通)列车运行线图

按区段编制是指以区段为运行图编制单位,首先按照区段旅客列车运行图,统筹考虑全区段各类列车运行线的铺画。然后,以区段运行线图为研究对象,将直达、直通列车在办理无改编通过技术作业后,发、到列车运行加以衔接的工作方法。它具有全区段列车运行线铺画指标较为优化的特点。

因此,对于区间通过能力利用率较高的地区,宜采用按区段铺画的方法,而区段通过能力利用率不是很高的地区,适宜采用按运行线铺画的方法。

5.4.3 货物列车运行线的铺画

1. 货物列车运行线及其铺画的原点

(1)货物列车运行线

运行图上的货物列车运行线是用来描述某一货物列车在发、到站间运行过程中时空变化关系的图解形式。对于运行跨越两个及其以上区段的直通、直达货物列车,运行线描述的列车运行空间因素包括铁路区段和技术站,时间因素包括列车在区段旅行时间、技术站无改编作业停留时间和缓冲时间(如图5.4.2所示);对于运行单个区段的货物列车运行线描述的空间因素为一个铁路区段,而时间因素仅为一个区段的旅行时间(如图5.4.2所示)。因而,运行直通、直达列车的运行线所描述的全程空间、位移($l_{直}$)、时间消耗($T_{直}$)为

$$T_{直} = \sum t_{运i} + \sum t_{站i} + \sum t_{fi}$$

$$l_{直} = \sum l_{直i}$$

对区段列车为

$$T_{区} = \sum t_{运区i}$$

$$l_{区} = \sum l_{区i}$$

式中 $t_{运i}$——i区段列车的旅行时间;

$t_{站i}$——i 技术站列车无改编通过时间标准；

t_{fi}——i 技术站的列车接续缓冲时间或等待时间；

$l_{直i}$——直达、直通列车在 i 区段的运行距离；

$t_{运区i}$——i 区段运行时间；

$l_{区i}$——区段列车在 i 区段的运行距离。

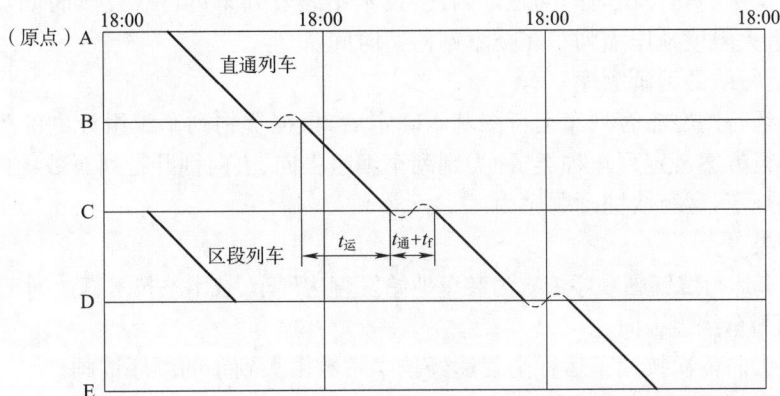

图 5.4.2　列车编组去向列车全程运行线图

注：$t_运$—列车区段旅行时间；$t_通$—列车无改编通过作业时间；t_f—缓冲时间。

（2）直达、直通和区段列车运行线的特点

①直达、直通和区段列车在区段的中间站一般不办理作业，在双线区段不产生货物作业停车和行车作业停车，全区段可组织不停车连续运行，列车运行线为一斜直线。

②同一区段内货物列车运行速度相同，故同一区段列车运行线是平行线。

上述特点对方便运行线铺画有重要意义。

（3）列车运行线铺画的原点

运行线铺画原点是指在运行图上开始铺画货物列车运行线的起始站、点（如图 5.4.2 所示）。一般来说，凡编发列车的车站，均可称之为列车运行线铺画原点。但在这里，主要是指与优化流线结合设计相关的优先级较高列车的编发车站。它主要有：

①装车地始发直达列车装车站。

②有大量改编中转作业的编组站。

③换装作业量大的港口站、国境站。

（4）货物列车在原点站发车时间点的选择

货物列车发车时间点与货车集结、列车在沿线的运行、在技术站的无改编通过作业和终到站的作业密切相关，必须根据不同列车种类、不同的运输条件做出决策。

①按日开行始发直达列车

始发直达列车去向的日开行列车数一般不大（通常为 1）。在铺画这类列车运行线时，需要针对发、到站车流组织的需要（装车、取送车、列车编组等）和发货人的要求，确定发、到站的列车发、到时间。这时，对于按日开行的始发直达列车，可以：

a. 根据装车站工作组织的需要，确定列车从装车站发车的时间，并据以安排每一区段的列车运行线和到达卸车站时间。

b. 根据卸车站工作组织的需要,确定列车到达卸车站的时间,并据以确定每一区段的列车运行线和列车始发时间。

②技术站直达(直通)列车

技术站编发列车运行线与始发直达列车运行线不同,它不直接面对车站的装卸作业和货物的运输需求,但在选择不同区段列车运行线加以衔接,构成固定运行线工作中,需要充分考虑列车在无改编中转站停留时间问题。因此,技术站编发列车运行线发车时间点确定的基本原则,应该是最大限度地压缩列车在技术站停留时间。

(5)列车运行线的铺画顺序

货物列车运行图在旅客列车运行图基本确定后,根据货物列车编组计划的列车开行方案编制。列车开行方案规定列车种类、种类别列车编组去向、去向别开行列车数等内容。按照列车开行方案的规定,运行线铺画顺序为:

①列车种类

种类别列车运行线铺画顺序依次为装车地始发直达列车、技术站技术直达列车和直通列车。

②种类别列车编组去向

列车编组去向依次按列车运行全程途经技术站数由大到小的顺序铺画。

③编组去向列车开行列车数

开行列车数依次按开行列车数由大到小的顺序铺画。

2. 在旅客列车运行线间铺画货物列车运行线的条件

(1)双线区段

①无越行货物列车运行线的铺画

由图 5.4.3 的可以看出,当 $t_{间1} = I$ 时,在两旅客列车运行间不可能铺画货物列车,但随着 $t_间$ 的增加,当 $t_间$ 增加到 $t_{间2}$ 时($t_{间2} = 2I + \Delta t$,Δt 为区段快、慢速列车运行时间差),在两旅客列车运行线间可以铺画一条无越行的货物列车运行线。随着 $t_间$ 的进一步增加,当 $t_间$ 增加 $t_{间3}$ 时($t_{间3} = 2I + \Delta t + t_{有效}$),若 $t_{有效} \geqslant t_列$,可以铺画两条及其以上无越行货物列车运行线(如图 5.4.3 所示)。因此,在两旅客列车运行线铺画无越行货物列车运行线的条件是:

a. 铺画一条货物列车运行线的条件

$$t_间 = 2t_列 + \Delta t$$

$$t_{有效} = 0$$

b. 铺画两条及其以上货物列车运行线的条件

$$t_间 \geqslant 2t_列 + \Delta t$$

$$t_{有效} \geqslant t_列$$

c. 可铺画的货物列车运行线数 $n_货$

$$n_货 = \frac{t_{有效}}{t_列} + 1$$

式中,$t_列 / t_{有效}$ 计算结果取整数。

据此,也可以推理得出结论,当 $t_间 \leqslant 2t_列 + \Delta t$ 时,两旅客列车运行线间只能铺画无越行的货物列车运行线。

在上述计算结果中,$t_列$ 为列车运行图列车平均间隔时间,可按下式计算:

$$t_{列} = I + t_f$$

式中，t_f 为列车运行图平均缓冲时间，$t_{列}$ 一般应按上式计算取值，在困难条件下也可按 I 取值。

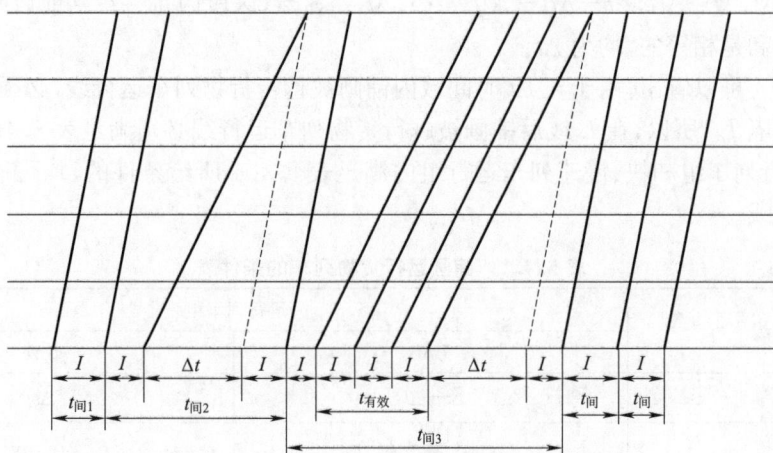

图 5.4.3 $t_{间}$ 示意图

② 被越行货物列车运行线的铺画

设在运行图中，快、慢速列车区段、区间运行时间分别为 t_S 和 t_L，t_{Si} 和 t_{Li}，则区段、区间列车速差时间为

$$\Delta t_{区段} = t_L - t_S, \quad \Delta t_{区间} = t_{Li} - t_{Si}$$

在运行图中，若出现慢、快运行列车组（L∆S），那么，铺画一列或连续铺画若干列快速列车后必然要出现一列或若干列慢速列车，并形成快、慢运行列车组（S∆L）。因此，在列车运行图中出现慢、快运行列车组和出现快、慢运行列车组是相对应的（如图 5.4.4 所示）。

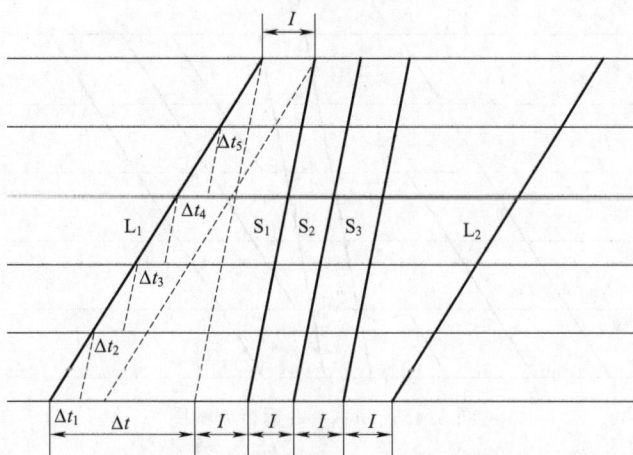

图 5.4.4 追踪基本条件分析图

慢、快运行列车组在始点区段站出现一个区段列车速差时间 Δt，随着列车运行在前方第一个中间站出现 $\Delta t - \Delta t_1$ 的速差时间，依此类推，依次为 Δt，$\Delta t - \Delta t_1$，$\Delta t - \Delta t_1 - \Delta t_2$，$\cdots$，$\Delta t_k$，

在最后一个中间站出现区间速差时间为 Δt_k（k 为中间站数）。相应地,快、慢运行列车组在到达端的区段站出现 Δt 的区段速差时间,并在最后一个中间站出现 $\Delta t - \Delta t_k$ 的速差时间,依此类推,依次为 $\Delta t, \Delta t - \Delta t_k, \Delta t - \Delta t_k - \Delta t_{k-1}, \cdots, \Delta t_1$。显然,区段内每一车站前后两个运行列车组速差时间之和是相等的,均为 Δt。

由图 5.4.4 可以看出,由于在 Δt 时间域内铺画被越行货物列车运行线,必须在与 L_1 线至少保持时间间隔 I。所以,在 L 线后铺画被越行货物列车运行线必须满足表 5.4.1 所列条件,凡在慢、快运行列车组和快、慢速列车运行组内满足表 5.4.1 所给条件的,均可以铺画被越行货物列车运行线。

表 5.4.1 铺画运行货物列车的条件表

越行线	运行列车组	
	$L\Delta S$	$S\Delta L$
2	$\Delta t - \Delta t_1$	Δt_1
3	$\Delta t - (\Delta t_1 + \Delta t_2)$	$\Delta t_1 + \Delta t_2$
$\vdots$	$\vdots$	$\vdots$
$k-1$	$\Delta t_{k-1} + \Delta t_k$	$\Delta t - (\Delta t_{k-1} + \Delta t_{k-2})$
k	Δt_k	$\Delta t - \Delta t_k$

在满足基本条件的中间站可以组织越行,铺画被越行货物列车运行线,但能否铺画还受区段速差时间 Δt 的限制（如图 5.4.5 所示）,即还必须满足可能被越行货物列车运行线数 $n_{货越}$ 限制：

$$n_{货越} = \frac{\Delta t}{I}$$

当 $n_{货越}$ 小于被越行中间站数时,应按 $n_{货越}$ 铺画运行线。

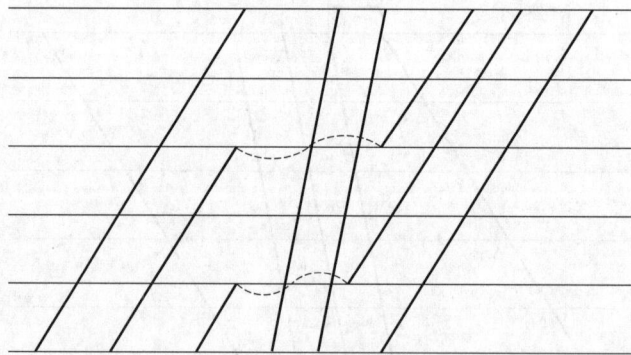

图 5.4.5 $n_{货越} = 2$ 运行方案图

③铺画货物列车运行线数

假定区段开行的旅客列车数为 $n_{客}$,则在运行图上必有 $n_{客}$ 个旅客运行线之间的 $t_{间}$,其中只有一部分旅客列车运行线的 $t_{间}$ 是能够铺画被越行货物或无越行货物运行线。

在双线区段可能铺画的货物列车运行线数 $n_{货}$,由无越行货物列车运行线数 $n_{货无}$,和被越

行货物列车运行线数 $n_{货越}$ 组成,即

$$n_{货}＝n_{货越}＋n_{货无}$$

设货物列车编组计划规定的区段行车量 $n_{行}$。当 $n_{货}≥n_{行}$ 时,应保留所有可铺画的货物列车运行线,以期对直通、直达列车在技术站编制发、到列车衔接方案提供更多的运行线;当 $n_{货}≤n_{行}$ 时,可以通过减少列车运行图缓冲时间的方法,增加可铺画货物列车运行线。

(2)单线区段

在单线区段相同或不相同运行方向旅客列车运行线间,铺画相同或不相同运行方向货物列车运行线,意味着货物列车将在区段内被旅客列车越行或与旅客列车交会。

①在相同方向旅客列车运行线间铺画货物列车运行线

设区间内有 i 个车站($i＝1,2,\cdots,a,\cdots,b,\cdots,k$),相应地有($i-1$)个区间。若令 t_i 为货物列车在最大区间内的运行时间,$\tau_{站}$ 为车站间隔时间。这时,若需在两相同旅客列车运行线间铺画同方向或反方向的货物列车运行线,则两旅客列车间的时间间隔 $t_{间}$ 必须满足如下条件(如图 5.4.6 所示):

$$t_{间}≥2\tau_{站}＋t_i$$

由于 $t_{列}＝\tau_{站}＋t_i$,所以上式也可以改写为

$$t_{间}≥\tau_{站}＋t_{列}$$

若 $t_{间}≥\tau_{站}＋t_{列}$,且 $t_{间}-(\tau_{站}＋t_{列})≥t_{列}$,则在 $t_{间}$ 时间内可铺画的货物列车运行线 $n_{货}$ 为

$$n_{货}＝\frac{t_{间}-(\tau_{站}＋t_{列})}{t_{列}}$$

计算结果取整数。

由于在相同方向旅客列车运行线间可能铺画的货物列车运行线数受限于区段内的最大区间,所以在上述分析计算中,仅对最大区间进行。

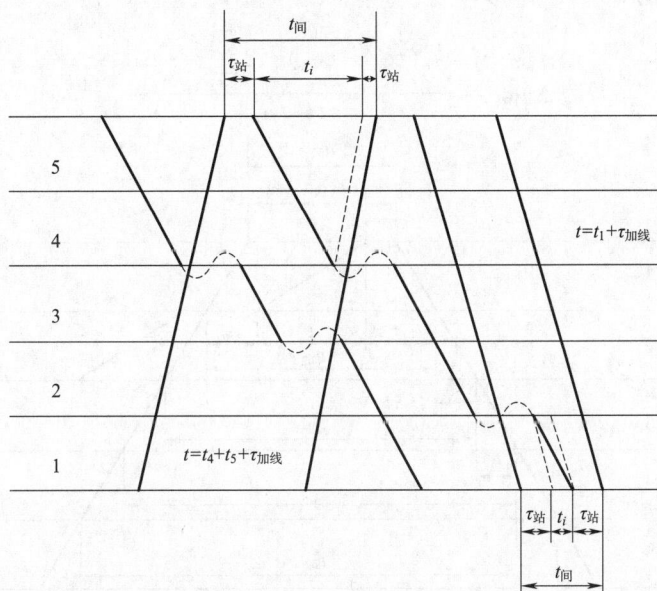

图 5.4.6 单线区段 $t_{间}$ 图

②在不同方向旅客列车运行线间铺画货物列车运行线

在一定 $t_间$ 数据条件下,由于区间列车运行时分不同,可铺画的货物列车运行线数量不同,应按可铺画运行线数最小的区间铺画。

若令 $t_间 - \tau_站 = t'_间$,则第一、二、三区间可能铺画的货物列车运行线数 n_1、n_2、n_3 为

$$n_1 = \frac{t'_间 - t_{列1}}{t_{列1}} + 1$$

$$n_2 = \frac{t'_间 + 2t_1 - t_{列2}}{t_{列2}} + 1$$

$$n_3 = \frac{t'_间 + 2t_1 + 2t_2 - t_{列3}}{t_{列3}} + 1$$

作为一般式,也可以写为

$$n_a = \frac{t'_间 + 2\sum_{i=1}^{a-1} t_i - t_{列a}}{t_{列a}} + 1 \quad (i = 1, 2, \cdots, a, \cdots, k)$$

若将第一区间与二区间加以比较,如图 5.4.7 所示,$t_间 - (\tau_站 + t_列) \geqslant t_列$ 部分可铺画货物列车运行线之差 $\Delta n_货$ 为

$$\Delta n_货 = n_{货1} - n_{货2}$$

$$= \frac{t'_间 - t_{列1}}{t_{列1}} - \frac{t'_间 + 2t_1 - t_{列2}}{t_{列2}}$$

$$= \frac{t_{列2}(t'_间 - t_{列1}) - t_{列1}(t'_间 + 2t_1 - t_{列2})}{t_{列1} t_{列2}}$$

$$= \frac{t'_间(t_{列2} - t_{列1}) - 2t_1 t_{列1}}{t_{列1} t_{列2}}$$

与 a 区间比较的一般式可写为

$$\Delta n_{货a} = \frac{t'_间(t_{列a} - t_{列1}) - 2\sum_{i=1}^{a-1} t_i \cdot t_{列a}}{t_{列1} t_{列a}}$$

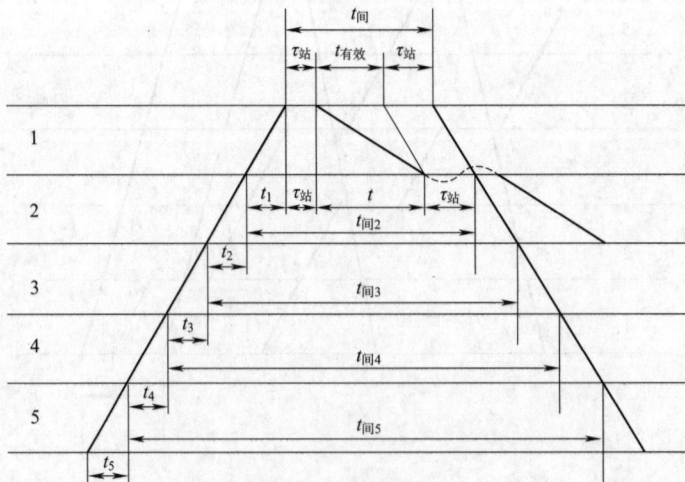

图 5.4.7 单线区段 $t_间$ 图

将第一区间与第 $a(a=2,3,\cdots,k)$ 区间作比较,当任意 $\Delta n_{货} < 0$ 时,说明运行线铺画受限于第一区间,应选第一区间作为最大区间。否则,$\Delta n_{货a}$ 值最大所对应的区间为受限区间,应将其选为最大区间。

例如,单线区段 A 由 5 个区间组成,不同方向两旅客列车运行线间的比较及分析计算结果见表 5.4.2。

表 5.4.2 $\Delta n_{货}$ 分析计算表

区间	$t_{间}$(min)	$t_{站}$(min)	$t'_{间}$(min)	t_i(min)	$t_{列i}$(min)	$\Delta n_{货a}$(列)	$n_{货}$(列)
1	60	5	55	10	15		
2				25	30	1.16	2
3				15	20	-3.10	
4				10	15	-3.33	
5				25	30	-0.16	

这一分析计算说明,第一区间在两旅客列车运行线间可能铺画运行线多于第二区间。因此,就区段而言受限于第二区间。在这一基础上,再与第三、四、五区间作比较分析计算,最终可确定第二区间为受限区间。

第二区间为受限区间,区段该两旅客列车间可铺画货物列车运行线数为

$$n_{货} = \frac{55+2\times10-30}{30}+1 \approx 2.5 \rightarrow 2(列)$$

所有相同和不相同方向旅客列车运行线间可铺画货物列车运行线数加总,可得总数,对总数的处理方法与双线区段相同。

3. 技术站发到列车运行线衔接方案的编制

(1)衔接方案编制的原则

①按车站无改编通过列车作业技术标准规定的时间标准,安排作业时间($t_{作业}$),并规定必要的缓冲时间。

②尽可能压缩或避免作业外的等待停留时间,以压缩车站无改编通过作业时间。

③原则上按先到先发的方法,编制列车发、到衔接方案,必要时也可按列车的优先级作适当调整(如图 5.4.8 所示)。

(2)直达(直通)列车技术站的接续时间

①直达(直通)列车技术站接续时间

直达(直通)列车运行线,不论采用哪一种铺画方法,在办理列车无改编中转或改编中转作业的技术站,均应在两相邻区段列车运行线间或到、发列车间安排一项接续时间。通常,接续时间($T_{接续}$)为

$$T_{接续} = t_{作业}$$

式中 $t_{作业}$——技术站办理无改编中转或改编中转列车中转作业的时间。

在实际工作中,还可能发生如下情况:

a. 办理作业的列车晚点到达。

b. 车站办理作业延误或受其他列车作业影响延误。

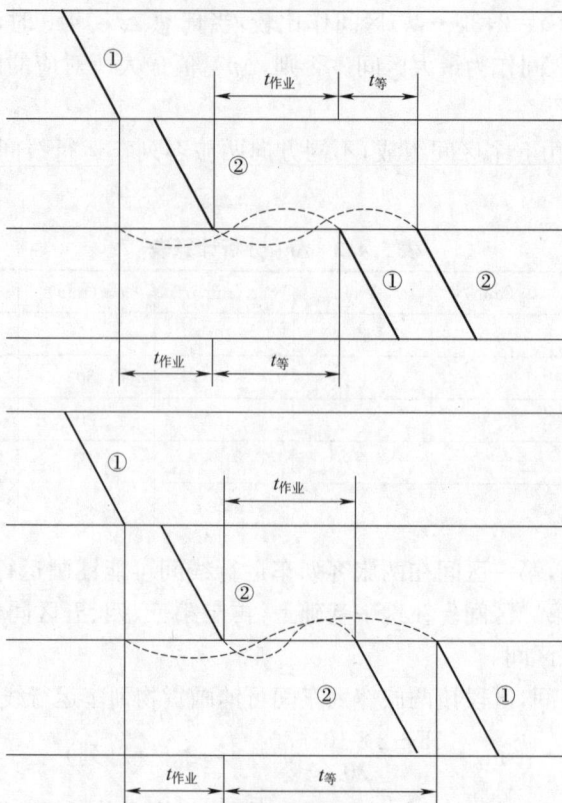

图 5.4.8　先到先发和调整顺序图

上述情况均将引起列车出发晚点，为避免或减少不利因素对列车出发的影响，本研究引入技术站直达列车接续缓冲时间的概念，这时：

$$T_{接续} = t_{作业} + t_{接r}$$

式中　$t_{接r}$——直达(直通)列车技术站接续缓冲时间。

②列车出发晚点时间计算模型

如图 5.4.9 所示，在列车到达晚点(t_1)和列车作业延误(t_2)影响下，即使已经在运行图中设置了技术站接续缓冲时间，也还可能产生出发晚点的现象。很显然：

当 $t_1 + t_2 \leqslant t_{接r}$ 时，$t_{晚f} = 0$；

当 $t_1 + t_2 > t_{接r}$ 时，$t_{晚f} = (t_1 + t_2) - t_{接r}$；

若令 $t_1 + t_2 = t$，则上式也可以写为 $t_{晚f} = t - t_{接r}$。

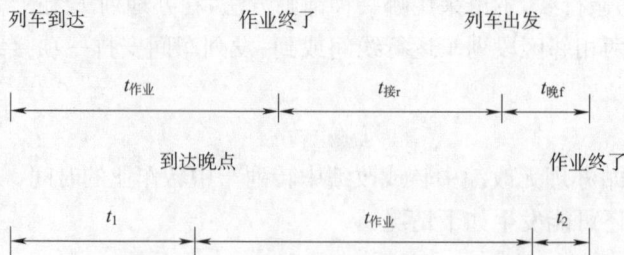

图 5.4.9　直达列车在技术站接续示图

式中，$t_{晚f}$为列车出发晚点时间，t_1为列车到达晚点时间，t_2为车站作业延误时间。

理论上 $t_{接r}<t<\infty$ 时，将产生列车出发晚点现象。实际上 t 值不可能达到 ∞。若取某一可能的数值 A 为 t 可能达到的最大值，即 $t_{接r}+a=A$。因而，在 $t_{接r}<t<t_{接r}+a$ 的范围内产生列车出发晚点。根据列车晚点传播理论，若 t_1、t_2，亦即 t 可以用负指数来描述，则列车出发晚点的期望值（$\bar{t}_{晚f}$）可按下式计算：

$$\bar{t}_{晚f}=\int_{t_{接r}}^{t_{接r}+a}(t-t_{接r})w_t\mathrm{d}t$$

$$=\int_{t_{接r}}^{t_{接r}+a}(t-t_{接r})mg\,\mathrm{e}^{-mt}\,\mathrm{d}t$$

经计算整理，可得

$$\bar{t}_{晚f}=\bar{t}\,\mathrm{e}^{-mt_{接r}}\left[1-(ma+1)\mathrm{e}^{-ma}\right]$$

式中　$\bar{t}$——平均列车到达晚点和车站作业延误时间。

在列车运行图中接续缓冲时间也是一个服从负指数分布的函数。因而，也有

$$\bar{t}_{晚f}=\bar{t}\left[1-(ma+1)\mathrm{e}^{-ma}\right]\int_{t_{接r}}^{\infty}\mathrm{e}^{-mt_{接r}}w\,t_{接r}\mathrm{d}t_{接r}$$

$$=\bar{t}\left[1-(ma+1)\mathrm{e}^{-ma}\right]\int_{t_{接r}}^{\infty}\mathrm{e}^{-mt_{接r}}\frac{1}{t_{接r}}\mathrm{e}^{\frac{t_{接r}}{\bar{t}_{接r}}}\mathrm{d}t_{接r}$$

经计算整理，列车出发晚点期望值可按下式计算：

$$\bar{t}_{晚f}=\frac{\bar{t}\left[1-(ma+1)\mathrm{e}^{-ma}\right]}{m\,\bar{t}_r+1}$$

式中　$\bar{t}_r$——列车运行图技术站接续缓冲时间均值。

③必要技术站接续缓冲时间

在一定列车运行和车站作业状态下，出现一定的列车到达晚点和车站作业延误是客观的。据此，出现列车出发晚点也是必然的。但这类晚点是可以调控的，也就是说，可以通过设置和调整接续缓冲时间来实现列车出发正点和减少晚点。当 $t_{接r}=t$ 时，$t_{晚f}=0$，就总体而言，运行图列车出发时间与列车到达晚点和作业延误达到平衡。然而，不是总能达到正好平衡状态的，如果 $t_{接r}>t$ 或 $t_{接r}<t$，则将造成列车在到发线无作业额外停留，增加列车到发线利用紧张程度，或出现列车出发晚点，降低列车运行质量。因此，在实际工作中应根据区段列车运行和车站作业状态，确定一项合理的 $t_{接r}$ 值。

若给定一项理想的 $\bar{t}_{晚f}$ 值，根据 $\bar{t}_{晚f}$ 计算模型，必要的接续缓冲时间 $\bar{t}_{rerf}$ 可按下式计算：

$$\bar{t}_{rerf}=\frac{\bar{t}\left[1-(ma+1)\mathrm{e}^{-ma}\right]-\bar{t}_{晚f}}{m\,\bar{t}_{晚f}}$$

设某技术站衔接铁路区段无改编中转列车的平均到达晚点时间 $\bar{t}=10$ min，晚点列车平均到达晚点时间 $t_L=20$ min，$m=\dfrac{1}{t_L}=\dfrac{1}{20}=0.05$。若取 $a=60$ min、$\bar{t}_{晚f}=5$ min，则必需的接续缓冲时间应为

$$\bar{t}_{rerf}=\frac{10\times\left[1-(0.05\times60+1)\mathrm{e}^{-0.05\times60}\right]-5}{0.05\times5}=12.03(\text{min})$$

这一计算表明，为了使该站在正常情况下，列车晚点控制在 5 min 以内，最小应设置接续缓冲时间 12 min。应该指出，$\bar{t}_{晚f}$ 是一项平均值，对某一列车 $\bar{t}_{晚f}=0$，对其他列车可能 $\bar{t}_{晚f}>0$。

因此，一般情况下不应以 $\bar{t}_{晚f}=0$ 作为调整的目标。

（3）技术站衔接方案的编制方法

在列车运行图编制中，采用按货物列车运行线编制时，首先就每一直达、直通列车铺画运行线，一般安排技术站的发到衔接比较简便。但在运行图采用按区段编制的条件下，根据区段行车量及本区段的具体条件，采用一定的优化方法基本上已经形成了一个区段运行图，在铺画直达、直通货物列车运行线时只需要在技术站，将两需衔接的运行线加以衔接。

采用专用表格分析的方法（见表5.4.3）来编制技术站列车运行线衔接方案。

表格按技术站编制，并就技术站的每一发车方向分列，其中到达部分给出全站各方向到达，转为由某方向续运的无改编中转列车车次和到达时间。例如，各方向到达，转为由 A 方续运的列车，按到达时间顺序依次填写；出发部分，根据区段列车运行图给出的全区段的列车运行线发车时间依次填入表格，并给出序号，衔接部分拟用为填写到达列车车次，同时也成为续运列车运行线的车次。一般情况下，按先到先发的原则安排衔接。

假定 D 技术站直达、直通列车无改编通过作业的接续时间为 70 min，对于 18:05 到达的始发直达列车，在 D 站办理作业后，最早可出发时间为 19:15，而序号为 2 的列车运行线发车时间为 19:25，满足接续时间要求，这样该运行线 86001 次列车在 A 方向区段接续运行的运行线和车次（填入接续格内），若不同优先级列车同时可与某出发列车运行线衔接时，则应优先安排优先级高的列车。用同样方法可以确定每一到达无改编通过列车的续运计划（见表5.4.3）。

对于由本站编发的直达、直通列车，可在安排到达列车衔接后，在剩余运行线中选用，并填入表格，为区别起见，该车次加一个括号（见表5.4.3）。

表 5.4.3　D 技术站发、到列车衔接表

A						B			...
到　达			出　发						
发站	车次	时间	序号	时间	衔接				
a₁	86001	18:05	1	18:35	10007				
A₁	10001	20:00	2	19:25	86001				
A₂	20001	21:00	3	21:10	10001				
A₂	20003	24:00	4	23:00	20005				
A₁	10003	2:10	5	1:20	20003				
a₁	86003	5:20	6	3:30	10003				
A₂	20005	10:00	7	4:30					
A₁	10005	12:00	8	5:20					
A₂	20007	15:05	9	6:30	86003				
A₁	10007	17:10	10	7:30					
			11	8:00					
			12	9:00	(20101)				

A						B		...
到 达			出 发					
发站	车次	时间	序号	时间	衔接			
			13	10:10				
			14	11:00				
			15	11:30	20005			
			16	14:20	10005			
			17	15:00				
			18	15:10	(20103)			
			19	16:10				
			20	16:50	20007			
			21	17:00				
			22	17:20				
			23	17:45	(20107)			
			24	17:55				

　　受旅客列车运行线铺画的影响,在运行图中常出现较大的旅客列车运行线间有效空档时间,利用较大的旅客列车运行线间有效空档时间,连续铺画直达(直通)货物列车运行线,在技术站出现集中到达货物列车的现象(如图 5.4.10 所示),当技术站衔接多个铁路方向时,一个方向到达的货物列车,其衔接是多方向的。集中到达列车应组织按衔接方向分散安排,以期为技术站编制衔接方案创造有利条件,分散地由相应的方向安排接续列车运行线。

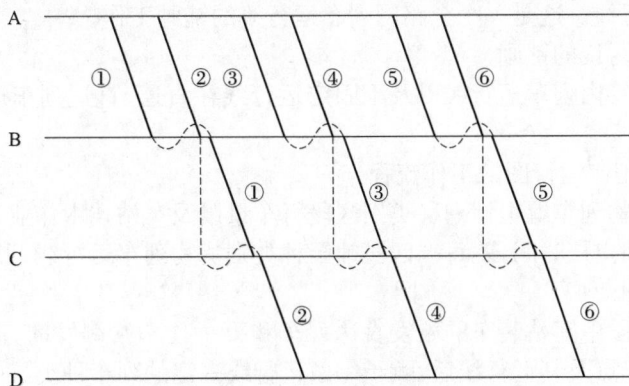

图 5.4.10　集中到达、分散发送示意图

　　多个方向到达的列车,由同一方向续运时,若续运区段需利用较大旅客列车有效空档时间连续铺画运行线,也有可能构成分散到达,集中续运的状态(如图 5.4.11 所示)。这时,将导致列车在技术站停留时间延长。

　　4. 采用按货物列车运行线编制运行图的工作流程

　　(1)直达、直通列车运行线的铺画

　　①为确保装车地始发直达列车装车站对装车时间的要求和对卸车站开始卸车时间的要

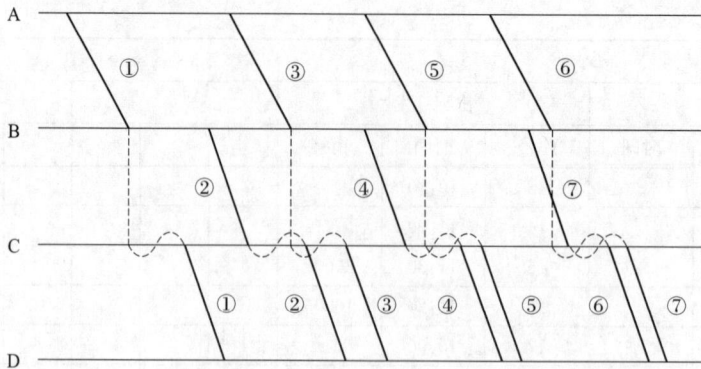

图 5.4.11　分散到达、集中发送示意图

求,应首先从装车地始发直达列车运行线开始铺画,一般来说装车站可不分先后,按照装车地始发直达列车的顺序,依次按站、按列车编组去向顺序铺画运行线,直至完成全部装车地直达运行线的铺画。

②一般可以从路网中心区域选一个列车编组去向最多的编组站作为第一个铺画直达、直通列车运行线的原点站,从运行全程途经技术站最多、开行列车数最多列车编组去向,选相应的发车时间点,同时对每一列车铺画运行线,通过这项工作可完成一个列车编组去向运行线的铺画。

③同一个铺画运行线原点的车站,按开行列车运行全程途经技术站数由大到小,开行列车数有多到少的顺序,用①同样的方法,铺画列车运行线,直至完成该原点车站所有列车编组去向运行线的铺画工作。这是一个原点车站列车运行线的铺画工作。

④以第一个原点车站为中心,向周边原点车站推进,用①②的同样方法,依次对所有的原点车站铺画列车运行线。这是一个全路网列车运行线的铺画工作。

(2)区段列车运行线的铺画

区段列车、区段管内列车运行线以及不固定运行线在直通、直达列车运行线完全铺画后,利用空隙铺画。

5.采用按区段编制运行图的工作流程

(1)首先根据货物列车编组计划种类别区段行车量以及车站技术作业过程和有关规定,利用旅客列车运行线间空档时间,就每一区段铺画种类别货物列车运行线,形成全路区段别货物列车运行线的线条图。

(2)调取一个区段中间站装车的始发直达列车和第一技术站编发的直达、直通列车,就每一列车分别选择发车点及其运行线后,赋予每条运行线一定的列车种类、列车编组去向和编组内容等,使这类运行线具有真实的内涵。

(3)上述直达、直通列车,经过区段运行后,到达前方技术站,成为该技术站的到达列车,采用表格分析法可以确定,列车办理无改编作业后出发的运行线,并且出发运行线具有一个与之衔接的到达列车运行线相同的内涵。

(4)本站编发的直达、直通列车,在区段线条图剩余运行线中选择运行线,并赋予运行线相应的内涵。

(5)出发列车通过区段的运行,到达前方技术站,成为该技术站的到达列车或终到列车,对到达列车采用表格分析法可以确定,办理列车无改编中转作业后,出发的列车运行线,并使该运行线具有相应的内涵。

(6)重复执行第(4)和(5)两项流程,直至将该去向所有直达、直通列车运行线铺画至到达站。

(7)重复执行(2)~(6)项流程,直至将全路直达、直通列车运行线铺画至到达站。

(8)对每一区段规定区段列车、摘挂列车、小运转列车运行线以及不固定运行线。

5.4.4　流线结合方案

1. 组织实现流线结合的意义

流线结合是指将通过货物列车编组计划处理的车流,融入按编组计划要求的设计、用来反映列车运行时空动态变化的货物列车运行线,组织车流输送的技术。据此,车流通过列车编组计划纳入种类别、去向别列车,又通过运行图的货物运行线,组织列车运行实现车流的输送。

组织实现流线结合的意义主要有:

(1)为货车改变中转作业站编制车流接续计划提供条件

列车运行图车流接续计划是以有流线结合设计的列车运行线为依托,以技术站改变中转车流为研究对象,以实现货车在发、到列车间快速转移为目标的车流组织技术。可见,流线结合是车流接续的基础,没有流线结合的设计,也就不可能有车流的合理接续计划。

(2)为测算货车运到时间,承诺货物运到期限提供技术保证

实现向货主承诺货物运到时限是铁路运输组织改革,提高货物运输质量的标志性成果,它有赖于以流线结合运行图为依托,组织按图行车才能实现。

(3)为简化和优化日常运输提供技术保证

详尽的具有流线结合的运行图设计,具有很高的可执行性,它既简化了日常运输的工作组织,又是以充分研究为基础所取得的优化设计方案,为日常工作提供了较优的行车组织方案,有利于提高日常运输工作组织的水平。

理论上,流线结合方案的设计工作既可在编制编组计划、运行图时进行,也可以在日常运输计划工作中进行。目前,我国铁路在列车编组计划和列车运行图工作中缺乏必要的衔接。没有编制流线结合方案,但不等于不编制,而是将编制时间推迟到最后,在编制日常工作计划中进行。显然这种做法在相当大程度上失去了流线结合的意义。

2. 流线结合的元素

"流"代表货物列车编组计划的列车编组计划,需对每一列车运行线注入的元素包括:

(1)列车种类。

(2)列车编组去向(列车发、到站及沿途经过的无改编列车通过技术站)。

(3)列车编组内容。

(4)固定或不固定运行线列车运行数。

(5)列车重量和长度等。

"线"代表货物列车运行图的列车运行线,需对每一运行线注入的元素包括:

(1)分区段的列车时刻表。

(2)在列车运行径流上,两个相互衔接的区段发、到列车运行线,在技术站建立的衔接关系。

对每一类别、去向别列车选择合适的运行线,将流的列车元素加载到相应的运行线上,并按列车种类规定车次,从而构成了具有流线结合特征的货物列车运行线。

3. 流选择线的原则

(1)对列车发、到时间有要求的列车,应优先选择到发时间合适的运行线。

(2)直达、直通列车运行线的直达速度各不同,应将直达速度高的运行线,优先安排给优先级较高的列车。

(3)同一列车编组去向开行列车数≥2时,应注意在运行图上的均匀分布。

4. 流线结合方案的设计工作

流线结合方案设计工作贯穿于编图的全过程。

(1)采用按货物列车运行线编制列车运行图方法

①按列车种类选择运行线的发车时间和车次,铺画运行线。

②按列车编组去向确定列车运行径路、运行径路、运行线经由的区段,确定列车办理无改编中转技术站,设计两相邻区段发到列车运行线间的衔接关系。

③按编组去向开行列车数设计编组去向开行列车全天的分布方案。

④按货物列车编组计划的区段行车量及区段列车、摘挂列车、小运转列车等开行列车数铺画相应的列车运行线。

(2)采用按区段编制列车运行图方法

在区段列车运行线条图的基础上,选择货物列车运行线的工作是指:

①按列车种类从区段货物列车线条图中,选择发车点合适的运行线作为直达、直通列车运行线,并规定车次。

②按列车编组去向研究全程经由的区段,经由的无改编中转作业技术站。

③对每一列车编组去向编制无改编中转作业技术站发、到列车运行线间衔接方案。

④在剩余区段列车运行图线条图的运行线中,选择区段列车、摘挂列车和小运转列车运行线。

5. 流线结合方案表

作为列车运行图的重要技术文件,流线结合方案表按技术站(分列车种类、列车编组方向和车次)编制(见表5.4.4),按铁路局集团有限公司或全路汇总装订成册,是技术站日常运输工作的重要流程。

表5.4.4 技术站直达、直通列车流线结合方案表

列车种类	列车编组去向		开行列车数	无改编中转站	车 次	时 间	
	发站	到站				始发	终到

5.5 货物列车编组计划和列车运行图的评价指标

1. 货物列车编组计划和路网列车运行图的评价指标

列车编组计划是用为实现由运输计划提出的一定时期站—站间运输需求,转化为用种类别开行列车数空间布局表示的运输供给计划;列车运行图是用为实现列车编组计划提出的种类别开行列车数,转化为用列车运行图固定运行线和不固定运行线列车运行的关系表示的运输供给计划;而调度指挥工作是通过组织执行运输供给计划,实现运输生产过程,即运输产品的产出。站—站运输需求的全国性特征,决定了实现上述三项转化都应该是面向全路的,即全路统一编制列车编组计划、列车运行图和全路实行集中统一的调度指挥。

列车编组计划和列车运行图都是运输供给计划的组成部分,列车编组计划从空间的角度,用开行列车数表示运输供给的能力,列车运行图从时间和空间的角度用运行线表示运输供给的能力,其编制的依据都是运输计划,但由于需先编制种类别开行列车数,后根据这一开行计划编制列车运行图,所以在编制时间上有先后的区别。因此,我们提出列车编组计划列车运行图实行有效结合的统一编制制度或有效结合的分阶段编制制度。

全路统一编制列车编组计划,可以确保全路有统一的计划编制标准,类别开行列车数在空间上有一个合理的布局,可以增加直达比重,延长直达列车运行距离;全路统一编制列车运行图,可以统一全路技术标准,可以确保到列车在技术站的发到时间有良好衔接,提高货物列车直达速度;全路实行集中统一调度指挥,可以确保全路运输资源的统一、合理分配,组织全路协调的运输工作。

在实行列车编组计划和列车运行图全路统一编制的同时,实行编组计划与运行图有效的统一编制,可以确保列车运行图与列车编组计划的衔接,可以提高流线结合方案的编制质量和运行图的可执行性。

在列车编组计划、列车运行图实行两个统一编制的前提下,列车编组计划和列车运行图的评价指标包括:

(1)货车直达装车比重

货车直达装车比重($\rho_{装}$)是指装车货车在发到站间以装车地始发直达列车组织输送的货车数($N_{直装}$)占总装车数($\sum N_{装}$)的比重,即

$$\rho_{装} = \frac{N_{直装}}{\sum N_{装}}$$

直达装车比重是用来评价装车地始发直达列车编组计划编制质量的指标。

(2)货车平均改编次数

货车平均改编次数($k_{有}$)是指货车在发到站间输送过程中,在沿途技术站发生改编作业的平均次数,即

$$k_{有} = \frac{\sum N_{归并} + \sum N_{合并}}{N}$$

式中 $\sum N_{归并}$——在车流整理过程中归并的车流量;

      $\sum N_{合并}$——在编制货物列车编组计划过程中合并的车流量;

N——总车流量。

①车流归并需要发生的改编中转作业车数

a. 区段管内车流

在车流表中扣除编入站—站始发直达列车车流后,为编制区段站间车流表,应将区段管内发、到列车车流,分别归并到前方区段站和到达区段的后方区段站,即将区段内发送的车流输送至前方区段站改编,到达区段站后方区段的车流,编入相应的列车输送至区段管内卸车站。因此,两次车流归并均将发生一次改编中转作业,这一改编中转作业车数($\sum N_{归并1}$)可按下列公式计算:

$$\sum N_{归并1} = (N_{管内装} + N_{管内卸}) - (N_{管内直装} + N_{管内直卸})$$

式中　$N_{管内装}$——区段管内装车数;

　　　$N_{管内卸}$——区段管内卸车数;

　　$N_{管内直装}$——区段管内始发直达装车数;

　　$N_{管内直卸}$——区段管内始发直达卸车数。

b. 编组站车流

发送端区段站往往需将不具备编组直达、直通列车输送的车流,向前方编组站集中,而在终到编组站,又需要将车流分送到前方区段站,相应地将发生货车在编组站的改编作业。这类改编中转车数($\sum N_{归并2}$),根据区段站间车流表编制编组站间车流表的归并方案计算确定。

设车流归并表内标有归并车站代码的车流量为 N_{ij},代码个数为 $k_{码}$,且限 $k_{码} = 1, 2$。若 $k_{码} = 1$ 的车流数为 m,$k_{码} = 2$ 的车流数为 n,则归并车流总量($\sum N_{归并2}$)应为

$$\sum N_{归并2} = \sum_{i=1}^{m} N_{ij} + \sum_{i=1}^{n} N_{ij}$$

②车流合并需要发生的改编中转作业车数

在编制编组站直达、直通、区段货物列车编组计划和铁路局集团有限公司管内直通、区段列车编组计划过程中,均需要进行车流合并方案的编制工作,每一次车流合并均将产生一定车流的改编中转作业,并按以编制了改编中转车数表。汇总各项改编中转车数表,可得合并车流改编中转车数($\sum N_{合并}$)。

货车改编次数是用来评价技术站间列车编组计划编制质量和车流组织水平的指标。

(3)货车送达速度

货车送达速度($v_{货车}$)是指货车在发到站输送的平均速度,即

$$v_{货车} = \frac{\sum N l_{货车}}{\sum N t_{运} + \sum N t_{有} + \sum N t_{无}} \quad (\text{km/h})$$

式中　$\sum N l_{货车}$——货车公里数;

　　$\sum N t_{运}$——货车在区段运行车小时;

　　$\sum N t_{有}$——货车在技术站有调中转消耗车小时;

　　$\sum N t_{无}$——货车在技术站无调中转消耗车小时。

货车送达速度是用来评价全路列车运行图编制质量的指标。

2. 区段货物列车运行图评价指标

因区段货物列车运行图与路网货物列车运行图要求不同,所以设置的评价指标也有所

不同。

(1)货物列车旅行速度和旅行速度系数

货物列车速度指标包括旅行速度、技术速度和运行速度。货物列车旅行速度是指用列车在区段内运行总消耗时间计算的每小时走行公里数,用来表示在当前铁路技术装备和列车运行图编制技术条件下,列车在区段内运行所能达到的速度水平。技术速度和运行速度是指用列车在区段内运行时间计算的每小时运行公里数(其中技术速度的运行时间包括列车加减速时间),用来反映当前铁路技术装备条件下所达到的速度水平。

设 $\sum nl$ 为列车走行公里,$\sum nt_{运}$、$\sum nt_{加减}$、$\sum nt_{停}$ 各为运行列车小时、加减速度列车小时和在中间站停车列车小时,$v_{旅}$、$v_{技}$、$v_{运}$ 各为货物列车旅行速度、技术速度、运行速度,则有

$$v_{旅} = \frac{\sum nl}{\sum nt_{运} + \sum nt_{加减} + \sum nt_{停}} \quad (km/h)$$

$$v_{技} = \frac{\sum nl}{\sum nt_{运} + \sum nt_{加减}} \quad (km/h)$$

$$v_{运} = \frac{\sum nl}{\sum nt_{运}} \quad (km/h)$$

式中,$\sum nt_{停}$、$\sum nt_{加减}$ 是与列车运行图编制质量相关的时间消耗,速度指标与列车运行图编制工作的关系,在实际工作中通常采用旅速系数指标来描述。

旅行速度系数是指列车旅行速度与技术速度或运行速度之比的比值,即

$$\beta_{技} = \frac{v_{旅}}{v_{技}}$$

$$\beta_{运} = \frac{v_{旅}}{v_{运}}$$

在上述两项旅速系数指标中,通常采用 $\beta_{运}$ 的计算方法。

(2)运行图铺画的密集度

运行图铺画的密集度(γ)是指按小缓冲时间铺画的列车运行组所占的比重,它可以有 0 min 密集度(γ_0)、1 min 密集度(γ_1)、2 min 密集度(γ_2)等,分别为 0 min、1 min、2 min 缓冲时间,列车运行组所占的比重为

$$\gamma_0 = \frac{N_{列0}}{N_{列}}、\gamma_1 = \frac{N_{列1}}{N_{列}}、\gamma_2 = \frac{N_{列2}}{N_{列}}$$

式中　$N_{列0}$,$N_{列1}$,$N_{列2}$——0 min、1 min、2 min 缓冲时间下铺画的列车数;

　　　$N_{列}$——运行图中铺画的列车数。

运行图铺画密集度用来反映区段列车运行图铺画运行线在 24 h 内分布的均衡性,亦即实行列车运行图的可靠性。在一定的时间段,在运行图中采用 0 min 密集度等方式铺画是可以允许的,但其值不能过大。

6 货车输送过程和货物运达时间

6.1 货车输送过程

6.1.1 货车输送过程概述

货车输送过程是指货车由装车站至卸车站输送全程需办理作业的序列。

铁路运输的货物,按其装载车由发站至到站输送组织方法的不同,可分为始发直达货物和普通货物两类。装载车编入始发直达列车输送的货物为始发直达货物,大宗货物的大部分和少量的快运货物是始发直达货物;装载车编入技术站列车输送的货物为普通货物,在铁路运输的货物中,扣除始发直达货物后的剩余货物都是普通货物(其中少部分为快运货物)。两类货物装载车的输送过程不同。

始发直达列车输送过程如图 6.1.1 所示,由装车站编入始发直达列车,直接输送到卸车站,货车输送过程简洁,运输效率高。

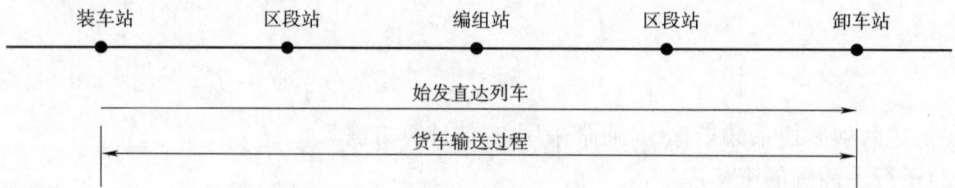

图 6.1.1 装车地始发直达列车输送的始发直达货物货车输送过程图

普通货物货车输送通过编入技术站间列车输送来完成(如图 6.1.2 所示),输送过程作业环节多,车流组织复杂,运输效率较低。

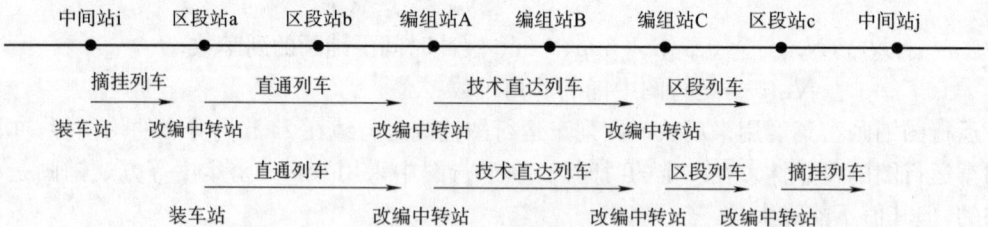

图 6.1.2 货车编入技术站列车输送过程图

铁路运输企业以货物列车编组计划和运行图为依托,通过调度指挥机构的日常运输工作组织实现货车输送过程中,货车将在改编中转作业站发生发到列车间的衔接问题,这是影响货车输送过程效率的重要环节,也是当前铁路车流组织工作中必须解决不透明难题,这就是货车输送过程计划要解决车流接续计划问题。

6.1.2 货车输送时间

如前所述,货车输送过程是指货车由发站至到站输送的全过程,而货车输送时间是指货车输送过程所消耗的时间。由图 6.1.2 可以看出,以技术站间列车运输的普通货物货车输送过程由两部分组成,即:

(1)货车编入各类列车,列车运行(含直通、直达列车在沿途技术站办理无改编作业)。

(2)货车在技术站办理改编中转作业。

而以始发直达列车运输的货物由于无需在沿途技术站办理改编中转作业,只有列车运行的过程(含列车在沿途技术站办理无改编中转作业)。

相应地,对于以在技术站间列车运输的普通货物,其货车输送时间由两部分时间组成,而以始发直达列车运输的货物的货车输送时间只有列车运行时间一部分。

6.1.3 铁路货车输送过程计划

货车输送过程计划是用为确定货车在发站的挂运车次、中转作业站的接续车次及其全程输送时间而设计的列车运行图技术文件,是车站日常运输工作中,按货物列车编组计划安排每一车次车流输送计划的主要依据,它由货车改编中转作业站站序表和技术站车流接续计划表两部分组成。货车改编中转作业站站序表供查找货车改编作业站;技术站车流接续计划表供查找货车每一次在改编作业站(包括编组站和区段站)车流接续和货车运行至下一改编作业站或到站的运行时间。货车输送过程计划根据列车运行图和货物列车编组计划编制,是采用以严格"按图行车"为特征的文件。其中,货车中转改编作业站站序表在编制货物列车编组计划后,编制技术文件的过程中已经完成。下面主要研究技术站车流接续计划。

6.2 技术站车流接续计划

6.2.1 车流接续计划的意义

技术站车流接续计划是以具有流线结合设计的列车运行图和货物列车编组计划的货车改编中转作业站序表等技术文件为依托,以编组站、区段站改编中转车流为研究对象,以实现货车在发、到列车间高效转移为目标车流组织技术的载体,在德国铁路称之为货车改编中转计划。在这里为了突出改编中转车流接续问题,同时车流接续也是货车改编中转计划的核心,我们称之为技术站车流接续计划。

货物列车编组计划由不同列车种类的列车编组去向组成。单支车流建立的列车编组去向,直接将货车由发站输送至到站,在输送过程中无改编中转作业,也就没有车流接续问题。若将具有相同运行径路的多支车流合并组成的合并车流建立列车编组去向(含由远程车流并入单支车流的列车编组去向),其中,列车编组去向发、到站间的车流,与单支车流列车编组去向情况相似,也没有车流接续问题,而合并车流列车编组去向中的远程车流,因需要在列车编组去向的发站或到站或发、到站改编中转,而发生车流接续问题。因此,车流接续计划是针对合并车流列车编组去向中的远程车流编制的,发生在货车改编中转作业站。

从概念出发,区段车流也是合并车流,相应地也可以有区段列车编组去向。但因为任一区段的区段列车编组去向只有一个,所以相邻区段的区段列车的车流接续方案是唯一的。也就是说,区段列车作为出发列车时,应编入到达前方相邻技术站及其以远的所有剩余车流,但对于到达区段列车,应作为出发直达列车的车流来源时,应编入车流接续计划。因此,车流接续计划仅限对合并车流列车编组去向直达(直通)出发列车编制。

很显然,流线结合是车流接续的基础,没有流线结合的运行图,也就不可能有车流的合理接续。而车流接续计划是编组站、区段站改编中转车流组织的基础,是编制日常运输工作计划和测算货物运达时间的依据,在规划型行车组织工作中有极其重要的意义。

6.2.2 合并车流列车编组去向的衔接配合

1. 与合并车流列车编组去向相衔接的编组去向

货车输送过程借助于由在技术站通过办理改编中转作业,实现相互衔接的若干个相同或不相同种类列车编组去向组成的运输链来完成。任一支合并车流中的远程车流,都对应有一个这样的车流组织方案。如简单路网(如图 6.2.1 所示)技术站间车流表(见表 6.2.1)中的车流 17,为车流 24、47 的远程车流,它对应的车流组织方案包括区段列车编组去向 12、直通列车编组去向 24、47。车流 17 依次在 1、2、4 站编入列车编组去向 12、24 和 47 的列车。因此,在2、4 站发生车流由列车编组去向 12 的列车向 24 的列车,24 的列车向 47 的列车转移的问题,也就是车流接续的问题。这种转移是定向的,是透明的。据此,根据合并车流的列车编组去向,不难得出列车接续的关系。

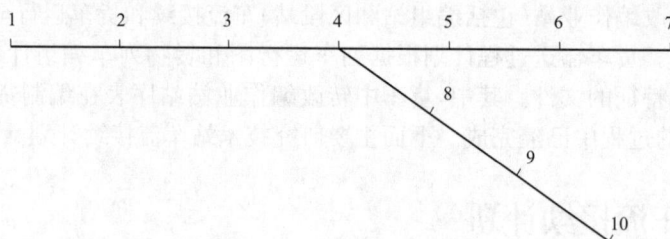

图 6.2.1 简单路网图

表 6.2.1 技术站间车流表 单位:车

自\至	1	2	3	4	5	6	7	8	9	10	计
1		5	2	10	11	18	50	1	13	10	120
2	20		10	25	10	15	9	20	10	12	131
3	10	5		10							25
4	35	10	5		25	50	20	20	15	15	195
5	10	40				30	5	10	20	20	135
6	15		5	20	10		20		20	20	110
7	30	5	15	20		20			20	10	120
8	20		1	2	5				10	15	53
9	15	35		40			20	5		20	135
10	5	10		50	5	20	25	20	10		145
计	160	110	38	177	66	153	149	76	118	122	1 169

270

　　设并入合并车流编组去向的远程车流有 y 支，则在列车解体站与远程车流有接续关系的列车编组去向数量最大为 y，最小为 1。车流接续按列车编组去向的先后顺序在办理改编中转作业的技术站进行，而车流接续计划则就每一支合并车流列车编组去向的远程车流编制。

　　2. 技术站中转车发、到列车间的接续关系

　　建立技术站中转车在发、到列车间接续关系的基本原则是，与到达列车中转车流有车流接续关系的出发列车，均应建立车流接续关系。由于技术站衔接的铁路方向有多个，而每个铁路方向都有多个到达列车编组去向和出发列车编组去向，因此，技术站车流接续是一个十分复杂的问题，但因为我们研究车流接续是研究每支中转车流的接续问题，可将它化解为如下四种情景：

　　(1) 到达列车编组去向与有车流接续关系的出发编组去向开行列车数均为 1 时，到达列车一支中转车流可直接向有车流接续关系的出发列车编组去向的出发列转移，这是一对一的关系[如图 6.2.2(a_1)、图 6.2.2(a_2)所示]，即在任何条件下，出发列车都必须与到达列车建立车流接续关系。

　　(2) 到达列车编组去向开行列车数≥2，而出发列车编组去向开行列车数为 1 时，到达列车编组去向多列到达列车中的同一支中转车流与有接续关系的出发列车转移，是多对一的关系[如图 6.2.2(c_1)、图 6.2.2(c_2)所示]，因为每一到达列车均可能包括与出发列车相同去向的车流，所以出发列车必须与每一到达列车建立车流接续关系。

　　(3) 到达列车编组去向开行列车数为 1，而有车流接续关系的编组去向开行出发列车数≥2 时，到达列车的一支中转车流可向其中一列或多列出发列车转移，是一对多的关系[如图 6.2.2(b_1)、图 6.2.2(b_2)所示]，因为到达列车的到达车流可以向其中的一列出发车流转移，也可以向多列转移，故在这一条件下，可根据实际车流到达情况确定采用与一列或多列建立车流接续的方案。

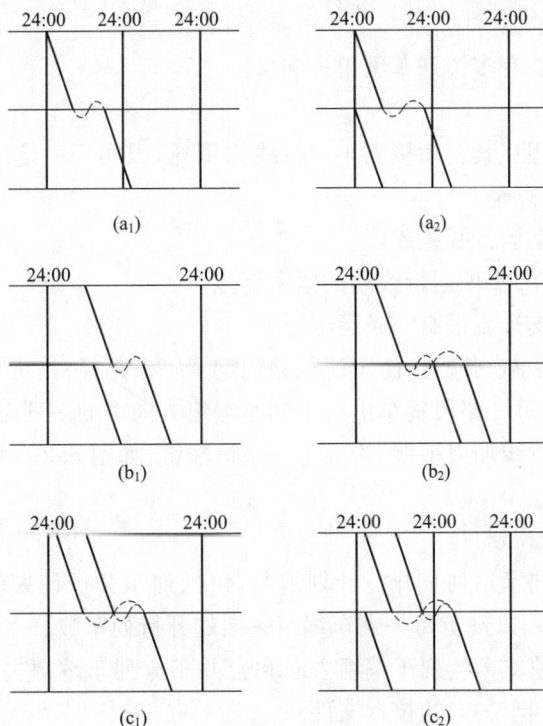

图 6.2.2　到、发列车编组去向列车衔接站图

(4)到达列车编组去向开行列车数≥2,且有车流接续关系的编组去向出发列车数≥2,到达列车编组去向的任一支中转车流,可以与一列或多列具有最好时间衔接关系的出发列车建立车流接续关系,是多对多的关系。

6.2.3 编制技术站车流接续计划的基本技术文件

1. 基本概念

(1)货车改编中转作业站序表

货车改编中转作业站是指货车在运行途中经过并办理改编中转作业的技术站,其要点是:

①必是货车输送过程中途经的技术站,对于中间站到发的车流,还包括车流集中技术站和车流分散技术站。

②必是改编中转作业的办理站。

③是由 $0\sim n$ 个技术站组成的有序的改编中转作业站序列。

④技术站每支车流都有一个货车改编中转作业站序列。

(2)列车编组去向

列车编组去向是在编制货物列车编组计划的工作中采用的概念,是指具有发、到站的有利编组计划方案,是列车编组计划的基本结构单元,它的要点是:

①编组列车在发、到站间以无改编通过沿途技术站的方式组织运行。

②具有一定的车流量。

③以固定运行线开行的列车数在一列及其以上,不固定运行线为一列。

④在经济上是有利的。

⑤每一技术站都可能有多个列车编组去向。

(3)货物运输链

货物运输链是指以相互紧密衔接列车运行线为依托,以实现一定的运输任务为目标的货物运输工作系统,它的要点是:

①由有序的多条列车运行线组成。

②通过技术站的工作,实现运行线间的紧密衔接。

③每一技术站的每支车流都有一条运输链。

货车由装车站到卸车站的输送,由车流径路规定了一条路径;由货车改编中转作业站序列将路径划分为若干路段;每一路段货车由一个列车编组去向中的一列车输送;依次将路段列车编组去向的一条列车运行线加以衔接,构成了一条运输链(如图 6.2.3 所示)。

2. 基本技术文件

(1)技术站列车开行计划

列车开行计划根据技术站列车开行计划编制,包括列车开行计划(见表 6.2.2)和开行列车数计划(见表 6.2.3),用以规定每一列车编组去向的开行列车数。

列车开行计划根据单支车流列车编组去向和合并车流列车编组去向资料编制,是货物列车编组计划中规定开行列车去向的技术文件。

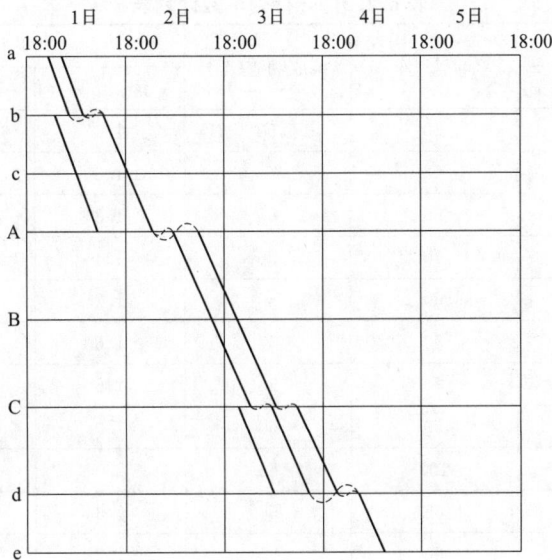

图 6.2.3 车流接续关系及运输链示图

(2)货车改编中转作业站序表

办理车流接续货车改编中转作业的车站为货物改编中转作业站,在货车输送过程中,每支车流沿途经过的货车改编作业站数不同,设改编作业站数为 $k,k \geqslant 0$。

在编制货物列车编组计划的过程中,已经将货车改编作业站用表格的形式(见表 6.2.4)给定,因此在编制的过程中可直接调用。

(3)流线结合运行图

为列车编组去向的每一列车规定一条固定运行线的运行图为流线结合运行图,技术站货物列车流线结合方案表见表 6.2.5,它使货车输送过程不仅有了列车编组计划的空间内涵,又有了列车运行图的时间内涵。也就是说,使货车输送过程有了时空的内涵。相对应地,若以流线运行图为依托,车流接续计划不仅有了到发列车编组去向列车间转移的信息,也有了转移时间的信息。

表 6.2.2 直通列车开行计划表

上　　　行			下　　　行		
发　　站	到　　站	车流(车)	发　　站	到　　站	车流(车)
1	7	50	4	1	80
2	5	63	5	2	50
2	8	66	7	4	100
4	6	70	9	2	65
4	9	60	9	4	60
5	9	80	10	4	50
			10	5	50

表 6.2.3　开行列车数计划表

编组去向		车流量（车）	编成辆数（车）	开行列车数（列）		
发　站	到　站			计　算	固　定	不固定
1	7	50	50	1.0	1	0
2	5	63	50	1.3	1	1
2	8	66	50	1.3	1	1
4	6	70	50	1.4	1	1
4	9	60	50	1.2	1	1
5	9	80	50	1.6	1	1
4	1	80	50	1.6	1	1
5	2	50	50	1.0	1	0
7	4	100	50	2.0	2	0
9	2	65	50	1.3	1	1
9	4	60	50	1.2	1	1
10	4	50	50	1.0	1	0
10	5	50	50	1.0	1	0

表 6.2.4　货车改编中转作业站序表

自＼至	1	2	3	4	5	6	7	8	9	10
1		2	2,3	2	2,5		2	2,8	2,8,9
2			3		5	5,6		8	8,9
3	2								
4		3				6			9
5	2					6	4		9
6	5,4		5,4	5				5	5,9
7	4	4,3	4					4	4,9
8		4		4					9
9	2					4,6			
10	9,2	9			5	5,6	9		

表 6.2.5　技术站货物列车流线结合方案表

编组去向		列车种类	开行列车数（列）	无改编通过技术站数	车次	时　间	
发　站	到　站					发　出	终　到
7	4	直通	2	2	20011	9:25	9:00
					20013	20:25	20:00
9	4	直通	1	1	20021	10:10	12:00
10	4	直通	1	2	20023	8:30	16:40
3	4	区段	1		30002	8:00	11:30

编组去向		列车种类	开行列车数（列）	无改编通过技术站数	车次	时间	
发　站	到　站					发　出	终　到
5	4	区段	1		30011	23:00	15:00
8	4	区段	1		30021	16:00	24:00
4	1	直通	1	2	20001	8:00	14:00
					20003	23:00	5:00
4	6	直通	1	1	20012	15:00	24:00
4	3	区段	1		30041	23:00	7:00
4	5	区段	1		30012	14:00	18:00
4	8	区段	1		30022	18:00	22:00
2	5	直通	1	2	20002	10:05	21:00
6	5	区段	2		30031	2:10	6:00
					30033	19:50	23:40
5	2	直通	1	2	20041	20:00	2:20
5	9	直通	1	2	20004	21:30	4:00
5	4	区段	1		30003	8:08	11:00
5	6	区段	2		30003	24:00	3:50
					30001	11:10	14:50
2	8	直通	1	2	20016	10:00	18:00
8	9	区段	1		30014	21:00	23:50
9	8	区段	1		30013	9:00	12:40

6.2.4　技术站中转车流去向分析

1. 技术站中转车流去向分析表

任一到达列车编组去向均可能包含有多个中转车流去向，而每一个中转方向将对应一个出发列车编组去向，因此一般情况下，如图 6.2.4 所示，到达编组去向总是与多个出发列车编组去向发生车流接续关系。

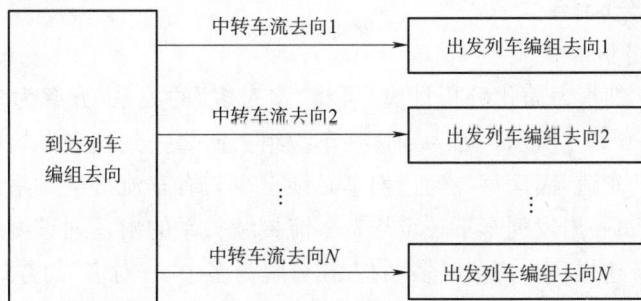

图 6.2.4　到达列车编组去向中转车流去向示图

中转车流去向分析表(见表 6.2.6)用为描述到达列车编组去向与一个中转出发列车编组去向的车流衔接关系,它由车流接续关系、到达列车、出发列车和中转车流四部分组成。车流接续关系包括一对一、一对多、多对一和多对多四种情况,到达列车部分包括列车编组去向、车次和到达时间,出发列车部分包括列车编组去向、车次、出发时间和列车编组内容,中转车流给出了在发、到列车间有接续关系的车流。

中转车流去向分析表根据去向别开行计划、货车改编中转站序表和流线结合运行图编制。

2. 一对一关系分析

当到达列车编组去向开行列车数($n_{到}$)和出发编组列车出发列车数($n_{发}$)均为 1,即 $n_{到} = n_{发}$ 时,到达列车的中转车流唯一地由一列出发列车接续。例如,到达列车编组去向 5—4,开行列车数 1 列,车次为 30011,编有 6—3 的中转车流,该车流在 4 站中转后,编入开行列车数为 1 的列车编组去向 4—3 的列车,列车到达时间为 15:00,出发列车出发时间为 23:00,车流衔接时间为 8 h。又如列车编组去向 8—4,开行列车数为 1 列(30021),编有 8—3 的中转车流,中转后编入 4—3 的列车。因此,列车 30011、30021 均为与出发列车有"一对一"车流接续关系的列车。按同样方法,可以确定其他具有"一对一"车流接续关系的车流,详见表 6.2.6。

3. 一对多关系分析

当 $n_{到} = 1, n_{发} \geq 2$ 时,到达列车中转车流可以与一列出发列车建立车流接续关系,也可以与多列出发列车建立车流接续关系。例如表 6.2.6 中,到达列车编组去向 5—4,开行列车数为 1 列(30011),编有中转车流 6—1 的车流,接续列车为 4—1 列车编组去向,开行列车数为 2 列,列车出发时间分别为 8:00 和 23:00,到达列车的到达时间为 15:00,考虑到出发列车 20001 次 8:00 出发,接续时间长达 17 h,20003 次出发时间为 23:00,接续时间为 8 h,在这一条件下,该车流与 20003 次建立车流接续关系为优,为区别起见在 20003 编组内容格填上 1,表中计 1 的车流编入 20003 次列车。

4. 多对一关系分析

当 $n_{到} \geq 2, n_{发} = 1$ 时,如表 6.2.6 所列,到达列车编组去向开行列车数为 2 列,有车流接续关系列车编组去向 4—3,开行列车数为 1 列(30041)。在这一条件下,7—4 列车编组去向开行的 2 列直通列车 20011、20013,均应与列车编组去向 4—3 的 30041 次列车建立车流接续关系。两列到达列车到达时间分别为 9:00 和 20:00,而出发列车 30041 出发点为 23:00,接续时间分别为 3 h 和 14 h,考虑到多列到达列车均有可能编有中转车流,所以多列到达列车均应与一列出发列车建立车流接续关系。

5. 多对多关系分析

当 $n_{到} \geq 2, n_{发} \geq 2$ 时,为简化分析计算,可将"多对多"的关系,分解为多个"一对多"的关系,如图 6.2.5 和图 6.2.6 所示。因为到达列车编组去向每一到达列车均可能编有与出发列车有车流衔接关系的车流,因而每一到达列车必须至少与有车流接续关系的一列出发列车建立车流接续关系,而每一出发列车不一定与有车流接续关系的出发列车编组去向的每一列车建立车流接续关系。这样,再将"多对多"的方式分解为多个"一对多"的方式时,到达列车既可以与其中的一列出发列车,也可以与多列出发列车建立车流接续关系。

表 6.2.6　技术站 4 中转车流去向分析表

车流接续关系	到达列车				中转车流	出发列车					
	编组去向		车次	到达时间		编组去向		车次	出发时间	到达时间	编组内容
	发站	到站				发站	到站				
一对一	5	4	30011	15:00	6→3	4	3	30041	23:00	7:00	3
	8	4	30021	20:00	8→3						
	8	4	30021	20:00	8→5	4	5	30012	14:00	18:00	5
	9	4	20021	12:00	9→5						
	10	4	20023	16:40	10→5						
	10	4	20023	16:40	10→6	4	6	20012	15:00	0:00	6
一对多	5	4	30011	15:00	6→1	4	1	20001	8:00	14:00	1
								20003	23:00	5:00	
多对一	7	4	20011	9:00	7→2、3	4	3	30041	23:00	7:00	2、3
			20013	20:00							
多对多	7	4	20011	9:00	7→1	4	1	20001	8:00	14:00	1
								20003	23:00	5:00	
			20013	20:00	7→1	4	1	20001	8:00	14:00	1
								20003	23:00	5:00	

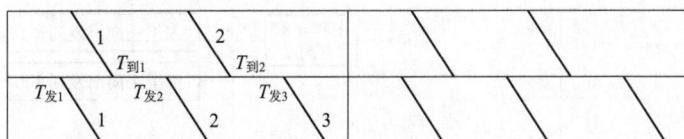

(a) "多对多"（2对3）关系

(b) "一对多"（1对3）关系

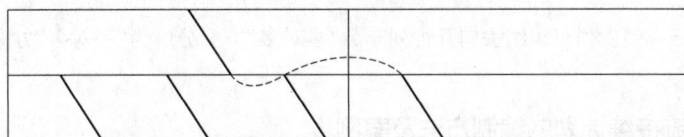

(c) "一对多"（1对3）关系

图 6.2.5　"多对多"分解为"一对多"示图

图 6.2.5(a)所示 2 对 3 的"多对多"关系示图,首先按到达列车数将到达列车分为两组,(b)组为到达列车 1 与 3 列出发列车的关系组,由于 $T_{发2}-T_{到1}>T_{接续}$,可以选择 $T_{到1}$ 与 $T_{发2}$ 接续;组合(c)为到达列车 2 与 3 列出发列车的关系,因到达列车 2 与次日的出发列车 1 的到发间隔满足车流接续时间的要求 $T_{发1}-T_{到2}>T_{接续}$,可确定到达列车 2 与出发列车 1 建立车流接

续关系。

如表 6.2.6 中的到达列车编组去向 7—4,开行列车数为 2 列(20011 和 20013)。在这一条件下可以分解为两个"一对多"的关系,20011 与 20001、20003 建立关系,20013 与 20001、20003 建立关系。因为 20011 到达时间为 9:00,20001 出发时间为 8:00,接续时间为 23 h,而 20003 出发时间为 23:00,接续时间为 14 h,所以选 20003 为接续车次。到达列车 20013 到达时间为 20:00,与 20001(出发时间为 8:00),接续时间为 12 h,与 20003(出发时间为 23:00)接续时间为 3 h,建议选接续车次为 20003。

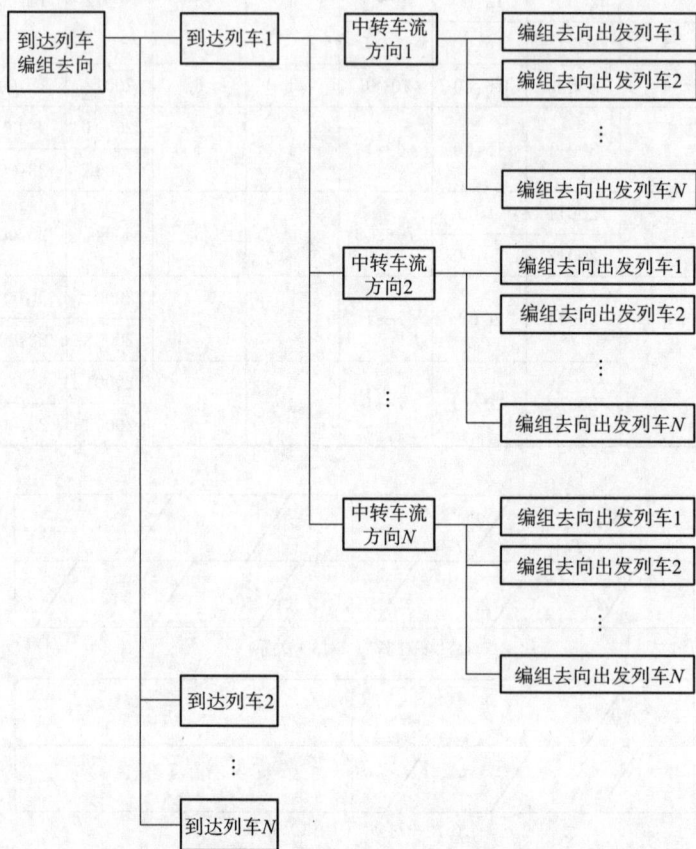

图 6.2.6   到发列车编组去向开行列车数"多对多"方案分解为"一对多"方案示图

6.2.5   技术站车流接续计划的编制方法及案例

6.2.5.1   路网和技术站间车流

设图 6.2.7 为一个有 14 个技术站的简化了的路网图,编制货物列车编组计划的车流见表 6.2.7。

路网车流径路规定,GC、GE 经 D,GK 经 L,MC 经 K,AB、AM 经 L。列车编成辆数取 50车,技术站车流衔接时间至少为 3 h。

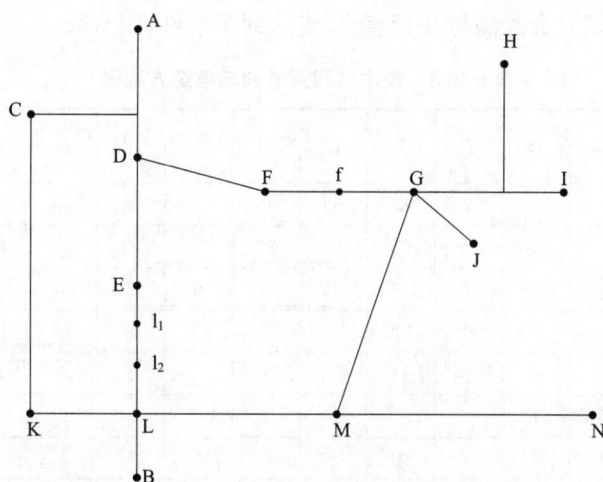

图 6.2.7 路网简化图

表 6.2.7　技术站间车流表　　　　　　　　　　　　　　　　单位:车

自\至	A	B	C	D	E	F	G	H	I	J	K	L	M	N	计
A				118	2	83	50	48	19	66		1	27	13	427
B				78	32	83	39	26	6	28		88	24	1	405
C		53		27	7	160	33	9	6	2	118	7	12		434
D		78			82	100	7				10	154			431
E	12	48	5	10		15		4		1	6	14			115
F	132	82	5	1			14	1	1	20	9		23		288
G	17	23	1			1				1	1		10		54
H	8	25	3			7					10		2		55
I	18	44	8	68	4	10	4					3	6		165
J	27	44	20	11	15	10	9				77	2			215
K		2	37	54	20	10	50	57				13	81	8	332
L	18	158	16	19	23	61	15				10		9	3	332
M	43	85	3			41	19	2			74			1	268
N	4	55	8			12					45	3	5		132
计	279	697	105	386	185	593	233	153	32	118	360	285	199	36	3663

6.2.5.2　编制技术站车流接续计划的技术文件

1. 货物列车编组计划列车开行方案

(1)直通列车编组计划开行方案

列入直通列车编组计划的车流包括单支车流和合并车流(详见表 6.2.8),表中带"○"的格为列入直达直通列车编组计划的单支车流。例如,BD 车流 78 车,满足单支车流建立直通列车编组去向条件。带"○"同时又有直线联系的车流为列入直达直通编组计划的合并车流,例如,AG、AH、AI 三支车流合并满足开行直通、直达列车条件,用直线将三支车流连接。

表 6.2.8　技术站间直通列车编组方案表　　　　　　　　单位:车

自\至	A	B	C	D	E	F	G	H	I	J	K	L	M	N	计
A				118	2	○83	○50	48	19	○66		1	○27	23	437
B				○78	32	○83	○39	26	6	28	88		24	1	405
C		○53		27	7	○160	○33	9	6	2	118	7	12		434
D		○78			82	100		7		10	○154				431
E	12	48	5	10		15		4		1	6	14			115
F	○132	○82	5	1			14	1	1	20	9		23		288
G	○17	○23	1			1				1	1		10		54
H	8	25	3			7					10		2		55
I	18	44	8	○68	4	10	4					3	6		165
J	27	44	20	11	15	○10	9				○77	2			215
K		2	37	○54	20	10	50	57				13	○81	8	332
L	○18	158	16	19	23	○61	15				10		9	3	332
M	43	○85	3			○41	19	2		○74				1	268
N	4	○55	8			12					45	3	5		132
计	279	697	105	386	185	593	233	153	32	118	360	285	199	36	3 663

根据表 6.2.8 编组方案编制的直通列车开行方案见表 6.2.9。

表 6.2.9　直达直通货物列车开行方案表

车流组织方式	编组去向		车流量(车)	列车编成(车)	开行列车数(列)		
	发　站	到　站			计　算	固　定	不固定
单支车流	A	F	83	50	1.7	1	1
	A	J	66	50	1.3	1	1
	B	D	78	50	1.6	1	1
	B	F	83	50	1.7	1	1
	C	B	53	50	1.1	1	1
	C	F	160	50	3.2	3	1
	D	B	78	50	1.6	1	1
	F	A	132	50	2.6	2	1
	F	B	82	50	1.6	1	1
	I	D	68	50	1.4	1	1
	J	K	77	50	1.5	1	1
	K	G	50	50	1.0	1	0
	K	H	57	50	1.1	1	1

续上表

车流组织方式	编组去向		车流量（车）	列车编成（车）	开行列车数（列）		
	发 站	到 站			计 算	固 定	不固定
单支车流	L	F	61	50	1.2	1	1
	M	B	85	50	1.7	1	1
	N	B	55	50	1.1	1	1
合并车流	A	G	117	50	2.3	2	1
	A	M	50	50	1.0	1	0
	B	G	99	50	2.0	2	0
	C	G	50	50	1.0	1	0
	D	L	164	50	3.3	3	1
	G	A	70	50	1.4	1	1
	G	B	136	50	2.7	2	1
	J	F	56	50	1.1	1	1
	K	D	64	50	1.3	1	1
	K	M	89	50	1.8	1	1
	L	A	65	50	1.3	1	1
	M	F	53	50	1.1	1	1
	M	K	130	50	2.6	2	1

编制直达、直通列车编组计划后，合并车流中的远程车流将被划分为两类运行区段，即合并车流的运行区段和超行区段。超行区段可能发生在合并前，也可能发生在合并后，或合并前后均有，相应的远程车流被分成多支车流，并称超行运行的车流为超行区段车流。根据表6.2.9列车编组方案编制的技术站间中转车流见表6.2.10。例如，GA的列车开行方案由GA、HA、IA、JA四支车流组成，其中HA、IA、JA在与GA车流合并之前先产生HG、IG、JG区段的走行，并在G站改编中转。又如，AG、AH、AI三支车流合并开行AG直通列车，列车到达G站后，车流AH、AI需在G站改编中转，产生中转后的GH、GI的走行。直通列车编组方案BG、CG也有类似的情况。在表6.2.10中给出了AG、BG、CG三个列车编组方向，产生的GH、GI、GJ三支超行区段车流各为83车、31车、30车。

表6.2.10 技术站间中转车流表 单位：车

自\至	A	B	C	D	E	F	G	H	I	J	K	L	M	N	计
A															0
B															0
C															0
D						10									10
E															0
F			20	11	15										46
G								83	31	30			1		145

续上表

自\至	A	B	C	D	E	F	G	H	I	J	K	L	M	N	计
H							33						10		43
I							62								62
J							71								71
K															0
L											10				10
M												43		31	74
N												4	57		61
计	0	0	20	11	15	10	166	83	31	30	10	47	68	31	522

在表 6.2.8 中扣除列入直达、直通列车编组计划的车流后,剩余车流表见表 6.2.11,将表 6.2.10、表 6.2.11 两项车流相加可得新的技术站间车流表,若该车流表上还有符合建立直达、直通列车编组去向的车流,应再次重复上述的工作,直至技术站间车流表中没有再符合建立直达、直通列车去向的条件为止。为简化起见,本算例经过一次建立直达、直通列车编组去向后,由改编中转车车流和剩余车流组成的技术站间车流没有再符合直达、直通列车编组去向条件的车流,故该车流表就是技术站间区段车流表,见表 6.2.12。

表 6.2.11　技术站间剩余车流表　　　　　　　　　　　单位:车

自\至	A	B	C	D	E	F	G	H	I	J	K	L	M	N	计
A				118	2						1				121
B				32							88	24	1		145
C				27	7						118	7	12		171
D					82	100		7							189
E	12	48	5	10		15		4		1	6	14			115
F			5				14	1	1	20	9		23		74
G			1		1						1		10		13
H			3			7							2		12
I			8		4	10	4					3	6		35
J							9					2			11
K		2	37		20							13			72
L		158	16	19	23		15				10		9	3	253
M			3				19	2						1	25
N			8									3	5		16
计	12	208	86	175	170	133	61	14	1	22	143	131	91	5	1 252

表 6.2.12　技术站间区段列车车流表　　　　　　　单位:车

自\至	A	B	C	D	E	F	G	H	I	J	K	L	M	N	计
A				○118	2							1			121
B				32							○88	24	1		145
C				○27	7						○118	7	12		171
D				○82	○110		7								199
E	12	48	5	○10		15		4		1	6	○14			115
F			25	○12	15		○14	1	1	20	9		23		120
G			1		○1		○83	○31	○31			○11			158
H			3			7	○33						12		55
I			8		4	10	○66					3	6		97
J							○80					2			82
K		2	○37		20							○13			72
L	○158	16	19	○23		15					○20		○9	3	263
M			3			○19	2				○43		○32		99
N			8									7	○62		77
计	12	208	106	186	185	143	227	97	32	52	153	178	159	36	1 774

（2）区段列车编组计划开行方案

技术站间区段车流包括区段站间的车流和剩余的直达、直通车流两部分。

①区段站间的车流

区段站间的车流可由车流表（见表 6.2.12）直接给出，例如，AD 区段下行区段车流为 118 车，上行区段车流为 0，为区别起见表中用"○"表示区间的车流。

②剩余的直达、直通车流

不满足单支车流或合并车流开行直达直通列车编组去向条件的车流为剩余车流（见表 6.2.13），这部分车流只能由区段列车或摘挂列车逐个区段改编中转输送，由于这部分车流往往需通过两个及其以上区段输送，一般采用专用表格计算通过每个区段的车流量，表格和计算结果见表 6.2.14。

表 6.2.13　剩余的直达直通车流表　　　　　　　单位:车

自\至	A	B	C	D	E	F	G	H	I	J	K	L	M	N	计
A					2							1			3
B				32								24	1		57
C					7							7	12		26
D								7							7
E	12	48	5			15		4		1	6				91
F			25		15			1	1	20	9		23		94

自＼至	A	B	C	D	E	F	G	H	I	J	K	L	M	N	计
G			1												1
H			3			7							12		22
I			8		4	10						3			25
J												2			2
K		2			20										22
L			16	19			15							3	53
M			3				2								5
N			8									1			9
计	12	50	69	19	80	32	15	14	1	21	15	14	71	4	417

表 6.2.14　剩余直达直通车流表改由区段列车输送的车流表　　　　　单位:车

自＼至	A	B	C	D	E	F	G	H	I	J	K	L	M	N	计
A				3											3
B												57			57
C				7							19				26
D	12		41		38	27	4								122
E				37								64			101
F				65			53		1						119
G						33		14	21				40		108
H							22								22
I							50								50
J							2								2
K			27									41			68
L		48			52						42		55		197
M		2					17					17		4	40
N													9		9
计	12	50	68	112	90	60	148	14	22	0	61	179	104	4	924

　　将每区段通过的区段车流量和超行区段车流量加以汇总,即可编制区段管内列车(包括区段列车和摘挂列车)开行方案(见表 6.2.15 和表 6.2.16)。

表 6.2.15　区段管内列车开行计划表（上行）

发站	到站	区段车流						区段管内车流			
		区段（车）	中转（车）	计（车）	列车编成数（车）	开行区段列车数（列）	剩余车流（车）	车流（车）	剩余车流（车）	车流计（车）	开行列车数（列）
B	L	88	57	145	50	2	45	3	45	48	1
D	C		41	41	50	0	41	5	41	46	1
K	C	37	27	64	50	1	14	5	14	19	1
F	D	12	65	77	50	1	27	8	27	35	1
L	E	23	50	73	50	1	23	45	23	68	2
G	F	1	33	34	50	0	34	20	34	54	2
H	G	33	22	55	50	1	5	2	5	7	1
I	G	66	50	116	50	2	16	5	16	21	1
J	G	80	2	82	50	1	32	10	32	42	1
M	G	19	17	36	50		36	5	36	41	1
K	L	13	41	54	50	1	4	10	4	14	1
M	L	43	17	60	50	1	10	20	10	30	1
N	M	62	9	71	50	1	21	15	21	36	1
E	D	10	39	49	50	0	49	10	49	59	2
D	A		12	12	50	0	12	10	12	22	1

表 6.2.16　区段管内列车开行计划表（下行）

发站	到站	区段车流						区段管内车流			
		区段（车）	中转（车）	计（车）	列车编成数（车）	开行区段列车数（列）	剩余车流（车）	车流（车）	剩余车流（车）	车流计（车）	开行列车数（列）
L	B	158	48	206	50	4	6	30	6	36	1
C	D	27	7	34	50	0	34	20	34	54	2
C	K	118	19	137	50	2	37	10	37	47	1
D	F	110	31	141	50	2	41	5	41	46	1
E	L	14	64	78	50	1	28	10	28	38	1
F	G	14	53	67	50	1	17	20	17	37	1
G	H	83	14	97	50	1	47	20	47	67	2
G	I	31	21	52	50	1	2	5	2	7	1
G	J	31		31	50	0	31	15	31	46	1
G	M	11	10	51	50	1	1	3	1	4	1
L	K	20	42	62	50	1	12	10	12	22	1
L	M	9	55	64	50	1	14	30	14	44	1
M	N	32	4	36	50	0	36	10	36	46	1
D	E	82	38	120	50	2	20	25	20	45	1
A	D	118	3	121	50	2	21	33	21	54	2

2. 货车改编中转作业站站序表

(1)货车改编中转作业站站序表的编制

①编制直达直通列车开行方案阶段

在开行方案中有车流合并的列车编组去向,其中远程车流在编组去向的到达站必产生一次或二次改编作业,因此在每一次形成直达、直通合并车流列车编组去向时,均应在货车改编中转作业表相应车流格中填写改编作业站名。例如,在表 6.2.8 中车流 AH、AI 与 AG 三支车流合并,AH、AI 为远程车流,需在 G 站改编后继续输送车流到达站。因此,在站序表中,AH、AI 车流相应格中填写 G(见表 6.2.17)。在由超行区段车流和剩余车流组成的技术站间车流表中,若有满足建立合并车流编组去向方案时,均应进行这一工作。

表 6.2.17　货车改编中转作业站站序表

自\至	A	B	C	D	E	F	G	H	I	J	K	L	M	N
A					D			G	G			D		M
B			L					G	G	G		L		LM
C					D			G	G	G	K	K		
D							FG				L			
E	D	L	D			D		DFG		DFG	L			
F			D				G		G		DL			
G			FD								M			
H	G	G	GFD			G					GM		G	
I	G	G	GFD		GFD	G					GM		G	
J	G	G	FD	F	FD						GM			
K		L			L	D								M
L			K	E			M							M
M	L		K				G							
N		ML	MK			M					M	M		

②编制区段管内列车开行方案阶段

对编制直达直通列车后剩余的车流,将需通过两个及其以上区段输送到站。因此,将在多个技术站产生改编作业,应依次将改编作业站填入表格的相应栏内。例如,表 6.2.12 中的 EA 直通车流需经过 ED、DA 这两个区段输送,则途中将在 D 站产生改编中转作业;又如,HC 直通车流需通过 HG、GF、FD、DE 四个区段输送,需在技术站 G、F、D 办理改编作业。

(2)货车改编中转车流表的使用

①表 6.2.16 中相应车流格为空白者是指因开行直达、直通列车而无改编车流或编组计划实行期间,该车流的车流量为 0。因此,开行单支车流直达、直通列车的车流和合并车流直达、直通列车编组去向的基本车流(指该车流为合并车流中的近程车流),车流表的相应

格内均为 0。

②设车流的改编作业站数为 k，则货车输送过程，将被分为 $(k+1)$ 个地段，由 $(k+1)$ 个列车编组去向组织输送，其中中间站的装车向前方技术站集中，在技术站的改编和中间站卸车由技术站组织车流分散的改编作业不计入 k 值。这样，对于中间站装车或卸车的货车来说，在改编作业站站序表中所包含的改编作业外还应增加一次或两次改编作业。凡在站序表中标有同一改编作业站的车流，均需在该改编作业站改编，它为提供统计计算改编作业站中转车流的去向提供了方便。例如，车流 NA、NC 相应格内均标有 L，说明 NA、NC 输送过程中在 L 站办理改编作业。

3. 流线结合运行图

将货物列车编组计划直通、直达列车开行方案和区段管内列车开行方案与列车运行图的运行线相结合而形成的流线结合运行图，是编制技术站车流接续计划的基本依据，表 6.2.18～表 6.2.21 是根据流线结合运行图编制原理编制的流线结合方案表。

表 6.2.18　单支车流直通直达列车流线结合方案表

编组去向		开行列车数	无改编通过技术站数	车　次	时　间	
发　站	到　站				发　出	终　到
A	F	1	1	20025	19:32	次日 9:37
A	J	1	3	20039	23:45	第三日 5:42
B	D	1	2	20020	22:20	次日 19:18
B	F	1	3	20030/20029	23:17	第三日 3:19
C	B	1	2	20043	19:30	次日 16:32
C	F	3	1	20045	23:27	次日 13:25
				20047	3:45	次日 0:40
				20049	7:37	21:35
G	B	1	2	20085	0:37	21:20
F	A	2	1	20075	12:27	次日 2:25
				20079	16:29	次日 8:40
F	R	1	3	20082/20081	5:32	次日 9:45
I	D	1	2	20096	9:00	次日 6:00
J	K	1	3	20089	1:37	次日 5:35
K	G	1	2	20070/20069	10:27	次日 7:40
K	H	1	3	20072	13:43	次日 17:45
L	F	1	2	20044	17:40	次日 14:38
M	B	1	1	20021	21:00	次日 4:00
N	B	1	2	20027	10:15	次日 7:06

表 6.2.19 合并车流直通直达列车流线结合方案表

编组去向		开行列车数	无改编通过技术站数	车 次	时 间	
发 站	到 站				发 出	终 到
A	G	2	2	20035	22:30	次日 19:30
				20037	4:31	次日 1:40
A	M	1	3	20043	5:44	次日 9:40
B	G	2	2	20040/20039	10:18	次日 7:12
				20042/20041	17:53	次日 14:40
C	G	1	2	20053	15:20	次日 12:32
D	L	3	1	20059	24:27	次日 21:30
				20071	9:38	次日 6:25
				20073	15:29	次日 12:40
G	A	1	2	20050	6:45	次日 3:35
G	B	2	2	20085	0:37	21:20
				20087	19:25	次日 16:32
J	F	1	1	20098	10:02	次日 0:15
K	D	1	2	20060	8:27	次日 5:40
K	M	2	1	20074	22:02	次日 12:10
				20076	9:02	23:10
L	A	1	2	20086	9:32	次日 8:35
M	F	1	1	20023	10:00	次日 0:50
M	K	2	1	20025	16:05	次日 8:06
				20027	10:15	次日 0:14

表 6.2.20 区段和区段管内列车流线结合方案表(上行)

编组去向		区段列车		时 间		摘挂列车		时 间	
发 站	到 站	开行列车数	车 次	发 出	到 达	开行列车数	车 次	发 出	到 达
B	L	2	30012	14:30	22:00	1	40012	5:50	14:00
			30014	23:20	6:50				
D	C	0				1	40024	23:00	7:00
K	C	1	30028	8:00	16:10	1	40030	16:00	0:20
F	D	1	30026	13:10	21:05	1	40028	14:00	22:05
L	E	1	30032	23:30	6:30	2	40032	5:28	13:25
							40034	13:25	20:25
G	F	0				2	40042	5:15	13:10
							40046	20:10	3:10

编组去向		区段列车				摘挂列车			
发站	到站	开行列车数	车次	时间		开行列车数	车次	时间	
				发出	到达			发出	到达
H	G	1	30046	19:30	3:00	1	40076	10:20	18:40
I	G	1	30038	2:00	9:05	1	40046	5:05	13:10
J	G	1	30052	21:15	22:15	2	40050	16:20	17:20
							40052	2:00	3:00
M	G	0				1	40054	6:00	14:00
K	L	1	30079			2	40074	12:00	20:00
							40072	8:00	16:00
M	L	1	30054	6:05	次日2:05	1	40056	12:00	20:00
N	M	1	30058	17:50	15:00	1	40060	20:50	次日5:00
E	D	0				2	40066	17:00	次日1:00
							40068	9:30	17:30
D	A	0				1	40002	9:00	17:20

表 6.2.21　区段和区段管内列车流线结合方案表(下行)

编组去向		区段列车				摘挂列车			
发站	到站	开行列车数	车次	时间		开行列车数	车次	时间	
				发出	到达			发出	到达
L	B	4	30011	23:10	次日8:00	1	40013	9:05	17:10
			30013	5:00	13:40				
			30015	12:20	20:40				
			30017	17:00	次日1:50				
C	D	0				2	40021	21:15	次日5:20
							40023	4:50	13:00
C	K	2	30021	14:25	21:30	2	40027	4:00	12:00
			30023	20:15	次日3:30		40029	17:00	次日1:00
D	F	2	30025	10:30	17:50	1	40035	21:15	次日4:50
			30027	18:40	次日0:15				
E	L	1	30031	21:10	次日5:20	1	40033	3:20	11:30
F	G	1	30041	3:00	11:00	1	40041	21:00	次日5:05
G	H	1	30045	20:45	次日4:20	2	40045	0:30	8:28
							40015	12:30	20:28
G	I	1	30045	10:00	18:00	1	40047	12:30	20:32
G	J	0				1	40049	11:20	19:15
G	M	1	30049	21:05	次日5:10	1	40051	3:20	11:15
L	K	0				1	40053	6:00	14:00

续上表

编组去向		区段列车				摘挂列车			
发 站	到 站	开行列车数	车 次	时间		开行列车数	车 次	时 间	
				发出	到达			发 出	到 达
L	M	1	30053	20:00	次日5:00	1	40055	2:00	10:00
M	N	0				1	40061	21:50	次日6:00
D	E	2	30061	8:10	16:15	1	40059	16:05	次日0:05
			30063	12:15	20:15				
A	D	2	30001	22:15	次日5:20	2	40001	5:00	13:00
			30003	2:05	9:00		40003	9:00	17:00

6.2.5.3 编制技术站中转车流去向分析表

1. 编制方法

中转车流去向分析表就每一个办理货车改编中转作业的技术站编制,编制方法如下:

(1)按到达解体列车编组去向编制。

(2)按到达解体列车的列车数编制。

(3)按到达解体列车的中转车流编组去向数编制。

(4)按与每一个中转车流编组去向有车流接续关系组编去向的到发列车数编制。

因此,就每一技术站编制中转车流编组去向分析表是处理大量数据的复杂工作。

2. 数据的收集

(1)到达解体列车编组去向及其开行列车数根据货物列车编组计划开行方案确定。

(2)到达解体列车中转车流编组去向数据按技术站货车中转站序表确定。

(3)自编出发列车编组去向开行列车数根据货物列车编组计划开行方案确定。

3. D站中转车流分析表的编制

(1)D站到达解体列车编组去向包括 AD、ED、FD、CD 和 KD 五个。

(2)AD、ED、FD、CD、KD 编组去向到达解体列车数分别为 4、3、2、2、1 到达解体列车。

(3)由技术站货车改编中转站序表可以找到 5 个到达解体列车编组去向在 D 站改编中转的 16 支到达改编中转的车流(见表6.2.22)。

表 6.2.22 D技术站到达解体列车编组去向改编中转车流分析表

到达编组去向		出发编组去向	
去向	改编中转车流	去向	改编中转车流
A	AE	E	AE
	AL	L	AL
C	CE	E	CE
E	EF、EJ、EC、EH、EA	A	EA
		C	EC
		F	EF、EH、EJ

到达编组去向		出发编组去向	
去向	改编中转车流	去向	改编中转车流
F	FC、FK、GC、HC、IC、JC、JE	C	FC、GC、HC、IC、JC
		E	FK、JE
K	KF	F	KF

(4)分别将到达解体列车编组去向、到达列车的改编中转车流和与有车流接续关系的出发列车编组去向、车次分别填入 D 站中转车流去向分析表,形成技术站的中转车流分析表(见表 6.2.23)。例如,由 AD 到达解体列车编组去向的到达列车有 4 列,到达 D 站的改编中转车流为 AL、AE 两支车流,而出发列车编组去向为 DE 和 DL,因此会分别编入 DE 和 DL 出发列车,到达列车有 30001、30003、40001、40003 四列,每列都可以与 DE、DL 方向的出发列车 30061、30063、40059 和 20059、20071、20073 建立车流接续关系。因 30001 次 5:20 到达,而出发列车 30063 在 12:15 由 D 站出发,接续时间超过 3 h,满足两列车间建立车流接续关系必要条件,而 30063、40059 接续时间较长,应优先与 30061 建立车流接续关系。为区别起见,特在 30061 车次格内标以"○"以示区别。

按同样方法可以编制 AD 列到达列车编组去向 30003、40001、40003 到达中转车流的接续方案以及其他到达解体列车编组去向的中转车流接续方案,见表 6.2.23。

技术站的中转车流去向分析表见表 6.2.23 和表 6.2.24。

表 6.2.23 技术站中转车流去向分析表(D)

到达列车				中转车流	出发列车				
编组去向		车次	到达时间		编组去向		车次	出发时间	到达时间
发站	到站				发站	到站			
A	D	30001	5:20	AE	D	E	30061	8:10	16:15
							○30063	12:15	20:15
							40059	16:05	次日 0:05
				AL	D	L	20059	0:27	21:30
							○20071	9:38	6:25
							20073	15:29	12:40
		30003	9:00	AE	D	E	30061	8:10	16:15
							○30063	12:15	20:15
							40059	16:05	次日 0:05
				AL	D	L	20059	0:27	21:30
							20071	9:38	6:25
							○20073	15:29	12:40
		40001	13:00	AE	D	E	30061	8:10	16:15
							30063	12:15	20:15
							○40059	16:05	次日 0:05

到达列车				中转车流	出发列车				
编组去向		车次	到达时间		编组去向		车次	出发时间	到达时间
发站	到站				发站	到站			
A	D	40001	13:00	AL	D	L	○20059	0:27	21:30
							20071	9:38	6:25
							20073	15:29	12:40
		40003	17:00	AE	D	E	○30061	8:10	16:15
							30063	12:15	20:15
							40059	16:05	次日0:05
				AL	D	L	○20059	0:27	21:30
							20071	9:38	6:25
							20073	15:29	12:40
E	D	30060	15:40	EA	D	A	40002	9:00	17:20
				EC	D	C	○40024	23:00	7:00
							40026	5:40	13:50
				EF、EH	D	F	30025	10:30	17:50
							○30027	18:40	0:15
							40035	21:00	4:50
		40066	1:00	EA	D	A	40002	9:00	17:20
				EC	D	C	40024	23:00	7:00
				EF、EH	D	F	○30025	10:30	17:50
							30027	18:40	0:15
							40035	21:00	4:50
		40068	17:30	EA	D	A	40002	9:00	17:20
				EC	D	C	40024	23:00	7:00
				EF、EH	D	F	30025	10:30	17:50
							30027	18:40	0:15
							○40035	21:00	4:50
F	D	30026	5:05	FC、GC、HC、IC、JC	D	C	○40024	23:00	7:00
				FK	D	L	20059	0:27	21:30
							○20071	9:38	6:25
							20073	15:29	12:40
				IE、JE	D	E	○30061	8:10	16:15
							30063	12:15	20:15
							40059	16:05	次日0:05
		40028	22:05	FC、GC、HC、IC、JC	D	C	40024	23:00	7:00
							○40026	5:40	13:50

续上表

到达列车				中转车流	出发列车				
编组去向		车次	到达时间		编组去向		车次	出发时间	到达时间
发站	到站				发站	到站			
F	D	40028	22:05	FK	D	L	20059	0:27	21:30
							○20071	9:38	6:25
							20073	15:29	12:40
				IE、JE	D	E	○30061	8:10	16:15
							30063	12:15	20:15
							40059	16:05	次日0:05
C	D	40021	5:20	CE	D	E	○30061	8:10	16:15
							30063	12:15	20:15
							40059	16:05	次日0:05
		40023	13:00	CE	D	E	30061	8:10	16:15
							30063	12:15	20:15
							○40059	16:05	次日0:05
B	D	20020	19:18	卸车					
		20016	6:00						
K	D	20060	5:40	KF	D	F	○30025	10:30	17:50
							30027	18:40	0:15
							40035	21:00	4:50
				装车	D	B	20055	18:35	13:40
					D	L	20059	24:27	13:30
							20071	9:38	22:25
							20073	15:29	4:40
					D	A	40002	9:00	17:20

表6.2.24 技术站中转车流去向分析表（E）

到达列车				中转车流	出发列车				
编组去向		车次	到达时间		编组去向		车次	出发时间	到达时间
发站	到站				发站	到站			
L	E	30032	6:30	LD	E	D	30060	7:20	15:40
							○40066	17:00	1:00
		40032	13:25	LD	E	D	30060	7:20	15:40
							○40066	17:00	1:00
		40034	20:25	LD	E	D	○30060	7:20	15:40
							40066	17:00	1:00

6.2.5.4　编制技术站车流接续计划表

车流接续计划表根据中转车流分析和流线结合方案表编制,由到达部分和出发部分组成,到达车流部分按到达列车时间排序,给出了中转号。

车流中转号是为简化在货车改编中转计划表中到发车流间车流接续关系的描述而采用的代号,它根据到达列车到达技术站时间的先后顺序,依次顺序编号。技术站每一出发列车,按其与到达列车的车流接续关系,车流来源对应一定的到达中转号。

出发部分给出了出发列车车次,出发时间和用中转号表示的到达列车的车流来源,同时给出了列车在本站的出发时间和该列车到达解体站的时间。车流接续计划表中到达车流中转号是车流接续计划的核心内容,要根据中转车流去向分析表编制,凡是与相同列车编组去向同一出发列车有车流接续关系到达列车的中转车流,均为编组该出发列车的车流来源,以中转的形式列入计划。

技术站车流接续计划表实际上就是中转车流分析表的另一种表达方式,中转车流分析表建立了到达车流与出发车流的接续关系,而在实际工作中,为便于使用,需要给出出发列车的车流表格及出发车流与到达列车中转车流的接续关系,为此,可按如下方法编制车流接续计划表:

(1)在表格的到达列车部分将技术站到达解体列车按到达时间顺序排列并给出中转号。

(2)在出发列车部分按去向给出列车车次和发到时间。

(3)根据车流分析表到达列车与出发列车接续关系,改变为每一出发列车与到达列车的车流接续关系。

例如,在分析表6.2.30中D站发往C的40024次列车与30026、30060这两趟车均有最佳车流接续关系,因此可以说30026、30060是编组40024次列车的最佳车流来源,在接续表6.2.31中出发列车部分以到达车流中转号代替列车车次,在发往的编组去向中标记5、14中转代号,代替30026和30060。中转号中所设的空号为目前暂时未开行列车的中转号。按照同样方法可以完成这一车流接续的转化工作,即可得所有出发列车的车流来源(到达列车中转号)。

(4)出发列车的出发时间和到达时间根据流线结合方案表或车流去向分析表填写。按照这一方法编制的车流接续计划见表6.2.23~表6.2.30。

表6.2.25　技术站中转车流去向分析表(F)

到达列车				中转车流	出发列车				
编组去向		车次	到达时间		编组去向		车次	出发时间	到达时间
发站	到站				发站	到站			
D	F	30025	17:50	DH、EH、EJ	F	G	30041	3:00	11:00
							○40041	21:00	5:05
		30027	24:15	DH、EH、EJ	F	G	30041	3:00	11:00
							○40041	21:00	5:05
		40031	16:50	DH、EH、EJ	F	G	30041	3:00	11:00
							○40041	21:00	5:05
		40035	4:50	DH、EH、EJ	F	G	30041	3:00	11:00
							○40041	21:00	5:05

到达列车				中转车流	出发列车				
编组去向		车次	到达时间		编组去向		车次	出发时间	到达时间
发站	到站				发站	到站			
G	F	40042	13:10	GC、HC、IC、IE、JC、JD、JE	F	D	○30026	21:00	5:05
							40028	14:00	22:05
G	F	40046	3:10	GC、HC、IC、IE、JC、JD、JE	F	D	○30026	21:00	
							40028	14:00	
B	F	20030							
C	F	20045	13:25						
		20047	0:40						
		20049	21:35						

表6.2.26 技术站中转车流去向分析表(G)

到达列车				中转车流	出发列车				
编组去向		车次	到达时间		编组去向		车次	出发时间	到达时间
发站	到站				发站	到站			
K	G	20070/20069	7:40						
A	G	20035	19:30	AH	G	H	30045	20:45	4:20
							○40045	0:30	8:28
							40015	12:30	20:28
				AI	G	I	40047	12:30	20:32
		20037	1:40	AH	G	H	30045	20:45	4:20
							40045	0:30	8:28
							○40015	12:30	20:28
				AI	G	I	40047	12:30	20:32
B	G	20040/20039	7:12	BH	G	H	30045	20:45	4:20
							40045	0:30	8:28
							○40015	12:30	20:28
				BI	G	I	40047	12:30	20:32
				BJ	G	J	30047	8:15	16:00
							○40049	11:20	19:15
		20042/20041	14:40	BH	G	H	○30045	20:45	4:20
							40045	0:30	8:28
							40015	12:30	20:28

到达列车				中转车流	出发列车				
编组去向		车次	到达时间		编组去向		车次	出发时间	到达时间
发站	到站				发站	到站			
B	G	20042/20041	14:40	BI	G	I	40047	12:30	20:32
				BJ	G	J	○30047	8:15	16:00
							40049	11:20	19:15
C	G	20053	12:32	CH	G	H	○30045	20:45	4:20
							40045	0:30	8:28
							40015	12:30	20:28
				CI	G	I	40047	12:30	20:32
				CJ	G	J	○30047	8:15	16:00
							40049	11:20	19:15
F	G	30041	11:00	DH、EH、FH	G	H	○30045	20:45	4:20
							40045	0:30	8:28
							40015	12:30	20:28
				EJ、FJ	G	J	○30047	8:15	16:00
							40049	11:20	19:15
				FI	G	I	40047	12:30	20:32
				FM	G	M	○30049	21:05	5:10
							40051	3:20	11:15
		40041	5:05	DH、EH、FH	G	H	30045	20:45	4:20
							40045	0:30	8:28
							○40015	12:30	20:28
				EJ、FJ	G	J	○30047	8:15	16:00
							40049	11:20	19:15
				FI	G	I	40047	12:30	20:32
				FM	G	M	○30049	21:05	5:10
							40051	3:20	11:15
M	G	40054	14:00	MH	G	H	○30045	20:45	4:20
							40045	0:30	8:28
							40015	12:30	20:28
I	G	30038	9:05	IA	G	A	20050	6:45	3:35
				IL、IM	G	M	○30049	21:05	5:10
							40051	3:20	11:15
				IE、IF、IC	G	F	40042	5:15	13:10

续上表

到达列车				中转车流	出发列车				
编组去向		车次	到达时间		编组去向		车次	出发时间	到达时间
发站	到站				发站	到站			
I	G	30038	9:05	IE、IF、IC	G	F	40046	20:10	3:10
				IB	G	B	○20085	0:37	21:20
		40048	0:10	IE、IF、IC	G	F	40042	5:15	13:10
							○40046	20:10	3:10
				IA	G	A	20050	6:45	3:35
				IL、IM	G	M	30049	21:05	5:10
							○40051	3:20	11:15
				IB	G	B	20085	0:37	21:20
		40046	13:10	IA	G	A	20050	6:45	3:35
				IL、IM	G	M	○30049	21:05	5:10
							40051	3:20	11:15
				IE、IF、IC	G	F	40042	5:15	13:10
							40046	20:10	3:10
				IB	G	B	○20085	0:37	21:20
H	G	30046	3:00	HA	G	A	20050	6:45	3:35
				HB	G	B	20085	0:37	21:20
				HK、HM	G	M	○30049	21:05	5:10
							40051	3:20	11:15
				HF、HC	G	F	40042	5:15	13:10
							○40046	20:10	3:10
		40076	18:40	HA	G	A	20050	6:45	3:35
				HB	G	B	20085	0:37	21:20
				HK、HM	G	M	30049	21:05	5:10
							○40051	3:20	11:15
				HF、HC	G	F	40042	5:15	13:10
							40046	20:10	3:10
J	G	30052	22:15	JL	G	M	30049	21:05	5:10
							○40051	3:20	11:15
				JA	G	A	20050	6:45	3:35
				JB	G	B	20085	0:37	21:20
		40050	17:20	JL	G	M	○30049	21:05	5:10
							40051	3:20	11:15
				JA	G	A	20050	6:45	3:35
				JB	G	B	20085	0:37	21:20

续上表

到达列车				中转车流	出发列车				
编组去向		车次	到达时间		编组去向		车次	出发时间	到达时间
发站	到站				发站	到站			
J	G	40052	3:00	JL	G	M	○30049	21:05	5:10
							40051	3:20	11:15
				JA	G	A	20050	6:45	3:35
				JB	G	B	20085	0:37	21:20

表 6.2.27　技术站中转车流去向分析表（K 站）

到达列车				中转车流	出发列车				
编组去向		车次	到达时间		编组去向		车次	出发时间	到达时间
发站	到站				发站	到站			
J	K	20089	5:35	卸车					
M	K	20025	8:06	卸车					
M	K	20027	0:14	卸车					
L	K	30051	5:00	LC	K	C	○30028	8:00	16:10
							40030	16:00	0:20
		40053	14:00	LC	K	C	○30028	8:00	16:10
							40030	16:00	0:20
C	K	30021	21:30	CL	K	L	40074	12:00	20:00
							○40072	8:00	16:00
				CM	K	M	20074	22:02	12:10
							○20076	9:02	23:10
		30023	3:30	CL	K	L	40074	12:00	20:00
							○40072	8:00	16:00
				CM	K	M	20074	22:02	12:10
							○20076	9:02	23:10
		40027	12:00	CL	K	L	40074	12:00	20:00
							○40072	8:00	16:00
				CM	K	M	○20074	22:02	12:10
							20076	9:02	23:10
		40029	1:00	CL	K	L	40074	12:00	20:00
							○40072	8:00	16:00
				CM	K	M	20074	22:02	12:10
							○20076	9:02	23:10
M	K	20025	8:06	MC、NC	K	C	30028	8:00	16:10
							○40030	16:00	0:20

续上表

到达列车				中转车流	出发列车				
编组去向		车次	到达时间		编组去向		车次	出发时间	到达时间
发站	到站				发站	到站			
M	K	20027	0:14	MC、NC	K	C	○30028	8:00	16:10
							40030	16:00	0:20

表 6.2.28　技术站中转车流去向分析表（L 站）

到达列车				中转车流	出发列车				
编组去向		车次	到达时间		编组去向		车次	出发时间	到达时间
发站	到站				发站	到站			
B	L	30012	22:00	BE	L	E	30032	23:30	6:30
							○40032	5:28	13:25
							40034	13:25	20:25
				BM、BN	L	M	30053	20:00	5:00
							○40055	2:00	10:00
		30014	6:50	BE	L	E	30032	23:30	6:30
							40032	5:28	13:25
							○40034	13:25	20:25
				BM、BN	L	M	○30053	20:00	5:00
							40055	2:00	10:00
		40012	14:00	BE	L	E	○30032	23:30	6:30
							40032	5:28	13:25
							40034	13:25	20:25
				BM、BN	L	M	○30053	20:00	5:00
							40055	2:00	10:00
D	L	20059	21:30	DK	L	K	40053	6:00	14:00
		20071	6:25	DK	L	K	40053	6:00	14:00
		20073	12:40	DK	L	K	40053	6:00	14:00

续上表

发站	到站	车次	到达时间	中转车流	发站	到站	车次	出发时间	到达时间
到达列车				中转车流	出发列车				
编组去向		车次	到达时间		编组去向		车次	出发时间	到达时间
E	L	30031	5：20	EB	L	B	30011	23：10	8：00
							30013	5：00	13：40
							30015	12：20	20：40
							30017	17：00	1：50
							○40013	9：05	17：10
				EK、FK	L	K	40053	6：00	14：00
		30041	11：30	EB	L	B	30011	23：10	8：00
							30013	5：00	13：40
							30015	12：20	20：40
							○30017	17：00	1：50
							40013	9：05	17：10
				EK、FK	L	K	40053	6：00	14：00
K	L	40074	20：00	KB	L	B	○30011	23：10	8：00
							30013	5：00	13：40
							30015	12：20	20：40
							30017	17：00	1：50
							40013	9：05	17：10
				KE	L	E	○30032	23：30	6：30
							40032	5：28	13：25
							40034	13：25	20：25
		40072	16：00	KB	L	B	○30011	23：10	8：00
							30013	5：00	13：40
							30015	12：20	20：40
							30017	17：00	1：50
							40013	9：05	17：10
				KE	L	E	○30032	23：30	6：30
							40032	5：28	13：25
							40034	13：25	20：25
M	L	30054	2：05	NA、MA	L	A	20086	9：32	8：35
		40056	20：00	NA、MA	L	A	20086	9：32	8：35

表 6.2.29 技术站中转车流去向分析表（M 站）

发站	到站	车次	到达时间	中转车流	发站	到站	车次	出发时间	到达时间
				到达列车 ← 编组去向 / **出发列车** ← 编组去向					
K	M	20074	12:10	KN	M	N	40061	21:50	6:00
		20076	23:10	KN	M	N	40061	21:50	6:00
G	M	30049	5:10	GK、HK	M	K	20025	16:05	8:06
							○20027	10:15	0:14
				JL、IL	M	L	30054	6:05	2:05
							○40056	12:00	20:00
		40051	11:15	GK、HK	M	K	○20025	16:05	8:06
							20027	10:15	0:14
				JL、IL	M	L	○30054	6:05	2:05
							40056	12:00	20:00
L	M	30053	5:00	BN、LN	M	N	40061	21:50	6:00
				LG	M	G	40054	6:00	14:00
		40055	10:00	BN、LN	M	N	40061	21:50	6:00
				LG	M	G	40054	6:00	14:00
N	M	30058	15:00	NA、NL	M	L	○30054	6:05	2:05
							40056	12:00	20:00
				NC、NK	M	K	20025	16:05	8:06
							○20027	10:15	0:14
				NF	M	F	20023	10:00	0:50
		40060	5:00	NA、NL	M	L	30054	6:05	2:05
							○40056	12:00	20:00
N	M	40060	5:00	NC、NK	M	K	○20025	16:05	8:06
							20027	10:15	0:14
				NF	M	F	20023	10:00	0:50

表 6.2.30 技术站中转车流去向分析表（C 站）

发站	到站	车次	到达时间	中转车流	发站	到站	车次	出发时间	到达时间
D	C	40024	7:00						
		40026	13:50						
K	C	30028	16:10						
		40030	0:20						

到达列车				中转车流	出发列车				
编组去向		车次	到达时间		编组去向		车次	出发时间	到达时间
发站	到站				发站	到站			
					C	D	40021	21:15	5:20
							40023	4:50	13:00
					C	K	30021	14:25	21:30
							30023	20:15	3:30
							40027	4:00	12:00
							40029	17:00	1:00

在编制货物列车编组计划和列车运行图后,据以确定就每一技术站编制的车流接续计划,实际上是技术站用为落实列车编组计划和运行图车流组织方案的执行性计划,它随编组计划运行图的变化而变化。

6.2.5.5 技术站中转车流接续计划表功能的拓展

技术站车流接续计划是为查找车流接续方案而就每一技术站编制的车流组织技术文件。对于没有中转车流的技术站,原则上可以不编车流接续计划,为了使车流接续计划可用于确定货物运到期限,需要将有装卸车作业但没有改编中转作业的技术站也编制车流接续计划表,在这一表格中不编制车流到达部分,在出发部分也没有到达车流中转号,在出发部分仅给出列车编组去向、车次和列车发到时间(见表6.2.31~表6.2.44)。

表 6.2.31 技术站车流接续计划表(D站)

到达车流			出发车流							
到达时间	车次	中转号	到达车流中转号	出发时间	车次	到达时间	到达车流中转号	出发时间	车次	到达时间
		空号	→C							
22:00	40028	2	3、16	23:00	40024	7:00				
1:00	40066	3	→F							
		空号	3、8	10:30	30025	17:50				
5:00	30026	5	14	18:40	30027	0:15				
5:00	30001	6	16	21:00	40035	4:50				
5:00	40021	7	→E							
5:00	20060	8	2、5、7、15	8:10	30061	16:15				
9:00	30003	9	6、9、16	12:15	30063	20:15				
		空号	11、12	16:05	40059	次日 0:05				
13:00	40001	11	→L							
13:00	40023	12	11	0:27	20059	21:30				
		空号	2、5、6	9:38	20071	6:25				

续上表

到达车流			出发车流							
到达时间	车次	中转号	到达车流中转号	出发时间	车次	到达时间	到达车流中转号	出发时间	车次	到达时间
15:00	30060	14	9	15:29	20073	12:40				
17:00	40003	15	→A							
17:00	40068	16	3、14	9:00	40002	17:20				

表 6.2.32　技术站车流接续计划表(E站)

到达车流			出发车流							
到达时间	车次	中转号	到达车流中转号	出发时间	车次	到达时间	到达车流中转号	出发时间	车次	到达时间
20:00	40034	1	→D				→L			
		空号	3、4	17:00	40066	次日1:00		21:10	30031	次日5:20
6:00	30032	3	1	7:20	30060	15:40		3:20	40033	11:30
13:00	40032	4								

表 6.2.33　技术站车流接续计划表(F站)

到达车流			出发车流							
到达时间	车次	中转号	到达车流中转号	出发时间	车次	到达时间	到达车流中转号	出发时间	车次	到达时间
0:00	30027	1	→G				→A			
3:00	40046	2	1、3、7、8	21:00	40041	次日5:05		12:27	20075	次日2:25
4:00	40035	3		3:00	30041	11:00		16:29	20079	次日8:40
		空号	→D				→B			
13:00	40042	5	2、5	21:00	30026	次日5:05		5:32	20082/81	次日9:45
		空号		22:05	40028	次日14:00				
16:00	40031	7								
17:00	30025	8								

表 6.2.34　技术站车流接续计划表(G站)

到达车流			出发车流							
到达时间	车次	中转号	到达车流中转号	出发时间	车次	到达时间	到达车流中转号	出发时间	车次	到达时间
18:00	40076	1	→A				→M			
19:00	20035	2	1、3、4、6、10、14、17、18	6:45	20050	次日3:35	6、8、10、11、14、17、18	21:05	30049	次日5:10
22:00	30052	3	→B				1、3、4	3:20	40051	11:15
0:00	40048	4	1、3、4、6、10、14、17、18	0:37	20085	21:20				
1:00	20037	5	→F							

到达车流			出发车流							
到达时间	车次	中转号	到达车流中转号	出发时间	车次	到达时间	到达车流中转号	出发时间	车次	到达时间
3:00	30046	6	1、4	5:15	40042	13:10				
		空号	6	7:20	40044	15:15				
5:00	40041	8	10、14	20:10	40046	3:10				
7:00	20040	9	→H							
9:00	30038	10	11、13、15、16	20:45	30043	4:20				
11:00	30041	11	2	0:30	40045	8:28				
		空号	5、8、9	12:30	40015	20:28				
12:00	20053	13	→I							
13:00	40046	14	2、5、8、9、11、13、16	12:30	40047	20:32				
14:00	40054	15	→J							
14:00	20042	16	9	11:20	40049	19:15				
17:00	40050	17	8、11、13、16	8:15	30047	16:00				
17:00	40068	18								

表 6.2.35　技术站车流接续计划表（K 站）

到达车流			出发车流							
到达时间	车次	中转号	到达车流中转号	出发时间	车次	到达时间	到达车流中转号	出发时间	车次	到达时间
21:00	30021	1	→C				→G			
0:00	20027	2	2、6、10	8:00	30028	16:10		10:27	20070/20069	次日 7:40
1:00	40029	3	7	16:00	40030	次日 0:20	→H			
3:00	30023	4	→L					13:43	20072	次日 17:45
		空号	1、3、4、8	8:00	40072	16:00	→D			
5:00	30051	6		12:00	40074	20:00		8:27	20060	次日 5:40
8:00	20025	7	→M							
12:00	40027	8	1、3、4	9:02	20076	23:10				
		空号	8	22:02	20074	12:10				
14:00	40053	10								

表 6.2.36　技术站车流接续计划表（L 站）

到达车流			出发车流							
到达时间	车次	中转号	到达车流中转号	出发时间	车次	到达时间	到达车流中转号	出发时间	车次	到达时间
20:00	40074	1	→A				→M			
20:00	40056	2	2、6	9:32	20086	8:35	9、13	20:00	30053	次日 5:00

到达车流			出发车流							
到达时间	车次	中转号	到达车流中转号	出发时间	车次	到达时间	到达车流中转号	出发时间	车次	到达时间
21:00	20059	3	→B				4	2:00	40055	10:00
22:00	30012	4	1、10	23:10	30011	次日8:00	→F			
		空号		5:00	30013	13:40		17:40	20044	次日14:38
2:00	30054	6		12:20	30015	20:40				
5:00	30031	7	10	17:00	30017	1:50				
6:00	20071	8	7	9:05	40013	17:10				
6:00	30015	9	→E							
11:00	30041	10	1、13、14	23:30	30032	次日6:30				
12:00	20073	11	4	5:28	40032	13:25				
		空号	9	13:25	40034	20:25				
14:00	40012	13	→K							
16:00	40072	14	7、8、10、11	22:00	30051	次日5:00				
		空号	3	6:00	40053	14:00				

表6.2.37 技术站车流接续计划表(M站)

到达车流			出发车流							
到达时间	车次	中转号	到达车流中转号	出发时间	车次	到达时间	到达车流中转号	出发时间	车次	到达时间
23:00	20076	1	→F				→L			
5:00	30053	2	3、9	10:00	20023	0:50	6、9	6:05	30054	次日2:05
5:00	40060	3	→G				3、4	12:00	40056	20:00
5:00	30049	4	2、5	6:00	40054	14:00	→B			
10:00	40055	5	→K					21:00	20021	次日4:00
11:00	40051	6	6	16:05	20025	8:06				
12:00	20074	7	3、4、9	10:15	20027	0:14				
		空号	→N							
15:00	30058	9	1、2、7	21:05	40061	次日6:00				

表6.2.38 技术站车流接续计划表(A站)

到达车流			出发车流							
到达时间	车次	中转号	到达车流中转号	出发时间	车次	到达时间	到达车流中转号	出发时间	车次	到达时间
			→F				→D			
				19:32	20025	次日9:37		22:15	30001	次日5:20
			→J					2:05	30003	9:00

到达车流			出发车流							
到达时间	车次	中转号	到达车流中转号	出发时间	车次	到达时间	到达车流中转号	出发时间	车次	到达时间
				23:45	20039	三日5:42		5:00	40001	13:00
			→G					9:00	40003	17:00
				22:30	20035	次日19:30				
				4:31	20037	次日1:40				
			→M							
				5:44	20043	次日9:40				

表6.2.39 技术站车流接续计划表(B站)

到达车流			出发车流							
到达时间	车次	中转号	到达车流中转号	出发时间	车次	到达时间	到达车流中转号	出发时间	车次	到达时间
			→D				→L			
				22:20	20020	次日19:18		14:30	30012	22:00
			→F					23:20	30014	6:50
				23:17	20030/20029	三日3:19		5:50	40012	14:00
			→G					9:40	40014	17:00
				10:18	20040/20039	次日7:12				
				17:53	20042/20041	次日14:40				

表6.2.40 技术站车流接续计划表(C站)

到达车流			出发车流							
到达时间	车次	中转号	到达车流中转号	出发时间	车次	到达时间	到达车流中转号	出发时间	车次	到达时间
			→B				→D			
				19:30	20043	次日16:32		21:15	40021	次日5:20
			→F					4:50	40023	13:00
				23:27	20045	次日13:25	→K			
				3:45	20047	次日0:40		14:25	30021	21:30
				7:37	20049	21:35		20:15	30023	次日3:30
			→G					4:00	40027	12:00
				15:20	20053	次日12:32		17:00	40029	次日1:00

表 6.2.41　技术站车流接续计划表（H 站）

到达车流			出发车流							
到达时间	车次	中转号	到达车流中转号	出发时间	车次	到达时间	到达车流中转号	出发时间	车次	到达时间
			→G							
				19:30	30046	次日 3:00				
				10:20	40076	18:40				

表 6.2.42　技术站车流接续计划表（I 站）

到达车流			出发车流							
到达时间	车次	中转号	到达车流中转号	出发时间	车次	到达时间	到达车流中转号	出发时间	车次	到达时间
			→D				→G			
				9:00	20096	次日 6:00		2:00	30038	9:05
								5:05	40046	13:10
								16:05	40048	次日 0:10

表 6.2.43　技术站车流接续计划表（J 站）

到达车流			出发车流							
到达时间	车次	中转号	到达车流中转号	出发时间	车次	到达时间	到达车流中转号	出发时间	车次	到达时间
			→K				→G			
				1:37	20089	次日 5:35		21:15	30052	22:15
			→F					16:20	40050	17:20
				10:02	20098	次日 0:15				

表 6.2.44　技术站车流接续计划表（N 站）

到达车流			出发车流							
到达时间	车次	中转号	到达车流中转号	出发时间	车次	到达时间	到达车流中转号	出发时间	车次	到达时间
			→B				→M			
				10:15	20027	次日 7:06		17:50	30058	15:00
								20:50	40060	次日 5:00

6.2.6　技术站车流接续计划应用方法

如前所述，在铁路运输工作中，无论是规划型铁路还是组织型铁路，都需要编制车流接续计划，只是编制和运用的方法不同。

在规划型铁路，按照列车编组计划和流线结合运行图编制技术站车流接续计划表，供日常运输工作中确定出发列车改编中转车的车流来源使用。它随列车编组计划和运行图编制调整而编制调整,是与编组计划、运行图绝对保持一致的。在编制日常运输工作计划中的日间货车输送方案时,需要根据车流接续计划,确定出发列车的车流来源。

在组织型铁路不编制车流接续计划,而是在编制日常运输工作计划的同时确定出发列车的车流来源。因此,组织型铁路与规划型铁路在确定出发列车车流来源时,使用的模式是不同的。

技术站车流接续计划由到达列车和有去向别车流接续关系出发列车的车流接续关系及其车流量两个因素组成。其中,车流接续关系在货物列车编组计划和运行图实行期间,是固定不变的。而车流量只能代表当天的量值,是变化的因素。因而,在车流接续计划中,只能也只需给出车流衔接关系。在铁路日常工作中,编制日计划的当日,应该已经掌握到达解体列车的去向别到达改编中转车数,这样在实际工作中就可以按车流接续关系,给出计划日相应的车流量,这是有实用价值的车流量,可以用为编制出发列车开行计划。在应用中需要做的数据处理等工作详见本书"8 铁路日常运输工作组织"相关内容。

6.3 货物运达时间

6.3.1 货物运达时间的意义

货物运达过程是指货物在装车站装车后至到站卸车完了的运输全过程。对于以技术站间列车运输的普通货物,其运达过程由四部分组成,即

(1)在从装车站货物装车后至编入列车出发办理的作业。

(2)货车编入各类列车的列车运行(含直通、直达列车在沿途技术站办理无改编作业)。

(3)货车在技术站办理改编中转作业。

(4)货车在卸车站到达后至卸车前办理的作业。

货物运达时间则为上述四项作业消耗的总时间。铁路装卸车可以有不同的方式,可以由铁路接收货物之后在铁路车站装卸车,也可以在发货人的场库、专用线由发货人组织装卸车,不同的装卸车组织方式,铁路承担的责任不同。在计算铁路货物运到期限时,采用在发货人场库装卸车的情况下,将装车后、卸车前作为由铁路承担责任计算货物运输过程的起点或终点。

在实际工作中,由于采用的货物承运方法不同(如采用货物进站承运,车站装车;在货主场库承运,由铁路取货,车站装车;货主在专用线自行装车等),货物在装车站的停留时间也不同。为简化分析计算起见,在货物运达过程概念中,采用装车后作为计算货物运达过程的起点。

货物运达时间是货物运输中的重要质量指标。在我国铁路运输中,除始发直达列车输送的货物外,其他货物的运到时限都是不可知的。这在综合交通系统不发达,运输供给严重不足的年代,发货人对此只能忍耐。但目前我国交通运输系统的运输供给能力已经有了很大提高,运输市场可供发货人选择的运输方式已经基本可以充分满足发货人的需求,在这种情况下,铁路货物运到时间不可知的问题就突显出来,成为铁路运输发展中的一个难题。

由于铁路路网大、运量大、车流径路复杂程度大,要实现货物运到期限可知,是一项十分复杂的系统工程。推算货物运到时间,编制货物运输时间表,公开向社会承诺货物运达时限,是规划型铁路特有的技术。当前我国铁路是组织型铁路,但随着运输组织改革的推进,铁路员工,尤其是运输组织管理层观念的转变,在我国推行货物运到时限承诺制度的技术条件正在逐步形成,这就是货车输送过程计划要解决的货物运达时间测算的问题。

6.3.2　货物运达时间的计算

1. 货车输送时间

为使用方便,普通货物运达时间也可以通过货车输送时间来计算,货车输送时间是指货车由装车站挂运列车出发时起,至到达卸车站全过程所消耗的时间,它由列车运行时间和办理货车改编中转作业在技术站的停留时间组成。若货车输送时间用 $t_车$ 表示,则有

$$t_车 = T_运 + T_技$$

式中　$T_运$——根据列车运行图确定的列车运行时间;

　　　$T_技$——根据车站技术作业过程和车流接续计划规定办理货车改编中转作业在技术站的停留时间。

在货车输送过程中,货车往往需编入多种列车输送,故列车运行时间应由沿途多种列车的运行时间组成,即

$$t_运 = \sum_{i=1}^{k} t_{运i}(i=1,2,\cdots,k)$$

式中,$t_{运i}$为列车编组去向别运行区段别运行时间(中间站装卸车货车含发送区段运输时间、到卸区段运输时间),对于需在沿途技术站办理无改编中转作业的直达(直通)列车,$t_{运i}$应包括办理无改编作业在技术站停留时间。

在货车输送过程中,当货车需要多个列车编组去向列车输送时,货车必将在两列车衔接站发生中转改编作业,亦即需消耗车流接续的停留时间。在这种情况下,有车流接续关系的发到列车间的间隔时间 $t_{接续}$ 可按下式计算:

$$t_{接续} = T_发 - T_到 = \Delta t_停 + t_{作业}$$

式中　$T_发$——出发列车的出发时刻;

　　　$T_到$——到达列车的到达时刻;

　　　$t_{作业}$——有改编中转货车的中转作业时间;

　　　$\Delta t_停$——车流接续的货车额外停留时间。

当货车需在多个车站办理改编作业时,将产生多个 $t_{接续}$ 的货车停留时间,即

$$t_技 = \sum_{i=1}^{k-1} t_{接续i}$$

2. 计算货车输送时间的技术条件

实现按上述方法计算的货车输送时间的技术条件是:

(1)铁路已开始进入实现列车运行组织技术体系由组织型向规划型的转变过程

列车编组计划、列车运行图和调度指挥是铁路列车运行组织技术体系的三项核心技术。在我国铁路采用全路统一编制,以提高直达化水平为目标的综合费用型货物列车编组计划编制技术,可大幅度提高货车输送的直达化水平,减少货物改编中转次数,提高货物送达速度;采用全路统一编制,具有流线结合等规划型技术特性的列车运行图,直达、直通列车运行线全程采用一个车次,一条各区段相衔接的列车运行线,可提高列车运行图的可执行性和可靠性。

(2)提高列车运行图适应日常运输量变化能力的技术

货物列车编组计划规定的区段开行列车对数,拟推行按列车种类、列车去向和季节分类规定的方法。采用这一技术规定开行列车数,可大大提高列车运行图适应季节变化和日常变化的能力。

(3)技术站采用质量型的货车集结模式

技术站货车集结可以有定编集结和定时集结两种模式。定编集结以达到列车编成辆数为目标,可以确保满轴发车,线路运输能力利用充分,但可能造成列车晚点的损失,正点率水平低;定时集结以按运行图规定时间发车为目标,可以确保货物列车正点发车,正点率水平高,可提高铁路运输产品的市场竞争能力,但可能引起列车欠轴发车,造成线路运输能力和机车功率的损失,增加开行列车数。

初步研究表明,定时集结的欠轴损失和定编集结的晚点损失,通常情况下定时集结优于定编集结,且欠轴损失是铁路运输企业经营的损失,而晚点损失不仅仅是铁路运输企业的经营损失,更是对社会经济产生影响的损失。从对社会经济发展影响的角度出发,同时也从运输市场竞争的需要出发,采用定时集结是铁路运输企业改革和发展所必需的。它可确保技术站适时编车、正点发车,提高列车始发正点率。

(4)铁路通过能力及其运用技术

在我国,大规模高速铁路的建设和投入运营,极大地改善了我国铁路网重要干线通过能力紧张的局面,并且近年来又有一批新线相继建成投入运营,铁路运输供给能力大幅度增加,运能紧张的局面有了很大改变。当前,除局部地区和个别通过能力仍然较为紧张、部分编组站畅通度不高等情况外,多数铁路地区运输供给已大于运输需求,即使是上述通道地区,随着新线建成投入运营,目前通过能力仍然紧张的铁路地区也将有望很快得到解决。而部分编组站的畅通度不高问题,可以通过改革编组计划的方法解决。

在规划型铁路,铁路通过能力的运用以确保实现一定列车质量标准为决策依据,在通过能力计算中引用了列车运行图缓冲时间的概念。

3. 货物运达时间

如前已述,货物运达时间由四部分组成。

当计算货物运达时间,并据以计算货物运达速度时,应查定前述四部分时间,计算完整的货物运达时间,但运达时间用于承诺运输时,是特指运达到站的时间,在车站确定货车挂运列车车次及发车时间后,在装车站的停留时间与承诺运输的运达时间无关。因此,为简化计算,在这一计算中可不考虑货车在装车站的停留时间;货车在卸车站到达作业停留时间,与货物运输的承诺运输的运到期限密切相关,必须列入计算,但这一作业时间,每一卸车站都有不同的数值,为简化计算起见,可采用具有代表性的指标数值,例如取 3 h 等。

6.3.3　列车运行晚点附加时间的计算

在采用规划型列车运行组织技术体系条件下,以充分反映运输市场运输需求的列车编组计划和列车运行图为依据,通过在调度工作中,执行严格"按图行车"的工作制度,达到较高的正点率水平是有保证的,但是列车运行的影响因素多,正点率达到 100% 是有困难的,发生一定程度的列车运行晚点是正常现象。

设列车运行正点率为 $\rho(\%)$,晚点列车平均晚点时间为 $t_{晚}$,开行列车数为 n,则列车平均晚点时间 $\bar{t}_{晚}$ 为

$$\bar{t}_{晚} = \frac{(1-\rho)nt_{晚}}{n} = (1-\rho)t_{晚}$$

若货车输送过程编入列车经过 l 个区段运行,按每列车晚点累加的最不利情况计算,则全程列车晚点时间($\sum t_{晚}$)为

$$\sum t_{晚} = l \cdot \bar{t}_{晚} = l(1-\rho)t_{晚}$$

在实际工作中，l 值的平均数可以用货车平均中转次数来表示。若用 ε 表示货车平均中转次数，则有

$$\varepsilon = l - 1$$

因此，上式也可以改写为

$$\sum t_晚 = (\varepsilon + 1)(1 - \rho)t_晚$$

对于晚点列车按每列车晚点累加的最不利情况计算，则有

$$\sum t_晚 = (\varepsilon + 1)t_晚$$

据此，全程列车规划运行时间 $t'_运$ 应为

$$t'_运 = t_运 + \sum t_晚$$

在采用规划型列车运行组织技术的发达国家铁路，通常货物列车正点率可达到 85% 以上，晚点列车平均晚点时间在 1 h 以内，普通货物装载车平均中转次数为 2 次左右。据此，列车全程晚点时间可控制在：

$$\sum t_晚 = (2 + 1) \times (1 - 0.85) \times 1 = 0.45(\text{h})$$

在我国铁路，实现由组织型向规划型转变的条件下，预计货物列车正点率（按运行图考核）也可以达到 80% 以上。晚点列车的平均晚点时间可以控制在 1 h 以内，普通货物装载车的平均中转次数假定也将由 6 次左右下降到 5 次。因此，预计全程列车平均晚点时间为

$$\sum t_晚 = (5 + 1) \times (1 - 0.8) \times 1 = 1.2(\text{h})$$

对于晚点列车，则有

$$\sum t_晚 = (5 + 1) \times 1 = 6(\text{h})$$

若按上述方法计算的货物运达时间称之为计算货物运达时间，用 $T_货计$ 表示，则实用货物送达时间 $T_货实$ 可按下式计算：

$$T_货实 = T_货计 + \sum t_晚$$

6.3.4 规划型铁路货物运达时间测算方法

在托运人以运输需求清单的形式向铁路提出运输需求后，铁路方应及时受理，并决定是否承运。在受理承运过程中，托运人要求提供货物送达时间时，铁路方需要向托运人提供货物送达时间。确定计算货物运达时间的基本方法为：

1. 装车站货车挂运车次的选定

装车站货车挂运车次和发车时间是货车输送过程的始点，它对整个货车输送过程有重要的影响，根据货物承运时间、装车站空车保证条件及装车时间等因素确定。

(1) 货车在中间站发车时间决定了到达前方技术站的到达时间和编挂方法，也决定了装车站的装车完了时间。

(2) 决定了装车站装车作业的时间段，因而也影响装车作业的组织。

(3) 决定了向车站输送空车的时间和方法。

因此，装车站挂运车次时间的决定是一项重要的作业决策，必须根据车站条件和作业情况决定。

设在中间站办理货车摘挂作业的货物列车（摘挂列车、小运转列车等）列车数为 $n_摘挂$，前方技术站编组列车去向数为 $n_组$。当 $n_摘挂 = 1$ 时，中间站装车可能的挂运车次是唯一的；当 $n_摘挂 \geqslant 2$，$n_组 \geqslant 1$ 时，挂车车次的选择就可有多个方案的可能。在这一条件下，中间站应通过日间装车计划的安排，组织按列车编组计划去向分别安排装车计划，以期达到中间站装车货车挂运车次与技术站编组去向衔接的配合。中间站摘挂列车或小运转列车等在前方技术站，应按到达解体

列车处理,因而中间站装车对前方技术站来说也可按到达中转车流处理。

当技术站列车编组去向数 $n_{组}=1$,且该编组去向开行列车数 $n_{列}=1$ 时,装车货车的可能的挂运车次是唯一的;当 $n_{组}\geqslant2$, $n_{列}\geqslant2$ 时,货车挂运车次的选择就有多个方案的可能,在这样的条件下,技术站也应通过日班计划的安排组织装车。

因为在承运时还没有日班计划,很难确切地确定货车的挂运车次。为提高承诺运输的冗余度和兑现率,在向货主承诺运到期限时,应以在去向别多列开行的最后一趟车作为挂运车次为原则。

2. 计算货物运达时间的测算

计算货物运达时间对于中间站装车货车来说,是指从中间站挂运车次发车时起,而对于技术站装车货车,是指从取车开始时起,至货车送达卸车站时止,全过程所消耗的时间。如前已述,它由流线结合列车运行图确定的列车运行时间和按技术站车流接续计划规定办理货车改编中转作业的停留时间两部分组成,其中运行时间可按列车在发站发车时间和到达列车终点站时间,逐段累加确定,在技术站的改编中转停留时间可按接续车流的到达时间与出发时间的间隔逐个货车改编中转作业站累加确定。

3. 基于技术站车流接续计划的货物运达时间测算方法

这一测算方法是以路网为背景编制的技术站车流接续计划为依据,采用专用的货物运达时间测算表(格式见表 6.3.1)测算车流送达时间的方法。测算表由装车区、卸车区、车流区技术站和改编作业站四部分组成。

表 6.3.1　货物运达时间测算表(一)

车　　站		站名	车次	时　　　间			
				出发	到达	运行(h)	接续(h)
装车站	中间站						
	技术站	H	取车	6:00	6:30	0.5	
车流区技术站		H	30052	10:20			3.8
改编作业站	1	G	20050	6:45	18:40	8.3	12.1
	2						
	3						
	4						
	5						
车流区技术站		A			次日 3:35	20.8	0.9
卸车站	中间站						
	技术站		到达作业				3.0
					小计	29.6	19.8
					总计(h)	49.4	

(1)装车货车在发运技术站车流区输送方案

①中间站装车方案

a. 根据车流径路确定车流输送方向及发运车流区技术站、终到车流区技术站。

b. 根据货车改编中转作业站站序表,确定在车流发送区技术站和终到车流技术站间输送货车的改编中转作业站及其站序,亦即确定货车输送将依次编入的列车编组去向。

c. 根据装车中间站向发运车流区技术站,输送货车运行方向开行摘挂列车数及车站装车情况,选择合适的挂运车次和时间。

②技术站装车货车

a. 根据站序表确定始发车流区技术站和终到车流区技术站间货车改编中转作业站及站序,亦即确定货车输送将依次编入的列车编组去向。

b. 根据装车情况及车流接续的需要确定取车方案。

(2)货车在发运车流区技术站的输送方案

①中间站装车方案

a. 根据中间站装车货车挂运列车到达技术站时间,从技术站车流接续计划表的到达部分中查找到达列车的中转号。

b. 根据中间站装车的到站及终到车流区技术站间货车改编中转作业站序确定货车在技术站的列车编组方向。

c. 在车流接续计划表该列车编组去向的出发列车中,查找到达列车中转号及其出发列车的车次,作为该出发列车车流来源。

②技术站装车

a. 根据站序表确定车流在发到技术站间输送的列车编组去向。

b. 根据技术站车流接续计划,确定相应列车编组去向开行的列车数。

c. 根据取车时间选择衔接关系好的列车挂运输送。

(3)改编中转作业站货车编入列车输送的方案

①根据到达列车的到达时间确定到达列车中转号。

②根据站序表确定车流接续的列车编组去向。

③从车流接续表接续列车编组去向中,查找到达中转车流编入出发列车的车次及时间。

(4)到达货车在终到车流区输送的方案

①对于到中间站卸车货车,在终到车流区技术站办理必要的终到技术作业后,应及时组织货车编入与到卸车流衔接关系较好的出发摘挂列车,输送至到卸站组织卸车。

②对于技术站到卸货车,根据到卸货车情况及时组织货车向卸车地送车组织卸车。

4. 货物运到期限的算例

以图 6.2.7 的路网及其车流为背景,运用技术站车流接续计划测算货物运到期限的算例如下:

(1)两中间站间车流输送(f 站至 l_1 站)的货物运到期限测算

①装车货车在装车站的输送

两中间站的车流 f—l_1 为 GF 区段中间站至 EL 区段中间站的车流。首先,要根据车流径路确定车流输送的方向,其中中间站 f 的车流属于 F 技术站的车流区,中间站 l_1 车流属于 E 站车流区。因此,f 站车流需向 F 站输送,到达终到车流区 E 站后,由 E 站进行车流分送。

其次,根据站序表发运车流区技术站与终到车流区技术站间的改编中转作业站为 D,即车流需经 F 至 D、D 至 E 两个区段列车编组去向输送。

最后,根据中间站 f 装车情况和发运车流区 f 站输送到 F 方向货车摘挂列车编组去向开行的摘挂列车数,选择挂运车次。由 F 站的车流接续计划表可以查出,GF 方向编组去向开行摘挂列车数为 2,选其中 40042 次摘挂列车挂运,该列车由 f 站发车时间为 11:00,13:10 到达车流区技术站 F。

②货车在发运车流区技术站的输送方案

首先,根据 f 站装车货车到达 F 技术站的时间,从 F 站车流接续计划表的到达计划中,查出到达列车的中转号为 5 号。

其次，根据站序表确定货车在发运车流区技术站 F 输送编入的列车编组去向为发往 D 站的区段列车编组去向。

最后，在 F 站车流接续表的出发部分列车编组去向 D 的出发列车查找到达列车中转号为 6 的车流编入的出发列车，该列车为 30026，列车在 F 站发车，次日 5:05 到达 D 站。

③途中改编中转作业站的车流输送方案

首先根据到达列车 30026 到达 D 站时间，确定到达列车的中转号，该中转号为 5，其次根据站序表确定的车流接续列车编组去向，该去向为 DE 区段列车编组去向。在 D 站车流接续表中查出该编组去向的出发列车中转号为 5 的出发列车，该列车为 30061，在 D 站发车时间为 8:10，到达时间为 16:15。

④到达货车在终到车流区输送的方案

30061 次列车到达 E 站后，经办理必要的技术作业，需将到达 l_1 站的货车输送至到卸车站，为此首先必须由 E 站发往 L 站的摘挂列车中，选择车流衔接关系较好的摘挂列车挂运，该列车为 40033，3:20 由 E 站发车，5:00 到达 l_1 中间站摘车。

将上述数据填入货物运达时间测算表，就可计算出货车输送过程的运行时间（20 h）和在技术站中转时间（14 h），详见表 6.3.2。

表 6.3.2　货物运达时间测算表（二）

车　　　站		站名	车次	时　　间			
				出发	到达	运行(h)	接续(h)
装车站	中间站	f	40042	11:00			
	技术站						
车流区技术站		F	30026	21:00	13:10	2.3	5.8
改编作业站	1	D	30061	8:10	5:05	8.1	3.1
	2						
	3						
	4						
	5						
车流区技术站		E	40033	3:20	16:05	7.9	5.1
卸车站	中间站	l_1			5:00	1.7	
	技术站						
					小计	20.0	14.0
					总计	34.0	

(2)两技术站间(H—A)的车流输送

①货车在装车技术站的发车方案

两技术站间的车流 H→A 为 H 技术站货物作业地点装车，到 A 站货物作业地点卸车的车流。

首先，要根据货车改编中转作业站站序表，确定 H—A 间输送货车的改编中转作业站，该站为 G 站，因而货车输送过程为 HG 区段列车编组去向和 GA 直通列车编组去向输送。

其次，根据 H 技术站车流接续计划表，向 G 方向的编发列车数为 2 列。

最后，根据取车时间选择接续关系好的出发列车输送，该列车为 40076 次，10:20 发车，

18:40 到达 G 站。

②途中改编中转作业站的发车方案

途中改编中转作业站的发车方案,编制方法与算例①的方法相同,G 站出发列车为 20050,出发时间为 6:45,到达 A 站时间为次日 3:35。

③到达货车在终到技术站的输送方案

20050 次列车到达 A 站后,经办理必要的技术作业,需及时向货物作业地点送车。在计算中,卸车站到达作业时间(由货车到达车站时起至卸车开始时间止)通常可取 3 h。

将上述数据填入货物运达时间测算表,经计算可得 H—A 车流输送过程所消耗的运行时间和中转时间,该时间为 49.4 h(详见表 6.3.1)。

用同样方法可以计算确定 I 技术站至 l_2 中间站间及 l_2 中间站至 H 技术站间的货物运达时间,见表 6.3.3 和表 6.3.4。

表 6.3.3　货物运达时间测算表(三)

车　　站		站名	车次	时　间			
				出发	到达	运行(h)	接续(h)
装车站	中间站						
	技术站						
车流区技术站		I	30048	14:18			3.3
改编作业站	1	G	40045	0:40	21:20	7.0	3.3
	2	D	30063	11:50	8:20	7.6	3.5
	3						
	4						
	5						
车流区技术站		E	40033	3:20	19:20	7.5	3.2
卸车站	中间站	l_2			5:20	2.0	
	技术站						
					小计	24.1	13.3
					总计(h)	37.4	

表 6.3.4　货物运达时间测算表(四)

车　　站		站名	车次	时　间			
				出发	到达	运行(h)	接续(h)
装车站	中间站	l_2	40066	23:00			
	技术站						
车流区技术站		D	40031	5:20	1:00	2.0	4.3
改编作业站	1	F	40041	21:00	12:30	7.2	8.5
	2	G	30059	16:00	5:05	8.1	10.9
	3						
	4						
	5						

续上表

车　　站		站名	车次	时　　间			
				出发	到达	运行(h)	接续(h)
车流区技术站		H			0:15	8.3	3.1
卸车站	中间站						
	技术站		到达作业				3.0
					小计	25.6	29.8
					总计(h)		50.4

5. 实用货物运达时间的计算

根据列车晚点运行的状况,测算货车输送全过程列车晚点累计时间,然后与测算的货物运达时间相加,可得实用货物运达时间(见表 6.3.5),表中假定列车正点率取 70%,列车平均晚点时间取 2 h,对 HA,Fl$_1$,Il$_2$,l$_2$H 四支车流计算实用运达时间汇总计算结果见表 6.3.5。

表 6.3.5 实用货物运达时间测算表

车流	列车平均晚点时间				列车运行时间(h)	货车中转时间(h)	实用货物运达时间(h)
	区段数	列车运行正点率	列车平均晚点时间(h)	累计晚点时间(h)			
HA	4	0.7	2	2.4	29.6	19.8	49.4
fl$_1$	2	0.7	2	1.2	20	14	34
Il$_2$	4	0.7	2	2.4	24.1	13.3	37.4
l$_2$H	4	0.7	2	2.4	25.6	29.8	50.4

6.3.5 运到时限承诺方式

1. 承诺方式

货物运到时限是指根据货物运输种类的不同,铁路运输企业承担货物运输责任且必须安全运达到站的最终时间。

铁路运输企业向发货人承诺货物运达时限,可以有三种方式,即:

(1)按列车到达时刻承诺的方式,即给出装车后第几日几点几分运达。这种方式在编制始发直达时刻表时采用,对于始发直达列车到达时间必须考虑与卸车站卸车时间的衔接,需要提供列车到达时刻。

(2)按上午或下午承诺的方式,即装车后第几天上午或下午到达。这种方式在普通货物时刻表中采用。欧洲国家铁路由于运距短、运达时间相对较短,有条件按上、下午规定运到时限。

(3)按天承诺的方式,即装车后的第几天运达。由于我国铁路货物运距长、运达时间相对较长,普通货物时刻表适宜采用这种方式。

根据铁路货物运到时限,可以是某个时刻,可以是上午或下午,也可以是一天的终了时间。

2. 按天承诺方式的实用性分析

(1)到卸日和到卸时间的推算

在按天承诺方式中,装车日为第一天,次日为第二天,依此类推,直至卸车站的卸车日。

设货车在装车站装车,当日中间站挂运列车的出发时间或技术站取车时间为 $T_{发时间}$,列车到达卸车站(中间站)或卸车地(技术站)的时间为 $T_{到时间}$,沿途运行天数为 $N_天$,则有

$$t_货=(24-T_{发时间})+24N_天+T_{到时间}$$

据此,根据 $t_货$ 和 $T_{发时间}$ 可按下式推算 $T_{到时间}$:

$$T_{到时间}=t_货-(24-T_{发时间})-24N_天$$

例如,某批货物的运达时间为 70 h,装车站列车发出时间为 $20:00$,若取 $N_天=2$ d,则有

$$T_{到时间}=70-(24-20)-24×2=19(点)$$

即该批货物的装载车可于第四天的 $19:00$ 到达卸车站,若考虑卸车前车站作业时间 2 h,货物运达时间应为 $21:00$(四支车流货物运达算例的运达天数见表 6.3.6)。

表 6.3.6　货物运达时间及冗余时间表

车流	计算货物运达时间(h)	发车或取车时间	经过的整天天数(d)	到达中间站或卸车地时间	货物第几天运达	冗余时间(h)	附加时间(h)
HA	49.4	6:00	2	6:35	第三天	17.4	2.4
Fl$_1$	34	13:00	1	22:50	第二天	1.2	1.2
Il$_2$	37.4	14:18	1	5:20	第三天	18.7	2.4
l$_2$H	50.4	23:00	2	3:15	第三天	20.7	2.4

(2)冗余时间

冗余时间是指货车到达卸车站,且开始卸车时起,至当日 $24:00$ 的时间(如图 6.3.1 所示)。

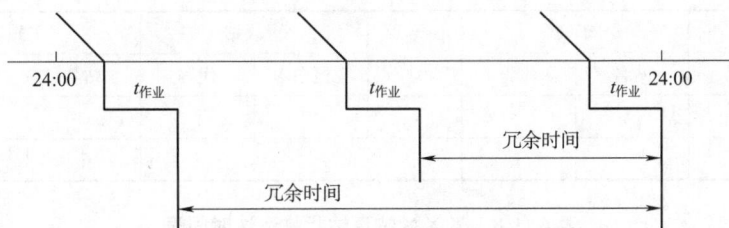

图 6.3.1　冗余时间示图

附加时间为列车平均晚点时间。

冗余时间和附加时间的共同功能是通过向货物运达时间提供 $3\sim25$ h 的可用时间,来提高货物运达时间适应日常变化的应变能力和可实用性,为铁路实行货物运达时间的承诺运输提供技术保证。

当货物列车到达卸车站的时刻为 $24:00$ 后,且无限接近 $24:00$ 时,若取卸车站到达作业时间为 3 h,则冗余时间可达 21 h;当货物列车到达卸车站时间离 $24:00$ 仅为卸车站到达作业时间标准时,冗余时间很小,甚至为 0,这时附加时间可以充分发挥作用,用为解决或缓解货物运达时间延误的影响。若列车晚点时间按最不利条件计算的,它能适应货物运达时间较大变化的需求。

因此,在正常情况下,铁路对货物运达时间实行承诺运输的工作制度是可靠的、可实现的。在非正常情况下,也可以通过完善规章制度和与托运人沟通的方法解决。

6.3.6 货物运输时间表

在我国铁路编制货物运输时刻表,将铁路货物运输过程透明化,可以解决长期以来困扰铁路运输企业货物运达时间不可预测的难题,实现货物运到期限由"不可知"向"可知"的转变,为铁路向社会公开承诺运到期限提供技术保证。这是铁路运输的一项重大改革,是铁路货物运输管理具有历史性意义的一项重大技术创新。

货物运输时刻表根据列车运行图、货物列车编组计划和货物输送过程计划等技术管理文件编制。

根据输送货车列车种类的不同以及目前我国铁路货物运输的状况和路情,在我国铁路行车组织工作向规划型转变过程中,应逐步编制直达货物运输时刻表、城市间快运货物运输时刻表和普通货物运输时刻表。

1. 直达货物运输时刻表

直达货物运输时刻表适用于装车地始发直达列车运输的大宗货物(直达货物),为确保在卸车站与卸车作业有良好的衔接,直达货物运输按时刻表的形式编制,即不仅规定了到达日,同时规定了到达时间。

直达货物运输时刻表就每一站—站始发直达列车的始发站编制,它包括始发站目录(格式见表 6.3.7)和货物运达时间表(格式见表 6.3.8)两部分,货物运达时间表中的发、到时间为列车运行图数据。

表 6.3.7 直达货物运输时刻表发站目录

区段站		车站		时刻表页码	区段站		车站		时刻表页码
区名	代码	站名	代码		区名	代码	站名	代码	
⋮	⋮	⋮	⋮	⋮	⋮	⋮	⋮	⋮	⋮

表 6.3.8 ×××站直达货物运达时间表

出　　发		到　　达			
车次	时间	到站	时　　间		
			第一天	第二天	第三天
⋮	⋮	⋮	⋮	⋮	⋮

2. 城市间快运货物运输时刻表

城市间快运货物运输时刻表是用为表示由城市间快运货物运输系统运输货物运达时间的时刻表。时刻表格式见表 6.3.9,按高速铁路、快速铁路分别就每一快运货物附挂旅客列车和快运货物列车开行区段,办理货物运输业务的每一列车编制。

快运货物的快运,要求"按承诺的运到期限送达"。在这里,"送达"的内涵是指把货物送到收货人的收货地。

表 6.3.9 快运货物运输时刻表

旅客列车开行区段		车次	列车发、到时间			货物送达时间				第四日 上午
发站	到站		始发	终到		次日		第三日		
				次日	第三日	上午	下午	上午	下午	
⋮	⋮	⋮	⋮	⋮	⋮	⋮	⋮	⋮	⋮	⋮

3. 普通货物运输时刻表

普通货物运输时刻表是服务于技术站直通、直达、区段列车等列车种类货物运输的技术文件,编制普通货物运输时刻表是实现普通货物运到时限可预测的关键技术。

与始发直达货物不同,由技术站列车运输的普通货物,对运到时限的预计可以一天为单位,而没有必要给出具体的时间(小时和分钟),亦即预计货物装车后第几天到达即可。

普通货物运输时刻表包括始发车流区目录(格式见表 6.3.10)和货物运达时间表(格式见表 6.3.11)两部分。货物运达时刻表编制形式是:

(1)以区段站作为货车发、到地,因而区段站和所属的卫星站使用同一方向代码。

(2)按发站分页排列,对相同到站具有相同运送时间的发站,可以作为一个发货区,合并为一页。

(3)时刻表的到站部分,按发、到间输送时间的不同,分段列出到站站名,即:

①在办理货物装车后的一天内运达的车流区。

②在车流区办理装车后两天内到达的车流区。

③在车流区办理装车后三天内到达的车流区。

④依此类推,在车流区办理承运手续后 n 天内到达的车流区。

表 6.3.10 普通货物运输时刻表始发车流区目录

车流区	代码	时刻表页码	车流区	代码	时间表页码
⋮	⋮	⋮	⋮	⋮	⋮

表 6.3.11 普通货物运达时间表

发送车流区	上午承运后一天可到达车流区	二天可到达车流区	⋯
⋮	⋮	⋮	⋮

根据编制普通货物时刻表采用技术的不同,普通货物运输时刻表可以有纸版和电子版两种形式,采用货车输送过程计划编制技术时为纸版形式,而采用基于承运信息技术时可以采用纸版和电子版两种形式。目前,我国铁路列车运行图调整较频繁,宜采用电子版形式。

7 铁路快速货物运输系统

7.1 铁路快运货物和货物快运

7.1.1 铁路快运货物

1. 铁路快运货物的条件

从理论上讲,快运货物是指满足如下三个条件的货物:

(1)铁路货物运输的基本条件。以"批"为单位,按运输种类规定条件办理的货物。

(2)发货人意愿的条件。发货人有快运的需求,并愿意按快运的费率支付运输费用的货物。

(3)货物属性的条件。附加值高,时效性强,需要压缩货物运输时间消耗的货物。

在实际工作中,铁路货物运输的基本条件和发货人意愿的条件是必须满足的绝对条件,货物属性的条件是相对的,按其附加值、时效性、需要压缩运输时间的情况,规定应按快运办理的货物品类,不是强制性的,既可以按快运货物办理,也可以按普通货物办理运输。因此,满足快运货物属性条件的货物是否属于快运货物,最终取决于发货人的意愿,即按货主托运货物时的运输种类办理。

2. 铁路快运货物的种类

(1)目前铁路办理的快运货物

货物运输以批为单位。一批是铁路承运货物、计收运费、交付货物、处理事故的单位,因此,按一批托运的货物需托运人、收货人、发站、到站、装车地点、卸车地点必须相同。

铁路办理的快运货物,按一批的件数、一件货物的重量、体积之不同,分为零散货物和批量零散货物。按照铁路总公司的文件规定,零散货物是指按一批托运的货物重量不超过 30 t,且体积不足 60 m^3 的所有品类的货物。这就是说,按照货物的重量、体积和形状不需要以一辆单独货车装运,允许与其他货物配装的货物为零散货物。

批量零散货物是指每批托运重量在 60 t 或体积在 120 m^3 以上的 158 类小运量白货品类货物,按整车组织装运。158 个白货品类为《铁路货物运输品名检查表》中的塑料制品、日用化工品、金属制品、工业机械、日用电器、果蔬、饮食品、纺织品、纸制品、医药品等类货物中的 158 个小品类。

(2)待开发的铁路快运货物——铁路快递货物

①快递货物

快递货物是在邮政和铁路、公路部门传统的包裹、行包和零担货物运输产品基础上,通过作为运输经营人的快递公司,借助遍布全国各地的运输业务网,组织实现具有"及时、快速、门到门和承诺运输时限"快运货物运输特征的高质量快速运输产品。一方面,因它适应我国社会经济发展和人们生活水平提高对快递货物运输的需求,而在运输市场中得以快速发展,并逐步

320

或部分地替代了邮政、铁路等部门已经不适应市场运输需求的包裹、行包和零担货物运输（仅2014年铁路行包运量就较2013年下降16.4％，同期邮政包裹运量下降13％）；另一方面，铁路停办零担货物运输也为快递公司业务发展提供了十分有利的发展空间。目前，在快递公司已基本完成运输业务网和营销网点布局和建设的条件下，铁路等运输企业在运输市场承办全程快递货物运输业务已经十分困难。

②快递业务量的增长

快递货物运输是伴随着快递业务在我国的兴起，而得到迅速发展的一种快速运输业务。目前，大型快递公司的业务网点已遍及全国各城镇地区，几乎可以做到将我国任一城镇的物件，快递到另外任一城镇。2015年全国快递业务量已达到206.7亿件，见表7.1.1。

表 7.1.1　2008～2015 年快递业务量发展变化表

项　目		2008	2009	2010	2011	2012	2013	2014	2015	其中（2015 年）	
										同城	异地
快递	业务量 件数（亿件）	15.1	18.6	23.4	36.7	56.9	91.9	139.6	206.7	53.9	148.4
	年增长率（％）	25.8	23.2	25.8	56.8	55.0	61.5	51.9	48.1	26.1	71.8
	收入 收入额（亿元）	408	479	575	758	1 055	1 442	2 045	2 769.6	400.8	1 512.9
	年增长率（％）	19.0	17.4	20.0	31.8	39.2	36.7	41.8	35.4	50.7	33.8

快递公司大多是不掌握长途运输工具的运输企业。它主要承办货物在发送地和终到地的运输业务和集货、交付的短途运输；而在发、到间（异地间）的长途运输，将由掌握运输工具的公路、铁路和民航等运输企业承担。异地的快递业务量2015年达到148.4亿件。

在我国交通运输系统运输供给体系的具体条件下，不少快递公司都拥有了一定数量的长途运输工具，有的拥有大量的大型载重汽车，甚至还拥有相当数量的货运飞机。因此，快递公司也有了一定的长途运输能力，对掌握运输工具的运输企业长途运输供给的依赖性已大大减少。从运输资源的高效、充分利用出发，这也许不是一种好现象，但这确是中国的现实。

掌握长途运输工具的公路、铁路、民航等运输企业，既可以承办快递公司的长途运输业务，也可以承办包括发、到地区运输业务和长途运输业务的全过程运输。受运输市场竞争因素的影响，目前快递公司的长途运输任务，主要由公司自有运输工具和公路、民航运输企业承担。

③快递货物运输发展趋势分析

快递公司以在城乡大居民区、高校、事业单位、大机关、大公司等机构所在地区密集设置营业网点，方便办理承托业务为依托，通过灵活机动的小型车的收运分送业务，建立起了全新的货物始发终到地货运服务工作的新系统。同时，借助于采用现代新技术的分拣系统，快速高效地工作，实现了按长途运输公路班次或民航航班的分拣打包工作，并通过紧密地与公路班次、民航航班衔接，实现了快速、准时的运输过程。应该指出，这是一个以现代运输理念，先进技术，高效的运输工具协调配合的新系统。高效高质量的运输服务，必受到运输市场的欢迎。因此，快递货物运输的快速发展是可以理解的。

a. 随着国家社会经济的发展、人民生活水平的提高，快递货物办理件数仍将快速增长。分析资料表明，2010年～2015年间，快递货物以年均54.8％的速度发展。可以预计，在未来的 5～10 年间仍将会以这一速度发展。

b. 公路承担的零散货物运输和铁路承担的快运零散货物和批量零散货物运输,有相当一部分是具有快递货物性质的货物,在过去几年间已经出现了由公路、铁路部分运量向快递公司业务转移的现象,预计在未来的 5～10 年间将成为一种发展趋势。

近年来,在快递业务量大幅度增长的同时,铁路行包运量和邮政包裹运量都呈下降趋势(2014 年铁路行包运量较 2013 年下降 16.4%,同期邮政行业包裹运量下降 13%)。这种快运货物结构性的调整,正是运输市场对客观运输需求的反映。

c. 在铁路零散货物和批量零散货物中,有一部分是重量较重、体积较大的货物,近年来,在快递公司的业务量中已开始出现,并将逐步形成一种件数增多、比重增加的发展趋势。

④铁路运输企业应适时进入快递运输市场

我国快递公司发展到今天,不论是规章制度建设、营业网点的设置,还是运输工具的配备等方面,都已达到了确保在一个地区范围内高质量实现快递货物运输过程的条件,已开始进入成熟发展期。在这一发展过程中,有三个主要的发展特征:

a. 全国快递业务量地区性的集中。北、上、广、深四地业务量占全国总业务量 30% 以上,业务量的地区性集中有利于形成两城市间的大股货流,便于铁路货物运输组织。

b. 快递业务向大型快递公司集中。仅顺丰公司的业务量就占全国总量的 10% 以上。在业务量向地区集中的条件下,又向大型公司集中,有利于快递公司向铁路承包整列快运货物列车,组织整列装车,提高经营效益。

c. 快递公司有自己掌握公路、民航长途运输工具的趋势。这是运输市场运输供给,尤其是铁路运输供给严重不足或长途运输运费过高条件下的必然趋势。例如,顺丰公司 2015 年已具有大型载货汽车 5 000 辆,飞机 39 架(其中自有 19 架,租用的 20 架),其结果是大大降低了快递公司对运输企业提供运输供给的依赖性。应该指出,从运输资源综合利用的角度出发,这并不是最好的选择。

当前,正处于快递业务量稳定、快速增长的时期,快递公司编制进一步发展计划和修建大型物流中心、货物中转中心建设规划的时期,铁路应设计提出适应运输市场需要的新产品,适时进入快递货物的运输市场,与快递公司共同编制发展规划,形成利益的共同体。当前,铁路新产品进入运输市场的有利因素是:

a. 快递公司已建立较完整的规章制度,可以保证货物运输的安全。

b. 快递货物的集中有利于组织整列运输,可以提高运输效率和效益。

c. 快递公司对铁路运输有迫切的需求。

铁路运输企业应抓住当前的大好时机,参与快递货物运输市场的建设。机不可失,时不再来。

⑤铁路快递货物

快递货物分为同城快递和异地快递,分别占 25% 和 75% 左右。

同城快递货物的运输过程,由市内交通实现,而城市间的异地快递货物的长途运输则由公路、铁路、航空运输来承担。有的快递公司拥有一定的自备汽车和飞机等运输工具,可以由自己公司解决公路和航空的长途运输问题,但快递公司不可能拥有路网性的铁路,铁路运输只能由铁路运输企业,向快递公司提供相应的运输产品。

铁路运输具有安全、可靠、运输及时、运输能力供应充足、运输经营灵活等特点,运输市场欢迎和需要铁路运输提供铁路货物快运产品。另一方面,铁路也需要为快运货物提供服务。当前铁路除中铁快运办理少量快递业务外,其他快运货物办理站,受营业网点设置等因素的制约,铁路货运办理快递业务量较少,从总体上说,铁路快递货运在运输市场所占的份额一直保持在较低水平。

在异地快递货物运输中,长途运输是关键性的环节。铁路运输企业以其所具有的运输优势,面向这一运输环节设计和推出运输市场需要的新产品,相信铁路在异地快递货物长途运输市场的市场份额必然会有一个由小到大的逐步发展过程。

因此,在快递货物运输工作中,铁路快递货物主要是指由快递公司托运的异地快递货物长途运输环节。

3. 运输承运人发运的货物

(1)运输承运、发运方法和运输经营人

运输是指借助于公共交通网络及设备和载运工具,通过一定的组织管理技术,实现人和物空间位移的一种经济活动和社会活动。在这里,作为一项经济活动和社会活动的四要素是:公共交通网络及设备、载运工具、运输对象人和物、组织管理技术。其中前两项是实现运输对象位移的条件,在第四项要素中掌握和实施组织管理技术的运输企业,通过适合运输市场运输需求的运输产品设计,针对新产品按科学的生产流程,实施生产过程质量控制,进行有效的产品调整。因此,掌握运输工具的运输企业(以下简称运输企业),是实现优质、高效运输过程的组织者,是运输系统的主体。

不论铁路货物运输,还是公路、水路或民航货物运输,一般说来,货物运输生产过程就其运输工作性质之不同,都可以划分为交通运输工具载运工作和货物运输商务工作两部分。交通运输工具载运工作属于交通运输部门内部的技术性工作,是实现货物位移,产生运输产品的生产性工作;而货物运输商务工作则属于货物运输生产过程中所包含的商业性事务和交通运输部门的服务性工作。

在铁路货物运输生产过程的全部作业中,途中列车运行与货车中转及装车站发送作业和卸车站终到作业中的技术作业,都是与组织货车移动相关的作业,承担完成这类作业过程的铁路行车部门(包括铁路车、机、工、电、辆等专业部门),一般情况下与货主不发生直接关系,属于铁路运输企业内部行车技术工作的范畴,按照铁路运输组织原则,它可以在铁路运输系统内实施高度集中统一指挥;而装车站始发作业和卸车站终到作业中的货运商务作业,是在货物运输过程的始点和终点作业,承担完成这类作业过程的铁路货运部门与当事的收发货人发生承托关系,并在交互中共同完成的作业,属于铁路货运营销和实务性质的业务活动。

显然,交通运输工具载运工作只能由掌握该交通运输工具的交通运输企业来组织实现,而货物运输营销和业务工作却可以根据具体情况采用不同的组织方法,它可分为货主直接托运和运输承包发运两种不同的组织方法。货主直接托运是由货主与运输企业直接发生托运与承运关系的运输业务工作组织方法(如图7.1.1所示);而运输承包发运是指由货主与运输承包人(运输经营人)发生托运与承运关系,并由运输承包人组织实现货物运输过程的运输业务工作组织方法(如图7.1.2所示)。

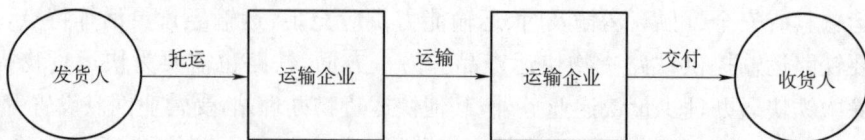

图 7.1.1　货主直接托运的运输生产过程示意图

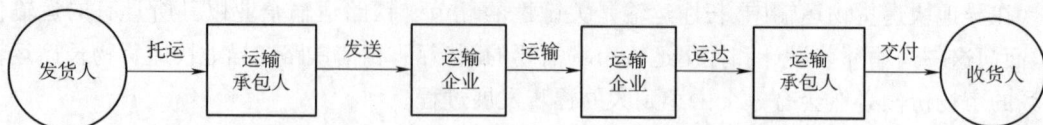

图 7.1.2　运输承包发运的运输生产过程示意图

运输承包发运方法在发达国家运输工作中得到了充分运用。这是因为运输承包发运制及运输经营人工作有如下重要意义：

①将整个货物运输过程划分为交通运输工具载运工作和货物运输业务两部分，并分别由掌握运输工具的运输企业和运输经营人两种运输行业来承担，实现运输过程组织工作的专业化分工，相对简化了运输企业运输组织工作，有利于提高运输工作质量。

②保证货物运输过程实现一票到家的"门到门"运输。在有多种运输工具参加实现货物运输过程的情况下，通过运输经营人的中转业务，可以顺利地实现不同运输工具间的紧密衔接和配合，从而实现"门到门"运输，有利于提高运输服务质量。

③保证利用最合理的运输方式，以最经济有利的运输径路实现货物运输过程。在各种交通运输方式线路交织成网的情况下，交通运输方式和运输径路常常可以有多种选择。由于运输经营人是组织货物运输的专业公司，对交通运输方式和运输径路的选择有丰富的经验，且联系着掌握不同运输工具的运输企业，因而它可以为货主选择一种最有利的运输径路（采用单一运输工具的直达运输或采用多种运输工具的联合运输），既可以节省运输费用，又可以合理运用各种运输工具。

④简化货主托运手续，最大限度地方便货主。对于工厂、企业，通过运输经营人办理货物运输，可以减少办理货运手续人员和工厂、企业的场库设备。

近三十年来，植根于我国经济社会大发展、人民生活水平大提高土壤中的快递货物运输快速增长，以运输承包发运方法为经营之本的快运公司应运而生，并迅速扩大的实践也说明，运输承包发运制是一种先进的货运业务组织体制，它不仅方便货主，而且可以提高运输服务质量，有利于专业运输企业进一步提高运输组织水平和运输生产效率。

（2）运输业务网

运输业务网是指以交通运输线网及其货物运输径路为依托，以公司设置在运输服务区域范围内交通运输线网节点地区的运输业务机构为节点，以至少有一条货物运输径路节点间的连接线为弧构成的网络。在网络图上，将连接两节点的连接线称为表明公司可办理货运业务区域范围的业务网线，可能的业务网线组成了公司的运输业务网，它是公司开展单一交通运输方式的运输业务和多种交通运输方式的联运业务，组织实现承运货物一票到家"门到门"运输过程的组织基础。因此，每一运输经营人或物流公司均在一定区域范围内构建属于本公司的运输业务网。

每一运输经营人或物流公司都通过在一定区域设置一定的业务机构(如分公司)的办法构成公司的运输业务基本网,并通过业务网上的这些机构处理货物的承运、中转和交付业务,以实现一票到家"门到门"运输。由此可见,运输经营人或物流公司业务机构的多少、设置区域范围的大小,也就是说,业务网的大小,基本上决定了该公司所能办理货运业务承包区域的范围,即货流吸引范围。显然,运输经营人或物流公司的业务机构越多,设置区域范围越广,业务网越大,其业务量也就越大。但是,就一家国际或国内运输承包公司或物流公司来说,要在世界各地或全国的每一个城镇设置业务机构是有困难的,因而它可能办理的业务范围就要受到一定的限制,因此,运输经营人或物流公司为扩展业务,均应建成一定规模基本网,并在逐步扩大基本网的基础上,构建公司的运输业务扩展网。

在我国,伴随着快递货物运输需求的出现和发展,而建立和发展起来的快递公司及其相应的运输业务网,从小到大已经形成了一定的规模,有的快递公司,其业务网已遍及全国城乡地区,已形成了全国性的运输业务网,为进一步发展快递业务提供了技术基础。

(3)快递货物运输的承包形式

快递货物运输可以由快递公司承办也可以由运输企业承办,在我国快递货物运输已经形成了以快递公司承办为主的态势(事实上发达国家也有如此情况),由于快递货物件数多,每件重量和体积小,在快递货物进入发、到地间运输过程之前,均需要通过货物集结的过程,形成一定的运输单元或装载单元发运,铁路运输的运输单元是列车、装载单元是货车,当快递公司在一定的货物集结周期内,可以集结成一个运输单元或装载单元时,就可以向铁路托运。

在铁路运输中,快递公司为了能及时得到铁路运输能力的供给,确保货物及时发运,一般情况下,根据公司的快递货运量,都希望能够从铁路得到相应运输供给的承运合同。铁路运输企业为了确保稳定的快运货物货流,稳定的运输收入,也希望与快运公司签订相应的运输承包合同。因而,在铁路快递货物运输中,大部分货物运输量是以与快递公司签订承包合同形式落实的。

铁路快速货物承包运输合同的基本条款应该是,在规定时期内,铁路应按合同规定,适时地向快递公司提供适装的货车或适时发运,快递公司则应及时按照合同规定向铁路支付运输费用。

在实际工作中,铁路快运货物的运输组织,可采用如下的承包形式:

①按列承包

由一家专业运输公司(如快递公司等)对整列运输资源,按优惠的运价率承包,组织整列快递货物运输。经铁路同意,铁路总承包人也可以进行分包。

a. 按列承包方式

快递货物列车的整列运输资源包括占用铁路区段通过能力的运行线和动车组或整车两部分。因此,按列承包模式也可以采用两种承包方式。

(a)按列承包运输能力。

运输能力是指区段输送的货物吨公里数,它借助于装运货物动车组列车或货车列车按指定运行线的运行来实现。因此,按列承包运输能力是基于铁路运输企业提供列车运行线及在一运行线上运行的动车组基础上的承包。

(b)按列承包通过能力。

通过能力是指区段运行的列车数(运行图上可铺画运行线数)。因此,按列承包通过能力是对列车运行线的承包,是在快递公司自备货运动车组条件下的承包。

b. 制定按列承包收费办法应考虑的主要因素

(a)铁路线路固定设备的投资及折旧。

(b)动车组的购置费、维修养护费及其装载量。

(c)为反映开行一对快递货物列车需使用动车组数的动车组使用系数。

(d)当采用按列承包通过能力方式时,承包人提供动车组的速度标准。

(e)列车运行线发、到时间的时间段系数。从分析旅客出行的角度出发,可以把一天的有效时间划分为繁忙时间段、非繁忙时间段和一般时间段,时间系数可分别取值为大于1、小于1和等于1。

②按车承包

由一家专业运输公司对一辆货车的运输量进行承包,铁路以较优惠的运价率计算承包费用,经铁路同意,承包人也可以组织分包。

没有采用承包运输形式的众多专业运输公司,以快递货物包的形式,向铁路交运货物,并按快运货物办理交接。

应该指出,运输承包发运和运输承包是两个不同的概念,运输承包发运是指发货人向运输经营人托运货物;而运输承包是指运输经营人向运输企业承包运输工具或运输产品。

(4)集装箱货物

①采用集装箱组织货物运输的优点

集装箱是一种容器,是具有一定规格和强度,专为周转使用的大型货箱,采用集装箱组织货物运输的优点是:

a. 提高装卸效率,减轻劳动强度。

由于集装箱运输扩大了运输装载单元,规范了单元的尺寸,为实现货物的搬运和装卸机械化提供了条件,明显提高了货物装卸和搬运效率。

b. 减少货损货差,提高货物运输安全与质量。

采用件杂货运输方式时,由于在运输和保管过程中货物不易保护,货损、货差情况较为严重,而采用集装箱运输方式时,由于集装箱强度较高,密封性较好的箱体对货物进行保护,在货物的搬运、装卸和保管过程中不易损坏,不易受潮,货物在运输过程中丢失的可能性大大降低,货物完好率提高。

c. 缩短货物在途时间,加速车辆周转。

集装箱化为货物的装卸、堆码的机械化和自动化创造了条件,标准化的货物装载单元使装卸、搬运动作变得简单而有规律,并实现自动化控制的作业过程和压缩在站停留时间。同时,由于集装箱运输方式减少了收、发货的交接手续,方便了货主,提高了运输质量。

d. 节省货物运输包装,推进包装的标准化。

集装箱箱体作为一种能反复使用的包装物,其一次性投资较多,但单位货物运输分摊的包装费用投资反而降低,同时促进了商品包装的进一步集装化和标准化。

凡是能装入集装箱,且不对集装箱造成损坏的货物,均可规定为适箱货物。因此,快运货物均属于适箱货物,可以装入集装箱运输。

②按批办理集装箱运输条件

铁路办理适箱货物的集装箱运输，必须到集装箱办理站按批办理。按一批办理的条件是指：

a. 每批货物必须是统一吨位的集装箱。

b. 每批货物必须至少一箱，最多不得超过一辆集装箱货车的装箱数，并规定由发、收货人装箱、封箱和拆箱，重量由发货人决定，铁路按箱承运，不查点箱内货物。

由于零散货物、快递货物批数多，每批数量少、拼装工作十分复杂，且集装箱容积大，装满集装箱可能会需要延长集结时间，因此不适合集装箱运输。但批量零散货物为整车货物，批量较大，是适箱的快运货物，可选择集装箱运输。

7.1.2 铁路货物快运

从沿用的习惯性概念出发，快运货物是指需要组织快速运输，压缩货物运输过程消耗时间的货物，而货物快运是以实现压缩货物运输过程消耗时间为目标，而采取的运输组织方法。

铁路快运货物运输的基本要求虽然只是一个"快"字，但"快"字有多方面的内涵，要求通过高速运输实现"快运"，通过及时发货实现"快运"，通过准时到达实现"快运"。由于缺乏对快运总体目标的研究，组织快运的方法不落实，致使铁路快运货物质量达不到运输市场的需求。此外，复杂的铁路货物运输生产过程，工作环节多，耗时长，是不适应运输市场对快运货物运输期望的一种运输组织方法。需要铁路对快运货物长途运输过程采用新的运输组织方法。

为此，我们提出，货物快运是指以"及时、快速、准确"为目标的货物运输组织方法的概念。

1. 及时

"及时"是指及时发货，是在货物发运地实现快运的方法。

货物承运后，在货物发运地将产生三项时间消耗。

(1)必要的货物集结时间

一单快运货物(尤其是快递货物)承运后，不可能成为一个货物装运单元。在这里，对于批量零散货物的装运单元可以有整列、整车和集装箱，而对于零散货物和快递货物多为货物运输包。为形成装运单元，均将产生一个货物集结时间。快运货物采用整列作为装运单元的概率相对较小，多数采用整车和货物装运量不固定的货物运输包。

铁路将以如下三种方式向社会提供货物快运服务：

①以按日定时定点的方式开行快运货物列车。

②以按日定时定点的方式加挂快运货车组的快运货物列车。

③以按日定时定点的方式开行的加挂装载快运货物货车的旅客列车。

从高质量的铁路快运运输供给可以看出，铁路提供的是按日集结的运输服务。但铁路直接承运货物可根据情况采取按日或隔日(n日)装运的方式组织运输，运输经营人则可按向社会提供的运输服务质量水平，按日或按n日组织运输。从快运货物特征出发，按日组织装运可以充分满足货主随时产生的运输需求，货物平均集结时间较短。

货物集结发生在铁路车站或承运人的营业网点或公司场库，采用按日集结的方式也有利于提高企业运作效率和经济效益。

（2）集结结束后的必要货物作业时间和短途运输时间

货物集结过程结束后，转入承运人办理必要的货物作业和短途运输工作的环节，这一环节的时间消耗基本上是固定的。

（3）等待装运的时间

受铁路列车运行图去向别列车出发时间安排的制约，第（2）项作业后与铁路装运开始时间不可能实现无缝衔接，产生一定的等待时间是必然的。

由此可见，快运货物"及时"发运的关键性因素是货物集结方式，采用按日集结方式，组织按日及时发运是实现货物在发货地快运的最有效方法。

2. 快速

"快速"是指快速运输，是货物在发到站间输送过程中实现快运的方法。

快运货物装载车的"快速"，通过开行快运货物列车和将快运货物装载车附挂到列车速度高、发到站间直达的优质列车输送来实现。

铁路客货运输都有优质高效的列车，在旅客运输方面，有高速铁路的高速列车，快速铁路的旅客快车。在货物运输方面，有技术站间的技术直达列车和直通列车。

（1）旅客列车的优势

①在发到站间直达速度高，高速列车可达 160～240 km/h，快速列车可达 60～120 km/h。

②可实现发到站间直达运输。

（2）技术直达和直通列车的优势

①快运货物装载车，可以方便地在发、到技术站挂车和摘车，沿途车辆无改编、货物无换装。

②可实现发到站间直达运输。

（3）"快"的基本点

由于快运货物对"快"字的需求很高。从这一基本点出发，快运货物以开行快运货物列车和采用附挂旅客列车的方案为宜，它的基本点是：

①按日定时开行的列车。

②点对点间开行的列车。

③途中无停车摘挂作业、直达运行的列车。

因此，采用上述方法开行专列或货车附挂旅客列车的方式，组织站到站直达运输是实现货物在发到站间快运的最有效方法。

3. 准确

"准确"是指货物准时送达，完整交付，是货物在终到地实现运输产品质量提高的考核标准。

"及时"和"快速"为快运货物的快运提供了条件，但快运的最终实现还有赖于调度指挥工作中实现严格的按图行车工作制度。因此，货物在终到地实现准时送达，完整交付的关键是调度指挥工作，组织严格按图行车是实现货物在终到地快运目标的最有效方法。

在实际工作中，根据铁路货车输送组织的需要，在整个货车输送过程中，在技术站也可以发生一定次数的改编中转作业；根据运输市场的运输需求和运价率水平的高低，可以适当调整对"快速"的要求，但其中"及时"和"准确"两因素目标原则上是不应降低的。

7.2 铁路快运货物运输新产品系列设计方案及分析

7.2.1 快运产品设计的依据

1. 运输市场的运输需求期望目标

(1)零散货物

零散货物是附加值高、时效性强、需要压缩货物运输时间消耗的铁路快运产品。它的特点是批数多、批量小、每件重量轻、体积小、对运输安全和运输时间有严格的要求。

因此,零散货物对运输有如下要求:

①组织按日定时的运输。

②组织点到点直达运输。

③组织快速列车运输,并承诺运到期限。

铁路零散货物运量不大,适宜于采用旅客列车加挂行李车装运的办法。

(2)铁路快递货物

铁路快递货物的性质和特点与铁路零散货物相同,但它的运量大,增长速度高,因运量主要集中在部分城市间和掌握在少数快递公司手中,是铁路期望的新增的运输产品,它对运输的要求是:

①组织按日定时的运输。

②组织点到点的直达运输。

③组织快速列车的运输,并确保按时将货物运达至到达站。

④根据快递公司的需要,可以组织按列、按车的承包运输。

快递货物发、到地域和运量掌握公司的集中,有利于组织整列运输。因此,铁路快递货物适宜采用组织开行快递货物列车和旅客列车加挂行李车装运的办法。

(3)批量零散货物

批量零散货物适于铁路整车快运货物。它具有批数多、批量大、运输量大、有条件组织直达运输的特点,它对运输的要求是:

①受货源分散的影响,车站装车数较少,不可能组织全程的直达列车,在运输途中将发生一次或两次的改变中转作业,但分段的列车运行必须组织直达列车输送。

②以技术直达列车运行速度运行,并确保以普通货物运输最高的旅行速度输送货物。

③组织列车按日定时运行,承诺货物运到期限。

由于车流量较大,适宜采用组织快运货物列车和技术直达列车加挂快运货车组的方法组织输送。

2. 可利用的铁路客运优势资源

铁路客运优势资源表现在如下方面:

①速度优势。高速铁路列车运行速度可达 350 km/h,快速铁路也可达到 200 km/h。

②地域优势。铁路客运遍布全国各地,高速铁路也已经成网,吸引范围大。

③服务频率的优势。当前全国铁路开行旅客列车 3 000 多对,不仅分布地域广,而且有较

大的开行密度。

④技术优势。我国铁路车辆制造技术已经走到世界先进水平，可以制造出适应不同技术等级要求的高质量客运动车车辆或货运车辆。

合理利用铁路客运资源优势，可以有效提高铁路快运产品的快速性。

3. 快运产品与客运产品的发展准则关系

快速货物运输与旅客运输相比较，旅客运输的优先级高，因此处理快运产品与客运产品的关系时，必须遵循客运优先的原则，即：

①在旅客列车运行图上铺画快运货物列车运行线，必须首先检查通过能力是否容许，并以不影响旅客列车开行方案为原则。

②装运货物必须与旅客乘车区有隔开设备，避免影响旅客乘车条件。

③不影响旅客列车停站时间，利用旅客列车途中客运站、中间站停站时间组织货物装卸作业，是不安全的作业方法，风险很大。

为此，我们采用了旅客列车装运货物仅限在旅客列车始发站和终到站进行，它只装运发、到站间的货物，途经的客运站和中间站一律不组织货物装卸，亦即不办理快运货物运输业务。此外，采用在旅客列车上加挂专用货车的办法来装运货物，可以不影响旅客的乘车条件和旅客的安全。

7.2.2 新产品系列设计方案

1. 初始设计方案

基于铁路快运产品设计依据和快运货物运输市场细分提出要求的分析，铁路应通过建立快速铁路货物运输系统，来适应快运货物对快运提出的特殊要求，设计提出以实现压缩在途时间为目标的运输组织方案，即铁路快运货物运输新产品系列设计方案，从运输市场的期望出发，设计方案理论上应包括：

(1) 快递货物(含快运零散货物)运输

①对于具备开行快递货物列车条件的两城市间。

运用高速铁路货运动车组，在高速铁路网上，开行以按日、定时、途中无作业的列车组织模式，以高速列车速度运行，专门用于运输快递货物的快递货物列车，形成输送快递货物的快运新产品。

运用机车牵引 160 km/h 货车组或运行速度达到 160 km/h(直达速度约为 120 km/h)的新型棚车编组，在快速铁路网上，按日、定时、途中无作业的列车组织形式，开行以旅客快车直达速度(如 160 km/h)运行，专门用于运输快递货物的快递货物列车，形成运送快递货物的快运新产品。

高速铁路、快速铁路快递货物列车运输的货物，按运到时限可分为"半日达""一日达"和"准时达"三类。确保分别用于承运次日上午、下午和承运第三日运达。

②对于不具备开行快递货物列车条件的两城市间。

在高速铁路旅客列车动车组中，编挂一辆用为装运快递货物、零散货物的高速铁路货运动车车辆，形成输送快递货物的快运新产品。

在快速铁路旅客快车上,编挂一辆用以装运快递货物、零散货物行李车,形成输送快递货物的快运新产品。

(2)批量零散货物运输

①对于具备开行整列城际快捷货物列车条件的城市间。

在既有铁路线上,运用普通货车技术直达列车的方式,按日、定时、途中无作业的列车运行组织模式,在两城市间开行以技术直达列车速度运行,专门用于输送批量零散货物的城际快捷货物列车,形成输送快运货物的快运新产品。

②对于不具备开行整列城际快捷货物列车条件的城市间。

在既有铁路线上,运用由快运货车组与普通货车组组成,按日、定时、途中无作业的运行组织模式,在两城市间开行以技术直达列车速度运行,专门用于输送批量零散货物的城际快捷货物列车,形成输送快运货物的快运新产品。

2. 方案的比较分析和推荐方案

根据运输市场对快速货物运输的需求,也为了充分利用高速铁路的高速优势资源,铁路快速货物运输新产品设计方案推出开行高速铁路快递货物列车和高速列车装运快递货物的方案,以动车组或货运动车车辆为载体的快递货物列车和高速旅客列车运行条件,动车组的走行与开行高速铁路高速列车完全一样。只是前者车内装运的是货物,后者乘坐的是旅客。因此组织列车运行的技术上是可行的。问题是:

①现有高速铁路设计规范和技术标准不支持开行快递货物列车。

②客运站的设计不能满足旅客列车装运快递货物的要求。

因此,目前组织开行快递货物列车、用旅客列车装运货物还有一定的困难,这一部分新产品设计方案只能暂缓推行。

此外,通过对高速铁路和快速铁路开行快递货物列车、旅客列车装运快递货物的十多项指标和状况的分析比较(见表 7.2.1),我们发现,两种设计方案在适应运输需求、运行图货物运输时间消耗、运输过程的可靠性(正点率水平)、运输费用和方案可实施性等方面都有不同的反应,从总体看,快速铁路快递货物运输产品设计方案是较优的方案,应优先采用。因此,当前可操作的推荐方案是:

(1)快递货物(含快运零散货物)运输

①对于具备开行快递货物列车条件的两城市间。

运用机车牵引 160 km/h 货车组或运行速度达到 160 km/h(直达速度约为 120 km/h)的新型棚车编组,在快速铁路网上,按日、定时、途中无作业的列车运行组织模式,开行以旅客快车直达速度(如 160 km/h)运行,专门用于运输快递货物的快递货物列车,形成运送特级快递货物的快运新产品。

快速铁路快递货物列车运输的货物,按运到时限分,它可分为"半日达""一日达"和"准时达"三类。确保分别于承运次日上午、下午和承运第三日运达。

②对于不具备开行快递货物列车条件的两城市间。

在快速铁路旅客快车上,编挂一辆用为装运快递货物行李车,形成输送一级快递货物的快运新产品。

（2）批量零散货物运输

①对于具备开行整列城际快捷货物列车条件的城市间。

在既有铁路线上，运用普通货车技术直达列车的方式，按日、定时、途中无作业的列车运行组织模式，在两城市间开行以技术直达列车速度运行，专门用于输送批量零散货物的城际快捷货物列车，形成输送三级快运货物的快运新产品。

②对于不具备开行整列城际快捷货物列车条件的城市间。

在既有铁路线上，运用由快运货车组与普通货车组组成，按日、定时、途中无作业的运行组织模式，在两城市间开行以技术直达列车速度运行，专门用于输送批量零散货物的城际快捷货物列车，形成输送三级快运货物的快运新产品。

由上述运输产品组成运输系统为铁路快速货物运输系统。

表 7.2.1　两类快递货物列车的比较分析

比较项目			高速铁路快递货物列车	快速铁路快递货物列车
列车运行线路			高速铁路	快速铁路
货物载运工具			动力分散货运动车组	机车牵引 160 km/h 货运动车组或 120 km/h 新型棚车
运输能力供给			需开行快递货物列车的高速铁路通常能力比较紧张	能力供给充足
列车运行图特征			有固定的综合维修天窗	无固定的综合维修天窗
列车运行正点率水平			高	较高
列车运行速度			高	较高
货物输送时间	发送地消耗时间		基本相同	基本相同
	终到地消耗时间		基本相同	基本相同
	途中消耗时间	跨天窗	较长	相对较短
		不跨天窗	相对较短	相对较长
可实现"半日达""一日达"的距离			相对较短	相对较长
站台装卸条件			基本上不具备	具备
动车组改造			较难	较易
运输费用			较高	相对较低
方案可实施性			实施较难	实施相对容易

7.3　铁路快速货物运输系统参数的确定

7.3.1　铁路客车快速货运市场参考运价率

参考运价率按办理营运业务旅客列车营运速度的不同，分为高速铁路 300 km/h、250 km/h、200 km/h 和快速铁路 160 km/h、120 km/h 和 80 km/h 六种速度测算。

参考运价率可供铁路制订运价水平时参考，其值通过与民航货物运输运价率和公路货物运输运价率分析比较确定。

快速货物运输追求的目标是"快",压缩货物运达时间。在货物运达时间中,包括货物在始发地和终到地办理相关作业和等待发运的时间以及货物在途时间。由于在发、到地需要办理的作业基本相同,货物装运的模式也基本相同,所以由不同运输经营人经营,不同运输方式承运的货物,这部分时间差距不大。据此,不同运输方式货物运达时间的比较主要是货物在途时间的比较。在运输市场,参与快递货物运输的主要是公路运输、民航运输和铁路运输。因此,铁路运价率水平的比较,主要是与公路、民航运价率水平的比较。

设运输方式别货物在途时间分别为 $t_航$、$t_公$、t_{300}、t_{250}、t_{200}、t_{160}、t_{120} 和 t_{80},若不同运输方式间货物在途运输时间的差异用差异系数(ρ)表示,则有

$$\rho_{航铁}=\frac{t_航}{t_铁} \text{ 或 } \rho_{公铁}=\frac{t_公}{t_铁}$$

货物在途时间可按如下式计算:

$$t_{在途}=\frac{l_货}{\beta_v v_营}$$

式中　$l_货$——货物运输距离,km;

　　　$v_营$——运营速度(对于航空运输为飞机空中飞行速度,公路运输为汽车运行速度,铁路为列车运行速度),km/h;

　　　β_v——速度系数。

民航飞机运输货物的在途时间是指飞机离开机位起时至到达机场机位停机时止全程所消耗的时间,用速度系数考虑飞机在机场走行时间和起飞、降落的附加时间对速度指标的影响;公路汽车货物运输的货物在途时间是指从汽车在装车站开车时起,至到达卸车站到达时止在途中消耗的时间,用速度系数考虑到汽车在途中检修和司机途中休息时间等因素对速度指标的影响。照例,铁路运输也采用速度系数指标。

这样,货物在途运输时间差异系数 $\rho_{航铁}$、$\rho_{公铁}$,也可按下式计算:

$$\rho_{航铁}=\frac{\beta_铁}{\beta_航}\frac{v_铁}{v_航} \text{ 或 } \rho_{公铁}=\frac{\beta_铁}{\beta_公}\frac{v_铁}{v_公}$$

设运输方式别货物运输运价率各为 $e_航$、$e_公$、e_{300}、e_{250}、e_{200}、e_{160}、e_{120} 和 e_{80},根据货物在途时间差异系数,铁路快递货物运价率水平可按下式测算:

$$e_铁=e_航 \rho_{航铁}\alpha_优 \text{ 或 } e_铁=e_公 \rho_{公铁}\alpha_优$$

式中　$\alpha_优$——铁路运价优惠系数,一般可取 0.80~0.90。

若取飞机空中飞行速度为 900 km/h,货物运输运价率为 5.99 元/(t·km),公路运输汽车运行速度为 50 km/h,货物运输运价率水平为 0.32 元/(t·km),高速铁路营运速度分别为 300 km/h、250 km/h、200 km/h,快速铁路营运速度分别为 160 km/h、120 km/h 和 80 km/h,民航、公路、铁路运价优惠系数取 0.9,速度系数都取 0.8。铁路客车快速货运市场参考运价率测算结果见表 7.3.1。

表 7.3.1　铁路市场参考运价率测算表

对比运输方式	直达速度 (km/h)	运价率 $e_航$、$e_公$ [元/(t·km)]	差异系数 $\rho_{航铁}$、$\rho_{公铁}$						参考运价率 $e_{航铁}$、$e_{公铁}$ [元/(t·km)]					
			300	250	200	160	120	80	300	250	200	160	120	80
民航	900	5.99	0.33	0.28	0.22	0.18	0.13	0.09	1.80	1.50	1.20	0.96	0.72	0.48
公路	50	0.32	6.00	5.00	4.00	3.20	2.40	1.60	1.73	1.44	1.15	0.92	0.69	0.46

7.3.2　货运动车组货运动车车辆的有利货运量

设动车组二等车的座位数为 $A_{客2}$，列车运行距离为 l，近期实际平均每车上人数为 $A'_{客2}$，旅客平均乘车里程为 l'，则客车的客座利用率 $\rho_{客}$ 应按下式计算：

$$\rho_{客}=\frac{A'_{客2}l'}{A_{客2}l}$$

据此，也有

$$A'_{客2}l'=\rho_{客}\,A_{客2}l$$

设二等车的运价率为 e_2，则一个车次中一辆二等车的运输收入 $E_{客2}$ 为

$$E_{客2}=A'_{客2}l'e_2$$

$$E_{客2}=\rho_{客}\,A_{客2}le_2$$

改为货运动车车辆时，若标记装车吨数为 P，货运动车载重量利用率为 $\rho_{动}$，运价率为 $e_{货}$，则一个车次一辆货运动车车辆的收入 $E_{货}$ 为

$$E_{货}=Ple_{货}\,\rho_{动}$$

当 $E_{货}\geqslant E_{客2}$ 时，一辆二等车改为货运动车车辆是有利的，有利条件可写为

$$\rho_{动}\geqslant\frac{\rho_{客}\,A_{客2}e_2}{Pe_{货}}$$

$$P_{动}=P\rho_{动}\ 或\ P_{动}=P\rho_{动}\,\alpha$$

式中　$P_{动}$——货运动车车辆有利载重量；

　　　α——铁路运价优惠系数。

根据铁路总公司有关文件，当高速列车直达速度为 300 km/h，二等车的运价率为 0.453 3 元/（人·km），快速铁路直达速度为 160 km/h 为 0.308 55 元/（人·km），货运运价率则可采用比照的方法来测算。

若用与民航比较的数据，则分别表示 300 km/h 和 160 km/h 直达速度的高速列车货物运价率为 1.80 元/（t·km）和 0.96 元/（t·km），铁路运价优惠系数取 0.90，高速铁路和快速铁路货运动车车辆标记载重分别为 17 t 和 20 t，二等车座席数为 85 和 103。

这样，若取 $\rho_{客}=0.6$，对于 300 km/h 高速列车，则有

$$\rho_{动}\geqslant\frac{0.6\times85\times0.453\ 3}{1.80\times17}\approx0.76$$

$$P_{动}=17\times0.76\approx13(t)$$

对于 160 km/h 动车组列车，有

$$\rho_{动}\geqslant\frac{0.6\times103\times0.308\ 55}{0.96\times20}\approx0.993$$

$$P_{动}=20\times0.993\approx20(t)$$

不同条件下 $P_{动}$ 的计算见表 7.3.2。

这一分析计算表明，货运动车车辆的有利装车量（$P_{动}$）与一系列因素相关，不同线路应取不同数值。

表 7.3.2 货运动车有利装载量计算表

速度 (km/h)	二等车 座席率数	客座运价率 [元/(人·km)]	货运运价率 [元/(t·km)]	动车标重 (t)	运价优惠率	座席利用率	有利动车载 重量利用率	有利载重量 (t)
300	85	0.453 3	1.8	17	0.9	0.6	0.76	12
						0.7	0.88	13
						0.75	0.94	14
						0.8	1.01	15
160	103	0.308 55	0.96	20	0.9	0.6	0.993	20

7.3.3 快速铁路新型棚车车组快递货物列车的编成

为适应快递公司不同地区、不同快递货物运输需求的差异,铁路运输企业将提供的货运动车车组组成的快递货物列车和由新型棚车车组组成的快递货物列车两种快运货物新产品。其中货运动车组由 8 辆动车组成,既可开行由一组动车组组成的快运货物列车也可开行由两组动车组组成的快运货物列车。

为使新型棚车车组快递货物列车在运输供给方面与货运动车组快递货物列车保持一致,在实际运输工作中增加互相替代性,新型棚车车组应采用与货运动车组相同的组成方式,即由 8 辆载重量 20 t 的新型棚车组成一个车组,根据运输的需要既可以开行一个新型棚车车组的快递货物列车,也可开行由两个新型棚车车组组成的快递货物列车。新型棚车车组快递货物列车运行速度和直达速度各为 160 km/h 和 120 km/h。

7.3.4 快捷货物列车的编成辆数

设开行快捷货物列车吨公里的收益为 $\Delta e_{快}$,则列车的效益($E_{快}$)为

$$E_{快}=m_{快捷}P_{快}\,l\Delta e_{快}=\alpha\beta mP_{静}\,l\Delta e_{快}$$

式中 $P_{静}$——货车静载重;

$\quad\quad l$——列车运行距离;

$\quad\quad \alpha$——快捷货物列车编成辆数($m_{快捷}$)与普通货物列车编成辆数(m)的比值,即 $\alpha=\dfrac{m_{快捷}}{m}$;

$\quad\quad \beta$——快运货车平均载重量($P_{快}$)和普通货车平均载重量($P_{静}$)之比,即 $\beta=\dfrac{P_{快}}{P_{静}}$。

若开行普通货物列车的吨公里的收益为 $\Delta e_{吨公里}$,则列车的效益($E_{技}$)为

$$E_{技}=mP_{静}\,l\Delta e_{吨公里}$$

当 $E_{快}\geqslant E_{技}$ 时,开行快捷货物列车是有利的。因此,有利条件可写为

$$\alpha\beta\geqslant\frac{\Delta e_{吨公里}}{\Delta e_{快}}$$

$$\alpha\geqslant\frac{\Delta e_{吨公里}}{\beta\Delta e_{快}}$$

作为宏观意义上的近似分析计算,可以用运价率表示吨公里运输产品的收益($e_{吨公里收}$),而以吨公里支出($e_{吨公里}$)表示运输成本,则有

$$\Delta e_{快}=e_{快}-e_{吨公里}$$

$$\Delta e_{吨公里} = e_{吨公里收} - e_{吨公里}$$

$e_{快}$、$e_{吨公里收}$各为快运货物和其他货物的平均运价率,按日常实际均价取 $e_{快}=0.140$ 元/(t·km),则以 5 号运价率[$e_{吨公里收}=0.103$ 元/(t·km)]表示其他货物平均运价率。$e_{吨公里}$ 可由《铁路建设项目经济评价方法与参数》一书中查找[取值为 0.043 63 元/(t·km)],$P_{快}$按目前批量零散货物实际静载重取值,为 45.1t。因而有

$$\beta = \frac{45.1}{63.8} = 0.706\ 9$$

$$\Delta e_{快} = 0.140 - 0.043\ 63 = 0.096\ 37\ [元/(t·km)]$$

$$\Delta e_{吨公里} = 0.103 - 0.043\ 63 = 0.059\ 37\ [元/(t·km)]$$

$$\alpha \geqslant \frac{0.059\ 37}{0.096\ 37 \times 0.706\ 9} = 0.871\ 5$$

$$m_{快捷} \geqslant = 50 \times 0.871\ 5 = 44(车)$$

这一分析计算表明,在给定条件下,批量货物列车编成在 44 车及以上就是有利的。

对于重组快捷货物列车的编成辆数,由于拟与编组站车流合并的快运货车车数较少,原则上应以技术直达列车的编成辆数作为快捷货物列车的编成辆数,但必要时,也可以开行编成辆数减少的快捷货物列车。

设快运货车车组编成为 $m'_{快捷}$,列车编成中可减少的普通货车数 $m'_{技}$,则有

$$m'_{技} = \frac{m'_{快捷}}{\alpha}$$

这时,快捷货物列车的编成辆数($m_{快捷}$)为

$$m_{快捷} = m + m'_{快捷} - m'_{技}$$

这一数值可作为最小编成控制数。

若 $m'_{快捷} = 10$ 车,则有

$$m'_{技} = \frac{10}{0.871\ 5} = 11(车)$$

若 $m = 50$ 车,此时,可有

$$m_{快捷} = 50 + 10 - 11 = 49(车)$$

7.4 铁路快运货物列车运行组织

7.4.1 铁路快递货物列车

1. 快递货物列车的特征

快速铁路快递货物列车是以机车牵引 160 km/h 或 120 km/h 货车组为载体,以安全快速输送快递货物为目标,以旅客快车速度运行于快速铁路发、到客运站间或发、到地指定车站间,沿途客运站无作业的直达快递货物列车。

因此,快速铁路快递货物列车与一般货物列车不同,它是:

(1)由货运动车组或 160 km/h、120 km/h 货车组组织而成的货物列车。

(2)运行于快速铁路上的货物列车。

(3)具有与旅客快车相同速度等级、在运行图上可以与高速旅客列车或旅客快车平行铺画

列车运行线的货物列车。

（4）途中无作业、直达运行于发、到客运站间或发、到地指定车站间的货物列车。

具有上述四项特征的货物列车，决定了它也有与相同速度等级旅客快车相同的直达速度。

对 2015 年春季旅客列车运行图的分析计算表明，快速铁路网直达速度在 80～160 km/h，并可用三个典型的数值，即快速铁路为 80 km/h、120 km/h、160 km/h 为代表，这些速度指标同样适用于快递货物列车。

2. 列车的编组

动车组由 8 辆 160 km/h 的专用货车或行李车以及 120 km/h 的棚车组成一个货车组，与动车组相同，列车编成可以是一组也可以是两组。

为减少开行快递货物列车对快速铁路通过能力的占用，当客流区段的货运量达到开行由两个动车组或新型棚车车组组成的长编组列车时，原则上都应组织开行长编组列车，但必要时，也可以开行短编组列车。

（1）根据货运量需开行的车组数为奇数时，必有一组应开行短编组的货物列车。

（2）根据货运量需开行的动车组数为双数时，是全部开行长编组列车，还是将其中的两组提前结束货物集结，组织实现货物达到"半日达"的目标，开行短编组列车，在实际工作中，可根据具体条件做出选择，对通过能力利用较为紧张的线路，仍应采用长编组列车方案，而条件容许时，则应采用小编组方案，争取向运输市场提供更多"半日达"运输产品产出。

3. 快递货物列车输送货物的运达时间

快运货物运达时间是指从承运时起，至交付时止货物输送全过程所需要的时间，它由三部分时间组成，即货物在发货地办理货运业务和短途集运的时间、货物在途时间、货物在终到地办理业务和分送的时间。

（1）货物在途时间

货物在途时间是一项不包括发运端和终到端货运业务、货物集结等因素的时间。对于公路运输货物来说，货物在途时间是指汽车由装车地点发车时起，至到达卸车地点时为止的时间，一般以天为计量单位，它包括：

①汽车运行时间。

②汽车加油和检修停车时间。

③在沿途和夜间司机休息时间（若采用轮班驾驶的方式，可缩短司机休息时间）。

对铁路运输来说，货物在途时间是指货物列车由始发站发出时起，至到达终到站时止的时间，一般以小时为计量单位，它包括：

①列车在区段内的运行时间。

②列车在沿途技术站办理中转作业的停车时间。

③列车在沿途中间站办理技术作业的停车时间。

表 7.4.1 为部分运输经营人经营公路快运货物运输，实际达到分析指标的计算表。而快速铁路旅客列车直达速度（包括全程在客运站、中间站停车时间在内）可达 60～120 km/h。对比铁路与公路的货物运达速度可以发现，在正常情况下（公路运输司机夜间休息）公路运输为 20～30 km/h，对于快速铁路，货物运送速度是公路运输的 3～4 倍。

表 7.4.1 公路快运货物运输分析指标计算表

发到地	里程 (km)	承运公司	在途时间 (d)	货物品类	基价 (元/t)	运价率 [元/(t·km)]	货物送达速度 (km/h)
北京— 广州	2 430	北京百纳速达货运有限公司	2	零散	650	0.267 5	50.6
	2 430	北京百年润通物流有限公司	4	零散	850	0.349 8	25.3
	2 430	北京吉运通物流公司	3	零散	700	0.288 1	33.8
广州— 北京	2 430	广州市中港通物流信息部	2	零散	600	0.246 9	50.6
	2 760	广州东江物流有限公司	4~5	零散	650	0.235 5	23.0~28.8
	2 248	广州市惠昌物流有限公司	2~3	零散	500	0.222 4	31.2~46.8
	2 430	广州市恒运兴物流公司	2	零散	1200	0.493 8	50.6
北京— 上海	1 300	北京佳盛龙腾物流有限公司		零散	420	0.323 1	
	1 200	北京金宇鑫物流有限公司		零散	350	0.291 7	25.0
	1 370	北京金水川物流有限公司	2	零散	0.8 元/kg	0.583 9	28.5
	1 460	北京马车夫流有限公司	2	零散	0.7 元/kg	0.479 5	30.4
	1 300	北京丰光信达物流有限公司	1	零散	240 元/m³		54.2
上海— 北京	1 500	上海大地物流有限公司	2	零散	500	0.333 3	31.3
	1 500	上海洪如物流有限公司	3	零散	550	0.366 7	20.8
	1 392	上海鲁闵实业有限公司	2~3	零散	500	0.359 2	19.3~29.0

(2)货物在始发地消耗时间

货物在始发地消耗时间是指由货物承运时起至装车发运时止在发货地停留的时间(它由必要的作业时间和等待装运时间组成),它与货物的装车发运有密切关系。

根据快运货物"量小流向分散"的特点,货物发送必须经过集货的环节。图 7.4.1 列举了在采用快速铁路运营条件下,快递货物运输在发货地两天一个工作流程的时间安排。8:00~18:00 为运输企业人营销点对外营业办理货物承运集货时间($t_营$),18:00~24:00 为运输经营人对当天承运货物办理必要作业和短途运输工作时间($t_{作业f}$),00:00~24:00 为货物装运和列车运行时间。在这一作业流程中,关键点是货车结束集结时间,或者说 $t_{作业f}$ 的开始时间点的位置,它决定了可能发车时间域的位置和长短。

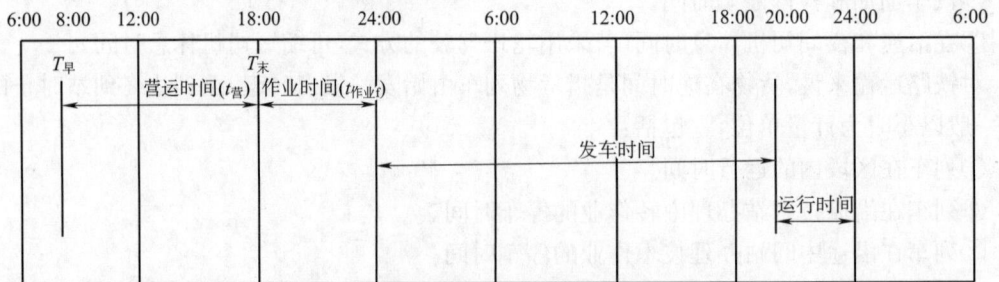

图 7.4.1 货物在始发地作业流程和发车时间图

$t_{作业f}$ 时间内所必须办理的作业内容及其快速铁路快递货物列车作业时间流程分析如图 7.4.2 所示。

序号	作业	时间 快速铁路快递货物列车
1	办理承运等货运业务，货物在网点集结	
2	货物由网点到集货地点的短途运输	
3	货物在集货点分拣打包	
4	向装车地点输送的短途运输	
5	装车	
6	由装车地点向发车地的输送	
7	准备发车和发车作业	
	延续时间	$t_{作业f}$

图 7.4.2 货物在始发地作业时间分解图

（3）货物在终到地消耗时间

货物在终到地消耗时间是指由快递货物列车到达终到车站时起至货物送达货主收货地交付完了时止所消耗的时间。它由货物办理必要到达作业、送达收货地的短途运输时间和等待时间两部分时间组成。其中作业时间和短途运输时间统称为到达作业时间（$t_{作业d}$）。

受收货人一般只愿在一定的时间段内接收货物意愿的制约，货物的送达不可能是全天候的。为此，到达货物将产生一定的等待交付时间。

图 7.4.3 列举了在采用快速铁路运营条件下，快递货物运输在终到地工作流程的时间安排。8:00～20:00 为收货人接受的收货时间，6:00～12:00 为列车运行时间，12:00～18:00 为到达作业时间。在这一作业流程中，关键点是收货人的收货时间和 $t_{作业d}$ 的开始时间位置。$t_{作业d}$ 时间内包含的作业内容及其快速铁路快递货物列车作业时间消耗分析如图 7.4.4 所示。

图 7.4.3 货物在终到地作业流程和收货时间图

4. 快递货物列车的发车时间点

（1）按上、下午承诺送达时间的方法

货物送达时间是指将货物交付给收货人，并由收货签单的时间，是运输经营人作为一项运输产品质量指标，向发货人承诺的运输合同责任。送达时间的承诺可以按日承诺，也可按上、下午承诺。由于快递货物对"快"字的要求高，一般希望能采用按上、下午承诺送达时间的方法。设运输经营人在货物终到地办理必要作业和分送并交付收货人所需的时间为 $t_{作业a}$，它由办理必要作业时间（$t_{作业a1}$）和分送交付时间（$t_{作业a2}$）两部分组成，收货人期望的收货时间为 $[T_{收始}，T_{收末}]$，输送上午交付货物和下午交付货物列车到达终到站时间为 $T_{到上}$、$T_{到下}$，计算方法为

$$T_{到上}=T_{收始}+t_{作业a2} \text{ 或 } T_{到上}=T_{收始}+t_{作业d}$$
$$T_{到下}=T_{收末}-t_{作业a2}$$

序号	作业	时间
		快速铁路快递货物列车
1	准备接车和接车作业	
2	由到达站向卸车站输送	
3	卸车	
4	向分拣中心输送货物的短途运输	
5	货物分拣等业务	
6	向货主收货地分送的短途运输	
7	与收货人办理交接手续	
延续时间		$t_{作业d1}$ $t_{作业d2}$ / $t_{作业d}$

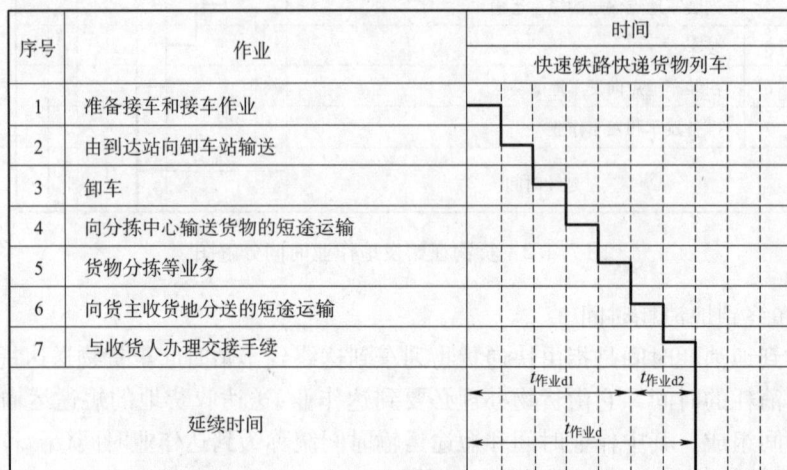

图 7.4.4　货物在终到地作业时间分解图

全天时间用 $T_{到上}$、$T_{到下}$ 划分，可分为三段：由当日发车点到次日 $T_{到上}$ 为输送次日上午交付货物到达列车的到达时间段；$T_{到上}$ 至 $T_{到下}$ 输送次日下午交付货物到达列车到达时间段；$T_{到下}$ 至 $T_{到上}$ 为输送第三日上午交付货物到达列车到达时间段。若取 $t_{作业f}=6\ h$、$t_{作业d}=6\ h$、$T_{收末}$ 为 20:00，各时间段及列车运行时间与列车运行距离的关系见表 7.4.2。时间 $t_{作业d}$ 由时间 $t_{作业d1}$ 和 $t_{作业d2}$ 两部分组成，与收货人接收货物时间的相关时间段仅仅是 $t_{作业d2}$。因此，也可以将次日上午到达货物的时间 $t_{作业d1}$ 提前到 $T_{收始}$ 之前进行。这一方案将缩短列车次日上午到达的时间域，而延长了列车下午到达的时间域，在实际工作中可根据具体情况选用。

表 7.4.2　快递货物列车运行时间与距离关系表

列车种类	发车时间域	速度（km/h）		次日上午送达		次日下午送达		第三日上午送达	
		运行	直达	列车运行时间（h）	列车运行距离（km）	列车运行时间（h）	列车运行距离（km）	列车运行时间（h）	列车运行距离（km）
快速铁路列车	24:00 前	160	128	12	1 536	18	2 304	34	4 352
				14	1 792	20	2 560	36	4 608
		120	96	12	1 152	18	1 728	34	3 264
				14	1 344	20	1 920	36	3 456
	24:00 后	160	128	6	768	12	1 536	28	3 584
				8	1 024	14	1 792	30	3 840
		120	96	6	576	12	1 152	28	2 688
				8	768	14	1 344	30	2 880

根据对快递货物列车到达终点站时间段的划分(如图 7.4.5 所示),快速铁路快递货物列车运输产品可分为三类:

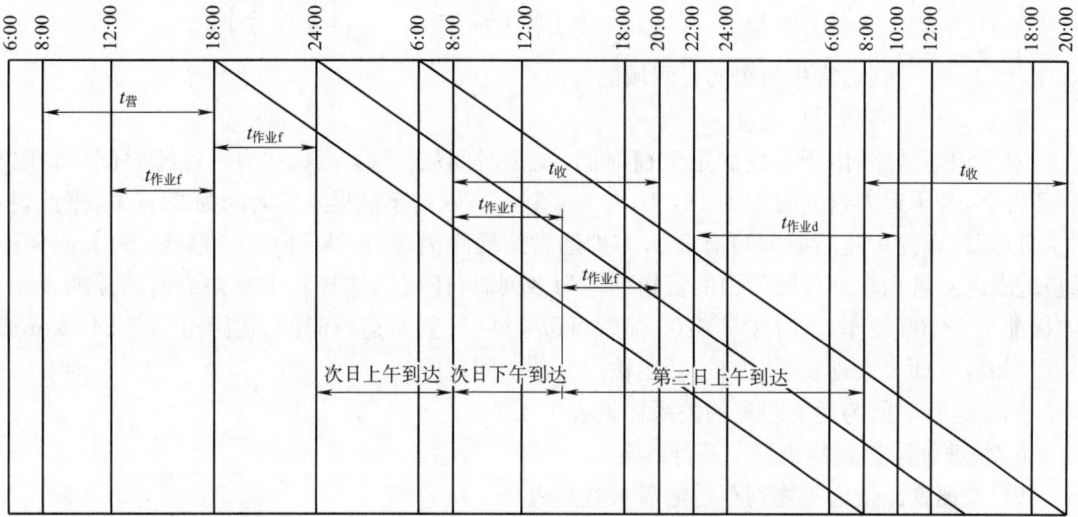

图 7.4.5 运达时间与运输距离相关曲线图(快速铁路)

①半日达货物

半日达货物是指承运次日上午送达收货人的货物。根据货物发送地的作业条件,列车发车时间点的选择,以 160 km/h 速度运行,运距在 500~1 000 km 范围内的货物可以实现半日送达。

②一日达货物

一日达货物是指承运次日下午送达的货物。以 160 km/h 速度运行,运距在 1 000~1 800 km 以内的货物都可实现一日达。

③准时达货物

准时达货物是指承运的第三天上午送达的货物。运距在 4 000 km 以内的货物可以实现准时达。

上述三类货物运输的质量水平是相同的,因运距的不同而运达时间有所差异。但从运距对铁路快递货物运输的适应性来说,长达 3 000~5 000 km 的运距,一般不是铁路快递货物的有利范围。同时,在我国运距在 3 000~5 000 km 的两城市间,快递货物运量一般也不会满足开行快递货物列车的条件。因此,对于第三天运达的运输产品,在铁路快递货物列车开行方案中,可暂不列入新产品设计方案。

(2)快递货物列车发车时间域

发车时间域是指为确保以一定速度运行的列车,在一定的时间范围内,运行一定的距离,到达终到站的列车发车时间范围。

设发车时间域的起点和终点各为 $T_{发始}$、$T_{发末}$,则可以用[$T_{发始}$,$T_{发末}$]表示发车时间域,若快递公司开始办理作业时间为 $T_{作业始}$,则发车时间域的起始点可按下式确定:

$$T_{发始} = T_{作业始} + t_{作业f}$$

$T_{作业始}$通常为营业网点结束作业之后的始点,但对于业务量大的快递公司,根据需要也可以提前至营业时间中。发车时间域的终点可按下式计算:

$$T_{发末} = T_{到上} - \left(t_{作业d} + \frac{1}{v}\right) \text{ 或 } T_{发末} = T_{到上} - \left(t_{作业} + \frac{1}{v}\right)$$

式中 $T_{到末}$——到达货物列车的时间域的终点;

v——列车运行速度。

对于快速铁路,由于不设固定天窗时间,发车时间域[$T_{发始}$,$T_{发末}$]为一连续时间域,在这一条件下,若承运人营业时间到 18:00,取 $t_{作业}$ 为 6 h,则列车最早发车时间为 24:00。据此,拟"半日达"列车途中运行时间可有 8 h,亦即通常运输距离 1 280 km(货车组)或 960 km(棚车组)范围内。若列车开行区段内的货物列车为多列时,还可以选择其中一列或两列提前发车,如提前至 18:00 发车,这时在早 8:00 前就可以有 14 h 列车运行时间,运距可达 2 240 km 或 1 680 km,从而大大延长了"半日达"运输产品的空间范围。

列车运行时间与运输距离的关系详见表 7.4.2。

5. 快速铁路快递货物列车开行方案

(1)快速铁路快递货物列车运输需求数据表

运输需求数据表根据客运站间快递货物交流量表编制,为编制快递货物列车开行方案提供基本数据,详见表 7.4.3。

表 7.4.3 2018 年快速铁路快递货物列车运输需求预测数据表

客运站 O	客运站 D	快递货运量(t)	装车数		开行方案(列数)			需要加挂车数	动车剩余吨数(t)
			车数	剩余吨数(t)	长编组	短编组	剩余吨数(t)		
广州	上海南	2 518.70	148	2.70	9	0	70.70	4	70.70
广州东	北京西	2 086.12	122	12.12	7	1	46.12	2	46.12
广州东	深圳	2 066.76	121	9.76	7	1	26.76	1	26.76
广州南	杭州东	1 853.98	109	0.98	6	1	85.98	5	85.98
广州	南京	741.13	43	10.13	2	1	61.13	3	61.13
广州	成都	563.09	33	2.09	2	1	19.09	1	19.09
广州南	武汉	557.51	32	13.51	2	0	13.51	0	13.51
广州	温州	555.15	32	11.15	1	1	11.15	1	11.15
广州	宁波	449.77	26	7.77	1	1	41.77	2	41.77
广州	郑州	426.65	25	1.65	1	1	18.65	1	18.65
广州	天津	377.92	22	3.92	1	0	105.92	6	105.92
广州	重庆北	302.72	17	13.72	1	0	30.72	1	30.72
广州东	济南	277.00	16	5.00	1	0	5.00	0	5.00
广州东	合肥	272.48	16	0.48	1	0	0.48	0	0.48
广州	石家庄	241.48	14	3.48	0	1	105.48	6	105.48
广州	青岛	236.97	13	15.97	0	1	100.97	5	100.97

客运站 O	客运站 D	快递货运量(t)	装车数		开行方案(列数)			需要加挂车数	动车剩余吨数(t)
			车数	剩余吨数(t)	长编组	短编组	剩余吨数(t)		
广州	西安	234.90	13	13.90	0	1	98.90	5	98.90
广州东	厦门	222.50	13	1.50	0	1	86.50	5	86.50
广州东	汕头	173.00	10	3.00	0	1	37.00	2	37.00
广州东	沈阳北	161.67	9	8.67	0	1	25.67	1	25.67
广州东	南昌	157.01	9	4.01	0	1	21.01	1	21.01
广州东	哈尔滨	138.59	8	2.59	0	1	2.59	0	2.59
广州	徐州	136.29	8	0.29	0	1	0.29	0	0.29
广州	昆明	112.08	6	10.08	0	0	112.08	6	112.08
广州	大连	96.72	5	11.72	0	0	96.72	5	96.72

(2)快递货物列车初始方案的编制

快速铁路快递货物列车的编成,既可采用机车牵引 160 km/h 货车组,也可以采用新型棚车车组,这两种方式在开行货物列车技术条件方面是一致的,它表现为:

①车组的编成均为 8 辆。

②车辆的载重量均为 20 t。

③车组固定编组循环运用。

④对装卸车条件要求相同。

但也有不同之处,表现为:

①货车组运行速度可达 200 km/h,直达速度可按 160 km/h 计算,新型棚车运行速度为 160 km/h,而直达速度只能按 120 km/h 计算。

②货车组方案运输成本较高。

因此,快递货物列车的两种编组方案,列车开行计划编制方法是相同的。在实际工作中,可根据快递公司的运输需求,选用任一种列车编组方案。

编制的原则为:

①尽可能减少对快速铁路列车的影响。

②尽可能开行一列或多列能确保实现"半日达"为目标的快递货物列车。

为此,应尽可能开行长编组的快递货物列车,同时为延长实现"半日达"的输送距离,在条件可能情况下,应提前结束货物集结,办理货运业务,争取 24:00 前可运行一定距离。

根据快递货物运量数据,每组动车组(棚车组)由 8 辆车组成的条件下,可分别计算确定每一客流区段的装车数。

日均装车数 N_{ij}

$$N_{ij}=\frac{P_{快ij}}{P_{装}}$$

式中　$P_{装}$——快递货物每车平均装载吨数,对于快速铁路货运动车车辆和棚车可取 20 t;

　　$P_{快ij}$——i,j 之间快递货物运量。

快递货物列车开行列车数(车组数)$n_{ji快}$:

$$n_{ji\text{快}}=\frac{N_{ji}}{m_{\text{快递}}}=a+b$$

式中 $m_{\text{快递}}$——快递货物列车编成辆数；

        a——计算结果的整数部分，即开行列车数；

        b——计算结果的小数部分，即剩余装车数部分（ΔN_{ji}），$\Delta N_{ji}=bm_{\text{快}}$。

快速铁路快递货物列车开行方案计算结果见表 7.4.4。

表 7.4.4 2018 年快速铁路快递货物列车去向别开行列车数预测表

客运站 O	客运站 D	快递货运量(t)	装 车 数		开行方案		
			车数	剩余吨数(t)	长编组(列)	短编组(列)	剩余吨数(t)
广州	上海南	2 518.70	148	2.70	9	0	70.70
广州东	北京西	2 086.12	122	12.12	7	1	46.12
广州东	深圳	2 066.76	121	9.76	7	1	26.76
广州南	杭州东	1 853.98	109	0.98	6	1	85.98
广州	南京	741.13	43	10.13	2	1	61.13
广州	成都	563.09	33	2.09	2	1	19.09
广州南	武汉	557.51	32	13.51	2	0	13.51
广州	温州	555.15	32	11.15	2	0	11.15
广州	宁波	449.77	26	7.77	1	1	41.77
广州	郑州	426.65	25	1.65	1	1	18.65
广州	天津	377.92	22	3.92	1	0	105.92
广州	重庆北	302.72	17	13.72	1	0	30.72
广州东	济南	277.00	16	5.00	1	0	5.00
广州东	合肥	272.48	16	0.48	1	0	0.48
广州	石家庄	241.48	14	3.48	0	1	105.48
广州	青岛	236.97	13	15.97	0	1	100.97
广州	西安	234.90	13	13.90	0	1	98.90
广州东	厦门	222.50	13	1.50	0	1	86.50
广州东	汕头	173.00	10	3.00	0	1	37.00
广州东	沈阳北	161.67	9	8.67	0	1	25.67
广州东	南昌	157.01	9	4.01	0	1	21.01
广州东	哈尔滨	138.59	8	2.59	0	1	2.59
广州	徐州	136.29	8	0.29	0	1	0.29
广州	昆明	112.08	6	10.08	0	0	112.08
广州	大连	96.72	5	11.72	0	0	96.72
上海	广州东	2 486.24	146	4.24	9	0	38.24
上海	北京	1 801.53	105	16.53	6	0	33.53
上海南	深圳	1 784.81	104	16.81	6	1	16.81

客运站 O	客运站 D	快递货运量（t）	装 车 数		开行方案		
			车数	剩余吨数(t)	长编组（列）	短编组（列）	剩余吨数(t)
上海	成都	486.27	28	10.27	1	1	78.27
上海虹桥	武汉	481.45	28	5.45	1	1	73.45
上海虹桥	温州南	479.41	28	3.41	1	1	71.41
上海虹桥	郑州	368.45	21	11.45	1	0	96.45
上海虹桥	重庆北	261.42	15	6.42	0	1	125.42
上海虹桥	福州南	217.08	12	13.08	0	1	81.08
上海	石家庄	208.54	12	4.54	0	1	72.54
上海	西安北	202.85	11	15.85	0	1	66.85
上海虹桥	厦门北	192.15	11	5.15	0	1	56.15
上海南	南昌	135.59	7	16.59	0	0	135.59
上海	哈尔滨	119.69	7	0.69	0	0	119.69
上海	太原	98.39	5	13.39	0	0	98.39
上海南	昆明	96.79	5	11.79	0	0	96.79
上海	大连	83.52	4	15.52	0	0	83.52
北京西	广州	2 027.86	119	4.86	7	0	123.86
北京南	上海	1 774.08	104	6.08	6	1	6.08
北京西	深圳	1 455.75	85	10.75	5	0	95.75

（3）确定客流区段开行快递货物列车数

为了确保快递列车的畅通运行，必须将快速铁路区段的通过能力利用状态不应超过紧张型状态，快速铁路通过能力的利用状态分析研究表明，紧缺型通过能力利用状态与饱和型通过能力利用状态的分界点为能力利用率 90%，也就是说，一般情况下，快速铁路客流区段通过能力利用率必须控制在 90% 及其以下。

设某客流区段列车运行图规定的开行旅客快车数为 $n_客$，通过能力为 n，拟在该区段开行的快递货物列车数为 $n_货$，则有

$$\frac{n_客 + n_货}{n} \leqslant 0.90$$

由此可得，该客流区段容许加开的快递货物列车数为

$$n_货 \leqslant 0.9n - n_客$$

当货物列车运行经过多个区段时，应就每个区段检查加开货物列车的可能性，如图 7.4.6 所示。AE 快速铁路拟在 AD 间加开快递货物列车，就必须分析研究 AB、BC、CD 三个区段的条件，只有每个客流区段能力利用率都满足条件时，才能开行该货物列车。否则，应以减少货物列车走行公里最小为原则，调整货物列车开行方案。如图所示，若 BC 区段需要减少货物列车一列，可以有减去列车 AD 或 AC 或 BC 三个方案，其中减少货物列车走行公里最小的方案是列车 BC，该方案即为调整方案。

A   B   C   D   E

货物列车1

货物列车1

货物列车1

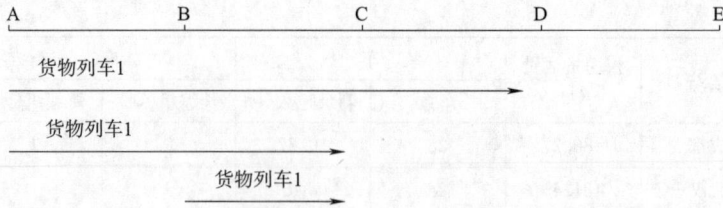

图 7.4.6　快速铁路加开货物列车示图

图 7.4.7 为京广快速铁路需要开行快递货物列车编制的开行方案示意图,全线最大开行列车数为 5 对。设京广线北京—广州间客流区段通过能力为 10 对,现行图开行 6 对,通过能力利用率为 60%,能力利用状态属于适度型,它可加开的货物列车数最大为

$$n_货 \leqslant 0.9 \times 10 - 6 = 3(对)$$

一般说来,快速铁路干线开行的快速铁路列车虽然较多,能力利用率已比较高,但仍有可能承担加开一定的货物列车。

深圳　　　广州　　　武汉　　　北京

3

2

3

5 5 5

2

3 3

5 5 5

图 7.4.7　京广线客流区段需要开行货物列车数示意图

快速铁路快递货物列车开行方案调整,包括如下两项工作:

①对于开行快递货物列车数 $n_货 \geqslant 2$ 的客流区段,每两列短编组列车组成一列长编组的快递货物列车,既可以减少对通过能力的占用,又可以减少开行快递货物列车对高速列车的影响。例如:广州—北京间原计划开行 3 列短编组的货物列车,可调整为长编组一列和短编组一列;深圳—北京间可调整为开行一列长编组列车。这样,京广快速铁路加开货物列车改为 3 对,可以满足特殊的需要的开行对数。

②开行列车数仍不能满足容许通过能力利用率的要求时,进一步减少开行列车数,最终落实快递货物列车开行方案。

(4)快递货物列车运输时间表

对于由快递公司承包的快递货物列车,铁路只承担由发站至到站的运输时间。因此,运输时间表可按确保"半日达""一日达"和"准时达"的要求,给出发到时间域,详见表 7.4.5。

表 7.4.5 2018 年快速铁路快递货物列车运输时间预测表(半日达/一日达产品)

列车开行区段		距离 (km)	直达速度 (km/h)	运行时间 (h)	发车时间域		终到时间域		产品类型	长编组	短编组
客运站	客运站				最早	最晚	最早	最晚			
广州	上海南	1 598	160	10.0	20:00	22:00	次日 05:59	次日 08:00	半日达	5	0
广州	上海南	1 598	160	10.0	次日 02:00	次日 04:00	次日 11:59	次日 14:00	一日达	4	0
广州东	深圳	147	160	0.9	20:00	次日 07:04	20:55	次日 08:00	半日达	4	1
广州东	深圳	147	160	0.9	次日 02:00	次日 13:04	次日 02:55	次日 14:00	一日达	3	1
广州南	杭州东	1 631	160	10.2	20:00	21:48	次日 06:11	次日 08:00	半日达	3	1
广州南	杭州东	1 631	160	10.2	次日 02:00	次日 03:48	次日 12:11	次日 14:00	一日达	3	1
广州南	武汉	1 069	160	6.7	20:00	次日 01:19	次日 02:40	次日 08:00	半日达	1	0
广州南	武汉	1 069	160	6.7	次日 02:00	次日 07:19	次日 08:40	次日 14:00	一日达	1	0
广州	温州	1 674	160	10.5	20:00	21:32	次日 06:27	次日 08:00	半日达	1	0
广州	温州	1 674	160	10.5	次日 02:00	次日 03:32	次日 12:27	次日 14:00	一日达	1	0
广州	宁波	1 583	160	9.9	20:00	22:06	次日 05:53	次日 08:00	半日达	1	1
广州	宁波	1 583	160	9.9	次日 02:00	次日 04:06	次日 11:53	次日 14:00	一日达	1	1
广州	郑州	1 605	160	10.0	20:00	21:58	次日 06:01	次日 08:00	半日达	1	0
广州	郑州	1 605	160	10.0	次日 02:00	次日 03:58	次日 12:01	次日 14:00	一日达	1	0
广州	重庆北	1 697	160	10.6	20:00	21:23	次日 06:36	次日 08:00	半日达	1	0
广州	重庆北	1 697	160	10.6	次日 02:00	次日 03:23	次日 12:36	次日 14:00	一日达	1	0
广州东	合肥	1 410	160	8.8	20:00	23:11	次日 04:48	次日 08:00	半日达	1	0
广州东	合肥	1 410	160	8.8	次日 02:00	次日 05:11	次日 10:48	次日 14:00	一日达	1	0
广州东	厦门	770	160	4.8	20:00	次日 03:11	次日 00:48	次日 08:00	半日达	0	1
广州东	厦门	770	160	4.8	次日 02:00	次日 09:11	次日 06:48	次日 14:00	一日达	0	0
广州东	汕头	527	160	3.3	20:00	次日 04:42	23:17	次日 08:00	半日达	0	0
广州东	汕头	527	160	3.3	次日 02:00	次日 10:42	次日 05:17	次日 14:00	一日达	0	0
广州东	南昌	1 065	160	6.7	20:00	次日 01:20	次日 02:39	次日 08:00	半日达	0	1
广州东	南昌	1 065	160	6.7	次日 02:00	次日 07:20	次日 08:39	次日 14:00	一日达	0	0
广州	徐州	1 839	160	11.5	20:00	20:30	次日 07:29	次日 08:00	半日达	0	1

7.4.2 城市间快捷货物列车

1. 城市间快捷货物列车的组织形式

城市间快捷货物列车是以普通货物列车为载体,以安全、快速输送批量零散货物和快递货物为目标,沿途无改编作业,运行于大城市铁路枢纽编组站间或大中城市区段站间的直达快速货物列车。

从理论上讲,快运货车的输送可以有如下两种组织形式:

(1)编组整列由快运货车组成的快捷货物列车。

(2)将快运货车组成快运车组加挂相同编组去向的技术直达列车,重组而成的快捷货物列车。

单独以快运货车组织的快捷货物列车称之为城市间快捷货物列车，在货物列车编组计划中能够较好满足"及时、快速、准时"要求的列车，只能是技术站间的技术直达、直通列车，它由技术站间单支车流或合并车流组成。

技术直达、直通列车的特点：

①每一列车编组去向按日开行一列或多列。

②列车运行于两大城市枢纽编组站或区段站间。

③列车为全程无改编通过沿途技术站的直达列车和直通列车，是技术站间最有效的车流组织形式。

因此，以技术直达列车和直通列车输送快运货车是完全能够满足快运货物承运要求的一种运输组织形式。

由快运货车组和技术直达列车、直通列车通过重组而成的列车，也称为城市间快捷货物列车，是快捷货物列车重要组成形式。

2. 城际快捷货物列车编组计划

(1)建立城际快捷货物列车的基本条件

如前已述，根据车流在路网上必须按车流径路组织输送的原则，可将区段站间快运车流分为直接在区段站间组织输送的车流和必须向编组站集中的车流两类。其中区段站间组织输送的快运车流，因车流量较小，一般不具备开行城际快捷货物列车的车流条件，也缺乏快运货车组可附挂的直通列车编组去向。必须向编组站集中的快运车流包括：

①编组站间发到的车流。

②区段站发编组站到，沿途经过一个及其以上编组站的车流。

③编组站发区段站到，沿途经过一个及其以上编组站的车流。

对于必须以直通列车形式组织输送的区段站间快运车流和必须以技术直达列车形式组织输送的向编组站集中的快运车流，可按如下方法安排车流输送组织计划：

①组织整列快运货车编成的城际快捷货物列车输送。

②组织快运货车组加挂到技术直达列车输送。

③组织快运货车与普通货车合并建立直达(直通)编组去向列车输送。

④剩余快运车流并入普通货车，由技术站间的列车编组计划组织输送。

应该指出，剩余的快运货车是指在编制计划时的计划快运货车，实际上，当计划落实后，因该货车不能按快运货车组织输送，从而成为普通货车。应规定该货车装车站不办理发往剩余货车到站的快运货物运输业务。

根据建立直达列车去向的基本条件，开行整列城际快捷货物列车的车流条件是：

$$N_{快ij} \geqslant m_{快捷}$$

式中　$N_{快ij}$——i 技术站到 j 技术站的快运货车车流量；

$m_{快捷}$——快捷货物列车的编成辆数。

组织快运货车组加挂技术直达列车，开行重组快捷货物列车的车流条件：

$$N_{ij} \geqslant m$$

$$m_{快捷} - 1 \geqslant N_{快ij其他} \geqslant 1$$

式中　　$N_{快ij其他}$——i 技术站到 j 技术站的其他货车车流量。

组织相同去向快运货车车流与其他货车车流合并开行城际快运货物列车的车流条件：

$$N_{快ij其他}+N_{ij}\geqslant m$$

(2)编组站城际快捷货物列车编组计划的编制方法

在全路统一编制货物列车编组计划的条件下,编组站城际快捷货物列车编组计划在编制每一编组站编组计划初始方案之后进行。下面以乌西编组站为例说明快捷货物列车编组计划的编制方法。

①资料准备工作

a.编制编组站发出快运车流表。表 7.4.6 为乌西编组站发出的快运车流表。

b.编制编组站发出车流编组去向计划表,表中给出了单支车流编组去向和新增的合并车流(表中用"●"表示)编组去向,见表 7.4.7。

②计划编制

a.根据表 7.4.6 发出快运车流,将满足基本条件的车流列入快捷货物列车编组计划,如表中的乌西至兰州日均 50 车,乌西到石家庄 44 车,满足基本条件,均应列入计划,为区别起见,在表 7.4.8 中用"○"表示。

b.检查表 7.4.7 建立的列车编组去向是否有快运货车,并将快运货车组成快运货车组,与编组去向列车合组成快捷货物列车。如乌西到武威 5 车,乌西到成都 10 车,乌西到江村 7 车,均有直达去向列车可以加挂,在表格中用"+"表示。

c.检查用快运货车和普通货车合并建立编组去向的条件。如乌西到郑州快运货车 25 车,普通货车 31 车,合并成 56 车,满足基本条件;又如乌西到南翔的快运货车 15 车,普通货车 35 车,满足条件,均可合并建立快捷货物列车编组去向。在表格中用"+"和"○"表示。

d.计算剩余快运货车(见表 7.4.9),将该项货车并入普通货车的剩余货车,按普通货车的中转方法组织中转输送(见表 7.4.10)。

用同样的方法采用软件系统也可以编制新丰镇编组站的快捷货物列车编组计划(见表 7.4.11~表 7.4.15)以及全路其他编组站的编制计划。

(3)区段站城际快捷货物列车编组计划

区段站城际间快捷货物列车编组计划在编制区段站直通列车编组计划之后,就每一编组站车流区进行编制,编制方法与编组站城际快捷货物列车编组计划编制方法基本相同。

①资料准备工作

a.编制编组站车流区区段站别发出快运车流表,表 7.4.16 为 A 编组站车流区区段发出快运车流表。

b.编制编组站车流区区段发车车流编组去向计划表,表 7.4.17 为 A 编组站车流区直通列车编组去向表。

②计划编制

a.根据发出快运车流表 7.4.16,将满足基本条件的车流列入计划。在表 7.4.16 中没有满足条件的快运车流计划。

b.检查表 7.4.17 建立的列车编组去向是否有快运货车。若有则将该项快运货车组与编组去向相同的普通货车合并。例如,区段站 2 到区段站 6 的直通列车相对应的有区段站 2 到区段站 6 的快运货车 4 车,将这 4 辆货车组成快运货车组,加挂到该直通列车编组去向输送。

  c. 检查快运货车与普通货车合并建立编组去向的基本条件,A 编组站发车车流区满足该项条件的车流是 A 发往区段站 10 有 24 辆快运货车,普通货车有 20 辆可合并组成由 A 到区段站 10 的快捷货物列车。

  d. 计算剩余快运货车,A 编组站车流区没有剩余快运车流。

  用同样方法可以编制每一编组站车流区的区段站快捷货物列车编组计划。

  (4)编制快捷货物列车编组计划的技术文件

  城际快捷货物列车开行计划和开行列车数计划见表 7.4.19～表 7.4.22,这两项技术文件根据表 7.4.10、表 7.4.13 和表 7.4.18 编制。

表 7.4.6　乌西编组站发出快运车流表

车流区	项目	1	2	3	4	5	6	7	8	计
通辽	车站	通辽	三间房	哈西	牡丹江	四平	梅河口	苏家屯	沈西	
	车流			1	1					
武威	车站	武威	兰州	迎水桥	包头	大同	西宁			
	车流	5	50							
宝鸡	车站	宝鸡	成都	重庆	贵阳	昆明	南宁			
	车流		10			2				
郑州	车站	郑州	石家庄	丰西	南仓	山海关	武汉	武昌	阜阳	
	车流	25	44							
徐州	车站	徐州	济西	南京	芜湖	南翔	乔司			
	车流					15				
新丰镇	车站	新丰镇	安康	襄阳	怀化	柳州	太原			
	车流									
株洲	车站	株洲	向塘	鹰潭	衡阳	江村				
	车流					7				

表 7.4.7　乌西编组站发出车流编组去向表

车流区	项目	1	2	3	4	5	6	7	8	计
通辽	车站	通辽	三间房	哈西	牡丹江	四平	梅河口	苏家屯	沈西	
	车流									
武威	车站	武威	兰州	迎水桥	包头	大同	西宁			
	车流	●	○	●						
宝鸡	车站	宝鸡	成都	重庆	贵阳	昆明	南宁			
	车流		○							
郑州	车站	郑州	石家庄	丰西	南仓	山海关	武汉	武昌	阜阳	
	车流		○							
徐州	车站	徐州	济西	南京	芜湖	南翔	乔司			
	车流	○		○			○			

车流区	项目	1	2	3	4	5	6	7	8	计
新丰镇	车站	新丰镇	安康	襄阳	怀化	柳州	太原			
	车流						○			
株洲	车站	株洲	向塘	鹰潭	衡阳	江村				
	车流									

表 7.4.8 乌西编组站发出快运车流输送方案表

车流区	项目	1	2	3	4	5	6	7	8	计
通辽	车站	通辽	三间房	哈南	牡丹江	四平	梅河口	苏家屯	沈西	
	车流									
武威	车站	武威	兰州	迎水桥	包头	大同	西宁			
	车流	+	○							
宝鸡	车站	宝鸡	成都	重庆	贵阳	昆明	南宁			
	车流		+							
郑州	车站	郑州	石家庄	丰西	南仓	山海关	武汉	武昌	阜阳	
	车流	+○	○							
徐州	车站	徐州	济西	南京	芜湖	南翔	乔司			
	车流					+○				
新丰镇	车站	新丰镇	安康	襄阳	怀化	柳州	太原			
	车流									
株洲	车站	株洲	向塘	鹰潭	衡阳	江村				
	车流					+				

表 7.4.9 乌西编组站发出剩余快运车流表

车流区	项目	1	2	3	4	5	6	7	8	计
通辽	车站	通辽	三间房	哈南	牡丹江	四平	梅河口	苏家屯	沈西	
	车流			1	1					
武威	车站	武威	兰州	迎水桥	包头	大同	西宁			
	车流									
宝鸡	车站	宝鸡	成都	重庆	贵阳	昆明	南宁			
	车流									
郑州	车站	郑州	石家庄	丰西	南仓	山海关	武汉	武昌	阜阳	
	车流									
徐州	车站	徐州	济西	南京	芜湖	南翔	乔司			
	车流									
新丰镇	车站	新丰镇	安康	襄阳	怀化	柳州	太原			
	车流									

车流区	项目	1	2	3	4	5	6	7	8	计
株洲	车站	株洲	向塘	鹰潭	衡阳	江村				
	车流									

表 7.4.10 乌西编组站发出车流中转计划表

中转站	车流区	项目	1	2	3	4	5	6	7	8
迎水桥	通辽	车站	通辽	三间房	哈南	牡丹江	四平	梅河口	苏家屯	沈西
		车流	3		3+1	+1	26	1	3	2
武威	武威	车站	兰州	包头	西宁					
		车流	17	6	16					
成都	宝鸡	车站	重庆	贵阳	昆明	南宁				
		车流	17	8	2	17				
宝鸡	郑州	车站	郑州	武汉	阜阳					
		车流	31	8	10					
石家庄	郑州	车站	丰西	南仓	山海关					
		车流	2	33	1					
徐州	徐州	车站	济西							
		车流	2							
南京	徐州	车站	芜湖	南翔						
		车流	34	35						
新丰镇	新丰镇	车站	安康	襄阳	怀化	太原				
		车流	26	31	6	1				
株洲	株洲	车站	向塘	鹰潭	衡阳					
		车流	16	2	47					

表 7.4.11 新丰镇编组站到站别分区发出车流表

车流区	项目	到站								
		1	2	3	4	5	6	7	8	计
沈阳	车站	沈阳	四平	梅河口	哈南	牡丹江				
	车流					1				
丰西	车站	丰西	南仓	山海关	通辽	三间房				
	车流									
太原	车站	太原	石家庄	大同						
	车流									
新丰镇（1）	车站	迎水桥	宝鸡	兰州	西宁	武威	乌西	包头		
	车流		2			5	3			
新丰镇（2）	车站	襄阳	安康	怀化	重庆	贵阳	成都	昆明		
	车流				44	3		22		

车流区	项目	到 站								
		1	2	3	4	5	6	7	8	计
郑州	车站	郑州	武汉	武昌	阜阳					
	车流									
徐州	车站	徐州	济西	南京	芜湖	南翔				
	车流									
株洲	车站	株洲	衡阳	江村	向塘	鹰潭	乔司	柳州	南宁	
	车流						3	2		

表 7.4.12 新丰镇编组站到站别分区发出车流编组去向表

车流区	项目	到 站								
		1	2	3	4	5	6	7	8	计
沈阳	车站	沈阳	四平	梅河口	哈南	牡丹江				
	车流									
丰西	车站	丰西	南仓	山海关	通辽	三间房				
	车流									
太原	车站	太原	石家庄	大同						
	车流									
新丰镇(1)	车站	迎水桥	宝鸡	兰州	西宁	武威	乌西	包头		
	车流			○	○	○	○			
新丰镇(2)	车站	襄阳	安康	怀化	重庆	贵阳	成都	昆明		
	车流	○	○	○		○				
郑州	车站	郑州	武汉	武昌	阜阳					
	车流	○	○	●						
徐州	车站	徐州	济西	南京	芜湖	南翔				
	车流	○		●						
株洲	车站	株洲	衡阳	江村	向塘	鹰潭	乔司	柳州	南宁	
	车流				◐					

表 7.4.13 新丰镇编组站到站别分区发出快运车流输送方案表

车流区	项目	到 站								
		1	2	3	4	5	6	7	8	计
沈阳	车站	沈阳	四平	梅河口	哈南	牡丹江				
	车流									
丰西	车站	丰西	南仓	山海关	通辽	三间房				
	车流									
太原	车站	太原	石家庄	大同						
	车流									

续上表

车流区	项目	到 站								
		1	2	3	4	5	6	7	8	计
新丰镇(1)	车站	迎水桥	宝鸡	兰州	西宁	武威	乌西	包头		
	车流		+			+	+			
新丰镇(2)	车站	襄阳	安康	怀化	重庆	贵阳	成都	昆明		
	车流				○	+		+○		
郑州	车站	郑州	武汉	武昌	阜阳					
	车流									
徐州	车站	徐州	济西	南京	芜湖	南翔				
	车流									
株洲	车站	株洲	衡阳	江村	向塘	鹰潭	乔司	柳州	南宁	
	车流						+○			

表 7.4.14 新丰镇编组站到站别分区发出剩余快运车流表

车流区	项目	到 站								
		1	2	3	4	5	6	7	8	计
沈阳	车站	沈阳	四平	梅河口	哈南	牡丹江				
	车流									
丰西	车站	丰西	南仓	山海关	通辽	三间房				
	车流		2							
太原	车站	太原	石家庄	大同						
	车流									
新丰镇(1)	车站	迎水桥	宝鸡	兰州	西宁	武威	乌西	包头		
	车流									
新丰镇(2)	车站	襄阳	安康	怀化	重庆	贵阳	成都	昆明		
	车流									
郑州	车站	郑州	武汉	武昌	阜阳					
	车流									
徐州	车站	徐州	济西	南京	芜湖	南翔				
	车流				3					
株洲	车站	株洲	衡阳	江村	向塘	鹰潭	乔司	柳州	南宁	
	车流									

表 7.4.15 新丰镇编组站发出车流中转计划表

中转站	车流区	项目	1	2	3	4	5	6	7	8
太原	太原	车站	丰西	南仓	山海关	大同	石家庄	通辽	三间房	
		车流	2	7+2	1		2	5		

中转站	车流区	项目	1	2	3	4	5	6	7	8
宝鸡	新丰镇	车站	兰州							
		车流	33							
襄阳	新丰镇	车站	怀化							
		车流	31							
贵阳	新丰镇	车站	昆明							
		车流	22							
郑州	郑州	车站	株洲	衡阳	江村					
		车流	24	7	16					
向塘	株洲	车站	鹰潭	乔司						
		车流	1	47						
南京	徐州	车站	芜湖	南翔						
		车流	43	23+3						
武昌	郑州	车站	阜阳							
		车流	37							

表 7.4.16 A编组站车流区段发出快运车流表

自\至	1	2	3	4	5	6	7	8	9	10	11	12	13	A计
1														
2						4								
3					3									
4														5
5								2						
6														3
7														
8														4
9														
10					2									
11														6
12														
13														
A计										24				

355

表 7.4.17　A 编组站车流区直通列车编组去向表

自\至	1	2	3	4	5	6	7	8	9	10	11	12	13	A 计
1														
2						○		○						○
3					○									
4														○
5								○						○
6														○
7														○
8										○				○
9					○									
10					○									○
11														○
12									○					
13									○					
A 计		○			○			○						

表 7.4.18　A 编组站车流集散区区段站站间车流表

自\至	1	2	3	4	5	6	7	8	9	10	11	12	13	A 计
1														
2						+								
3					+									
4														+
5								+						
6														+
7														
8														+
9														
10					+									
11														+
12														
13														
A 计										+○				

表 7.4.19　编组站城际快捷货物列车开行计划表

编组站	列车种类	到站	车流量（车）		
			普通货车	快运货车	计
乌西	整列快运货物列车	兰州		50	50
		石家庄		44	44
	加挂快运车组快捷货物列车	武威	80	5	85
		成都	158	10	168
		江村	77	7	84
	合并车流快捷货物列车	郑州	31	25	56
		南翔	35	15	50
新丰镇	整列快运货物列车	重庆		44	44
	加挂快运车组快捷货物列车	宝鸡	154	2	156
		武威	60	5	65
		乌西	63	3	66
		贵阳	93	7	100
	合并车流快捷货物列车	昆明	22	22	44
		乔司	47	3	50

表 7.4.20　编组站城际快捷货物列车开行列车数表

编组站	列车种类	到站	车流量（车）	列车编成（车）	开行列车数（列）			开行快捷货物列车数（列）
					计算值	固定运行线	不固定运行线	
乌西	整列快运货物列车	兰州	50	44～50	1.0	1		1
		石家庄	44	44～50	1.0	1		1
	加挂快运车组快捷货物列车	武威	85	50	1.7	1	1	1
		成都	168	50	3.4	3	1	1
		江村	84	50	1.7	1	1	1
	合并车流快捷货物列车	郑州	56	44～50	1.1	1		1
		南翔	50	44～50	1.0	1		1
新丰镇	整列快运货物列车	重庆	44	44～50	1.0	1		1
	加挂快运车组快捷货物列车	宝鸡	156	50	3.1	3	1	1
		武威	65	50	1.3	1	1	1
		乌西	66	50	1.3	1	1	1
		贵阳	100	50	2.0	2		1
	合并车流快捷货物列车	昆明	44	44～50	1	1		1
		乔司	50	44～50	1	1		1

表 7.4.21　区段站城际快捷货物列车开行列车数表

列车种类	发站	到站	车　流　量(车)		
			快运车流	普通车流	计
整列快运货物列车	2	6	4	55	59
加挂快运车组快捷货物列车	3	5	3	60	63
	4	A	5	50	55
	5	8	2	65	67
	6	A	3	75	78
	8	A	4	60	64
	10	5	2	60	62
	11	A	6	60	66
合并车流快捷货物列车	A	10	24	20	44

表 7.4.22　区段站城际快捷货物列车开行列车数表

列车种类	发站	到站	车流量(车)	列车编成(车)	开行列车数(列)			开行快捷列车数(列)
					计算值	固定运行线	不固定运行线	
整列快运货物列车								
加挂快运车组快捷货物列车	2	6	59	50	1.2	1	1	1
	3	5	63	50	1.3	1	1	1
	4	A	55	50	1.1	1	1	1
	5	8	67	50	1.3	1	1	1
	6	A	78	50	1.6	1	1	1
	8	A	64	50	1.3	1	1	1
	10	5	60	50	1.2	1	1	1
	11	A	66	50	1.3	1	1	1
合并车流快捷货物列车	A	10	44	44～50	1	1	1	1

3. 技术站枢纽地区的快运货物装卸站、点

技术站车流集散区的范围很大,为了尽可能多地将有快运货车车流发送或终到的站、点(装车作业地点)列入快运货物办理范围,可以适当将枢纽地区范围放大,并按如下方法鉴定快运货物装卸站、点:

(1)用一次调车作业或一次小运转列车运行,就可以将发送快运货车向编组站集中或由编组站分送终到快运货车的站、点。

(2)用一次摘挂列车的运行,就可以将发送或终到的快运货车分别向编组站集中或由编组站分送的快运货车的装卸站、点。

(3)用一列区段列车或一列直通列车的运行,就可以将发送或终到的快运货车分别向编组站集中或由编组站分送的快运货车的装卸站、点。

4. 快捷货物运输系统网络的网点和网线

在这里,网点是指位于铁路枢纽地区,有快捷货物列车始发的技术站;而网线是指列车编

组去向。技术站 i 成为网点的必要条件是

$$N_{快i} \geqslant m_{快0}$$

而在网络中建立网线的必要条件是

$$N_{快ij} + N_{ij其他} \geqslant m$$

式中 $N_{快i}$——i 技术站发运的快运货车数；

$N_{快ij}$——i 技术站到 j 技术站的快运货车车流量；

$N_{ij其他}$——i 技术站到 j 技术站的其他货车车流量；

$m_{快0}$——快捷货物列车快运货车数（取值为 $0 \sim m_{快0}$）。

当技术站满足必要条件时，就可以成为网络的网点。网点技术站的任一车流去向满足必要条件，就可以成为网线，网线是有方向性的，网线起点技术站枢纽地区各装车站货物作业地点为发送快运货物办理站点，网线终点技术站枢纽地区各卸车站及货物作业地点为终到快运货物办理站点。因此，网线联结的网点越多，快运货物办理站范围越大。每条网线只输送一个去向的快运货车，网线越多，输送快运货物的地域范围越广。网络决定了路网内办理快运货物运输的范围，也就规定了铁路快运货物运输供给的规模。

按照快捷货物运输网络和网线的编制原理，编制铁路办理快运业务运输范围表，见表 7.4.23 和表 7.4.24。

表 7.4.23 办理铁路快运业务范围表（一）

装车区	卸 车 区								
	1	2	3	4	5	6	7	8	…
乌西	兰州	石家庄	武威	成都	江村	郑州	南翔		
新丰镇	重庆	武威	贵阳	昆明	乔司	乌西			
⋮									

表 7.4.24 办理铁路快运业务范围表（二）

装车站	卸 车 站								
	1	2	3	4	5	6	7	8	…
2	6								
3	5								
4	A								
5	8								
6	A								
8	A								
10	5								
11	A								
A	10								
⋮									

7.4.3 铁路旅客列车装运快递货物运输组织

1. 组织旅客列车装运快递货物(快运含零散货物)的方法

(1)组织旅客列车装运快递货物,仅限快速铁路的旅客快车和特快列车。

(2)原则上按"日—夜—日"的时间模式组织快递货物的作业。在这里,白天接受托运人托运,夜间组织货物作业和短途运输,第二天组织旅客列车输送。

(3)由旅客列车始发、终到的客运站构成的铁路区段通称为旅客列车开行区段,每一开行区段规定至少有一对旅客列车装运快运零散货物,当开行区段间开行旅客列车数较多、货运量也较大时,可以根据需要指定多对办理零散货物运输。

(4)只在始发客运站发生装车作业,终到客运站发生卸车作业,途中客运站不发生装卸作业。

2. 组织旅客列车装运货物的条件

(1)站内站台间有方便的货物搬运通道。

(2)站房内或站房外有堆货场地和办公用房。

(3)可以确保在较短时间内完成装卸车作业。

凡满足条件的客运站均应容许组织旅客列车装运快递货物。

3. 开行快递货物列车和旅客列车装运货物的限制

为了最大限度地减少开行快递货物列车和装运货物对旅客列车运行的影响,在组织快运零散货物列车运行和旅客列车装运货物时有如下的限制条件:

(1)在铺画列车运行图和调度指挥中,原则上限快递货物列车停车待避高速旅客列车或旅客快车。

(2)仅允许快速铁路的旅客快车装运货物。

(3)仅允许旅客列车在发站装货、到站卸货。

(4)每一开行区段至少指定一对旅客列车装运货物,但随着运量增加也可适当增加装运货物旅客列车数。

(5)仅允许适于托盘装载、快运货物包打包的货物,单件货物面积和高度符合快运货物包的规定。

(6)不办理危险品运输。

4. 旅客列车装运方案的编制

(1)计算快递货物装车数,亦即同一旅客列车开行区段需要装运快递货物的旅客列车数($n_{快}$),当 $n_{快} > n_{高}$(式中 $n_{高}$ 为该列车开行区段开行的旅客列车数)时,将产生剩余的货运量。

(2)计算每一旅客列车需装运的货物吨数,当该吨数大于 17 t 或 20 t 时,也将产生剩余货运量。

(3)编制旅客列车装运快递货物方案表及运输时间表(见表 7.4.25 和表 7.4.26)。

表 7.4.25　2018 年快速铁路快递货物列车装运方案表

客运站 O	客运站 D	剩余吨数(t)	动车		既有线		车次信息	
			需要加挂	实际加挂	需要	实际		
广州	上海南	70.70	4	0	4	1	T170	
广州东	北京西	46.12	2	0	3	2	Z36	Z98
广州东	深圳	26.76	1	0	2	0		
广州南	杭州东	85.98	5	0	5	0		
广州	南京	61.13	3	0	4	1	K528	
广州	成都	19.09	1	0	1	1	Z122	
广州南	武汉	13.51	1	1	0	0	D2102	
广州	温州	11.15	0	0	1	1	K326	
广州	宁波	41.77	2	0	3	1	K210	
广州	郑州	18.65	1	0	1	1	Z190	
广州	天津	105.92	6	0	6	1	T254	
广州	重庆北	30.72	1	0	2	2	K202	K356
广州东	济南	5.00	0	0	1	1	T180	
广州东	合肥	0.48	0	0	1	1	K309	
广州	石家庄	105.48	6	0	6	1	Z90	
广州	青岛	100.97	5	0	6	1	T160	
广州	西安	98.90	5	0	5	2	K645	K82
广州东	厦门	86.50	5	0	5	1	K297	
广州东	汕头	37.00	2	0	2	1	T8361	
广州东	沈阳北	25.67	1	0	2	1	Z11	
广州东	南昌	21.01	1	0	2	2	K442	T172
广州东	哈尔滨	2.59	0	0	1	1	Z236	
广州	徐州	0.29	0	0	1	1	K302	
广州	昆明	112.08	6	0	6	2	K364	K482

表 7.4.26 2018 年旅客列车装运快递货物运输时间预测表

旅客列车开行区段		车次	开车时间	到达时间	运行时间(h)	距离(km)	发车时间	终到时间			货物运达时间					
始发站	终到站						承运次日	承运次日	承运第三日	承运第四日	承运次日 下午	承运第三日 上午	承运第三日 下午	承运第四日 上午	承运第四日 下午	承运第五日 上午
广州	上海南	T170	14:56	9:35	18.65	1 598	14:56		9:35				○			
广州	北京西	Z36	16:45	13:43	20.97	2 294	16:45		13:43				○	○		
广州	南京	K528	7:52	8:19	24.45	2 055	7:52		8:19				○			
广州	成都东	K827	19:20	11:12	39.78	2 435	19:20			11:12					○	
广州东	成都	K1221	17:08	8:52	39.73	2 445	17:08			8:52					○	
广州	成都	K192	14:50	21:34	30.73	2 012	14:50		21:34					○		
广州	成都	Z122	22:10	23:02	24.87	2 414	22:10		23:02					○		
广州南	武汉	D2102	13:04	21:36	8.53	1 069	13:04	21:36				○				
广州	温州	K326	10:30	9:58	23.47	1 674	10:30		9:58				○			
广州	宁波	K210	18:44	16:52	22.13	1 583	18:44		16:52					○		
广州	天津	T254	19:32	22:15	26.72	2 456	19:32		22:15					○		
广州东	合肥	K309	10:50	6:30	19.67	1 410	10:50		6:30				○			
广州	石家庄	Z90	13:55	9:12	19.28	2 013	13:55		9:12				○			
广州	青岛	T160	22:39	5:35	30.93	2 666	22:39			5:35				○		
广州	西安	K645	10:36	14:23	27.78	2 110	10:36		14:23					○		
广州	西安	K82	17:05	21:31	28.43	2 093	17:05		21:31					○		
广州东	厦门	K297	20:45	8:49	12.07	770	20:45		8:49				○			
广州东	沈阳北	Z11	16:44	22:04	29.33	3 011	16:44		22:04					○		
广州	昆明	K364	12:56	12:50	23.90	1 637	12:56		12:50				○			
广州	昆明	K482	21:22	22:55	25.55	1 637	21:22		22:55					○		

7.5 铁路快运货物运输业务

7.5.1 旅客列车装运快递货物的业务工作

在这里,旅客列车是指高速铁路的高速列车和快速铁路的旅客快车。旅客列车装运快递货物不组织承包运输。

1. 快运货物运输作业流程

货物运输作业流程是指从货物办理承运时起,至交付时止全程依次所办理的作业,它可分为发送地作业、实现货物位移的运输过程和终到地区作业三部分。

铁路运输企业或运输经营人在发货地区通过运输业务网办理快递货物运输的一般流程为:

(1)办理快递货物的承运和临时存储。

(2)当公司分方向设集货点时,网点按方向向集货点集中货物,否则向公司集货处集中货物。

(3)在集货点按到站分拣货物、打包。

(4)由集货点装运,分送至装车站(客运站)集货点的汽车短途运输。

(5)装车前将货物包搬运至站台,准备装车。

而终到地区作业流程为:

(1)在客运站集货地办理接货手续。

(2)由客运站集货地至接货点的短途运输。

(3)按收货地分区分拣。

(4)向收货人分送到达货物,收货人签收。

2. 铁路运输企业和运输经营人向客运站集货的工作组织

设客运站办理快速货运业务的旅客列车开行区段有 i 个,每天办理 i 次装车和 i 次卸车。卸车货物一般分散输运较快,问题是集运。由铁路运输企业的货场或运输经营人的场库向客运站集货地集货,可以有两种极端的做法,即将当天承运的全部货运一次集中送达客运站集货处,或者是分 i 次向车站集货地输送。前者需要车站有一个面积较大的堆场,这在目前客运站条件下是不可能的,后者将增加运输经营人向车站集货的短途运输次数,也是不经济的。为此,可采用如下方法来优化集货工作组织:

(1)根据客运站集货地堆场的面积,计算同时最大可能堆放货物包数。

(2)根据统计数据,计算客运站每天发运的货物包数。

(3)当堆场可能的堆放包数大于发运的货物包数时,可组织一次性集中输运。

(4)当堆场可能的堆放货物包数小于实际办理包数,但大于实际办理包数的一半时,可组织分两次向车站集货。对于运量大的运输经营人也可能需要分三次集货。

3. 装车前的货物包搬运

在装车前必须将货物由客运站集货处搬运至装车站台,准备装车。

4. 快运货物包

快运货物包是指由铁路运输企业或运输经营人(含"中铁运"等)受理承运的快递货物,各自按装运旅客列车的要求,分类打包是承托双方货物交接装卸的单元体。

快递货物包一般以托盘为集货承载工具,将货物按规定整齐码放在托盘平面上,再用集装网等加以固定,从而形成具有集装箱基本功能货物运输单元。

5. 快运货物的装运

(1)快运货物的装运车辆

快运货物的装运车辆,对于快速铁路网是机车牵引 160 km/h 货车组、新型棚车车组和行李车。新型棚车为新设计生产的快运货车,设计运行速度为 160 km/h,货车容积 63 m³。

(2)托盘

托盘是货物集装的承载器具,适用范围广泛。它具有装运平面,设有插孔,便于叉车装卸、搬运和堆层包装成件货物。通过托盘可以把零散的成件货物组合成一定重量和体积的集装件,从而可简化作业手续,缩短作业时间,充分利用运载工具的载重力和容积,提高场库的堆存能力。托盘的中国标准是 1 200 mm×1 000 mm。

7.5.2 快递货物列车的装卸车工作

1. 对快递货物列车装卸车工作的要求及装卸车场地的选择

(1)利用货运动车组(棚车组)开行快递货物列车,必须组织整列装卸车。

(2)装卸车场地的长度必须能容纳一组货运动车组(棚车组)。

(3)装卸车作业与其他作业无干扰。

(4)在装卸车场地附近应设置集货场地。

(5)集货场地与装卸场地间有方便的搬运通道。

根据上述要求,快递货物列车装卸车场地的选择,可有如下方案:

(1)在客运站设置快递货物列车装卸车场地的方案。

(2)在货车组停车场设置快递货物列车装卸场地。

这一方案也能充分满足上述要求,也是可行的方案。但可能与城市的交通联系,不如客运站方便。

(3)利用废弃的客运站、货运站等装卸设施,经改造作为快捷货物列车的装卸场地。

2. 快递货物列车装卸车工作负责人

实行整列承包的快递货物列车,由总承包人根据承包合同的有关规定,负责组织装卸车作业;按车承包的快递货物列车,由总承运人根据承包合同的有关规定,负责组织装卸车作业;未办理承包的快递货物列车货运动车辆,由铁路统一组织装卸作业。

3. 始发终到地的作业

列车始发装车地的货物发运工作包括:

(1)各公司将货物送达装车地集货处后,与总承包人办理快运货物包的交接,总负责人应对安全、体积、重量等方面做出检查或抽查。

(2)快运货物包按车位堆放。

(3)按规定时间将货物由集货处搬入装车站台。

(4)及时组织装车。

列车到达卸车地的货物交付工作包括:

(1)按车位卸车和码放货物。

(2)将货物由卸车站台搬运至提货处。

(3)与收货公司办理交货手续。

(4)收货公司通过短途运输将货物运到公司集货处。

(5)按分区分类到达货物,填写送货清单。

(6)按送货清单将货物送达收货人。

7.5.3 既有线快捷货物列车的装车工作组织

1. 既有线快捷货物列车的装车作业组织

(1)整列承包条件下的装车工作组织

整列承包包括由一个公司承包和由一个公司总承包多个公司分运两种形式。当一个公司的装车场地或物流中心具有整列装车的条件,具有专用线与车站相衔接时,可以组织向装车地或物流公司集中货物,组织整列装车,或将由装车地编发列车,或将货车送至铁路车站发车。当不具有整列装车条件时,通常情况下,装车点也能多于 3 个,对于具有装卸条件的公司可以组织在本公司场地装车,而不具备装车条件公司,则必须组织货物向车站集中,在车站组织装车,并分别将货车送至技术站编发列车。在这一条件下,铁路运输企业与公司责任划分时间点为装车完了并办理交接完了时点。

(2)按车承包条件下的装车组织

按车承包可以是一个车,也可以是多个车的车组。有专用线与车站相衔接的装车场地或物流中心的公司,可以在本公司场地或物流中心组织装车,然后将货车送至技术站编发列车,不具备上述条件的公司则必须将货物向铁路车站集中,在车站组织装车,再送至技术站编发列车,在这一条件下,责任划分时间点与整列承包相同。

(3)由铁路组织装车货物的装车组织

由铁路组织装车货物包括快递公司等承办的货物和铁路运输企业承办的货物。两类货物均应以货物运输包或整车的形式向铁路快运货物办理站托运,由铁路组织装车,并送至技术站编发列车。在这一条件下,责任划分时间点为在车站办理货物交接手续完了并签单的时间。

2. 快运货物运输日常工作组织原则

除按列承包,且在一个装车地或物流中心的场库装车,组织编发整列快运货物列车的货车外,其他货车均需要向技术站集中,在技术站编发列车。这类货车的装车站分散,装车点多,但需要在短时间内完成货车集中的输送工作。为此,在日常工作组织中必须坚持如下的原则:

(1)确保技术站按装车开始时间配送空车。

(2)提前做好装车的准备工作,确保按规定时间组织装车。

(3)确保按计划挂运相应列车组织输送。

(4)组织各方向各种类列车配合到达车站。

(5)确保按时编发列车。

上述原则,可以通过编制用于安排空车取重计划的地方工作图的方法来落实。

3. 快运货物办理站的装车工作

快运货物办理站办理装车的货物,包括按列承包的分装货物,按车承包的货物;快递公司或物流公司按货物运输包托运的货物,铁路运输企业按货物运输承运的货物,以及本站承办的快运零散货物(装车前也应分类打包)和批量零散货物。在装车前,车站必须做好如下工作:

(1)当同一到站的快递货物和快运零散货物及装车数在两车及其以上时,应编制好货物的拼装计划,按拼装计划组织装车。

(2)每一货车应做好规定装车层次和码放位置的装车计划。

(3)批量零散货物组织整车装车,不得与快递货物、快运零散货物拼装。

(4)每车的装载量必须达到最低标准。

(5)装车前必须做好装车的准备工作。

4. 技术站快运货车的挂运

(1)按列承包且组织整列装车的快递货物装载车,在装车地有条件的可以组织直接发车,否则应将货车送至技术站办理必要作业后分别按承运列车规定发车时刻表发车。

(2)按列承包有多个装车点装车的货车,将货车送到技术站后,应及时办理相关作业,编组成列,分别按承运列车规定发车时刻表发车。

(3)按车承包的货物在发货公司装车地或快运货物办理站装车后的货车,由铁路按快运货物运输包承运的货物以及车站承运的货物,装车后的货车送技术站集结。

(4)技术站直通列车、技术直达列车编组去向编组前,在调车场已有相同去向的零散快运货车时,应将该项货车全部编入直通列车或技术直达列车。当该去向开行列车数为一列时,快运货物编入该列车,当该去向有多列时,应编入最近发车的列车输送。但在编制货物运输时刻表时,应以最后一列发车时间为准。

7.5.4 铁路快递货物输送组织和经营方法

快递货物运输市场是市场细分后的子市场,但它是当前最活跃、发展最快、发展空间大、经济效益最好的运输市场。铁路运输企业从停办零担货物运输开始,就失去了参与快递货物运输市场竞争的地位,虽近期开始重视这一运输市场,但总因正失去了最佳的快递运输市场建设和发展的时机,而使铁路在快递货物运输这一市场处于劣势地位。面对这一市场状况,铁路专业公司承办快递货物业务可以有两种方式:

1. 全程承办快递业务

全程承办快递业务是指从货主手中受理托运开始至送达收货人为主的运输过程,为此,铁路专业公司,必须在该两端城市设置营销网络,以一定的密度布局营销网点,修建分拣中心等设施。

2. 承办长途运输业务

对于异地的快递货物,两城市间的长途运输,通常由铁路运输公司和公路运输公司承担。在我国的具体条件下,目前快递公司货物长途运输主要由公路运输企业和航空运输承担,但对铁路运输仍有一定的需求。

当前,快递货物运输市场表现为向两个方面的集中的发展态势,即货物运输需求的地域集中和承办快递业务快递公司的集中。以 2015 年的全国快递货物业务运量为例,前五十个城市业务量占总量的 86.9%,前二十五个城市业务量占 73.0%,而前十个城市就占了 45.9%。可见,快递业务量主要集中在少数的社会经济发达、人民生活水平较高的商业中心、文化交流中心城市。此外,在全国数以千计的快递公司中承办的业务量,又主要集中在十多个全国性的大快递公司手中。这类公司通过不同的方式,基本上已经在全国范围内,完成运输业务网的建设和在城市或地区范围完成了营销网点布局和配置,并且正在规划大型物流中心建设之中。铁路在快递运输发展的初级阶段,断然采取了停办零担货物运输业务,一方面相当于铁路自动退出了这一运输市场,为快递公司业务提供了有利的发展空间,推进了快递业务的发展;另一方面也造成了铁路零担货物运输装备等基础设施的废弃。应该指出,快递货物运输发展到今天的水平,铁路想以原有方式重新进入这一市场,重新建立运输业务网和营销网络,重新配置必备的装备已经十分困难,不可能占有较大的市场份额。

根据运输市场营销学的一般原理,对于一个运输企业来说,某细分市场是否有价值,主要取决于运输子市场上的竞争状况和运输需求。运输需求规模虽然较大,但竞争已经十分激烈的市场,或竞争不很激烈,但运输需求不是很高的子市场都不具有价值。铁路专业运输公司既想在运输需求大的城市,又想在运输需求不大的城市,全面开展快递运输业务的计划,显然前景可能不会乐观。

快递公司承办的异地快递货物长途运输,理论上说应该由公路、铁路、民航等运输方式承担,当前部分快递公司配备有一定的公路、民航运输装备,并不是最经济有利的运输方式。从发展角度看,铁路参与快递货物长途运输市场竞争是有优势的。据此,铁路参与快递货物运输市场竞争,以采用参与长途运输业务的方式为主、承办全程业务为辅的方式为宜。

8 铁路日常运输工作组织

8.1 铁路"按图行车"调度指挥模式

8.1.1 "按图行车"调度指挥机构

根据中国铁路运输生产管理体系和组织铁路运输生产的需要,调度指挥机构一般采用三级设置,即铁路总公司运输局设调度部,铁路局集团有限公司设调度处,货运站和技术站设调度室。

1. 车站调度室

(1)货运站

一般情况下,开行始发直达列车的装车站、卸车站均应设置车站调度室。车站调度室是严格"按图行车"的直接组织和执行机构,它在组织"按图行车"方面的作用是:

①做好始发直达列车货源的落实工作。为确保按图行车的需要,这项货源落实工作虽然已经过月计划的安排和落实,但在组织装车前仍有必要作进一步落实工作。

②按货物列车编组计划组织整列装车或成组装车。

③按列车运行图规定的时间组织列车正点发车。

④对于成组装车的货车,按列车运行图规定时间组织编发列车。

⑤对于卸车站应按运行图规定组织卸车和发出空车列车。

(2)技术站

技术站含区段站和编组站。区段站主要服务于车流集散区内中间站组织始发直达列车后剩余车流,以及相邻区段站到达车流的改编中转工作。编组站是车流集散地,改编车流量大,配备有先进的调车设备,改编能力大。区段站和编组站虽然服务对象和配备的设备条件不同,但组织"按图行车"的方法基本上是一致的,区段站和编组站在组织"按图行车"方面的职责是:

①按货车输送过程计划组织到达改编中转车流,向出发列车去向分解。

②按运行图规定发车时间组织集结,并组织车站的装车配合集结。

③按列车运行图规定发车时间组织列车编发。

④向列车运行前方技术站发出预报。

⑤根据运输需求的变化,向铁路局集团有限公司调度室提出加开或停运列车的报告。

车站调度室通过编制车站工作日(班)计划的方式,来安排车站一天的列车到发和调车工作,并利用车站技术作业表的形式记录运输工作实绩和编制阶段计划,组织车站运输工作。

2. 铁路局集团有限公司调度处

铁路局集团有限公司调度处是严格"按图行车"的组织机构和监督机构,它的职责是:

(1)编制组织严格"按图行车"的日常工作计划

①召开月度始发直达列车工作会议,落实货源和确定月度始发直达列车开行计划。

②编制月间施工列车运行计划。

③针对习惯性晚点列车修改列车运行图。习惯性晚点列车是指一个月晚点次数在 10 次以上的晚点货物列车。在列车运行工作统计中应查明晚点原因,并据以调整列车运行图。

④组织研究事故处理方案,及时采取措施,消除事故对列车运行的影响。

⑤编制临时加开货物列车运行计划。这项计划根据车站调度室提出的申请报告编制。

⑥针对晚点列车编制列车运行调整计划。

(2)监督组织严格"按图行车"的工作

①监督始发直达列车装车站,按货物列车编组计划组织装车、编组列车,按列车运行图规定时刻发车。

②监督技术站,按货车输送过程计划组织改编中转货车向出发列车去向分解。

③监督技术站,根据列车运行图时间集结货车和编发列车。

④随时掌握列车在区段内运行情况,发现列车运行偏离列车运行图时,应及时向中间站列车值班员及司机通报情况;当发现列车晚点时,应根据列车运行调整计划,向车站值班员和机车司机发出指令,调整列车运行计划。

(3)编制组织"按图行车"状况的报告

①及时向相邻铁路局集团有限公司通报跨局列车的运行情况。

②及时向铁路总公司调度部报告跨局列车运行情况。

③编制列车运行工作统计报告。

④编制铁路局集团有限公司运营日况报告。

根据铁路局集团有限公司调度处组织严格"按图行车"的职责,列车调度员将负责编制临时加开货物列车运行计划、晚点列车运行调整计划以及监督列车在区段内的运行。从列车运行状态的角度出发,可以将上述工作划分为列车正常运行状态下的工作和列车晚点运行状态下的工作两部分。

设列车运行偏离列车运行图的时间为 $t_{偏}$,列车正常运行状态通常是指 $t_{偏} \leqslant 5$ min 的列车运行情况,应该说这是常态。调度人员应随时掌握列车运行的变化情况,并据以做出调整的决策。在列车正常运行条件下,调度人员的主要工作是监督列车运行。列车晚点运行状态是指 $t_{偏} > 5$ min 的列车运行状况,这时列车调度人员应做出列车运行调整的决策,编制列车运行调整计划并下达执行。因此在列车晚点运行状态下,调度员的工作是编制列车运行调整计划和监督列车在区段内的运行。

遵循在工种间实施专业化分工可以提高工作质量和工作效率的原理,可将列车调度监督和列车运行调整计划编制分为两部分,分设列车调度台和列车监督台,相应设置列车调度员和列车监督员的工作岗位。

每一列车监督台设列车监督员一人。由于需要对每一列车监督运行情况,工作量大,每一监督台的线路长度不宜过大。每一列车调度台设列车调度员一人,由于列车运行调整计划和临时加开货物列车运行计划往往涉及多个列车监督台,所以一个列车调度台需与多个调度监督台组成一个组合,形成列车调度监督系统。

8.1.2 "按图行车"的内涵

"按图行车"是铁路运输中常用的词,内涵十分简洁、直观,是指按列车运行图的规定组织

列车运行。但在实际工作中,对运行图可有两种不同的理解:

(1)运行图作为一项组织列车运行的技术文件,仅供组织列车运行使用,功能十分有限。

(2)运行图作为一项组织列车运行的技术系统,不仅包括大量的运行图技术文件,还包括列车编组计划以及由列车运行图、编组计划编制而成的货车输送过程计划、货物运输时刻表等技术文件,功能强大。

显然,按第一种方式理解的运行图组织按图行车,是狭义的"按图行车",是组织型铁路的理解方式;而按第二种方式理解铁路按图行车是广义的,是规划型铁路的理解方式。为区别起见,本研究称第二种按图行车为严格"按图行车"(以下简称"按图行车"),除特殊说明者外,下文的"按图行车"指严格"按图行车"。

"按图行车"是铁路运输生产管理中旨在优质、高效实现货车位移的核心技术,同时又是一项涉及铁路运输多部门、多工种的综合性的复杂技术,它的内涵是:

(1)货运部门切实做好始发直达装车计划的货源落实工作,为按图行车提供货源保证。

(2)在始发直达装车站,按货物列车编组计划组织装车、编组列车,按列车运行图组织发车。

(3)在技术站,按货车输送过程计划组织车流接续,按列车运行图组织货车集结、编发列车。

(4)组织和监督列车在区段内按运行图规定时刻运行。

(5)组织晚点列车恢复正点运行,或避免增晚,或减少增晚时间。

(6)机务部门按列车运行图规定时间供应机车。

(7)空车管理部门按装车计划供应空车。

可见,"按图行车"是由承担铁路日常运输工作组织的调度部门组织协调,有货运、运输、机务、车辆等部门和装卸车站、技术站多工种员工参与的条件下,通过在装车站按始发直达列车编组计划的列车开行方案组织装车、编发列车;在技术站按货车输送过程计划的车流接续计划组织车流接续、货车集结,按列车运行图规定时间编发列车;在区段内按列车运行图规定的时刻组织列车运行,贯穿于实现按货物运输时刻表规定的时间将货车输送至卸车站运输全过程的技术系统。

8.1.3 "按图行车"的工作模式

1. 工作模式

如前所述,在市场经济发达国家铁路,以充分满足运输市场的运输产品质量要求、提高铁路运输产品的竞争能力为目标,以详尽的货源信息、货流调查资料、运输统计分析资料、车流信息等为依据,运用系统规划的原理编制确定流线紧密结合的列车编组和列车运行图。因此,在通常情况下,对于列车编组计划和列车运行图的系统设计既可以达到较为优化的结果,又可以满足日常运输工作的需要。

质量良好的列车编组计划、列车运行图的系统设计,达到了可直接执行的要求。因而在日常运输工作中除特殊情况外,行车部门可直接组织"按图行车"。

在这一条件下,"按图行车"的基本工作模式是:

(1)编组站严格按列车编组计划编车,按运行图发车。

(2)列车司机严格按"列车时刻表"操纵和控制列车运行。

(3)车站值班员严格按"车站接发列车程序"接发列车。

(4)列车调度员(监督员)严格按列车运行图组织和监督列车运行、越行、交会、中间站行车作业。

因此,按图行车是一项系统工程,它涉及货车输送过程各个工作环节,详见表8.1.1。

表8.1.1 按图行车工作模式表

货车输送过程的工作	按图行车的工作	运行图文件	保障措施
列车在区段内运行	技术站严格按图编发列车	—	采用定时集结的模式
	司机严格按时刻表操纵和控制列车运行	司机专用的车次别列车时刻表	—
	中间站严格按车站接发车作业程序接发列车	中间站专用的接发车作业程序	—
	列车监督员严格按区段列车运行图监督列车运行	调度员专用的区段列车时刻表	将列车调度员分设为列车监督员和列车调度员两个职位,每个区段设列车监督员一名,相衔接的几个区段设列车调度员一名
	列车调度员及时编制列车运行调整计划,以减少增晚,恢复正点运行	柔性运行图	
列车在技术站工作	技术站按车站技术作业过程组织各项作业	车站技术作业过程	—
	按车流接续计划组织车流接续	货车输送过程计划	—
	按列车编组去向编车,按运行图发车	采用流线结合运行图	—
列车在装车站工作	按始发直达列车编组计划装车,按运行图发车	按日、按日历开行始发直达列车计划	采用路企双方互保的协议
	按挂运车次组织装车	货车挂运计划	—

2."按图行车"的工作和责任

"按图行车"工作是指根据"按图行车"的要求,各相关工种、业务部门应切实优质、高效完成的工作,而责任是指由于工作实绩而造成列车晚点,相关工种、部门应承担的责任。

(1)技术站车站值班员

技术站是列车组成地,是列车运行的起点,因而技术站(含始发直达列车装车站)是组织"按图行车"的基础。

①工作

a. 车站调度室应按"货车输送过程计划"组织发、到列车间的车流接续,随时掌握各去向列车货车集结进度,必要时应采用措施加快集结进度。

b. 按列车运行图规定发车时间和货物列车编制计划规定的编组内容、编组办法编组列车、转线。

c. 按列车运行图规定发车时间和货物列车编制计划规定的编组内容、编组办法组织装车、编发列车。

　　d. 组织按列车运行图规定的时刻正点发车。

②责任

　　a. 列车由技术站出发晚点。

　　b. 列车编组内容和编组办法不符合列车编组计划的规定。

（2）列车司机（或机务段）

列车司机工作贯穿于整个列车运行过程，是组织实现列车在区段的安全、正常运行的核心工作环节。

①工作

　　a. 严格按"列车时间表"操纵和控制列车安全运行。

　　b. 随时观察列车运行状况，发现异常情况及时向铁路局集团有限公司列车调度员报告，并通报邻站车站值班员。

　　c. 发现机车零部件故障先兆，应及时与调度员和机务段取得联系。

　　d. 根据区段线路情况和调度员的指令，操纵机车赶点运行。

　　e. 随时与调度员、车站值班员保持联系。

②责任

　　a. 列车接续晚点。

　　b. 机车故障晚点。

（3）中间站车站值班员（或中间站）

中间站是根据办理列车客货作业、行车作业和组织列车在区段内安全、高效运行的需要而设置的区间分界点，是组织列车在区段内正点运行的重要环节。

①工作

　　a. 严格按"车站接发列车程序"接发列车。

　　b. 按列车运行图规定组织列车客货运作业。

　　c. 全过程监督列车到达、出发或通过，发现货车技术状况和货车装载危及行车安全的异状时，应及时报告调度员。

②责任

　　a. 接发列车延误晚点。

　　b. 列车货运作业延误晚点。

（4）铁路局集团有限公司调度部门

铁路局集团有限公司调度部门是铁路组织"按图行车"的决策部门，又是直接的监督执行部门。

①列车调度员的工作

　　a. 随时掌握区段内列车运行状况。

　　b. 发现列车运行偏离列车运行图运行线时，及时处理并向列车司机和车站值班员发出相关指令。

　　c. 发现列车晚点时，应通过预测一个时间段的列车运行状况，编制列车运行调整计划，并下达执行。

②责任

　　a. 发现问题，处理滞后造成晚点。

　　b. 列车运行调整计划决策失误，造成列车增晚。

3."按图行车"工作的考核和评价

(1)列车运行状态指标和评价

①列车晚点时分

列车晚点时分按始发站出发晚点、区段内运行晚点、技术站无改编中转列车出发晚点和终到站到达晚点分别统计,并分别用为考核列车始发站、区段列车调度员(监督员)、沿途技术站和列车运行全程的工作。

设图定列车出发、到达时间为 $T_{图发}$、$T_{图到}$,实际列车出发、到达时间为 $T_{实发}$、$T_{实到}$,而实际与图定出发、到达时间差为 $\Delta t_发$、$\Delta t_到$,即

$$\Delta t_发 = T_{实发} - T_{图发}$$

$$\Delta t_到 = T_{实到} - T_{图到}$$

为了分清列车晚点的责任,一般采用本站、本区段发生的晚点时间来定义和统计列车晚点。因此,对于区段内列车运行晚点时间($t_{晚区}$)应按下式计算:

$$t_{晚区} = \Delta t_到 - \Delta t_发$$

而对于技术站无改编中转列车的出发晚点时间($t_{晚技}$)则应按下式计算:

$$t_{晚技} = \Delta t_发 - \Delta t_到$$

列车晚点分析计算见表 8.1.2。表中晚点原因分列车运行干扰、作业干扰和行车事故三项填写。

表 8.1.2　列车晚点分析表

车次	技术站出发列车							区段内运行列车					责　任	
	到达时间			出发时间			晚点时间		到　达		晚点时间		原因分析	责任单位
	图定	实际	比较值(min)	图定	实际	比较值(min)	增晚(min)	出发	图定	实际	比较值(min)	增晚(min)	到达		
1	10:15	10:30	15	11:45	12:25	40	25		14:45	15:45	60	35		列车运行干扰	机务
				12:00	12:05	5			15:00	15:03	3				

②区段内列车运行状态的综合评价

列车运行状态是指列车按运行图规定的时刻运行的情况,用晚点列车数、晚点时间等指标来描述(见表 8.1.3)。

表 8.1.3　货车运行状态评价表

列车晚点时分	0～5 min	6～10 min	11～20 min	21～40 min	41～60 min 及 60 min 以上	计
定性		晚点	晚点	晚点	晚点	
评价	100	60	30	10		
开行列车数	50	20	10	5	5	90
综合评价						73

一般来说,列车偏离列车运行线运行是常态,百分之百按运行线运行是理论上的概念。因此,短时间的少量偏离是正常现象。在这里,拟将晚点 0～5min 按正点统计,而超过 5min 为晚点。晚点时间分为 4 个时间段,并分别给定了评价数。假定在某区段当天开行列车数为 90 列,正点运行 50 列,晚点运行 40 列(见表 8.1.3),据以计算综合评价数为 73,反映出了该区段当天列车运行的综合状况。

③对关键岗位员工业绩的评价

技术站调度员、车站值班员、中间站车站值班员、列车司机和铁路局集团有限公司列车调度员(监督员)是组织"按图行车"的关键岗位,为评价和表彰他们对"按图行车"所作的贡献,可通过业绩评价,加以肯定,给予表彰,评价表见表 8.1.4。

表 8.1.4 "按图行车"员工业绩评价表

日期(到发线)	晚点列车车次	晚点时间(min)	定性	评价	列车数	综合评价
	1	20	晚点	30		
	2	13	晚点	30		
					3	30

(2)列车编组质量指标的评价

由于列车编组计划就每一车次规定了列车编组办法,因此按货物列车编组计划编车的内涵是:

①按车次规定去向别列车编组内容编车。

②按车流接续计划确定编车的车流来源。

③按规定的重量标准编车。

④按规定的分组办法分组编车。

货物列车编组计划就每一列车车次规定的编组办法,是一个大型系统工程的设计,是与数以千计各类列车车流相互接续的高效设计。因此,违反列车编组都将在一定范围内影响其他列车的编组,违反编组可以从两个方面来描述:

①违反车流接续,在实际工作中,由于有"货车输送过程计划",可以直接查找车流接续方案,一般说来,违反车流接续的概率不大。

②列车欠轴达 20%～30%。按车流接续计划规定,每一列车的编组内容,应该是可以达到满轴的。受日常车流波动的影响,可能实际车流会有所变化,但通过采取措施,欠轴的程度应该控制在一定范围之内。作为考核指标,可用欠轴列车数表示。技术站调度员和铁路局集团有限公司计划调度员是日班发车计划的制定者,应通过采取有效措施避免出现违反编组的情况发生。

8.2 铁路日间货车输送方案

8.2.1 日间货车输送方案的意义

日间货车输送方案是指以技术站由改编中转车和自装货车组成的出发车流为工作对象,

在充分利用柔性承运货物货车对车流变化的调解功能的条件下,按列车编组去向和一定的技术标准,研究开行固定运行线列车和加开列车所形成的出发车流组织方案,也可称之为铁路日间出发列车开行计划。它是日常运输工作计划的重要组成部分,是日常运输工作的核心。

规划型铁路为了组织按图行车,在列车运行图和货物列车编组计划工作中,采用了一系列旨在提高列车运行图和货物列车编组计划适应日常运输变化能力的新技术,提高了列车运行图和编组计划的可执行性。但是,铁路日常运输工作的变化是随机的,不可能完全掌握。列车运行图和编组计划适应日常车流变化的能力也是有限的。因此,在日常运输工作中,还必须通过编制日常运输工作计划来解决适应日间运输工作变化的问题,以期高质量地实现铁路运输过程。可见,编制日常运输工作计划和货车输送方案,也是规划型铁路所必需的。

8.2.2　适应技术站日常出发车流变化能力的新技术

车流变化一般是指技术站车流的变化。若按时间划分可以分为时期变化和日常变化。时期变化是指一年内较长时间段的变化,如季节性变化和月间变化。而日常变化是指较短时间段的变化,一般是指日间的变化。

设 $N_基$ 为基期的车流量,$N_计$ 为计划期的车流量,则计划期与基期对比的车流变化量 $\Delta N_车$ 为:

$$\Delta N_车 = N_计 - N_基$$

基期可以是前几年、前几个月、前几日等,计划期可以是计划年、计划月、计划日。

为了适应规划型铁路时期波动的需要,要求货车输送和列车运行图系统,具有编制或调整季度或月度运行图的功能,而适应日常车流变化是一个难题,需要进一步深入地研究。

车流变化又可分为到达车流变化和出发车流变化。到达车流变化有到达改编中转车流变化和到达卸车车流变化。到达改编中转车流的变化将按列车编组去向转换为出发车流的变化,是出发车流变化的重要组成部分。到达卸车车流变化将影响车站的卸车工作,可以通过调整车站卸车工作来吸收。出发车流的变化包括由到达改编车流引起的出发车流变化和自装车流的变化两部分组成,它将影响车站出发列车计划,需要通过一定的车流组织方法来调整。由此可知,日常车流的调整问题主要为适应出发车流变化需要的调整。

由于出发车流是以列车编组去向为基本单元组织的,故出发车流的变化也应从出发列车编组去向别入手。出发车流变化可以从去向别列车总量和列车分量变化两个方面来描述。总量变化可以通过车站装车计划来调整解决,而日常车流变化主要是随着列车编组去向别列车分量变化所引起的车流变化,解决分量变化的适应性问题也是个难题。

为此,规划型铁路可以采用旨在提高适应技术站日常出发车流变化能力的新技术。

1. 运行图中设固定运行线和不固定运行线的技术

在确定列车编组去向开行列车数工作中,将列车数计算的整数部分设定为具有流线结合特性的固定运行线,小数部分进整为一条没有流线结合设计的不固定运行线,为日常编制列车工作计划提供了灵活机动调整的冗余空间。

2. 在货物承运工作中采用刚性承运和柔性承运的工作方法

在铁路货物运输中扣除纳入装车地始发直达列车运输的货物(多为大宗物资货物)之外的货物均为其他货物,这部分货物对货物运到时间并不总是有要求的,有的货物货主对运到期限有严格的要求，有的货物货主对运到期限有要求但也对部分货物没有运到期限的要求。因此，将货主对运到期限无要求的货物在货物发送地称之为柔性货物，对运到期限有要求的货物在货物装车地称之为刚性货物。从装车地装车编入列车出发后，不再区别刚性货物和柔性货物。因此，刚性货物和柔性货物仅限在装车地加以区别。相应地，货物承运工作为柔性货物承运和刚性货物承运。

柔性货物对货物运到期限无要求，因而必对装车日也无特殊要求，装车日在铁路编制技术站日计划时根据出发列车开行计划的需要规定，而刚性货物因货主对运到期限有要求，必须根据货主制定的装车日列入日计划组织装运。

研究表明，技术站利用柔性货物货车（含技术站所在铁路枢纽地区其他车站的柔性货物货车），根据日计划、出发列车开行计划需要规定装车日的这一特性，对增加技术站车流日常变化的适应性有重要意义。

3. 技术站采用定时集结的货车集结模式

定时集结模式是以牺牲满轴编发列车为代价，以确保列车正点运行承诺货物运到时限为目标的货车集结模式。在理论上，无论货车集结进度如何，均应确保正点。

8.2.3 技术站日间货车输送方案的设计

1. 装车信息的整理

（1）货物受理、承运

在发送端，铁路货运业务工作可以分为受理、承运和装车三个环节。

受理是指铁路对客户提出的运输需求（货物运单）信息的逐项审查，并据以决定是否接受客户的运输申请。对运输申请的审查主要包括：

①货物运单填写方法是否符合"货物运单和货票填写法"的规定。

②检查到站站名、铁路局集团有限公司别是否正确，是否符合到站营业办理限制，是否符合卸车起重能力。

③检查货物品名填写是否明确具体，货物品名是否属于危险货物。

④检查凭证运输的证明文件是否符合规定等。

铁路货运受理目前采用如下五种方式：

①网上申报办理。通过中国铁路客户服务中心网站首页，点击"我要发货"客户填写基本信息提报后，即可获得反馈查询码；有客服人员与客户联系，并代填需求电子订单，受理成功后，客服人员及时将受理信息告知客户，并提示客户到装车营业部办理装车及缴费手续。

②客户服务中心电话受理。通过拨打"12306"客服电话；客服人员为客户代填需求电子订单以及提供咨询服务；受理成功后，客服人员及时将受理信息告知客户，并提示客户到装车营业部办理装车及缴费手续。

③通过拨打营业部客服电话受理。客服人员为客户代填需求电子订单以及提供咨询服务。

④客户到营业部面对面办理。客户到营业厅，客服人员为客户代填需求电子订单以及提供咨询服务，或自助受理。

⑤根据客户需求，上门服务提供受理需求，由客服人员为客户全程办理各项手续。

承运是针对通过受理审查，已经接受客户运输申请的货物所进行的各项作业，如在货物运单上填写指定搬入日期,验收货物是否符合运输办理条件,并在货物运单上填写验货日期,加盖货物验收人员名章或签字章。

(2)货物运输过程的原始信息

通过五种承运方式业务所建立起来的承运货物信息,是货物进入铁路运输过程的原始信息,包括货物品类、品名、发站、到站、货物件数、重量和体积、发货人、收货人等,见表8.2.1,它是铁路运输企业组织实现铁路货物运输过程的依据。

表8.2.1 ×年×月×日××铁路局集团有限公司车站别承运货物信息汇总表

序号	发货人	收货人	发站	到站	货物品类	车种车数	装车日期	装车完了日期
1								
2								
3								
⋮								

(3)装车数据的整理

装车数据源自货物运输过程原始信息(详见承运货物信息汇总表8.2.1),该表按铁路局集团有限公司以承运时间的先后排序编制,是编制装车计划的依据。表中装车日期项填有日期的为刚性承运货物,无日期(用"0"表示)的为柔性承运货物。

①刚性承运货物的装车数

刚性承运货物按如下方法做数据处理:

a. 对承运货物汇总表中的数据,逐项按装车日期统计计算计划日刚性承运货物装车数,作为铁路局集团有限公司装车计划的基本部分。

b. 将铁路局集团有限公司装车计划分解为车站别的装车,作为站别装车计划的基本部分。

c. 在承运货物汇总表中删除已列入装车计划的承运货物数据项,重新生成承运货物汇总表。

d. 在站别装车数的基础上,按列车编组去向作分类处理,以掌握编组去向别刚性承运货物装车数。

②柔性承运货物的装车数

a. 对于当日承运的柔性承运货车,统计计算方法与刚性承运货物装车相同,在编制表8.2.1时,仅需将装车日期栏填入"0"即可。

b. 对于车站待装的柔性承运货物货车,对计划当日和限制待装车日间逐日按第一项的方法作统计计算,然后将数日车数汇总。

c. 将确定列入计划的装车数,从承运日期表中删除,形成新的承运信息汇总表。

d. 在站别装车数的基础上,按列车编组去向作分类处理,以掌握编组去向别刚性承运货物装车数。

2. 技术站发出车流的分类

技术站发出车流包括改编中转货车和自装货车。自装货车根据货物承运方式的不同又可分为刚性承运货物货车和柔性承运货物货车。

根据使用要求不同,柔性承运货物装车又可有三个概念:

(1)当日承运的柔性货物货车(指计划日前一天承运的货车)。

(2)车站待装柔性货物货车。由于柔性货物不一定承运次日就能列入装车计划,因而需要在车站停留待装,有时甚至发生多日停留待装现象,这时车站应列入装车计划的车数为当日承运的柔性货物货车和多日未列入计划柔性承运货物的累计数,这一装车数供计算计划开行列车数使用。

(3)列入计划日装车计划的柔性承运货物装车数,这是计划日实际柔性承运货物的装车数,供编制装车计划使用。

设刚性承运货物装车数为 $N_{装刚}$,车站待装柔性承运货物货车数为 $N'_{装柔需}$,当日承运的柔性货车数为 $N''_{装柔需}$,需要列入装车计划的装车数为 $N_{装需}$,则有

$$N_{装需}=N_{装刚}+N'_{装柔需}+N''_{装柔需}$$

或

$$N_{装需}=N_{装刚}+N_{柔装需}$$

其中,$N_{柔装需}=N'_{装柔需}+N''_{装柔需}$。

若通过货车输送方案的安排,确定列入装车计划的柔性承运货物装车数为 $N_{柔装计}$,则列车编组去向别装车数 $N_{装计}$ 为

$$N_{装计}=N_{装刚}+N_{柔装计}$$

3. 计算开行列车数

货车通过组成列车运行来实现位移,因此货车输送方案用出发列车的形式来表示。

设技术站列车编组去向别中转车数为 $N_{中}$,刚性承运货物装车数为 $N_{装刚}$,柔性承运货物装车数为 $N_{装柔需}$,则有

$$n_{发计}=\frac{N_{中}+N_{装刚}+N_{装柔需}}{m}$$

式中 $n_{发计}$——计算发出列车数。

一般情况下,上式的计算结果是非整数值,其中整数部分为该列车编组去向的相对稳定车流部分,而小数部分常常是可变部分。因此,在货车输送方案设计时可将两部分分开,分别用 a、b 表示。这样,上式也可写为

$$n_{发计}=a+b$$

4. 稳定车流开行的列车数

如前所述,车流的变化主要是日常车流的少量变化。一般都发生在小数部分。因此,若计算开行 a 列列入方案,应用固定运行线加以保证。它的常态是固定运行线数等于 a。仅当发生较大车流变化时,才有可能发生 a 值的变化。这类变化通常也仅仅是发生在 $n_{固}+1$ 或 $n_{固}-1$ 的范围内($n_{固}$ 为固定运行线数)。

5. 非稳定车流开行的列车数

车流变化常常以 bm 为初始点,在 $m-1\sim1$ 之间变化。从货车输送方案设计出发,车流 bm 满足如下条件时,可设计加开列车方案:

(1)为兑现承诺的货物运到期限,规划型铁路一般规定,在必要时,仅一辆刚性承运货车也可以组织加开列车,按运行图规定时间发送。它的条件是

$$N_{装刚}+N_{中}>am$$

如表 8.2.2 所示,去向 1 共 148 车,可开行固定运行线 2 列,但由于 $N_{装刚}+N_{中}>100$ 车,为输送多余的刚性承运货物货车,需要加开 1 列。这一条件称为刚性承运货物货车条件,在数据表中用条件 1 表示。

表 8.2.2　O 编组站列车编组去向别列车开行方案设计表

项目		去向 1	去向 2	去向 3	去向 4	去向 5	去向 6
车流量（车）	$N_中$	98	78	86	70	46	25
	$N_{装刚}$	15	20	65	20	20	20
	$N_{柔装需}$	35	10	35	73	30	10
	合计	148	108	186	163	96	55
开行列车数（列）	a	2	2	3	3	1	1
	b	0.96	0.16	0.72	0.26	0.92	0.1
开行固定运行线列车数（列）		2	2	3	3	1	1
加开列车的条件	1	1					
	2						
	3			1			
列入计划柔性装车数（车）		35	2	35	60	30	5
未列入计划柔性装车数（车）			8		13		5

（2）为组织货物的及时运送，待装货物在车站待装停留时间应有所限制。如限制最长待装时间为 3 d、4 d 或 5 d 等。若有货物待装时间达到 3 d、4 d、5 d 就应该组织加开一列。可加开列车的 b 值标准及最长待装时间根据各地的具体情况由铁路局集团有限公司规定。

如表 8.2.3 所示，在这一条件下，加开列车数和规定的最大待装天数密切相关，容许待装天数越长，需要加开列车数越少。但待装时间过长是不合适的，一般情况下宜采用 3 d 或 4 d。这一条件可称为最大待装天数条件，在数据表（见表 8.2.2）中用条件 3 表示。

表 8.2.3　最大待装天数和加开列车关系表

日期	当日车数（车）	最大待装天数									
		3 d		4 d		5 d		6 d		7 d	
		累计（车）	加开日	累计（车）	加开日	累计（车）	加开日	累计（车）	加开日	累计（车）	加开日
1	5	5		5		5		5		5	
2	8	13		13		13		13		13	
3	15	28	√	28		28		28		28	
4	5	5		33	√	33		33		33	
5	7	12		7		40	√	40		40	
6	4	16	√	11		4		44	√	44	
7	3	3		14		7		3		47	√
8	16	19		30	√	23		19		16	
9	2	21	√	2		25		21		18	
10	10	10		12		35	√	31		28	

（3）遵循随到随发的货运组织原则，及时组织货车输送。为此可规定，实际车流量达到 b 值的一定标准时，可以加开一列。例如，b 值加开的标准值为 0.8，即实际车流量达到或超过 $0.8m$ 时就可以加开一列。

在最大待装天数期间内，若某天柔性装车数有较大幅度增加，致使累计车数达到加开标准时，可以加开 1 列。这一条件称之为累计车数条件，在数据表（见表 8.2.2）中用条件 2 表示。

6. 剩余货车的处理

开行固定运行线列车和不固定运行线列车后的剩余货车推迟至次日处理。所指的剩余货车实际上是指未能列入计划日装车计划的货物而不是货车。

7. 柔性承运货物装车计划

在确定开行固定和不固定运行线列车后，可以确定柔性承运货物的装车计划。它通过两种途径安排：

（1）用于固定运行线列车补轴，当固定运行线列车编成辆数未达到满轴时，可以将部分柔性承运货物货车（按承运货物顺序，先承运先安排）列入装车计划用以补轴。

（2）当加开不固定运行线列车时，因柔性承运货车车数和补轴车数必然小于列车编成辆数，所以在这种情况下，可以把全部柔性承运货物货车纳入日计划。

8. 平均列车编成辆数

按照上述列车编组去向开行运行列车数的计算方法，固定运行线列车是满轴的。但加开的不固定运行线列车，可能达不到标准的列车编成车辆数。因而对于组织加开不固定运行线列车的列车编组去向，有满轴列车又有不满轴列车。为了方便日常工作组织，将固定运行线列车和不固定运行线列车编成辆数加以平均，得到平均编成辆数，可作为该去向编组列车的控制数字。

9. 设计方案表

表 8.2.2 为 O 编组站列车编组去向别列车开行方案设计表。列车编组去向 1 开行固定运行线列车 2 列，因刚性承运货物货车的原因加开 1 列，总车流量为 148 车。其中，柔性承运货物货车 35 车，可全部列入计划日的装车计划。列车编组去向 2，开行固定运行线列车 2 列，其中柔性承运货物货车 2 车可编入日计划，而有 8 车未能列入日计划。列车编组去向 3，开行固定运行线列车 3 列，因柔性承运货物货车有 35 车，若规定加开标准为 0.7，也可加开一列，所以全部柔性承运货物货车可全部编入日计划。列车编组去向 4，总车流量为 163 车，可开行固定运行线列车 3 列，其中柔性承运货物货车 60 辆可编入日计划，剩余 13 车未能编入日计划。列车编组去向 5，总车流量为 96，开行固定运行线列车 1 列，因刚性承运货物货车的原因加开一列，30 辆柔性承运货物货车可全部编入日计划。列车编组去向 6，总车流量为 55 车，只有 5 辆柔性承运货物货车可编入日计划。

通过以上出发列车开行计划的安排可以看出，在例子给定的条件下，O 编组站计划日有 26 车柔性承运的货物货车在车站待装，而其他 167 车均在计划日装车发送。

8.2.4 车流变化状态

1. 日常车流变化状态

日常车流变化是指固定运行线数为 $n_{固}=a$ 的条件下，在 $(a+2)m-1 \sim (a-2)m+1$ 的范围内的车流变化(如图 8.2.1 所示)。在日常工作中,当频繁出现 $a+1$ 或 $a-1$ 的情况时(如一个月内出现 20 次),就需要考虑将增加的运行线改为固定运行线或将减少的运行线删除。

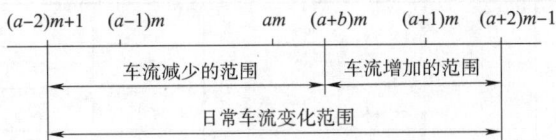

图 8.2.1 日常车流变化范围示意图

由于列车编组去向别开行列车数由 a、b 两部分组成,其中 a 有不变、加开 1 列、减开 1 列三种状态,b 有加开、不加开两种状态,则理论上可以组成六种状态。若 a 的三种状态称为正常状态、加开状态和减开状态,b 的两种状态称为 1 状态和 2 状态,则六种状态可分别称为正常状态 1、正常状态 2、加开状态 1、加开状态 2、减开状态 1、减开状态 2。

一般情况下,因车流变化引起的状态变化多属于正常状态 1 和正常状态 2。

应当指出,技术站尤其是编组站日常车流是多支车流合并的车流,相对站到站车流是一支稳定的车流。这是因为:

(1)站到站间车流是由单个车站产生的车流,直接受单个车站装车的影响,而技术站间的车流是技术站车流区的车流,由车流区内众多中间站装车和技术站装车组成的站到站间的合并车流。虽也受每一装车站装车的影响,但由于不同车站车流变化状态不同,多数变化将在车流合并中被互相抵消,因而技术站车流要比站到站间的车流相对稳定。

(2)在货物列车编组计划中,有单支车流建立的列车编组去向,也有合并车流建立的编组去向。单支车流编组去向接受技术站间车流影响,而合并车流编组去向由两支及其以上技术站车流组成,因不同车流变化方向可能不同而相互抵消,因而受技术站间车流变化的影响,一般情况下合并车流编组去向要比单支车流来得小,或者说合并车流的稳定性要比单支车流高。

这也说明在日常工作中,一般情况下,车流的变化多属于正常状态的变化。

2. 车流状态特征分析

车流状态是动态的,而车流状态的转移又是具有方向性的。车流状态的动态性表现为:它是用计划日车流和昨日车流的比较来反应车流的变化的。其中车流指不加开列车日通过的累加车数。在开行不固定运行线栏用 1,2,3 表示可加开不固定运行线列车的三个条件。如表 8.2.4 所示,5 日某列车编组去向的车流状态为正常状态 1,而计划日 4 日车流状态为正常状态 2,相比较结果反映出计划日较昨日需减开 1 列不固定运行线列车。车流状态转移的方向性,是指车流状态的变化是遵循一定规律的,这种规律表现为:

(1)加开、减开或不变之间的转移,只能通过由正常与加开之间相互转移及正常与减开之间的相互转移,加开与减开之间一般不可能存在转移关系。

(2)正常、加开、减开三种状态下,各自都可有开行和不开行不固定运行线列车之间的转移,每种车流状态对应着一种加开或减开列车的应变预案,所以确定了计划日车流状态,也就确定了列车开行方案。

3. 执行列车开行计划的车流状况

由 O 编组站 6 个列车编组去向列车开行方案表(见表 8.2.2)可以看出,按照上述方法安

排的计划,实行结果的车流状态可用如下四种情况描述:

表 8.2.4　车流状态变化分析表

日期		1	2	3	4	5	6	7
车流量(车)	$N_{中}$	98	78	76	78	46	26	78
	$N_{装刚}$	15	20	20	20	20	20	15
	$N_{装柔需}$	35	10	44	30	35	40	20
	合计	148	108	140	128	101	86	113
计算值	a	2	2	2	2	2	1	2
	b	0.96	0.16	0.80	0.56	0.02	0.72	0.26
固定运行线	开行列车数	2	2	2	2	2	1	2
	车流状态	正常	正常	正常	正常	正常	减开	正常
不固定运行线	条件 1	1						
	条件 2			1				
	条件 3						1	
	车流状态	正常 1	正常 2	正常 1	正常 2	正常 1	减开 1	正常 2

(1)在绝大多数情况下,全部刚性承运货物货车及改编中转货车,可在计划日当天编入固定运行线列车由车站发出,见表8.2.2。例如,去向2,$N_{中}+N_{装刚}$ 为98车全部可以编入两列固定运行线列车输送,在此基础上还可以编入2辆柔性承运货物货车,因此在表中列入计划的柔性货车为2车,剩余8车。

(2)当加开不固定运行线列车时,车站全部柔性承运货物货车编入计划日装车方案。例如列车,编组去向5,加开1列不固定运行线列车,柔性货车30车可全部编入加开列车,组织计划日装车挂运。

(3)当不加开不固定运行线列车,但固定运行线列车不满轴时,可以用柔性货车补轴。例如列车编组去向4,开行固定运行线列车3列,不加开列车,其中柔性货车73车,60车可编入固定运行线列车,还有13车未能列入计划,为剩余货车。

(4)既没有加开列车又无可补轴的编组去向列车,全部柔性承运货车推迟至第二计划日编制计划。

8.2.5　柔性货物

1. 柔性货物的定义有效时间和刚性货物的定义柔性时间

(1)柔性货物的定义有效时间

柔性货物是对货主没有指定装车日期货物的外加名称。柔性货物的定义有效时间是指货物从承运开始至列入出发列车计划成为计划日装车货物时止,这一期间的延续时间(见表8.2.5)。装车后这类货物的货车与刚性货物货车相同,按统一的货物运输过程组织货车输送。相对应地,也就不存在刚性货物和柔性货物的区别。

由于柔性货物功能仅发生在技术站装车部分,故柔性承运货物只在技术站及技术站区的中间站出现,其他中间站不采用这一概念。

表 8.2.5　刚性和柔性货物在装车地区滞留时间表

承运方式	日期						柔性货物的定义 有效时间(d)	最长待装时间(d)
	1	2	3	4	5	6		
刚性	承运	装车						0
柔性	承运	待装	待装	待装	待装	装车	6	4

（2）刚性货物的定义柔性时间

刚性货物的定义柔性时间是指在发货人指定装车时间为时间段的情况下，所产生的货物待装时间。这一时间与柔性货物的待装时间具有相同的功能。如表 8.2.6 所列，当货主指定的装车日期为承运后的第四天，则有 3 d 的待装时间（刚性货物的柔性时间）。

表 8.2.6　发货人指定装车日期为一时间段(d)时待装时间分析表

发货人	货主指定的装车日						货物在装车地 滞留时间(d)	最长待装 时间(d)
	1	2	3	4	5	6		
A	承运	装车					2	0
B	承运	待装	装车				3	1
C	承运	待装	待装	装车			4	2
D	承运	待装	待装	待装	装车		5	3
E	承运	待装	待装	待装	待装	装车	6	4

2. 在车流组织中应用柔性承运货物特性的意义

日间货车输送方案的编制是铁路技术站日间调度工作计划编制关键性环节的核心技术。它包括：技术站改编中转车流在到发列车间合理接续的优化技术、自装货车装车进度与改编中转车集结进度配合的挂运计划编制技术以及对应车流变化预案设计技术。

近年来，我国铁路运输市场有了很大发展，这一发展带来频繁的日常车流变化。因而提高技术站车流组织适应车流变化的能力，已经成为一个急需解决的难题。

通过针对组织"按图行车"的规划型铁路，对柔性承运货物特性运用研究发现，充分利用柔性货物可以由铁路在编制日计划的过程中，根据编发列车工作的需要，确定计划装车日的重要特性，可以有效解决适应日常车流变化的难题，提高技术站出发车流组织水平。它的重要意义在于：

（1）将日常车流变化范围定义为"$(a+2)m-1 \sim (a-2)m+1$"，并将这一范围划分为适应车流变化预案设计方案的六种状态，使系统具有了足够大的适应日常车流变化的能力。一般情况下，实际车流的变化不可能超出这一范围。

（2）为刚性承运货物使用最密集、最快速的货运工作模式实现在承运次日装车发运创造有利条件，而组织承运次日装车发运是提高货物送达速度的重要举措。

（3）利用柔性承运货物装车日期可根据日计划、列车出发方案规定的特性，可大大提高对技术站日常车流变化的适应性。

（4）在货物装车站将增加货物的待装停留时间，而不产生额外的货车停留时间。

3. 保持一定数量柔性承运货物货车的措施

(1)对柔性承运货物采取优惠的运价政策

在日常运输工作中采用柔性承运的办法,对于铁路来说,可以大大提高应对日常车流变化的能力,可以不产生额外的货车停留时间,是绝对有利的。而对货主来说,无形中增加了货物待装时间。为了弥补由于货物待装时间的延长,可能为货主带来的损失,也为了提高货主对部分货物采用柔性承运办法的主动性,铁路应对采用柔性承运的货物实行优惠的运价政策,力争每一列车编组去向的柔性承运货物装车,都能达到一定的数量水平。

(2)对于适用柔性承运货物与货主协商建议采用

低附加值的粗杂品和对市场影响不大的商品,运到时间对货物市场销售影响不大,适宜采用柔性承运。为此,铁路在办理承运业务时,可以与货主协商建议采用柔性承运的办法。

(3)对刚性承运货物定义柔性时间的利用

为简化日常车流组织工作,一般情况下不宜利用刚性货物的柔性时间。仅当发生柔性承运货物货车有较大减少时,可利用这一时间,按柔性货物处理。例如,某发货人 8 月 5 日办理了一批货物的发运手续,指定的最后装车日期为 8 月 10 日,该批货物离正常装车日期尚有 5 d 间隔时间。在这 5 d 时间内(自 5 日至 9 日),有 4 d 可以作为柔性承运货物参与编制日装车计划。

有刚性货物定义柔性时间货物的装车数据处理方法为:

①逐日对货物承运信息汇总表每一条信息检查装车日期是否为当前的计划日,将非计划日的装车数逐条调出,并加以汇总,生成对装车日期有冗余时间的刚性承运货物货车数据。

②按车站分类形成站别非计划日装车数。

③技术站装车数,按列车编组去向分类,形成列车编组去向别装车数。这时,用于编制日间计划的柔性承运货物装车数 $N_{装柔}$ 为

$$N_{装柔} = N_{装刚} + N'_{装柔需} + N''_{装柔需} + N'''_{装柔需}$$

式中　$N'''_{装柔需}$——刚性货物定义柔性时间货物的装车数。

④编制计划后,将列入日间货车输送方案的货车承运信息删除,形成新的货物承运信息汇总表。

8.2.6　出发列车的车流接续

对于 n_i(列车编组去向 i 的开行列车数)等于 1 的列车编组去向,有该去向中转车流的到达列车均为该列车的接续车流。因此,无需研究车流接续方案设计的问题。

对于 $n_i \geq 2$ 的列车编组去向,存在出发的车流接续方案设计的问题。

1. 车流接续的基本概念

(1)车流接续数据处理表

车流接续数据处理表(见表 8.2.7),由到达列车和出发列车编组内容两部分组成。到达列车部分按到达时间顺序依次排列,到达货车按列车编组去向别编制。出发列车部分按出发列车编组去向别给出编成车数、车次和出发时间,该表是数据处理的工具表。

表 8.2.7 车流接续数据处理表

车次	到达时间	到达车数			车流接续计划					
					A			B		
		A	a	O—a	时间域车数	车次	出发时间	时间域车数	车次	出发时间
20202	18:40	15	2							
20102	19:32	9	3	1	40	20002	3:30			
20204	22:50	7	11							
20104	23:18	9	2	4						
⋮										

(2)车流接续时间域

设编组去向 i 的开行列车数 n_i,列车由技术站出发时间为 $T_{发i}$,若车流接续时间为 $t_{接续}$,则划分编组去向各列车接续时间域的结点时间 $T_{结点i}$,可按下式计算:

$$T_{结点i} = T_{发i} - t_{接续}$$

现定义 $[T_{结点i}, T_{结点i+1}]$ 为列车 n_{i+1} 的车流接续时间域(如图 8.2.2 所示),例如,A 列车编组去向的 20002 发车时间为 3:30,若车流接续时间为 2 h 30 min,则车流接续时间结点为 1:00,它的前行列车 20006 发车时间为 20:00,结点时间为 17:30,因此 20002 次车流接续时间域为 $[17:30, 1:00]$。凡是在这一时间域内到达的该列车编组去向的车流,均为列车 n_{i+1} 的车流来源。

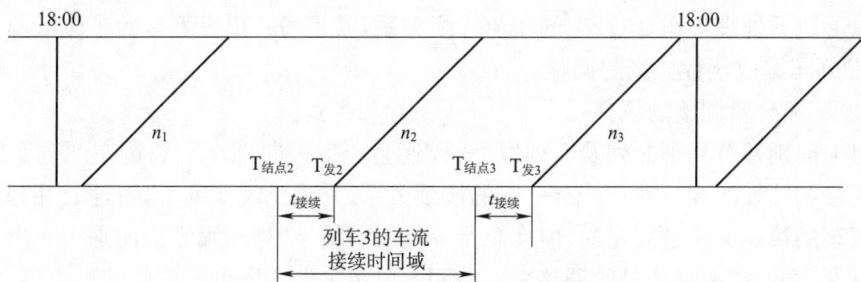

图 8.2.2 车流接续时间域示意图

(3)车流接续时间域内接续车流量

接续车流量按列车编组去向计算。例如,到达 A 列车编组去向的发出列车 20002,列车车流接续时间域的到达列车有 20202,20102,20204,20104 共 4 列,到 A 的车流计 40 车。用同样的方法可以计算每一列车的接续车流量。

2. 车流接续计划表的使用方法

在日常的运输工作中车流接续计划表通过车流接续数据处理表的编制来完成。

(1)收集数据

编制车流接续数据处理表需要收集的数据包括:

①车流接续计划表。

②设计方案开行列车数和装车数。

③计划日到达解体列车中编组内容。

④流线结合运行图的去向别出发列车计划。

在搜集相应的数据后,就可以按技术站衔接铁路方向和列车到达时间顺序编制车流接续数据处理表。

(2)利用车流接续数据处理表确定出发列车车流来源的工作程序

根据计划日到达列车编组内容和车流接续计划表编制车流接续数据处理表的到达部分。其中,与出发列车有车流接续的到达列车,根据车流接续计划表决定。该列车的去向别到达改编中转车数根据日计划到达解体列车内容确定。

①根据流线结合运行图去向别开行列车数,确定每一列车编组去向的出发列车车次和出发时间,当开行列车数大于固定运行线数时,需要利用不固定运行线加开列车;当开行列车数小于固定运行线时,可由固定运行线中选择列入计划的出发列车。

②根据出发列车开行计划确定每一出发列车的车流接续时间域,并计算每一时间域内接续列车的改编中转作业车数。

③根据编入每一出发列车的改编中转作业车数和计划装车数,安排编入每一出发列车的装车数,并据此编制取送车计划。

④计算每一出发列车的编成辆数,对于不加开列车的编组去向,除总车流量不足者外,每一列车编成辆数原则上应达到标准编成辆数。

但当发生某一出发列车安排的改编中转车数与装车数之和没有达到列车编组标准时,则应进行出发列车编成辆数分量的调整。

通过以上数据处理工作,所产生的车流接续关系,就是每一出发列车的车流来源。

3. 出发列车编成辆数分量的调整

(1)出发车流分量调整的意义

当编组去向别开行列车 2 列及 2 列以上时,就会产生去向别车流总量在两列车间分配的问题。车流接续计划的到发列车间有一定的接续关系,并据此编制列车运行图。因此,到达列车与出发列车的接续关系是固定的,但在总量一定的前提下,列车编组去向别每一出发列车的车流分量是变化的,需通过分量的调整来平衡同一编组去向不同列车间的编组内容。

如表 8.2.18～表 8.2.20 所列,列车编组去向每一列的编成辆数(40 车)为分量,而总数120 车应为列车编组去向别车流总量。

(2)可调整的车流

①自装车数。

自装货车没有硬性规定装车时间,一般可根据需要作适当的调整。它可编入列车编组去向开行列车数的任一列车,可以根据需要灵活调整。

②改编中转车。

改编中转车有固定的到达时间,它可以通过采用延长在站停留时间的方法,由前行列车调至后行列车,但不能相反。

(3)调整方法

①对于不加开不固定运行线列车的列车编组去向,由于总量是一定的,分量之和必须等于总量。因此,在各列车之间根据平衡的原则,调整改编中转车和自装货车即可。只有在极不利

的情况下,当改编中转车在列车编组去向的最后列车车流衔接时间域内有较大集中,且超过列车编成辆数时,无法调整。这时,根据计划"当日装车、当日挂运"的原则,可考虑开行加开列车。

②对于组织加开不固定运行线列车的列车编组去向,因每一出发列车的编成辆数一般都小于标准的编成辆数,可以吸收列车分量的差异,不作调整。

8.2.7 需要不固定运行线数和可配备不固定运行线数

原则上,每一列车编组去向应拥有一条不固定运行线,以确保车站日常车流组织工作有足够的冗余度。但受区域通过能力的限制,不一定每一区域都能达到这一标准。这时可采用一条不固定运行线供两个或多个编组去向使用。车站日常车流组织工作冗余度也随之减少。

为确保区段内列车运行的畅通,应将能力利用率控制在一定的范围内。例如,为区段通过能力利用状态达到能力趋于紧张状态(能力利用率为 $80\% \sim 93\%$,实际工作中可用 $80\% \sim 90\%$,见表 8.2.8)时,能力利用率必须控制在 $80\% \sim 90\%$ 之间。

设区段使用能力和能力利用率各为 $N_{使}$ 和 $\rho_{能力}$,据此可得,区段可铺画的不固定运行线数 $n_{不固定}$ 为

$$n_{不固定} = N_{使}(1 - \rho_{能力})$$

表 8.2.8　给定条件下系统配备的不固定运行线数表

区段通过能力利用状态类型	能力利用率	区段使用能力	$K_{不固定}$			
			4	6	8	10
能力适应型	$65\% \sim 80\%$	80	4.0~7.0	2.67~4.67	2.0~3.5	1.6~2.8
		100	5.0~8.75	3.3~5.8	2.5~4.4	2.0~3.5
		120	6.0~10.5	4.0~7.0	3.0~5.25	2.4~4.2
能力趋紧型	$80\% \sim 90\%$	80	2.0~4.0	1.33~2.67	1.0~2.0	0.8~1.6
		100	2.5~5.0	1.7~3.3	1.3~2.5	1.0~2.0
		120	3.0~6.0	2.0~4.0	1.5~3.0	1.2~2.4
能力紧张型	90% 以上	80	2.0 以下	1.3 以下	1.0 以下	0.8 以下
		100	2.5 以下	1.7 以下	1.3 以下	1.0 以下
		120	3.0 以下	2.0 以下	1.5 以下	1.2 以下

这时,每一列车编组去向平均可配备的不固定运行线数($K_{不固定}$)为

$$K_{不固定} = \frac{N_{使}(1 - \rho_{能力})}{K_{去向}}$$

铁路区段开行的列车编组去向数($K_{去向}$)一般有 $1 \sim 10$ 个左右列车去向。若取具有代表性的铁路区段使用通过能力(80,100,120)和 $K_{去向}$ 值(4,6,8,10),可计算在不同通过能力条件下,平均每一列车编组去向可能配备的不固定运行线数,见表 8.2.8。表中区段通过能力利用状态类型取自本书通过能力部分。例如,能力利用趋紧型铁路,当使用通过能力为 80 对时,若 $K_{去向}$ 值为 4,平均每一列车编组去向可配备的不固定运行线数为 $2 \sim 4$ 条,且随着 $K_{去向}$ 值的增加而减少,随着区段通过能力的加大而增加。

车流变化有六种状态,见表 8.2.9。其中两种状态不需加、减开行列车数。两种状态需要加开 1 列,一种状态需要加开 2 列,一种状态需要减开 1 列。需要加开列车的情景,需要有对应的不固定运行线数。

表 8.2.9　车流状态预案表

状态	开行固定运行线列车	开行不固定运行线列车	计
正常状态 1	0	1	1
正常状态 2	0	0	0
加开状态 1	1	1	2
加开状态 2	1	0	1
减开状态 1	−1	1	0
减开状态 2	−1	0	−1

由上述分析可以看出,能力利用率在 90% 及其以下时,加开 1 列或 2 列的状态所需对应的不固定运行线数在绝大多数情况下是能满足需要的。即使在最不利的情况下(加开 2 列)也仅仅在通过能力较小,而 $K_{去向}$ 较大的少数情况下发生。发生最不利情景概率很小,即使发生需加开 2 列的不利情况也可通过调整加开不固定运行线列车方案来加以解决。因此结论是,在日常运输工作中只要把通过能力控制在 90% 及其以下,可提供的不固定运行线数都大于需要的不固定运行线数,不固定运行线的供给总是有保障的。

8.2.8　规划型铁路日间货车输送方案适应日常车流变化能力的评价

从车流量角度描述车流变化可以有车流增加和车流减少两种情景。无疑,车流减少不会增加铁路的运输负荷,可以通过调整车流组织方法来适应这一变化。但车流增加将引起铁路运输工作量的增加,铁路如何适应这种变化就是铁路对车流变化的适应能力问题。

对于组织型铁路,当发现车流增加时,一般采用让部分车流在站停留待编的方法来处理,是组织型铁路适应车流变化的方法。

对于规划型铁路,适应车流变化能力是指在车流增加的条件下,对于装车货车仍能以承运次日装车发运,对于改编中转车在计划日有效时间内实现当日到达改编发出,并以高质量运输组织形式组织货车输送的能力。

设计方案确保了改编中转车和刚性承运货物货车全部列入日计划,并组织及时输送。因此,从车站实际存在货车角度出发,设计方案充分满足了高质量运输的需求。但实际上还存在着对柔性承运货物货车的运输需求,当计划日组织加开列车时,也可以将柔性承运货物货车全部列入日计划组织及时输送。但当计划日不组织加开列车时,通常只能将部分柔性承运货物货车列入计划,还存在一部分不能列入日计划,也就是不能满足高质量运输需求的部分。

设计划日出发车流总量为 $N_总$,未列入日计划的柔性承运货物货车为 $N_{柔装未}$,则日计划适应车流变化程度 $\rho_{车流}$ 可表示为

$$\rho_{车流} = \frac{N_总 - N_{柔装未}}{N_总} \times 100\%$$

这样,对于加开列车日(见表 8.2.2,去向 1,3,5)必有 $\rho_{车流} = 100\%$,不加开列车日(见表 8.2.2,去向 2,4,6)分别可有 $\rho_{车流} = 92.59\%$、$\rho_{车流} = 92.02\%$ 和 $\rho_{车流} = 90.91\%$。

组织加开列车是有条件的。条件 1 为刚性承运货物货车条件,这一条件满足的概率比较大,多数组织加开列车的计划日属于这种情况;条件 2 为最大待装天数条件,它可以确保每隔 $T-1$ 天的计划日组织加开列车;条件 3 为累计车数条件,一般要求的累计车数采用 0.7 m～0.8 m 的标准,达到这一标准的概率相对不会太大。

因此,结论是:

(1)规划型铁路车流变化适应能力是以高质量输送货车为目标的适应能力。

(2)对组织加开列车的计划日设计方案,可以将全部货车编入日计划,组织由车站发出,可完全达到适应任何车流变化的目标。

(3)对不组织加开列车的计划日设计方案,将存在一定数量的柔性承运货物货车不能列入日计划,待装货物需要在站停留。

(4)加开列车的条件的规定将确保加开日占有相当大的比重。因此,一般情况下,一个月内出现不加开列车的情况只是较为少数的几天。

(5)停留待装的货车,实质上是待装货物,停留时间是货主允许的,铁路没有损失。

因此,总体上说,日间货车输送方案的设计,能确保铁路适应日常车流变化能力达到很高的水平。

8.2.9 技术站日间货车输送方案设计算例

1. 路网概况

图 8.2.3 所示为一简单路网图,A、B、D、E、F 和 O 为编组站,a、b、f 为区段站。编组站间有 A—O、B—O、D—O、E—O、F—O 共 5 个列车编组去向,编组站区段站间有 a—O、b—O、f—O 三个区段列车和摘挂列车编组去向。

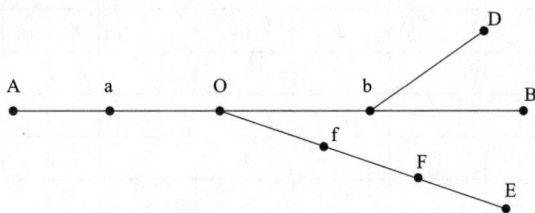

图 8.2.3　路网示图

2. 车流数据的整理

(1)改编中转车流的数据整理。

改编中转车流可根据列车到达报告登记表的编组内容整理确定。

表 8.2.10 为 O 编组站到达列车编组内容数据表。据此,可得列车编组去向别改编中转车数,见表 8.2.11。

(2)装车数据的整理。

装车数据源自货物运输过程原始信息,详见承运货物汇总表。该表按铁路局集团有限公司承运时间的先后排序编制,是编制装车计划的依据。其中,装车日期项填有日期的为刚性承运货物,无日期的为柔性承运货物。

通过前述数据处理方法,可得刚性承运货物的装车数和柔性承运货物的装车数,见

表 8.2.11。

(3)O 编组站车流接续计划见表 8.2.12。

(4)O 编组站流线结合运行图数据整理。

表 8.2.10 O 编组站到达列车编组内容数据表

车次	到达时间	编组内容								
		到卸车数(车)	中转车数(车)							
			A	a	B	D	b	F	E	f
20001	18:25	6			11	11		2	5	2
40001	13:04	3			2	5				
30001	22:16	6			5	9	15	3	1	1
20003	0:48	15			1	6	2	10	1	5
30003	10:55	2			16	3	6	2	4	3
20005	6:07	16			2	6	6		4	2
20102	19:32		9	3				10	2	15
20104	23:18	10	9	2				14		1
30102	5:42	12	9	1					18	3
20106	9:28	11	12	3				12	3	
30104	14:56		5	2				12	8	15
20108	16:00							16	9	15
20110	17:00	7	4					17	9	2
40202	13:40		5	2						
20202	18:40	5	15	2	16		2			
20204	22:50	2	7	11	8	9	2			
30202	4:39		9	16	5	5	3			
30204	12:00	12	5		6	5	6			
20206	15:10	13	5	10	3	6	4			
20208	17:20	9	5		9		3			
40102	10:02	7	3		9	1	4			
20210	17:40	5	5	12	5		5			
计		141	111	64	98	80	58	98	64	64

表 8.2.11 O 编组站出发列车车流计算表 单位:车

车流	A	a	B	D	b	F	E	f
$N_{中}$	111	64	98	80	58	98	64	64
$N_{装刚}$	1	10	2	0	15	9	10	16
$N_{装柔需}$	8	10	30	5	32	20	10	30
计	120	84	130	85	105	127	84	110

表8.2.12　O技术站车流接续计划表

车次	时间	中转号	到达车流中转号	出发时间	车次	到达时间	特征码	到达车流中转号	出发时间	车次	到达时间	特征码
20001	18:25	1	→A					→F				
20202	18:40	2	2,3,7,8	2:30	20002			1,3,4,5,8	2:20	20201		
20102	19:32	3	10,11,14,15,17,19	16:50	20004			9,12,13,14,20	18:00	20205		
取车Q4	20:50	4	20,21,22,24,26,27	20:00	20006			23/16,24/17	20:00	20209		
30001	22:16	5	→a					→E				
取车Q2	22:30	6	2,3,7,8,10,11,14,15,17,19	17:00	30002			1,3,4,5,9,11,12,13	10:40	20203		
20204	22:50	7	20,21,22,24,26,27	21:00	30004			13,14,16,20,23,24	20:30	20207		
20104	23:18	8	→O→a					→f				
20003	0:48	9	3,8	3:00	40002			1,3,4,5,8,9,11,12,13	10:30	30201		
30202	4:39	10						13,16,20,23,24	20:20	30203		
30102	5:42	11						→O→f				
20005	6:07	12						8,9,16,24	20:10	40201		
取车Q5	7:30	13	→B									
20106	9:28	14	1,2,5	2:00	20101							
40102	10:02	15	6,7,9,13,12,17,15	13:10	20105							
30003	10:55	16	16,17,18	16:10	20107							
30204	12:00	17	22,25,26,27	21:00	20109							
40001	13:04	18	→D									
40202	13:40	19	1,5,7,9,10	7:40	20103							
30104	14:56	20	12,15,16,17,18,22,26,27	21:10	20111							
取车Q1	14:56	21	→b									
20206	15:10	22	2,5,7,9,10,12,15,16	14:00	30101							
20108	16:00	23	17,22,25,26,27	21:30	30103							
20110	17:00	24										
取车Q3	17:10	25										
20208	17:20	26										
20210	17:40	27										

3. 开行列车数的设计
(1)需要开行的列车数
日间货车输送方案设计专用表是用以反映方案设计过程每一阶段工作的工具表。表格样式见表 8.2.13。

表 8.2.13　O 编组站日间货车输送方案设计专用表

方向		A	a	B	D	b	F	E	f
车流(车)	$N_{中}$	111	64	98	80	58	98	64	64
	$N_{装刚}$	1	10	2	0	15	9	10	16
	$N_{装柔需}$	8	10	30	5	32	20	10	30
	计	120	84	130	85	105	127	84	110
稳定车流开行列车数(列)	计算值	3	2.1	3.3	2.1	2.6	3.2	2.1	2.8
	a	3	2	3	2	2	2	2	2
	$n_{固}$	3	2	3	2	2	2	2	2
	开行列车数	3	2	3	2	2	2	2	2
不稳定车流开行列车数(列)	计算值	0	0.1	0.3	0.1	0.6	0.2	0.1	0.8
	加开列车条件 1			1					
	2								
	3						1		
开行列车数计(列)		3	2	4	2	2	3	2	2
列车平均编成(辆)		40	40	32*2+33*2	40	40	39	40	40
列入计划的柔性承运货物装车数(车)		8	6	30	0	7	10	6	0
未列入计划的柔性承运货物装车数(车)		0	4	0	5	25	10	4	30
去向别装车数(车)	$N_{装刚}$	1	10	2	0	15	9	10	16
	$N_{柔计}$	8	6	30	0	7	10	6	0
	计	9	16	32	0	22	19	16	16

①将收集的车流资料填入专用表,作为计算的基本依据。
②按下式计算需要开行的列车数。

$$n_{发到}=\frac{N_{中}+N_{装刚}+N_{装柔需}}{m}$$

例如,A 列车编组去向车流总量为 120 车,若列车编成辆数为 40 车,则有:

$$n_{发到}=\frac{120}{40}=3$$

又如,b 方向的总车流为 105 车,则

$$n_{发到}=\frac{105}{40}=2.5$$

按同样的方法可以计算其他编组去向的需要开行的列车数。

如前已述,通常计算开行列车数不是整数值,这时可将其分为整数部分和非整数部分。如A编组去向开行列车数为3,只有整数部分无非整数部分(认为该部分为零),b列车编组去向开行列车数为2.5,则有整数部分为2,非整数部分为0.5。

③加开列车条件的审定。

在方案设计中,需就每一编组去向符合加开列车的三种情况加以审定。A去向由于无小数部分可以略去此项工作,B去向有改编中转货车98车,刚性装车2车,计100车。它满足剩余刚性货车开行条件,可加开1列,用运行图不固定运行线组织开行。又如,F去向车流总量为127车,其中柔性承运货物货车虽然只有20车,但因待装时间已达到最长限值,可组织加开列车。此外,该去向同时也满足刚性承运货物货车加开的条件。

将两部分车流开行列车数按开行列车去向相加可得开行的总列车数。

(2)计算列车平均编成辆数

不组织加开列车的编组去向按标准列车编成辆数编组列车。但对于加开列车的编组去向,由于加开列车编成辆数通常小于标准列车编成辆数,需要计算列车平均编成辆数。例如,B方向组织加开列车,总车流量为130车开行4列,货物列车平均编成辆数,其中2列为33辆,2列为32辆。

(3)列入计划和未列入计划的柔性承运货物货车

对于不组织加开列车的列车编组去向不满轴时,可用柔性承运货物货车补轴。例如,a编组去向总车流为84车,其中按刚性承运货物组织的货车64车,开行2列,可有车位供柔性货物货车补轴。所以10车柔性货物货车,只有6车列入计划,4车未能列入计划。

对于加开列车的列车编组去向,全部柔性承运货物货车可列入计划日装车计划。例如,B方向总车流量为130车,因刚性承运货物货车需要组织加开1列,30车的柔性承运货物货车可全部列入日计划。这样,计划日列入计划的柔性承运货物货车67车,未列入计划的柔性承运货物货车73车。

(4)日计划装车数

在这一特定的日间货车输送方案编制方法的条件下,车站计划日的装车数必须等到列车开行方案确定之后才能最终确定。例如,B列车编组去向刚性承运货物装车2车,可列入计划的柔性承运货物装车为30车,因此去向别装车数为32车,将车站各列车编组去向的装车数加总可得站别日计划装车数,共计130车。

经上述设计工作环节取得的开行列车数和装车数数据,见表8.2.14。

表 8.2.14　开行列车数和装车数数据

项目		A	a	B	D	b	F	E	f
开行列车数(列)	固定运行线列车	3	2	3	2	2	2	2	2
	加开列车			1			1		
	计	3	2	4	2	2	3	2	2
装车数(车)	计划装车数	9	16	32	0	22	19	16	16
	未列入计划装车数	0	4	0	5	25	10	4	30

4. 出发列车车流来源

采用车流接续数据处理表,确定出发列车车流来源的作业过程为:

(1)填写车流接续数据处理表的车流数据,见表8.2.15~表8.2.17。

(2)计算出发列车接续时间域内去向别到达列车改编中转车车数,如表8.2.16所示,D方向的出发列车20103,在车流接续时间域内包括20001等6列到达列车,包含D方向到达改编中转车流40车,又如b方向的出发列车30101,在接续时间域内包括20101等9列到达列车,包含b方向到达改编中转车流40车。

(3)根据出发列车的平均编成辆数和已有到达改编中转车的车数,分配编入每一出发列车的装车数(分配的装车数原则上应等于列车编成减去到达的改编中转车)。例如,B方向有出发列车4列,平均编成2列32车,2列33车,其中20101已达到编成辆数32车,无需编入自装货车。20105已有改编中转车25车,若按列车平均编成33车计算,需分配8辆自装货车。20107已有到达改编中转车24车,平均编成辆数按33车计算,需分配9辆自装货车。20109已有到达改编中转车17车,需分配15辆自装货车。按照以上的安排,4列车都达到了平均编成的标准,见表8.2.19。

(4)按照装车数的分量调整,不能达到列车编成的要求时,可采用改编中转车调整的方法。例如,A列车编组去向的20004次列车,车流接续时间域内到达的改编中转作业车43车,而20006次列车,只有28车。因此,可由20004次列车向20006次列车做分量调整3车,这种调整只能由前行列车向后行列车调整,并在前行列车改编中转车右方加斜线以示区别,斜线后数字表示调整车数,见表8.2.15。

(5)当出发列车车流接续时间域内到达改编中转作业车超过列车编成辆数时,若该列车为后行列车,它不可能向前行列车做分量调整,而只能通过延长车流停留时间,转移到后行列车。若后行列车的到达改编中转车数已达到或超过列车编成辆数,这时只能通过采取加开列车的办法来输送超过列车编成辆数的货车,并将未能列入计划的柔性承运货车转为列入加开列车,加开列车的情况多发生在原方案中没有加开列车的列车编组去向。

通过上述作业过程的处理,形成了两类车流接续数据处理表,其中表8.2.15~表8.2.17为改编中转车的数据处理表,表8.2.18~表8.2.20为改编中转车和自装货车的数据处理表。

5. 日间货车输送方案

将经过车流来源安排的出发列车数据加以汇总,则可形成技术站日间货车输送方案表,见表8.2.21和表8.2.22。表8.2.21为用到达列车车次表示的车流来源数据表,表8.2.22为用到达列车中转号表示的车流来源数据表。

表 8.2.15　车流接续数据处理表（一）

车次	到达时间	到达车数（车）			车流接续计划								
		A	a	O—a	A 时间域车数（车）	A 车次	A 出发时间	a 时间域车数（车）	a 车次	a 出发时间	O—a 时间域车数（车）	O—a 车次	O—a 出发时间
20202	18:40	15	2										
20102	19:32	9	3	1									
20204	22:50	7	11		40	20002	2:30						
20104	23:18	9	2	4									
30202	4:39	9	16					40	30002	17:00			
30102	5:42	9	1										
20106	9:28	12	3		40/3	20004	16:50						
40102	10:02	3											
30204	12:00	5	2										
40202	13:40	5	2										
30104	14:56	5	2		31	20006	20:00						
20206	15:10	9	10					24	30004	21:00			
20110	17:00	4									5	40002	3:00
20208	17:20	5											
20210	17:40	5	12										

表8.2.16　车流接续数据处理表(二)

车次	到达时间	到达车数(车) B	D	b	O-b	车流接续计划 B 时间域车数(车)	B 车次	B 出发时间	D 时间域车数(车)	D 车次	D 出发时间	b 时间域车数(车)	b 车次	b 出发时间	O-b 时间域车数(车)	O-b 车次	O-b 出发时间
20001	18:25	11	11														
20202	18:40	16		2		32	20101	2:00									
30001	22:16	5	9	15													
20204	22:50	8	9	2					40	20103	7:40						
20003	0:48	1	6	2	5												
30202	4:39	5	5	3		25	20105	13:10									
20005	6:07	2	6	6								40	30101	14:00			
40102	10:02	9	1	4													
30003	10:55	16	3	6		24	20107	16:10							8	40101	21:20
30204	12:00	6	5	6					40	20111	21:10						
40001	13:04	2	5	6													
20206	15:10	3	6	4		17	20109	21:00				18	30103	21:30			
20208	17:20	9	9	3													
20210	17:40	5	5	5	3												

表 8.2.17　车流接续数据处理表（三）

车次	到达时间	到达车数（车） F	E	f	O-F	车流接续计划 F 时间域车数（车）	F 车次	F 出发时间	E 时间域车数（车）	E 车次	E 出发时间	f 时间域车数（车）	f 车次	f 出发时间	O-f 时间域车数（车）	O-f 车次	O-f 出发时间
20001	18:25	2	5	2													
20102	19:32	10	2	15													
30001	22:16	3	1	1		29	20201	2:20									
20104	23:18	14	1	1	1							30	30201	10:30			
20003	0:48	10	1	5	5				31	20203	10:40						
30102	5:42	2	18	3													
20005	6:07	2	4	3		36	20205	18:00									
20106	9:28	12	3	3	8										15	40201	20:10
30003	10:55	12	4	2					33	20207	20:30						
30104	14:56	16	8	15								34	30203	20:20			
20108	16:00	16	9	15		33	20207	20:00									
20110	17:00	17	9	2	1												

表 8.2.18　车流接续数据表（一）

车次	到达时间	到达车数（车） A	到达车数（车） a	到达车数（车） O—a	车流接续计划 A 时间域车数（车）	车流接续计划 A 车次	车流接续计划 A 出发时间	车流接续计划 a 时间域车数（车）	车流接续计划 a 车次	车流接续计划 a 出发时间	车流接续计划 O—a 时间域车数（车）	车流接续计划 O—a 车次	车流接续计划 O—a 出发时间
20202	18:40	15	2										
20102	19:32	9	3	1									
20204	22:50	7	11		40	20002	2:30						
20104	23:18	9	2	4									
30202	4:39	9	16					40	30002	17:00	5	40002	3:00
30102	5:42	9	1										
20106	9:28	12	3		40/3	20004	16:50						
40102	10:02	3											
30204	12:00	5	2										
40202	13:40	5	2					24＋16	30004	21:00			
30104	14:56	5	2										
取车 Q1	14:56	9	16										
20206	15:10	9	10		31＋9	20006	20:00						
20110	17:00	4											
20208	17:20	5	5										
20210	17:40	5	12										

表 8.2.19 车流接续数据表（二）

车次	到达时间	到达车数（车） B	D	b	O—b	车流接续计划 B 时间域车数（车）	B 车次	B 出发时间	D 时间域车数（车）	D 车次	D 出发时间	b 时间域车数（车）	b 车次	b 出发时间	O—b 时间域车数（车）	O—b 车次	O—b 出发时间
20001	18:25	11	11			32	20101	2:00									
20202	18:40	16		2													
30001	22:16	5	9	15													
取车 Q2	22:30	17				25+8	20105	13:10	40	20103	7:40						
20204	22:50	8	9	2													
20003	0:48	1	6	2	5												
30202	4:39	5	5	3													
20005	6:07	2	6	6													
40102	10:02	9	1	4		24+9	20107	16:10	40	20111	21:10						
30003	10:55	16	3	6													
30204	12:00	6	5	6								40	30101	14:00			
40001	13:04	2	6	4													
20206	15:10	3	6	22		17+15	20109	21:00									
取车 Q3	17:10	15		22								18+22	30103	21:30	8	40101	21:20
20208	17:20	9	9	3													
20210	17:40	5	5	5	3												

表 8.2.20　车流接续数据表（三）

车次	到达时间	到达车数（车）				车流接续计划											
		F	E	f	O—f	F 时间域车数（车）	F 车次	F 出发时间	E 时间域车数（车）	E 车次	E 出发时间	f 时间域车数（车）	f 车次	f 出发时间	O—f 时间域车数（车）	O—f 车次	O—f 出发时间
20001	18:25	2	5	2													
20102	19:32	10	2	15													
取车 Q4	20:50	10	2	6		29＋10	20201	2:20									
30001	22:16	3	1	1													
20104	23:18	14	1	1	1				31＋9	20203	10:40	30＋10	30201	10:30			
20003	0:48	10	1	5	5	36＋3	20205	18:00									
30102	5:42	2	18	3													
20005	6:07	2	4	3													
取车 Q5	7:30	9	14	10	8												
20106	9:28	12	3	2													
30003	10:55	12	4	15													
30104	14:56	12	8	15					33＋7	20207	20:30	34＋6	30203	20:20	15	40201	20:10
20108	16:00	16	9	15		33＋6	20207	20:00									
20110	17:00	17	9	2	1												

表 8.2.21 日间列车输送方案(一)

车次	出发时间	编组内容	车流来源
20002	2:30	A	20202/15,20102/9,20204/7,20104/9
40002	3:00	O—a	20102/1,20104/4
20004	16:50	A	30202/9,30102/9,20106/12,40102/3,30204/5,40202/2
30002	17:00	a	20202/2,20102/3,20204/11,20104/2,30202/16,30102/1,20106/3,40202/2
20006	20:00	A	40202/3,30104/5,取车 Q1/9,20206/9,20110/4,20208/5,20210/5
30004	21:00	a	30104/2,取车 Q1/16,20206/10,20210/12
20101	2:00	B	20001/11,20202/16,30001/5
20103	7:40	D	20001/11,30001/9,20204/9,20003/6,30202/5
20105	13:10	B	取车 Q2/8,20204/8,20003/1,30202/5,20005/2,30204/6,40102/9
30101	14:00	b	20202/2,30001/15,20204/2,20003/2,30202/3,20005/6,40102/4,30003/6
20107	16:10	B	30003/16,30204/6,40001/2
20109	21:00	B	20206/3,取车 Q3/15,20208/9,20210/5
20111	21:10	D	20005/6,40102/1,30003/3,30204/5,40001/5,20206/6,20208/9,20210/5
40101	21:20	O—b	20003/5,20210/3
30103	21:30	b	30204/6,20206/4,取车 Q3/22,20208/3,20210/5
20201	2:20	F	20001/2,20102/10,取车 Q4/10,30001/3,20104/14
30201	10:30	f	20001/2,20102/15,取车 Q4/6,30001/1,20104/1,20003/5,30102/3,20005/3,取车 Q5/4
20203	10:40	E	20001/5,20102/2,取车 Q4/2,30001/1,20003/1,30102/18,20005/4,取车 Q5/7
20205	18:00	F	20003/10,20005/2,取车 Q5/9,20106/12,30104/12
20209	20:00	F	20108/16,20110/17
40201	20:10	O—f	20104/1,20003/5,30003/8,20110/1
30203	20:20	f	取车 Q5/6,30003/2,30104/15,20108/15,20110/2,
20207	20:30	E	取车 Q5/7,20106/3,30003/4,30104/8,20108/9,20110/9

表 8.2.22 日间列车输送方案(二)

车次	出发时间	编组内容	车流来源
20002	2:30	A	2/15,3/9,7/7,8/9
40002	3:00	O—a	3/1,8/4
20004	16:50	A	10/9,11/9,14/12,15/3,17/5,19/2
30002	17:00	a	2/2,3/3,7/11,8/2,10/16,11/1,14/3,19/2
20006	20:00	A	19/3,20/5,21/9,22/9,24/4,26/5,27/5
30004	21:00	a	20/2,21/16,22/10,27/12
20101	2:00	B	1/11,2/16,5/5
20103	7:40	D	1/11,5/9,7/9,9/6,10/5

车次	出发时间	编组内容	车流来源
20105	13:10	B	6/8,7/8,9/1,10/5,12/2,17/6,15/9
30101	14:00	b	2/2,5/15,7/2,9/2,10/3,12/6,15/4,16/6
20107	16:10	B	16/16,17/6,18/2
20109	21:00	B	22/3,25/15,26/9,27/5
20111	21:10	D	12/6,15/1,16/3,17/5,18/5,22/6,26/9,27/5
40101	21:20	O—b	9/5,27/3
30103	21:30	b	17/6,22/4,25/22,26/3,27/5
20201	2:20	F	1/2,3/10,4/10,5/3,8/14
30201	10:30	f	1/2,3/15,4/6,5/1,8/1,9/5,11/3,12/3,13/4
20203	10:40	E	1/5,3/2,4/2,5/1,9/1,11/18,12/4,13/7
20205	18:00	F	9/10,12/2,13/9,14/12,20/12
20209	20:00	F	23/16,24/17
40201	20:10	O—f	8/1,9/5,16/8,24/1
30203	20:20	f	13/6,16/2,20/15,23/15,24/2,
20207	20:30	E	13/7,14/3,16/4,20/8,23/9,24/9

8.3 始发直达列车月度运行计划和周期运行计划

1. 始发直达列车月度运行计划

(1)始发直达列车月度运行计划内容

始发直达列车月度运行计划是在运行图中,落实始发直达列车年度运行计划和列车运行组织实施计划,它包括以下内容:

①落实计划月站—站按日、按日历开行始发直达列车计划。

②落实计划月站—站按日历开行始发直达列车组织循环周期和周期列车运行计划。

③确定临时加开计划,安排临时加开列车运行线。

④编制空车车底运行方案,空车直达列车组织方案、制订空车保障措施。

(2)计划编制方法

始发直达列车月度运行计划按月编制。

纳入月度运行计划的列车包括固定运行线计划列车、不固定运行线计划列车和计划月加开的特种列车。月计划的编制工作分两阶段进行。

第一,分散编制阶段。由铁路局集团有限公司与货主协商确定按日和按日历开行始发直达列车的日历运行计划。对采用循环周期的按日历开行列车组应与货主商定周期开行列车数及周期列车运行计划。

第二,集中编制阶段。煤和矿石的运输计划采用集中编制的方法进行。为此,于每月20日左右召开有煤和矿石等生产企业代表和有关铁路局集团有限公司、始发直达列车计划人员参加的计划会议,共同安排月计划。

月计划包括重车列车计划和空车运用计划两部分。其中重车列车计划由各铁路局集团有限公司提出初步开行的日期(煤炭和矿石运输由货主提出),由铁路总公司运输局确定。空车运用计划由运输局编制。

始发直达列车的空车运行可以有以下两种组织方式:

①整列空车运用计划。这一计划用专用的车底加以保证。在确定重车列车运输计划的同时编制车底使用计划。在编制车底使用计划时,允许一个车底在多点间循环运用。

②组织日常空车运用。这一组织形式通过日常空车调度工作加以安排,在月计划中不作具体规定。

计划全部落实后,由铁路总公司运输局召开全路电话会议,与各铁路局集团有限公司逐一核对,并于执行前一周以文件形式下达。

2. 始发直达列车周期运行计划

为解决在执行始发直达列车月度运行计划过程中发生的局部性问题以及运输市场变化提出的新问题,高质量地落实月度列车运行计划,在月度列车运行计划的基础上,还应建立编制周期列车运行计划的工作制度。通过与发货人协商,在周期列车运行计划中应进一步确定:

(1)按日历开行站—站始发直达列车的周期开行列车数及运行计划。

(2)按日历开行站—站始发直达列车的开行计划。

(3)按日历开行站—站始发直达列车周期列车运行计划。

(4)临时加开列车运行计划。

(5)空车列车开行计划。

3. 始发直达列车开行计划互保协议

始发直达列车开行计划互保协议是界定路企双方在组织开行始发列车过程中利益和责任,并声明互相承认的法律性文件。它可以有效地提高始发直达列车开行计划的编制质量和兑现率,确保双方的利益,并提高对计划执行的责任意识。

4. 日间始发直达列车调度工作计划

日间始发直达列车调度工作计划由铁路局集团有限公司就每一个装卸货物站编制,经审查下达执行。

(1)编制依据

①始发直达列车周期运行计划。

②始发直达列车路企互保协议。

③装车货源落实情况。

④空车有保证条件。

⑤装卸设备运转正常。

(2)出发列车计划

装车货运站编制出发列车计划,内容包括:车次、发货人、收货人、发站、到站、发车时间、货物品类、列车编成辆数等。

(3)到达列车计划

卸车货运站编制到达列车计划,内容包括:车次、到站、收货人、货物品类、到达时间、列车编成辆数等。

8.4 日常空车运用计划

8.4.1 日常空车运用计划的三级平衡方法

空车运用计划包括:整列空车运用计划和日常空车运用计划。整列空车运用计划已如始发直达列车月度运输计划中所述,服务于始发直达列车的大宗货物运输,而日常空车运用计划服务于不采用整列始发直达列车计划的大宗货物运输及其他货物运输。

在编制日常空车运用计划时采用技术站车流区、铁路局集团有限公司、铁路总公司三级平衡的方法。

1. 技术站车流区内的第一级平衡

技术站(含有列车终到和始发的货运站)车流区是组织空车运用的基本单位,因而车流区内各站的空车,首先应保证车流区内装车的需要,并由技术站组织本车流区内的平衡和输送。

车流区的划分,以确保车流区内空车平衡为原则,并应按区内一段时期来的较大装车数配备必要的空车。

在车流区内当中间站卸大于装时,空车应向技术站集中。反之,由技术站向中间站配送空车。

2. 铁路局集团有限公司内的第二级平衡

这是以技术站车流区为单位,根据总公司调度命令和管内各车流区空车运用情况,由铁路局集团有限公司货车调度所做的车流区间的空车调整。

3. 全路的第三级平衡

这是以铁路局集团有限公司为单位,根据铁路局集团有限公司间运用空车变化的预测,由铁路总公司调度部货车调度所做的铁路局集团有限公司间空车调整。

8.4.2 装车用空车来源及使用条件

装车站包括技术站(含货运站)和中间站,两类车站因办理作业不同,空车使用条件也有所不同。

1. 技术站装车用空车来源

(1)到达重车卸后利用

重车随货物列车到达技术站后,需办理一系列作业,才能用于装车。设 $t_{技卸}$ 为由到达重车至卸空车办理作业所消耗的时间,它包括到达作业、解体作业、调车场集结停留、向货物作业地点送车、卸车等作业消耗的时间;卸后空车为了组织装车、挂运和出发也需办理一系列作业。设卸后空车办理装车等作业所消耗的时间为 $t_{技装}$,它包括将空车由卸车地调送至装车地点、装车、由装车地点将重车送往车站调车场、解体、车辆集结、编组和出发作业等。因此,在技术站到达重车卸后可以利用的基本条件是

$$T_发 - T_到 \geqslant t_{技卸} + t_{技装}$$

式中　$T_发$——挂运装车货车的列车出发时间;

　　　$T_到$——挂运到卸重车列车的到达时间。

(2)到达空车

到达空车为根据铁路局集团有限公司调度命令,由其他技术站调入的空车,虽可直接供车站装车使用,但装车前需办理一系列到达作业。设调入空车由到达车站向装车地点送车,在车站作业时间为 $t_{技到}$。它包括到达作业、解体作业、调车场集结等作业消耗的时间,后续的作业

与重车卸后利用相同。因此,到达空车的运用条件是

$$T_发 - T_到 \geq t_{技到} + t_{技装}$$

(3)车站站存空车

车站 18:00 站存空车是车流区备用车性质空车,用于平衡中间站装车需要的前提下,也可以用于技术站的装车,这类空车一般停在技术站调车场。因此,需办理向装车地点送车、组织装车以及必要的调车作业和出发作业。则这类空车的运用条件是

$$T_发 - T_调 \geq t_{技装}$$

式中　$T_调$——调度下达空车使用命令的时间。

2. 中间站装车用空车来源

(1)到达重车卸后利用

当装车站为中间站时,重车由摘挂或小运转列车输送到中间站,由本务机车将重车送往车站的货物作业地点卸车,卸后组织装车,并由挂运的摘挂或小运转列车,将重车加挂到摘挂或小运转列车上发车。设 $t_{中卸装}$ 为摘挂和小运转列车到达中间站至装车完了时间,$t_{中发}$ 为摘挂或小运转列车在中间站办理调车作业时间,这样,中间站到达重车卸后利用的条件是

$$T_发 - T_到 \geq t_{中卸装} + t_{中发}$$

(2)到达空车

空车由技术站经摘挂或小运转列车送至中间站,由本务机车送往货物作业地点组织装车并由摘挂或小运转列车挂运。设空车到达中间站至装车完了时间为 $t_{中装}$,这时空车运用条件是

$$T_发 - T_到 \geq t_{中装} + t_{中发}$$

(3)车站站存空车

在中间站,当到卸后空车不满足空车利用条件,而车站有站存空车时,可直接利用站存空车组织装车并由摘挂或小运转列车挂运。

8.4.3　区段管内摘挂列车铺画方案、中间站列车发到间隔及车流

1. 区段管内摘挂列车铺画方案

当区段管内铺画一对摘挂列车时,根据上、下行摘挂列车铺画先后的不同,可有上开口和下开口的方案,如图 8.4.1 所示。当下行摘挂列车先铺画、上行列车后铺画时,形成上开口的方案,反之则为下开口的铺画方案。

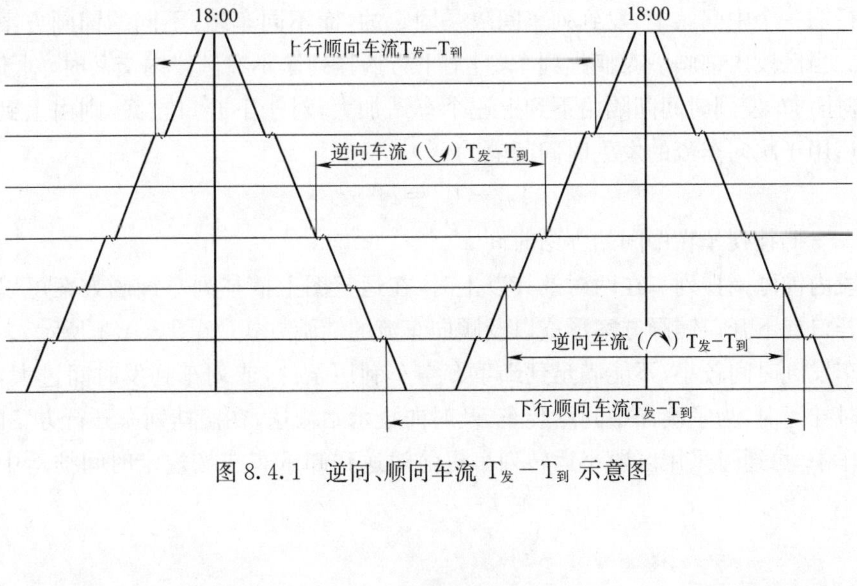

图 8.4.1　逆向、顺向车流 $T_发 - T_到$ 示意图

当区段内铺画两对及其以上摘挂列车时,往往摘挂列车需采用在中间站交会的方式铺画(如图 8.4.2 所示)。这时,一对摘挂列车将形成上下两部分,同时出现上开口和下开口的铺画方式。

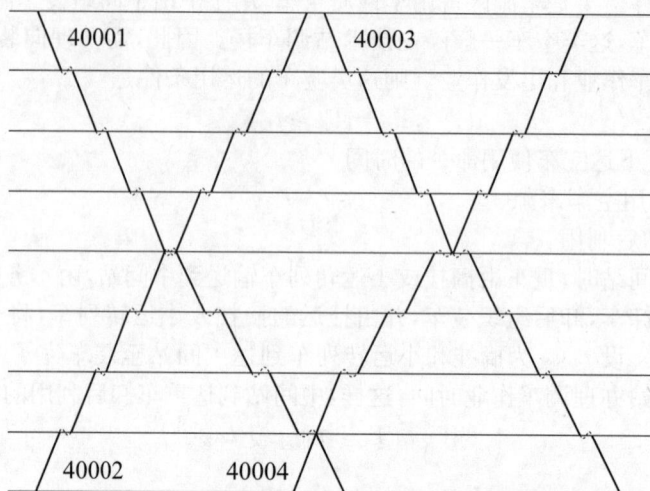

图 8.4.2　开行两对摘挂列车的摘挂列车示意图

运行图中采用摘挂列车铺画方案是经过技术经济比较确定的方案,在日常运输工作中应严格执行。

2. 区段管内车流

根据车流运行方向的不同,区段管内车流可分为逆向车流和顺向车流两类。

逆向车流是指由下行摘挂列车输送到中间站办理作业后,由上行摘挂列车挂运的车流,或者是由上行摘挂列车输送到中间站办理作业后,由下行摘挂列车挂运的车流。

顺向车流是指由上行摘挂列车输送到中间站办理作业后,又由上行摘挂列车挂运的车流,或者是下行摘挂列车输送到中间站办理作业后,又由下行摘挂列车挂运的车流。

3. 摘挂列车发到间隔

在运行图一个中间站上,发到列车间隔是固定的,而不同车站,不同的铺画方案发到间隔时间不同。当区段内铺画一对摘挂列车,且上下行摘挂列车不在区段内交叉时,对于上开口铺画方案,摘挂列车发到时间间隔由下到上逐个车站加大,对于下开口方案,则由上到下逐个车站加大。适用于顺向车流的发到时间间隔为

$$T_发 - T_到 = 24 + t_占$$

式中　$t_占$——摘挂列车在中间站停站时间。

当区段内铺画摘挂列车在两对及其以上时,在运行图上摘挂列车铺画方案可以采用多种形式的上开口或下开口铺画方案形式以及顺向车流的铺画方式(如图 8.4.1 所示)。

当列车发到时间较小,不能满足到卸重车空车利用条件,或列车到发时间过大,影响中间站装车及时挂运时,为了确保中间站装车,及时向技术站输送,在摘挂列车开行方案的基础上,在日常工作中,可通过采用区段小运转列车提前输送到卸重车或按规定时间挂运中间站装车

货车的办法解决。

8.4.4 技术站车流区日常空车运用计划的编制方法和案例

1. 日常空车运用计划的编制原则

(1)根据"随到随运"的货物运输组织的需求,空车应按货主对车种和车数的需要,及时提供空车。

(2)空车运用应以到卸重车的空车运用为主,调整空车为辅为原则,以减少空车走行、提高空车运用效率。

(3)技术站车流区可预留一定数量的站存空车,以确保日常临时运输对空车的需要,提高对日常运输变化的应急能力。

(4)当输送空车列车和货物装载车衔接方案的发到列车间隔过大或不满足空车运用条件时,原则上应组织加开小运转列车,组织空车或重车输送,以减少空车走行、压缩货车在中间站停留时间。

(5)除柔性承运装车外,原则上空车供应应保证当日承运次日装车挂运的需要,以加速货物运输过程,压缩刚性承运货物的运到期限。

2. 日常空车运用计划编制资料

(1)技术站车流区的范围

图8.4.3给出了车流区的范围,它包括 Oa、Ob、Of 三个区段的13站。

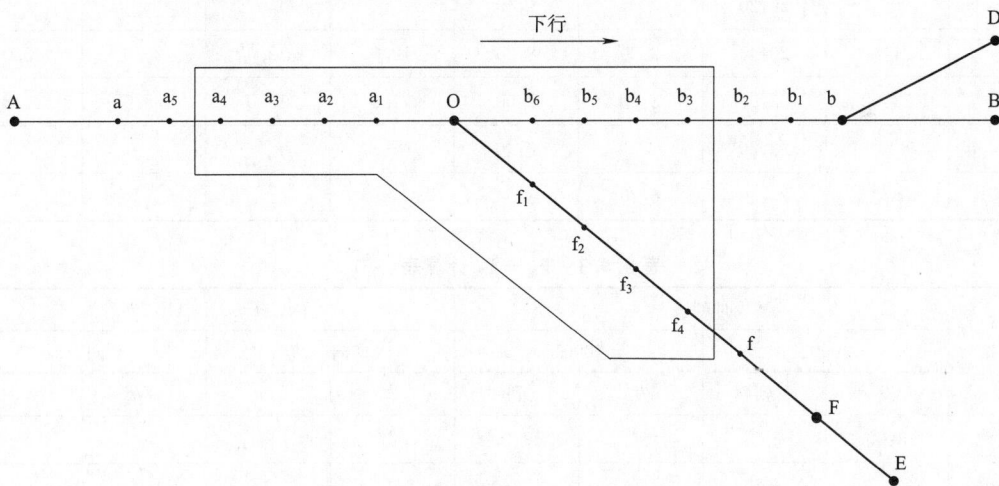

图 8.4.3　O 技术站车流区示意图

(2)区段摘挂列车铺画方案、时刻表及其作业时间标准

三个区段各开行一对摘挂列车,均采用朝向技术站 O 的上开口方案,列车时刻表见表8.4.1～表8.4.3。假定表8.4.4为货车在中间站的作业时间标准,而卸后空车和调入空车发到时间间隔满足作业时间标准的情况见表8.4.5。

表 8.4.1 $T_发-T_到$计算表(一)

车站	时刻表				$T_发-T_到$(h)			
	40101		40102		逆向车流		顺向车流	
	发	到	发	到	↺	↻	//	\\
O	21:00			13:40				
b_6	22:20	21:20	13:20	12:20	15.0	9.0	25.0	25.0
b_5	23:40	22:40	12:00	11:00	12.3	11.7	25.0	25.0
b_4		0:00		10:40				
b_3	1:20	0:20	10:20	9:20	9.0	15.0	25.0	25.0
b_2	2:40	1:40	9:00	8:00	6.3	17.7	25.0	25.0
b_1	4:00	3:00	7:40	6:40	3.6	20.4	25.0	25.0
b		4:20	6:20					

表 8.4.2 $T_发-T_到$计算表(二)

车站	时刻表				$T_发-T_到$(h)			
	40201		40202		逆向车流		顺向车流	
	发	到	发	到	↺	↻	//	\\
O	20:00			10:00				
f_1			20:20	9:40				
f_2	21:40	20:40	9:20	8:20	12.0	12.0	25.0	25.0
f_3	23:00	22:00	8:00	7:00	11.0	13.0	25.0	25.0
f_4		23:20		6:40				
f		23:40	6:20					

表 8.4.3 $T_发-T_到$计算表(三)

车站	时刻表				$T_发-T_到$(h)			
	40002		40001		逆向车流		顺向车流	
	发	到	发	到	↺	↻	//	\\
O	3:00			13:00				
a_5		3:20		12:40				
a_4		3:40		12:20				
a_3	5:00	4:00	12:00	11:00	8.0	16.0	25.0	25.0
a_2	6:20	5:20	10:40	9:40	5.3	18.7	25.0	25.0
a_1		6:40		9:20				
a		7:00	9:00					

表8.4.4 车站作业时间标准表 单位:h

车站	$t_{技装}$	$t_{技卸}$	$t_{技到}$	$t_{中装卸}$	$t_{中卸}$	$t_{中装}$
技术站	6.0	6.0	3.0			
中间站				8.0	5.0	5.0

表8.4.5 空车运用满足条件状况表

区段	车站	逆向车流 $T_发 - T_到$(h)		车站作业时间标准(h)		满足条件评价	
		↺	↻	卸后空车	调入空车	卸后空车	调入空车
O—a	a_2	8.0	16.0	8.0	5.0	√	√
	a_3	5.3	18.7	8.0	5.0	√	√
O—b	b_3	9.0	15.0	8.0	5.0	√	√
	b_5	11.3	12.7	8.0	5.0	√	√
	b_6	15.0	9.0	8.0	5.0	√	√
O—f	f_2	12.0	12.0	8.0	5.0	√	√
	f_3	11.0	13.0	8.0	5.0	√	√

(3)车站18:00站存空车

假定计划日开始18:00车站站存空车见表8.4.6。

表8.4.6 车站结存车数据表 单位:车

车 站	车数计	车 种			
		棚 车	敞 车	平 车	罐 车
O					
a_2	3	1	2		
a_3					
b_3	4	2	2		
b_5	2	1	1		
b_6					
f_2					
f_3					

(4)O站到发列车计划和车流区装卸车计划

中间站装卸车计划见表8.4.7和表8.4.8。其中车种别到达货车计划根据到达列车编组顺序表编制,车种别装车计划根据货车承运作息表确定。

表8.4.7 车种别装车计划表 单位:车

去 向	发站	车 数	车 种			
			棚 车	敞 车	平 车	罐 车
O	a_2	5	1	3	1	
	a_3					

去 向	发 站	车 数	车　种			
			棚 车	敞 车	平 车	罐 车
O	b_3	5	2	3		
	b_5					
	b_6					
	f_2	5	1	4		
	f_3	2	1	1		
a	a_2					
	a_3					
b	b_3					
	b_5	5	2	3		
	b_6					
f	f_2					
	f_3	3	1	2		

表 8.4.8　车种别到卸重车计划表　　　　单位:车

去 向	发 站	车 数	车　种			
			棚 车	敞 车	平 车	罐 车
O	a_2	2	1	1		
	a_3	3	1	2		
	b_3	1		1		
	b_5	5	1	3	1	
	b_6	2	1	1		
	f_2	7	2	4	1	
	f_3	7	2	4	1	
a	a_2					
	a_3					
b	b_3					
	b_5	2	1	1		
	b_6					
f	f_2					
	f_3	1			1	

3. 中间站空车运用计划的编制

中间站空车运用计划包括空车调整计划和空车输送计划。

(1)空车调整计划的编制

空车调整计划就每一中间站编制。它根据车站的装车数($N_装$)、到卸重车数($N_卸$)、站存车数($N_存$)按下式计算应调入的空车数($N_{空入}$):

$$N_{空入}=N_{卸}+N_{存}-N_{装}$$

调整空车数按车种别计算,在日常工作中可按表 8.2.24 的格式进行逐站推算。例如,a_3 站装运棚车 2 车,到卸重车棚车 1 车,因摘挂列车开行方案给定的发到列车间隔时间满足卸后空车用于装运 O 站方向的车的条件,故卸后空车可用作装车使用。而该站 18:00 还有站存棚车 1 车,因此装车用棚车保证平衡。又如,f_3 站向 f 方向装运平车 2 车,到卸空车只有 1 车,也无站存车,所以需调入 1 辆空车才能组织装车。在中间站空车运用推算表(见表 8.4.9)的基础上,加以汇总可得中间站空车运用计划表(见表 8.4.10)。

表 8.4.9 中间站空车运用计划推算表 单位:车

区段	车次	装车站	装车去向	装车				到重卸空				站存车				比较差				调入空车				调出空车			
				棚	敞	平	罐	棚	敞	平	罐	棚	敞	平	罐	棚	敞	平	罐	棚	敞	平	罐	棚	敞	平	罐
O—a	40002	a_3	O	2	3			1	1			1	2														
			a																									
		a_2	O					1	2							1	2							1	2		
			a																									
		a_3	O																									
			a																									
		a_2	O																									
			a																									
O—f	40201	f_2	O	1	4			2	4	1						1								1			
			f																									
		f_3	O	1	1			2	5							1	4									2	1
			f	1	2	2				1						-1	-2	-1				1	1				
		f_2	O	2	3					1		2	2														
			f																									
		f_3	O	2	3			1	3	1						-1				1							
			f	2	3							1	1			-1	-2			1	2						
O—b	40101	b_3	O					1	1							1	1							1	1		
			b																									
		b_5	O																									
			b																									
		b_6	O																									
			b																									
		b_3	O																									
			b																									
		b_5	O																									
			b																									
		b_6	O																									
			b																									

表 8.4.10　中间站空车运用计划表　　　　单位:车

区段	车站	装车				到卸空车				站存车				调入空车			
		棚	敞	平	罐	棚	敞	平	罐	棚	敞	平	罐	棚	敞	平	罐
O—a	a₂					1	2										
	a₃	2	3			1	1			1	2						
O—b	b₃	2	3				1			2	2						
	b₅	4	6			1	3	1		1	1			2	2		
	b₆																
O—f	f₂	1	4			2	4	1									
	f₃	2	3			2	5	1								1	

(2)空车输送计划

空车输送计划主要是指对调整空车的输送。在实际工作中,可采用中间站空车输送计划表的格式(见表 8.4.11)以及摘挂列车在沿途中间站摘挂作业(包括重车、空车)的方式编制。

表 8.4.11　中间站空车输送计划表　　　　单位:车

车　站		挂运列车				车　种			
挂运车站	到达站	车次	时间		棚	敞	平	罐
			发	到				
O	f₃	40201	21:00	22:00			1	

4. 技术站空车运用计划的编制

技术站空车运用计划根据到达列车的到卸车计划以及装车、挂运计划编制。编制方法为:

(1)到卸车计划的编制

到卸车计划根据列车到达计划和到达列车编组顺序表的确报,按车种别编制,表格的格式见表 8.4.12,分别就每一个到达列车给出列车到达时间、车种别到达卸车数。例如,18:00~19:00间到达的 20001 次列车,到卸重车 25 车。其中棚车、敞车、平车分别为 6 车、15 车、4 车。

表 8.4.12　车种别到卸重车计划表　　　　单位:车

列车到达时间	车　次	到卸车数	车　种			
			棚车	敞车	平车	罐车
18:00	20001	25	6	15	4	
19:00	20202	5	1	3	1	
19:00	20102					
22:00	30001	2	1		1	
22:00	20204	3	1		2	
23:00	20104	10	3	6	1	
23:00	20003	25	6	15	4	
0:00	30202	2	1		1	
4:00	30102	9	3	5	1	

列车到达时间	车　次	到卸车数	车　种			
			棚车	敞车	平车	罐车
5:00	20005	18	6	10	2	
6:00	20106	11	3	7	1	
9:00	40302					
10:00	30003	2	1	1		
10:00	30304	7	2	4	1	
12:00	40001					
13:00	40102					
14:00	20304	5	1	3	1	
14:00	30104					
15:00	20306	5	2	3		
16:00	20108					
17:00	20308	7	2	4	1	
17:00	20110	10	3	6	1	

(2)装车、挂运计划的编制

如图 8.4.4 所示,假定 20201 次列车 9:00 发车,该列车将挂运 O 站自装货车,用为挂运该列车装车需要的到卸重车应在较发车时间至少早 $t_{技卸}+t_{技装}$ 时间到达,才能作为该装车的空车来源。

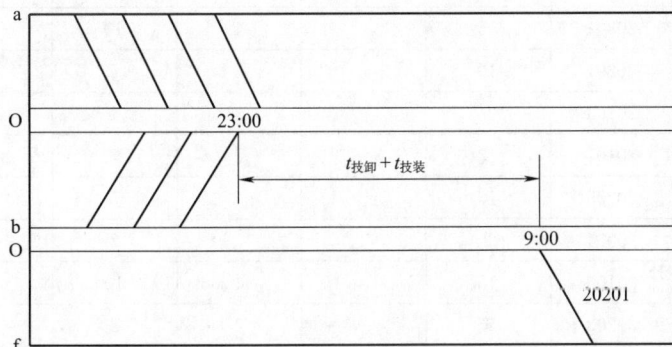

图 8.4.4　到卸重车的挂运列车与卸后装车重车的挂运列车关系图

按照这一原理,可以将装车挂运计划表分为两部分。

①装车挂运方案部分(见表 8.4.13 的下部分)给定了车种别装车数、挂运车次和发车时间。例如,9:00 发车的 20201 次列车,将挂运自装货车 10 车,其中棚车、敞车、平车分别为 3、5、2 车。

②可用于装车的到卸重车(见表 8.4.13 的上部分)就每一挂运车次给出了挂有可用于装车的到卸重车的到卸时间和车种别到卸车数。例如,2:00~3:00 间到卸重车(13 车),若取 $t_{技卸}+t_{技装}=12$ h,则该项到卸重车可作为 14:00 发车列车以及之后发出列车装车用的空车来源。

表 8.4.13　车种别装车和挂运计划方案　　　　　　单位:车

项目	挂运装车的列车			用于装车的到卸重车	车种			
	时间	车次	挂运重车		棚车	敞车	平车	罐车
可用于装车的到卸重车	18:00							
	19:00			15	4	10	1	
	20:00							
	21:00			10	3	6	1	
	22:00			5	3	1	1	
	23:00							
	24:00							
	1:00							
	2:00			13	5	7	1	
	3:00			10	4	5	1	
	4:00			2		2		
	5:00							
	6:00							
	7:00			15	4	10	1	
	8:00			2	1	1		
	9:00			15	5	8	2	
	10:00							
	11:00							
装车挂运方案	7:00	20301	15		4	10	1	
	9:00	20201	10		3	5	2	
	10:00	20103	5		3	1	1	
	14:00	30101	13		5	7	2	
	15:00	20205	10		4	5	1	
	16:00	20004	2			2		
	19:00	20105	15		4	10	1	
	20:00	30203	4		2	2		
	21:00	10309	15		5	8	2	

(3)车种别到卸空车与装车比较分析表

比较分析表(见表 8.4.14)根据到卸重车计划表和装车挂运计划表编制,在编制中按小时汇总各项车数。每一车种分四项内容:

①到卸重车

每小时车种别到卸重车为该小时内到达列车到卸重车数的总和。例如,23:00 到达的 20104、20003 两列到卸总车合计为 35 车,其中棚车 9 车,敞车 21 车,平车 5 车,填入表格。

②装车

将该小时内需要利用该小时到卸重车装车的挂运列车的装车数汇总。例如 10:00 发车的 20103 次列车将挂运 5 车，分别为棚车 3 车，敞车、平车各 1 车，若作业时间按 12 h 计算，可采用 22:00 到达的棚车 3 车，敞车、平车各 1 车分别填入 22:00 的表格相应栏内。

③剩余车

剩余车是指上一小时剩余的卸后空车。它的取值方法为：当比较差为正值时，剩余车数等于该数值；当比较差小于等于零时，剩余车为零。

④比较差

比较差（$\Delta N_空$）为该小时内卸后空车数与装车数之差。它可按下式计算：

$$\Delta N_空 = (N_{卸空} + N_剩) - N_装$$

式中　$N_{卸空}$——到卸空车；

　　　$N_剩$——剩余到卸空车。

按照上述原理编制的到卸重车与装车数比较分析表见表 8.4.14。由此可以看出 f 站敞车和平车按小时到卸空车都能满足装车需要，而棚车在总数满足需求的情况下，仅有 22:00 和 3:00 到达的棚车有所不足，车站可调用 18:00 站存车临时使用。

表 8.4.14　车种别到卸空车与装车比较表　　　　　　　　　　单位:车

时间	棚车				敞车				平车				罐车			
	到卸重车	剩余车	装车	比较差	到卸重车	剩余车	装车	比较差	到卸重车	剩余车	装车	比较差	到卸重车	剩余车	装车	比较差
18:00	6			6	15			15	4			4				
19:00	1	6	4	3	3	15	10	8	1	4	1	4				
20:00																
21:00		3	3	0		9	6	2		4	1	3	1			
22:00	2		3	−1	3	2	1	4		3	1	2	2			
23:00	9			4	21	4		25	5	2		7				
24:00	1	4		5					1	7		8				
1:00																
2:00		5	5	0	25	7		18	8	1		7				
3:00			4	−4	18	5		13	7	1		6				
4:00	3			3	5	13	2	16	1	6		7				
5:00	6	3		9	10	16		26	2	7		9				
6:00	3	9		12	7	26		33	1	9		10				
7:00		12	4	8	33	10		23	10	1		9				
8:00		8	1	7	23	1		22								
9:00		7	5	2	22	8		14	9	2		7				
10:00	1	2		3	1	14		15								
11:00																
12:00																

时间	棚　车				敞　车				平　车				罐　车			
	到卸重车	剩余车	装车	比较差	到卸重车	剩余车	装车	比较差	到卸重车	剩余车	装车	比较差	到卸重车	剩余车	装车	比较差
13:00																
14:00																
15:00																
16:00																
17:00																

8.5 列车运行调整计划的编制

8.5.1 列车运行图中可利用的时间

1. 列车运行图缓冲时间

在实用列车运行图中存在两类缓冲时间,即:

(1)在编制列车运行图时,为增加列车运行图弹性而设置的列车运行图必要缓冲时间($\bar{t}_r$)。

(2)因实用通过能力($N_实$)小于使用通过能力($N_使$),即通过能力利用率 ρ 小于1,运行图中存在的空闲时间。

因为

$$\rho = \frac{N_实}{N_使}, \quad N_使 = \frac{T_{有效}}{\bar{I} + \Delta t_占 + \bar{t}_r}$$

将 $N_使$ 代入 ρ 计算式,并经整理可得

$$\frac{\rho T_{有效}}{N_实} = \bar{I} + \Delta t_占 + \bar{t}_r$$

式中　$T_{有效}$——运行图有效时间;

　　　　$\bar{I}$——运行列车组平均最小间隔时间;

　　　　$\Delta t_占$——列车在中间站有作业停车和越行额外占用区间时间。

若令 $\dfrac{T_{有效}}{N_实} = t_间$,$t_间$ 为实用运行图平均列车间隔时间,则有

$$t_间 = \frac{1}{\rho}(\bar{I} + \Delta t_占 + \bar{t}_r)$$

若取 $\rho = 1$,即使用通过能力全部被利用的条件下,列车运行图平均缓冲时间($\bar{t}_r$)和缓冲时间总值(T_r)可按如下公式计算:

$$\bar{t}_r = t_间 - (\bar{I} + \Delta t_占)$$

$$T_r = N_实(t_间 - \bar{I} - \Delta t_占)$$

缓冲时间随机分布在运行图的各列车间。

2. 存在于列车运行速度中的潜力

一般情况下,列车运行图使用的列车运行速度小于线路容许速度。必要时存在于这一速

差中的时间潜力是可以加以利用的。

设某区段线容许的列车运行速度为 $v_{允}$，运行图使用的列车运行速度为 $v_{使}$，则在线路距离 L 上两种运行速度所产生的速差时间（Δt）为

$$\Delta t = \frac{L}{v_{使}} - \frac{L}{v_{允}}$$

若令 $v_{允} - v_{使} = \Delta v$，则上式也可以写为

$$\Delta t = \frac{L \cdot \Delta v}{v_{允} \cdot v_{使}}$$

因而，在需要产生一定速差时间（Δt）的条件下，必要的列车运行距离 L 可按下式计算：

$$L = \frac{\Delta t \cdot v_{允} \cdot v_{使}}{\Delta v}$$

例如，在 $v_{允} = 120$ km/h，$v_{使} = 80$ km/h 的铁路区段，若需要列车赶点 5 min（0.083 h），则列车需要的赶点距离为

$$L = \frac{0.083 \times 120 \times 80}{120 - 80} = 20(\text{km})$$

这一计算说明，在给定铁路区段，在晚点列车晚点 5 min 的情况下，利用线路允许速度赶点运行，可在 20 km 范围内恢复正点运行。

3. 列车运行图空档时间

列车运行图空档时间是指在运行图中由技术因素产生的空余时间，它包括：

(1)列车速差时间

慢速列车速度较低，而在其运行线的上、下方产生的空余时间为速差时间（如图 8.5.1 所示），它随速度差的加大而增加。

(2)列车在中间停车产生的空档时间

列车在中间站停车办理作业，在停车作业站的两端，将产生空档时间，它随停车时间的长短和停车次数的多少而变化（如图 8.5.2 所示）。

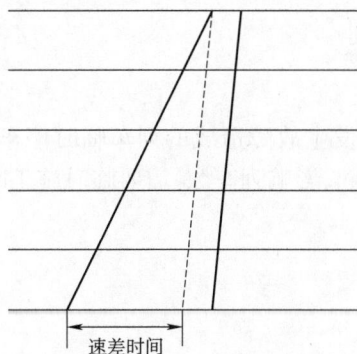

图 8.5.1　速差时间示图　　　　　　图 8.5.2　中间站停站时间示图

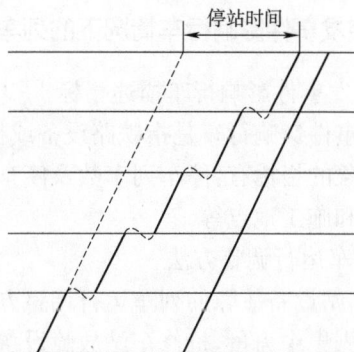

大多数情况下，慢速列车既有速差时间，又有中间站停站时间。因此，空档时间相对较长（如图 8.5.3 所示）。

应该指出，列车运行图空档时间在编制运行图过程中已有部分被利用，如图 8.5.4 所

示。快速列车利用慢速列车在中间站停车时间组织越行,就是充分利用列车运行图空档时间。

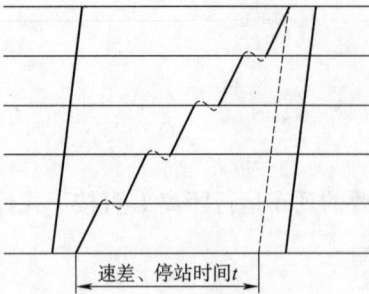

图 8.5.3　空档时间示图

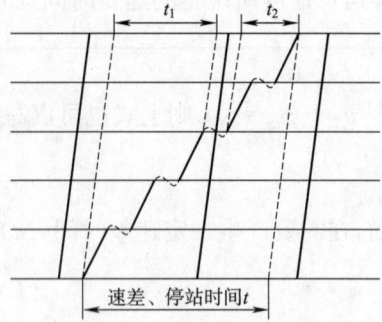

图 8.5.4　空档时间利用图

8.5.2　列车晚点情况下的列车运行调整计划

1. 列车晚点描述指标

用为描述列车晚点的指标可以有:列车晚点时分、晚点列车数、连续晚点列车数、连续晚点列车延续晚点时间等。

2. 列车运行调整方法

(1)根据晚点列车情况,通过适度移动运行线,及时放行晚点列车,恢复正点运行或减少、避免增晚时间。

(2)当晚点列车晚点时间在 5 min 以内时,在线路条件容许的情况下,可组织列车赶点,恢复正点运行。

(3)在单线铁路区段,可采用变更列车交会方案,优先放行晚点列车。

(4)组织列车不停车越行通过有作业停车列车的车站,快速放行晚点列车。

8.5.3　突发事件影响行车情况下的列车运行调整计划

1. 突发事件影响行车描述指标

突发事件影响行车是指铁路设备或机车车辆临时发生故障造成的列车临时停车,用为描述这一现象的指标有:停车列车数及停车处所、停车时间、影响列车数、需要临时施工时的临时施工时间和施工地点等。

2. 列车运行调整方法

(1)车站设备故障的列车运行调整方法

①优先集中力量,抢修车站故障设备。

②信号设备故障,且抢修时间较长时,可临时改为电话闭塞放行列车。

③行车信息系统发生故障时,可由人工监视信号道岔的状态,接发列车。

④车站正线线路道岔故障时,根据条件,可临时改为通过侧线组织接发列车。

(2)区段内设备故障的列车调整方法

①组织列车由事故地点退回车站,以放行检修车到施工地点。

②优先集中力量,抢修故障设备。

(3)机车车辆故障的列车运行调整方法

①列车在区段内故障时,应及时组织力量进行抢修。

②当列车在车站内发生故障时,可由本务机车摘下故障车辆后,继续运行。

③机车故障维修时间较长时,应由机务段另派机车接运。

8.5.4　突发事件造成行车中断情况下的列车运行调整计划

1. 突发事件或行车中断描述

(1)列车运行调整计划指标

用为描述事件和调整计划的动态性能指标有:中断行车时间、影响在途运行列车时间域(图)及影响列车数、影响列车始发时间域(图)及影响列车数、停运列车数、沿途停车列车数及停车车站分布、有条件组织列车绕行时可能的绕行列车数等。

(2)列车运行调整计划执行效果评价指标

用为评价列车运行调整计划执行效果的指标有:列车停运退票旅客人数、沿途停车列车旅客延误时间、绕行列车损失、恢复列车正常运行的时间等。

2. 列车运行调整方法

在行车中断条件下,在 t_1 时段内(如图 8.5.5 所示),技术站发出列车将在沿线中间站停车,在 t_2 时间段内运行图计划发出列车将停运在技术站,其中在沿线中间站停运列车,一般情况下需等待线路开通后继续运行,而在技术站停运列车,根据具体条件可有停运等待或绕行两种选择。

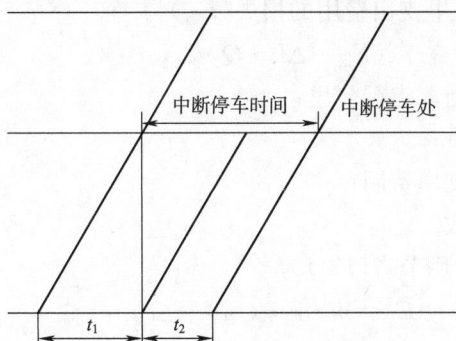

图 8.5.5　中断行车影响时间示图

3. 行车中断停运列车恢复正常时间的测算

正常情况下,按列车运行图放行列车,实用通过能力为 $N_实$,在恢复正常行车期间,可采用密集行车的措施,若这时通过能力达到标准通过能力($n_标$)的水平,能力利用率为 $\rho_实$,设行车中断时间为 $t_{中断}$,恢复正常行车时间为 $t_{恢复}$,则在正常情况下,在 $t_{中断}+t_{恢复}$ 的时间段内需放行的列车 $n_需$ 为

$$n_需 = \frac{N_实}{T_{有效}}(t_{中断}+t_{恢复}) = \frac{N_实(t_{中断}+t_{恢复})}{t_间 N_实} = \frac{1}{t_间}(t_{中断}+t_{恢复})$$

式中　$T_{有效}$——运行图有效时间;

$t_间$——与实用通过能力相对应的列车运行图平均间隔时间。

在发生行车中断的情况下,采用密集放行列车的方法,即通过能力达到标准通过能力时,列车运行图列车平均间隔时间($t_{间标}$)为

$$t_{间标}=\frac{T_{有效}}{n_{标}}=I_{图}$$

这时,需在$t_{恢复}$时间内放行$n_{需}$,则有

$$t_{恢复}=I_{图}\ n_{需}$$

由于$\rho=\dfrac{I_{图}}{t_{间}}$,故有

$$t_{恢复}=\rho t_{间}\ n_{需}=\rho(t_{中断}+t_{恢复})$$

由此可得

$$t_{恢复}=\frac{\rho}{1-\rho}t_{中断}$$

4. 组织列车绕行的条件

(1)必要条件(时间条件)

时间$t_{恢复}$实际上也就是停车列车(包括中间站停车和技术站停运的列车)的延误时间。若列车组织绕行增加的时间为$\Delta t_{绕}$,则组织列车绕行的时间条件为

$$\Delta t_{绕}\leqslant t_{恢复}$$

(2)经济有利性条件

对于满足必要条件的列车,还应通过经济有利性的比较分析计算。

组织列车绕行货运吨公里支出费用的损失($E_{损}$)为

$$E_{损}=\Delta L\cdot Q\cdot e_{吨公里}\cdot k$$

式中　ΔL——绕行增加的列车走行公里;

　　　Q——列车牵引总重;

　　$e_{吨公里}$——货运吨公里支出费用;

　　　k——绕行的列车数。

组织列车绕行车小时费用节省($E_{节}$)为

$$E_{节}=m\cdot k\cdot(t_{恢复}-\Delta t_{绕})e_{车小时}$$

式中　m——列车编成辆数;

　$e_{车小时}$——车小时费用。

显然,当$E_{节}>E_{损}$时,组织列车绕行是有利的,即

$$m\cdot k\cdot(t_{恢复}-\Delta t_{绕})e_{车小时}>\Delta L\cdot Q\cdot e_{吨公里}\cdot k$$

因此,组织绕行有利条件也可以写为

$$\Delta L<\frac{m(t_{恢复}-\Delta t_{绕})e_{车小时}}{Q\cdot e_{吨公里}}$$

当绕行增加的列车走行公里小于计算值时,绕行是有利的。

(3)可行性条件

组织列车绕行的可行性是指绕行的铁路线路通过能力是否能够承担,只有在通过能力能满足绕行列车数要求时,才能组织列车绕行或部分列车绕行。

8.6 货物运输工作统计

为了及时而准确地反映铁路货物运输工作完成的情况,提供确定任务、编制计划和改进工作的依据,对运输工作各项数量指标和质量指标的完成实绩应进行系统的统计和分析。没有准确的统计资料,就不能正确地了解工作计划的完成情况和执行中存在的问题。因而,也就无法提出解决问题的正确方法。

货运工作统计包括车站工作统计和铁路局集团有限公司列车运行工作统计。车站工作统计有装卸车统计、现在车统计、货车停留时间统计、编组站车流去向统计和货物列车出发正点率统计等。铁路局集团有限公司列车运行工作统计有列车运行统计和列车运行晚点统计。

1. 装卸车统计

装卸车统计反映铁路运输实际完成货运量、货车运用及货物装卸作业的情况,用以考核完成货物运输计划和改进货物运输工作的依据,同时装卸车数也是确定车站货运机构设置和货运设备配置的主要依据。

(1)装车统计

凡由铁路车站承运并填制货票以运用车运送货物的装车,均按装车数统计。

统计装车数应以实际装车作业或货车交接完了,并填妥货票时的数目为准。

(2)卸车统计

凡填制货票以运用车运送到达铁路车站的卸车,均按卸车数统计。

统计卸车数应以实际卸车作业或货车交接完了时的数目为准。

车站每天将装卸车完成情况上报铁路局集团有限公司,铁路局集团有限公司汇总后再报铁路总公司,铁路总公司根据各铁路局集团有限公司间相互交换的到达铁路局集团有限公司装车统计,可推算出未来车流的变化,并在必要时采取运输调整措施。

2. 现在车统计

现在车统计主要反映车站每日 18:00 货车的现有车数及货车运用和分布情况。

现在车按运用上的区别,分为运用车及非运用车两大类。

运用车是指参加铁路营业运输的铁路货车、外国货车和企业自备及租用车的重车(按轴公里计费的重车除外),分为重车和空车。

(1)重车

①实际装有货物并具有货票的货车(包括已计算装车的游车及空沿途零担车)。

②卸车作业未完的货车。

③倒装作业未卸完的货车。

④利用"特殊货车及运送用具回送清单"手续装载整车回送铁路货车用具(篷布、集装箱及军用备品等)的货车。

(2)空车

①实际空闲的货车。

②装车作业未完的货车。

③倒装作业未装完的货车。

非运用车是指不参加营业运输的铁路货车和企业自备及企业租用车的空车(包括按轴公里计费的重车)。非运用车应按备用车、检修车、代客货车、路用车、洗罐车、改装及试验车、企业自备及企业租用的空车和淘汰车等分别统计。

车站每日应按统一规定时间(18:00)根据现在车实际状况,分别填写现在车报表和18:00现在重车去向报表,并上报铁路局集团有限公司调度。

3. 货车停留时间统计

货车停留时间统计用以反映运用车在车站进行货物作业和中转作业停留时间完成的情况,提供检查、分析、改善车站技术作业组织的依据,以加速货车周转。

货车停留时间是指货车由到达车站或加入运用时起,至由车站发出或从运用车转入非运用车时止在车站的全部停留时间。货车停留时间按作业性质分为货物作业停留时间和中转停留时间。

(1)货物作业停留时间

货物作业停留时间为在站线、区间、岔线、专用线内进行装卸或倒装的货车从到达车站时起至由车站发出时止的全部在站停留时间。货物作业停留时间按如下作业过程时间统计:

①入线前停留时间,是由货车到达车站时起,至送到装卸地点时止的停留时间。

②站线(包括段管线及区间)作业停留时间,是由货车送到装卸地点时起,至装卸作业完成时止的停留时间。

③专用线作业停留时间,是由货车送到专用线装卸地点时起,至装卸作业完了时止的停留时间。规定以企业自备机车取送车辆时,为铁路将货车送到交接地点时起,至企业将货车送到交接地点时止的时间。

④出线后停留时间,是由装卸作业完了时起,至由车站发出时止的停留时间。

(2)中转停留时间

中转停留时间为货车在车站进行改编及其他中转作业所停留的时间。中转停留时间按中转作业性质分为无调中转车停留时间和有调中转车停留时间两种。

车站统计一次货物作业平均停留时间和中转车平均停留时间。中转车平均停留时间为无调中转车平均停留时间和有调中转车平均停留时间的加权平均值。

各项平均停留时间的计算公式为:

①一次货物作业平均停留时间($t_货$)

$$t_货 = \frac{\sum Nt_货}{U_{货装} + U_{货卸}} \quad (h)$$

式中　$\sum Nt_货$——当日本站货物作业车的总停留车小时;

　　$U_{货装}$、$U_{货卸}$——当日本站货物作业车完成的装车和卸车总次数。

②有调中转车平均停留时间($t_有$)

$$t_有 = \frac{\sum Nt_有}{\sum N_有} \quad (h)$$

式中　$\sum Nt_有$——当日有调中转车的总停留车小时;

　　$\sum N_有$——当日有调中转车总数。

③无调中转车平均停留时间($t_无$)

$$t_无 = \frac{\sum Nt_无}{\sum N_无} \quad (h)$$

式中 $\sum Nt_无$——当日无调中转车的总停留车小时；

$\sum N_无$——当日无调中转车总数。

④中转车平均停留时间($t_中$)

$$t_中 = \frac{\sum Nt_有 + \sum Nt_无}{\sum N_有 - \sum N_无} \quad (h)$$

4. 编组站车流去向统计

车流去向统计是指编组站编组列车去向。车流去向统计是掌握车站去向别车流变化规律的基本方法，是提高车流接续计划编制质量的重要途径。统计表格式见表8.6.1。

表 8.6.1　编组站车流去向别装车统计表

周期 \ 去向	1	2	3	...
1				
2				
3				
⋮				

5. 货物列车出发正点率统计

车站货物列车出发正点率($\gamma_发$)根据列车"行车日志"统计，并可按下式计算：

$$\gamma_发 = \frac{n_发^{正点}}{n_发} \times 100\%$$

式中 $n_发^{正点}$——正点出发的货物列车数；

$n_发$——出发的货物列车总数。

6. 货物列车运行统计

列车运行统计由旅客列车运行统计和货物列车运行统计两部分组成，是日常运输工作的重要组成部分。可靠的统计数据及其分析结论是编制货物列车编组计划和列车运行图的重要依据，是改善计划编制工作，提高计划编制质量的有效保证。

货物列车运行统计内容很多，其中主要有直达列车运行统计和晚点统计。

(1)直达列车运行统计

直达列车运行统计是用以逐日记录每一计划列车和加开列车实际编组(列车重量、长度、运输的货物品)的统计，由发站编制，按月报铁路局集团有限公司，采用的表格见表8.6.2和表8.6.3。

表 8.6.2　铁路局集团有限公司直达列车运行统计表(固定运行线)

1	2	3	4	5	2	3	4	5	2	3	4	5	2	3	4	5
列车指标	车次			到站	车次			到站	车次			到站	车次			到站
	重量长度			始发	重量长度			始发	重量长度			始发	重量长度			始发
日期	轴重(t)	总重(t)	长度(m)	货物品质	轴重(t)	总重(t)	长度(m)	货物品质	轴重(t)	总重(t)	长度(m)	货物品质	轴重(t)	总重(t)	长度(m)	货物品质
1																
2																
3																
4																

续上表

1	2	3	4	5	2	3	4	5	2	3	4	5	2	3	4	5
列车指标	车次			到站	车次			到站	车次			到站	车次			到站
	重量长度			始发	重量长度			始发	重量长度			始发	重量长度			始发
日期	轴重(t)	总重(t)	长度(m)	货物品质	轴重(t)	总重(t)	长度(m)	货物品质	轴重(t)	总重(t)	长度(m)	货物品质	轴重(t)	总重(t)	长度(m)	货物品质
5																
6																
7																
8																
9																
计																
平均																

表 8.6.3　铁路局集团有限公司直达列车运行统计报表（加开列车）

1	2	3	4	5	6	7	8
日期	车次	到站	出发时刻	轴重(t)	总重(t)	长(m)	货物品类
1							
2							
3							
4							
5							
6							
7							
8							
9							
计							
平均							

（2）直达列车运行晚点统计

直达列车运行晚点统计是用以收集列车运行全过程区段内运行和车站作业晚点资料和记录实际晚点的统计（统计表格式见表 8.6.4）。由铁路局集团有限公司或铁路总公司按列统计，按月汇总分析。其中"晚点原因"采用如下分类方法：

①列车运行干扰

所有列车运行组织外在因素，对列车运行产生影响的非正常情况称为列车运行干扰，包括机车损坏、车辆损坏、线路损坏、通控设备故障和牵引供电设备故障等。

②作业干扰

在列车运行过程各作业环节或各作业环节间发生的干扰为作业干扰，如车站间隔时间不足、"五定"班列车站装卸货物时间超时和列车运行干扰引起列车初级晚点所产生的作业干扰等。

③行车事故

发生行车事故的后果十分严重,甚至导致中断行车。

应该指出,列车运行干扰、作业干扰和行车事故是引发原因,而晚点是结果。从结果的现象出发,分析原因,可以揭示事物的真相,以利于改进工作。为此,在统计中"原因分析"栏按三项填写,"附注"栏附加性地说明。

表8.6.4 车次直达列车运行状况统计表

车站	列车运行图		列车运行实际		列车运行状况		原因分析	附注
	到达	出发	到达	出发	到达	出发		

附录 符号表示及其释义

序号	符号表示	释 义
		3 货物列车编组计划
1	$t_节$	货车无改编通过技术站的平均节省时间
2	$t_有$	有调中转车停留时间
3	$t_无$	无调中转车停留时间
4	$t_集$	货车平均集结时间
5	N_{ij}	装车站 i 到卸车站 j 的车流量
6	$e_时$	货车平均车小时费用
7	$e_改$	货车平均改编费用
8	$\Delta t_装$	整列装车较非整列装车增加的货车停留时间
9	$\Delta t_卸$	整列卸车较非整列卸车增加的货车停留时间
10	α'	整列装车、卸车增加的调车工作量系数
11	$E_转$	货车终到编组站和区段站产生的改编中转费用
12	w_1	$e_时$ 与 $e_改$ 的比值
13	$E_节$	无改编通过沿途技术站节省的费用,包括货车改编费用和货车停留车小时费用
14	n	列车无改编通过的技术站数
15	$N_大宗$	装车地大宗货物日均装车数
16	$N_{大宗a}$	a 装车去向大宗货物日均装车数
17	m	列车编成辆数
18	$z_大$	列车运行周期为 z 时,大于1的周期天数
19	n_b	按日历组织列车运行时,b 去向列车沿途无改编通过技术站数
20	k_b	按日历组织列车运行时,b 去向列车一个周期开行列车数
21	z	列车运行周期
22	$k_组$	列车组周期开行列车数
23	$E_{损1}$	翼形运行线未被利用的经济损失
24	Δl_b	不按日历组织列车运行时,b 列车编组去向延长的直达列车走行距离
25	c'	列车组去向数
26	$\sum \Delta l$	列车编组去向延长直达列车总走行公里
27	α	空闲运行线的利用系数

序号	符号表示	释　义
28	Q	始发直达列车净重吨数
29	$\Delta e_{吨公里}$	列车运行吨公里产品效益
30	$E_{损2}$	在非运行日基本运行线和翼形运行线未被利用的经济损失
31	$E_{损}$	总损失,$E_{损1}$和$E_{损2}$之和
32	$l_{基}$	基本运行线列车走行公里
33	M	按日历开行始发直达列车沿途无改编通过技术站列次数
34	$\Delta\bar{l}$	列车每一无改编通过技术站列次平均分摊到的未被利用空闲运行线长度
35	$e_{吨公里收}$	列车利用列车运行线运行,产生吨公里运输产品的收入
36	$e_{吨公里}$	为生产吨公里产品铁路的支出
37	$\Delta e_{吨公里}$	列车运行吨公里产品的效益
38	$\rho_{吨公里}$	铁路货物运输吨公里效益率,其值为吨公里产品效益与吨公里支出之比
39	w_2	$e_{吨公里}$与$e_{改}$的比值
40	w_3	$\Delta e_{吨公里}$与$e_{改}$的比值
41	$\Delta\bar{l}_{标}$	根据技术经济条件确定的指标$\Delta\bar{l}$的标准值
42	$\Delta\bar{l}_{计}$	根据车流条件可达到的指标$\Delta\bar{l}$的计算值
43	$t_{中}$	货车在区段站的平均中转时间
44	$\Delta t_{装}、\Delta t_{卸}$	因组织整列装车、卸车而增加的货车在装车站和卸车站的停留时间
45	$k_{周}$	列车组每一列车编组去向的周期计算开行列车数
46	z_e	按日历远程组织开行周期天数
47	$N_{远程}$	按日历远程组织年车流量
48	k_e	在不同周期天数条件下,一个周期内开行的远程始发直达列车数
49	a_e	k_e的小数部分
50	a_{emin}	a_e的最小值
51	a_{emax}	a_e的最大值
52	l	列车全程运行距离
53	$F_{损3}$	非开行日空闲运行线造成的损失
54	$E_{时1}$	货车集结车小时消耗费用
55	c	货车集结参数
56	$E_{改1}$	货车在单个技术站改编费用
57	N	车流量
58	E_1	单组列车在列车技术站产生的总费用
59	k	车流N的开行列车数
60	$E_{时2}$	列车小时节省费用
61	$E_{改2}$	车辆在沿途所有技术站改编节省费用
62	E_2	单组列车沿途无改编通过技术站节省的费用

序号	符号表示	释　义
63	$N_{摘}$、$N_{挂}$	摘车组、挂车组的车流量
64	$N_{基}$	基本车组车流量
65	m_1、m_2、m_3	分组列车基本车组、摘车组和挂车组的编成车数
66	$\alpha_{分组}$	分组列车增加摘车、挂车作业费用系数，一般可取 0.1～0.3
67	$k_{分组}$	分组列车编组去向开行列车数
68	r	m_1 与 m_2 的比值
69	E_3	分组列车在列车技术站产生的总费用
70	$t'_{节}$	基本组货车在车组换挂站无改编通过节省时间
71	E_4	分组列车在沿途技术站节省的总费用
72	A	$A=(1+r)(t_{节}w_1+1)$
73	B	$B=[(1+r)t_{节}-t'_{节}]w_1+(1+3r)+2r\alpha_{分组}$
74	D_1	$D_1=cw_1(1+2r)$
75	D_2	$D_2=crw_1$
76	N_1、N_2、N_3	某三支车流
77	$N_{远}$	远程车流
78	$\Delta t_{节}$	$\Delta t_{节}=t_{节}-t'_{节}$
79	q	装车站大宗货物发货人个数
80	p	每一发货人的大宗货物品类数（含同一品类的不同品名）
81	g	若每一发货人每一品类货物设置一个装车地点，装车站可能的装车地点数，$g=qp$
82	N_{ijd}	装车站 i 到卸车站 j 的大宗货物车流
83	N_{ijt}	装车站 i 到卸车站 j 除大宗货物车流外的其他货物车流
84	k'	列车编组去向日开行列车数
85	ΔN_{ij}	列车编组去向的剩余车流量
86	N_{ijdg}	装车地点 g 的大宗货物车流量
87	n_g	大宗货物装车地点 g 按日开行这类始发直达列车数
88	$\sum\limits_q N_{ijpq}$	同一发货人不同品类大宗货物货车的车流组合装车数
89	n_q	$n=(\sum\limits_q N_{ijpq}+N_{ijt})/m$ 的整数值
90	$\sum\limits_p N_{ijpq}$	不同发货人同一品类大宗货物的车流组合装车数
91	n_p	$n=(\sum\limits_p N_{ijpq}+N_{ijt})/m$ 的整数值
92	$\sum\limits_q\sum\limits_p N_{ijpq}$	不同发货人不同品类大宗货物装车的组合装车数
93	n_{qp}	$n=(\sum\limits_q\sum\limits_p N_{ijpq}+N_{ijt})/m$ 的整数值
94	P_i	编制中转车流表的 i 编组站，$i=1,2,3,\cdots,\alpha$

序号	符号表示	释　义
95	P_j	调取中转车流数据的 j 编组站，$j=1,2,3,\cdots,\alpha$
96	F	区段站衔接铁路方向数
97	G	技术站列车编组去向数
98	$K_{线}$	技术站调车场分类线数
99	$k_{技}$	技术站间车流日开行列车数
100	l_z	货物列车编组计划规定的允许列车长度
101	l_w	货车平均长度
102	Q_z	列车运行图规定的列车重量
103	Q_w	货车平均重量
104	m_l	$m_l=\dfrac{l_z}{l_w}$
105	m_Q	$m_Q=\dfrac{Q_z}{Q_w}$
106	$n_{直通}$	直通货物列车去向别的列车数
107	$N_{技}$	技术站去向别车流量
108	$n_{固定}$	各区段计算的固定运行线数
109	$n_{不固定}$	各区段计算的不固定运行线数
110	γ	不固定运行线利用系数，可按 $0.4\sim0.6$ 取值
111	$n_{区段}$	区段行车量
112	$n_{使用}$	区段使用通过能力
113	$n_{标}$	区段标准通过能力
114	$l_{改}$	货车平均无改编走行距离
115	$\sum Nl$	货车总走行公里
116	$\sum N_{改}$	货车总改编车次数
117	$k_{有}$	货车输送过程中平均有调中转次数
118	$\sum N_{归并}$	在车流整理过程中归并的车流量
119	$\sum N_{合并}$	在编制货物列车编组计划过程中合并的车流量
120	$\sum N_{归并1}$	改编中转作业车数
121	$N_{管内装}$	区段管内装车数
122	$N_{管内卸}$	区段管内卸车数
123	$N_{管内直装}$	区段管内始发直达装车数
124	$N_{管内直卸}$	区段管内始发直达卸车数
125	h	代码个数
126	h_m	$h=1$ 的车流数
127	h_n	$h=2$ 的车流数
128	$\sum N_{归并2}$	改编中转车数

续上表

序号	符号表示	释　义
129	$\sum N_{合并}$	合并车流改编中转车数
130	$E_{有}$	全路日均货车有调中转费用
131	$U_{装}$	全路日均装车数
132	$P_{静}$	货车静载重
133	$e_{货}$	货物吨小时时间价值
134	w_4	$w_4 = \dfrac{e_{货}}{e_{改}}$
135	$k'_{有}$	新模式货车平均中转次数
136	$\Delta k_{有}$	$\Delta k_{有} = k_{有} - k'_{有}$
137	$\Delta E_{有}$	新模式日均可节约的有调作业费用
138	$\Delta N_{有}$	全路一车可减少的调车工作量
139	θ	货车周转时间
140	$T_{运}$	货车运行时间
141	$T_{技}$	货车技术站停留时间
142	$T_{货}$	货物作业站停留时间
143	$k_{无}$	货车输送过程中平均无调中转次数
144	$l_{货}$	货车全长
145	$l_{技}$、$l_{无}$	货车平均中转距离和货车平均无调中转距离
146	$\Delta \theta_{k_{有}}$	货车平均改编中转次数或货车平均有调中转距离变化对货车周转时间的影响
147	$\Delta k_{有}$、$\Delta l_{改}$	改革前后 $k_{有}$、$l_{改}$ 数值的比较差
148	$t_{有}'$,$l'_{货}$	改革后指标值
149	$L_{改}$	货车平均有调中转距离
150	$\Delta N_{k_{有}}$	可节省运用车
\multicolumn{3}{c}{4　列车运行图参数及通过能力计算}
1	$n_{双}$	单向行车的双线区段可能的运行列车组种类数
2	$n_{组}$	列车种类组数
3	$n_{单}$	单线区段可能的运行列车组种类数
4	N	区间内每日运行列车组总数
5	$N_{相同}$	相同种类运行列车组数
6	ω_g	在运行列车组中出现相同种类运行列车组的概率
7	n_{00},n_{11}	由相同种类列车组成的运行列车组数,类别按照列车运行速度和列车运行方向进行分类
8	n_{10},n_{01}	由不相同种类列车组成的运行列车组数
9	γ	运行列车组系数,相同与不相同种类运行列车组数积之差与不同种类列车数积之比
10	ω_0,ω_1	列车运行图中出现0类和1类列车的概率

序号	符号表示	释 义
11	ω_{00}	出现由 0 类列车组成运行列车组的概率
12	β	单方向列车数所占比重
13	ω_k	出现变换列车运行方向运行列车组的概率
14	$k_数$	区段内运行列车种类数
15	ω_i , ω_j	在运行图中出现 i 类、j 类列车的概率
16	n_i , n_j	i 类、j 类列车的数量
17	ω_{ij}	在运行图中同时出现 i 类、j 类列车的概率
18	n_{ij}	i 类、j 类列车的总运行列车组数
19	I	运行列车组两列车间的最小列车间隔时间
20	$I_追$	最小列车追踪间隔时间
21	Δt	慢速、快速列车在计算区间的运行时间差
22	$t_{运1}$	运行列车组第一列车的区间运行时分
23	$\tau_连$	列车连发间隔时间
24	$\tau'_连$	第一列车前通或停、第二列车后通条件下的同方向列车连发间隔时间
25	$\tau''_连$	第一列车前通或停、第二列车后停条件下的同方向列车连发间隔时间
26	$\tau_加$	列车加速附加时分
27	$\tau_会$	会车间隔时间
28	$\tau_减$	列车减速附加时分
29	$\tau_不$	相对方向列车不同时到达间隔时间
30	I_{ij}	根据列车运行图查定的类别运行列车组数所对应的最小列车间隔时间
31	B	单双线区段运行列车组占用区间的总时间
32	$\bar{I}_{一般}$	平均最小列车间隔时间
33	$\Delta t_占$	列车在中间站停车作业和越行平均额外占用区间时间,简称列车在中间站停车平均占用区间时间
34	$N_停$	列车在中间站停车办理作业的列车数
35	$N_通$	列车在中间站不停车办理作业的列车数
36	$n_{通通}$	运行列车组在中间站没有停车,不产生额外占用区间时间的列车组组数
37	$n_{停停}$	列车在中间站停车办理作业占用区间时间的列车组组数
38	$n_{停通} , n_{通停}$	运行列车组,即有作业停车列车未采用单独铺画方案的运行列车组组数
39	$t_停$	列车每次停车作业对区间的占用时间
40	$N_{停S}$	区间停车作业列车中的快速列车
41	$N_{停L}$	区间停车作业列车中的慢速列车
42	$n_{停停SS}$	停车列车中快速列车组数
43	$n_{停停LL}$	停车列车中慢速列车组数
44	$n_{停停SL} , n_{停停LS}$	停车列车中快速、慢速列车组数
45	$t_{停S}$	快速列车在区间的作业停车时间
46	$t_{停L}$	慢速列车在区间的作业停车时间
47	$\omega_{SS停停ij}$	运行图中出现 i 次停车和 j 次停车运行列车组的概率
48	$N_{S停i}$	区间停车作业列车中的快速列车 i 次停车列车数
49	$N_{S停j}$	区间停车作业列车中的快速列车 j 次停车列车数

序号	符号表示	释　义
50	$n_{SS停停ij}$	在停车列车连续铺画运行列车组中，有 i 次停车列车和 j 次停车列车组成运行列车组的组数
51	$\sum n_{SS停停i=j}$，$\sum n_{LL停停i=j}$	相同停车次数（$i=j$）快、慢速列车运行列车组可减少区间占用时间 $t_停$ 总个数
52	$\sum n_{SS停停i\neq j}$，$\sum n_{LL停停i\neq j}$	不相同停车次数（$i\neq j$）快、慢速列车运行列车组可减少区间占用时间 $t_停$ 总个数
53	$\sum n_{SL停停i}$，$\sum n_{LS停停j}$	不相同列车种类运行列车组可减少占用区间时间 $t_停$ 总个数
54	$T_停$	停车作业占用区间时间
55	$N_{停不}$	列车不额外占用区间时间的停车次数
56	$n_{快快停停}$	"快"运行列车组中的"停停"运行列车组的组数
57	$N_{快停}$	区间停车作业的快速列车
58	$N_{慢停}$	区间停车作业的慢速列车
59	$n_{慢慢停停}$	"慢慢"运行列车组中的"停停"运行列车组的组数
60	$n_{快慢停停}$，$n_{慢快停停}$	"快慢"运行列车组中的"停停"运行列车组的组数
61	$n_{快快停停ij}$	i 次和 j 次"快快停停"组合的运行列车组组数
62	$t_{摘挂列}$	摘挂列车在区间两端车站间的旅行时间
63	$t_间$	在最松散铺画条件下，两相邻摘挂列车发到时间差
64	$t_周$	摘挂列车的作业时间周期，数值上为摘挂列车总停车作业时间与间隔时间之和
65	$t_{摘上}$，$t_{摘下}$	上下行摘挂列车占用区间的时间
66	$N_{摘挂}$	区间开行摘挂列车数
67	k	摘挂列车平均停车作业站数
68	$N_{摘挂组}$	摘挂列车组数
69	$\Delta t_运$	摘挂列车的前、后行列车分别为旅客列车和货物列车的铺画方式所产生的速差时间
70	$\bar{I}_摘$	摘挂列车在中间站每停车一次将产生一个区间占用的时间
71	N_L	区间运行货物列车数（不包括摘挂列车）
72	N_S	旅客列车数
73	n_{SS}，n_{LL}，n_{SL}，n_{LS}	不需占用区间时间运行列车组组数
74	r_{LS}，r_{SL}	对应运行列车组中所占的比重
75	$N'_{摘挂组}$	不需占用时间 I 的摘挂列车组为异型摘挂列车组组数
76	$T_{摘挂停}$	摘挂列车在中间站停车办理作业额外占用区间的时间
77	$T_总$	列车在中间站停车占用区间时间
78	$\bar{I}_图$	列车运行图平均最小列车间隔时间
79	N_1，N_2	区段内运行的上、下行方向运行列数
80	$t_占$	列车在中间站不停车占用区间时间
81	$t_{运行}$	列车区间运行时分
82	Δ_2	列车停车引发的额外占用区间时间

序号	符号表示	释　义
83	N_S，N_{S1}，N_{S2}	上行或下行快速列车数和在 1、2 站停车列车数
84	N_L，N_{L1}，N_{L2}	上行或下行慢速列车数和在 1、2 站停车列车数
85	$T_{停S}$	相同运行方向运行列车组列车在中间站停车额外占用区间时间
86	t_S，t'_S	快速列车的上、下行方向列车区间运行时间
87	t_L，t'_L	慢速列车的上、下行方向列车区间运行时间
88	$t_会$	运行图结构性停车在中间站每次停车时间
89	$t_{停Si}$	直通、直达旅客列车在站停车办理作业额外占用中间站总时间
90	$N_{普L}$	单线区段上行或下行运行的普通货物列车数
91	N_{Si}，$N_{普Li}$	在 i 中间站停车办理作业的上行或下行的快速、慢速列车数
92	$t_{作业}$	列车在中间站办理作业的时间
93	$\sum t'_{停Si}$	在 i 中间站办理作业的额外占用区间总时间
94	$t_{上1}$，$t_{下2}$	作业站两相邻区间中较大区间（上下行运输时分较大区间）上行、下行列车区间运行时分
95	τ	车站间隔时间
96	$n_连$	连发铺画的反方向会车列车数
97	$t_{大运转}$	交会站两相邻区间中较大区间上、下行列车区间运转时分
98	$T_摘$	摘挂列车一次行车作业影响时间域
99	$n_{摘组}$	摘挂列车停车相关列车组列车数（含摘挂车）
100	$T_{摘无}$	摘挂列车无作业停车条件下摘挂列车停车相关列车组占用区间时间
101	$\Delta T_摘$	摘挂列车停车办理作业额外占用区间时间
102	$n_{摘i}$	车站 i 有作业停车摘挂列车数
103	$\sum T_摘$	摘挂列车停车作业额外占用区间总时间
104	N_t	在 N 列列车中出现列车进入晚点的列车数
105	g	晚点率或发生列车进入晚点的概率，即 N_t 与 N 的比率
106	t	每日运行列车进入晚点时间总值
107	$\bar{t}$	每一运行列车所摊到的平均列车进入晚点时间
108	t_L	每一晚点列车所摊到的平均列车进入晚点时间
109	W_t	出现其值为 t 的列车进入晚点概率密度
110	a，z	概率密度函数的参数
111	g_0	$t=0$ 时的列车进入晚点概率
112	t_r	一定数值的缓冲时间

序号	符号表示	释 义
113	$\bar{t}_r$	平均列车运行图缓冲时间
114	h_{t_r}	数值为 t_r 的缓冲时间的出现频数
115	W_{t_r}	出现值为 t_r 的缓冲时间的概率
116	t_{f2g}	第一类运行列车组的第二列车的后效晚点时间
117	t_1	第一列车进入区间的晚点时间
118	t_2	第二列车进入区间的晚点时间
119	t_{f1g}	第一类运行列车组的第一列车的后效晚点时间
120	t_{f2v}	第二类运行列车组的第二列车的后效晚点时间
121	t_{f1v}	第三类运行列车组的第一列车的后效晚点时间
122	u	两列车间的有效缓冲时间,即缓冲时间 t_r 和列车进入晚点时间 t_2 之和
123	$\bar{t}_{f2g}$	在 $u \leqslant t_1 \leqslant u+I$ 的条件下,对于第一类运行列车组,发生第一列车进入晚点向第二列车传播的现象时的平均列车后效晚点时间
124	$\bar{t}_1$	第一列车平均晚点时间
125	$\bar{t}_{f1g}$	在 $(u+I) < t_1 \leqslant (2I+u)$ 的条件下,对于第一类运行列车组,发生第一列车进入点向第一列车自身传播的现象时的平均列车后效晚点时间
126	$\bar{t}_{fg}$	第一类运行列车组平均后效晚点时间总值
127	I_g	相同种类运行列车平均最小列车间隔时间
128	$\bar{t}_{fg0}$	当第二列车正点进入区间时的第一类运行列车组平均后效晚点时间总值
129	$\bar{t}_{fgt}$	当第二列车发生进入晚点,且其晚点时间在 $0 \sim \infty$ 范围内取值时的平均列车后效晚点时间总值
130	$\bar{t}_{fg和}$	第二列车正点进入区间和晚点进入区间两种情况下的平均后效晚点时间之和
131	$\bar{t}_{f2v}$	对于第二类运行列车组,第一列车进入晚点将在 $[u,(u+2I)]$ 范围内发生向第二列车传播的现象,此时的平均列车后效晚点时间
132	$\bar{I}_v$	不相同种类运行列车组平均最小列车间隔时间
133	$\bar{t}_{f1v}$	对于第三类运行列车组,第一列车进入晚点将在 $[u,(u+2I)]$ 范围内发生向第一列车传播的现象,此时的平均列车后效晚点时间
134	$e^{-z_1 u}$	计算因素
135	$\bar{t}_{fv}$	第二和第三类运行列车组的平均后效晚点时间
136	$\bar{I}$	相同和不同种类运行列车组的最小列车间隔时间的均值
137	W_g	某区段列车运行图中出现相同列车等级运行列车组的概率
138	N_g	具有相同列车等级的第一类运行列车组数
139	u_n	第一列车与第 $n+1$ 列车发生直接晚点传播关系时,两列车间的有效缓冲时间

序号	符号表示	释　义
140	$\bar{t}_{f_n}$	第一列车与列车运行图中第 n 列车发生直接晚点传播的平均列车后效晚点时间
141	$\bar{t}_{f1}$	仅作为第二列车的第一层次晚点传播的平均列车后效晚点时间
142	$\bar{t}_{F1}$	第一层次晚点传播的平均列车后效晚点时间值
143	t_{wk}	列车运行排队系统的高层次平均排队时间
144	t_w	平均排队时间
145	t_{w1}	第一层次平均排队时间
146	ψ	t_{wk} 与 t_{w1} 的比值
147	$\bar{t}_F$	平均列车后效晚点时间
148	t_F	列车后效晚点时间总值
149	N_{er}	区段通过能力
150	q	缓冲时间参数,即 $\bar{t}_r$ 与 $\bar{I}$ 的比值
151	$\bar{t}_{rerf}$	平均必要列车运行图缓冲时间
152	$N_{通}$	铁路区间通过能力
153	$T_{有效}$	铁路区间一昼夜内可以用于放行列车的有效时间
154	$\bar{t}_{区}$	铁路区间列车平均间隔时间
155	$N_{标}$	标准通过能力
156	$\bar{I}_{实}$	按实用条件计算的平均最小列车间隔时间
157	$\Delta t_{占额}$	按实用条件计算的平均列车额外占用区段时间
158	$N_{使}$	使用通过能力
159	$\rho_{能力}$	通过能力弹性系数
160	$r_{能力}$	通过能力利用率
161	$N_{实}$	实用通过能力
162	T_f	区间在一昼夜时间内,实际或计划为放行列车占用的时间
163	ρ	铁路区间通过能力利用率
164	E	总费用
165	$1-\rho_{系统}$	服务空闲率
166	$\bar{l}_w$	系统排队顾客平均数
167	C_1	顾客排队单位时间费用
168	C_2	服务员空闲单位时间费用
169	n	系统服务员数

序号	符号表示	释　义
170	T	计算费用的时间
171	$N_需$	需要区段行车量
172	$\rho_适$	适应型通过能力区间状态通过能力利用率上限值
173	$\rho_{趋紧}$	趋紧型通过能力区间状态通过能力利用率
174	m	列车的平均编成数
175	N	列车编组去向的日均车流量
176	n	日开行列车数
177	$\bar{I}$	列车平均间隔时间
178	$\bar{t}_F$	列车平均后效晚点时间
179	$\bar{t}_r$	列车运行图平均缓冲时间
180	$T_组$	组织型铁路列车编组去向占用区段的时间
181	$m_组$	组织型铁路列车平均编成辆数
182	$T_规$	规划型铁路去向别列车占用区间时间
183	$m_规$	规划型铁路列车平均编成辆数
184	$m_{规有利}$	从对区间时间占用的角度出发,分析研究采用规划型铁路所必须达到的列车编成辆数
185	t_L	晚点列车平均进入晚点时间
186	g	列车进入晚点概率
187	$a_固$	去向别开行的固定运行线列车辆数
188	$b_加$	去向别开行的加开列车辆数
189	N_{ij}	日计划去向别开出的总车数
190	$m_{规计}$	按计划车流计算的列车编成辆数
191	$m_{规实现}$	可实现的规划型铁路的列车编成辆数
192	$m_欠$	列车平均欠轴车数
	5　列车运行图的编制	
1	$A_{aC,cD}$	子网 a 客运站 C 与子网 b 客运站 D 之间的跨子网客流量(简称跨线客流量)
2	Q	旅客列车定员
3	ρ	旅客列车客座利用率
4	e	$\dfrac{A_{aC,cD}}{365Q\rho}$ 计算结果的整数部分
5	f	$\dfrac{A_{aC,cD}}{365Q\rho}$ 计算结果的小数部分
6	A_{1m}	两枢纽客运站间客流
7	$A_{12}, A_{13}, \cdots,$ $A_{1(m-1)}, \cdots,$ $A_{22}, A_{23}, \cdots,$ $A_{2(m-1)}, \cdots,$ $A_{(m-1)m}$	高速铁路客运区段的客流

序号	符号表示	释 义
8	n	组成直达去向列车的区段客运站数
9	$A_{1m组}$	区段客流，$A_{1m组}=\min(A_{1k},A_{km})$
10	$A_{1m客}$	按区段计算的剩余客流和区段管内客流之和的最小值
11	$n_供$	直达去向能力供给
12	$n_{客需}$	需要开行的直达去向旅客列车数
13	$T_{有效}$	直达去向列车运行图有效时间
14	$\bar{I}$	列车平均间隔时间
15	$\Delta t_占$	旅客列车停站平均占用运行图时间
16	I_f	列车运行图缓冲时间
17	$n_停$	旅客列车沿途客运站停车站数
18	$k_经$	直达去向列车沿途经由的客运站数
19	$t_发$	旅客列车发车时间域
20	$t_{有效}$	有效时间
21	$l_区$	客流区段距离
22	$v_运$	旅客列车运营速度
23	$n_去$	开行直达去向列车数
24	t_r	列车运行图必要的平均缓冲时间
25	I	追踪列车间隔时间
26	$t_行$	列车对区间占用时间
27	$\Delta t_运$	由于第一、第二列车运行速度不同而产生的速差时间
28	k	每一旅客列车规定的中间站中停站数
29	$\sum At_{直通}$	由于三类直达去向列车和非直达去向列车在中间站产生客运作业停车造成的旅行时间损失
30	$A_{直通}$	直通客流
31	$T_停$	旅客列车在中间站停车等待时间
32	$t_{起停}$	旅客列车起停附加时间
33	$\sum At_节$	区段管内客流取得的旅行时间节省
34	$\sum A_管$	拟增加为中停站的中间站的客流之和
35	$t_{换乘}$	旅客平均换乘时间
36	$t_停$	旅客列车中间站停站时间，$t_停=T_停+t_{起停}$
37	$t_间$	全线平均列车间隔
38	$n_总$	全线开行的全程列车数
39	n_j	j 区段三类直达和非直达去向列车数
40	l_j	j 客流区段长
41	L	全线距离
42	A_j	j 区段客流量
43	$A_{发到},A_发,A_到$	区段内发到、区段内发、区段内到的区段管内客流
44	n_i	组合方案列车数
45	$\sum A_i$	组合方案吸收客流量之和
46	A_i	组合方案 i 吸收客流量
47	$n_需$	某去向需要开行列车数
48	$l_直$	运行直通、直达列车的运行线位移
49	$T_直$	运行直通、直达列车的运行线时间消耗

续上表

序号	符号表示	释 义
50	$t_{运i}$	i 区段列车的旅行时间
51	$t_{站i}$	i 技术站列车无改编通过时间标准
52	t_{fi}	i 技术站的列车接续缓冲时间或等待时间
53	$l_{直i}$	直达、直通列车在 i 区段的运行距离
54	$t_{运区i}$	i 区段运行时间
55	$l_{区i}$	区段列车在 i 区段的运行距离
56	$t_{间}$	列车间隔时间
57	Δt	区段快、慢速列车运行时间差
58	$t_{列}$	列车运行图列车平均间隔时间
59	$n_{货}$	可铺画的货物列车运行线数
60	t_{f}	列车运行图平均缓冲时间
61	$t_{S},t_{L},t_{Si},t_{Li}$	快、慢速列车区段、区间运行时间
62	$\Delta t_{区段},\Delta t_{区间}$	区段、区间列车速差时间
63	Δt_{k}	在最后一个中间站出现区间速差时间
64	$n_{客}$	区段开行的旅客列车数
65	$n_{货越}$	被越行货物列车运行线数
66	$n_{货无}$	无越行货物列车运行线数
67	$n_{行}$	货物列车编组计划规定的区段行车量
68	t_{i}	货物列车在最大区间内的运行时间
69	$\tau_{站}$	车站间隔时间
70	n_1,n_2,n_3	第一、二、三区间可能铺画的货物列车运行线数
71	$t'_{间}$	$t_{间}$ 与 $\tau_{站}$ 之差
72	$\Delta n_{货}$	$t_{间}-(\tau_{站}+t_{列})\geq t_{列}$ 部分可铺画货物列车运行线之差
73	$\Delta n_{货a}$	与 a 区间比,可铺画货物列车运行线之差
74	$T_{接续}$	接续时间
75	$t_{作业}$	技术站办理无改编中转或改编中转列车中转作业的时间
76	$t_{接r}$	直达(直通)列车技术站接续缓冲时间
77	t_1	列车到达晚点时间
78	t_2	车站作业延误时间
79	t	t_1 和 t_2 之和
80	$t_{晚f}$	列车出发晚点时间
81	$\bar{t}_{晚f}$	列车出发晚点的期望值
82	A	t 可能达到的最大值
83	$\bar{t}$	平均列车到达晚点和车站作业延误时间
84	$\bar{t}_{r}$	列车运行图技术站接续缓冲时间均值
85	$\bar{t}_{rerf}$	必要的接续缓冲时间

序号	符号表示	释　义
86	$\bar{t}_L$	晚点列车平均到达晚点时间
87	$\rho_装$	货车直达装车比重
88	$N_{直装}$	装车货车在发到站间以装车地始发直达列车组织输送的货车数
89	$\sum N_装$	总装车数
90	$k_有$	货车平均改编次数
91	$\sum N_{归并}$	在车流整理过程中归并的车流量
92	$\sum N_{合并}$	在编制货物列车编组计划过程中合并的车流量
93	N	总车流量
94	$\sum N_{归并1}$	一次改编中转作业车数
95	$N_{管内装}$	区段管内装车数
96	$N_{管内卸}$	区段管内卸车数
97	$N_{管内直装}$	区段管内始发直达装车数
98	$N_{管内直卸}$	区段管内始发直达卸车数
99	$\sum N_{归并2}$	在终到编组站,将车流分送到前方区段站而发生货车在编组站的改编作业的改编中转车数
100	N_{ij}	车流归并表内标有归并车站代码的车流量
101	$k_码$	车流归并表内标有归并车站代码个数,且限 $k_码 = 1,2$
102	m	$k_码 = 1$ 的车流数
103	n	$k_码 = 2$ 的车流数
104	$v_{货车}$	货车在发到站输送的平均速度
105	$\sum Nl_{货车}$	货车公里数
106	$\sum Nt_运$	货车在区段运行车小时
107	$\sum Nt_有$	货车在技术站有调中转消耗车小时
108	$\sum Nt_无$	货车在技术站无调中转消耗车小时
109	$\sum nl$	列车走行公里
110	$\sum nt_运$	运行列车小时
111	$\sum nt_{加减}$	加减速度列车小时
112	$\sum nt_停$	在中间站停车列车小时
113	$v_旅$	货物列车旅行速度
114	$v_技$	货物列车技术速度
115	$v_运$	货物列车运行速度
116	$\beta_技$	旅行速度与技术速度的比值
117	$\beta_运$	旅行速度与运行速度的比值
118	γ	运行图铺画的密集度
119	$\gamma_0, \gamma_1, \gamma_2$	0 min,1 min,2 min 密集度

序号	符号表示	释 义
120	$N_{列0}$,$N_{列1}$,$N_{列2}$	0 min,1 min,2 min 缓冲时间下铺画的列车数
121	$N_列$	运行图中铺画的列车数
		6 货车输送过程和货物运达时间
1	k	车流的改编作业站数
2	$n_到$	到达列车编组去向开行列车数
3	$n_发$	出发编组列车出发列车数
4	$T_{到1}$	到达列车 1 到达时刻
5	$T_{到2}$	到达列车 2 到达时刻
6	$T_{发1}$	出发列车 1 出发时刻
7	$T_{发2}$	出发列车 2 出发时刻
8	$t_{运i}$	列车编组去向别运行区段别运行时间
9	$t_车$	货车输送时间
10	$t_运$	根据列车运行图确定的列车运行时间
11	$t_技$	根据车站技术作业过程和车流接续计划规定办理货车改编中转作业在技术站的停留时间
12	$t_{接续}$	有车流接续关系的发到列车间的间隔时间
13	$T_发$	出发列车的出发时刻
14	$T_到$	到达列车的到达时刻
15	$t_{作业}$	有改编中转货车的中转作业时间
16	$\Delta t_停$	车流接续的货车额外停留时间
17	$t_{接续i}$	货车在第 i 个车站的接续时间
18	ρ	列车运行正点率
19	$t_晚$	晚点列车平均晚点时间
20	n	开行列车数
21	$\bar{t}_晚$	列车平均晚点时间
22	$\sum t_晚$	全程列车晚点时间
23	l	货车输送过程经过的区段个数
24	ε	货车平均中转次数
25	$t'_运$	全程列车规划运行时间
26	$T_{货计}$	计算货物运达时间
27	$T_{货实}$	实用货物送达时间
28	$n_{摘挂}$	在中间站办理货车摘挂作业的货物列车(摘挂列车、小运转列车等)列车数
29	$n_组$	前方技术站编组列车去向数
30	$n_列$	编组去向开行列车数
31	$T_{发时间}$	货车在装车站装车,当日中间站挂运列车的出发时间或技术站取车时间
32	$T_{到时间}$	列车到达卸车站(中间站)或卸车地(技术站)的时间

序号	符号表示	释　义
33	$N_天$	沿途运行天数
34	$t_货$	货物的运达时间
		7　铁路快速货物运输系统
1	$t_航$	民航运输货物在途时间
2	$t_公$	公路运输货物在途时间
3	t_{300}	营运速度为 300 km/h 的高速铁路货物在途时间
4	t_{250}	营运速度为 250 km/h 的高速铁路货物在途时间
5	t_{200}	营运速度为 200 km/h 的高速铁路货物在途时间
6	t_{160}	营运速度为 160 km/h 的快速铁路货物在途时间
7	t_{120}	营运速度为 120 km/h 的快速铁路货物在途时间
8	t_{80}	营运速度为 80 km/h 的快速铁路货物在途时间
9	ρ	不同运输方式间货物在途运输时间的差异系数
10	$\rho_{航铁}$	民航运输与铁路运输的货物在途运输时间的差异系数
11	$t_铁$	铁路运输货物在途时间
12	$\rho_{公铁}$	公路运输与铁路运输的货物在途运输时间的差异用差异系数
13	$t_{在途}$	货物在途时间
14	$l_货$	货物运输距离
15	$\upsilon_营$	运营速度
16	β_υ	速度系数
17	$\beta_铁$	铁路运输速度系数
18	$\beta_航$	民航运输速度系数
19	$\beta_公$	公路运输速度系数
20	$\upsilon_铁$	铁路运输运营速度
21	$\upsilon_航$	民航运输运营速度
22	$\upsilon_公$	公路运输运营速度
23	$e_航$	民航运输货物运输运价率
24	$e_公$	公路运输货物运输运价率
25	e_{300}	营运速度为 300 km/h 的高速铁路货物运输运价率
26	e_{250}	营运速度为 250 km/h 的高速铁路货物运输运价率
27	e_{200}	营运速度为 200 km/h 的高速铁路货物运输运价率
28	e_{160}	营运速度为 160 km/h 的快速铁路货物运输运价率
29	e_{120}	营运速度为 120 km/h 的快速铁路货物运输运价率
30	e_{80}	营运速度为 80 km/h 的快速铁路货物运输运价率
31	$e_铁$	铁路运输货物运输运价率
32	$\alpha_优$	铁路运价优惠系数

序号	符号表示	释　义
33	$A_{客2}$	动车组二等车的座位数
34	$A'_{客2}$	动车组二等车近期实际平均每车上人数
35	l'	旅客平均乘车里程
36	$\rho_{客}$	客座利用率
37	e_2	二等车的运价率
38	$E_{客2}$	一个车次中一辆二等车的运输收入
39	P	货运动车车辆标记装车吨数
40	$\rho_{动}$	货运动车载重量利用率
41	$e_{货}$	货运动车运价率
42	$E_{货}$	一个车次一辆货运动车车辆的收入
43	$P_{动}$	货运动车车辆有利载重量
44	α	铁路运价优惠系数
45	$\Delta e_{快}$	开行快捷货物列车吨公里的收益
46	$E_{快}$	快捷货物列车的效益
47	$m_{快捷}$	快捷货物列车编成辆数
48	$P_{快}$	快捷货物列车载重量
49	l	列车运行距离
50	α	快捷货物列车编成辆数（$m_{快捷}$）与普通货物列车编成辆数（m）的比值，即 $\alpha=\dfrac{m_{快捷}}{m}$
51	β	快运货车和普通货车平均载重量之比，即 $\beta=\dfrac{P_{快}}{P_{静}}$
52	m	普通货物列车编成辆数
53	$P_{静}$	货车静载重
54	$\Delta e_{吨公里}$	开行普通货物列车的吨公里的收益
55	$E_{技}$	普通货物列车的效益
56	$\Delta e_{快}$	开行快捷货物列车吨公里的收益
57	$\Delta e_{吨公里}$	吨公里运输产品的支出
58	$e_{快}$	快运货物平均运价率
59	$e_{吨公里收}$	其他货物平均运价率
60	$m'_{快捷}$	快运货车车组编成辆数
61	$m'_{技}$	列车编成中可减少的普通货车数
62	$t_{营}$	运输企业人营销点对外营业办理货物承运集货时间
63	$t_{作业f}$	运输经营人对当天承运货物办理必要作业和短途运输工作时间
64	$t_{作业d}$	到达作业时间
65	$t_{作业a}$	运输经营人在货物终到地办理必要作业和分送并交付收货人所需的时间
66	$t_{作业a1}$	办理必要作业时间
67	$t_{作业a2}$	分送交付时间

续上表

序号	符号表示	释　　义
68	$[T_{收始}, T_{收末}]$	收货人期望的收货时间
69	$T_{到上}$	上午交付货物列车到达终到站时间
70	$T_{到下}$	下午交付货物列车到达终到站时间
71	$T_{发始}$	发车时间域的起点
72	$T_{发末}$	发车时间域的终点
73	$T_{作业始}$	快递公司开始办理作业时间
74	$T_{到末}$	到达货物列车的时间域的终点
75	v	列车运行速度
76	N_{ij}	日均装车数
77	$P_{装}$	快递货物每车平均装载吨数
78	$P_{快ij}$	i,j 之间快递货物装载总吨数
79	$n_{ji快}$	快递货物列车开行列车数(车组数)
80	$m_{快递}$	快递货物列车编成辆数
81	a	$n_{ji快}$ 计算结果的整数部分,即开行列车数
82	b	$n_{ji快}$ 计算结果的小数部分,即剩余装车数部分(ΔN_{ji}),$\Delta N_{ji} = b m_{快}$
83	$n_{客}$	某客流区段列车运行图规定的开行旅客快车数
84	n	某客流区段通过能力
85	$n_{货}$	拟在某区段开行的快递货物列车数
86	$N_{快ij}$	i 技术站到 j 技术站的快运货车车流量
87	$N_{ij其他}$	i 技术站到 j 技术站的其他货车车流量
88	$N_{快i}$	i 技术站发运的快运货车数
89	$m_{快0}$	快捷货物列车快运货车数(取值为 $0\sim m_{快0}$)
90	$n_{快}$	同一旅客列车开行区段需要装运快递货物的旅客列车数
91	$n_{高}$	该列车开行区段开行的旅客列车数
		8　铁路日常运输工作组织
1	$t_{偏}$	列车运行偏离列车运行图的时间
2	$T_{图发}$	图定列车出发时间
3	$T_{图到}$	图定列车到达时间
4	$T_{实发}$	实际列车出发时间
5	$T_{实到}$	实际列车到达时间
6	$\Delta t_{发}$	实际与图定出发时间差
7	$\Delta t_{到}$	实际与图定到达时间差
8	$t_{晚区}$	区段内列车运行晚点时间
9	$t_{晚技}$	技术站无改编中转列车的出发晚点时间
10	$N_{基}$	基期的车流量
11	$N_{计}$	计划期的车流量

序号	符号表示	释　义
12	$\Delta N_{车}$	计划期与基期对比的车流变化量
13	$N_{装刚}$	刚性承运货物装车数
14	$N'_{装柔需}$	车站待装柔性承运货物货车数
15	$N''_{装柔需}$	当日承运的柔性货车数
16	$N'''_{装柔需}$	刚性货物定义柔性时间货物的装车数
17	$N_{装需}$	需要列入装车计划的装车数
18	$N_{柔装需}$	柔性承运货物装车数
19	$N_{柔装计}$	确定列入装车计划的装车数
20	$N_{装计}$	列车编组去向别装车数
21	$N_{中}$	技术站列车编组去向别中转车数
22	$n_{发计}$	计算发出列车数
23	a	$n_{发计}$计算值的整数部分
24	b	$n_{发计}$计算值的小数部分
25	$n_{固}$	运行图列车编组去向别固定运行线数
26	m	列车平均编成辆数
27	$N_{装柔}$	用于编制日间计划的柔性承运货物装车数
28	n_i	编组去向 i 的开行列车数
29	$T_{发i}$	列车由技术站出发时间
30	$t_{接续}$	车流接续时间
31	$T_{结点i}$	划分编组去向各列车接续时间域的结点时间
32	$N_{使}$	区段使用通过能力
33	$\rho_{能力}$	区段能力利用率
34	$n_{不固定}$	区段可铺画的不固定运行线数
35	$K_{不固定}$	每一列车编组去向平均可配备的不固定运行线数
36	$K_{去向}$	铁路区段开行的列车编组去向数
37	$N_{总}$	计划日出发车流总量
38	$N_{柔装未}$	未列入日计划的柔性承运货物货车
39	$\rho_{车流}$	日计划适应车流变化程度
40	$n_{发到}$	需要开行的列车数
41	$t_{技卸}$	由到达重车至卸空车办理作业所消耗的时间
42	$t_{技装}$	卸后空车办理装车等作业所消耗的时间
43	$T_{发}$	挂运装车货车的列车出发时间
44	$T_{到}$	挂运到卸重车列车的到达时间
45	$t_{技到}$	调入空车由到达车站向装车地点送车,在车站作业时间
46	$T_{调}$	调度下达空车使用命令的时间

序号	符号表示	释　义
47	$t_{中卸装}$	摘挂和小运转列车到达中间站至装车完了时间
48	$t_{中发}$	摘挂或小运转列车在中间站办理调车作业时间
49	$t_{中装}$	空车到达中间站至装车完了时间
50	$t_{占}$	摘挂列车在中间站停站时间
51	$N_{装}$	装车数
52	$N_{卸}$	到卸重车数
53	$N_{存}$	站存车数
54	$N_{空入}$	应调入的空车数
55	$\Delta N_{空}$	比较差,即一小时内卸后空车数与装车数之差
56	$N_{卸空}$	到卸空车
57	$N_{剩}$	剩余到卸空车
58	$N_{实}$	实用通过能力
59	ρ	通过能力利用率
60	$T_{有效}$	运行图有效时间
61	$\bar{I}$	运行列车组平均最小间隔时间
62	$\Delta t_{占}$	列车在中间站有作业停车和越行额外占用区间时间
63	$\overline{t_r}$	列车运行图平均缓冲时间
64	$t_{间}$	实用运行图平均列车间隔时间
65	T_r	列车运行图缓冲时间总值
66	$v_{允}$	某区段线容许的列车运行速度
67	$v_{使}$	运行图使用的列车运行速度
68	L	线路距离
69	Δt	两种运行速度($v_允$ 和 $v_使$)所产生的速差时间
70	$n_{标}$	标准通过能力
71	$\rho_{标}$	能力利用率
72	$t_{中断}$	行车中断时间
73	$t_{恢复}$	恢复正常行车时间
74	$n_{需}$	需放行的列车数
75	$t_{间}$	与实用通过能力相对应的列车运行图平均间隔时间
76	$t_{间标}$	列车运行图列车平均间隔时间,$t_{间标}＝I_图$
77	$\Delta t_{绕}$	列车组织绕行增加的时间
78	$E_{损}$	组织列车绕行货运吨公里支出费用的损失
79	ΔL	绕行增加的列车走行公里
80	Q	列车牵引总重
81	$e_{吨公里}$	货运吨公里支出费用

续上表

序号	符号表示	释　义
82	$E_节$	组织列车绕行车小时费用节省
83	k	绕行的列车数
84	$e_{车小时}$	车小时费用
85	$\sum Nt_货$	当日本站货物作业车的总停留车小时
86	$U_{货装}$	当日本站货物作业车完成的装车总次数
87	$U_{货卸}$	当日本站货物作业车完成的卸车总次数
88	$t_有$	有调中转车平均停留时间
89	$\sum Nt_有$	当日有调中转车的总停留时小时
90	$\sum N_有$	当日有调中转车总数
91	$t_无$	无调中转车平均停留时间
92	$\sum Nt_无$	当日无调中转车的总停留时小时
93	$\sum N_无$	当日无调中转车总数
94	$t_中$	中转车平均停留时间
95	$\gamma_发$	车站货物列车出发正点率
96	$n_发^{正点}$	正点出发的货物列车数
97	$n_发$	出发的货物列车总数